DIRK ROSSMANN / RALF HOPPE

Der Zorn des Oktopus

Weitere Titel von Dirk Rossmann:

Der neunte Arm des Oktopus

Titel auch als Hörbuch erhältlich

Über die Autoren:

DIRK ROSSMANN, geboren 1946, ist verheiratet und hat zwei Söhne. Er ist erfolgreicher Unternehmer und Schriftsteller, unter anderem Mitgründer der »Deutschen Stiftung Weltbevölkerung«. Bisherige Veröffentlichungen: »… dann bin ich auf den Baum geklettert!« (2018) und »Der neunte Arm des Oktopus« (2020). Seine Autobiografie wie auch der Thriller erreichten Platz 1 der SPIEGEL-Bestsellerliste. Dirk Rossmann setzt sich intensiv für den Klimaschutz ein.

RALF HOPPE, geboren 1959 in Teheran, Iran, verbrachte seine Kindheit im Orient. Er studierte Kunst und Wirtschaft, wurde Journalist und arbeitete fast drei Jahrzehnte für die ZEIT und den SPIEGEL. Seine Reportagen, die ihn in zahlreiche Krisengebiete führten, wurden vielfach preisgekrönt (u. a. Henri-Nannen-Preis, Theodor-Wolff-Preis). Zwischendurch war er Drehbuchautor und schrieb an mehreren SPIEGEL-Büchern mit. Der Autor lebt im Osten von Hamburg.

DIRK ROSSMANN
RALF HOPPE

DER ZORN DES OKTOPUS

THRILLER

lübbe

Dieser Titel ist auch als Hörbuch und E-Book erschienen

Die Bastei Lübbe AG verfolgt eine nachhaltige Buchproduktion. Wir verwenden Papiere aus nachhaltiger Forstwirtschaft und verzichten darauf, Bücher einzeln in Folie zu verpacken. Wir stellen unsere Bücher in Deutschland und Europa (EU) her und arbeiten mit den Druckereien kontinuierlich an einer positiven Ökobilanz.

FSC
www.fsc.org
MIX
Papier aus verantwortungsvollen Quellen
FSC® C014496

Vollständige, mit einem neuen Vorwort versehene Taschenbuchausgabe der bei Bastei Lübbe erschienenen Hardcoverausgabe

Titelillustration: © shutterstock.com / sko1970;
shutterstock.com / AdityaSinha
Umschlaggestaltung: ZERO Werbeagentur, München
Satz: hanseatenSatz-bremen, Bremen
Gesetzt aus der Adobe Garamond Pro
Druck und Verarbeitung: GGP Media GmbH, Pößneck
Printed in Germany
ISBN 978-3-404-18880-2

2 4 5 3 1

Sie finden uns im Internet unter:
luebbe.de
Bitte beachten Sie auch: lesejury.de

Für Alice und Claudia – und für alle Menschen,
die noch Hoffnung haben

Personenverzeichnis

– In der Reihenfolge ihres Auftretens –

Fiktive Personen:

Phil Goldman – Kamala Harris' PR-Berater

Chang Mai – Kamala Harris' PR-Beraterin

Martin Iwersen – Farmer in Iowa, USA

Prof. Dr. Dr. Maxim Blaschek – ehemals bei der NASA beschäftigt, Chefentwickler von »Cloud Unlimited«

Amitav Rama Shah – spiritueller Führer, »Guru-ji«, »Guru der Millionen«, indischer Herkunft

Thomas Pierpaoli – mittlerer Beamter im Hochkommissariat der Klima-Allianz in Kapstadt, ehemaliger Vorgesetzter Mamarenkos

Ariadna Ferrer Bayonne – Musikerin und Millionärin, arbeitet bei einer NGO, kolumbianischer Herkunft

Inara – achtjähriges Mädchen des Volkes der *Pehuenche*, Tochter des Häuptlings, lebt mit Sayen und Amuway bei der Zauberin des Volkes

Amuway – weiteres Mädchen, das bei der Zauberin der *Pehuenche* lebt

Sayen – weiteres Mädchen, das bei der Zauberin der *Pehuenche* lebt

Seine Heiligkeit Franziskus Oscar I. – Papst

Pater Philipp – Mönch, deutscher Herkunft, wohnt in Castel di Casio, Bologna, Italien

Ottavio Goretti – Erzbischof und Kardinal von Bologna und Florenz, Mitglied der Glaubenskongregation am Heiligen Stuhl zu Rom

Alexander »Sascha« Tschenajew – Hauptabteilungsleiter der Kommission der Klima-Allianz in Kapstadt, zuständig für das auf Island gelegene Meta-Ministerium, ehemaliger Geheimdienstmann, russischer und ukrainischer Herkunft

Nikita Nikolajew Mamarenko – Beobachter und Berichterstatter im Auftrag der Klima-Allianz, stationiert in Island

Professorin Dr. Dr. Liu Lian – chinesische Physikerin, Nobelpreis-Anwärterin, Leiterin des Projekts »Qube 17«

Professor Dr. Dr. Norman S. Catchside – amerikanischer Physiker, Nobelpreis-Anwärter, zweiter Leiter des »Qube 17«-Projekts

Eleanor Minklater – die »Eiskönigin«, Amerikanerin, arbeitet in der Kommission der Klima-Allianz in Kapstadt

Pablo M. Telés – Präsident Brasiliens

Ricardo da Silva – brasilianischer Koch

Reza – Taxifahrer

Horace M. Nkunke – Erster Sicherheitschef des Meta-Ministeriums, stationiert in Island

Linda Park (Park Lin-ja) – koreanischer Herkunft, Leiterin des Fluglotsen-Teams am Kontrollturm des Heliports des Meta-Ministeriums, Island

Esmeralda Bayonne Arboleda – Ariadnas Mutter

Dr. Kang Chao – Minister der Klima-Allianz

Amar Difraudi – libanesischer und ägyptischer Herkunft, stellvertretender Leiter des Sicherheitsdienstes im Meta-Ministerium, ehemaliger Leiter des jordanischen Geheimdienstes

Professor Bao Wenliang – Wissenschaftler, Vorsitzender des chinesischen Wissenschaftler- und Ingenieursverbandes, Berater Xi Jinpings, Patenonkel von Thomas Pierpaoli

Umesh Varinder – Anführer der »Rashtriya Sangh«, einer radikalnationalistischen Hindu-Partei

Paritosh Patel – Ministerpräsident Indiens

Arthur Redmondis – Deutscher, ehemaliger Kollege Pierpaolis in Kapstadt

Mardi Gras – Musiker, Freund Ariadnas, Jamaikaner, wohnt in den isländischen Slums

Gudrun »Gudi« Sigrunsdóttir – Freundin Mardis, Besitzerin eines fahrenden Hotdog-Stands

Gil Quispel – holländischer Herkunft, Techniker, Spezialist für Feinsensorik, Teil des Teams um Professorin Liu und Professor Catchside

Arnold Palindromski – auch »Das Ohr« genannt, ehemaliger Aktivist, beteiligt am Zertifikathandel

Hildur Edmundsson – Kapitän der »Edda«

Steinbjörn Edmundsson – Hildur Edmundssons Bruder

Madame Tamara – Besitzerin des Let-India-be-a-dream-Hotels, Mumbai, Indien

Pegonia C. – Madame Tamaras Tochter

Enji Sharmaji – Taxifahrer in Mumbai, Indien

Schuschka – Bergführer, Schmuggler

Reale Personen:

Kamala Harris – Präsidentin der Vereinigten Staaten von Amerika

Xi Jinping – Staatspräsident der Volksrepublik China

Angela Merkel – Generalsekretärin der Vereinten Nationen und ehemalige Bundeskanzlerin Deutschlands

Ursula von der Leyen – EU-Sonderbeauftragte

Greta Thunberg – Umweltaktivistin, Stockholm, Schweden / New York, USA

Xi Mingze – Tochter des chinesischen Staatspräsidenten Xi Jinping, arbeitet bei der UNO

Vorwort zur Taschenbuch-Ausgabe

Diesem Buch ging ein Traum voraus, eine Idee: Was wäre, wenn die Menschheit im letzten Moment zur Einsicht gelangen würde – könnten wir dann nicht die drohende Klimakatastrophe aufhalten, mit vereinten Kräften?

Was wäre also, wenn die drei Supermächte, China, Russland, die USA, verantwortlich für die Hälfte der weltweiten CO_2-Emissionen, sich endlich zusammenraufen würden, sich einigten, zusammenarbeiten würden? Das wäre eine Zeitenwende. Und höchste Zeit wäre es außerdem.

Doch was könnte diesen Machtpolitikern ein Beweggrund sein? Vielleicht: Einsicht. Vielleicht: die Faktenlage. Und vielleicht dieser einfache Gedanke: Für ein globales Problem müssen wir global zusammenarbeiten. Über Grenzen und Ideologien hinweg. Sonst zerstören wir diesen wunderbaren Planeten, der doch unsere Heimat ist, und zu dem es keinen Planeten B gibt.

So ging also diesem Buch, oder besser: diesen Büchern, dem »Zorn des Oktopus« und dem »Neunten Arm des Oktopus«, seinem Vorläufer, eine kühne Idee voraus – eine Utopie. Es war eine politische Utopie, Misstrauen durch Vertrauen zu ersetzen, gebettet in eine Geschichte, in einen Thriller.

Eine Utopie ist immer auch der Ausdruck einer Hoffnung. Eine Skizze, ein Denkanstoß. Die Hoffnung, die dahintersteht: Die Wirklichkeit, die wirklichen Machthaber in der wirklichen Welt, könnten sich inspirieren lassen. Utopie – das Wort kommt aus dem Griechischen und bedeutet so viel wie »Nicht-Ort«. Will sagen: Zwischen Utopie und Realität ist noch viel Luft. Und die wirklichen Machthaber in der wirklichen Welt sind immer noch für eine böse Überraschung gut.

In der Realität wurde ein Krieg entfesselt, im Februar 2022, ein Krieg, der Europa und unser Denken auf den Kopf stellt, der die Zivilisation zerstört, die Natur verpestet, ein Geschehen, erschütternd und empörend. Doch sind damit alle Utopien, alle Denkanstöße null und nichtig? Sind somit die Zyniker im Recht, die alle Hoffnung von vornherein als naiv abstempeln, für Unfug erklären? Sollen wir also die Hände in den Schoß legen und den Dingen ihren Lauf lassen?

Die Autoren dieses Buches glauben das nicht. Wir halten daran fest, dass allen Taten eine Idee, ein Traum vorausgeht. Eine bessere Welt muss zuerst einmal gedacht und ausgemalt werden, man muss eine Utopie formulieren, in die Welt setzen. Und das betrifft uns alle. Wenn nicht wir alle – jetzt! – eine Hoffnung formulieren, eine Umkehr fordern, wer sollte es denn tun?

Wir glauben, es wäre ein Fehler, wenn wir den Mund hielten, wenn wir aufhören würden, uns Lösungen auszudenken, ja, wenn wir aufhörten zu träumen.

Wir haben gleichwohl in dieser Taschenbuch-Ausgabe einige kleine Anpassungen vorgenommen; doch die wesentliche Botschaft ist unverändert, manchmal klar auf den Punkt gebracht, oft zwischen den Zeilen.

Und vielleicht sind, wenn die Wirklichkeit ihre erschreckenden Wege geht, Utopien und Träume wichtiger denn je.

Dirk Rossmann / Ralf Hoppe

Kapitel 1

Der Anschlag

Wie sich ein schmächtiger, listiger Affe zum Herrn der Erde aufschwang; wie er die anderen Erdenbewohner erst überwand, dann unterwarf und dann anfing, sie auszurotten; wie er Wüsten bewässerte, Wälder niederbrannte, Sinfonien komponierte, Wolkenkratzer baute, Ozeane vergiftete und sich eine Welt einrichtete, in der man Schoßhündchen am Bruch operieren und in Waldmichelbach frische Nelken aus Kolumbien kaufen konnte – das war ein Triumphzug ohnegleichen, das ist die Tragödie des Planeten, das ist ein Krimi, wie es keinen zweiten gibt.

Wolf Schneider

Erst Stürme, dann Heuschrecken

Folgen der Klimakatastrophe
Washington / Des Moines

Nach den verheerenden Stürmen der Vergangenheit, durch die etwa die Hälfte der Farmer in Iowa, Kansas und Idaho in Insolvenz und Elend geraten sind, droht den Landwirten neue Gefahr: Heuschrecken ziehen in gigantischen Schwärmen durch den einst fruchtbaren Mittelwesten der USA. Alle Versuche, der Plage Herr zu werden, schlugen fehl. Der Verband der Mais- und Soja-Farmer appellierte an die US-Regierung und an die Klima-Allianz, »endlich Hilfe zu leisten, sonst ist es für viele Menschen zu spät«. Umweltschützer verwiesen darauf, dass sie schon seit Jahrzehnten vor solchen Katastrophen gewarnt hatten.

Aus: Agricultural Review, 6. Mai 2026

Mittwoch, 6. Mai 2026

Creek Road, westlich des Highways 69, zwischen Story City und Eagle Grove, USA

Kamala D. Harris, siebenundvierzigste Präsidentin der Vereinigten Staaten von Amerika, saß im Fond ihrer Regierungslimousine. Sie waren seit zwei Stunden unterwegs, im tiefsten Farmland, die Kolonne fuhr durch den Bundesstaat Iowa. Auf der lederbezogenen Sitzbank hinter ihr saßen zwei ihrer PR-Berater, Phil Goldman und Chang Mai.

Die Präsidentin hatte die Augen geschlossen, aber sie schlief nicht. Sie ging in Gedanken den Ablauf durch, über den sie eben noch gesprochen hatten, dabei konnte sie nicht umhin, den Witz mitzuhören, den Goldman jetzt seiner Kollegin erzählte, flüsternd zwar, aber immer noch laut genug.

»Hör zu, Chang, der ist gut. Also, kommt so 'n Iowa-Farmer, so ein richtiger Hinterwäldler, zu seinem Nachbarn. Klopft an die Tür vom Farmhaus. Ein kleiner Junge macht die Tür auf.

›Hey, sind deine Eltern zu Hause?‹, fragt der Farmer.

›Nö‹, sagt der kleine Junge, ›sind in der Stadt.‹

›Damn. Und dein Bruder Billy?‹

›Ist auch in der Stadt.‹

›Damn. Ich muss mit jemandem reden. Weil Billy meine Tochter Rosie geschwängert hat.‹

›Hm, geschwängert‹, erwidert der kleine Junge. ›Also, bei unserem Zuchtstier nimmt Dad fünfhundert Dollar. Beim Schweinedecken fünfundsiebzig Dollar pro Sau. Aber wie viel er für Billy berechnet, das weiß ich leider nicht.‹«

So also Phils Witz, ein Iowa-Witz – das Pendant zu Ostfriesenwitzen oder ähnlichen Scherzen, die man sich in Turin oder Mailand über die angebliche Dummheit der Süditaliener erzählte.

Idiotisch und herablassend, dachte Kamala Harris. Aber

sie unterdrückte den Impuls, etwas zu sagen. Kamala Harris mochte die andere PR-Assistentin, Chang Mai; Phil hingegen war ihr unsympathisch. Umso mehr fühlte sie sich verpflichtet, gerecht zu sein.

Kamala Harris nahm sich vor, später ein Wörtchen mit Goldman zu reden. Wenn sie es nicht vergaß.

Chang Mai und Phil Goldman waren gute Leute, wie alle in ihrem Team, sehr jung, sehr smart, sie hatten Marketing, Jura und Sprachen und dies und jenes in Yale und Harvard studiert. Chang sprach außerdem Chinesisch, was heutzutage wirklich nützlich war, und Phil las Tolstoi und Lermontow im Original. Sie stammten aus Elite-Familien, hatten eine Elite-Ausbildung und waren typische Großstädter – ein Mais-Farmer auf einem Traktor war Lichtjahre von ihrem Leben entfernt.

Phil Goldman war hochgewachsen, schlaksig, käsige Haut, rote Haare, er trug eine Uhr, die flach war wie eine Münze und deren Wert Kamala Harris auf etwa das Zwei-Jahres-Gehalt eines Arbeiters schätzte. Trotzdem saßen seine sehr teuren Anzüge schlabbrig an seinem knochigen Körper. Wenn er – selten – lachte, dann klang es, als hätte er sich verschluckt.

Chang Mai hingegen war klein, exakt und feingliedrig, und sie beherrschte das Kunststück, weniger Platz zu beanspruchen, als sie eigentlich beanspruchte. Wenn Phil und Chang ein Stück weit in der Präsidenten-Limousine mitfuhren, weil sie noch etwas zu besprechen hatten, schaffte es Chang Mai, physikalische Gesetze zu umgehen und sich auf dem Rücksitz so schmal zu machen, dass es wirkte, als wäre im Wagen mit ihr drin mehr Platz als ohne sie.

Nicht, dass Platz ein Problem war. Die Präsidentinnen-Limousine hatte Abmessungen fast wie ein Tanzsaal.

»The Beast«, so hieß das Fahrzeug intern, war mehr als elf Tonnen schwer, neun Meter lang, hatte eine dreizehn Zentimeter dicke Panzerung aus Stahl, Aramid, Kevlar, 1200 PS oder 800 kW, auf speziellen Wunsch von Kamala Harris war es auf eine Hybridtechnologie umgerüstet worden, die es auf kürzeren Strecken rein elektrisch fahren ließ. Es gab eine eigene Sauerstoffversorgung an Bord für den Fall eines chemischen Angriffs, schusssichere Run-Flat-Reifen. Kosten für »The Beast«, laut US-Rechnungshof: 2554795,37 Dollar.

Hinter dem abgeteilten Fahrer-Cockpit, also in der eigentlichen Fahrgastkabine, gab es nicht eine, sondern gleich *drei* komfortable, mit schwarzem Kalbsleder bezogene Rückbänke, die Präsidentin saß – aus Sicherheitsgründen – auf der ersten Rückbank.

Sie waren mit der Air Force One nach Des Moines geflogen, dann umgestiegen in die Autokolonne. Von der Interstate 35 waren sie nach Westen abgebogen, an Story City vorbei, und jetzt waren sie kurz vor Eagle Grove. Und bald am Ziel.

Die Kolonne bestand aus acht Fahrzeugen. Vorweg ein wuchtiger SUV des Secret Service, dann die Präsidentinnen-Limousine, dann weitere zwei Security-SUVs. Mit etwas Abstand gefolgt von vier Übertragungswagen, vier ausgewählte Fernsehsender, die die heutige Vorführung in die ganze Welt verbreiten würden.

Was hoffentlich für Aufregung sorgen würde. Und für Hoffnung.

Denn dies war kein gewöhnlicher Pressetermin. Dieser Tag, die geplante Präsentation, sollte der Anfang von etwas Großartigem sein.

Kamala Harris hatte eine Sensation in petto.

Sie drückte den Knopf zur Fahrer-Sprechanlage. »Wie weit noch zur Farm, Peter?«

»Knapp zehn Minuten, Ms President, Ma'am.«

Sie lehnte sich zurück und blickte aus dem Fenster. Verdorrte Felder, tote Maisstauden, auf denen fingerdick der Staub lag, hier und da ein »Zu verkaufen«-Schild, an der Zufahrt einer Farm.

Früher war Iowa, gelegen im Mittleren Westen, der »Brotkorb Amerikas« gewesen, ein Staat von Mais- und Soja-Farmern, meist vierte oder fünfte Generation der Einwanderer aus Skandinavien und vor allem Deutschland. Fruchtbare Erde, gutes Wetter für Saat und Ernte – ursprünglich.

Aber dann, in den 1930er Jahren, mitten in der bislang härtesten Wirtschaftskrise, als Staubstürme im angrenzenden Kansas und Oklahoma weite Teile des Farmlandes in Wüste verwandelten, da hatte es auch Iowa getroffen. Und schon damals war es eine menschengemachte Katastrophe gewesen: Man hatte die Prärieböden zu Ackerland verwandelt, indem man den Grasboden pflügte, doch ohne die tiefen Graswurzeln war die fruchtbare Krume bei der ersten Dürre einfach weggeweht. Die Folge: ein Exodus von dreieinhalb Millionen verarmter Menschen.

Trotzdem hatte man nichts daraus gelernt. Bis dann, beginnend im Jahr 2022, das Klima auch hier kippte. Heftige Sandstürme, unkontrollierbare Brände, Überschwemmungen waren die Folge, und als man gerade dachte, das Schlimmste wäre überstanden, fielen wie aus dem Nichts Heuschreckenschwärme über die noch verschont gebliebenen Landstriche her.

Kamala Harris blätterte in ihrem Reader, den die Presse-Abteilung für sie zusammengestellt hatte. Drei Viertel der Farmer hatten aufgegeben, hatten ihre Felder und Höfe verlassen, hausten in Wohnwagenparks.

Die Familie, zu der sie jetzt fuhren, hieß Iwersen. Die PR-Leute hatten die Iwersens ausgesucht, weil sie noch nicht aufgegeben hatten – sie kämpften zäh ums Überleben. *Marie und Martin Iwersen, fünf Kinder, Urgroßeltern aus Germany eingewandert, Farm und Land in Familienbesitz*, las die Präsidentin.

»Ms President, Ma'am?« Das war die sympathische Bass-Stimme von Peter, dem Fahrer. »Wir sind da, dort ist die Farm.«

Die Wagenkolonne bog auf die Zufahrt ein. Das eigentliche Anwesen lag etwas erhöht, auf einem breiten Hügel. Links stand ein mächtiges Haus mit steinernem Unterbau und Holzfassade, mit Schindeldach, offenbar das Wohnhaus. Zwei Scheunen, eine rot, eine gelb. Vor der Scheune ein großer Brunnen, ein Wasserbassin. Auf dem einen Scheunendach ein riesiger Wassertank, von dem ein Schlauch hing. Hühnerstall, Zwinger mit Hunden, in der Mitte stand eine Ulme, die Krone leuchtete in frischem Grün.

Die Gebäude bildeten ein nach einer Seite offenes Viereck. Die freie Seite öffnete den Blick auf weite Felder – die jetzt allerdings verdorrt und verwüstet waren. Vor dem Wohnhaus, säuberlich aufgereiht, stand die Familie Iwersen. Der Farmer: groß, ernst; die Frau: irgendwie erschöpft; fünf Kinder, der Größe nach sortiert, und alle von demselben Blond. Sie wirkten aufgeregt. *Ich wäre auch aufgeregt, wenn hier plötzlich eine Invasion einfällt*, dachte die Präsidentin.

Die Kinder waren perfekt.

Die Eltern waren perfekt.

Der ganze Ort war perfekt.

Jetzt musste nur noch die Technik funktionieren: Denn die Präsidentin präsentierte eine revolutionäre Technologie, erforscht und zur Anwendungsreife gebracht von den besten Köpfen der besten Forschungslabore in den USA. Eine Technologie, die helfen würde, die Schäden des Klimawandels zu begrenzen. Eine Technologie, die die Menschheit retten könnte.

Es gibt Hoffnung: Das würde die politische Botschaft der Fernsehbilder sein.

Die Chefprogrammierer, Ingenieure, Wissenschaftler, sie alle hatten hoch und heilig geschworen, dass nichts schiefgehen würde und könnte, *überhaupt nichts*, alles hundertmal durchgerechnet, tausendmal ausprobiert.

Die Wolke sei so *safe*, als hätte Gott persönlich die Tests überwacht. Die Wolke sei serienreif. Na, dann verlasse ich mich auf Sie, meine Herren, hatte die Präsidentin gesagt. Und auf die Wolke.

Denn das war die Technologie, die heute und hier auf dem Farmgelände der wackeren Familie Iwersen vorgestellt werden sollte: eine Wolke.

Es war der Prototyp einer künstlichen Partikelwolke, bestehend aus Mikro-Drohnen, Millionen von ihnen, und jede von ihnen war etwa so groß wie eine Stubenfliege, jedoch etwa tausendmal so schwer. Eine Stubenfliege wog ungefähr drei Milligramm, 0,003 Gramm. Eine Drohne wog 3,1492 Gramm. Damit waren die »Dragon Flies«, so ihr Vermarktungsname, immer noch kein Schwergewicht – es bedurfte 317 Exemplaren, um auf ein Kilo zu kommen.

Die Erfindung war geboren worden in einem kalifornischen Start-up. »Cloud Unlimited« war ein Unternehmen von vier talentierten Ingenieuren, die sich im »Jet Propulsion Lab« in La Cañada Flintridge kennengelernt hatten, als sie Raumsonden für die NASA entwarfen. Dort hatten sie, abends bei sehr viel Bier und Bourbon, die Idee zu einer Mikro-Drohnen-Wolke mit bionischem Antrieb gehabt, abgekupfert im Tierreich. Jeder der vier war ein Genie auf seinem Gebiet und sozial völlig inkompatibel. Einer von ihnen hatte als kleiner Junge, aus Gründen, die nur er kannte, Motten und Libellen gezüchtet und das gab den Ausschlag.

Libellen sind, was Flugkünste angeht, die Stars unter den Insekten, die schönsten Killer, die Akrobaten im Insektenreich. Jedes ihrer beiden Flügelpaare wird mit zwei Muskeln in Gang gesetzt, die Paare arbeiten jedoch nicht synchron, sondern unabhängig. Libellen erreichen Geschwindigkeiten bis zu fünfzig Stundenkilometern, fangen ihre Beute-Insekten im Flug, können auf der Stelle verharren und in nahezu alle Richtungen starten.

Es waren wunderbare Insekten. Und deshalb auch so schwer nachzubauen.

»Cloud Unlimited« löste das Problem mit künstlichen Muskeln aus Elastomeren, die aus verdrillten Nanofasern bestanden, und mit Elektroden, die durch einen elektromagnetischen Impuls aktiviert wurden – diese winzigen Kunst-Muskeln waren enorm leistungsfähig und konnten das ungefähr Tausendfache ihres Eigengewichts heben. Ihre Energie bezogen die Drohnen aus winzigen Solarzellen, integriert in Flügel und Körper. Sechs photoaktive Schichten, ergänzt durch Mikro-Linsen, konnten das Lichtspektrum der Sonne optimal ausbeuten. Jede Schicht wandelte einen anderen Wellenlängenbereich in Strom um. Insgesamt erreichten alle sechs Schichten einen Wirkungsgrad von achtundachtzig Prozent.

Und der ersten Mikro-Libelle folgten viele Exemplare nach. Inzwischen war die US-Regierung interessiert, auch die diversen Technik-Scouts der G3-Supermächte, die überall auf der Welt nach neuen Ideen und Erfindungen fahndeten. Ganz speziell aber die gerade von Kapstadt neu geschaffene, weltweit agierende *Food Security Patrol*, eine Art Spezialpolizei für die Nahrungssicherheit, die von jetzt an allen Gefahren zuvorkommen sollte, die den großen Agrargebieten drohten.

Plötzlich war Geld für »Cloud Unlimited« kein Problem mehr. Plötzlich ergoss sich eine Flut von Dollars auf die kleine Firma. In der Wüste von Nevada wurden Produktionshallen aufgezogen, mit CE-Miniaturfräsen, 3D-Druckern, Massenproduktion. Die Libellen wurden in den Labors immer weiter verbessert und in ungeheuren Stückzahlen produziert – millionenfach.

Denn echte Libellen sind Einzelgänger, keine Schwarm-Insekten. Aber ihre künstlichen Schwestern sollten es sein. Sie sollten eine Wolke bilden.

Die Mikro-Drohnen sollten einerseits Landstriche und Felder verschatten, die sonst unter der Sonne verbrennen würden, und sie sollten andererseits die Heuschrecken-Attacken eindämmen, indem sie die gefräßigen Tiere imitierten und so ihr Schwarmverhalten beeinflussten. In Versuchsreihen war nachgewiesen worden, dass die Drohnen von den Heuschrecken als ihresgleichen wahrgenommen wurden. So konnten sie ganze Schwärme umlenken und die komplizierten Verhaltensabläufe umdrehen, welche aus der harmlosen, einzelnen Heuschrecke die bisher fast unkontrollierbaren, gefräßigen Riesenschwärme werden ließen.

Und der Prototyp der Wolke sollte heute und hier präsentiert werden, auf der Farm der braven Familie Iwersen, vorgestellt von der Präsidentin, weltweite Übertragung inklusive.

Eine Botschaft.

Die Türen der Staatskarosse »The Beast« waren so schwer, dass die Präsidentin sie nicht von innen öffnen konnte; zwei Secret-Service-Leute eilten herbei und halfen Kamala Harris aus dem Wagen.

Sie lächelte beiden zu – sie war, auch mit einundsechzig Jahren, eine attraktive, gepflegte Erscheinung. Dann ging sie als Erstes zu der Familie Iwersen, schüttelte bis zum kleinsten Kind der Orgelpfeifenreihe die Hand, sagte einige Freundlichkeiten und ließ sich zu der kleinen, provisorisch errichteten Tribüne geleiten, wo die Ehrengäste saßen, Vertreter von Landwirtschaftsverbänden, die vier Ingenieure von »Cloud Unlimited« mit ihren Familien, UNO-Abgeordnete.

Neben der Tribüne stand das klimatisierte und doppelwandige Zelt, vollgestopft mit Monitoren und Rechnern, die Überwachungszentrale für die Drohnen-Wolke. Der Chefentwickler, Professor Dr. Dr. Maxim Blaschek, ein ehemaliger NASA-Mann, nun technischer Direktor der *Food Security Patrol*, ging zwischen seinen Leuten, die an den Monitoren hockten, auf und ab und strahlte. Alle zwei Minuten nahm er seine Brille ab, zerrte ein Tuch aus seiner linken Brusttasche und putzte die Gläser.

Die Fernsehleute hatten schon am Vortag ihre Kameras installiert, gleich gegenüber der Tribüne, mit freiem Schwenk-Blick auf die Felder, wo die Wolke aufsteigen würde. Sie gingen in Position.

Kamala Harris stieg die schmale Treppe zur Tribüne empor, die Höhe war ihr etwas unangenehm, aber sie verbarg es. Sie lächelte nach links und rechts und ging zum Rednerpult. Phil und

Chang standen bei den Fernsehleuten, Phil tippte mit übertriebener Gestik gegen seine Angeber-Uhr.

Ich weiß selbst, dass wir anfangen sollten, dachte Kamala Harris. Sie tippte gegen das Mikrofon auf dem Rednerpult, es war eingeschaltet.

»Liebe Gäste, liebe Zuschauerinnen und Zuschauer, liebe Familie Iwersen! Dieser Ort, diese Farm, ist ein so wunderschöner Ort. Leider ist der Anlass, der uns zusammengeführt hat, weniger erfreulich – aber sehr wichtig. Es ist heute ein historischer Tag …«

Ein Moment Pause, die Zuschauer schwiegen.

»Ich bin stolz, die heutige Vorführung eröffnen zu können, doch ich werde das Wort gleich weitergeben an den Chef des Ganzen, an Professor Blaschek, der mit seinem Team diese neue Technologie entwickelt hat. Zuvor nur eine persönliche Bemerkung: Ich bin froh und stolz. Jawohl, stolz auf diesen Tag, diesen Moment, ich blicke mit Bewunderung auf die Leistung der Ingenieure und Programmierer, die diese revolutionäre Technik erdacht und erbaut haben – vor allem aber bin ich froh, dass unsere neu gegründete Klima-Allianz, hervorgegangen aus den G3, allmählich Erfolge verzeichnet. Wir zeigen heute, dass wir gelernt haben. Wir werden die Folgen der Klimakatastrophe, die die Menschheit verursacht hat, weiterhin bekämpfen, mit Intelligenz und Lernfähigkeit, mit Tatkraft und Tapferkeit. So wie die Farmerfamilie Iwersen, deren Gäste wir heute sein dürfen. Und damit gebe ich das Wort weiter an Professor Blaschek.«

Stille. Blaschek stand jetzt vor dem Zelt. Er hatte ein Funkmikro in der Hand, sprach etwas blechern, aber er hielt sich nicht lange mit Vorreden auf. Die TV-Kameras schwenkten auf ihn.

»Danke, Ms President. Verehrte Gäste, bitte blicken Sie jetzt nach Westen, auf die Felder, etwa fünfhundert Meter entfernt, dort sehen Sie jetzt – etwa in Richtung meines Armes – eine Wolke aufsteigen, eine Wolke, die wir dort platziert haben. Es ist keine echte Wolke, sondern sie besteht aus Mikro-Drohnen …«

Tatsächlich sah man einen silbrigen Schleier, der wie Bodennebel über dem Feld schwebte – sich aber weiter erhob.

»Die Drohnen sind bionisch, der Natur nachempfunden, in diesem Fall Insekten, und jede einzelne ist nicht größer als eine Fliege.« Er nahm die Brille ab, putzte sie umständlich, steckte das Tuch in seine linke Brusttasche. »Die Wolke hatte beim Start Abmessungen von etwa hundert mal hundert Metern. Jetzt gleich wird die Wolke rotieren, damit alle Drohnen sich aufladen können. Es wird aussehen wie eine wabernde Wand am Himmel – ich gebe zu, das könnte etwas bedrohlich wirken, aber es ist ganz und gar ungefährlich. Wir haben umfangreiche Sicherheitsmaßnahmen ...«

Man sah jetzt über den Feldern eine silbrig schimmernde Wand, die in der Luft hing wie ein gigantischer Kastendrachen. Ein Kastendrachen, der rasch größer wurde. Die Kameraleute waren hingerissen.

»Die Drohnen-Wolken«, fuhr Blaschek fort, »wenn wir sie in Serie produzieren, können Wolken zum Abregnen initiieren, sie können tage- oder wochenlang am Himmel stehen und Schatten spenden, sie sind energieautark – und sie können Insektenschwärme abwehren. Mit anderen Worten: Heuschreckenabwehr. Was Sie hier und heute also sehen werden, ist das Ende einer langen Serie von Plagen, die die Menschheit seit biblischen Zeiten überziehen. Und jetzt, wo die allgemeine Situation angespannt ist, müssen diese Plagen unbedingt kontrolliert werden. Was Sie hier sehen werden, ist vergleichbar mit der Entdeckung der Antibiotika! Gut. Jetzt eine Erklärung zur Programmierung. Die Programmierung ist so einfach wie möglich, wir haben sie auf *emergentes Verhalten* programmiert. Was heißt das? Ich will es erklären. Viele Schwärme in der Natur funktionieren emergent. Das bedeutet, das Individuum weiß nicht, dass es einen Schwarm in der und der Form bilden soll. Es ist ihm gar nicht bewusst. Es hat nur eine Minimalanforderung zu erfüllen: Halte den und den Abstand zu deinem benachbarten Individuum in der und der Höhe. Das Schwarmbild entsteht als Resultat dieser vielen, relativ einfachen Einzelentscheidungen – wenn man von ›Entscheidungen‹ reden will. Und emergente Systeme sind daher sehr stabil.«

Er machte eine Pause, nahm die Brille ab, putzte sie, setzte sie auf. Die Wand zog sich jetzt wieder etwas zusammen und bewegte sich über das Feld hinweg auf die Zuschauer zu.

»Die Wolke wird sich uns auf zweihundert Meter nähern, aber nicht mehr. Unfälle mit Flugzeugen, Hubschraubern, über Highways sind unmöglich. Falls unser Leitsignal, das alle dreißig Sekunden gegeben wird, einmal ausbleibt, sinkt der Schwarm sofort zu Boden. Sollte jemand versuchen, unser Programm zu manipulieren, wird er feststellen, dass die emergente Programmierung es ihm unmöglich macht. Er müsste sich nämlich in etwa sechs Millionen Drohnen gleichzeitig hacken, und die schnellsten Computer würden dafür zwei Jahre brauchen …«

Tuch rausholen, Brille putzen.

»Diese Programmierung ist unangreifbar. Dies war uns deshalb so wichtig, weil wir den Menschen das Gefühl geben wollten …«

Um welches Gefühl es ging, das blieb ungesagt, oder es blieb jedenfalls ungehört. Denn in diesem Moment brach Professor Blascheks Stimme ab, der tiefe Summton, den die schallgedämpften Generatoren verursacht hatten, verstummte, und im Kontrollzelt erloschen die Monitore.

Als hätte man für einen Moment den Lauf der Welt angehalten.

Aus dem Kontrollzelt kamen aufgeregte Stimmen. Einer der Techniker kam herausgerannt und lief hektisch die Kabelstränge entlang.

Plötzlich schien die Temperatur anzusteigen. Die Wolke, die über dem Feld stand, formte sich zu einer riesigen, schimmernden Kugel. Und dann schien sie zu wachsen. Sie kam näher.

Und alle, Professor Blaschek, die geladenen Vertreter der

Landwirtschaftskammer, die Journalisten von den vier Fernsehsendern, die Kameraleute, die Iwersens, Eltern und Kinder, die Präsidentin Kamala Harris – sie alle starrten auf das Feld, auf die Wolke.

Die sich jetzt noch dichter zusammenzog.

Die zusehends dunkler wurde.

Und jetzt sehr schnell näher kam.

Mittwoch, 6. Mai 2026

Farmhaus der Familie Iwersen, Creek Road, Iowa, USA

Seit genau 475 Tagen war Kamala Harris nun die Präsidentin der Vereinigten Staaten von Amerika, erste Frau in diesem Amt, gleichzeitig die erste Präsidentin, die einen radikalen Neubeginn gewagt hatte.

Denn Harris hatte Ernst gemacht mit ihren Ankündigungen, die sie in ihrer Inaugurations-Rede vor eineinhalb Jahren auf dem Capitol Hill gehalten hatte. Die USA waren jetzt Teil der Klima-Allianz, zusammen mit Russland und China.

Die drei Supermächte hatten die Rettung der Welt zu ihrem höchsten Ziel erklärt. Die Klimakatastrophe sollte aufgehalten werden, mit aller Macht. Das Wettrüsten der Völker sollte beendet, die in einigen Ländern explodierende Geburtenziffer kontrolliert werden.

Es war eine gigantische Aufgabe, die die drei Supermächte sich gestellt hatten – mit vielen Unklarheiten. Für Kamala Harris war es, eigentlich fast mehr noch als die Präsidentschaft, das Projekt ihres Lebens. Und an diesem Tag sollte eine technologische Revolution präsentiert werden – das erste Ergebnis der neuen Wissenschaftsabteilung der Klima-Allianz.

Und darum hatte sie sich eigentlich auf diesen Tag, auf diesen Termin gefreut. Mal etwas ganz anderes, hatte sie gedacht.

Und hierin sollte sie mehr recht behalten, als ihr lieb war.

*

Die Wolke war eine Waffe geworden.

Und niemand war darauf vorbereitet, nicht die Techniker der neu gegründeten *Food Security Patrol*, aber auch nicht die Männer vom Secret Service, trotz ihres Trainings, trotz ihrer taktischen Ausbildung, trotz der Erfahrung, auf die dieser Dienst zurückblickte.

Auch der *United States Secret Service* hat einmal klein angefangen. Ins Leben gerufen wurde er an einem Mittwoch im Juli des Jahres 1865, ursprünglich nur mit dem Ziel, zwei sizilianischen Geldfälschern, die vorwiegend in New York tätig waren, das Handwerk zu legen. Allerdings handelte es sich bei den Herren Ignazio Saietta, bekannt auch als »Der Wolf« und Begründer der »Black Hand Gang«, und Vito Cascio Ferro tatsächlich um zwei Zeitgenossen mit sehr unerquicklichen Angewohnheiten – Kidnapping, Mord, Erpressung, Brandstiftung, Zerstückelung ihrer Opfer.

Der Secret Service war anfangs eine Unterabteilung des Finanzministeriums, bald aber kam eine neue Aufgabe hinzu, die Zerschlagung des Ku-Klux-Klan. Und schließlich übertrug man dem Secret Service den Schutz der wichtigsten Personen im Land, den Schutz des Präsidenten und Vizepräsidenten und deren Familien. Oder, wie jetzt: der Präsidentin.

Sechzehn Secret-Service-Leute waren in der Kolonne mitgefahren, vierzig weitere Beamte befanden sich bereits seit zwei Tagen auf dem Farmgelände. Sie hatten das Gelände beobachtet, jeden Winkel überprüft, sie hatten drei Überwachungs-Ringe um das Farmhaus gelegt, eigentlich waren sie auf alles vorbereitet.

Nur nicht auf das, was jetzt geschah.

Die Wolke, eine Ballung von kleinen, surrenden Flugkörpern, groß wie ein zweistöckiges Haus, changierend zwischen Schwarz und Dunkelblau, kam über das Feld – kam direkt auf sie zugeschossen.

Neben dem Zelt standen, völlig verwirrt, völlig aufgelöst, die Ingenieure, Techniker, Wissenschaftler der *Food Security Patrol*. Man sah, wie sie gestikulierten, sie schienen sich anzuschreien, eine Pantomime des Entsetzens, denn das Surren übertönte jetzt alles. Drinnen im Zelt saßen immer noch einige vor den schwarzen Monitoren und hackten auf ihren Tastaturen herum.

Der schwarze Ball, der zu pulsieren schien, bewegte sich Richtung Tribüne auf die zwei Dutzend Ehrengäste zu, einige waren aufgesprungen, die meisten saßen versteinert auf ihren Holzklappstühlen, mit aufgerissenen Augen. Und der pulsierende Ball hielt direkt zu auf die 47. Präsidentin, auf Ms Kamala Harris.

»Achtung, Topspin – Grand Slam evakuieren! Sofort!« Der Chef der Secret-Service-Leute brüllte den Befehl, drei, vier Beamte polterten die schmale Metalltreppe hinauf zur Ehrentribüne.

Wie ein Hornissenschwarm, der sich auf einem Baumwipfel oder Dachvorsprung niederlässt, so legte der pulsierende Ball sich jetzt von vorne auf die Tribüne, Mikro-Drohnen mit einem Gesamtgewicht von 17 958 Kilogramm, es sah aus wie ein Erdrutsch, als würde sich eine dunkle Decke über das Gerüst legen.

Bolzen sprangen aus ihren Verankerungen. Streben verbogen sich, lösten sich, und mit einem unhörbaren – vom Surren übertönten – Poltern kippte die Tribüne einfach weg, scheppernd, krachend fiel sie nach hinten, und der artifizielle Schwarm begrub millionenfach das zerstörte Gerüst und die Gäste und auch die Präsidentin unter sich.

Verwirrung, Geschrei, Panik. Etliche Secret-Service-Leute hatten ihre Waffen gezogen, aber worauf sollten sie schießen? Einige warfen sich in den schwarzen Schwarm, versuchten, sich schlagend und rudernd einen Weg zu bahnen durch das schwirrende, fauchende Gewimmel, in der Hoffnung, unter verbogenen Metallteilen und Mikro-Drohnen irgendwo einen der Gäste hervorzuziehen, einen Arm oder ein Bein zu ergreifen.

Aber das war aussichtslos.

Phil Goldman war davongelaufen, als der Schwarm sich näherte. Er kauerte wimmernd an einer Hauswand, Chang Mai stand genau dort, wo sie gestanden hatte, genau so, *wie* sie zuvor gestanden hatte – nur jetzt war sie kreidebleich.

Auch Martin Iwersen, der Farmer, hatte sich kaum gerührt.

Aber im Unterschied zu allen anderen dachte er nach, und zwar dachte er schnell und praktisch. Und als er eine Lösung gefunden hatte, rief er seinem ältesten Sohn und der großen Tochter etwas zu, rannte in die Scheune und kam wenig später mit einem Schlauch in der Hand zurück. Es war kein Gartenschlauch, sondern ein Schlauch für einen Farmbetrieb, mit einem Innendurchmesser von achtundvierzig Millimetern, einem Berstdruck von vierundzwanzig Bar, ein Schlauch, um einen Scheunenbrand zu löschen.

Und dann spritzte er los, mit einem mächtigen Wasserschwall, direkt in den Schwarm. Und die Kameras nahmen alles auf.

Jetzt würden andere Bilder um die Welt gehen.

Mittwoch, 6. Mai 2026

Mumbai, Indien

Eine schmale Seitenstraße im Stadtteil Colaba, Mumbai, ehemals Bombay, abgehend von der Shahid Bhagat Singh Road. Es ist kurz vor Mitternacht, die Gasse ist dunkel, hier gibt es keine Straßenlaternen, jedenfalls keine funktionierenden.

Die Luft ist sehr warm und klebrig vom Salz des Meeres, das Fährterminal *Sassoon Dock* ist nur zehn Gehminuten entfernt. Es riecht nach verbranntem Papier, Müll, Kochdünsten, nach Zwiebeln und Kurkuma – manche Restaurants haben ihre Ablüfter noch nicht ausgeschaltet.

Colaba liegt an der Südspitze jener Halbinsel, auf die einst der legendäre König Raja seine Festung in die Lagune pflanzte – aus der später ein Moloch namens Mumbai werden sollte. Colaba ist immer noch eines der besseren und jedenfalls teuersten Viertel der Stadt, die mittlerweile auf fast vierzig Millionen Einwohner angeschwollen ist – fast alle Bewohner verzweifelt, denn die meisten Jobs und Möglichkeiten sind in den vergangenen Jahren weggebrochen, erst kamen ungewöhnliche Monsunfluten, die Pandemie, dann die Rezession.

Von der Shahid Bhagat Singh Road ist es nicht weit zur State Bank of India, und am berühmten Gateway of India, einem der Wahrzeichen des Landes, ist man in rund dreißig Minuten. In Colaba können sich auch Chinesen, Amerikaner, Europäer auf den Straßen einigermaßen unbehelligt bewegen; die Polizei hat das Viertel praktisch abgeriegelt, die halbverhungerten Straßenkinder und Bettler werden mit Stockhieben zurückgetrieben. Colaba ist reserviert: für die, die noch Geld haben.

Das Wohnhaus ist schmal, modern, fünf Stockwerke hoch, umgeben von einer verputzten Mauer. Vor dem Gebäude steht eine weiße Stretchlimousine, in der Tiefgarage parken zwei weitere.

Das schmale Wohnhaus steht zwischen älteren, schäbigen Gebäuden, deren Türen verschlossen sind, die Metallrollläden sind heruntergelassen. Rechts ein Schild mit »Mirages Textile Inc.«, links der »Narial pani Smoothi Shop«. In dem schmalen Wohnhaus ist lediglich das Erdgeschoss, eine Art Marmorfoyer, hell erleuchtet.

Dort sitzt an einem Tisch ein einziger Wachmann, ein Alter in einer roten Phantasieuniform mit einem prachtvollen Schnurrbart, einem Schnauzer mit aufgezwirbelten Enden. Der Schnurrbart ist der ganze Stolz des Mannes, den er mit Cremes, behutsamem Stutzen, mit Kamm, diversen Bürstchen und gläubiger Hingabe pflegt. Vor ihm auf dem Tisch, auf einem grünen Tuch, liegt eine langläufige Remington, eine Repetierbüchse mit fünf Patronen.

Aber Mauer und der martialische Wachmann sind nur Dekoration – kein Unbefugter der Welt könnte dieses Haus betreten. Auch, dass in den unteren Wohnungen gelegentlich Licht an- und ausgeschaltet wird, ist ferngesteuert. Nur die oberste Wohnung, ausgestattet mit einer Dachterrasse, ist überhaupt bewohnt, von einem einzigen Mann mit seinem Diener.

Der Mann ist ungefähr Anfang vierzig, er sitzt hinter seinem Oxford-Schreibtisch an einem Laptop und scrollt durch verschiedene Seiten. Er trägt ein weites weißes Hemd, das zu seinem vollen, fast weißen Haar passt, und er hat saubere braune Haut und ein gut geschnittenes Gesicht, fast schon ein edles Profil.

An der Wand hängen Baupläne, Ausdrucke von Architekturzeichnungen. Man erkennt eine riesige Anlage mit Wegen und Versorgungsleitungen, zwei Dutzend Gebäuden, es ist der *Shah-Shaanti-Ashram*, den der Mann bauen lässt, ein gigantisches Projekt.

Jetzt greift der Mann zum Telefon. Ein Wintec-Scrambler ist an das Telefon angeschlossen. Die Nummer, die der Mann anruft, ist programmiert.

»Wie geht es Ihnen? Sehr gut … Ja, das habe auch ich so empfunden, es war schön … Ja, schön, wie ein *Lila* aus dem *Brahmasutra*, ein göttliches Spiel. Die Stimmung ist einhellig: Panik erzeugt mehr Panik, es könnte sich nicht besser entwickeln … Ja, das sehe ich auch so … Das ist die allgemeine Interpretation – es ist den Amerikanern entglitten, sie können ihre eigene Technik nicht beherrschen. Ich hege große Bewunderung für Ihre Arbeit, Professor. Und wir wissen jetzt, was in der Quantentheorie für unglaubliche Möglichkeiten stecken, es war ein kleiner Testlauf, und er war mehr als überzeugend. Sobald wir Informationen über die Ermittlungen haben, können wir das weitere Vorgehen besprechen. Wie? Sehr gut. Ja. Ich werde morgen anrufen.«

Der Mann legt auf. Sein Name ist Amitav Rama Shah, der »Guru der Millionen«. Er ist reich, erfolgreich, seine weltweiten Geschäfte expandieren. Und er hat noch viele Pläne.

Er tritt auf die Dachterrasse, blickt über die dunklen Nachbarhäuser hinweg. Das Haus steht so, dass man bei guter Sicht Richtung Nordosten bis Gharapuri blicken kann, über das Arabische Meer. Aber jetzt ist da draußen nichts als Schwärze.

Mittwoch, 6. Mai 2026

weltweit

+++ CNN-International +++

Breaking News

Drohnen-Präsentation wird zur Horror-Show/ Technologie zur Klimarettung greift Menschen an/ Filmaufnahmen gehen um die Welt – so viele Klicks wie nie/»Technischer Unfall« oder Anschlag auf US-Präsidentin Harris?

Weltweite Erschütterung haben live gesendete Filmaufnahmen ausgelöst, die heute auf einer abgelegenen Farm in Iowa entstanden. Die Aufnahmen zeigen einen »äußerst bedauerlichen, technischen Unfall«, so die Erklärung aus dem Weißen Haus, sie dokumentieren ein Geschehen, bei dem eine neuentwickelte Art von Mikro-Drohnen eine Gruppe von Menschen gleichsam »attackiert« und unter sich begräbt. Unter diesen betroffenen Personen befand sich auch die US-Präsidentin.

Präsidentin Harris wurde verletzt, mit ihr weitere elf Personen. Die Verletzten wurden in das »Broadlawns Medical Center« in Des Moines gebracht, die Präsidentin von dort aus, nach Erstversorgung, nach Washington geflogen.

Die angebliche »technische Panne« – Skeptiker sprechen von einem »Attentatsversuch« – ereignete sich während einer Vorführung, bei der eigentlich die Klimarettungsmöglichkeiten einer neuartigen Drohnen-Wolke vorgeführt und getestet werden sollten. Vorführung wie auch Test endeten jedoch in einem Desaster.

Die Drohnen-Wolke brachte zunächst eine Tribüne zum Einsturz und begrub sodann die angegriffene Menschengruppe unter ihrer Masse. Es war, dies zeigen die Filmaufnahmen, nur dem mutigen Eingreifen eines Farmers vor Ort zu verdanken, dass die zwölf Menschen rasch von dem Drohnen-Teppich, der sich über sie gelegt hatte und sie zu ersticken drohte, gerettet werden konnten. Der Farmer benutzte, auch dies zeigen die Filmbilder, einen Feuerwehrschlauch mit extrem hohem Wasserdruck. Er spritzte damit die Drohnen beiseite.

Zahlreiche Staatschefs haben den Vorfall kommentiert, fast einhellig mit Entsetzen und tiefstem Bedauern. »Wir haben in Kamala Harris eine international respektierte Politikerin«, so stand es in einer Erklärung, die viele Staatschefs unterzeichnet hatten und die die allgemeine Sympathie ausdrückte, die Harris entgegenschlug. »Wir wünschen ihr, im Namen vieler Menschen in unseren Ländern, baldige Genesung.«

In einer eigenen Stellungnahme bot der Staatschef Chinas, Mr Xi Jinping, die Hilfe Chinas an, um »das Geschehen unverzüglich und lückenlos aufzuklären«. Auch die Generalsekretärin der Vereinten Nationen, Ms Angela Merkel, sprach von einem »entsetzlichen Unfall, dessen Ursachen ans Licht kommen werden«.

Prof. Dr. Dr. Maxim Blaschek, dessen Team die Technologie entwickelte und programmierte, gilt als einer der weltweit angesehensten Wissenschaftler im Bereich Künstliche Intelligenz, Kinetik, Mathematik und Informatik.

Vernehmungsprotokoll der Dienste

[redacted]

[redacted]
Freigabe durch [redacted]

NUR FÜR INTERNEN GEBRAUCH

Vernommene Person: Prof. Dr. Dr. Maxim Blaschek / Food Security Patrol
Vernehmender Agent: [redacted]
Zeit: 2026-05-08, 10:45 p. m.
Ort: Langley, VA

– AUSZUG –

Professor Blaschek: »Ich weiß nicht, was geschehen ist. Ich weiß es einfach nicht. Kein Rechner, kein Netzwerk der Welt – keines, von dem ich weiß, keine Technologie, die ich kenne – kann diese Menge an Rechenoperationen durchziehen … Es war, als ob plötzlich die Gesetze der Physik aufgehoben werden. Als ob Sie einen Apfel zu Boden fallen lassen und er fliegt nach oben. Ein Widerspruch zu Erfahrung, Intuition, zu Gravitation und zu millionenfach bestätigten, berechneten Naturgesetzen. Und diesen Widerspruch muss ich aufklären. Das ist jetzt meine Aufgabe. Ja, und Ihre auch, natürlich. Wir ziehen doch alle am selben Strang!«

Mittwoch, 6. Mai 2026

Sitz des Hochkommissariats der Klima-Allianz,
Westflügel, Cafeteria 17, Kapstadt, Südafrika

Thomas Pierpaoli saß, als er von dem Attentat erfuhr, an einem Ecktisch in der Cafeteria 17 im pyramidenförmigen Kommissariatsgebäude der Klima-Allianz in Kapstadt. Es roch überall ein wenig nach frischer Farbe. Die Büros waren bereits bezogen. In den weniger wichtigen Räumen des hochmodernen Komplexes arbeiteten noch die Handwerker.

Pierpaoli hatte sich gerade ein leichtes Abendessen bestellt, einen Käse-Walnuss-Vollkorntoast, dazu ein Glas Tee. Er musste heute länger arbeiten, aber es störte ihn nicht. Er freute sich auf sein Abendessen.

Die Zeitverschiebung zwischen dem amerikanischen Mittelwesten und Südafrika beträgt sieben Stunden, in Kapstadt war es jetzt kurz vor sieben Uhr abends. Der Anschlag in Iowa lag also gerade eine halbe Stunde zurück, als schon die ersten Bilder über die Welt verbreitet wurden.

Zu diesem Zeitpunkt konnte Thomas Pierpaoli nicht ahnen, dass irgendwelche mysteriösen Ereignisse auf einer Farm irgendwo im Hinterland der USA ihn aus seinem wohlgeordneten und behaglichen Dasein reißen würden; und hätte ihm an diesem Abend jemand gesagt, dass hier ein großes Komplott seinen Anfang nahm, dass bald schon das Schicksal der Welt auf seinen Schultern lasten würde – über eine derart absurde Idee hätte er nur freundlich gelacht.

Thomas Pierpaoli glaubte an die kleinen Freuden. Er glaubte an einen aufgeräumten Keller, an gute Manieren, an ein Glas Rotwein am Abend, und er glaubte auch an die große Liebe – das allerdings aus sicherem Abstand.

In seinem geschmackvoll eingerichteten Apartment stand ein kleiner Yamaha-Flügel, ein Geschenk Pierpaolis an die, wie er gedacht hatte, Frau seines Lebens, eine gewisse Ariadna Ferrer Bayonne. Es war ein Geschenk an sie, als sie bei ihm einzog – vor einem knappen Jahr aber war Ariadna ausgezogen und aus Pierpaolis Leben verschwunden. Seitdem blieb das große schwarze Instrument still.

Thomas Pierpaoli war, als diese Geschichte begann, zweiundvierzig Jahre alt, Beamter im »Hochkommissariat für die Neuordnung der Welt«, wie der offizielle und etwas sperrige Name lautete, Agrarressort/Unterabteilung Prüfberichte, Konfliktlösungen. Er war studierter Biologe, mittelgroß, mittelmäßig sportlich, gut geschnittenes, freundliches Gesicht, warme Augen. Zu seiner Wohnung gehörte ein kleiner Dachgarten, neuerdings züchtete er dort erfolgreich Tomaten, und zwar sowohl Stab- wie auch Buschtomaten. Er zog mehrere Sorten: Kumato, Kalimba, Green Zebra, Laternchen. Denn Tomaten, fand Pierpaoli, waren großartige, vielfältige Pflanzen, noch nicht kaputtgezüchtet wie Bananen: Es gab weltweit 3100 registrierte Tomatensorten, nochmals so viele Züchtersorten. Pierpaoli arbeitete daran, Tengeru und Tanya zu kreuzen. Die Klimabedingungen in Südafrika waren zunehmend härter geworden. Pierpaoli hatte deshalb auf der Dachterrasse ein kleines Gewächshaus aufstellen lassen.

Er hatte eine Schwäche für gute, klassische Anzüge; seine Hemden kaufte er gerne bei Turnbull & Asser in London. Seine Liebhabereien waren Tomatenzucht, Spazierengehen und Kochen.

Pierpaoli hatte eine Arbeit über asiatische Kuckucksarten publiziert, sich dann auf Agrarbiologie spezialisiert, und nach einiger Zeit bei der UNO und ein paar glücklichen Empfehlungen war er im Hochkommissariat der G3 gelandet, wie die Organisation anfangs noch hieß.

Hier, im »High Commission Building«, etwas südlich von Kapstadt, unweit von Vredehoek und Oranjezicht, befand sich das politische Gehirn des mächtigen neuen Staatenbunds – der »Klima-Allianz«, wie sie inzwischen genannt wurde.

Schon kurz nach Gründung der G3 hatten zwei Länder ihren Beitrittswunsch formuliert: Island und Südafrika. Für die G3-Supermächte kam das verfrüht, erst wollte man sich selbst organisieren. Andererseits wollte man die Partner in spe nicht vor den Kopf stoßen. Und so erhielten die beiden Länder vorläufig einen Kooperations-Status.

Die G3-Regierungen suchten gerade nach einem geeigneten Ort für einen Hauptsitz, neutral gelegen, außerhalb ihrer eigenen Territorien. Sie entschieden sich für eine Wüstengegend unweit von Kapstadt.

In einer kahlen Ebene errichteten sie hier in kürzester Zeit das Gebäude der G3-Kommission, in Form einer gewaltigen Pyramide.

Die Seiten maßen 230 Meter, die Höhe lag bei 149 Metern. Die südafrikanische Pyramide war leicht, lichtdurchflutet mittels verstellbarer Reflektoren, sie war auf ihrer Oberfläche mit genügend Kollektoren ausgestattet, um die eigene Energieversorgung mehr als sicherzustellen. Die Versorgungseinrichtungen, die Energiespeicher und Wasserreservoirs lagen im Inneren der Pyramide. Die Büros lagen außen. Und rundumher entstanden noch Nebengebäude, Wohnviertel, Restaurantviertel, Sportanlagen, weitläufige Parks.

Und in dieser Pyramide befand sich seit einem knappen Jahr Thomas Pierpaolis Arbeitsplatz.

Es war ein begehrter Job, auch wenn man ein eher kleines Rädchen war. Pierpaoli hatte einen prominenten Patenonkel, Bao Wenliang, einen Studienfreund seines verstorbenen Vaters. Wenliang, Berater des chinesischen Staatschefs, hatte Pierpaoli die Wege geebnet, und so hatte er den Job im Hochkommissariat bekommen.

Er saß in seinem schmalen Büro, tief im Bauch des Hochkommissariats, beugte sich mit Hingabe über Berichte und Verträge, umtost vom Auf und Ab der Weltläufe, von neuen Weichenstellungen, Zusammenschlüssen und Initiativen, die der Weltrettung dienen sollten, umbrandet von Kalkül und Krächen, politischen Kraftlinien, Gefahren und Schwierigkeiten – und er studierte die Details. Die Neuausrichtung der Weltpolitik aufs Klima hatte ihn von Anfang an überzeugt, und so arbeitete er mit Eifer. Manchmal entwickelte er eine originelle Idee, etwa über Düngereinsatz in Nordchina, in der Region Tchunan, oder über Mikro-Food-Anbau in Thailand, und er löste eine Kette von Ereignissen aus, die tatsächlich etwas veränderte, zum Guten. Zurzeit arbeitete er an einem Restrukturierungsprogramm für die europäische (vor allem französische) Käseproduktion. Thomas Pierpaoli hatte ein Händchen für Mathematik, er konnte sich gut Zahlen merken und glaubte an Details.

Zu seinem leichten Abendessen, Toast und Tee, hatte er sich in der Cafeteria 17 an einen Ecktisch gesetzt, wo er das Nachrichtengeflacker des Bildschirms nicht sehen konnte, deshalb fuhr er ärgerlich zusammen, als plötzlich der 75-Zoll-Flachbildfernseher über ihm losbrüllte, jemand hatte den Ton hochgedreht.

Und die wenigen Gäste in der Cafeteria sahen zum Fernseher, die meisten waren aufgesprungen, alle Gespräche waren verstummt. Die Stimme des CNN-Breaking-News-Sprechers schien sich fast zu überschlagen.

Es waren dieselben Bilder, die an diesem Tag über 220 Millionen Kanäle, Communitys, Messengerdienste, Medien und soziale Medien laufen sollten, auf YouTube, Instagram, Reddit, Twitter, 4chan, Tumblr, 8kun, Telegram. Die Aufnahmen würden nach einer Woche, mit nahezu zwanzig Milliarden Klicks, zum meistgesehenen Video avancieren – und das computeranimierte Musikvideo »Baby Shark Dance« der Gruppe »Pinkfong« mühelos überholen.

Pierpaoli war aufgestanden, er stand, wie alle anderen Besucher der Cafeteria 17, wie auch die Kellnerinnen und Köche, vor dem Bildschirm, manche stumm, andere stöhnend, alle fassungslos.

Der Sprecher beschrieb jetzt, wo die Präsidentin lag, wie sie sich aufrichtete, unter den Trümmern hervorkroch, durchaus schockiert – aber dann befahl sie den Secret-Service-Leuten, sich um die anderen zu kümmern. Die Live-Bilder erloschen, Schnitt auf ein Studio.

Was er gesehen hatte, dachte Pierpaoli, lieferte einige Erkenntnisse und gab eine große Frage auf.

Erste Erkenntnis: Die Präsidentin lebte. Gut.

Sie würde, zweitens, nach ihrem Auftritt hervorgehen als Heldin, die zweite Amtszeit war ihr sicher, der politische Rückenwind für die G3 beträchtlich.

Drittens war diese Mikro-Drohnen-Technologie immer noch die beste Technologie, um die Heuschreckenschwärme schnell zu bekämpfen. Dies war nicht Pierpaolis Gebiet, aber er hatte darüber gelesen. Es war eine Technologie, die fürs Überleben der Menschheit wichtig war – doch jetzt war sie diskreditiert, in ein schlechtes Licht gerückt. Das war die dritte Erkenntnis.

Die Frage, die sich stellte, lautete: Falls jemand diese Technologie diskreditieren wollte – warum?

Kapitel 2
Die Welt

Bäume sind Heiligtümer. Wer mit ihnen zu sprechen, wer ihnen zuzuhören weiß, der erfährt die Wahrheit.

Hermann Hesse

Dienstag, 2. Februar 2027

Araucania-Region, im Süden von Chile

Ein seltsames Geräusch im Dunkeln, ein Sirren, das anschwoll – davon war Inara aufgewacht. Sie schlug die Augen auf.

Es war noch dunkel in der Hütte, der Morgen war noch nicht angebrochen, die Vögel still. Vielleicht könnte sie einschlafen, dachte sie verschwommen, sie würde es versuchen. Inara schloss die Augen und spürte die Wärme des Bettes, da hörte sie ihre kleine Schwester weinen, maunzen. Lilen war erst ein Jahr alt. Inara hingegen war schon acht, in einigen Jahren würde sie kein Kind mehr sein, sondern eine junge Frau.

Sie lebten zu viert in der Holzhütte, die ein einfaches Strohdach hatte und einen gestampften Lehmboden: ihre Eltern, die neugeborene Lilen und sie, Inara. Als die große Tochter, hatte ihre Mutter ihr eingeschärft, müsse Inara ein Auge haben auf alles, auf die kleine Schwester aufpassen, der Familie helfen, dem Stamm helfen. Inara gab sich Mühe.

Man musste viel lernen, viele Dinge wissen, vieles können, wenn man ein *Pehuenche* war, ein Mensch des Waldes. Ihr Stamm lebte im Süden von Chile, seit unzähligen Generationen.

Inara war ein schmales Mädchen mit den indianischen Gesichtszügen der *Pehuenche*, mit hohen Wangenknochen, makellosen Zähnen und schwerem Haar, das sie meistens zu zwei blauschwarzen Zöpfen geflochten trug. Sie war sehnig und groß für ihr Alter, eine gute Schwimmerin, unerschrocken im wilden Wasser des Bergbachs und geschickt im Klettern, und sie hätte die Anführerin der Mädchen im Stamm sein können, wenn sie sich nicht immer etwas abseits gehalten hätte, doch so war sie: scheu, eigensinnig.

Sie hörte, wie ihre Mutter sich aufrichtete, hinübergriff, wo das Kind lag, wie sie Lilen an ihre Brust legte. Kurz darauf die glucksenden Sauggeräusche, die Kleine trank durstig.

Ihre Hütte, die *Ruka* in der Sprache der *Pehuenche*, maß ungefähr zehn mal fünf Meter, hatte außerdem einen türlosen Anbau für die Küche, mit einem in die Wand eingelassenen Kupferkessel, in dem gelegentlich Wasser über einem Feuer erhitzt wurde. Ein weiterer Anbau mit einem Wasch- und Badezuber. Gelebt, geschlafen, gegessen wurde im Hauptraum, dort bewahrten sie auch, an einer Wandseite säuberlich aufgeschichtet, ihr Hab und Gut sowie die Vorräte für den Winter auf: Mehl in Tonkrügen, Zapfen, Trockenfleisch, getrocknete Beeren und Früchte, Kräuterbündel, die kopfunter hingen, Säcke mit Federn, Metallkanister mit Petroleum, Werkzeug, eine Batterie, Töpfe, Seile, Nägel und Nadeln, Zündsteine, Messer, Schnüre, Gummimatten, Netze. Der Fluss hinter der Ansiedlung führte reines, kaltes Wasser.

Die Hütte gehörte zu den größeren in der Ansiedlung, denn Inaras Vater war ein *Longko*, ein Häuptling. Inara war insgeheim sehr stolz auf ihren Vater; auch der Vater ihres Vaters, hatte man ihr erzählt, war Häuptling gewesen, und wäre Inara ein Junge, würde man ein unbestimmtes Auge auf ihn und seine Talente als Anführer haben. Doch als Mädchen konnte sie kein Häuptling sein; und ohnehin gingen Inaras Fähigkeiten in eine andere Richtung.

Noch einmal glitt sie in den Schlaf hinüber.

Und sie träumt.

Sie träumt, dass sie über Berge steigt, aber diese Berge sind kahl und unvertraut. Sie gelangt an eine weite, freie Fläche, dort sieht sie Menschen, auf die sie zuläuft – sie will sie fragen, wo sie hier sind. Und sie ist erleichtert, als sie sieht, dass es Leute ihres Stammes sind – und da ist auch ihr Vater, der Häuptling. Aber alle wirken abwesend, als wären sie an einem Ort, den sie nicht kennen. Ein Kind sagt etwas zu einem anderen Kind: *Ñuke Mapu*, die Mutter Erde sei zornig. Inara erschrickt darüber. Und plötzlich hebt ein Rauschen an.

Und davon wachte sie auf. Das Rauschen war in ihrem Traum gewesen, aber es war auch in der Wirklichkeit, sie hörte es.

*

Der statistische Report der G3 aus dem Jahr 2026 listet für das gesamte Territorium Lateinamerikas insgesamt 416 indigene Gruppen auf. Die *Pehuenche* sind eine der größeren Ethnien, die noch der traditionellen Lebensweise folgen. Sie leben im Süden Chiles, zurückgezogen und in den Bergwäldern, sie leben in kleinen Verbänden, sogenannten *Lofs*. Die meisten Naturvölker waren vom Klimawandel am härtesten betroffen. Ihre Lebensweise war mit den Zyklen der Natur verzahnt: Waldbrände, Dürren, Überschwemmungen, für solche Katastrophen hatten sie keine Reserven.

Die Klima-Allianz hatte einige Anstrengungen unternommen, um Unterstützung zu leisten, hier und da Abhilfe zu schaffen. Man hatte auch Dutzende von Hilfsorganisationen, sogenannten NGOs, zur Mitarbeit requiriert, aber es war schwierig und scheiterte oft an Missverständnissen. Jedes Naturvolk hatte seine eigene Nische gefunden, seine eigene Kultur entwickelt. Die *Pehuenche* zum Beispiel gehörten zum großen Volk der *Mapuché*. Die *Mapuché* teilten sich in drei Stämme, es gab da die Leute des Meeres, die Leute der Flüsse, und schließlich gab es die Leute des Waldes, die *Pehuenche*. Der Wald versorgte sie mit allem, was sie brauchten, eine neue Lebensweise wollten und konnten sie nicht annehmen.

Inara horchte. Sie konnte, wie jedes *Pehuenche*-Kind, Hunderte von Geräuschen und Lauten mühelos unterscheiden, das Knacken, Fiepen, Schnauben, Knarren, Huschen im Wald. Und sie konnte Tiere, Pflanzen, Wasserstellen aus Hunderten von Metern am Geruch erkennen; aber dieses Rauschen kannte sie nicht, es klang groß und grau – wie eine Wolke.

Inara schlug die geblümten Decken zurück, sprang aus dem Bett. Sie hatte in T-Shirt und Unterhose geschlafen, stieg hastig in ihren Rock, griff ihre Jacke und eilte aus der Hütte.

Draußen standen auch schon die meisten Männer der Siedlung eng nebeneinander auf dem Aussichtsfelsen. Einige Kinder, jene, die bereits wach waren, hielten sich in respektvollem Abstand.

Alle schwiegen. Und blickten in den Himmel, wo eine dunkle Wolke stand, aber keine gewöhnliche Wolke. Es war eine lebendige Wolke, die rollte, als wäre sie eine riesige Walze, etwas, das Inara noch nie gesehen hatte, lang gezogen, sie schien den ganzen Himmel einzunehmen. Und diese Wolke kam unaufhaltsam näher und senkte sich in das Tal, auf die großen *Pehuén*-Bäume.

Der Naturforscher Alexander von Humboldt hatte auf seinen Reisen durch Südamerika die *Araucaria araucana* klassifiziert. Es ist eine wunderschöne Baumart, der Kiefer nicht unähnlich, aber deutlich größer, hochstämmiger, mit ausladender Krone, eine der ältesten Baumfamilien der Welt – manche Bäume werden bis zu neunzig Meter hoch und erreichen ein Alter von bis zu zweitausend Jahren.

Die weibliche *Araucaria* trägt Zapfen, große Zapfen – jeder dieser Zapfen, etwa von der Größe eines Handballs, ist besetzt mit einigen hundert fingerdicken Kernen. Und diese Kerne waren das Hauptnahrungsmittel der *Pehuenche*.

Die Männer und Frauen des Stammes sammelten die Zapfen, oder die Kinder holten sie mit Lassos aus den Ästen. Sie schälten die Kerne, man konnte sie in Tonkrügen lagern und kochen wie kleine Kartoffeln. Sie hielten einen ganzen Winter hindurch, und der Geschmack war sanft, nussig. Man konnte sie mahlen und verbacken. Das Kleinholz dieser Baumriesen nutzten die *Pehuenche* zum Heizen, das Harz als Baumaterial, Heilmittel und für ihre Zeremonien und Riten.

Und jetzt standen die Leute des Stammes auf dem Aussichtsfelsen und schauten hinab, wo sich die Wolke über das Tal legte. Ein paar Ableger der Wolke kamen in ihre Nähe. Landeten schnarrend und flatternd, die *Pehuenche* fingen einige von ihnen ein. Die *Pehuenche* kannten Heuschrecken, aber diese hier sahen völlig anders aus, größer, stärker, giftig-gelb. Und einen Schwarm, vor allem in dieser Größe – das hatte es hier noch nie gegeben.

Lange sprach niemand. Inara dachte an ihren Traum.

Erste Hälfte des dritten Jahrzehnts, drittes Jahrtausend nach westlicher Zeitrechnung

Wollte man die Lage der Weltpolitik im Jahr 2025 beschreiben, wäre ein passender Vergleich ein großes Mietshaus, in dem es überall tropft und bröckelt. Die Gasleitungen im Keller sind leck, die Decke im Erdgeschoss durchtränkt wegen eines Wasserschadens, die Treppe zu betreten ist lebensgefährlich.

Um den Verfall zu stoppen, haben einige der Mieter die Hausverwaltung übernommen – die drei Supermächte.

Das war die Geburtsstunde der Klima-Allianz, anfangs auch G3 genannt. Dies war Anfang 2025 geschehen. Russland, China und die USA hatten sich überraschend auf einen gemeinsamen Kurs geeinigt und ihre weltpolitischen Ziele und Maßnahmen koordiniert.

Grund für ihr Handeln war das Umschlagen des Weltklimas. Die menschengemachte Katastrophe hatte zu Waldbränden, Fluten, Missernten, Heuschreckenschwärmen geführt; die Ozeane waren überfischt und vergiftet, sie gaben nichts mehr her. Die Strömungssysteme der Meere waren durcheinandergeraten. Mit wiederum fatalen Auswirkungen auf das Klima.

Als Folge all dessen tauchte eine Menschheits-Geißel wieder auf, die man für nahezu besiegt gehalten hatte – der Hunger. Die Menschheit stand am Rand einer Hungerkatastrophe. Noch waren die Regale in den Supermärkten mehr oder weniger gefüllt, obwohl es zu einzelnen Engpässen kam. Die Staatschefs und Experten wussten, wie heikel die Situation war; doch die Regierungen behandelten das Thema diskret, sie befürchteten soziale Verwerfungen, Hamsterkäufe, Plünderungen, Hungerkriege.

Darum waren – wiederum diskret – weltweit Gebiete definiert worden, die für die Versorgung und Nahrungsmittelproduktion der Menschheit essentiell waren: die sogenannten *Food-Spots*. Diese Anbaugebiete wurden geschützt und bewacht. Nach den Ausfällen der vergangenen Jahre waren die Reserven so gering, dass ein einziger Ernteausfall in nur einer dieser Regionen das komplette Versorgungssystem der Menschheit zum Einsturz bringen konnte. Bedroht wurden die Plantagen vor allem durch die Heuschreckenschwärme, eine Plage, die man kaum in den Griff bekam. Die Abschottung der Plantagen durch die Drohnen war nach dem Anschlag auf die US-Präsidentin auf Eis gelegt worden, aus politischen Gründen, aus Image-Gründen. Jetzt wurden die Insekten wieder mit konventionellen Mitteln kontrolliert, mit Giften, Hormonen und Vorsorge: Die Plantagen wurden überwacht, die Entstehung eines Schwarms sollte im Keim, im »Erstangriff«, erstickt werden. Dieser »Erstangriff« war entscheidend; war der Schwarm zu groß, war die Menschheit machtlos.

Dies also war die Lage auf dem Planeten Erde, als eine neue Form der Weltpolitik entworfen wurde. Bei dieser neuen Politik ging es darum, für Probleme, die den ganzen Planeten betrafen, eine Instanz zu schaffen, die auch für den ganzen Planeten entscheiden konnte.

Sie hatten sich damals zu dritt zusammengeschlossen, um handlungsfähig zu sein – die drei Supermächte.

Zunehmend wurde aber klar, dass auch die drei stärksten Länder des Planeten, oder, um im Bild zu bleiben: die engagiertesten und reichsten Mieter des Hauses, die Probleme nicht im Alleingang lösen konnten.

Sie mussten die anderen Länder einbinden. Schwierig genug.

Die Brasilien-Krise im Frühjahr 2025 hatte gezeigt, dass selbst die besten Absichten große Risiken bargen. Die Supermächte hatten gute Gründe für ihr damaliges Vorgehen gehabt, es ging um die Rettung des Regenwaldes. Aber um ein Haar wären die G3 damals in einen Krieg mit Brasilien geschlittert. Unsägliches Leid wäre die Folge gewesen, der Rest der Welt hätte sich gegen die G3 gestellt.

Durch Konfrontation waren die drängenden Probleme letztlich nicht zu lösen.

Die drei Supermächte standen damit vor einem politischen Dilemma: Denn der erste Pfeiler der Allianz war schnelle Handlungsfähigkeit. Der zweite Pfeiler jedoch musste die Zusammenarbeit sein.

Nun gab es ja bereits die Vereinten Nationen. Doch die altehrwürdige Organisation hatte in ihrer Geschichte bewiesen, dass die Mitsprache aller an allem zur Selbstblockade führen kann.

Die Klima-Allianz, unter Zeitdruck stehend, benötigte eine vollkommen neue Organisationsform.

Und diese neue Organisationsform würden die drei Staatschefs vor den Völkern der Welt vorstellen – als geladene Gäste vor der Vollversammlung der Vereinten Nationen, First Avenue, New York.

Montag, 19. April 2027

Hotel »Four Seasons des Bergues«, Genf

In nur drei Tagen, vom Morgen des 19. April bis zum Abend des 21. April des Jahres 2027, entstand im Salon du Lac, dem Konferenzraum des Hotels »Four Seasons des Bergues«, an der Südspitze des Genfer Sees, das wegweisende rechtliche Dokument des 21. Jahrhunderts.

Dort waren, auf Einladung der G3-Nationen, neunundzwanzig der bedeutendsten Verfassungs- und Staatsrechtler der Welt zusammengekommen. Darunter die angesehensten Professoren aus England, Deutschland, Chile, Tansania, Japan, USA, Mexiko, Südafrika und Russland.

Verfassungsrechtler sind die Philosophen unter den Juristen. Und die Aufgabe, die diese einundzwanzig Männer und acht Frauen zu erfüllen hatten, hatte in der Tat eine philosophische Dimension: Sie sollten die rechtlichen Rahmenbedingungen zum Schutz des Planeten kodifizieren. Sie sollten diese Bedingungen in ein, um in der Juristensprache zu bleiben, »rechtliches Gewand« gießen.

Frankreich hatte bereits 2021 einen Vorstoß gewagt und den »Ökozid« unter Strafe gestellt. Auch andere Länder hatten über ähnliche Nachbesserungen diskutiert, zum Beispiel hatte in Deutschland das Bundesverfassungsgericht im April 2021 das Klimaschutzgesetz von 2019 als nicht ausreichend erklärt. Die allzu weichen Ziele gingen zulasten der jüngeren Generation, befanden die Richter; der Gesetzgeber musste nachbessern. Aber aufs Ganze gesehen, waren die meisten dieser Initiativen steckengeblieben, hatten sich in den Feuilletondebatten verlaufen. Dennoch waren es zu wenige Lobbyisten oder Politiker, um das Thema mit Entschiedenheit voranzutreiben.

Das war jetzt anders.

Am Abend des 21. April stand der Inhalt des Dokuments in

Grundzügen fest. Die Verfassungsrechtler befanden, dass dem Planeten Erde das unabdingliche Recht auf Unversehrtheit zustünde – dies gelte für die gesamte Schöpfung. Wobei das Wort »Schöpfung« unbedingt in einem sehr offenen und keinesfalls konfessionellen Kontext zu verstehen sei. Und die Schäden, die die Menschen dem Planeten zugefügt hätten, würden nun spiegelbildlich besondere Schutzmaßnahmen rechtfertigen. Für Kompromisse und multilaterale Verhandlungen sei keine Zeit. Eine bloße Empfehlung ohne verpflichtende Bindungswirkung, etwa wie eine UNO-Resolution, greife zu kurz.

Die Juristen schrieben weiterhin, dass die Ziele nicht verhandelbar seien, die legislative Umsetzung indes den einzelnen Staatsregierungen überlassen werde. Falls dies versäumt würde, würde eine Umsetzung ohne jede Nachsicht angedroht. Im Gegenzug wurden enorme finanzielle Hilfen seitens der Klima-Allianz angeboten.

Die besten Juristen hatten also fünf Tage geredet und eine schlichte Wahrheit festgestellt, die indes jedes *Pehuenche*-Kind von klein auf lernte: Die Natur musste geschützt werden. Handeln war nicht nur rechtens, sondern eine Pflicht.

Sie nannten ihr Papier die »Naturrechte-Charta«.

Dienstag, 21. September 2027

Sitzungssaal der Generalversammlung der Vereinten Nationen, UN-Headquarter, 10017 East River, New York, USA

Der Mensch spricht, seit er die Sprache erfand. Er raunt und fabuliert, er beschwört und gratuliert, klagt, befiehlt, jammert, droht und lobt und bettelt – in schäbigen Küchen ebenso wie an Königspalästen, an steinzeitlichen Lagerfeuern ebenso wie in High-Tech-Konferenzsälen. Aber kaum ein Ort war so sehr mit Bedeutung aufgeladen wie dieser: der Sitzungssaal der Generalversammlung der Vereinten Nationen.

Denn hier sprach man zur ganzen Welt.

Der einundzwanzigste September 2027 war ein Dienstag, alle eintausendachthundert Sitzplätze waren besetzt. Die akkreditierten Journalisten hatten Stellung bezogen. Die hundertzwanzig Simultandolmetscher saßen in ihren Balkonkabinen, die Ansprachen dieses Vormittags würden in die sechs Amtssprachen übersetzt werden: Arabisch, Chinesisch, Englisch, Französisch, Russisch, Spanisch. Die Rednerin war Kamala Harris, die amerikanische Präsidentin.

Kein Platz war unbesetzt, kein Delegierter würde sich diese Show entgehen lassen.

Die US-Präsidentin war eingeladen worden aufgrund einer Ausnahmeregelung; recht umständliche Diskussionen waren dieser Einladung vorangegangen. Die USA waren, neben anderen Staaten, bereits vor eineinhalb Jahren aus der UNO ausgetreten. Dieser Austritt war ein Fanal gewesen und hatte erbitterte Diskussionen ausgelöst. Denn die Botschaft war unmissverständlich: Wir, die USA, als eine der führenden Nationen der Welt, haben kein Vertrauen mehr in diese Institution – jedenfalls nicht, wenn es um schnelle und zielführende Maßnahmen im Kampf gegen die Klimakatastrophe geht. Für die Gesandten vor allem der kleineren Nationen, für die würdigen Damen und

Herren, die sich, nebenbei gesagt, nur allzu gerne an das komfortable Leben in New York gewöhnt hatten, war dieser Austritt ein Affront, er ließ sie weniger wichtig dastehen. Und so war man immer noch beleidigt.

Aber auch neugierig.

Das Thema dieses Tages betraf freilich jede Frau und jeden Mann auf diesem Planeten: Es ging um nichts weniger als um die Rettung des Weltklimas. Und damit um die Neuordnung der Welt.

Um Punkt zehn Uhr trat Kamala Harris an das berühmte Rednerpult, vor der zweieinhalb Tonnen schweren Platte aus dunkelgrünem Marmor. Sie trug einen Nadelstreifenanzug aus dunkelgrauer, leichter Wolle, darunter eine cremefarbene Seidenbluse von Chloé. Das Haar hatte sie hochgesteckt und ein sehr dezentes Make-up aufgelegt, einziger Farbtupfer war ein eleganter Lippenstift in Korallenrot. Auf Nagellack hatte sie verzichtet.

Im Saal war es vollkommen ruhig. Die Gesichter der Delegierten waren kühl, skeptisch; Distanz und Ablehnung lagen in der Luft.

Kamala Harris war jedoch darauf vorbereitet. Sie strich ihr Redemanuskript glatt und setzte an.

Ihre Stimme klag ein wenig spröde.

Sie dankte mit wenigen Worten der Generalsekretärin für die Möglichkeit zu diesem Auftritt. Ihr sei durchaus bewusst, sagte sie, wie ungewöhnlich es sei, dass eine Politikerin, die diesem Plenum nicht mehr angehörte, hier dennoch sprechen dürfe. Aber sie habe eine Botschaft. Und diese Botschaft sei wichtiger als etwaige diplomatische Formalitäten.

»Sie sehen«, sagte Harris, »vor sich, an diesem historischen Ort, nur eine einzige Staatschefin, nämlich mich – doch dies ist in gewisser Weise irreführend. Denn ich spreche nicht nur für mein Land, nicht nur für die Vereinigten Staaten von Amerika. Ich stehe vor Ihnen als Vertreterin einer neuen Allianz von Staaten, die sich in den vergangenen Monaten auf diskrete Art und

Weise verständigt und geeinigt haben. Die Liste jener Länder wird in einem zusätzlichen Kommuniqué veröffentlicht werden. Zuvor jedoch sollten Sie wissen, verehrte Damen und Herren: Wir haben unsere verhältnismäßig kleinen Zwistigkeiten beiseitegelegt oder geklärt, und wir haben uns, weil die Lage dringlich ist, zu einer Klima-Allianz formiert. Jawohl, einer Klima-Allianz. Und so möchten wir in Zukunft, von heute an, wahrgenommen werden, als Klima-Allianz. Dies ist mehr als nur ein Name, ein Etikett. Es ist ein Angebot. Ein Angebot von uns an Sie. Wir möchten Ihnen und den Menschen aller Länder, die Sie hier vertreten, eine Kooperation anbieten. Wir möchten die ganze Welt einladen, der Klima-Allianz beizutreten. Das ist der Sinn und die Botschaft unseres Auftritts.«

Kamala Harris machte eine Pause und sah sich im Plenum um. Die Gesichter waren gespannt, aber immer noch überwiegend ablehnend.

»Nun werden Sie sich fragen: Was ist diese Klima-Allianz? Und wo liegt der Unterschied zur UNO, dieser ehrwürdigen Institution, die doch eine Reihe von Resolutionen und Protokollen verabschiedet hat? Wozu also eine Klima-Allianz? All diese Fragen, die sich Ihnen stellen, werde ich beantworten.«

Kamala Harris atmete tief ein und aus. Sie fuhr fort.

»Wir müssen den Klimawandel nicht nur eindämmen, nicht nur verlangsamen, sondern umkehren. Und dieser Weg ist alternativlos. Denn sonst, meine Damen und Herren, zerstören wir – ob kleine oder große Staaten – unsere eigene Lebensgrundlage, ruinieren die Zukunft aller nachfolgenden Generationen. Um diese fatale Entwicklung umzukehren, bedarf es einer handlungsfähigen Institution. Ich möchte betonen, dass es *nicht* um eine Einmischung in die inneren Angelegenheiten anderer Staaten geht. Die Klima-Allianz verschreibt sich nur Belangen, die für die beschriebenen Ziele wichtig sind. Nur drei wesentliche Ansätze haben wir auf unsere Fahne geschrieben …«

Harris zählte jetzt die drei bekannten Ziele auf. Sie sprach von der Reduzierung des CO_2-Ausstoßes, von der allfälligen Plünderung der Meere, der Luftverschmutzung. Zweitens, sagte sie, wolle man das teilweise explosive Bevölkerungswachstum unter Kontrolle bringen – natürlich nur dort, wo es zum Problem geworden sei. Und als drittes Ziel nannte sie einen radikalen Rüstungsabbau. Die Ressourcen, die man bei der Rüstung einspare, würden dringend und vielerorts benötigt, um den Umbau der Welt zu finanzieren, um Härten zu mildern.

»Wir messen uns jedoch«, fuhr Harris fort, »an unseren eigenen Zielen und Maßgaben. Mit einem Wort: Wir versuchen, mit gutem Beispiel voranzugehen. Schon jetzt haben wir auf unseren eigenen Territorien umfängliche Maßnahmen eingeleitet. Wir begrenzen Fischfang, wir verhindern Waldbrände, wir schützen Agrargebiete, wir reduzieren Konsum und Verschmutzung. Außerdem investieren wir massiv – wirklich massiv! – in Forschung und Wissenschaft. Wir haben mit zwei Staaten, die uns frühzeitig ihren Willen zur Kooperation signalisierten, Verträge abgeschlossen. So konnten wir in der Nähe von Kapstadt, Südafrika, und auf Island eine Infrastruktur und ein Forschungsministerium bauen lassen. All diese Institutionen sind neu, wir machen noch einige Fehler und viele Erfahrungen. Doch wir sind auf dem Weg – und ich denke, wir sind auf einem guten Weg. Doch wir können diesen Weg nicht allein weitergehen. Wir wollen diesen Weg nicht allein gehen. Wir bitten Sie – hier und jetzt! – um Ihre Mitarbeit, um Ihre Hilfe.«

Kamala Harris richtete sich auf, trat sogar einen halben Schritt vom Pult zurück. Ihr Gesicht war unbewegt, ein Betrachter aus der Nähe hätte einen feinen Film von Schweiß auf ihrer Stirn wahrgenommen.

Dies war jetzt der wichtigste Moment ihrer Rede.

»Ich habe anfangs«, setzte sie wieder an, »von einem Angebot gesprochen. Darauf will ich jetzt näher eingehen. Warum möchten wir diese Klima-Allianz erweitern? Der erste Grund: Wir haben viele Anfragen, meist informell, von Staaten, die sich uns anschließen wollen. Das ist erfreulich. Wir haben Daten und Meinungsbilder, die deutlich illustrieren, dass eine überwiegende – ich betone: eine überwiegende! – Mehrheit der Weltbevölkerung unser Vorgehen begrüßt, von Australien bis Island, von Neuseeland bis Kanada. Das können wir nicht einfach ignorieren. Der Weg, den wir gehen müssen, ist nicht einfach. Aber wir werden ihn gemeinsam gehen! Denn nur so, mit Vertrauen und Gemeinsamkeit, können wir uns aus der selbstgeschaffenen Misere befreien. Nur so können wir den Planeten Erde in einem intakten Zustand an unsere Kinder und Enkel übergeben ...«

Im Plenum wurde vereinzelt geklatscht. Harris wartete einen Moment, nickte.

»Danke. Doch ein bisschen Salz muss ich in die Wunde streuen. Denn bei aller demokratischen Teilhabe – die Handlungsfähigkeit muss unbedingt erhalten werden. Wir wollen auf keinen Fall die Konstruktionsfehler der UNO wiederholen. Wir wollen nicht, dass es zu Vetos, Blockaden und Pattsituationen kommt. Darum haben wir eine völlig neue Struktur entworfen.«

Stille im Plenum.

»Wir wollen eine handlungsfähige Allianz von maximal acht Teilnehmern. Diese Teilnehmer entscheiden gemeinsam. Darum schlagen wir vor, dass die Länder sich zu einzelnen Gruppen formieren – Europa, Lateinamerika, Afrika, Asien. Und schließlich Indien als eigener Teilnehmer. Das ist, rasch skizziert, unser Angebot. Die Ländergruppen sollen mit einer Stimme sprechen. Das Abstimmungsrecht wird noch festzulegen sein, doch wir werden uns keine Sonderrechte vorbehalten. Jede Ländergruppe bekommt eine eigene Repräsentanz in Kapstadt, wo wir bereits unser sogenanntes ›Hochkommissariat‹ errichtet haben, wie Sie sicherlich wissen. Das wird erhebliche Finanzmittel erfordern. Ich will es nicht verhehlen: Wir werden Opfer bringen müssen! Doch auch hierzu haben wir ein Konzept. Dieses Konzept betrifft eine radikale Abrüstung. Jawohl, Sie haben richtig gehört.«

Harris schwieg für einen Moment. Im Plenum machte sich

Unruhe breit. Etliche Delegierte schüttelten die Köpfe, manche taten so, als wollten sie aufstehen und protestierend den Saal verlassen. Aber niemand ging.

Und Harris sprach weiter.

»Ich will, verehrte Damen und Herren, auf die drei Prinzipien eingehen, die auch in der Naturrechte-Charta implementiert sind. Eines dieser Prinzipien betrifft eine radikale Abrüstung. Die Kriege der Vergangenheit, auch der jüngste Konflikt, sind ökonomisch falsch, sie verwüsten den Planeten, sie werfen uns um Jahre zurück, und sie bringen unsagbares Leid über Menschen. Die schrecklichen Geschehnisse, die nur wenige Jahre zurückliegen, haben es erneut gezeigt. Mit diesem Irrsinn müssen wir aufhören! Wir schlagen Ihnen vor, dass Sie in Ihren jeweiligen Ländern Ihre Militärapparate weitgehend auflösen. Rüsten Sie ab! Finden Sie neue, bessere Verwendung für Ihre kompetenten Berufssoldaten! Es gibt so viel zu tun, so viel zu organisieren. Sie brauchen keine Armeen mehr. Warum? Weil wir Ihnen die Souveränität Ihres Landes garantieren werden. Wir werden eine Welt-Armee installieren, die jedem einzelnen Land die Notwendigkeit erspart, eine teure Armee zu unterhalten. Von diesem eingesparten Militärbudget verlangen wir lediglich ein Zehntel. Davon unterhalten wir die geschilderte Welt-Armee. Es wäre wie bei einer Versicherung. Mit nur zehn Prozent Ihrer bisherigen Militärausgaben erkaufen Sie sich vollen Schutz. Wir garantieren Ihnen diesen Schutz. Sie müssen nicht mehr taktieren, Sie müssen nicht mehr, um Ihre Souveränität zu schützen, nach Verbündeten Ausschau halten, auf deren Zusagen im Zweifelsfall nicht unbedingt Verlass ist. Nun – ich sehe sehr ungläubige Gesichter, meine Damen und Herren, ich meine damit: Ihre Gesichter.«

Dabei war »ungläubig« noch eine Untertreibung.

»Ist das eine schwierige Entscheidung? Natürlich ist es das! Aber ist es auch eine notwendige Entscheidung? Jawohl, auch das.«

Harris' Rede hatte bereits mehr als zwanzig Minuten gedauert, allmählich klang ihre Stimme etwas angestrengt. Sie näherte sich dem Ende.

»Die Einsparungen werden erheblich sein, das liegt auf der Hand. Aber für manche Länder immer noch nicht ausreichend. Viele Volkswirtschaften sind in einer ökonomischen Schieflage, machen wir uns nichts vor. Länder, vor allem in Afrika, sind derart verschuldet, dass Schuldner wie auch Gläubiger wissen, dass diese Debits nur noch auf dem Papier existieren. Diese Situation ist einschnürend und zugleich absurd. Nun – hier wird die Klima-Allianz eingreifen. Wir werden einen umfassenden Schuldenerlass vorbereiten. Die Tilgung der Staatsschulden soll auf einen langen Zeitraum gestreckt werden. Zum Beispiel hundert Jahre. Bei einem Zinssatz von einem Prozent. Das wäre also eine eher symbolische Tilgung. Gleichzeitig werden wir aber die Korruption bekämpfen, mit einer Konsequenz und Härte, die viele der Korrumpierten zur Umkehr zwingen wird. Und dann habe ich noch etwas anzukündigen. Ja, meine Damen und Herren, es ist ein Tag voller Überraschungen.«

Dies war nun keine Übertreibung. Harris fuhr fort.

»Um unser Welt-Finanzsystem auf eine neue – und auf eine gemeinsame – Basis zu stellen, planen wir die baldige Einführung einer neuen Währung. Einer globalen Währung. Sie wird das Weltwirtschaftssystem revolutionieren.«

Kamala Harris Stimme schien wieder an Kraft zu gewinnen. Sie trank einen Schluck Wasser und sprach weiter.

»Das Momentum der Gemeinsamkeit ist entscheidend, meine Damen und Herren. Nur vereint können Probleme gelöst werden, die durch alle entstanden sind. Dies ist das Fazit der Klima-Allianz. Und im Namen der Allianz danke ich Ihnen, dass ich Ihr Gast sein durfte, hier und heute. Die knappe und gedrängte Form meiner Rede hat Symbolcharakter. Denn viel Zeit zum Handeln bleibt nicht. Es gibt ein Sprichwort: ›Die beste Zeit, einen Baum zu pflanzen, war gestern. Die zweitbeste Zeit ist heute.‹ Meine Damen und Herren, ein letztes, sehr persönliches Wort. Ich appelliere zum Schluss meiner Rede an Sie – aber nicht mehr als Präsidentin der Vereinigten Staaten von Amerika. Sondern ich spreche zu Ihnen als Mensch, als einer von knapp zehn Milliarden Menschen auf diesem gefährdeten Planeten. Ich spreche zu Ihnen als eine Frau, die an die Vernunft und Weitsicht anderer Frauen und Männer appelliert. Lassen Sie uns das Richtige tun. Gemeinsam! Und schnell. Wir sind es den nachfolgenden Generationen schuldig. Ich danke Ihnen.«

Harris trat von ihrem Pult zurück. Einen Moment lang – einen sehr kurzen, verwirbelten Moment – stand sie noch da, fast unsicher, offenbar unschlüssig, was sie noch hinzufügen könnte, was sie noch tun sollte. Aber dann wandte sie sich um und ging mit raschen Schritten von der Bühne.

Es war ganz still im großen Sitzungssaal. Niemand sagte etwas, niemand rührte die Hand zu einem Applaus, keine Stimme erhob sich zu Murren oder beifälligem Gemurmel.

Im Saal der Generalversammlung der Vereinten Nationen, 10017 New York, mit seinem hellgrünen und hochflorigen Teppichboden, mit den 1800 Delegierten auf blassblau bezogenen Stühlen in sechs Sitzreihen, mit seinen Wandbildern von Fernand Léger, herrschte an diesem sonnigen Dienstagvormittag im Jahr 2027 vollkommene Stille.

Mittwoch, 6. Oktober 2027

Araucania-Region, Chile

Inara, das *Pehuenche*-Mädchen, war seit dem Morgen unterwegs. Sie führte ein Maultier mit sich, das hoch bepackt war, und wollte zu dem kleinen Bergsee, der einen knappen Tagesmarsch vom Hüttendorf ihres Stammes entfernt lag. Sie hatte im Dorf ihre Eltern besucht und Lebensmittel geholt. Jetzt war sie auf dem Rückweg.

Denn am Ufer des Bergsees stand das kleine Haus der Traumdeuterin und Schamanin, bei der sie jetzt lebte – dies war Inaras neues Zuhause. Es gab Gründe, warum Inara nicht mehr in der Hütte ihrer Eltern lebte, sondern am Bergsee, bei der Schamanin.

Inara war eine Auserwählte.

Die *Pehuenche* hatten, um es in moderner Sprache auszudrücken, ein duales System. Für die weltlichen Belange gab es den Häuptling, in diesem Fall Inaras Vater, der einen Kreis von Beratern hatte, einen Kreis, zu dem übrigens jeder zugelassen war. Diese Runde beriet sich in allen Angelegenheiten, die den Stamm betrafen.

Die spirituellen Fragen und Entscheidungen hingegen waren Sache der Zauberin, der Schamanin und Traumdeuterin, der *Machi*, wie sie in der Sprache der *Pehuenche* hieß. Am Ende trafen Häuptling und *Machi* ihre Entscheidungen gemeinsam.

Um eine *Machi* und Traumdeuterin zu werden, brauchte es eine besondere Begabung. Die Gabe zeigte sich früh, meist bereits bei den Kindern, fast immer waren es Mädchen. Sie träumten und ahnten und fühlten Dinge, und wenn die alte Schamanin auf sie aufmerksam wurde, wenn sie sie als begabt erachtete, dann nahm sie sie bei sich auf und trainierte ihre Fähigkeit.

Diesen Kindern war ein seltsames Leben vorbestimmt, ganz gewidmet ihrer Fähigkeit. Sie würden zum Beispiel nicht heiraten, sie würden abgesondert leben und eines Tages die spirituellen Anführerinnen des Stammes sein. Für die jeweiligen Familien, deren Mädchen ausgewählt wurden, war es Ehre und Bürde zugleich. Aber der spirituelle Schutz und das Wissen, was die Naturgeister wollten, waren unerlässlich für den Stamm.

Lange Zeit hatte es keine Nachfolgerinnen für die *Machi* gegeben. Aber dann waren, im Abstand von einigen Jahren, drei Mädchen geboren worden, bei denen sich die Gabe früh zeigte.

Inara zum Beispiel konnte vorhersehen, was anderen Menschen bevorstand, Gutes oder Gefährliches. Sie konnte vorhersehen, ob etwas bereits geschehen war oder noch geschehen *sollte*. Ob Vergangenes oder Zukünftiges – für Inara machte es keinen Unterschied.

Die *Pehuenche* verschmolzen ohnehin, wenn sie in die Natur traten, mit den Geräuschen, Klängen und Gerüchen, mit der Umgebung. Man lebte so eng miteinander. Aber wenn man sich in die Natur begab, war das Gefühl beinahe ekstatisch: Die Gegenwart dehnte sich aus, umfasste alles, Vergangenes, Künftiges. Und wer die Begabung dafür besaß – in besonderem Maße –, der hatte mühelosen Zugang zu Geschehnissen, die noch geschehen würden. Meistens durch plötzliche Eingebungen, später wiederholt und vertieft in der Sprache der Träume. Inara konnte darüber hinaus ihre Eingebungen auch mitteilen, anderen Menschen zukommen lassen. Es war eine Begabung wie das absolute Gehör – einfach für den, der diese Gabe besitzt, unerklärlich für alle anderen.

Und so war sie vor einigen Monaten zur Hütte der Schamanin gebracht worden. Dort waren noch zwei andere Kinder, aus anderen und befreundeten Stämmen. Sie waren etwas jünger als Inara, und sie hießen Amuway und Sayen. Alle drei Mädchen verstanden sich auf Anhieb. Sie waren von derselben Art.

Sicher – Inara war noch ein Kind, ein kleines Mädchen, sie vermisste gelegentlich ihre Familie. Aber sie lebte andererseits sehr gerne bei der Zauberin, die wie eine Tante für sie war, zusammen mit den anderen beiden Kindern. Es entsprach ihr einfach. Das Gefühl in ihr war sehr deutlich: Du bist hierfür gemacht.

Der Pfad, den sie jetzt stieg, während sie das Maultier an loser Leine führte, war steil und keineswegs ungefährlich. Denn der Boden war zu trocken, seit vier Jahren waren die Spätregen ausgeblieben, Geröll und einzelne Steine lagen locker. Inara schritt vorsichtig aus; so, wie es ihr Vater, der Häuptling, ihr eingeschärft hatte – *lebe hinter deinen Augen*. Inara trug einen Rucksack auf der Schulter, sie hatte einen kräftigen Stock. In dem Rucksack und in den Säcken, die das Maultier trug, ein junges Tier noch, war Winternotnahrung. Auf den Säcken stand in schwarzen Buchstaben: NGO *Ayuda a los Pehuenche.* Helft den Pehuenche.

Ihrem Stamm ging es schlecht, Inaras Leute brauchten alle Hilfe, die sie bekommen konnten. Seit die Heuschrecken gekommen und die Bäume abgestorben waren – seitdem waren die *Pehuenche* auf fremde Hilfe angewiesen. Zum Glück waren eines Tages diese NGO-Leute angereist, sie kamen aus der Hauptstadt, aber nicht von der Regierung, große und lächelnde, laut sprechende Menschen, und sie verteilten Essen und kleine Geschenke, Messer, Kleidung, Spielzeug. Sie wollten nichts dafür, nichts im Gegenzug. Das Essen war ungewohnt, es schmeckte den *Pehuenche* nicht, aber sie verhungerten wenigstens nicht.

Und so waren die *Pehuenche* angewiesen auf die Mildtätigkeit der Fremden.

Das Schenken, hatte Inara erfahren, war eine Sprache, eine Kunst. Wer einem anderen etwas schenkte, sagte damit etwas. Danach musste er schweigen, denn er musste dem anderen die Gelegenheit zur Antwort einräumen, die Gelegenheit zu einem Gegengeschenk. So blieben Großzügigkeit und Stolz im Gleichgewicht. Doch die großen lächelnden Menschen von der NGO wollten keine Gegengeschenke, lächelnd lehnten sie alles ab, was die *Pehuenche* zu geben hatten, die kleinen Säckchen mit wilden Pflaumen, die geschnitzten Figuren, sogar das beste Pferd des Stammes, das Inaras Vater, der Häuptling, dem Anführer der NGO anbot. Der hatte aber nur den Kopf geschüttelt.

So kam Ungleichgewicht in die Welt. Und eine Botschaft: Die *Pehuenche* können nicht für sich selber sorgen. Die Geister hatten sich zurückgezogen.

Inara war jetzt im Tal angekommen. Am Ufer des Bergsees sah sie bereits das kleine Holzhaus der Zauberin und Schamanin, der *Machi*.

Vor der Hütte lud Inara die Säcke vom Maultier, als sie einen merkwürdigen Klang hörte. Sie hielt inne. Jemand sang. Nicht heiser und knurrend, wie die alte Schamanin gelegentlich bei ihren Zeremonien. Sondern schön und ausdrucksvoll und warm. Eine Weile hörte sie zu. Als sie dann um die Hütte ging, sah sie unter einem Baum die Schamanin und die beiden anderen Mädchen – und die schönste Frau, die sie je gesehen hatte. Inara erkannte sie, sie hatte sie schon einige Male wahrgenommen, es war die Frau von der NGO, die Schöne, eine der wenigen NGO-Menschen, die Geschenke annahmen und sich offenbar freuten. Inara erinnerte sich an den Namen: Ariadna hieß die Frau.

Ariadna war, wie sie dasaß, vielleicht Anfang dreißig, mittelgroß und in den Augen Inaras schlank wie ein Kind, jedenfalls viel schmaler als die nach dem ersten Kind vergleichsweise kräftigen Frauen der *Pehuenche* mit ihrer Indio-Statur und Konstitution. Ariadna saß auf dem Boden, hatte ein Bein untergeschlagen und spielte ein *Charango*, eine zehnsaitige Gitarre vom Format etwa einer Mandoline. Sie hatte schulterlanges und dunkelbraunes Haar, freundliche Augen und lächelnde Lippen.

Aber das Schönste war ihre Stimme. Die *Pehuenche* liebten Musik, Inara machte da keine Ausnahme, sie kannte die »Top 40« Lateinamerikas. Aber so etwas hatte sie noch nie gehört.

Ariadna sang Spanisch, Inara verstand die Worte. Das Lied handelte von einem Mädchen, das aufzählt, was es seinem Freund alles schenken möchte. Es war eine verdrehte und bunte

Aufzählung, voller kleiner Verrücktheiten und Überraschungen. Die drei Mädchen hörten zu.

Sayen und Amuway waren so versunken in das Lied, dass sie Inara erst bemerkten, als der letzte Ton verklungen war. Dann allerdings sprangen sie auf und fielen ihr um den Hals. Inara machte sich lachend von ihnen los und ging zu der *Machi*, um sie respektvoll zu grüßen.

Und auch die Besucherin begrüßte sie höflich, was Ariadna erwiderte. Sie hatte angefangen, die Sprache der *Pehuenche* zu lernen, und sie besuchte auch gerne die *Machi*.

Sayen und Amuway halfen Inara, die Säcke in die Hütte zu tragen, sie hängten sie an Schnüren auf, der Mäuse wegen. Dann tränkte Inara das Maultier, pflockte es an und ließ es grasen. Währenddessen hatte die *Machi* einen der Beutel geöffnet, sie rührte aus dem mitgebrachten Mehl Teig an und buk einige Fladen. Die Mädchen schnitten Kräuter und holten Beeren, und sie setzten sich gemeinsam zum Essen, bevor Ariadna aufbrechen würde. Inara erzählte Neuigkeiten vom Stamm.

Die *Machi* war nachdenklich. Inara ahnte, was in ihr vorging, sie dachte an den Stamm. Mit den geschenkten Lebensmitteln konnten die *Pehuenche* zwar überleben, doch ohne ihren Wald fehlte ihnen alles, was ihr Leben wirklich ausmachte. Ihre Schutzgeister zogen sich immer mehr zurück.

Die *Pehuenche* hatten stets in der Gegenwart gelebt. Nun, plötzlich, stand etwas Fremdes, etwas Furchteinflößendes vor ihnen: die Zukunft.

Montag, 11. Oktober 2027

Hotel »Kokenhof«, Großburgwedel, Deutschland

Der Vorfall vom 6. Mai 2026, auf der Farm der Familie Iwersen, lag jetzt fast eineinhalb Jahre zurück. Geblieben war der Präsidentin ein freundlicher Spitzname: Kamala »Cinderella« Harris – die Aschenputtel-Präsidentin. Denn Harris war als eine der Ersten unter den aschgrauen Gerüst-Trümmern hervorgekrabbelt, hinkend, klitschnass, mit Blessuren, aber sie hatte energisch befohlen, dass die Secret-Service-Leute sich erstmal um die anderen Verletzten kümmerten.

Von der US-Regierung war das Geschehen als Unfall dargestellt worden; intern rätselte man immer noch, ob Panne oder Attentat. Die wochenlangen Ermittlungen und Verhöre hatten nichts gebracht.

Umso entschiedener ging man nun auf Nummer sicher. Auch jetzt, da die Präsidentin Deutschland besuchte, die Kleinstadt Großburgwedel bei Hannover. Hier traf sie sich mit der EU-Sonderbeauftragten Ursula von der Leyen. Es ging um den Beitritt Europas zur Klima-Allianz, zur neuen Weltordnung.

Die Invasion fiel also ein in Großburgwedel, der Luftraum wurde gesperrt. Gullydeckel wurden zugeschweißt, Anwohner mussten in ihren Häusern und Wohnungen bleiben. Der Secret Service – seit einem Jahr unter neuer Führung – zog zwei Absperr-Ringe. 170 Scharfschützen wurden rund um das Hotel »Kokenhof«, den Treffpunkt, postiert, die Straßen Isernhägener Straße, Im Steinkamp, An der Drift, Berkhopstraße wurden gesperrt. Für Schulkinder und Schaulustige wurde eine *Visitor-Zone* eingerichtet.

Am Tag des Treffens fanden sich einige hundert brave Bürger dort ein, um einen Blick auf die Präsidentin zu erhaschen. Sie wussten nicht, dass sich im Hotel »Kokenhof« weder Kamala Harris noch Ursula von der Leyen befanden, sondern lediglich zwei Secret-Service-Agentinnen, die man aufgrund ihrer ungefähren Ähnlichkeit ausgesucht und mit Perücken ausstaffiert hatte.

Es war eine Fake-Show.

Die echte Kamala Harris und die echte Ursula von der Leyen trafen sich unterdessen etwa vierzig Kilometer weiter, im Keller der Kommandantur des Truppenübungsplatzes Bergen-Hohne, mit fünfundzwanzigtausend Hektar eine der größten Panzerschießbahnen Europas.

Der Heizungskeller hatte drei Ausgänge und war durch eine meterdicke Betondecke abgeschirmt. Die Damen saßen bei Kaffee und Dinkelbrötchen mit Frischkäse.

Sie waren sich sympathisch. Gleichwohl standen sie auf verschiedenen Seiten.

Die USA waren für die Europäer inzwischen kein mächtiger NATO-Verbündeter mehr, nicht mal Mitglied der Vereinten Nationen, ebenso wenig wie China oder Russland, mit denen die Amerikaner außenpolitisch nur noch als Klima-Allianz auftraten. Die Europäer fühlten sich mittlerweile an den Rand gedrängt. Sie empfanden ihre relative Bedeutungslosigkeit als Ärgernis und verlangten nach Teilnahme und Anerkennung.

Kamala Harris wusste das. Sie kam rasch zur Sache.

Es ging um eine weltpolitische Allianz zur Lösung der gemeinsamen Probleme. Europa sollte beitreten, sollte mitmachen. Die Präsidentin stellte nochmals die drei Ziele klar, Klima, Bevölkerungskontrolle und Abrüstung, und dann unterstrich sie das Prinzip der Nichteinmischung.

Von der Leyen griff das Stichwort auf. »Ich vertrete ein Spektrum von politischen Haltungen und auch Sorgen«, sagte sie. »Es gibt im europäischen Kontext durchaus schon einige Partner, die von einer Öko-Diktatur sprechen und sich davor fürchten.«

»Das verstehe ich«, sagte Harris. »Aber lassen Sie mich die Situation bitte gleich klarstellen. Es geht um Probleme, für die die

Menschheit in der Vergangenheit keinen Lösungsmechanismus hatte. Es sind aber Probleme, die den ganzen Planeten angehen. Und die von der gesamten Menschheit geschaffen wurden. Probleme, die also nur von der Menschheit gelöst werden können. Und darum müssen wir eine Struktur schaffen, die handlungsfähig ist. Eine weltweit handlungsfähige Allianz. Die Klima-Allianz.«

Von der Leyen schwieg. Dann sagte sie:

»Europa hat eigentlich immer mit geeinter Kraft hinter den Klimazielen gestanden. Bis vor einigen Jahren waren wir Europäer in dieser Thematik die Vorreiter. Erinnern Sie sich – Paris, Kyoto, nicht wir waren es, die damals austraten …«

Harris hob die Hand. »Entschuldigen Sie bitte, wenn ich Sie unterbreche. Sie haben recht, die Position der Europäer war respektabel. Ich kenne die Zusammenhänge, ich war damals bereits Senatorin. Wie ich auch die Politik meines Vorvorgängers kenne, für die ich mich schäme, wie ich gestehe. Ich weiß aber auch, wie viel oder wie wenig von den feierlich verkündeten Zielen und scheinbaren Absichten umgesetzt wurde. Und diese Politik des Taktierens, Zerredens, Hinhaltens werden wir nicht mehr dulden – wir, die Klima-Allianz und jene Nationen, die sich uns anschließen. Wir würden uns über europäische Freunde sehr freuen, über ein geeintes Europa, aber auch ein neues Europa.«

Von der Leyen blickte irritiert. »Ein neues Europa?«

»Ja«, sagte Harris. »Warum haben die Europäer so oft Ankündigungen gemacht – und dann keine Taten folgen lassen?«

»Ich denke, aus einer guten Tradition heraus«, sagte von der Leyen. Sie lächelte.

»Ja, das mag sein«, Harris ging auf die Pointe ein. »Auch wir Amerikaner haben da unsere Tradition des *talk-talk*. Aber diese Tradition soll nun unterbrochen werden. Ich sage es klar: Wir wollen als Partner nicht das Europa von gestern, nicht das Europa der Pöstchenverteiler und unsauber geklärten, sich gegenseitig blockierenden Machtverhältnisse. Wenn die Not groß ist, muss man zusammenstehen, meinen Sie nicht auch? Und die Not *ist* groß!«

Die Pause, die entstand, war unbehaglich.

»Ich bin in vielen Punkten Ihrer Meinung«, sagte von der Leyen. »In Europa setzen wir jedoch auf das Selbstbestimmungsrecht eines jeden Staates und auf politische Kompromisse. Das ist die DNA der europäischen Gemeinschaft. Europa ist nun mal langsam. Aber auch wir kommen gelegentlich ans Ziel.«

»Langsamkeit kann tödlich sein«, sagte Harris. »Stellen Sie sich vor, da wären ein Ehemann, eine Ehefrau. Der Ehemann liegt den ganzen Tag auf dem Sofa und trinkt und raucht drei Schachteln Zigaretten. Und er hatte schon drei Herzinfarkte. Nach dem dritten Infarkt, als er mit einem Beatmungsgerät aus der Klinik kommt, sagt die Ehefrau: Schluss. Sofort. Du trinkst von jetzt an nur noch zwei Bier am Tag und rauchst eine Zigarette am Abend. Darum geht es bei der Klima-Allianz. Es handelt sich um eine Notsituation.«

»Sie vergleichen Europa mit einem Alkoholiker?«, von der Leyen schlug jetzt einen gereizten Tonfall an.

»Ich vergleiche die Klima-Allianz mit der handelnden Ehefrau. Die begreift, dass fast keine Zeit bleibt. Der Beitritt Europas hätte Symbolkraft. Und ich bitte Sie, darüber nachzudenken. Und mich anzurufen. Jederzeit. Wir können reden. Von Frau zu Frau.«

Sie trank ihren Kaffee aus. Das Meeting war beendet.

Montag, 10. Januar 2028

Kapstadt, Südafrika

Thomas Pierpaoli erhielt die Nachricht vom Beitritt Europas zur Klima-Allianz früher als die meisten Menschen, er las sie über einen behördeninternen Verteiler. Plötzlich spielte die Weltpolitik in seine Arbeit hinein, bei der es vor allem um Käse ging.

Pierpaoli saß in seinem Büro im dritten Stock der »Pyramide« in Kapstadt, wo die Abteilung Agrarressort/Unterabteilung Prüfberichte, Konfliktlösungen untergebracht war. Er arbeitete sich gerade durch die vierzehnte Version eines Vorschlags zur »Restrukturierung der europäischen Käseproduktion unter besonderer Berücksichtigung der Herkunftsregionen Normandie (Camembert), Roquefort, Gruyère im Licht der neuen chinesischen Käse-Export-Richtlinien«. Das klang kniffelig, mühsam, langweilig, und genau das war es auch: Im Grunde ging es darum, in einem verfahrenen Streit die Streithähne zu trennen.

Auf der einen Seite standen die Europäer, allen voran die Franzosen, gereizt über das Faktum, dass die Chinesen jetzt Käse exportierten; auf der anderen Seite waren die Chinesen, unerbittlich in ihrer wirtschaftlichen Angriffslust. Die Chinesen hatten angefangen, den Weltmarkt mit Käse zu überschwemmen, ihre Produkte waren inzwischen sogar sehr gut, die Europäer forderten Strafzölle, schrien Himmel und Hölle. Und Pierpaoli hatte es auszubaden. Er war dafür genau der richtige Mann.

Er glaubte an Detailarbeit und Kompromisse. Er war ein kleines Rädchen im Getriebe einer großen Sache, das an die Bedeutung der kleinen Rädchen glaubte.

Pierpaoli schob die Akte beiseite und dachte nach: Der Beitritt Europas war eine politische Sensation, wahrscheinlich eine Folge der Kamala-Harris-Initiative, der Damen-Diplomatie, wie die Medien es nannten. Harris hatte die Aufgabe übernommen, andere Politiker zum Beitritt zu bewegen. Europa, dachte Pierpaoli, war nur der Anfang, Lateinamerika würde wahrscheinlich bald folgen. Und es würde weitergehen. Es war ein historischer Moment.

Andererseits wirbelte diese Neuigkeit seine bisherige Arbeit durcheinander. Europa war nun Vollmitglied, mit anderen Rechten, anderen Pflichten, die Wirtschaftsbeziehungen mussten an die neuen multilateralen Vorgaben angepasst werden. Die Arbeit von drei, vielleicht sogar vier Monaten war damit hinfällig. Möglicherweise wurde er sogar einer anderen Abteilung zugeordnet, wahrscheinlich musste er sogar aus seinem Büro in ein anderes umziehen, auch das war lästig, umständlich. *Aber es dient der guten Sache*, dachte er.

Mittwoch, 7. Juni 2028

Castel di Casio, Italien

In der zweiten Hälfte des dritten Jahrzehnts, etwa um das Jahr 2026, als die Krise sich verschärfte, wurde immer deutlicher, dass die Weltreligionen, etwa das Christentum in seinen diversen Ausprägungen, der schiitische wie auch der sunnitische Islam, der Buddhismus, der Shintoismus – dass all diese Weltreligionen sich den großen Fragen nicht weiter verschließen oder entziehen konnten.

Vielen Menschen auf der Welt ging es ökonomisch schlecht. Ursache hierfür war der Klimawandel, viele Menschen sahen ihre Lebenschancen und Möglichkeiten schwinden; aber der Hunger nach Spiritualität, das Bedürfnis nach Trost war gestiegen.

Neben dem politischen Bündnis der Supermächte, neben der Klima-Allianz, die sich erweiterte, waren die Religionen die heimlichen Weltmächte. Sie hatten die Deutungshoheit über Richtig und Falsch, und dem kam in Zeiten der Krise und der Umgestaltung besondere Bedeutung zu. Die religiösen Führer wurden allerdings vor zwei Fragen gestellt.

Wie positionierte sich die Religion zum Klimawandel? Wie deutete sie diese menschengemachte Katastrophe? Das war die erste Frage.

Die zweite Frage lautete: Wie stellt sich die Religion zur Klima-Allianz? Unterstützte sie den Versuch der Menschheit, die Schöpfung zu retten? Oder erklärte sie das Bündnis – aus welchen Gründen auch immer – für falsch, für gotteslästerlich?

Das waren heikle Fragen für die religiösen Führer in ihren prächtigen Hinterzimmern, für die Scheichs in der Al-Azhar-Universität, wo das Herz des sunnitischen Islam schlug, oder für die Kardinäle und Konsultatoren des Vatikans, die den Papst berieten. Die Klima-Allianz hatte klargemacht, dass sie sich in religiöse Fragen nicht einmischen wollte – aber die Welt war im Wandel. Es ging um Bevölkerungskontrolle, um ein neues Verhältnis des Menschen innerhalb der Natur, und die Religionen mussten sich dem stellen. Sie mussten sich bewegen.

Es rumorte also. Und überall, wenn auch hinter verschlossenen Türen, standen die Reformer gegen die Traditionalisten.

Am deutlichsten aber trat dieser Konflikt zutage in jener großen Glaubensfestung, die sich seit zweitausend Jahren nahezu unverändert behauptet hatte, die alle Reformen abgewehrt hatte – in der katholischen Kirche. Denn ein neuer Papst war angetreten, Papst Franziskus Oscar I., und er wollte das Haus Christi umgestalten, gegen alle Widerstände. Es war ein heroisches Unternehmen.

Und ein kleiner Pater sollte hierin eine entscheidende Rolle spielen.

*

Es war gegen fünf Uhr morgens, Pater Philipp war früh aufgestanden, er hatte bereits die Pferde gefüttert und dabei die Tiere auf Anzeichen von Hufrehe kontrolliert. Er hatte noch etwas Zeit und genoss die freien Minuten im Stall. Er hatte ein Säckchen mit Äpfeln aus dem Wintervorrat, die er den Tieren hinhielt, während er ihre Hälse beklopfte und mit ihnen sprach. Er liebte diese vier Pferde.

Er liebte überhaupt alle Pferde. Pater Philipp hatte zwei große Leidenschaften – Gott und die Pferde. Und es war noch nicht ganz klar, ob sein Talent als Pferdeflüsterer nicht sein theologisches Talent überwog.

Philipp prüfte die Temperatur im Stall, alles war okay. Die vier Rennpferde Diego, Dino, Delia und Dingo waren ausgesprochen teure und rassige Tiere, sie stammten aus derselben arabischen Linie, und der Stall, in dem sie standen, war ein Hightech-Wunder, mit indirekter Beleuchtung, zuschaltbarem

Infrarot- und UV-Licht, klimatisiert, arm an Keimen, garantiert mäusefrei und trocken. Der Futterspeicher war ebenfalls temperiert, es gab auf dem Gelände ein Trainingsgeläuf und eine Reithalle, alles sehr nobel im toskanischen Stil gehalten.

Pater Philipp schüttelte die letzten Äpfel in die Futterkrippe, dann faltete er das Leinensäckchen zusammen und schob es in seine Gesäßtasche. Er war ein kräftiger, kleiner Mann von Ende dreißig, von der Sonne gebräunt, mit sommersprossigen Armen und Händen, die gut zupacken konnten. Er trug ein einfaches Hemd und eine grobe Hose, auf den ersten Blick hätte man ihn für einen Feldarbeiter gehalten. Tatsächlich verbrachte er mehr Zeit im Stall und mit dem Training und der Betreuung der edlen Tiere als auf der Kanzel der kleinen Dorfkirche oder in seinem Studierzimmer; aber so wollte es nun mal sein Vorgesetzter. So hatte es Kardinal Goretti eingerichtet.

Philipp hatte es akzeptiert. Natürlich. Die Kirche erzog ihre Jünger zum Gehorsam, und Philipp war alles andere als ein Aufbegehrer und Widerspruchsgeist. Er war ein Lernender, er wollte Gottes Wort verstehen, darum war er Theologe geworden, und er war langsam und bedächtig. Aber er war auch gründlich. Man unterschätzte ihn leicht. Wenn er in Fahrt kam, war er schwer aufzuhalten.

Pater Philipp stammte aus Deutschland, aus dem katholischen Teil des Münsterlands, er war dort auf einem Hof mit Pferden aufgewachsen, sie waren immer ein Teil seines Lebens gewesen. Trotzdem hatte er nach tieferen Einsichten gestrebt. Er studierte Theologie in Münster, später am King's College in London. Dort traf er die einzige, stille und nie ausgesprochene Liebe seines Lebens, eine Musikstudentin aus Kolumbien, die Ariadna Ferrer Bayonne hieß und Mittelpunkt eines Kreises von Künstlern, Musikern, Verrückten und Halbberühmtheiten war und die er, der kleine Theologe aus Deutschland, staunend bewunderte.

Aber dann wurde er Mönch. Es lag in seiner Natur. Und das

Keuschheitsgelübde fiel ihm erstaunlich leicht. Mit seiner Bekannten aus Londoner Zeiten schrieb er sich heute noch Briefe, platonisch, aber vertrauensvoll – mal Mails, mal auf Papier, ein Ritual, an dem sie beide festhielten.

Hier, in Italien, in dem kleinen Ort Castel di Casio, war er erst seit zwei Jahren. Er wohnte im Gästehaus des Kardinals, hatte dort eine winzige Kammer zum Schlafen und ein Studierzimmer, um an seiner Dissertation zu arbeiten; doch dazu kam er kaum. Der Kardinal schätzte Philipp, aber nicht wegen seiner moraltheologischen Ansichten, darauf konnte Goretti gut verzichten, sondern wegen seines Talentes als Pferdeflüsterer.

Philipp blickte auf seine alte Armbanduhr. Es war fünf Uhr dreißig, Zeit für das Morgengebet. Heute war ein besonderer Tag, heute würde der Kardinal kommen, er besuchte Castel di Casio regelmäßig, um nach den Pferden zu sehen.

Genau genommen gehörte das Gästehaus keineswegs dem Kardinal, sondern dem Vatikan. Der Kardinal war lediglich als Verwalter eingesetzt, verwaltete jedoch so selbstbewusst und großspurig, als wäre es sein Familienbesitz. Diese Zusammenhänge hatte Pater Philipp erst nach und nach begriffen; sie gefielen ihm nicht.

Aber der Kardinal war sein Vorgesetzter: Ottavio Goretti, Erzbischof und Kardinal von Bologna und Florenz, einer von weltweit 227 Kardinälen, führendes Mitglied der mächtigen Glaubenskongregation am Heiligen Stuhl zu Rom, der *Congregatio Romanae et universalis Inquisitionis*, 1542 gegründet, fünfundzwanzig Mitglieder aus vierzehn Nationen, geschmiedet, um die Kirche vor Irrlehren zu schützen.

Das alles war Goretti, Philipps Vorgesetzter – und nebenbei und in aller Diskretion war der kultivierte Mann auch ein großer Freund des Pferdesports. Die Fähigkeiten seines Paters, die Pferde betreffend, waren für Goretti sehr nützlich. Dass er den Mann gleichsam umsonst bekam, indem er ihn als Theologen eingestellt hatte und als Pferdepfleger einsetzte, war ganz nach Gorettis Geschmack.

*

Pater Philipp hatte gebetet, jetzt wusch er sich in dem kleinen Bad neben seiner Kammer. Über seinem Bett hing ein Bild, das er gerahmt hatte, ein einfacher Kunstdruck, der Ausschnitt aus einem Gemälde des Malers Hieronymus Bosch: die Arche Noah auf dem Berg Ararat.

Er hängte seine Arbeitskleidung in den schmalen Kleiderschrank und griff nach der cremeweißen Tunika, der Kutte. Er schlang sich das *Zingulum* um den Bauch, ein breites Band, das als Gürtel diente, schließlich legte er das *Skapulier* um, ein Schultertuch mit liturgischer Bedeutung. Es sollte die Mönche gemahnen, dass Jesus die Last der Welt auf seine Schultern genommen hatte.

Pater Philipp spürte an diesem Morgen ebenfalls eine Bürde – einen Gewissenskonflikt. Diese protzige Anlage hier in Castel di Casio, die edlen und, zugegeben, wunderschönen Pferde, alles auf Kosten des Vatikans, war das wirklich Gottes Sinn und Absicht?

Was, wenn nicht?

Er musste mit dem Kardinal darüber sprechen. Falls Goretti ihn anhören würde.

Die Glaubenskongregation, in der Goretti entschiedener Fürsprecher der Konservativen war, legte für den Papst die Grundpfeiler der Kirche fest, das *Dogma*. An einem Dogma, das Jahrtausende fast unverändert überdauert hatte, wehten die neuen Prioritäten der Klima-Allianz allerdings wirkungslos vorbei. Modernisierung, Geburtenkontrolle für jene Länder, in denen die explodierende Bevölkerungszahl ein Problem war, Empfängnisverhütung – für die Hüter der reinen Lehre war dies alles Teufelswerk.

Dass der neue Papst diesen Ideen gegenüber aufgeschlossen war, hatte die konservativen Kardinäle alarmiert. Dieser Kampf war noch nicht entschieden.

Goretti umgab sich mit einem Stab an meist jüngeren Theologen, die ihm ergeben dienten. Und er hatte keinen Grund anzunehmen, dass Pater Philipps Gedanken andere Wege gingen.

Die Morgensonne schien warm und kraftvoll. Der Wind trug einen Hauch von Lorbeer und Akazie heran. Als Philipp aus dem Gästehaus trat, parkte dort schon der Alfa Romeo des Kardinals. Davor stand, im einfachen schwarzen Anzug, noch hagerer als sonst, Ottavio Kardinal Goretti. Mitte sechzig, das Haar voll und wahrscheinlich getönt, strahlend blaue Augen. Er lächelte, seine Augen lächelten nicht.

»Mein lieber Pater!«, Goretti streckte die Hand aus.

Pater Philipp verbeugte sich, hob die dünnen Finger des Kardinals leicht in die Höhe und deutete einen respektvollen Kuss auf den Kardinalsring an. »Willkommen in Castel di Casio, Eminenz. Möchten Sie ein Frühstück? Ich habe im Gästehaus Bescheid gegeben.«

»Später, mein lieber Pater, später.« Der Kardinal machte eine einladende Geste Richtung Stall. »Lassen Sie uns zunächst zu den Pferden gehen«, sagte Goretti.

Pater Philipp öffnete die Stalltür. Man hörte das Surren der Klimaanlage. Goretti blieb vor der Box stehen, versonnenen Blicks.

»Sie haben ein Privileg, lieber Pater. Edelste Tiere züchten im Namen Gottes – das ist eine Chance, die nur wenige Menschen auf der Welt haben. Sie erschaffen Schönheit. Allerdings müssen wir dieses Privileg finanziell auf eine neue, stabile Basis stellen. Dieser Aufgabe müssen wir uns stellen.« Der Kardinal sah ihn an.

Philipp antwortete nicht.

Goretti nahm das als Zustimmung. »Wir brauchen ein Finanzierungsmodell – so sagt man heute. Ich habe mich informiert. Ich habe ein Konzept.«

Im Stall war es kühl. Sie waren allein.

Dann breitete der Kardinal seinen Plan aus. Der Kirche gehörten im Bistum zahlreiche Grundstücke, zum Teil direkt, meist aber über Beteiligungsgesellschaften. Und für Ackerland konnte man Subventionen bekommen. Die Idee war also, Biomais anzubauen, als Ergänzung für das Pferdefutter. Wer lokal und ökologisch produzierte, bekam die beste Förderung. Erst recht, seit Europa – und damit Italien – zur Klima-Allianz gehörte. Natürlich wäre Biomais aufwändig zu produzieren. Wenn man es richtig machte, musste Unkraut von Hand gejätet werden, man konnte den Mais nur auf einem Teil der Felder anbauen, weil auf den anderen Kleegras und Kichererbsen gezogen werden mussten. Pater Philipp wusste das, schließlich war er auf einem Hof aufgewachsen.

Der Kardinal lachte auf. »Natürlich müssen wir das Ganze etwas weniger pedantisch angehen, etwas großzügiger, etwas schwungvoller.«

Philipp machte große Augen.

Der Kardinal bemerkte es nicht, er fuhr nach einer kleinen Denkpause fort:

»Alles, was Sie tun müssen, mein lieber Pater, ist, hier ein paar Beamte herumzuführen und ihnen von unseren Plänen zu erzählen. Dann sprechen Sie noch einen Segen und füllen den Subventionsantrag aus. Der Rest läuft von allein. Ich kümmere mich um die Vorgänge im Hintergrund. Es wird keine Schwierigkeiten geben. Wichtig ist nur, dass es über Sie läuft. Schreiben Sie noch heute eine Einladung. Und wir werden diesen schönen Ort, diese paradiesische Insel, auf der zu leben Sie das Privileg haben, erhalten und ausbauen …«

Pater Philipp versuchte zu verstehen, was gerade passiert war. Hatte er richtig gehört? Hatte seine Eminenz Ottavio Kardinal Goretti, Oberhaupt des Erzbistums Bologna, Mitglied der Glaubenskongregation am Heiligen Stuhl in Rom – hatte dieser Mann ihm soeben vorgeschlagen, für ihn einen Subventionsbetrug zu begehen?

Goretti drehte sich zu Pater Philipp um. »Hatten Sie vorhin nicht etwas von einem Frühstück gesagt, lieber Pater?«

Sonntag, 24. Juni 2029

Araucania-Region, Chile

Inara, das *Pehuenche*-Mädchen, war am frühen Morgen bereits unterwegs im Wald, sie sammelte Kräuter, Moos und Pilze, außerdem trug sie eine Kiepe auf dem Rücken, für Brennholz. Das Waldstück, das sie durchstreifte, war nicht sehr groß, und eigentlich war das Betreten für die *Pehuenche* verboten, denn es gehörte der staatlichen Holzfirma. Aber sie war über den Zaun geklettert. Zwischen Fichten und Kiefern häufte sie trockene Äste zusammen. Sie war in einer halb zornigen, halb traurigen Stimmung.

Sie hatte mit der *Machi*, der Schamanin, bei der sie lebte, darüber gesprochen. Dem Stamm ging es schlecht. Über Jahrhunderte hatten die *Pehuenche* und ihre Ahnen vom Wald gelebt. Doch jetzt waren die Bäume abgestorben, es gab zwar Sprösslinge, aber es würde Jahrzehnte dauern, bis sie Früchte trugen.

Die *Pehuenche* lebten von Almosen.

Die NGO hatte sich inzwischen im Tal ein festes Haus gebaut. Die Fremden hatten dort ein Funkgerät und eine Feldküche, sie kochten ihr eigenes Essen, sprachen miteinander in ihrer eigenen Sprache. Sie waren immer noch freundlich, die NGO-Männer und NGO-Frauen, und sie verlangten nichts für ihre Lebensmittel, keine Gegenleistung, keine Geschenke, im Gegenteil. Sie spielten sich auch nicht als die neuen Herren auf, sondern lächelten. Aber die Wahrheit war, dass sie den Stamm regierten: Lächelnd bestimmten sie, wann welche Familie wie viel bekam, lächelnd nahmen sie Sonderwünsche entgegen, verteilten Spielzeug, Jacken, neue Schuhe, sie durften großzügig sein, und die *Pehuenche* mussten dankbar sein.

Inara hörte ein Geräusch, ein Knacken, ein Zweig, jemand war in der Nähe. Etwas Großes kam durchs Gebüsch. Ein Tier konnte es nicht sein. Auch keiner ihrer eigenen Leute, denn kein *Pehuenche* würde so unbedacht durchs Unterholz trampeln. Wahrscheinlich, dachte Inara, war es einer von den NGO-Menschen, einer, der sich verlaufen hatte. Oder jemand von den Aufpassern der Holzfirma. Das wäre gefährlich.

Inara duckte sich hinter einen Strauch.

Doch der Mann, der zwischen den Bäumen auftauchte, war kein Aufpasser und auch kein NGO-Mann.

Er roch anders, er sah anders aus.

Inara erhob sich aus ihrem Versteck.

Der Fremde war schlank und wirkte kräftig, seine Haut dunkler, und er hatte sein weißblondes Haar zu einem kurzen Pferdeschwanz zusammengebunden. Er trug helle Kleidung. Obwohl die nächste Straße einen halben Tagesmarsch entfernt war, und obwohl sein Rucksack augenscheinlich schwer war, wirkte er frisch. Er hob grüßend die Hand, als er Inara sah.

Inara wusste nicht recht, wie sie reagieren sollte. Der Mann lächelte freundlich, aber sie empfing eine Irritation, empfand seine Aura als kalt, dunkel, autoritär. Er machte sie auch unsicher. Doch er war ein Fremder, und so begegnete Inara ihm mit Höflichkeit und Respekt.

Mai-Mai, sagte er. Er begrüßte sie auf *Pehuenche*.

Inara erwiderte die Begrüßung, aber ohne ein Lächeln.

Dann sagte er das Wort für »Dorf« und »Bring-mich-hin-zur-NGO«. Und wieder: Dorf. Es kam holperig heraus, und viel mehr als diese Worte konnte der Mann offenbar nicht, aber Inara verstand.

Sie war einen Moment lang unschlüssig. Dann bedeutete sie ihm, ihr zu folgen. Es war nicht weit, drei Stunden vielleicht.

Der fremde Mann war Amitav Rama Shah, einer der einflussreichsten spirituellen Führer der Zeit, außerdem war er Geldgeber und Schirmherr diverser NGOs, auch dieser hier.

Am Abend saß der Fremde bei Inaras Vater, dem *Longko*, und trank mit ihm Matetee. Inaras Vater war beeindruckt von der Bescheidenheit des Besuchers. Er sprach leise, sah viel und schien persönlich interessiert an allem und jedem.

Rama Shah blieb mehrere Tage lang bei den *Pehuenche*. Er aß mit ihnen ihre Suppe und trank ihr Quellwasser. Er badete nackt im Bergbach, das kalte Wasser schien ihm nichts auszumachen. Er wollte keine Hütte, sondern bat nur um eine Hängematte.

Am zweiten Tag erkundigte er sich, ob er die spirituelle Führerin des Stammes kennenlernen dürfte; er sagte auch das *Pehuenche*-Wort, er nannte sie die *Machi*.

Man führte ihn zum Haus am Bergsee.

Der Fremde war auch hier ein sehr höflicher und zuvorkommender Besucher. Er unterhielt sich mit der Schamanin über Geister und Gebräuche und über Träume – über das, was sie preisgeben konnte. Ariadna, die schöne Kolumbianerin, die inzwischen schon leidlich mit der Sprache der *Pehuenche* zurechtkam, übersetzte. Rama Shah hörte aufmerksam zu, ganz besonders, als es um die drei berufenen Kinder ging. Die drei Mädchen waren bei diesen Unterhaltungen nicht zugegen, aber sie sahen den Fremden und bekamen einiges mit.

*

In dieser Nacht hat Inara einen Traum.

Sie folgt den Spuren eines Berglöwen. Sie hat noch nie einen gesehen, aber sie kennt die Spuren. Die Spuren führen sie an einen Bergsee, ähnlich dem, an dem sie leben, aber viel größer, und das Wasser ist klar wie die Luft. Inara steht am Ufer, und in der Mitte, ertrunken in dem seltsam klaren See, sieht sie den Berglöwen, er schwebt regungslos, schwerelos im Wasser. Über ihr ein weißer, horizontloser Himmel.

Inara erzählte ihrer *Machi* von diesem Traum. Die *Machi* ließ sich den Traum wiederholen. Dann nahm sie Inaras kindliche Hände in ihre eigenen, die knorrig waren wie alte Äste, und sagte, dieser Traum wäre vielleicht das Bild einer Reise. Vielleicht sei es auch eine Aufgabe.

Am nächsten Tag wollte der Guru abreisen. Aber zuvor schenkte er der Zauberin und den drei Mädchen eine Solarlampe, dazu ein sehr starkes Lademodul, flach und robust. Es war ein nützliches Geschenk, und die Schamanin nahm es gerne an.

Besonders froh war Amitav Rama Shah. Er hatte in die Lampe ein Set von Sensoren einbauen lassen, die über einen langen Zeitraum bestimmte Messungen durchführten und Informationen an sein Daten-Armband sandten. Es handelte sich um Messungen und Daten, an denen er sehr interessiert war – aus Gründen, die nur ihn etwas angingen.

Am vierten Tag, am Tag seiner Abreise, bat Shah um ein Gespräch mit Inaras Vater, seinen Stammesältesten und der *Machi*. Er hätte einen Vorschlag. Ariadna war zugegen, auf seine Bitte hin, sie sollte übersetzen. Zwei Dutzend Personen drängten sich in der Hütte des Häuptlings. Aber es war ganz still, als der Guru das Wort ergriff.

Die *Pehuenche*, verkündete Shah, bräuchten einen neuen Anfang. Sie bräuchten einen neuen Wald. Die Regierung hätte ihnen nicht geholfen, leider. Aber er – er würde ihnen, wenn sie es erlaubten, einen neuen Wald schenken.

Er wartete eine Weile, bis Ariadna übersetzt hatte, bis sich das ungläubige Gemurmel gelegt hatte.

Dieser neue Wald, fuhr Shah fort, sei nur drei Tagesreisen von hier entfernt. Keine Heuschrecken hätten ihn heimgesucht, kein Feuer. Und dieser neue Wald würde ganz und gar ihnen gehören, niemand würde sie von dort vertreiben. Das Gebiet liege in der Gegend von Nahuelbuta, der Wald bestehe fast ganz aus den heiligen *Pehuén*-Bäumen. Die Bäume würden viele Zapfen tragen. Niemand müsse mehr hungern. Niemand müsse mehr eine Nahrung essen, die er nicht selbst gesammelt hätte.

Ariadna übersetzte.

Ungläubiges Gemurmel unter den *Pehuenche*. Sie steckten die Köpfe zusammen, aufgeregt, aufgewühlt durch diese Worte. Ein Wald? Was für ein Geschenk! Aber andererseits war das Geschenk zu groß, um es anzunehmen, sie hätten niemals ein angemessenes Gegengeschenk geben können … Und das verletzte das Gleichgewicht, es brachte Unglück …

Inaras Vater, der Häuptling, wechselte einen letzten Blick mit der *Machi*, dann antwortete er vorsichtig: »Diese Gabe unseres neuen Freundes zeigt die Größe seines Herzens. Wir erwidern seine Freundschaft. Doch wie sollen wir dieses Geschenk annehmen?«

Gemurmel unter den *Pehuenche*, Zustimmung, aber auch Unsicherheit.

Darauf hatte der Guru gewartet.

Sollten sie auf einem Gegengeschenk bestehen, wie es Sitte sei, so hätte er tatsächlich eine Bitte, sagte er.

Es entstand eine Pause. Die *Pehuenche* warteten gespannt.

Er würde den Stamm, fuhr der Guru fort, den Hauptling und die *Machi* bitten, die drei Mädchen auf eine kleine Reise mitnehmen zu dürfen. Das wäre sein größter Wunsch. Es sei eine wichtige Reise, sagte Shah, durch die das Anliegen der *Pehuenche* in die Welt getragen würde. Viele Menschen würden von der Situation der Indios erfahren! Und sie würden erfahren, dass es bei den *Pehuenche* sehr viel Weisheit gäbe, und daraus würden gute Dinge entstehen.

Die *Pehuenche* waren verblüfft.

Sie baten um Bedenkzeit, zogen sich zur Beratung zurück. Während sie sich berieten, sprach Shah ausgiebig mit Ariadna, er bat sie, jetzt mit prosaischeren Worten, um ihre Hilfe – sie könnte ihn und die drei Kinder doch begleiten. Sie spreche die Sprache, die Mädchen würden sich bei ihr aufgehoben fühlen. Ariadna war unschlüssig, was sie von alldem halten sollte.

Schließlich gaben die *Pehuenche* ihre Zustimmung. Ja, sie würden den Kindern gestatten, eine kleine Reise zu machen.

Der Guru erklärte, dass Ariadna die Kinder begleite und auf sie aufpasse.

Ariadna fühlte sich etwas überfahren. Aber es handelte sich ja nur um einige Wochen. Sie gab dem Stamm, der *Machi*, dem Häuptling ihr Wort.

Amitav Rama Shah lächelte.

Kapitel 3
Der Auftrag

Wenn wir den Klimaschutz nicht hinbekommen, wird das 21. Jahrhundert das »tödliche Jahrhundert«.

Ernst Ulrich von Weizsäcker, aus dem Vorwort zu »2084« von James Lawrence Powell

Dienstag, 10. Juli 2029

High Commission Building der Klima-Allianz, Kapstadt, Südafrika

Die Welt war ein komplizierter Ort geworden, fand Sascha Tschenajew, er seufzte. Tschenajew saß an seinem Schreibtisch im fünften Level des »High Commission Building«, kurz »Pyramide« genannt, vor den Toren von Kapstadt, Südafrika. Er nahm die Lesebrille ab und ließ den Bericht sinken.

Er hatte den verdammten Bericht jetzt zum zweiten Mal gelesen. Das Dossier war eine einzige Katastrophe, wirr, voller Verdächtigungen und Mutmaßungen. Er würde die Eiskönigin hinzuziehen müssen – was er hasste.

Die Eiskönigin hatte den Verfasser des Berichts, Nikita Mamarenko, schließlich ausgesucht und nach Island geschickt. Dort war das Meta-Ministerium, das wichtigste Ministerium der Klima-Allianz. Die bedeutendsten Wissenschaftler der Welt arbeiteten im Meta-Ministerium – an den unterschiedlichsten Projekten.

Von Kapstadt aus wurden immer wieder Prüfer entsandt, um den Fortgang der Projekte zu überwachen. Nikita Mamarenko war einer dieser Prüfer.

Und dieser Mamarenko hatte jetzt einen Bericht direkt an Tschenajew geschickt – und damit die Eiskönigin übergangen, was schon schwierig war.

Irgendwas lief da schief im Meta-Ministerium in Island. Irgendwas war im Schwange.

Die »High Commission« in Kapstadt einerseits, die diversen Ministerien verteilt über den Erdball andererseits, das war die duale Struktur, die die Klima-Allianz sich gegeben hatte.

Die Aufgabenverteilung war einfach: Das Hochkommissariat in Kapstadt war das Nerven- und politische Entscheidungszentrum. Um die ursprüngliche G3-Pyramide wuchsen inzwischen ähnliche Bauwerke der vier Ländergruppen: Europa,

Lateinamerika, Afrika und die »Gruppe der Länder«. Genannt: die »Pyramidenstadt«.

Hier wurden die politischen Verhandlungen geführt, die Projekt-Vorlagen der Klima-Allianz verabschiedet, allein 2028 waren es mehr als siebenundvierzigtausend gewesen; kleine, mittlere, große Projekte, Maßnahmen, Studien, Initiativen, alle, um das ökologische Fiasko aufzuhalten, um die fatale Entwicklung des Weltklimas umzudrehen. Beschlossen und verabschiedet wurden sie in der Pyramidenstadt.

Aber vorbereitet und umgesetzt wurden sie in den jeweiligen Ministerien.

Die offizielle Aufsicht und Kontrolle – auch wenn man diese Worte vermied und lieber umschrieb – oblag der High Commission.

Und einer der Hauptabteilungsleiter, zuständig für das auf Island gelegene Meta-Ministerium, war Alexander »Sascha« Tschenajew, siebenundfünfzig Jahre alt, ehemaliger Oberst der *Federalnaja Sluschba Besopasnosti Rossijskoi Federazii*, oder auch: FSB. Ein ehemaliger Geheimdienstmann.

Für sein Alter war Tschenajew in beneidenswerter Form, athletisch, groß, keine Spur von Bauch, ein ehemaliger Eishockeyspieler. Er war korrekt, aber fast militärisch einfach gekleidet: hellblaues Hemd, die Ärmelkanten scharf gebügelt, graue Krawatte, graue Hose, graues Haar. Er war nach Kapstadt gegangen, weil er seinem Land dienen wollte, mithelfen wollte, die ökologischen Katastrophen abzuwenden. Seine Lorbeeren hatte Tschenajew sich beim Kampf gegen die sibirischen Waldbrände, ausgelöst durch den Klimawandel, verdient.

Hier in Kapstadt, im Bürokomplex der Pyramide, mit Arbeit überhäuft, von den Details, Abläufen und Komplexitäten überfordert, hatte Tschenajews Motivation jedoch gelitten, er fragte sich in letzter Zeit immer häufiger, ob er nicht fehl am Platz war.

Zum Beispiel bei dieser Sache mit Mamarenko.

Nikita Mamarenko war seit neun Monaten im Meta-Ministerium auf Island, als Beobachter und Berichterstatter für eine Reihe von Forschungsprojekten. Das Ministerium hatte schon mehr als 3200 große Klima-Projekte angeschoben, extra eine Hauptabteilung gegründet, zur »Prävention und Reparatur von Klimawandel-Folgeschäden«, wie der sperrige Name lautete. Mamarenko war einer von drei Dutzend Beobachtern dort. Normalerweise waren die Berichte, die von dort eintrudelten, sturzlangweilig, aber ermutigend und positiv.

Dieser hier von Mamarenko nicht.

Der Bericht handelte von einem Projekt namens »Qube 17«, Leitung: Professorin Dr. Dr. Liu Lian, China, Physikerin; Professor Dr. Dr. Norman S. Catchside, USA, Physiker.

Es gab fünf Geheimhaltungsstufen. Dieses Projekt unterlag Stufe fünf, der höchsten. Dabei ging es eigentlich nur um Wetterprognosen, Vorhersage-Genauigkeiten, Computerprogramme, wie Tschenajew sich erinnerte, harmloses Zeug, keine Waffenforschung, kein Raketen- und Weltraumprogramm. Dass Mamarenko dort war, entsprach lediglich der behördlichen Routine.

Trotzdem berichtete Mamarenko jetzt in einem seltsam alarmierten Tonfall – er schrieb von »gefährlichen Konflikten«. Außerdem ließ er – vage und verschwommen – durchklingen, dass man ihm nicht wirklich Einblick gewähren würde, dass man ihm, obwohl er den offiziellen Beobachter- und Berichterstatus innehatte, Dinge verheimlichen, verschweigen würde.

Und das war natürlich nicht tolerierbar.

Das, dachte Tschenajew, und es war die gute alte FSB-Geheimdienst-Schule, die da aus ihm sprach, durfte niemals geschehen, niemals einreißen. Nichts durfte sich verselbständigen. Kontrolle war oberstes Gebot. Die Pyramide musste Respekt und Einblick behalten. So war das duale System konzipiert.

Die Wissenschaftler – fast zwölftausend von ihnen arbeiteten in den riesigen Laborkomplexen im Ministerium auf Island – neigten zwar immer dazu, sich abzukoppeln, ihre Erkenntnisse und Ergebnisse zu hüten. Aber genau darum gab es Leute wie ihn, Tschenajew. Und diesen Mamarenko, der offenbar leider seinen Job nicht richtig beherrschte.

Der Bericht war angefüllt mit vagen und wehleidigen Beschuldigungen. Wahrscheinlich war Mamarenko unfähig, die Beteiligten zur Räson zu bringen, er war der falsche Mann.

Tschenajew gab den Namen der Eiskönigin in die Videocall-Anlage ein: Minklater, Eleanor. Tschenajew bevorzugte Videocalls. Minklaters Büro lag zwei Stockwerke unter seinem, vielleicht zehn Minuten Fußweg, aber vom Bildschirm konnte er sie nach dem Gespräch einfach wieder wegschalten und hatte seine Ruhe.

Es war 6.45 Uhr. Offizieller Arbeitsbeginn war erst in 45 Minuten, um 7.30 Uhr.

Schön, Frau Amerikanerin. Man sagt, du seiest so ehrgeizig und ungeheuer effektiv. Mal sehen, ob du überhaupt schon da bist.

Es summte ein einziges Mal, dann erschien ihr Bild auf Tschenajews Bildschirm.

»Ah, Mister Tschenajew, wie schön, dass Sie anrufen, wie geht es Ihnen?« Sie hatte auf Russisch gesprochen. Ihre Stimme sang und gurrte. Eleanor Minklater war in fast allem das genaue Gegenteil von Tschenajew. Sie war jung, sehr intelligent, beherrschte vier Sprachen und strotzte von persönlichem Ehrgeiz. Sie war Amerikanerin, sportlich, mittelgroß und trug ausschließlich Designerkleidung. Die männlichen Kollegen erzählten ehrfürchtig, sie könne einem Mann in die Hose greifen und gleichzeitig den Kopf abbeißen. Minklater gab viel Geld aus für die diversen Schönheitsdienste und galt als fleißig und kalt, sogar eiskalt, daher ihr Spitzname – ihre Fähigkeit, ehemalige Verbündete oder Freunde fallenzulassen oder im richtigen Moment mit der richtigen Dosis zu denunzieren, hatte sie oft genug unter Beweis gestellt. Außerdem verfügte sie über die Fähigkeit, Krisen vorherzusehen und rechtzeitig abzutauchen.

Offiziell war Tschenajew ihr Vorgesetzter, HC 16, sie stand zwei Dienstränge unter ihm, HC 14.

»Ich habe den jüngsten Bericht von Mamarenko vorliegen, haben Sie ihn schon gelesen?«

»Ja.«

»Ein schlechter Bericht, wie ich finde, ungenau und voller irritierender Andeutungen. Irgendetwas läuft bei diesem Projekt jedenfalls schief, zumindest ist die Zusammenarbeit nicht ideal ... Mamarenko deutet an, man wolle uns außen vor lassen. Was meinen Sie?«

»So sieht er es offenbar ...«

»So *sieht* er es?« Tschenajew verlor allmählich die Geduld. »Das ist der Inhalt des Berichts! Sie haben Mamarenko ausgesucht, oder?«

»Er ist zu uns versetzt worden, vor eineinhalb Jahren. Ich habe mich natürlich auf die Vorberichte der anderen Abteilungen verlassen müssen ...«

Da war sie wieder, die vielgerühmte Fähigkeit der Eiskönigin: Verantwortung abschieben, schnelles Abtauchen.

»Ja. Wer war noch der Vorgesetzte von Mamarenko?«

»Pierpaoli, Thomas, Agrar, Fischerei, Molkereiprodukte.«

»Gut. Befragen Sie diesen Pierpaoli. Informell. Ohne ihm den Bericht zu zeigen. Bericht als Verschlusssache, vorerst. Oder, noch besser, er soll persönlich nach Island fliegen, dieser Pierpaoli. Oder wollen Sie selbst nach dem Rechten sehen?«

»Das würde ich gerne. Sofort, wenn Sie es wünschen. Nur – ich habe hier drei, nein, vier Projekte, die absolut keinen Aufschub dulden, und überhaupt, ich glaube, Pierpaoli ist hervorragend geeignet, er ist Naturwissenschaftler, weiß also, wie er die Kollegen ansprechen und nehmen muss, insgesamt eine hervorragende Idee von Ihnen, Mister Tschenajew, Sir.«

Die Eiskönigin tauchte.

»Gut. Dann also dieser, wie heißt er – Paoli? Er soll direkt an Sie berichten, und Sie berichten mir. Womit beschäftigt er sich gerade?«

»Eine Sekunde. Ich rufe die Datei auf. Ah ja. Er beschäftigt sich gerade mit Käse, Sir. Neustrukturierung der Käseproduktion unserer europäischen Partner Frankreich und Schweiz in Abstimmung mit den Erweiterungsplänen Chinas, insbesondere der Region Shenzhen.«

»Käse?«

»Ja, Mister Tschenajew.«

Käse. Manchmal sehnte Tschenajew sich nach der guten alten Geheimdienstzeit.

Dienstag, 10. Juli 2029

Das Parkgelände in der Pyramidenstadt, unweit von Kapstadt, Südafrika

Zwischen dem imposanten Gebäude der verglasten, mit schimmernden Sonnenkollektoren bestückten Pyramide der »High Commission«, der neugebauten Vertretung Europas, und der noch im Bau befindlichen, von Maya-Architektur inspirierten Lateinamerika-Pyramide befindet sich eine mindestens ebenso spektakuläre Parklandschaft, die ebenfalls ganz neu angelegt worden ist. Sie misst 1050 Hektar, was etwa der dreifachen Fläche des Central Parks von New York entspricht. Es gibt gepflegte Bereiche, die einem englischen Park nachempfunden sind, es gibt Rain-Forest-Areas, es gibt einen Tundra- und Heide-Bereich, einen Bambus-Wald. Es gibt ein umzäuntes Hunde-Areal, spezielle Fußwege, spezielle Radwege, Mountainbike-Pfade, Laufstrecken.

Eigentlich wird der Park zu jeder Tages- und auch Nachtzeit besucht, er ist relativ sicher, die Wege sind kameraüberwacht. Es ist Mittagszeit, ein herrlicher Wintertag in Kapstadt.

Auf einem der ausgeschilderten Radwege fährt eine junge Frau, sie hat nur die linke Hand am Lenker, mit der rechten Hand hält sie ein Telefon ans Ohr. Das darf man hier. Man darf Rad fahren und gleichzeitig telefonieren.

Verboten ist allerdings die Benutzung eines nicht registrierten Telefons.

Die Frau trägt einen Übergangsmantel aus leichtem Kaschmir, der aussieht, als sei er sehr teuer gewesen, eine Bluse, eine eng geschnittene Hose, Pumps, vielleicht nicht die ideale Bekleidung für eine Radtour. Die Frau hat ein energisches Kinn und kühle blaue Augen. Es ist Eleanor Minklater, von der Abteilung »Forschung und Wissenschaft, Energie und Verkehr/Beobachtung und Berichte«.

Sie weiß, dass sie mit Besitz und Benutzung eines nicht registrierten Telefons einiges riskiert. Indem Minklater jedoch vom Fahrrad aus telefoniert, auch das weiß sie, dabei unter Baumgruppen hindurchfährt, an Hügeln vorbei, konstant die Funkzellen wechselt, erschwert und verzögert sie die Ortung.

Sie hat etwa drei Minuten.

»Ich konnte nichts machen, Mamarenko hat mich mit seinem Bericht übergangen, hat ihn direkt an Tschenajew geschickt … Ich fürchte, Mamarenko ahnt etwas. Nein, es steht nichts drin, nichts Konkretes. Jetzt wird ein anderer Mann geschickt. Ja. Nein, da sehe ich kein Problem, das kann nur nützlich sein. Wir gewinnen Zeit. Lassen Rauch aufsteigen. Überlassen Sie das mir.

Ich habe dafür gesorgt, dass der Neue nicht vom Fach ist, es ist ein kleiner Beamter aus dem Agrarressort, ein Rädchen im Getriebe. Ja … Wie? Pierpaoli. Italienischer Engländer oder umgekehrt. Verstrickt sich immer in Details, einer, der den Wald vor Bäumen nicht sieht.

Ja, er berichtet nur an mich.

Aber, hören Sie … diese Quantencomputersache hat hier oberste Priorität. Bitte sagen Sie Ihrem Auftraggeber, dass ich mein Honorar verdoppeln muss.«

Die Frau auf dem Rad lässt das Telefon in ihre Manteltasche gleiten.

Wenig später kommt sie an einem kleinen, künstlichen Wasserfall vorbei. Sie steigt ab, stellt das Rad ab, schaut sich unauffällig um, geht zu dem plätschernden Wasserfall. Sie hält ihre Hände darunter, wie zur Erfrischung, lässt das Telefon dabei ins Wasser gleiten.

Juli 2029

Die Erde brauchte Claranium. *Und der Mars hatte es.*

In der von Wetterkatastrophen und plötzlichen Umschwüngen gekennzeichneten Welt der späten 2020er Jahre stand kaum etwas höher im Kurs als die Zukunftsprognose. Man suchte fieberhaft nach Technologien, die geeigneter waren als die herkömmlichen, mit der Berechnung von komplexen Prognosen völlig überforderten binären Computer. Die Lösung dafür hatte man auf dem Mars gefunden.

Leider war der Mars nicht gerade nebenan. Der Planet, etwa halb so groß wie die Erde, war sogar ziemlich weit entfernt: siebenundsiebzig Millionen Kilometer.

Ein Autofahrer, der jeden Morgen vom Brandenburger Tor aufbricht und bis Paris fährt, mehr oder weniger Luftlinie, bis zum Arc de Triomphe an der Place Charles-de-Gaulle, am nächsten Tag die Strecke wieder zurück, am nächsten Tag dieselben tausend Kilometer wieder hin, her, hin – dieser bedauernswerte Autofahrer legt im Jahr also etwa 365 000 Kilometer zurück, und man kann nur hoffen, dass Motor und Getriebe durchhalten. Dieser unermüdliche Fahrer müsste also rund zweihundertelf Jahre fahren, was schlechterdings nicht geht. Das heißt, der Fahrer müsste, bevor er an Altersschwäche oder Langeweile stürbe, das Lenkrad an den Sohn oder die Tochter übergeben, bei ihr wäre es ebenso, drei Generationen müssten jeden Tag tausend Kilometer fahren, ihr Leben lang, um auf die Entfernung Erde–Mars zu kommen. Zweihundertelf Jahre: vom Jahr 1810 bis 2021. Ein Roadtrip, der sich gewaschen hat. Wann unsere tapferen Autofahrer etwas essen, wie sie zwischendurch Sex, Familienleben, Weihnachten gestalten, ist in dieser Rechnung noch nicht enthalten.

Und das wäre auch nur *eine* Strecke, nur die Hinfahrt zum Mars.

Dennoch hatte die Menschheit schon seit Ende des zwanzigsten Jahrhunderts riesige Summen investiert, um – vorläufig unbemannte – Forschungsmissionen zu unserem Nachbarplaneten zu senden. Im Jahr 2020 hatte der »Perseverance«-Rover der NASA sich darangemacht, Gesteinsproben auf dem Mars zu sammeln. Darunter war auch ein kristallin anmutendes, helles Bröckchen mit einem Durchmesser von gerade mal eineinhalb Millimetern, das der Roboterarm des Fahrzeugs aufgrund einiger Auffälligkeiten in seiner automatisierten Voranalyse »prioritär« markierte, bevor er es in ein gasdichtes Fach des Probenbehälters plumpsen ließ. Als eine von 15 224 Gesteinsproben.

So gelangte das Claranium auf die Erde.

Wo man es schnell als neues Element erkannte und einordnete in die chemische Kategorie der topologischen Isolatoren. Eine Reihe von Spezialisten rund um die Welt horchte auf. Es waren die Entwickler von Quantencomputern.

Der Quantencomputer galt seit der Jahrtausendwende als die Schlüsseltechnologie des einundzwanzigsten Jahrhunderts, das Kryptonit der künstlichen Intelligenz, eine Technologie, die endlich eine verlässliche Modellierung und Vorhersage von langfristigen Klimaereignissen und anderen hochkomplexen Systemen ermöglichen sollte. Mit den völlig neuen Fähigkeiten eines Quantencomputers, so die Hoffung, könnte man die zunehmenden klimatisch bedingten Katastrophen früh und genau genug vorhersagen, um noch rechtzeitig Schritte zur Abdämpfung einzuleiten.

Nur, wirklich zum praktischen Einsatz gekommen war ein solches Gerät bisher kaum. In der Praxis gab es nach Jahrzehnten der Entwicklung gerade mal einige vielversprechende, aber noch rudimentäre Prototypen. Das lag vor allem daran, dass man für die Technologie des Quantencomputers einen dieser bewussten topologischen Isolatoren brauchte, Mineralien wie Bismuttellurid oder Samarium-Hexaborid. Diese mussten aber zuerst in extrem aufwändigen Verfahren hergestellt und auch im Betrieb vor äußeren Einflüssen geschützt werden, um ihre Funktion zu erfüllen. Gerade genug, um die Hoffnungen in die neue Technologie aufrechtzuhalten, aber zu wenig, um wirklich komplexe Berechnungen durchzuführen.

Die speziellen Eigenschaften des auf dem Mars entdeckten Claraniums jedoch – das erkannten die Wissenschaftler sofort – waren für den Bau eines Quantencomputers optimal. Einzig vor der Atmosphäre musste es geschützt werden, weil es unter Sauerstoffeinwirkung sofort zerfiel.

Es war inzwischen gut vier Jahre her, am 27. Oktober 2025, dass in einem Labor namens »Qube 17«, im damals frisch geschaffenen Meta-Ministerium der Klima-Allianz auf Island, eine Gruppe hochspezialisierter Wissenschaftler sich um einen durchsichtigen Vakuum-Behälter scharte. Darin: die gesamte auf der Erde verfügbare Menge des neuen Minerals, ein stecknadelkopfgroßes Kügelchen von gerade einmal 0,64 Gramm.

Das war der Durchbruch. Dieses Mineral machte es zum ersten Mal möglich, einen Quantencomputer mit über zwölftausend Qubits herzustellen. Ein Team machte sich sofort an den Bau, nach eiligen Verhandlungen innerhalb der Forschungsgemeinschaft wurde das Projekt als prioritär eingestuft, und die gesamte Menge des Mars-Minerals wurde verwendet für die Anfertigung des ersten leistungsfähigen Prototypen.

Aber das Ziel musste eine Serienproduktion sein. Dann würden die großen, chaotischen Klimasysteme für den Menschen in nie dagewesener Weise durchschaubar. Dann erst würde ein Gegensteuern gegen den Klimawandel planbar. Und so rief die Klima-Allianz eine gemeinsame Raumfahrtbehörde ins Leben, die *International Space and Climate Agency*. Ihr Hauptziel: Claranium auf dem Mars abzubauen und es möglichst schnell auf die Erde zu schaffen.

Der Mars hatte Claranium. Die Erde brauchte es.

Dienstag, 10. Juli 2029

Kapstadt, Südafrika

Thomas Pierpaoli erhielt den Auftrag, er möge morgen im ersten Flieger nach Island sitzen, am frühen Nachmittag, etwa gegen 14.50 Uhr. Es gefiel ihm nicht. Ein neuer Auftrag brachte seine Arbeitsplanung durcheinander.

Er war immer noch mit den Restrukturierungs-Programmen zur Käseproduktion befasst – und immer noch war kein Ende abzusehen. Im Gegenteil, das Projekt war mit jedem Jahr größer, komplizierter geworden. Die Klima-Allianz bestand mittlerweile aus sieben Ländergruppen, vom Fenster seines kleinen Büros aus konnte Pierpaoli die europäische Pyramide sehen; sie war schon bezogen, die lateinamerikanische noch ein Rohbau, die Grundflächen für die afrikanische und Gruppe-der-Länder-Vertretung bereits markiert.

Die Erweiterung war sukzessive erfolgt. Den Europäern waren nach acht Monaten die Lateinamerikaner nachgerückt. Die Extremwetter mit ihren verheerenden Tornados hatten in Argentinien, Chile, Kolumbien, Bolivien und Brasilien weite Teile der Infrastruktur zerstört, viele Gegenden waren auf dem Landweg kaum noch erreichbar. Der Klimawandel hatte die Ökonomien in die Knie gezwungen. Ein Großteil des Kontinents lavierte haarscharf an einer Hungerkatastrophe entlang, gewaltsame Aufstände machten viele Länder fast unregierbar. Erst war es der Bevölkerung, dann auch den Staatschefs klargeworden, dass sie handeln mussten.

Der argentinische Präsident hatte das Zweckbündnis zunächst angeführt, dann aber Pablo Telés, dem Präsidenten Brasiliens, die Gesprächsführung übertragen. Telés war der richtige Mann. Eine ermüdende, nie enden wollende Reihe von Konferenzen war nötig gewesen, bis die unterschiedlichen Akteure ihre Interessen tariert und Lösungen gefunden hatten. Der schwierigste Punkt war die Begrenzung und Umschichtung der Rüstungsausgaben gewesen – Abschaffung fast aller militärischen Einheiten und Verlagerung in die Hände der Klima-Allianz. Natürlich waren die lateinamerikanischen Generäle und Waffenlobbyisten auf die Barrikaden gegangen. Doch Telés konnte am Ende die Positionen vermitteln. Es half, dass er selbst mit der Autorität eines Staatschefs sprach, dessen Land vor wenigen Jahren nur knapp einem militärischen Desaster entgangen war. Es war damals sogar haarscharf gewesen: Die Brasilianer waren nur davongekommen, weil Telés den damaligen Präsidenten kaltgestellt hatte. Die Hauptfigur in dieser merkwürdigen Konstellation war ein furchtsamer, kleiner Koch namens Ricardo da Silva gewesen, aber die ganze Geschichte war lange her.

Der noch taufrische Beitritt der Afrikaner – als Bund von Staaten, die, wie Europa und Lateinamerika, mit *einer* Stimme sprachen – würde für Thomas Pierpaoli das Käse-Problem immer vertrackter werden lassen. Denn Südafrika, Botswana und Tunesien waren inzwischen wichtige Player im Welthandel mit Milchprodukten, vornehmlich Käse. Für die Afrikaner musste die Einigung noch schwerer gewesen sein, daran zweifelte Pierpaoli nicht. Einige ihrer Staatschefs interessierte es herzlich wenig, ob ihr Land verdorrte, solange sie selbst ihre Badezimmer vergolden konnten.

Aber sie hatten auch 520 Milliarden Schulden.

Das waren 520 Milliarden gute Gründe zum Beitritt.

Die Schuldenquote, also das Verhältnis der Staatsverschuldung zum Bruttoinlandsprodukt, des Sudan stieg beispielsweise von 263 Prozent im Jahr 2020 auf 412 Prozent. In anderen Ländern hatte sich die Quote verdoppelt. Investitionen wurden gestoppt, Hilfsprogramme eingestellt. Der Anteil der Menschen in Afrika, denen weniger als zwei Dollar am Tag zur Verfügung standen, war von rund dreihundert Millionen auf fast fünfhundert Millionen angewachsen. Einen Schuldenerlass hatte Afrika lange gefordert, jetzt war er Wirklichkeit geworden: Die Zahlungen sollten auf hundert Jahre gestreckt werden, bei einer symbolischen Verzinsung von nur einem Prozent. Im Gegenzug: Akzeptanz der drei Bedingungen.

An afrikanische Hungersnöte, Flüchtlingsströme, Hungerkriege hatte man sich über die Jahre gewöhnt. Mit dem Beitritt bekamen die Menschen neue Hoffnung, dass es auch anders ging.

Nun fehlte nur noch Indien. Ein Land – eher ein Kontinent –, das Pierpaoli von vielen Dienstreisen kannte, irgendwie auch liebte, aber auch fürchtete. Das bunte Durcheinander dort widersprach seinem Sinn für Ordnung, insgeheim bezweifelte er, dass auf diesem Stück Erde je eine Einigung möglich sein würde.

Die Abteilung, in der Thomas Pierpaoli arbeitete, war in all diese Verhandlungen involviert: Überall wurden die Handelsbeziehungen neu definiert, CO_2-Richtlinien wurden neu gezogen. Durch den Klimawandel war der Agrarmarkt vielfach eingebrochen und musste neu aufgestellt werden. Pierpaoli war ein guter Unterhändler: unheilbar höflich und findig, wenn es um Kompromisse ging.

Was er jedoch nicht ausstehen konnte, war, aus seiner Arbeit herausgerissen zu werden. Eine Reise nach Island, auf diese karge Insel, ein völlig neuer Auftrag, das würde er am liebsten abwenden. Also war er auf der Hut, als Eleanor Minklater ihn um kurz vor drei anrief. Die Frau war ihm ohnehin nicht sympathisch – ehrgeizig, kalt.

Aber Minklater war auf Widerstand vorbereitet. Und so erwähnte sie, scheinbar zurückrudernd, im richtigen Moment das Hilfeersuchen des Kollegen Mamarenko. Der angeschlagen und ratlos sei, wie man seinem Bericht entnehmen könne. Ein wirrer Bericht. Der arme Kerl. Möglicherweise überfordert. Vielleicht war die Sache doch zu kompliziert für ihn. Er brauchte die Hilfe eines alten Hasen, eines routinierten Kollegen. Und damit hatte sie Pierpaoli.

Die beiden Männer waren erst Kollegen gewesen, dann

Freunde geworden. Es war die Zeit gewesen, als Pierpaoli und Ariadna sich getrennt hatten.

Mamarenko hatte das Drama zwischen Pierpaoli und Ariadna miterlebt, er hatte zu vermitteln versucht. Vergeblich. Als Ariadna am Boden war, zornig und verzweifelt, war Mamarenko für sie da gewesen, mit seinen immensen Vorräten an russischem Pathos und Trost. Mamarenko gelang ein Kunststück: Er blieb ihrer beider bester Freund, trotz der Trennung.

Als der Name Mamarenko also fiel, als Minklater diese Karte ausspielte, war die Entscheidung gefallen. Sein Freund brauchte Hilfe.

Pierpaoli besprach mit Minklater die nötigen Formalitäten, Flugsondergenehmigung, Ausweis, Umstufung von der Abteilung »Planung« zur Abteilung »Beobachtung«. Er bekam ein Dossier zum Thema, dann fuhr er heim, um seine Koffer zu packen. Es würde eine kleine Routinereise sein, dachte er.

Hierin allerdings irrte sich Thomas Pierpaoli.

Es sollte alles andere als eine Routinereise werden.

Mittwoch, 11. Juli 2029

Island, »Graent Vald«-Airport

Ein elend langer Flug, mehr als achtzehn Stunden, aber er hatte die Zeit, so gut es eben ging, genutzt. Er hatte gelesen und nochmals gelesen.

Die Unterlagen, die Pierpaoli sich hastig vor seinem Abflug zusammengestellt und im Flugzeug durchgearbeitet hatte, ergaben indes ein widersprüchliches Bild über das Projekt »Qube 17«: Der Bau eines wirklich leistungsfähigen Quantencomputers wurde einerseits mit allem Nachdruck betrieben. Die Fortschritte waren beachtlich, die Möglichkeiten sensationell.

Andererseits schien alles an dieser einen Substanz zu hängen, die man auf dem Mars entdeckt hatte – Claranium. Davon existierte auf der Erde jedoch nur eine stecknadelkopfgroße Menge, gerade ausreichend für den Betrieb eines einzigen Quantencomputers. Man konnte also nicht mehrere Konstruktionen parallel initiieren. Weitere Mars-Missionen waren geplant gewesen, doch in der Weltraumbehörde der Klima-Allianz, der *International Space and Climate Agency*, gab es Unstimmigkeiten, die die Planung lähmten. So würde es noch Jahre dauern, bis Raumsonden mit mehr Claranium zurückkehrten.

Der Rechner auf Island war auf mehrere Jahre hin die einzige Option; man setzte alles auf eine Karte.

Das widersprach allen bisherigen Richtlinien, es war Wahnsinn. Pierpaoli hatte fleißig gelesen, doch er hatte inzwischen mehr Fragen als Antworten.

Die Maschine ging in den Sinkflug. Pierpaoli stopfte sein Tablet in seine Reisetasche zurück, klappte den Tisch hoch und stellte den Sitz gerade. Die Flugbegleiterin lächelte, er lächelte zurück.

Als Prüfbeamter und Berichterstatter im Auftrag des Hochkommissariats der Klima-Allianz, als eine Art gehobener Buchprüfer also, kam man bei Dienstflügen in den Genuss einer Sonderbehandlung. Man durfte, selbst mit nur mittlerem Beamtenstatus, nach der Landung als Erster die Maschine verlassen, während der Rest der Passagiere noch zehn Minuten mürrisch in ihren Sitzen bleiben musste und die Flugbegleiterinnen sich in der Flugzeugküche ihre Röcke glattstrichen und ihr Make-up nachzogen.

Und so war es auch jetzt gewesen. Pierpaoli stand nun in der noch leeren Ankunftshalle, aber er stand dort allein. Er sah sich nach dem Fahrer um, der ihn abholen sollte – kein Fahrer da.

Nach achtzehn Stunden Flug war das ärgerlich. Pierpaoli sehnte sich nach seinem Hotel oder Apartment, was man ihm auch immer reserviert hatte, jedenfalls nach der Abgeschlossenheit seines Zimmers, einer Dusche, einem Drink.

Aber kein Fahrer. Pierpaoli ahnte, warum.

Pierpaoli hatte seinen Flug um drei Stunden verschoben, er hatte noch in seinem Büro gesessen und an seinem Käse-Restrukturierungspapier gearbeitet. Seine Sekretärin, die die Reiseplanung machte, hatte Flug und Fahrer organisiert – Ms McFyberty, eine herzensgute und immer etwas geistesabwesende Schottin mit duftenden Keksen in der Schreibtischschublade. Sie buk sie selbst, und sie brachte Butter, Zimt, Muskat und Vanille in einer Weise zusammen, dass man ihr alles verzieh.

Es gab allerdings auch eine Angewohnheit, die weniger glücklich war und die Ms McFyberty behördenintern den Spitznamen »McFifty« eingebracht hatte. Sie neigte in ihrer Großherzigkeit dazu, etwa die Hälfte aller Aufgaben zu vergessen. Pierpaoli nahm Ms McFybertys Vergesslichkeit gelassen hin, so, wie man einen einzelnen Regentag im Strandurlaub hinnimmt.

Ms McFyberty hatte den Flug umgebucht. Aber sie hatte vergessen, dem Fahrer, der Pierpaoli abholen sollte, eine Nachricht zu schicken.

Es würde kein Fahrer kommen.

Das »Meta-Ministerium für Forschung, Energie und Verkehr« befand sich an der Westspitze Islands, etwas südlich von Reykjavík und Hafnarfjörður. Die damaligen G3 hatten 2025 mit der Regierung von Island Verträge geschlossen, freie Flächen gekauft und eines der faszinierendsten Gebäude der Welt errichten lassen – die »Graent Vald« oder »Grüne Macht«. Es war nicht nur Ministerium, sondern auch eine Großstadt für sich, mit Verwaltung, Polizei, Rechtsprechung, Restaurants, Sportanlagen, Energieversorgung, Gefängnis, Konzertsälen, unzähligen Läden, Hotels und gigantischen Apartmentanlagen.

Dort musste Pierpaoli hin, dort hatte man ein Zimmer oder ein Apartment für ihn reserviert. Aber es war eine Stunde Fahrt, Pierpaoli erinnerte sich, er war vor eineinhalb Jahren zuletzt hier gewesen.

Er würde sich ein Taxi nehmen. Und am besten rasch, bevor die anderen Passagiere kamen. Viele waren es allerdings nicht; Flugreisen waren neuerdings sehr teuer geworden. Die Klima-Allianz hatte den Flugtourismus zwar nicht verboten, aber eingeschränkt. So war es jetzt in vielen Bereichen: Ressourcen wurden umgeleitet, Konsum reduziert, das Verhalten von Regierungen und Regierten wurde modelliert.

Die Resultate waren nicht berauschend. Es würde Zeit brauchen, Überzeugungsarbeit, Umlernen und Verzicht.

Pierpaoli verließ die Ankunftshalle und entdeckte draußen tatsächlich einen Taxistand mit drei Wagen. Höflich steuerte Pierpaoli den ersten Wagen an, der Fahrer schlief. Der zweite Fahrer schaute auf seinem Tablet pornographische Aufnahmen an und blickte kaum auf, als Pierpaoli sich näherte. Der dritte Fahrer las ein Buch, klappte es aber schnell zu und legte es auf den Beifahrersitz, nicht ohne sorgfältig ein Lesezeichen einzuklemmen. Das war Pierpaolis Mann.

Pierpaoli stieg hinten ein, der Fahrer ließ den Motor an, sie verließen den Flughafen.

Der Wagen war ein kleiner, äußerlich leicht verbeulter Volkswagen E-Like. Innen war er blitzend sauber. Am Rückspiegel hing ein Amulett, eine kleine, sitzende Figur, gerade zentimeterhoch, aus Messing. Die Figur war ein Mensch mit Elefantenkopf, Ganesha, der Gott aus dem Hinduismus, Sohn von Shiva und Parvati, der Sage nach ein begnadeter Tänzer, unglaublicher Liebhaber und Beseitiger von Hindernissen.

»Wohin darf ich Sie fahren?« Der Fahrer war ein junger Mann, Araber oder Inder, schätzte Pierpaoli. Ganesha würde zu einem Inder passen.

»Zum Ministerium, bitte.«

»Zum Ministerium – Sie meinen direkt zum Graent Vald?«

»Ja, auf direktem Weg und direkt vor die Tür.«

»Oh.« Der Fahrer schien nachzudenken.

»Gibt es ein Problem?« Pierpaoli hatte keine Lust auf Probleme.

»Na ja, nicht von mir aus. Aber ich kann Sie nicht zum Ministerium fahren, allenfalls in die Richtung. Ich darf nicht, verstehen Sie. Ich bin nur ein Privat-Taxi, kein Regierungswagen. Das ist mein Zweitjob. Ich darf deshalb die Regierungs-Trasse nicht benutzen ... Auf keinen Fall. Das dürfen nur Wagen mit der Lizenz vom Ministerium. Ich riskiere meine Zulassung, es ist strafbar, ich käme sogar ins Gefängnis, wenn ich das täte. Sie sind sicherlich vom Ministerium, richtig? Wow! So einen Fahrgast hat man nicht oft. Ich fahre eigentlich nur in den äußeren zwei Ringen von Slum-World. Hat man Ihnen keinen Fahrer geschickt?«

»Wir haben uns verpasst.« Pierpaoli hatte keine Lust, Einzelheiten zu erklären. »Deshalb fahre ich ja mit Ihnen. Hören Sie, warum verdoppeln wir nicht den Fahrpreis, und Sie fahren mich auf einer anderen Route vors Ministerium? Denn da muss ich nun mal hin.«

»Oh. Verstehe.«

Der Fahrer startete den Motor, sie fuhren los.

Pierpaoli blickte aus dem Autofenster. Sie hatten die Flughafen-Region verlassen und fuhren Richtung Fjördakerkja. Skandinavische Holzhäuser, in Pastellblau, Pastellgrau, Pastellrot gestrichen, hockten am Rand von frisch gepflügten Feldern und grünen Wiesen. Links verlief ein brauner, angeschwollener

Fluss, mittendrin lagen mit Gebüsch bewachsene Inseln. Am Ufer verliefen lange Gräben. Die Bäume blühten, Forsythien, Kirsche, Hartriegel, Apfel.

»Aber wissen Sie«, sagte der Fahrer, »zum Ministerium sind es noch neunzig Kilometer.«

Pierpaoli seufzte, er hatte gedacht, das sei geklärt.

»Und bitte verstehen Sie das richtig, ich würde Sie auch neunhundert Kilometer fahren, gar kein Problem. Oder neuntausend? Egal! Aber vielleicht waren Sie schon länger nicht mehr hier? Jedenfalls, um das Ministerium herum, wir nennen's übrigens nicht ›Ministerium‹, wir sagen eigentlich nur ›Graent Vald‹, die Grüne Macht – jedenfalls drum herum liegt Slum-World. So heißt es natürlich nicht offiziell. Aber alle nennen es so. Slum-World. Manche sagen auch ›Dystopia‹. Und das ist eine Welt mit eigenen Regeln, verstehen Sie?«

»Ich habe davon gehört.« Das hatte Pierpaoli tatsächlich, das Problem war bekannt, und es hatte auch in Kapstadt und selbst hier Diskussionen gegeben, wie man mit den vielen illegalen Ansiedlungen umgehen sollte.

Das Wort »Slum« wurde nicht benutzt. Man sprach von »unerwünschten, aber nachvollziehbaren Agglomerationen«.

Es lebten und arbeiteten in den neu geschaffenen Ministerien, die auf der Welt verteilt waren, inzwischen Hunderttausende von Menschen. Sie forschten, planten, aßen, tranken, schliefen, sie verließen ihren Arbeits-Wohn-Platz oft monatelang nicht, und diese Ministerien waren große geschlossene Welten. Sie waren, wie Industrieanlagen oder Regierungsgebäude, abgeschottet und streng bewacht, es gab Dutzende von verschiedenen und gestaffelten Zugangsberechtigungen, fast wie im Mittelalter in der Verbotenen Stadt des Kaisers von China.

Doch diese mächtigen Amtssitze übten eine starke Anziehungskraft aus. Auch das wie im Mittelalter, wie bei den Burgen Europas, wo sich im Umland der Burg ein Sammelsurium von Hütten, Krämern, Zeltdörfern, Handwerkern, Gasthäusern, Freudenmädchen erstreckte – und so auch hier: Menschen aller Couleur und aus aller Welt, Mexikaner, Togolesen, Slowaken, Nigerianer, Bangladeshi, sie alle waren auf verschlungenen Wegen hier gelandet. Alle in der Hoffnung auf eine Lücke im System, durch die sie schlüpfen oder sich zwängen könnten, um eine Chance zu bekommen auf ein besseres Leben. Für sich selbst, für ihre Kinder.

Der Slumgürtel, sehr billig gebaute und schief aufeinandergetürmte und nebeneinandergeklemmte Haus- und Hochhausreihen, mit Hütten dazwischen, war groß, nahm etwa die dreifache Fläche des Ministeriums ein. Das Land gehörte eigentlich der Klima-Allianz. Aber es war jetzt besetztes Land – von Bauarbeitern, die ihren Job verloren hatten, und arbeitslosen Fischern, von Flüchtlingen, Künstlern, politischen Sektierern aller Couleur, Radikalen aller Art. Niemand hatte diese Entwicklung vorhergesehen. Aber so war es eben. Und es gab jede Menge Waffen.

Die Türme des Meta-Ministeriums kamen jetzt in Sicht. Die Gegend hatte sich verändert. Es waren nicht mehr die putzig-adretten isländischen Häuser, sondern Betonkästen mit schießschartengroßen Fenstern, Blechhäuser, aufgeschnittene Container, Wohnwagen, die aufgebockt waren, Kleinbusse mit platten Reifen und einem angeschraubten Schornsteinrohr am Rückfenster.

»Drei Ringe«, sagte der Fahrer. »Wir sind im äußeren Ring. Hier ist noch viel Land. Aber in zwanzig Kilometern etwa, dann sind wir im inneren Ring. Und das ist dann schon wie eine Stadt. Natürlich nicht so gut organisiert, nicht mit regelmäßiger Straßenbeleuchtung und Straßennamen und so. Ist alles ein bisschen wilder. Aber es ist eine Stadt für sich. Und wenn man sich auskennt, dann findet man sein Ziel …«

»Und Sie kennen sich aus?«

»Ja, das tue ich. Aber das heißt nicht, dass ich einfach so in den inneren Ring fahren darf. Das darf ich nämlich nicht. Alle Zufahrten werden bewacht. Je näher ein Ring am Ministerium, desto exklusiver, verstehen Sie? Ist auch alles organisiert, nicht nur im Ministerium, auch in Slum-World.«

»So? Wer hat es denn organisiert und bestimmt? Es ist ja eigentlich illegal.«

»Illegal? Klar, das sagen Sie … Verstehe ich auch! Sie sehen die Welt als Ministeriums-Mitglied, ich will sagen, wunderbar, super für Sie, denn Sie gehören dazu, schön. Aber wenn man nicht dazugehört, dann sieht die Welt eben anders aus. Und hier ist die Welt ziemlich gefährlich. Gibt 'ne Menge Leute, die nicht unbedingt arbeiten wollen oder keinen Job finden und trotzdem gut leben wollen. Sind auch 'ne Menge Waffen im Umlauf. Man muss echt aufpassen. Und jedenfalls sind die Zugänge zu den einzelnen Ringen reglementiert. Man kann sie kaufen. Sehr teuer, leider. Ich darf in den äußeren zwei Ringen fahren. Da lebe ich auch. In Ring drei. Man schlägt sich durch. Ich bin ja nur ein kleiner Fahrer. Ist mein Zweitjob. Nur fahren, das wäre mir zu stressig, zu abenteuerlich. Ich bin eher so der ängstliche Typ, wenn Sie verstehen. Darum habe ich auch meinen kleinen Glücksbringer, Ganesha …«

Er gab der baumelnden Messingfigur am Rückspiegel einen kleinen Stups.

»Die Chefs, die Herren der drei Ringe, das sind andere Kaliber. Das sind Warlords, mächtige Typen, die haben ihre Gebiete im Griff, und wenn es Kämpfe gibt, dann können sie auch kämpfen, die haben Leute für alles, Soldaten, Drogenschmuggler, Lebensmittelschmuggler, Fahrer, Prostituierte aller Art, Slum-Ärzte, Slum-Musik, Slum-Krankenhäuser, wir haben hier auch Aktivisten, Anarchisten, Radikale, alles, was Sie wollen.«

»Ich möchte gerade keine Anarchisten oder Radikale, danke.« Pierpaoli unterhielt sich ganz gerne mit dem Fahrer, er hörte zu, aber er versuchte auch, eine Telefonverbindung zu bekommen. Der junge Fahrer sah es im Rückspiegel.

»Können Sie vergessen. Das Telefon, meine ich. Die haben Störsender. Das machen die immer, wenn was geplant ist. Legen Störsender, man kann nicht telefonieren. Außer, man weiß, wie. Und für heute oder für morgen ist was geplant, eine Demo, Randale, große Sache. Wegen Greta Thunberg. Deren Ankunft ist avisiert. Die heilige Greta, so nenne ich sie. Ich hoffe, Sie sind kein Thunberg-Fan und ich verletzte Ihre Gefühle nicht. Sind Sie Thunberg-Fan?« Er schaute in den Rückspiegel, ein bisschen besorgt.

Greta Thunberg, die schwedische Aktivistin, hatte bei der UNO gearbeitet. Sie hatte in dieser Zeit Mingze Jinping kennengelernt, die Tochter des chinesischen Staatschefs, und zusammen waren die jungen Frauen ein schlagkräftiges Duo. Vor einem Jahr hatten sie den Thunberg-Xi-Report veröffentlicht, eine Analyse von Fehlern und Versäumnissen der vergangenen zwei Jahre; Fehler, die zumeist aufs Konto der Klima-Allianz gingen.

Man hatte, um sie ins Boot zu holen, Thunberg und Xi angeboten, ins Meta-Ministerium zu wechseln. Angeblich waren die beiden jungen Frauen dazu bereit.

Großer Aufschrei! Die Feinde und Widersacher von Greta Thunberg, allen voran die gewaltbereiten »Future Warriors«, denen die Ziele der Klima-Allianz zu lasch waren, hatten Thunberg und Xi des Verrats bezichtigt.

Für den Besuch der zwei Frauen war der Sicherheitscode im Ministerium auf »Rot/2« gestuft worden.

Die Häuser standen jetzt immer dichter, eine Ansammlung reihte sich an die nächste. Dazwischen Brachen, Müllhalden, Industrieschrott, hier und da brannten vor den Häusern kleine Feuer.

»Wie heißen Sie eigentlich?« Pierpaoli hatte das gefragt. Ihre Blicke trafen sich im Rückspiegel.

»Ich? Warum fragen Sie? Aber was soll's, hey, ich sag's gerne: Reza.«

»Angenehm, Reza. Ich bin Thomas Pierpaoli.« Und, nach einer Pause: »Sie haben Ihre ›Zufriedenheit‹ hier gefunden?«

Der junge Mann verstand schnell. »Oh, Sie sprechen Farsi? Ja, Reza, das bedeutet in meiner Sprache Zufriedenheit. Ein Name wie ein Segen. Wie bei Barack. Aber ich bin tatsächlich hier auch einigermaßen zufrieden.«

»Was ist Ihr Erstjob?«

»Wie bitte?«

»Ihr Erstjob, Reza. Sie sagten, Sie würden nur als Zweitjob das Taxi fahren.«

»Ach so, ja. Tja, ich bin eigentlich Informatiker. IT-Experte, vor allem für Server-Systeme. Hier repariere ich mal ein System oder darf auch gelegentlich eines entwerfen. Oder ich setze aus drei kaputten Computern einen funktionierenden zusammen. Wir haben eine schöne Recycling- und Reparier-Kultur in Slum-World.«

Plötzlich bremste Reza scharf ab. Die Reifen jaulten und knirschten. Er brachte den Wagen fast zum Stehen, legte den Rückwärtsgang ein, das Getriebe heulte, er gab Vollgas, fuhr etwa vierzig Meter rückwärts, den rechten Arm auf dem Beifahrersitz.

»Was tun Sie, Reza?!«

»Thomas … Ich darf doch Thomas sagen?«

»Natürlich!«

»Thomas … Verdammt!«

Reza bremste, erster Gang, fuhr scharf rechts auf eine Ausfahrt zu.

»Verdammt! Hinter uns! Das ist schlecht. Ganz schlecht …«

Ein hellgrauer, nicht mehr neuer GMC-Yukon kam von hinten in hohem Tempo heran. Das linke Seitenfenster, das Fenster hinter dem Fahrer, war heruntergelassen, man sah ein Gesicht, das sich herauslehnte, trotz der Geschwindigkeit, man sah einen Arm, der winkte.

Pierpaoli spähte durchs Heckfenster. »Was will er? Warum winkt der Kerl?«

»Er winkt nicht, er hat eine Pistole. Wahrscheinlich arbeiten sie mit den Straßensperren-Typen zusammen … Verdammt … Ganesha, jetzt ist dein Einsatz …«

Er riss das Lenkrad herum, der Wagen tanzte einen Moment auf zwei Rädern, Pierpaoli krallte sich an die Vorderlehne, Reza gab Vollgas.

Anfang des 21. Jahrhunderts

Slum-World, Island

Die Slum-Ringe um das Ministerium waren explosiv gewachsen; dieser Zustand war in Wahrheit unhaltbar. Die Symbolik des Ihr-da-oben-wir-da-unten war verheerend, die Lebensbedingungen teilweise unvereinbar mit den hehren Zielen der Klima-Allianz.

Sowohl die isländische Regierung wie auch Kapstadt waren von der Entwicklung überrollt worden, doch inzwischen arbeiteten sie an Lösungen. Die explosive Zuwanderung indes zwang die Behörden immer wieder dazu, ihre Pläne zu überarbeiten. Die isländische Bevölkerung murrte und grummelte hier und da; doch die allermeisten Isländer hatten von dem Ministeriumsbau ungemein profitiert. Außerdem hatte es zuvor ein Referendum gegeben, die große Mehrheit hatte für das Ministerium gestimmt.

Inzwischen stand der Plan, für die Leute aus dem Slum eine Stadt zu bauen, man hatte auch schon mit dem Bau begonnen, nicht weit vom Ministerium, mit Platz für fünfundsechzigtausend Menschen, eine Stadt mit allem Drum und Dran. Da man aber die künftigen Bewohner, die keineswegs mit einer Stimme sprachen, in die Planung einbeziehen wollte, zogen sich die Verhandlungen hin – der gefährliche Zustand setzte sich fort.

Die Stimmung im sogenannten »Slum« auf Island war insgesamt ein ziemlich repräsentativer Ausschnitt – typisch für die Verunsicherung vieler Menschen auf der Welt. Der Verlust an Selbstwirksamkeit, das Gefühl der Machtlosigkeit, der Eindruck, dass die Neuordnung der Welt von oben nach unten dekretiert wurde, über ihre Köpfe hinweg, hatte einen bunten Mix an Reaktionen provoziert. Das ganze Spektrum: von radikal bis angstvoll, von misstrauisch bis lethargisch. Es hatte Mitte der zwanziger Jahre begonnen, mit der Etablierung der G3; als zu der Dreierspitze mehr und mehr Staatenblöcke hinzukamen, wurde die Ablehnung eher noch stärker.

Das spiegelte sich auch in den Reaktionen vieler Politiker, Parteien, Regierungen. Es gab natürlich auch ein Lager der Zustimmenden, tatsächlich war es die Mehrheit. Die meisten europäischen Länder zum Beispiel hatten schon anfangs das G3-Projekt begrüßt. Die meisten Europäer wollten in erster Linie dabei sein, nicht ausgeschlossen werden. Denn nur durch Teilhabe, erklärten es die bürgerlichen Politiker in Frankreich, Deutschland, Skandinavien, Spanien, den Beneluxländern, nur so, nur durch Beteiligung könne man gestaltend eingreifen, das Schlimmste verhüten.

Interessanterweise reagierten etliche afrikanische Länder, allen voran die Diktaturen, mit euphorischer Zustimmung zur Klima-Allianz; jedoch aus völlig anderen Motiven heraus. Despotische Politiker wie Mswati III. von Swasiland, al-Baschir aus dem Sudan oder der eritreische Herrscher Afewerki bejubelten die Klima-Allianz, weil sie hofften, ihre Machtposition auszubauen. Aber darin sollten sie sich irren.

Im Ablehnungslager zeigte sich eine große Spannweite an Reaktionen und Motiven: Da gab es die Kritiker, für die die Klima-Allianz vor allem eine Macht von oben war – daher undemokratisch. Es gab aber auch Ablehnung aus nationalistischen Gründen.

Schließlich erstarkte auch eine radikale Strömung, die die Klima-Allianz ablehnte, weil ihnen die drei Ziele nicht weit genug gingen. Wenn schon Weltrettung, dann gerne richtig und mit Verve. Hier tummelten sich die Spinner und Wüteriche dieser Welt: Menschen, für die zum Beispiel Bill Gates der Leibhaftige war; Zeitgenossen, die sich von Echsen-Menschen kontrolliert sahen, die Autofahrer-Partei, die Lichtesser, die Amphetamin-Liga, die Nackttänzer-Partei, auch eine Partei, deren Programm darin bestand, dass die Menschen unverzüglich die Sprache der Tiere lernen müssten, oder die Sprache der Steine, der Bienen, der Sterne. Und die Kurse dazu veranstalteten.

Angst und Orientierungslosigkeit hatten allen Wahnsinn, der in uns Menschen steckt, nach oben kochen lassen. Und im Slum fand sich eine kleine Auswahl dessen, zusammen mit einem reichlichen Angebot an Waffen.

Mittwoch, 11. Juli 2029

Dritter Ring, Slum-World, Island

Die Ausfahrt führte weg von der Autobahn, die Straße war viel schmaler und schien praktisch leer zu sein.

»Er wird auf die Reifen schießen, falls er nah genug rankommt …«

Reza fuhr jetzt sehr schnell, etwa 165 Stundenkilometer, es war erstaunlich, wie der kleine Wagen anzog. Der Yukon war etwa fünf Meter hinter ihnen, auf der rechten Seite. Pierpaoli konnte das Gesicht des Mannes sehen, es war nicht weiter auffällig, gerahmt von einem dunklen Bart.

Die Waffe konnte Pierpaoli auch erkennen.

»Verdammt! Dann halten Sie eben an, Reza, dann geb ich denen eben meinen Koffer und mein Geld … Herrgott!«

»Dann sind wir beide tot …«

Die Straße war sehr schmal, sie fuhren sehr schnell. Der Yukon lag jetzt vielleicht nur zwei Meter zurück, Pierpaoli meinte, die Hautunebenheiten im Gesicht des Mannes mit der Pistole ausmachen zu können.

Der Mann zielte jetzt auf die Hinterreifen.

In diesem Moment trat Reza auf die Bremse, kurz, kräftig, aber kalkuliert, der Wagen brach nicht aus. Nochmals bremsen. Nochmals bremsen, dreimal. Viermal.

Der Yukon war rechts an ihnen vorbeigeschossen. Falls der Mann mit der Pistole geschossen hatte, hatte Pierpaoli den Schuss nicht gehört. Sie sahen den Yukon jetzt vor ihnen, die Bremslichter glühten auf, aber so schnell kam das schwere Gefährt nicht zum Stehen.

Reza zog die Handbremse, der abgebremste Wagen schlug mit dem Heck aus, drehte fast auf der Stelle um hundertachtzig Grad, hundertneunzig Grad, stand, aber entgegengesetzt zur Fahrtrichtung. Pierpaoli sah, wie der Yukon ebenfalls wendete, aber er war bestimmt hundert, hundertfünfzig Meter weiter, und er wendete schwerfälliger als Reza, der jetzt in entgegengesetzter Richtung davonschoss und mit kreischenden Reifen und scharf eingeschlagenem Lenkrad in die nächste Querstraße, nicht mehr als ein besserer Feldweg, einbog.

Sie fuhren sehr schnell. Das Auto sprang über die Unebenheiten wie eine Blechdose, die man über ein Kopfsteinpflaster kickt.

Wieder eine Querstraße. Scharf links abgebogen.

Und noch eine Querstraße. Scharf rechts. Kies prasselte unter dem Auto, schlug gegen den Wagenboden. Rechts standen Bäume. Zweige schlugen gegen die Windschutzscheibe. Und dann wurde die Straße plötzlich breiter, Häuser sprangen ihnen entgegen, kleine, schäbige Blechhäuser, aber es waren doch Menschen zu sehen, und da war Licht, man sah kleine Läden.

Reza nahm das Tempo weg, fuhr vor ein Haus mit einer Rolljalousie. Er betätigte einen Sender, die Rolljalousie fuhr rumpelnd und knirschend hoch, Reza lenkte den Wagen in eine schmale Garage. Das heißt, die Garage war so schmal gar nicht; aber links und rechts war alles Mögliche aufgetürmt, aufgestapelt, Holz, elektronische Geräte, uralte Flachbildschirme, leere Hühnerkäfige, Reklameschilder von Friseursalons aus dem vergangenen Jahrhundert, düstere Ölgemälde, Autoreifen, Plastikflaschen in Säcken, Autobatterien, tahitianische Sonnenschirme, ein Bolex-Paillard-Filmprojektor, eine Sammlung von neuen, bunten Eimern, zwei Paletten mit echten Büchern aus Papier, alle noch eingeschweißt, eine Schiffslaterne aus angelaufenem Messing, ein Heimtrainer, zwei Fußschemel mit verblichener Petit-Point-Stickerei, ein Erbsensacksessel.

Die Rolljalousie rumpelte wieder abwärts. Zwei funzelige Glühbirnen hingen von der hohen Decke.

Reza und Pierpaoli schwiegen eine Weile. Sie atmeten schwer.

»Sehen Sie, ist gefährlich hier. Aber Ganesha hat uns beschützt … Gut gemacht, kleiner Mann.« Reza stupste die Messingfigur an dem Rückspiegel an, seine Stimme war gläubig, weich. Aber seine rechte Hand zitterte so sehr, dass er sie mit der linken Hand festhalten musste.

Pierpaoli atmete ein paarmal ein und aus. »Ja. Danke, Ganesha. Und Ihnen, lieber Reza, danke ich auch, verdammt, Reza. Sie waren meinetwegen in Gefahr – es tut mir leid.«

»Hey, das war nicht Ihre Schuld. Ich hab Sie gefahren. Ich fahr Sie auch weiter, hier sind wir in meinem Stadtteil. Die Hälfte der Leute hier hätte keinen Rechner oder keinen Serveranschluss, wenn ich das hier nicht eingerichtet hätte. Also, hier sind wir sicher, will ich sagen. Ich hab hier nur Freunde, na ja, fast. Aber ich werd Sie mit einem anderen Wagen zur Anschlussstelle der Regierungs-Trasse bringen. Diesen hier muss ich erst durchsehen lassen. Und ich bring Sie nur zur Anschlussstelle, ich darf da nicht rauf. Aber Sie können von hier anrufen und einen Wagen bestellen. Sie sind doch ein hohes Tier, das können Sie doch, oder?«

»Gab es nicht ein Problem mit dem Telefonempfang?« Pierpaoli holte sein Telefon aus der Tasche und schaute nach dem Empfangs-Balken. Er stand bei null. Pierpaoli sah, dass auch er zitterte.

»Ich rede vom Satellitentelefon. Ich hab eins. Hauptsache, Sie wissen, wen Sie anrufen können …«

»Danke.« Pierpaoli lehnte sich auf dem Rücksitz zurück; nun, da die Gefahr vorüber war, kam der Schock, überlief es ihn heiß und kalt.

»Reza …?«

»Ja?«

»Wenn Sie Informatiker sind, dann finden Sie doch überall einen besseren Job – warum sind Sie hier?«

»Wegen meiner kleinen Schwester. Sie ist hier bei einer der Radikalengruppen gelandet. Meine Familie hofft, dass ich sie da rausholen kann. Ich bin mir nicht so sicher, ob ich das kann. Und gleichzeitig geht alles durcheinander in meinem Leben, wissen Sie? Ich bin Iraner, also eigentlich Muslim, Schiit. Habe aber einen Hindu-Gott an meinem Rückspiegel, mit dem ich rede. Und als Informatiker glaube ich an die Macht der Exaktheit.«

»Ich schätze, Sie glauben an alles, was Ihnen hilft. Das ist klug.«

»Ja, danke. Und jetzt hole ich das Telefon. In einer halben Stunde ist Ihr Wagen da.«

Es gab noch Gefeilsche, als es um den Fahrpreis ging. Reza wollte nicht mehr als zweihundert annehmen. Pierpaoli hatte zweitausenddreihundert Global bei sich und bestand auf tausend, mindestens. Reza hatte ihm sein Leben gerettet. Am Ende gab er ihm zweihundert Global für die Fahrt, achthundert als Trinkgeld. Zuletzt gab Reza Pierpaoli noch eine Visitenkarte.

*

Etwa eine Stunde später hielt der Wagen vor einem der spektakulärsten Gebäude auf der Welt. Es war der Hauptsitz des »Meta-Ministeriums für Forschung, Energie und Verkehr«.

Pierpaoli stieg aus. Es war nicht mehr lange bis Mitternacht, aber immer noch hell – in den kurzen isländischen Sommern waren die Nächte leuchtend. Pierpaoli sah drei Leute: ein großer Nigerianer, in Zivil, zwei Uniformierte. Sie kamen auf ihn zu, eine Art Empfangskomitee, wie Pierpaoli vermutete.

Der Nigerianer baute sich augenrollend vor Pierpaoli auf, trat noch einen halben Schritt auf ihn zu.

»Mister Pierpaoli, das sind Sie?«

»Das bin ich. Und Sie?«

»Horace M. Nkunke. Erster Sicherheitschef des Meta-Ministeriums. Zuständig für den ganzen Laden.«

Nkunke war ein Hüne, die Haut beinahe blauschwarz, er trug ein schwarzes Polohemd, keine Jacke, obwohl es keineswegs warm war. An seinem Gürtel hatte er eine kleine Sammlung von

Taschen, Telefonen, eine Pistole in einem Halfter. Sein breiter Hals stieg aus dem Kragen, als wäre er mit den Muskeln und den mächtigen Schultern zu einem Stück verschweißt. Er streckte Pierpaoli die Hand hin.

Pierpaoli fühlte, wie seine eigene Hand, mitsamt Knöcheln und Handgelenk, in einem festen Griff verschwand.

»Und wissen Sie, was das bedeutet?«

»Nein.«

»Das bedeutet, ich hab zu viel zu tun, um mich um Besucher zu kümmern, die mit dem Taxi herfahren wollen und sich in Lebensgefahr bringen. Ich bin für Sie verantwortlich – also, machen Sie das bitte nicht nochmal. Oder ähnliche Aktionen.«

Pierpaoli war unheilbar höflich, aber jetzt gerade war er nicht in der Stimmung, sich maßregeln zu lassen.

»Es war ein Versehen. Ich bin hier im Auftrag des Hochkommissariats, und es gab keinen Fahrer am Flugplatz. Und wenn Sie – *bitte* – einen angemessenen Ton anschlagen würden, Sir!«

»Das war genau der angemessene Ton, Mister Pierpaoli. Hier im Meta-Ministerium mache ich die Vorgaben. Einer meiner Leute wird Ihnen Ihr Apartment zeigen. Schönen Aufenthalt noch.«

Und damit drehte Horace M. Nkunke sich auf dem Absatz um und ließ Pierpaoli stehen.

Mittwoch, 11. Juli 2029

Castel di Casio, Italien

Es ist kurz nach Mitternacht über Castel di Casio. Der Ort schläft, Dunkelheit liegt auch über den Klosteranlagen oberhalb des Dorfes, Dunkelheit über den luxuriösen Ställen, über den Silos, über der Trainingsbahn und dem Renngeläuf. Es ist ganz still.

Im Kloster, in einer bescheidenen Kammer im Westteil, das kleine Fenster auf den Gemüsegarten gehend, brennt noch Licht. Pater Philipp sitzt an seinem kleinen Eichentisch und schreibt eine Mail. Er schreibt an seine Brieffreundin, mit der er seit Jahren, seit Londoner Zeiten, in Kontakt steht.

Liebe Ariadna!
Es sind jetzt schon wieder einige Wochen vergangen, und ich habe – wie so oft – ein schlechtes Gewissen … Ich müsste rascher antworten, ich weiß, aber glaub mir, es ist keine Ausrede, wenn ich Dir sage, dass ich die vergangenen Wochen unglaublich eingespannt war. Um Deine Frage zu beantworten: Ja, ich bin noch in Italien, und meine Arbeit gefiel mir hier anfangs sehr gut. Doch inzwischen sind Dinge vorgefallen, die alles in ein anderes Licht rücken – in ein sehr problematisches Licht, um die Wahrheit zu sagen.
An das Kloster angeschlossen war ja eine Pferdezucht, also genau das Richtige für mich, wirst Du jetzt denken, und da liegst Du auch nicht falsch. Ich war anfangs sehr fasziniert, denn die Tiere sind absolut erstklassig. Wunderschön! Du würdest Deine Freude daran haben, wenn Du mich mal besuchen kämst …
Also – anfangs dachte ich, die Pferdezucht sei nur ein kleiner Spaß, nur eine Sache nebenher. Inzwischen bin ich jedoch sicher, dass für meinen Vorgesetzten die Pferde die Hauptsache sind. Und alles andere dient nur diesem Zweck. Auch mein

Einsatz (und meine bescheidenen Fähigkeiten, mit Pferden umzugehen) dienen nur diesem Zweck. Warum? Aus Eitelkeit, ich fürchte, dieses harte Wort ist angebracht. Mein Vorgesetzter hat außerdem auf den Ländereien eine Bio-Landwirtschaft installiert, das ist ganz neu, und die meiste Arbeit bleibt an mir hängen. Diese Bioprodukte werden sehr üppig subventioniert. Das war die Idee. Was wir anbauen, entspricht aber gar nicht den Maßgaben, es wird, mit einem Wort, geschummelt. Man kann auch sagen: Es wird betrogen. Im großen Stil, ich habe das mal ausgerechnet, mehr als 900 000 Euro im Jahr.

Pater Philipp zögert, bevor er weiterschreibt.

Ja, Ariadna, es handelt sich also eigentlich um Subventionsbetrug. Ich kann es nicht hundertprozentig beweisen, aber ich bin mir sicher. Zwei neue Pferde wurden gekauft, die Stallanlagen erweitert. Die Kosten sind astronomisch! Und in all das bin ich involviert.
Was ich davon halte, liebe Ariadna? Das kannst Du Dir denken. Ich empfinde das als zutiefst falsch. Aber danach fragt hier keiner. Man erwartet, dass ich meine Arbeit tue, und das würde ich auch mit Freude – aber doch nicht, wenn ich Teil eines Vorgangs bin, den ich aus tiefstem Herzen verurteile! Oder? Es ist nicht leicht, hier die richtige Entscheidung zu treffen …

Philipp überliest die vorstehenden Zeilen. Dann nimmt er die Finger von den Tasten. Er starrt ins Leere.

Was ist zu tun?, denkt er. *Was möchte Gott von mir?*

Was ist wichtiger für Gott – Gehorsam oder Wahrheit?

Goretti hat immer gerne eine Bibelstelle zitiert, Matthäus 16, wo Jesus zu Petrus sagt, er sei der Felsen, auf den Jesus seine Gemeinde erbauen wollte. Für Goretti war dies stets ein Beleg, dass progressive Bestrebungen nicht vorgesehen seien. Pater Philipp fällt eine andere Petrus-Passage ein, eine Stelle, die Petrus von Tarsus direkt zugeschrieben wird, 2. Petrus 2:1. *Es gibt aber auch falsche Propheten, und aus Habsucht werden sie Euch mit erdichteten Worten zu gewinnen versuchen.*

Goretti ist ein falscher Prophet.

Und eines weiß Pater Philipp jetzt auch: Es ist grundfalsch, diese Dinge seiner Brieffreundin Ariadna zu gestehen. Es würde sie unnötig belasten, sie würde in etwas hineingezogen, mit dem sie nichts zu tun hat.

Dann bewegt er den Cursor, markiert den gesamten Text, vom ersten bis zum letzten Wort.

Und dann drückt er die Löschtaste.

Das Geschriebene verschwindet.

Der Brief als solcher war nicht falsch, allerdings war seine Freundin Ariadna die falsche Adressatin.

Er klappt den Laptop zu und nimmt ein Blatt Papier aus der Schublade, tastet nach einem Kugelschreiber.

Er streicht das Papier glatt und schreibt, jetzt mit der Hand:

An die
Beschwerdestelle des Vatikans
Apostolischer Palast
00120 Vatikanstadt

Hochverehrte Brüder in Christi!
Ich bitte Sie in Demut, dieses Schreiben als eine Selbstanzeige zu betrachten. Mein Name ist Pater Philipp, Castel di Casio, im Zuständigkeitsbezirk des Herrn Kardinal Ottavio Goretti, und ich bin beteiligt an einem Vorgang, den ich zu meiner tiefen Scham als Subventionsbetrug bezeichnen muss …

Es ist kurz nach Mitternacht über Castel di Casio. Der Ort schläft, Dunkelheit liegt über den Klosteranlagen, über den luxuriösen Ställen, über den Silos, über der Trainingsbahn und dem Renngeläuf. Es ist ganz still.

Im Kloster, in einer bescheidenen Kammer im Westteil, das kleine Fenster auf den Gemüsegarten gehend, brennt noch Licht. Pater Philipp sitzt an seinem kleinen Eichentisch und schreibt seinen Brief.

Mittwoch, 11. Juli 2029

Helikopter-Flughafen des »Meta-Ministeriums für Forschung, Energie und Verkehr«, südöstlich von Reykjavík, Island

Es ist 0.32 Uhr nach isländischer Zeit. Leichter Wind von Nord/Nordwest. Ein Hubschrauber ist im Anflug, nähert sich Island aus südöstlicher Richtung, über die Bucht von Hafnarvik, ein Transporthubschrauber vom Typ Sikorsky S-76 G. Der Neupreis liegt bei rund 100 Millionen Global, umgerechnet 21 Millionen Dollar, je nach Einbauten.

Dieser hier, mit der Kennung ARS 001, hat eine luxuriöse Ausstattung: Die Kabinendecke ist paneeliert mit illegal geschlagenem afrikanischen Mahagoni, der hochflorige Teppich ist in einem Ecru-Ton gehalten, einem gedämpften Weiß, die schweren und in unzählige Richtungen verstellbaren Ledersitze sind mandelfarben. Die Schließen der Anschnallgurte sind vergoldet.

Der Eigentümer des Helikopters sitzt an einem Fensterplatz, hat die Augen geschlossen, atmet ruhig, gleichmäßig. Er hat ein attraktives Gesicht, einen schön geschnittenen Mund, er lächelt, vielleicht im Schlaf, vielleicht döst er nur. Aber mit Rücksicht auf ihn schweigen seine Begleiter, sein kleiner Tross verhält sich still, während sie auf die Küste Islands zuhalten.

Der Mann, dem der Helikopter gehört, ist sehr reich und einflussreich. Aber er ist noch längst nicht am Ziel.

*

Tower am Hubschrauber-Flugplatz, »Meta-Ministerium für Forschung, Energie und Verkehr«, südöstlich von Reykjavík, Island

Linda Park, die Leiterin des Fluglotsen-Teams am Kontrollturm, setzte jetzt schon seit Minuten denselben Funkspruch ab: »Echo-Echo-Bravo-Mike, Sie sind nicht zur Landung angemeldet, Sie sind nicht zur Landung autorisiert, Echo-Echo-Bravo-Mike, hören Sie mich? Bitte melden. Over!«

Linda Park war eine kluge, tüchtige und schöne Koreanerin, eigentlich hieß sie Park Lin-ja, der Nachname kam im Koreanischen zuerst. Doch sie hatte ihren Namen für Nicht-Koreaner etwas benutzerfreundlicher gestaltet und aus Lin-ja Linda gemacht.

Linda Park hatte den Hubschrauber identifiziert, sie wusste, dass kein Angriff und keine Gefahr drohten. Für den Fall eines bewaffneten Angriffs war man vorbereitet: Es gab eine geheime Luftabwehr-Einheit, in der Basis befanden sich Abwehrraketen.

Eine freundliche Annäherung, aber warum hatte der Hubschrauber sich nicht korrekt angemeldet?

Linda Park griff zum Telefon.

*

Zehn Minuten später stürmte Horace M. Nkunke in den Kontrollraum. Man reichte ihm einen Mikro-Kopfhörer, er setzte ihn auf.

»Was haben wir, Linda?«

»Ein Sikorsky im Anflug. Wahrscheinlich aus Schottland oder Norwegen. Haben vermutlich auf Vágar getankt. Werden jetzt aber wieder halb leer sein, wenn ich raten sollte.«

Sie hatte richtig geraten. Die Strecke, die der Helikopter zurückgelegt hatte, betrug 924 Meilen. Und tatsächlich hatten sie auf dem Vágar-Airport auf den Färöerinseln zwischengetankt, waren von dort weiter in nordwestlicher Richtung geflogen – sie hatten jetzt noch genug Kerosin, um notfalls umzudrehen, vielleicht aber auch nicht.

Eine solchermaßen erzwungene Landung war heikel und eigentlich nicht erlaubt. Nkunke müsste Besatzung und Passagiere in Gewahrsam nehmen, befragen, einen Gerichtsbeschluss beantragen, die Maschine durchsuchen lassen, Flugschreiber und Flugprotokolle beschlagnahmen, und am Ende würde er einen langen – einen *sehr* langen – Bericht schreiben müssen.

»Und keine Reaktion aus dem Cockpit«, sagte Linda Park. »Ich versuch's wieder. Echo-Echo-Bravo-Mike, Sie sind nicht zur Landung angemeldet, und Sie sind auch nicht zur Landung autorisiert, Echo-Echo-Bravo-Mike, hören Sie mich? Bitte melden. Over!«

Stille.

»Verdammt«, sagte Nkunke.

Stille.

Und dann ertönte plötzlich eine Stimme aus dem Lautsprecher, eine ungemein sympathische Stimme, warm, guttural, sie klang kultiviert, melodisch, heiter. Die Stimme eines Märchenerzählers, der noch der kleinsten Wendung etwas abgewinnt.

»Sind Sie das, Mister Nkunke? Der überaus kompetente Security-Chef? Ich habe schon viel von Ihnen gehört. Wie geht es Ihnen, Sir?«

Das Englisch hatte einen Hauch von Akzent, kaum zu deuten.

»Echo-Echo-Bravo-Mike, wer spricht? Sind Sie der Pilot? Identifizieren Sie sich!« Es war Linda Park, die sprach, Nkunke war für einen Moment sprachlos.

»Nein, meine Dame, ich bin nicht der Pilot. Ich bin nur Fluggast – allerdings auch der Eigentümer dieses schönen Fluggeräts. Mit dem wir einen Ausflug gemacht haben. Leider sind wir ein wenig vom Kurs abgekommen und müssen bei Ihnen notlanden. Bitte erteilen Sie uns die Erlaubnis …«

»Echo-Echo-Bravo-Mike, ich habe verstanden, dass Sie nicht der Pilot sind. Geben Sie mir den Piloten. Over.«

»Ich habe Sie verstanden, meine Dame. Aber der Pilot kann jetzt nicht sprechen; Sie werden mit mir Vorliebnehmen müssen. Also – nochmals, es handelt sich um einen akuten Notfall, wir haben einen medizinischen Notfall an Bord, Sie können uns nicht abweisen, zumal wir keinen Treibstoff mehr haben. Meine Anhänger wären sicherlich nicht erfreut, wenn Sie mich abweisen würden.«

»Anhänger? Was für Anhänger?«, fragte Nkunke.

»Hier, Sir. Sehen Sie.« Linda Park deutete auf einen viergeteilten Bildschirm. »Das ist von den Übertragungskameras an der Zufahrt.«

Man sah die Zufahrt zum Heliport, man sah den Zaun und dahinter eine Schar von Menschen, die sich dort versammelt hatten, es waren einige hundert, sie verhielten sich ruhig, es war offenbar kein aggressiver Auflauf.

»Was soll das? Was wollen die?«

»Es ist sein Empfangskomitee, Sir.« Einer der anderen Lotsen schaltete sich ein. »Sehen Sie die Kennung – ARS 001. Wir haben hier offenbar Amitav Rama Shah an Bord. Ich glaube, das war seine Stimme. Und das würde ganz zu ihm passen, Sie wissen schon, der Welt-Guru. Der Reiche. Der Yoga-Typ mit der Stretchlimo. Der, der sich für das Amt des Ministers für Spiritualität beworben hat und abgelehnt wurde.«

»Ja, ich weiß«, murmelte Nkunke. Er drückte den Sprechen-Knopf an seinem Mikro. »Echo-Echo-Bravo-Mike, identifizieren Sie sich. Sind Sie das, Mister Shah? Mister Amitav Rama Shah? Haben Sie diese Leute aufgefordert, herzukommen? Das ist ein Verstoß gegen eine ganze Reihe von Sicherheitsbestimmungen, verstehen Sie? Identifizieren Sie sich. Over.«

»Aber ich bitte Sie!« Da war die Stimme wieder, warm, guttural, ein kultiviertes Englisch mit einem hauchzarten Akzent. »Diese Menschen sind aus eigener Entscheidung gekommen. Weil sie mich sehen wollen, wissen wollen, dass ich gut gelandet bin. Sie machen sich Sorgen. Sie fühlen mit mir, es sind meine Anhänger, aber sie sind aus eigenem Antrieb, auf eigenen Wunsch hier. Sie wollen mich sehen. Sie sehen mich ohnehin, sehen mich hinter jeder aufleuchtenden Sekunde. Können Sie das auch von sich sagen? Gibt es einen Menschen, der *Sie* sieht?

Der sieht, wer *Sie* sind, und *Sie* liebt? Stellen Sie diese Frage, aber verzweifeln Sie nicht an der Antwort …«

»Echo-Echo-Bravo-Mike, halten Sie Funkstille, ich habe hier nicht um psychologische Beratung gebeten …«

»Natürlich. Entschuldigen Sie. Dürfen wir jetzt bitte landen? Ich meine: offiziell? Wir müssen landen, werden landen, meine Piloten werden in jedem Fall landen, aber es wäre natürlich schöner, wir würden mit Ihrer Erlaubnis aufsetzen … Hören Sie mich? Sir? Wie heißt es: Over?«

»Echo-Echo-Bravo-Mike, ja, Sie haben Freigabe zur Landung. Bleiben Sie nach der Landung in Ihrer Maschine. Stellen Sie den Motor ab, und verhalten Sie sich ruhig. Verlassen Sie nicht den Helikopter, verstanden? Over.«

»Wunderbar, vielen Dank«, sagte die Stimme. »Ich muss mich jetzt anschnallen, sagt mein Pilot. Und die Verbindung beenden. Ich sehe auch schon den Tower, Sie kann ich leider noch nicht erkennen. Aber ich weiß, dass Sie es sind, Mister Nkunke … Oder? Jedenfalls, Sir …«

»Was ist? Halten Sie Funkstille. Sie haben Freigabe. Over!« Nkunke hatte so laut und zornig gesprochen, dass alle im Tower zusammenzuckten.

»Jedenfalls, Sir … Was ich sagen wollte: Ich segne Sie, mein Freund. Ich segne Sie.«

Donnerstag, 12. Juli 2029

Apartment 13.294, Wohnanlage 13, Meta-Ministerium, Island

Thomas Pierpaoli erwachte am nächsten Morgen in dem Apartment, das man für ihn reserviert hatte. Denn er kam ja mit offizieller Anmeldung und Prüfungsauftrag; Kapstadt hatte das Recht, jederzeit und auch außer der Reihe sogenannte »Berichtende Beamte« (das Wort »Inspektoren« wurde vermieden) zu entsenden.

Besonders ausgeruht und morgenfrisch fühlte er sich nicht. Er hatte wirr geträumt. Bilder und Sequenzen, die in seinem Kopf rumpelten wie trockene Steine in einem drehenden Zementmischer, aber ohne Zement darin, ohne dass sie abbanden. Es waren Szenen, die die Geschehnisse von gestern in einer unangenehmen Verdrehtheit wiederholten, von platzenden Autoreifen und winzigen Göttern, die auf Spiegeln hockten, die von Spiegeln herabbaumelten und plötzlich mit hohen Stimmchen zu reden anhoben. Im Traum kamen ihm die Stimmen bekannt vor, aber er konnte sie nicht zuordnen.

Es war kurz nach sieben, Helligkeit kam durch die großen Fenster. Pierpaoli stand auf, fischte aus seiner Reisetasche seinen Kulturbeutel und ging ins Bad. Die Beleuchtung im Bad sprang automatisch an, der Raum war fensterlos, dazu ertönte leise Musik aus verborgenen Lautsprechern, leichte Klassik. Neben dem Waschtisch war ein kleiner Bildschirm in die Wand eingesetzt, Nachrichtenbilder liefen tonlos, man sah einen Hubschrauber landen, ein weiß gekleideter Mann stieg aus, die Kamera fuhr an sein Gesicht, er lächelte wie ein Geburtstagskind.

Pierpaoli schaltete die Musik aus und stieg unter die Dusche.

Das Apartment lag in der Wohnanlage 13, in einiger Entfernung zum Ministerium. Es war in nüchternem Stil gehalten: ein kleiner Schlafraum, ein Wohn- und Arbeitsraum, eine gut ausgestattete Küche. Es gab sogar einen kleinen Balkon, auf den Pierpaoli jetzt trat, geduscht, rasiert, in einem weißen Bademantel. Vom Balkon aus hatte man den Blick auf die Türme des Ministeriums.

Die drei Türme standen nebeneinander, der linke (von Süden aus, wo die Wohnanlagen standen) Turm war »Forschung«, der mittlere »Energie«, der rechte war das Verkehrsministerium. Aus der Entfernung fügten die Gebäude sich organisch in das Grün und Grau der isländischen Felsenlandschaft, die Anordnung wirkte gleichsam spielerisch entworfen. Tatsächlich waren die Türme riesengroß: Jeder von ihnen war zweihundertfünfzig Meter hoch, mit einem Durchmesser von sechzig Metern. Sie waren cremeweiß und schimmernd grün.

Jeder Turm bestand aus mehreren Segmenten – als hätte ein zum Spielen aufgelegter Riese weiße Zylinderhüte aufeinandergestapelt und regelmäßige Muster, Rhomben und Dreiecke, in die Außenhaut geschnitten und sie liebevoll begrünt.

Verantwortlich für das Bauwerk zeichnete aber kein Riese, sondern drei Frauen, die wahrscheinlich besten Architektinnen in Skandinavien. Der Name ihrer Architektinnen-Gruppe, AFL, bedeutete auf Isländisch »Kraft« und war ein Akronym für Alfey Viarsdóttir, die aus Island kam, Freja Eklund aus Schweden und Linnea Ramsdal aus Norwegen. Drei Frauen, drei Türme.

Sie hatten, um Beben- und Vulkansicherheit zu gewährleisten, um das Areal ein Ringfundament legen lassen, mit einer unterirdischen Spangenkonstruktion, wie eine eingegrabene Schale. Das Fundament war aus Polymerbeton, die Basisstruktur aus Carbonbeton, einem neuen Material: extrem fest, leicht, langlebig, geringe CO_2-Emission. Teilweise waren Lignine verarbeitet worden, ein Holzabfallprodukt. Sowohl die Lignine wie auch der Beton waren mit besonderen Schimmelpilzen »geimpft« worden – das Ganze war, bei Schäden, selbstheilend.

Drei Frauen, viele Ideen.

Zwischen den Türmen waren, in geschwungener Form, Plateaus eingezogen, ebenfalls begrünt. Darauf waren Dachrestaurants, Geschäfte, Sportanlagen, Bars.

Pierpaoli verließ den Balkon, ging in die Küche, er hatte Lust auf einen Kaffee. Eine Weile versuchte er, aus der Espressomaschine schlau zu werden, die allerdings so viele Hebel, Einstellungen, Schalter und Lampen hatte, als wollte man damit einen Satelliten ins All schicken. Die Gebrauchsanweisung lag daneben, ein zentimeterdickes Taschenbuch.

Pierpaoli bestellte stattdessen telefonisch ein Frühstück. Es kamen, während er sich noch anzog: Tee, gebutterter Toast mit einem Aufstrich aus Tang und Seegras, vitaminreich und jodhaltig. Pierpaoli aß einen Toast und trank den Tee. Dann stellte er das Geschirr in die Spüle, dann schlenderte er ins Schlafzimmer und zog das Bett glatt, und dann reihte er im Bad seine Toilettensachen der Größe nach auf, eine seiner Marotten, und dann, als es wirklich nicht mehr aufzuschieben, hinauszuzögern war, machte er den überfälligen Anruf bei Nikita Mamarenko.

Es war Pierpaoli unangenehm, in das laufende Kontrollverfahren eines Kollegen einzugreifen – erst recht eines Freundes.

Mamarenko ging gleich ran, nach nur zweimaligem Klingeln.

»Ah! Thomas! *Zdorovo druzhishche!* Welche Überraschung! Wie habe ich dich vermisst! Geht es gut? Wo bist du?« Mamarenko sprach ein reizend inkorrektes Englisch.

»Du wirst es nicht glauben, aber ich bin ganz in deiner Nähe. Ich bin in Island, im Meta-Ministerium. Gestern angekommen.«

Weiter kam Pierpaoli fürs Erste nicht, Mamarenkos Überschwang schnitt alles ab. »Was? Hier? Wie ist das schön! Wir sehen uns, mein Freund! Ich will dich umarmen! Wir müssen trinken! Wodka! Ich weiß, du trinkst Wein, du bist ein Gentleman, also ich werde Wodka trinken, du Wein. Und dann beide Wodka!«

Mamarenko war nicht der Mann, der Klischees aus dem Weg ging.

»Gerne, Nikita. Sehr gerne. Allerdings bin ich ja auch dienstlich hier, wie du. Und ich wollte mit dir über deinen Bericht reden …«

»Was Bericht! Das ist egal! Unwichtig, der Bericht! Wichtig ist unsere Freundschaft! Wann sehen wir uns?«

Mit Nikita, wusste Pierpaoli, kam man nur weiter, wenn man auf seinen russischen Rhythmus einging. »Jederzeit, ich bin in Wohnanlage dreizehn …«

»Ah, gut! Wohnanlage dreizehn ist sehr gut, sehr schön. Es gibt da alles. Lass uns schwimmen!«

»Was? Es geht um Arbeit …«

»Schwimmen! Bei dir! Wir sehen uns.«

Aufgelegt.

Pierpaoli starrte einen Moment lang auf sein Display, dann schob er das Telefon in die Tasche. Wenn Nikita sich im Schwimmbad treffen wollte, dann würde man sich eben im Schwimmbad treffen. Pierpaoli blätterte durch die Broschüre, die er auf dem Couchtisch gefunden hatte; ja, es gab tatsächlich einen Pool, auf dem Dach.

Gehen wir also schwimmen. Weil du es so willst, du verrückter Russe, dachte Pierpaoli. Das war sein erster Gedanke.

Sein zweiter: *Wo bekomme ich jetzt eine Badehose her?*

Donnerstag, 12. Juli 2029

Poolbereich Wohnanlage 13, Meta-Ministerium, Island

Der Poolbereich war auf dem Dach von Wohnanlage 13, die Anlage war begrünt, mit Zwergbirken, Ebereschen, Strandroggen und Blaubeersträuchern – Pflanzen, die dem isländischen Winter trotzten.

Der Pool war kein Riesenbecken, aber von immerhin fünfundzwanzig Metern Länge. Von hier aus hatte man einen sogar noch schöneren Blick auf die drei Türme. Bei klarem Wetter sah man den Atlantik, die verschwommen gleißende Linie, wo der isländische Himmel und das Meer sich berührten.

Pierpaoli hatte im Poolshop eine blaue Badehose erstanden, er ließ sich vorsichtig ins Wasser gleiten, zu seiner Erleichterung war es geheizt, es schmeckte leicht salzig.

Er wusste nicht recht, was er jetzt tun sollte, also begann er zu schwimmen, eine Bahn hin, eine Bahn zurück – dann tauchte plötzlich ein roter, etwas prustender Kopf neben ihm auf, er hatte ihn nicht kommen sehen, ein Kopf, der zu einem offenbar dicken Oberkörper gehörte, mit fleischigen Armen, die das Wasser ungeschickt teilten.

»Nikita!« Pierpaoli wollte wassertretend auf der Stelle bleiben, seinen Freund begrüßen.

»Thomas! Komm, weiterschwimmen. Immer hin, her, hin, her. Wir reden. Aber wir schwimmen auch. Das ist der Plan.«

Nikita Mamarenko war an ihm vorbeigezogen, aber Pierpaoli hatte keine große Mühe, ihn einzuholen.

Sie schwammen Brust, nebeneinander. Zwei Herren, die Bahnen ziehen und halblaut reden.

»Okay. Jetzt im Ernst. Was soll das Theater, Nikita? Warum gehen wir nicht einen Kaffee trinken, normal, wie zwei Erwachsene? Wir haben zu arbeiten. Du weißt, dass ich als Projekt-Controller hier bin! Um dich zu, na ja, zu unterstützen … Sie haben mich geschickt, weil sie unzufrieden sind mit dir. Dieser Bericht, den du geschrieben hast, der hat ein paar Leute verunsichert, bis hoch zu Tschenajew …«

»Gut, gut. Sehr gut!«

»Ich weiß nicht, Niki. Ich weiß nicht, ob das so gut ist. Willst du zurückschwimmen?«

»Ja, hin, her, hin, her … Hier niemand kann uns hören.«

Sie waren am Beckenrand angekommen, stießen sich fast gleichzeitig ab, wobei Mamarenko deutlich mehr Bugwelle vor sich herschob.

»Ja, fein, Niki. Niemand kann uns hören. Sehr schön. Aber ich wüsste auch nicht, warum uns jemand abhören sollte …«

»Ha! Das denkst du! Weil du bist naiv.«

»Also nochmal: Dir ist schon klar, dass sie mich geschickt haben, weil sie mit deinem Bericht nicht – wie soll ich sagen – hundertprozentig glücklich waren?«

»Klar. Bericht war *dermo*, war schlecht, beschissen. Aber das war absichtlich. Du verstehst, Thomas? War absichtlich verrückt. Wenn man jagt, muss man das Wild aufscheuchen, irritieren. Und ich wollte, dass sie *dich* schicken. Zusammen schaffen wir's – verstehst du?«

»Oh Gott, Niki. Nein, ich versteh's nicht. Was ist los?«

»Es geht um Projekt ›Qube 17‹. Du hast davon gehört?«

»Natürlich. Ich habe mich eingelesen.«

»Genau. Ja ›Qube 17‹ macht Vorhersagen für chaotische Systeme. Große Datenmengen. Sehr große Datenmengen! Projektleiterin ist Professorin Liu Lian. Gute Frau, kluge Frau, schöne Frau. Ist Professorin, ist Chinesin … Aber ich weiß nicht, ob ich mich in sie verlieben könnte …«

»Niki, bitte!«

»Also – ich habe gemerkt, bei allen Testläufen sind komische Dinge geschehen. Und ich habe gemerkt, dass Professorin Liu das wusste. Klar, ist sie Leiterin. Aber sie wollte verschweigen, verwischen, verstehst du?«

Sie waren auf der anderen Seite angekommen. Hielten sich einen Moment an der Rinne fest, wassertretend.

»Was für komische Dinge, Nikita?«

»Es gab Ärger. Burn-outs bei Wissenschaftlern, Beschuldigungen über Datendiebstahl – viel mehr als sonst bei solchen Projekten. Komische Tiere, die nicht in der Projektbeschreibung stehen, wurden bestellt, Oktopoden. Und der Pausenraum wurde mit Gehirn-Sensoren ausgestattet. Wozu, Thomas? Kannst du das sagen?«

»Müssen wir eigentlich immer noch schwimmen?«

»Ja, hin, her. Ist abhörsicher. Warum? Ist kalt?«

»Ja.«

»Tut mir leid. Entschuldige. Wir schwimmen schneller. Oder doch lieber nicht. Es ist besser, auf Sicherheit zu achten. Wenn der Fuchs sein Haus baut, so sagt man in meiner Sprache, weißt du, wie viele Ausgänge er baut?«

Mamarenko verfügte über einen reichen Fundus an russischen Sprichwörtern, Metaphern, Analogien; Pierpaoli hatte die Erfahrung gemacht, dass man ihn am besten schon im Ansatz bremste.

»Niki, bitte, lass den Fuchs beiseite. Kein Fuchs. Keine Sprichwörter. Sag lieber, was für Unfälle gab es noch? Und was ist deine Meinung?«

»Du weißt, dass sie schon sehr weit sind mit dem Quantencomputer. Aber meine Meinung ist, dass sie etwas bauen – zusätzlich! Aber ich weiß nicht, was …!«

»Da kann ich dir nicht helfen, Niki. Ich meine, ich versuche immer noch, zu begreifen, was ein Quantencomputer eigentlich ist …«

*

Die Quantentechnologie war eine relativ junge Technologie – und immer mehr Wissenschaftler sagten: eine revolutionäre. Das galt besonders, seit die Forscher das Claranium besaßen.

Ein Quantencomputer verhielt sich zu Supercomputern wie ein Kampfjet zu einem Spielzeugzeppelin; die Rechenleistung eines Quantencomputers stellte alles bisher Dagewesene in den Schatten. Denn normale Computer arbeiteten mit digitalen »Bits«, mit Nullen und Einsen. Wollte man es mit einer Münze vergleichen, gab es für jedes normale Computersystem entweder Kopf oder Zahl. Die Münze lag entweder auf dieser oder auf jener Seite.

Der Quantencomputer, um im Bild zu bleiben, war ebenfalls eine Münze, aber er war eine Münze, die mit dem Daumen hochgeschnippt und wirbelnd in die Luft geworfen wurde – und dort blieb. Für diese Münze, die in der Luft stand und so schnell um sich wirbelte, dass das Auge beim besten Willen nichts erkennen konnte, gab es nicht nur die beiden Zustände Kopf oder Zahl. Es gab zahllose, Physiker sagten: unendlich viele, Zustände dazwischen.

Die Münze war in beiden Zuständen gleichzeitig.

Die Theorie dahinter, die Quantentheorie oder Quantenmechanik, war nicht neu. Im Jahr 1900 hatte einer der Begründer, ein grüblerischer junger Mann namens Max Planck, den Grundstein gelegt. Später hatte er den Nobelpreis bekommen, und seitdem waren immer mehr Physiker fasziniert von den vielen Fragen und Ungeklärtheiten, die diese neue Theorie aufwarf.

Denn das tat sie.

Was die Forscher herausfanden, war vollkommen verrückt und rätselhaft. »Spukhaft«, wie Einstein es genannt hatte. Zum einen war diese neue Theorie, wie Physiker sagten, »kontraintuitiv«. Nichts von dem, was die zahllosen Experimente ergaben, passte zu der menschlichen Erfahrung, war mit dem gesunden Menschenverstand zu begreifen. Außerdem standen ihre Erkenntnisse in krassem Widerspruch zu den Gesetzen der »normalen«, der bisherigen Physik. Die besagten, es gäbe Gravitation – logisch, Äpfel fielen vom Baum. Sie besagten, es gäbe Magnetismus – klar, die Kühlschranktür war behängt mit

Magneten. Die Gesetze besagten, es gäbe Elektrizität – logisch, Strom kam aus der Steckdose.

Aber zu all diesen normalen Anwendungen und Erfahrungen stand die Quantenphysik in krassem Widerspruch. Sobald man sich auf die Ebene der kleinsten Teilchen begab, befand man sich in einem Zauberreich.

Aber aus diesen verzauberten Teilchen bestand die ganze wirkliche Welt. Und spukhaft hin, spukhaft her – es funktionierte. MRTs, Magnetresonanztomographen zum Beispiel, diese Maschinen funktionierten – ohne jeden Zweifel. Sie zeigten, wenn ein Kranker in die MRT-Röhre geschoben wurde, ein zuverlässiges Bild seines Körpers. Der Arzt konnte darauf zählen. Der Kranke konnte – hoffentlich – kuriert werden. Man musste die Theorie, die dahinterstand, nicht mal verstehen, um sie anzuwenden. Auch bei Lasern, Datentransporten oder Solarzellen kamen »Quanteneffekte« zum Einsatz.

Firmen wie IBM, Google, Microsoft hatten sich einen erbarmungslosen Wettlauf geliefert. Im Jahr 2019 hatte Google erstmals eine Berechnung auf einem rudimentären Quantencomputer sehr viel schneller durchgeführt als auf allen klassischen Supercomputern.

Das alles hatte Pierpaoli sich im Flugzeug angelesen. Er wusste auch, dass im Meta-Ministerium diese Technologie mit Hochdruck weitergetrieben wurde. Man hatte die besten Köpfe, mehr als achthundert von ihnen, aus allen Firmen, Labors, Ländern zusammengekauft und zusammengefasst in ebenjenem Forschungsbereich, von dem Nikita gesprochen hatte, »Qube 17«. Leiterin war die erwähnte Professorin Liu, hochbegabt, Aspirantin für den nächsten Nobelpreis.

Laut Forschungsantrag wollte sie einen Quantencomputer bauen, der Prognosen in chaotischen Systemen gewachsen war. Denn das Chaos war die größte Herausforderung.

*

»Sie wollen Chaos berechenbar machen«, sagte Nikita zwischen zwei Schwimmstößen. »Weißt du, Thomas, ich bin Russe, ich kenne das Chaos. Als Russe lebt man damit. Aber diese Forscher wollen das Chaos durchschneiden, niederkämpfen.«

»Aber es ist doch nur ein Computer – was soll da schieflaufen?«

»Das weiß ich nicht, noch nicht. Doch ich weiß, dass es Streit gibt an der Teamspitze. Da ist ein Amerikaner, der ist sehr ehrgeizig – ich sage das nicht als Russe, sondern objektiv. Du weißt, ich liebe Amerika. Aber zwischen diesen beiden, Chinesin und Amerikanski, es gibt viel Streit, viel Konflikt.«

Konflikte zwischen leitenden Wissenschaftlern – und auch kleineren Chargen – waren fast an der Tagesordnung, es war der Job von Leuten wie Pierpaoli und auch Mamarenko, schlichtend einzugreifen.

»Gut, Niki, das kennen wir ja, solche Streitereien.«

»Ist mehr als normaler Streit. Viel mehr.«

»Herrgott, Niki, red doch mal klar, was meinst du?«

»Ich denke, ist schon eher Krieg.«

Donnerstag, 12. Juli 2029

Umkleideraum Pool- und Wellnessbereich, Wohnanlage 13, Meta-Ministerium, Island

Pierpaoli saß auf der Aluminiumbank im Umkleideraum und wartete auf seinen Freund und Kollegen. Früher hatten sie eng zusammengearbeitet, mehrere kniffelige Projekte gerettet.

Es war fast nichts los an diesem Morgen, sie waren die Einzigen im Umkleideraum. Mamarenko zog sich noch an. In solchen Dingen, wie auch in einigen anderen, war er umständlich und nahm sich seine Zeit.

Die Luft war feucht und warm, es roch nach Chlor, Seife, Eau de Toilette, Männerschweiß, der sich festgesetzt hat. Pierpaoli hatte heiß geduscht, fühlte sich dennoch ausgekühlt nach dem verdammten Geschwimme.

Endlich kam Mamarenko aus seiner Kabine, ging zum Waschtisch, stellte die Tasche ab, griff zum Fön.

»Nikita, leg das Ding bitte mal beiseite und sag mir, was los ist.«

Ihre Augen trafen sich im Spiegel.

»Was meinst du – ich habe dir doch erklärt …«

»Du hast mir gar nichts erklärt, Nikita. Was soll das? Dieses Treffen im Pool, die Geheimnistuerei, der Bericht, der alle beunruhigt hat. Bist du paranoid geworden auf deine alten Tage? Hast du vergessen, wozu ein Bericht da ist? Um zu klären. Das ist unser Job. Ein Bericht soll die Situation darstellen und erklären. Aber nicht vernebeln.«

»Ich weiß, Thomas. Ich weiß, was ich geschickt habe – Durcheinander von Verdachtsmomenten, Gerüchten, keine Beweise. Noch nicht. Ist kein normaler Bericht. Drei Dinge wollte ich damit erreichen. Erstens, dass du kommst. Du und kein anderer. Das war meine Hoffnung. Dass sie dich schicken, weil wir zusammengearbeitet haben. Hat sich erfüllt, die Hoffnung. Und dann ist der Bericht etwas wie eine Versicherung, eine Rückversicherung – falls mir was passiert.«

»Und der dritte Grund, Niki?«

Mamarenko drehte sich um.

»Ich habe eine Bombe ins Wasser geworfen. Und jetzt sehe ich, ob Fische hochkommen. Und welche Fische.«

Pierpaoli verlor die Geduld. »Herrgott, Niki, Bomben, Fische – du müsstest dich mal hören!«

Mamarenko schwieg. Pierpaoli fuhr fort.

»Okay. Entschuldigung. Wir sind Freunde, Kollegen. Fangen wir an. Als Erstes gibst du mir mal den offiziellen Bericht, dazu deine Aufzeichnungen, nur das, was passiert ist: offizielle Projektbeschreibung im Detail, Teams, experimentelles Design, Resultate, unvorhergesehene Vorkommnisse, Prüfungen dieser Vorkommnisse. Gibt es Zusammenhänge? Das Übliche. Keine Spekulationen. Nur erst ein Überblick.«

»Hab ich hier, den offiziellen Bericht.« Mamarenko deutete auf seine Sporttasche.

»Gut.« Pierpaoli verkniff sich eine Bemerkung, solche Berichte durften eigentlich nicht durch die Gegend getragen werden, sie waren Verschlusssache. »Dann deine eigenen Aufzeichnungen, was immer du herausgefunden hast. Falls du was rausgefunden hast.«

»Hab ich nicht hier. Sicherer Ort. Du musst mir vertrauen, Thomas. Vertrauen ist wichtig. Kann man nicht lernen, aber du musst lernen.«

»Gut. Ich will's versuchen. Ich lese, wir reden. Wir gehen essen.«

»Nein. Wir treffen uns hier?«

»Zum Schwimmen? Bitte nicht. Pass auf – dann komm zu mir. Ins Apartment. Ich habe eine hübsche Küche. Ich koche. Wir essen, wir reden. Aber ohne Wodka.«

»Gut. Schade. Aber gut.«

Mamarenko griff zum Fön.

»Niki – übrigens, was ich noch fragen wollte …«

Mamarenko ließ den Fön sinken.

»Hast du was von – Ariadna gehört? Ich meine … wie es ihr geht?«

Pause.

»Du weißt es nicht?«

»Was denn?« Pierpaoli erschrak. War Ariadna etwas zugestoßen?

»Sie ist hier«, sagte Mamarenko.

Pierpaoli starrte ihn an, perplex.

»Ja, ist hier auf Island«, wiederholte Mamarenko ruhig.

»Wieso? Hat sie hier einen Auftritt?«

»Nein, ich glaub nicht«, antwortete Mamarenko. »Ihr solltet euch sehen. Wenn ihr beide hier seid. Du rufst sie an, Thomas?«

Pierpaoli schwieg.

»Okay. Egal! Ich rufe sie an – für dich.« Und damit drehte er sich zum Spiegel, schaltete den Fön an, das gedämpfte Heulen erübrigte jedes weitere Wort.

Donnerstag, 12. Juli 2029

Apartment 13.294, Wohnanlage 13, Meta-Ministerium, Island

Thomas Pierpaoli gab sich Mühe, nicht an Ariadna zu denken, es war nicht leicht. Aber er hatte zu lesen.

Er saß im Sessel im Wohn- und Arbeitsraum seines Apartments, die Badehose hing zum Trocknen auf dem Balkon, wo sie flatterte und knatterte; aber Pierpaoli hörte es nicht. Er bemerkte auch nicht die Möwe, die auf seinem Balkongeländer gelandet war und pickend die Badehose untersuchte. Er las.

Das Material hatte er von Mamarenko bekommen. Es war der bisherige Projektbericht für »Qube 17«, acht Teile. Pierpaoli hatte Routine mit solchen Berichten. Die Wissenschaftler und Verfasser hatten ihre Ausdrucksweisen und Tricks, um Unfälle, Sackgassen, um Fehler oder Ungereimtheiten zu verstecken, sie zwar pflichtgemäß zu erwähnen, aber doch so tief im wissenschaftlichen Kauderwelsch zu verbergen, dass es möglichst niemandem auffiel.

Als Prüfbeamter hatte Pierpaoli Erfahrung, wie man Hinweise fand, die jeder als unwichtig abgetan hätte, von denen man jedoch wusste, dass sie die Wahrheit belegten. Es war sehr viel Intuition dabei. Und er war gut darin.

Je länger er las, desto mehr begriff er, dass Mamarenko mit Recht überfordert und aufgeregt gewesen war. Wollte man den geordneten Ablauf eines politisch derart aufgeladenen Projekts dieser Größenordnung überwachen, so musste man mit einem kleinen Team antreten, fünf Leute mindestens. Dass der gute Mamarenko hier allein arbeitete, war unsinnig, es war verrückt. Wer hatte das entschieden? Tschenajew? Die Eiskönigin?

Er las weiter.

Das Projekt hatte normal begonnen, dann war es groß geworden, jetzt war es riesig. Höchste Dringlichkeit, Priorität 5. Die Politiker in der »Pyramide« wussten Bescheid, und sie wollten dieses Projekt unbedingt, sie gierten förmlich danach. Denn

»Qube 17« war die Schlüsseltechnologie für Vorhersagen. Und die Menschheit brauchte diesen Blick in die Zukunft.

Die Klima-Allianz arbeitete mit allen Mitteln, mit unfassbaren Geldsummen und enormem Entwicklungstempo an der Reduzierung der CO_2-Emissionen; es war die größte, teuerste und technisch aufwändigste Schlacht, die der Mensch je auszufechten hatte. Und dabei war es verrückt, wie gering die Menge war, um die es ging.

Die Atmosphäre des Planeten Erde besteht zu fast 80 Prozent aus Stickstoff, zu 21 Prozent aus Sauerstoff, zu rund einem Prozent aus Argon. Das klimawirksame CO_2 machte nur einen Anteil von rund 0,04 Prozent aus.

Aber das genügte. Es war ein ungeheuer sensibles System – wenn die Anfangsbedingungen nur ein bisschen verändert wurden, waren die Folgen dramatisch. Dies war auch der Grund, weshalb das Klima bis zu Beginn der Industrialisierung so lange unverändert geblieben war. Doch jetzt wirkte sich dieser Effekt gegenteilig aus. Jetzt erforderte die Reparatur des Klimas sehr viel Fingerspitzengefühl und Achtsamkeit, denn die minimalsten Veränderungen hatten große Auswirkungen.

Die Sparte »Geoengineering« im Meta-Ministerium war eine der wichtigsten und kreativsten. Es gab Versuche mit gigantischen CO_2-Saugern, Kollektoren, die in der Nähe von Großstädten und Industrieanlagen 90 000 Tonnen Luft pro Jahr filterten – aber sie waren ihrerseits zu große Stromverbraucher, und es gab noch nicht genügend regenerative Kapazitäten.

Dann wurden, vor allem in Südamerika und Nordafrika, große Schlote gebaut, mehr als tausend Meter hoch, die von Ballons oder Luftschiffen stabilisiert wurden. Sie sprühten Wassernebel in die Luft und erzeugten künstliche Zirruswolken.

Alle diese Versuche, das Klima zu regulieren, in ein sensibles System *einzugreifen*, waren jedoch gefährlich. Das Wo und das Wann waren entscheidend. Der Erfolg dieser Maßnahmen hing von der Genauigkeit der *Vorhersagen* ab.

Um das Klima zu retten, um all die Maßnahmen planvoll und zum richtigen Zeitpunkt einzusetzen, um die Produktion von Nahrungsmitteln zu schützen, musste man die *Zukunft* berechnen können.

Aber leider war die Zukunft ein chaotisches System. Die Wetterprognosen zum Beispiel erstreckten sich auf wenige Tage, und sie waren ungenau. Je weiter man in die Zukunft blicken wollte, desto verschwommener die Aussicht – desto chaotischer.

Pierpaoli verstand wenig von Chaostheorie, einem der großen Theoriegebiete der Physik, aber jetzt las er weiter.

Die Chaostheorie setzte dort an, wo die klassische Physik nicht weiterkam. Die klassische Physik war durchaus erfolgreich gewesen, etwa das Verhalten von Körpern zu berechnen: Billardkugeln, Bälle, Planeten. Aber schon bei Systemen wie etwa Strömungen, Luft über einer Flugzeug-Tragfläche, Wasser aus einem Wasserhahn, mussten neue, nichtlineare Formeln gefunden und bewiesen werden.

Was die Chaostheorie besagte: Einfache Systeme tendierten dazu, komplex zu werden. Und kleinste Veränderungen bei den Anfangsbedingungen konnten große Veränderungen bei den Folgen bewirken. Der Flügelschlag eines Schmetterlings konnte einen Windhauch erzeugen, dieser Windhauch konnte andere Ereignisse auslösen, am anderen Ende der Welt entstand daraus ein Hurrikan.

Das Wetter war ein solches Chaos-System. Für Voraussagen hing alles ab von der Präzision, mit der die Anfangsbedingungen gemessen wurden. Aber irgendwann war natürlich die Datenmenge zu groß, nicht mehr zu händeln.

Und hier kam der Quantencomputer ins Spiel.

Darum arbeiteten sie in »Qube 17« an einem Quantencomputer, der so leistungsfähig war wie kein Rechnerverbund zuvor. Der Quantencomputer, der hier in Island momentan schon getestet wurde, würde chaotische Geschehnisse auf etliche Tage hin exakt vorhersagen können – zum Beispiel auch das Wetter.

Der Quantencomputer hatte diese Kapazität, so stand es im Forschungsantrag. Die winzige Menge Claranium, vom Mars auf die Erde gebracht, hatte diese Entwicklung befeuert. Und die Tests waren vielversprechend. Ein funktionierender Quantencomputer konnte das chaotische System Wetter durchdringen, so präzise vorhersagen wie nie zuvor. Darum die hohe Priorität.

Schön, dachte Pierpaoli. *Alles schön und gut*. Der Wissenschaftler-Bericht, den er von Mamarenko bekommen hatte, das offizielle Papier, beschrieb nichts als Fortschritte, rasche Erfolge, keine Probleme, kein Zank, keine Konflikte, keine Nickligkeiten. Aber genau das war das Problem. Es gab solche Projekte einfach nicht. Projekte ohne Probleme existierten nicht.

Hier hatte jemand den Bericht frisiert.

Und Mamarenko hatte es bemerkt. Gleichzeitig war der gute Mamarenko überfordert, herauszufinden, was genau hier vor sich ging. Pierpaoli klappte den Bericht zu und ging zur Balkontür. Die blaue Badehose hing noch da, die Möwe war längst davongeflogen.

Er öffnete die Balkontür und trat hinaus. Es war immer noch hell. Der Himmel war blau und grün und blau, aber am Horizont wurde es dunkler, Gott als Maler, der eine nächtige Farbe anmischt. Regen lag in der Luft. Die Luft war hier ganz anders als in Kapstadt, kälter, frischer, schwerer. Hinter der abgeschotteten Welt des Ministeriums lag irgendwo das echte Island, eine Insel von karger, aber berückender Schönheit, mit Geysiren und Vulkanen, besiedelt von sagenhaften Elfen und Gnomen.

Pierpaoli schloss die Tür hinter sich. Ihm stand das Treffen mit Ariadna bevor; es war ein spontaner Vorschlag gewesen, dass Nikita sie mitbringen möge – sie hatten nach ihrer Trennung, nach ihrem überstürzten Auszug nur einige Male telefoniert, kurz und reserviert. Sie hatte, als sie ihn Hals über Kopf verließ, nur ihren Klavierhocker mitgenommen, ihre Noten, ihre Kleider. Pierpaoli erinnerte sich an den Abdruck des Klavierhockers auf dem Teppich vor dem kleinen Flügel, den er für sie gekauft hatte und den jetzt niemand mehr spielte. Er merkte, dass er sich auf das Wiedersehen – falls Ariadna überhaupt mitkommen würde – freute. Dass er es aber auch fürchtete.

Eine Frage war zu klären: Was sollte er kochen? Ariadna liebte chinesisches Essen.

Donnerstag, 12. Juli 2029

Apartment 13.294, Wohnanlage 13, Meta-Ministerium, Island

Die Song-Dynastie war die letzte der großen fünf Dynastien in China – und damals war das Reich der Mitte tatsächlich ein Zentrum der Welt, technisch, kulturell und militärisch allen anderen Kulturen auf anderen Erdteilen weit überlegen. Während Europa sich mühsam aus dem Frühmittelalter hervorkämpfte, spann man hier Seide, benutzte ausgeklügelte Pontonbrücken, hatte eine effiziente Bürokratie und trainierte Kriegselefanten. Einer der Politiker der Song war der Dichter und Kalligraph Su Dongpo, der Legende nach ein großer Freund geschmorten und gerösteten Schweinefleischs; er schrieb darüber sogar ein Gedicht.

Pierpaolo kochte »Dongpo rou«, Fleisch nach Art des Dichters Su Dongpo:

1. Tofu und Rettich in quadratische Scheiben schneiden, fingerdick.

2. Etwa 20 Gramm gehacktes Schweinefleisch mit Sojasoße und Stärke mischen und einwirken lassen.

3. Öl in der Pfanne erhitzen, Tofu und mehrere Rettichscheiben anbräunen.

4. Dann jeweils eine Tofuscheibe mit Fleischmasse bestreichen, darauf eine Scheibe Rettich, darauf abermals Tofu, abermals Rettich.

5. Die kleinen »Pakete« mit Reisstroh (eingeweicht) binden.

6. Lauch mit Ingwer anschmoren, die Pakete darauflegen.

7. Aus heller und dunkler Sojasoße, Reiswein, Zucker, Hühnerbrühe eine Soße anrühren.

8. Die »Pakete« mit Soße übergießen, zuletzt Schweineschmalz hinzugeben, 30 Minuten köcheln lassen.

Pierpaoli hatte Glück gehabt, schnell Zutaten zu bekommen, und er hatte das Gericht einem neuen Kochbuch entnommen,

»Cook as if you mean it«, Autor war ein brasilianisch-chinesischer Koch namens Ricardo da Silva. Es war ein Weltbestseller geworden; die Gerichte waren nicht übermäßig kompliziert, aber mit schönen Erklärungen versehen, und geschmacklich stellten sie alles Bisherige in den Schatten. Außerdem war der Autor eine Art Berühmtheit: Es ging das (nie bestätigte, aber auch nie widerlegte) Gerücht, da Silva habe sich damals, als der Brasilienkonflikt zu eskalieren drohte, irgendwie eingeschaltet und das Schlimmste verhindert.

Ein Koch, der einen Krieg verhindert: Ricardo da Silva, in den wenigen Fernsehauftritten, die er absolviert hatte, unsicher, stotternd, verdrossen, war eine Kultfigur geworden, gerade, weil er so wenig gefallsüchtig war. In China war sein Buch bei »Zhonghua Shuju«, dem führenden Verlag, erschienen, und sogar die Meisterköche Chinas hatten es mit Lob und Anerkennung bedacht.

Pierpaoli hatte das Buch mehrmals durchgearbeitet, alle Gerichte ausprobiert, und für seinen Abendbesuch hatte er »Dongpo rou« ausgesucht.

Er nahm einen kleinen Holzlöffel (Metall könnte den Geschmack verändern) und kostete. Es war gut. Trotz der unzulänglichen Küchenausstattung, trotz der Momente, wo er hatte improvisieren müssen.

Er stellte das Feuer unter der Pfanne aus und setzte noch ein Kännchen Reiswein auf, dann konnte er nur noch warten. Der Tisch war für drei Personen gedeckt. Das Gericht war ihm gelungen. Das Kochen hatte ihn abgelenkt.

Ihm war trotzdem mulmig zumute.

Donnerstag, 12. Juli 2029

Apartment 13.294, Wohnanlage 13, Meta-Ministerium, Island

Punkt acht Uhr. Pierpaoli zuckte zusammen, der Klingelton klang anders als bei ihm zu Hause, in Kapstadt, elftausend Kilometer entfernt, auf der anderen Seite der Welt. Er ging zur Tür, nicht besonders schnell, atmete tief durch und öffnete – und da stand sie vor ihm: Ariadna Ferrer Bayonne, Tochter von Esmeralda Bayonne Arboleda und Alonso Ferrer Gonzalez, etwas erschöpft, müde um die Augen. Früher hatte sie ein Komödiantinnen-Lächeln gehabt, lustig und etwas verrutscht. Jetzt war ihr Gesicht ernst.

Er spürte bei ihrem Anblick einen leichten Stich.

Das war mal die Frau meines Lebens, dachte er. *Und es ist noch nicht lange her, da war ich mir dessen ganz sicher*. Und jetzt?

Jetzt war er unsicher, was er dachte oder nicht dachte. Also sagte er: »Hallo.«

Ariadna Ferrer Bayonne war Anfang dreißig, schlank, gelegentlich ungeduldig – außer bei ihrer Arbeit –, sie hatte schulterlanges dunkelbraunes Haar, das offen auf ihre Schultern fiel, und große graublaue Augen. Sie war kleiner, als er sie in Erinnerung hatte, sie trug flache Schuhe.

»Hi, Tom.« Sie blieb stehen.

Er räusperte sich. »Hallo. Hi. Komm doch rein, Ariadna. Wie schön, dich zu sehen, du siehst großartig aus, wie immer …«

Er verschluckte den Rest, konventionelle Höflichkeiten hatte sie nie geschätzt, trat beiseite, um sie einzulassen. Er wollte ihr einen flüchtigen Kuss geben, doch sie drehte den Kopf weg, sodass sein Mund auf ihrem Haar landete. Er roch ihr Shampoo. Vanille.

Sie legte ihm, als sie an ihm vorbeiging, ihre Hand aufs Handgelenk, eine vertraute Geste. In seiner Brust schnürte sich etwas zusammen und löste sich wieder.

»Ist Nikita nicht bei dir? Seid ihr nicht zusammen gekommen? Erstaunlicher Zufall, dass wir uns in Island treffen, oder? Es ist lange her, das alles …«

»Dreieinhalb Jahre«, sagte sie. »So lange haben wir uns nicht gesehen. Und übrigens, Nikita hat geschrieben, er kommt nach.«

Sie warf Schal und Mantel auf die Kommode. Er nahm die Sachen und hängte sie in die Garderobe.

»Danke für die Einladung.« Sie machte eine ironische Verbeugung, wie eine Tänzerin beim Schlussapplaus.

»*Me honra su presencia, Señorita Ferrer*, Ihr Kommen ist mir eine Ehre.« Als sie sein überkorrektes Spanisch hörte, lächelte sie. Pierpaoli hatte die Redewendung gelernt, als sie ihn ihren Eltern vorstellte, vor einiger Zeit, in Bogotá.

Ariadna Ferrer Bayonne war in der kolumbianischen Hauptstadt geboren und aufgewachsen, und sie ging mit jener Selbstsicherheit durchs Leben, wie man sie nur einer sehr privilegierten Kindheit verdankt.

Ihr Vater war einer der großen Kaffeehändler des Landes, ihre Mutter ein ehemaliger Fernsehstar, unsterblich in ganz Lateinamerika durch ihre Hauptrolle in der Telenovela *Rosas Espinosas*, »Stachelige Rosen«. Ihre Eltern pflegten einen gehobenen, aber lockeren Lebensstil, eine stubenreine Boheme – mit unzähligen Freunden und Kunst, mit Büchern und Musik, mit abwechselnden Aufenthalten in der Stadtvilla und auf ihrem Landsitz, der *Hacienda Paraíso*. Eine Zeitlang hatte Ariadna wegen ihrer Herkunft ein schlechtes Gewissen gehabt; aber dann beschloss sie, da sie nichts daran ändern konnte (und die luxuriösen Annehmlichkeiten gelegentlich durchaus liebte), darüber nicht weiter nachzudenken. Sie hatte andere Themen, andere Projekte.

Eines ihrer hervorstechendsten Talente war ihre Musikalität, das Geschenk ihrer Stimme: Ariadna Ferrer Bayonne sang und schrieb Musik. Bevor sie überhaupt volljährig war, stand sie als Backgroundsängerin von Shakira auf einigen der größten Bühnen der Welt, danach tourte sie mit Billie Eilish, mit Ed Sheeran. Spielend schaffte sie den Zugang an die London Academy of Music and Dramatic Art, brach aber das Studium nach zwei Jahren ab, es war ihr zu perfektionistisch, zu technisch. Seitdem hatte sie mehr Angebote, mehr Möglichkeiten, als sie wahrnehmen konnte – andere Sängerinnen hätten sich für diese Chancen zerrissen, doch Ariadna tat sie leichthin ab.

Es »an die Spitze zu schaffen« – das interessierte sie nicht, es ließ sie kalt. Ehrgeiz empfand sie als Zeichen von Kleingeistigkeit. Sie verfolgte keinen Plan, sondern sprang spontan von einer Idee zum nächsten Projekt; es ging ihr immer nur um das nächste Lied, um den Klang, um die Melodieführung und Note, die sie modulierte.

Wenn alles stimmte, so hatte sie es Pierpaoli mal erklärt, wenn die Band, die Komposition, das Tempo des Songs sich genau richtig anfühlten, dann war es, als säße sie auf einem fliegenden Teppich, ein gleißendes Glück.

Ariadna Ferrer Bayonne hatte ein großes Herz und ein großes Talent zum Lieben – bei Männern allerdings war sie wählerisch.

In ihrem Leben als Musikerin hatte sie dutzendweise Männer getroffen, die sich um sie rissen, Produzenten, Stars, reiche Erben, die alles taten, um Ariadna ins Bett zu bekommen oder wenigstens mit ihr gesehen zu werden. Zu diesen versierten Eroberern und Erfolgstypen verhielt sie sich spröde, die Posen und Attitüden solcher Männer langweilten sie. Die *Womanizer* hatten sie längst aufgegeben. Aber als sie Thomas Pierpaoli traf, gab wiederum sie ihre Zurückhaltung auf.

Sie hatten sich in Indien kennengelernt, in Mumbai. Ariadna hatte damals den Superstar Billie Eilish als Vorgruppe begleitet. Pierpaoli kam von einem großen Kongress über neue Soja-Anbaumethoden. In einer Bar liefen sie einander über den Weg: Pierpaoli, höflich, schüchtern, aufmerksam; Ariadna, temperamentvoll, spontan, ein Mensch, der querfeldein ging.

Pierpaoli konnte zuhören – und zwar wirklich zuhören, nicht nur so tun. Er war kein Angeber, kein Alphatier, kein Schönling, aber auch kein hässlicher Mann, er war nicht knauserig und nicht verschwenderisch – manchmal hatte Ariadna ihm gesagt, sie liebe ihn wegen all der schlechten Eigenschaften, die er nicht hatte. Er war liebevoll und witzig. Er gab ihr Sicherheit. Er kochte für sie. Er war genau der Mann, von dem sie geträumt hatte.

Aber leider war er auch ein Idiot. Das hatte sie schweren Herzens erkennen müssen.

Denn irgendwo in seinem Inneren hatte Pierpaoli Angst vor dieser ungestüm liebenden Frau. Er hatte Angst, ihr nicht gewachsen zu sein, Angst vor ihrer Unbedingtheit, ihrer Wucht. Je mehr Leidenschaft sie einforderte, desto furchtsamer wurde er. Irgendwann warf sie ihm vor, dass sein Beamtenjob und seine Tomaten ihm wichtiger seien als die Liebe. Bei solchen Krächen konnte sie auch schon mal Teller zerschlagen und mit Flaschen werfen. Aber das half nichts. Er fegte die Scherben auf, er hatte Verständnis, aber er konnte nicht »Ja« sagen, nicht so, wie sie es wollte.

Und zu einer Ariadna Ferrer Bayonne sagte man alles, aber nicht »vielleicht«.

*

Pierpaoli bat sie in die Küche.

»Es ist zwar eng hier, aber dieses Apartment ist eigentlich ganz schön. Und hier sind wir auch ungestört – ist es okay, wenn wir in der Küche sitzen? Ich habe eine Kleinigkeit zu essen vorbereitet, aber warten wir auf Niki, was meinst du? Was willst du schon mal trinken? Tee, Reiswein?«

»Weißwein, wenn du hast. Kalt, bitte. Sehr kalt.«

»Natürlich.« Er war froh, dass er das bedacht hatte, auch die Flasche hatte er schon vorsorglich geöffnet, sie war immer der Weißwein-Typ gewesen. Und nach einigem Geruckel und Stühlegeschiebe saßen sie beide an dem kleinen Tisch, hoben ihre Gläser.

»Cheers.«

Er nippte, sie trank durstig. Er war erleichtert, dass der Wein eine gute Wahl gewesen war, dies hier war ein *Marqués de Casa Concha*, aus Chile, er probierte noch einen Schluck, mit Geschmack von Vanille, Zitrus und Röstaromen, reingelbe Farbe.

Sie hielt ihr Glas gegen das Licht. »Schöne Farbe. Chile?«

»Schmeckt er dir?«

»Sehr. Bei Weinen bist du gut. Und Niki hat dir also erzählt, dass ich in Chile war?«

»Er hat sowas angedeutet …«

Bei Weinen bin ich gut. In unserer Liebesgeschichte war ich nicht so gut. Laut sagte er: »Wie geht es dir?«

»Einigermaßen. Es war ziemlich anstrengend. Ich bin erst seit gestern hier, es war ein ziemliches Theater …« Sie goss sich nach.

Er betrachtete sie, während sie redete, von ihrem Anflug auf Island mit dem Hubschrauber erzählte, von dem indischen Guru, den sie in Chile kennengelernt hatte und mit dem sie nach Island geflogen war, weil er die NGO finanzierte, für die sie in Chile gearbeitet hatte …

Dann erzählte sie von Chile. Sie hatte nach der Trennung von Pierpaoli ein großes Angebot für eine Konzerttour ausgeschlagen, stattdessen bei einer NGO angeheuert, einer Nichtregierungsorganisation, die sich um die indigenen Völker in Südamerika kümmerte. Bei solchen Projekten blühte sie auf, war unerschrocken, ihr Beschützerinstinkt durch nichts aufzuhalten.

Sie war, berichtete sie, im zweiten Jahr zu einem Stamm gekommen, der sich *Pehuenche* nannte, Menschen des Waldes, und sie erzählte begeistert von deren Lebensweisen, ihrer Spiritualität. Anfänglich waren sie misstrauisch, aber sie hatte ihr Vertrauen erobert.

Und dann war der Guru aufgetaucht, ein sehr kultivierter und erfolgreicher Mann, und er hatte sich besonders für drei *Pehuenche*-Kinder interessiert – aus spirituellen Gründen.

»Spirituelle Gründe?« Pierpaoli hätte gerne Näheres über diesen Guru erfahren, aber er wollte nicht eifersüchtig erscheinen. Er goss ihr Wein nach. Sie erzählte von den beinahe magischen Fähigkeiten der drei Kinder – was immer das bedeutete. Für Naturvölker und Esoterik hatte sie immer schon ein Faible gehabt.

»Sie haben jahrhundertelang in diesen Wäldern gelebt«, sagte sie jetzt. »In und mit der Natur. Sie haben der Natur nie mehr weggenommen, als die Natur mühelos ersetzen konnte ...«

Pierpaoli sagte nichts. Sie schob ihm das leere Weinglas zu, sprach leise weiter. »Aber dann kam der Klimawandel. Heuschrecken, Erosion, Dürre. Die *Pehuenche* standen auf einmal mit dem Rücken zur Wand. Sie brauchten unsere Hilfe, die Hilfe der NGO. Aber es war nicht leicht für sie. Dann kam Rama Shah ...«

»Dieser Guru?«

»Ja. Dieser Guru. Du sagst das so abwertend, Tom. Er ist ein Privatmann, der aus eigener Tasche solche Projekte unterstützt. Die NGO hat er finanziert. Hat außerdem in Indien viel Gutes getan. Und dieser Mann hat ihnen Land geschenkt. Einen ganzen Wald!«

»Oh. Einfach so?«

»Ja, einfach so. Solch eine Großzügigkeit gibt es selten. Er bat nur darum, dass die drei Kinder ihn auf einer Reise begleiten. Er will einen Film machen über ihre Fähigkeiten. Ich helfe ihm dabei. Und ich passe auf die drei Mädchen auf. Ich kann ihre Sprache, ich bin so etwas wie ihre große Schwester ...«

Es entstand eine Pause. Er hätte gerne gefragt, ob es in ihrem Leben einen neuen Mann, eine neue Liebe gab, vielleicht diesen Guru; aber das stand ihm nicht zu, fand er, stattdessen sagte er: »Und die Musik, Ariadna?«

Sie seufzte. »Die ruht sich aus, meine Musik. Aber ich will hier ein paar Leute treffen. Ein paar Freunde aus London. Hier in den Vierteln um das Ministerium, in den Slums.«

Jetzt schwieg sie und trank. Nachdem sie so viel geredet hatte, war ihr gemeinsames Schweigen umso schwerer. Er brach es.

»Geht es dir gut, Ariadna?«

Eine Weile sagte sie nichts.

»Nein, Tom. Jetzt, wo ich dich wiedersehe, geht es mir nicht so gut. Du hast mir das Herz gebrochen, erinnerst du dich? Das war keine schöne Erfahrung. Diese Erfahrung trägt man mit sich herum. Wie die Währung eines Landes, das es nicht mehr gibt. Verstehst du? Sie ist nichts mehr wert. Was soll ich mit dieser Erfahrung?«

Jetzt war es ein unbehagliches Schweigen.

Die Liebe versagt nicht. Sie ermüdet nur manchmal, sie legt sich nieder.

Wo blieb eigentlich Nikita? Etwas Unpünktlichkeit war normal bei ihm, aber es waren jetzt schon – Pierpaoli sah auf die Uhr – vierzig Minuten.

»Sollen wir Niki mal anrufen? Ich meine, wir wollten ja eigentlich essen …«

In dem Moment vibrierte Ariadnas Mobiltelefon und rutschte über die Tischplatte. Sie fing es ein, wie man ein unartiges Tier einfängt. Blickte auf die Nummer, eine Textnachricht.

»Ich glaube, wir sollten aufbrechen, Tom.«

»Was meinst du?«

»Wir sollten zu Nikita. Jetzt gleich. Und du sollst deinen Laptop mitbringen, schreibt er.«

»Was?«

»Er ist überfallen worden. Gerade eben.«

Sie warf einen Blick auf die Kasserolle mit dem »Dongpo rou«, dem chinesischen Schmorgericht. »Schade. Riecht gut.«

Donnerstag, 12. Juli 2029

Apartment 5.129, Wohnanlage 5, Meta-Ministerium, Island

Er blutete, er jammerte, er spielte den Helden, und das alles gleichzeitig, es war schwer, ihn zu bändigen, zu beruhigen, zu verarzten, zu verbinden, aber es war nötig, denn er blutete aus einem tiefen Riss über dem rechten Auge, und er hatte ein Loch im Hinterkopf, das ebenfalls nicht ganz harmlos aussah. Sein Kragen war blutgetränkt.

Nikita Mamarenko saß auf einem Küchenstuhl, Pierpaoli und Ariadna, beide schockiert und benommen von dem Bild, das sich ihnen geboten hatte, standen um ihn herum, Ariadna hatte die Regie übernommen, hielt eine Schüssel mit warmem Wasser, Handtücher, Pierpaoli hatte die kleine, nutzlose Hausapotheke gefunden und kramte nach Mullbinden, Klebepflastern, Antiseptikum.

Ariadna nahm ihr schönes und teures Tuch. »Schere«, sagte sie, es klang als wären sie im OP. Mamarenko stöhnte, Pierpaoli reichte ihr eine Schere, die stumpf war, Ariadna fluchte auf Spanisch, pfefferte die Schere in das Spülbecken, biss in das Tuch und riss es in Streifen.

Pierpaoli sah sich in der Wohnung um; es sah aus, als wären die Hunnen einmal durchgezogen und auf dem Rückweg nochmal vorbeigekommen, um die Sache gründlich zu machen. Tisch und Sessel waren umgeworfen, die Türen der Wohnzimmerkommode waren aufgerissen, Teller, Schalen, Besteck waren verstreut, der Boden war übersät mit Scherben und Polsterstoff. Die Sofakissen waren aufgeschnitten worden, das ganze Sofa lag auf dem Rücken, die vier kurzen Beine ragten vorwurfsvoll in die Luft.

Und es roch betäubend nach Schnaps, nach Wodka. Pierpaoli merkte, dass er in einer Pfütze stand. Einer Wodka-Pfütze. Pierpaoli untersuchte vorsichtig die Scherben.

»Wollte ich mitbringen, die Flasche, ist exzellenter Beluga-Wodka«, stöhnte Mamarenko. »Ich weiß, du wolltest es nicht. Ich habe Respekt zu deinen Wünschen, Thomas. Aber Wodka ist unerlässlich, wenn zwei Freunde sich treffen. Die Flasche ist runtergefallen, als der eine Mann mich k. o. geschlagen hat …«

»Stillhalten, nicht reden.« Ariadna knotete ihre Tuchstreifen zusammen. »Ruhig!«

Mamarenko zuckte kurz, dann, bekümmert: »Pech … Könnte Pech bringen, wenn eine Flasche zerbricht, die für Freunde bestimmt …«

Nach fünf Minuten war die Blutung zwar nicht gestoppt, hatte sich aber beruhigt. Im Küchenwaschbecken lagen blutige Handtücher, Mullbinden. Pierpaoli hatte die Balkontür geöffnet, hatte begonnen, Sessel hinzustellen, zurechtzurücken.

Er und Ariadna wollten Mamarenko in die Notaufnahme fahren, es gab neben dem dritten Turm ein Krankenhaus, nur für Ministeriums-Mitarbeiter und Besucher. Aber dagegen hatte Mamarenko sich mit Entschiedenheit gesträubt, auf keinen Fall ins Krankenhaus, auf keinen Fall die Polizei rufen, erst müsste er selbst sich ein Bild machen; am Ende hatten die beiden nachgegeben. Vielleicht musste sich das später ein Arzt ansehen.

»Wir müssen sicher sein, dass du keine Gehirnerschütterung hast«, sagte Ariadna.

»Geht mir schon wieder gut. Danke für euer Kommen …« Es klang immer noch kläglich.

Pierpaoli ging ins Schlafzimmer. Bettzeug lag auf dem Boden, die Matratze war aus dem Bett gestemmt. Der kleine, eingebaute Safe stand offen, war wie aufgeschnitten, ein scharfer Geruch hing in der Luft.

Im Safe lagen ein Schlüsselbund, ein kleines Bündel Geldscheine, verschiedene Sorten. Ausweis und Bankkarten waren noch da.

Pierpaoli ging nachdenklich zurück. »Was waren das, Nikita, für Einbrecher? Hast du sie gleich überrascht?«

»Nicht gleich, waren wohl schon länger da. Ich kam vorbei, wollte die Flasche holen, ich komme rein, denke, was ist hier passiert, da waren sie plötzlich neben mir, der eine schlägt mich k. o. Ich lass die Flasche fallen, stürze hin, und dann – sie fassen in meine Taschen, finden, was sie suchen, weil ich hatte es bei mir …« Er griff in die Innentasche seines Sakkos, stöhnte auf. »Es ist weg! Sie haben es gefunden, bei mir! Wär ich nicht zurückgekommen, um Wodka zu holen, hätten sie es nicht gefunden! Es ist weg!«

»Was ist weg, Niki? Was hattest du bei dir? Was wollten sie? Dein Geld ist noch da. Oder jedenfalls ein Teil davon. Es liegt noch im Safe. Was sind das für Einbrecher, die Geld liegenlassen?« Er zog einen Stuhl heran, setzte sich kopfschüttelnd. »Ich dachte, die Security hier ist so effizient. Ich dachte, hier kommt man aus dem Slum nicht so leicht rein!«

»Es muss nicht jemand aus dem Slum gewesen sein, Tom!« Ariadna schaltete sich ein. »Nur weil diese Menschen da draußen nicht zum erlauchten Kreis des Ministeriums gehören, sind es nicht automatisch Einbrecher und Diebe!«

»Ja. Ich meine: nein. Natürlich, du hast recht.« Pierpaoli war immer noch zu schockiert, um zu streiten, Ariadna erholte sich schneller.

»Ariadna hat recht. Die Männer können alles sein«, sagte Mamarenko. »Haben mich durchsucht, Finger in die Taschen. Dann haben sie's gefunden. Hast du die Laptop mit, Thomas? Ich muss in meine Cloud. Sehen, ob da auch was fehlt.«

Pierpaoli deutete auf seine Tasche.

»Hol raus. Mach an. Bitte. Danke.«

Mamarenko erhob sich mühsam. Er stand da wie Bambi auf dem Eis, dann tastete er sich zu dem Couchtisch, den Pierpaoli wieder aufgerichtet hatte.

Pierpaoli fuhr seinen Laptop hoch, tippte das Passwort ein, trat dann zurück.

Mamarenko tippte einige Minuten, während er vor sich hin

murmelte, dann ließ er den Kopf sinken. »Sind weg, Thomas. *Prestupnik.*«

»Was ist weg?«

»Beweise sind weg. Die ich hatte. Hab ich doch gesagt. *Prestupnik.*«

»Was ist *Prestupnik?* Was für Beweise? Niki, bitte!«

»Hör auf, Tom!« Ariadna wurde scharf. »Hör auf, ihn zu löchern. Das nützt jetzt nichts. Er braucht Ruhe. Er muss sich ausruhen. Vielleicht fahren wir doch ins Krankenhaus, in die Notaufnahme.«

»Nicht Notaufnahme.« Mamarenko schüttelte eigensinnig den Kopf.

»Du musst aber!«

»Will nicht.«

»Du musst dich untersuchen lassen!«

»Will nicht.«

»Okay ...« Ariadna klang jetzt erschöpft. »Wir beruhigen uns ...« Sie ließ sich auf den Stuhl sinken, auf dem Mamarenko gesessen hatte, die Rückenlehne war noch feucht-blutig und verschmierte ihre Bluse, sie merkte es nicht.

Kaum saß sie, sprang sie wieder auf.

Es hatte geklopft, an der Wohnungstür von Apartment 5.129. Der Summer dröhnte. Dann rief eine Stimme, herrisch, befehlsgewohnt: »Machen Sie die Tür auf!«

*

Und dann stand er mitten in dem Durcheinander, stand inmitten von Scherben, Schnaps und Blut, ragte turmhoch auf, schwarz, athletisch, die Stimme hart und glatt wie ein Stein: Horace M. Nkunke, Sicherheitschef, Herr über viertausend bestens ausgebildete Einsatzbeamte. Zwei davon hatte er mitgebracht, die bereits durch die Wohnung schritten, sie hatten Handschuhe übergestreift.

Nkunke ließ die Fingerknöchel knacken.

»Wir wurden informiert, dass es hier einen Zwischenfall gegeben hat. Aber was genau passiert ist – das würde ich jetzt gerne von Ihnen erfahren. Und wenn ich bitte Ihre Ausweise sehen …«

»Aber wir kennen uns doch, Sie haben mich in Empfang genommen«, protestierte Pierpaoli.

»Wenn ich bitte Ihre Ausweise sehen dürfte. Mein Kollege wird sie einsammeln und scannen. Und jetzt: Was ist passiert, bitte?«

»Ist nichts passiert«, krächzte Mamarenko. Er erhob sich, ließ sich wieder auf die Couch plumpsen, war immer noch wackelig auf den Beinen, wie ein sozialistischer Staat kurz vor dem Zusammenbruch. Nkunke starrte ihn an.

»Fast nichts«, fügte Mamarenko hinzu. »Kamen Einbrecher, *Prestupnik*, wollten stehlen, alles kaputtgemacht, gesucht vielleicht nach Schmuck, Geld, ich weiß nicht …«

»Aha. Und das nennen Sie ›nichts‹. Sie haben die Männer überrascht, Sie haben sie gesehen?«

»Ich hab sie kaum gesehen, nicht gesehen, haben mich geschlagen, geschubst, bin hingefallen. An ihre Gesichter ich kann mich nicht erinnern …«

Einer von Nkunkes Männern, ein junger, etwas dicklicher Mann, kam aus dem Schlafzimmer zurück, sprach leise zu seinem Chef: »Geld ist noch da. Safe ist aufgeschnitten worden. Mit einem Plasmaschneider. Dann haben sie mit Sprenggelatine gefüllte Ballons benutzt, die Bolzen sind zerbröselt. Sehr professionell.«

Die neuen Plasma-Schmelzschneider arbeiteten mit einem elektrisch extrem leitfähigen Gas, ein Argon-Wasserstoff-Gemisch. Sie erreichten Hitzegrade von bis zu 40 000 Grad Celsius. Man konnte mit dem Schneid-Lichtbogen eine Safe-Tür, wie sie in den Besucher-Apartments eingelassen war, in weniger als fünf Minuten aufschneiden. Der Geruch war scharf, aber nicht unangenehm, es war das, was Pierpaoli für Säure gehalten hatte.

»Ihre Ausweise.« Ariadna und Pierpaoli zückten sie widerstrebend, der Dicke sammelte sie ein, den von Mamarenko hatte er schon, er reichte sie Nkunke, der nur einen flüchtigen Blick darauf warf.

»So. Gut. Jetzt einige Dinge, einige Fragen. Von Ihnen« – er wandte sich an Mamarenko – »brauche ich eine Liste der Wertsachen, die eventuell fehlen, ferner der Wertsachen, die nicht fehlen. Dann möchte ich wissen, wann das war, woran Sie sich erinnern.« Er wandte sich an Pierpaoli und Ariadna. »Von Ihnen wüsste ich gerne, wieso Sie überhaupt hier sind. Wann Sie ankamen. Wieso Sie nicht die Polizei gerufen haben. Wieso Sie keinen Krankenwagen gerufen haben. Was Sie hier angerührt haben …« Er sprach jetzt sehr laut. »Wieso Sie meinen Tatort unbrauchbar machen, wieso Sie mir hier Schwierigkeiten machen und mir etwas vorlügen …«

Pierpaoli fand, dass es reichte.

»Es reicht. Bitte weisen Sie sich erstmal aus. Denn ich will Ihr Benehmen in meinen Bericht aufnehmen. Warum wir hier sind, fragen Sie? Herr Mamarenko hat uns gerufen, weil wir seine Freunde sind. Er hat uns um Hilfe gebeten, als Freunde, wie gesagt. Und ich bin hier durchaus aus gutem Grund, denn ich bin, wie Sie ja eigentlich wissen sollten, als Prüfungs- und Schlichtungsbeamter hier, mit offiziellem Auftrag, entsandt vom Hochkommissariat in Kapstadt, Sie haben doch meine Anmeldung, meine Zugangsberechtigung und Reservierung längst schon eingesehen. Darum bin ich hier …«

»Ja, ich kenne Ihre Akte, Sie sind von der Agrarabteilung. Sie sind *nicht* von der Verbrechensbekämpfung.«

Er sah sich um.

»Wir haben ein neues Apartment für Herrn Mamarenko. Bitte nehmen Sie nur eine Tasche mit, das Nötigste. Wir werden diese Wohnung verriegeln und bewachen. Sie kriegen auch einen Mann vor die Tür, Herr Mamarenko. Morgen kommen Sie um zehn zu mir, hier ist meine Karte. Alle drei bitte. Wir werden morgen die Spuren auswerten und Ihre Aussagen aufnehmen. Bitte sprechen Sie sich nicht ab. Bitte sprechen Sie nicht mehr miteinander.«

Ariadna reichte es jetzt. »*Basta ya!* Ich spreche, mit wem ich will! Und Sie – was werden Sie jetzt tun? Wie gehen Sie vor?«

Nkunke ignorierte sie. »Ich stelle hier die Fragen.«

Pierpaoli war sich sicher, dass Nkunke diesen Satz in einem Film gehört hatte: Ich stelle hier die Fragen.

Freitag, 13. Juli 2029

Meta-Ministerium für Forschung, Energie und Verkehr, 81. Etage, Island

Einladung

Das Hochkommissariat der Neuen Vereinten Nationen zur Neuordnung der Welt;
vertreten durch die Minister für Forschung, Energie und Verkehr;

Frau Ministerin Dr. Anahid Mercarian
Herrn Minister Dr. Kang Chao
Herrn Minister Peter D. Scholler;

geben sich die Ehre, Sie und Ihre Begleiterin/Ihren Begleiter zu einem Empfang anlässlich der Präsentation neuester Forschungsresultate hierorts einzuladen.
Die Gästezahl ist auf 300 Gäste beschränkt. Bitte akkreditieren Sie sich spätestens bis zum 13. Juli, 11.00 Uhr, unter www.mmfwev-iceland.com. Im Empfangszelt vor dem Ministerium werden für diejenigen, die keine implantierte Freigabe besitzen, digitale Armbänder ausgehändigt. Bitte haben Sie Verständnis, dass diese Einladung sich nur auf EINEN/EINE Begleiter/in beschränkt. Wir danken für Ihr Verständnis.
Zeit: 13. Juli 2029, von 20.00 Uhr an
Ort: Meta-Ministerium, Island, 81. Etage
Dresscode: Casual bis festlich

Wir freuen uns auf Ihr – bitte pünktliches – Erscheinen.

*

Sie kamen zu spät.

Sie kamen zu spät, und er hasste es, er hasste es grundsätzlich, zu spät irgendwo aufzukreuzen. Pierpaolis Abneigung gegen Unpünktlichkeit war derart ausgeprägt, dass es für zwei Pierpaolis gereicht hätte, aber er hielt den Mund.

Sie kamen zu spät, weil zunächst Ariadna nicht fertig wurde, dabei war sie nicht der Ich-weiß-nicht-was-ich-anziehen-soll-Typ, sondern es war noch komplizierter: Sie war der Ich-weiß-nicht-ob-ich-da-wirklich-hingehen-will-Typ. Als sie dann endlich im E-TaxDrive saßen, Mamarenko glücklich zwischen sich, da zupfte und fummelte Mamarenko so lange an seinem Pflaster über der Augenbraue herum, bis es abging, wieder zu bluten begann und der E-TaxDrive-Fahrer wegen möglicher Blutflecken auf der Sitzpolsterung zeterte. Sie mussten zurückfahren und den Jammernden und Tropfenden neu verpflastern. Und er hatte Blut auf seinem Hemdkragen: neues Hemd, neues E-TaxDrive, weitere fünf Minuten.

Und dann, endlich, waren sie losgekommen, dann, endlich, traten sie aus dem Mega-Lift auf die Dachterrasse, 81. Etage des Forschungs-Turms.

Das Bild, das sich ihnen bot, war überwältigend, unfassbar, grandios.

In der Pyramide in Kapstadt, immerhin die dem Ministerium politisch übergeordnete Institution, fanden durchaus auch mal Dinners und Bankette, hier und da auch Partys und Präsentationen statt. Wenn es ihre Arbeit tangierte, wurden gelegentlich selbst mittlere Beamte wie Pierpaoli und Mamarenko eingeladen (vor allem, um die Reihen zu füllen). Aber so etwas wie das hier, so etwas gab es in Kapstadt beim besten Willen nicht.

Es war so, Pierpaoli suchte nach dem Wort, so *futuristisch*. Als würde eine Leuchtschrift im Himmel stehen, als würden diese Menschen wirklich ein gemeinsames Ziel haben: *Wir machen die Zukunft.*

In der Einladung hatte gestanden, dass es nur dreihundert

Gäste sein sollten, aber Pierpaoli schienen es mehr zu sein, mindestens fünfhundert Leute. Trotzdem konnte man sich bewegen, flanieren, ohne zu drängeln oder eingekeilt zu werden. Die Terrasse war groß genug. Pierpaoli versuchte, einzelne Gesichter auszumachen, ihm war, als hätte er die ehemalige Popsängerin Björk Guðmundsdóttir erkannt. Tatsächlich, dort stand sie, inzwischen eine würdige Dame in einem Folklorekleid, und unterhielt sich mit zwei Smokingträgern. Etwas weiter stand Ed Sheeran, der englische Popsänger, unverkennbar: die kleine Statur, der runde Kopf, der wie angeklebt aussehende Seemannsbart. Es gab noch mehr Popstars, es gab Frauen in Abendkleidern und Männer in Smokings, es gab Männer in T-Shirts und Jeans und Frauen in teuren T-Shirts und teuren Jeans.

Der Pool war eingezäunt und von unten beleuchtet, ein golden leuchtendes Oval. Es gab drei Bühnen, eine offenbar das Hauptpodium mit einem Tisch und einem Rednerpult, zwei kleinere Bühnen, auf denen Bands auf akustischen Instrumenten spielten. Der Boden war aus Vulkanmarmor, und er war warm, stellte Pierpaoli fest, »geothermische Bodenheizung«, sagte Mamarenko. Überhaupt war es warm, obwohl man so weit oben stand, warm und nahezu windstill. Großflächige Scheiben hielten den Wind ab, und Ventilatoren erwärmten die Luft – als befände man sich in einem Gewächshaus.

Die meisten Gäste standen, doch es gab auch, um kleine offene Feuer herum, Sitzgruppen, Möbel aus polymeren Formgedächtnismaterialien, umrundet von Pflanzen. Pierpaoli sah Magnolien, Zwergbirken, Krähenbeeren, Blaubeeren, kleine Felder von Schlüsselblumen, *Primula elatior*.

Junge Männer und Frauen, ganz in Weiß, mit langen weißen Schürzen, steuerten mit Getränketabletts und One-Hand-Food durch die Gäste. Auf der Terrasse verteilt standen Bildschirme, auf denen Fotos der Gerichte eingeblendet wurden, mit Listen der Ingredienzen und Allergene. Es war nötig; die Allergien hatten in den vergangenen vier, fünf Jahren dramatisch zugenommen.

Die Gerichte waren russisch, amerikanisch oder chinesisch inspiriert: Aus China kamen Garnelen-Tikka mit Papaya-Relish, Blätterteig-Blumen, Tofu-Wan-Tan, Russland steuerte gefüllte Zwiebeln im Speckmantel und Mangold-Blini bei, die Bloody-Mary-Shooter mit Knusperoliven, Süßkartoffeln mit Cantuccini und Filled Corndogs mit Cauliflower-Blossoms waren der amerikanische Beitrag.

»Schau, Nikita«, Pierpaoli deutete auf eine Darstellung auf einem der Bildschirme, »es gibt auch russisches Essen.«

»So Essen gibt es nicht in Russland«, murmelte Mamarenko. »Leute in meine Heimat kennen so etwas nicht, können sie sich nicht kochen, nicht leisten.« Er schüttelte bekümmert den Kopf.

»Du hast übrigens dein Hemd falsch geknöpft, Niki«, sagte Ariadna zu Mamarenko. Mamarenko wollte antworten, doch er wurde unterbrochen.

Ziemlich in der Mitte der Terrasse war ein kleiner Pulk von Menschen, sie umstanden, offensichtlich ehrfürchtig lauschend, einen Mann in ihrer Mitte. Er hatte langes Haar, nach hinten gestrichen, weißblond, Pierpaoli erkannte das Profil des Mannes, das *scharf* und *schön* und *gebieterisch* war, so hatte es jedenfalls eine hingerissene Reporterin des *Time Week Magazine* einmal beschrieben. Jeder auf diesem Planeten, der jemals eine Zeitung gescrollt oder ein Magazin aufgeblättert hatte, kannte diesen Mann, Berichte und Fotos, Interviews und Essays waren allgegenwärtig: Amitav Rama Shah. Oder Guru-ji, wie ihn seine Anhänger nannten, Millionen von Anhängern weltweit.

Pierpaoli sah, wie der Mann sich von seiner Gruppe löste, unter freundlichen Verabschiedungen, und wie er in ihre Richtung steuerte. Er winkte sogar zu *ihnen*, der Gruß galt Ariadna, die ihn kurz und verlegen erwiderte.

»Das ist Rama Shah«, sagte sie. »Ich bin mit ihm angereist. Als Teil seines Teams. Wahrscheinlich wundert er sich, dass ich hier bin …«

Shah, ursprünglich ein Yoga- und Sportlehrer aus einem

Dorf bei Nagpur, in der Mitte Indiens, hatte in den zurückliegenden Jahren eine steile Karriere gemacht. Die Sehnsucht der Menschen nach Weisheit, Führung, Sinn war ihm zugutegekommen, und er hatte diese Sehnsucht zu stillen gewusst. Überall auf der Welt hielt er seine *Pujas* und *Yagnas* ab, längst nicht mehr nur in Indien. Im Netz war er omnipräsent, er hatte nicht nur seine eigenen Sendungen, sondern seine eigenen Sender. Er sprach über das Göttliche, die Erkenntnis, die Vogelwelt Indiens, die Zukunft, Güte, Sex, Vegetarismus, Motorräder, Trotzkismus, Musik, Wissenschaft, Physik – über Wissenschaft redete er so, dass auch einfache Menschen ihn zu verstehen meinten. Er sprach nicht einfach, sondern vereinfachend. Er konnte die Dinge so drehen und beleuchten, dass alles einen Sinn ergab – *seinen* Sinn. Und Könige und Künstler, Minister und Milliardäre hofierten diesen Mann. Der selber sehr mächtig, sehr reich war, er spielte aber mit großem Geschick weiterhin die Rolle des bescheidenen Aufsteiger-Guru-ji.

Jetzt stand er vor ihnen. Er war sehr höflich, begrüßte zuerst Ariadna, dann auch Pierpaoli und Mamarenko, während er artig wartete, dass Ariadna sie einander vorstellte. Pierpaoli und Mamarenko seien alte Freunde, sagte sie mit einer gewissen Nervosität, über die Pierpaoli sich wunderte – und sie hätten sie spontan zum Mitkommen aufgefordert. Aber den Kindern gehe es gut, fügte sie noch hinzu. Es klang, als ob Ariadna sich rechtfertigte.

»Natürlich«, sagte Rama Shah, »das hätte ich nicht anders erwartet, Ariadna. Diese Frau ist einfach wunderbar«, sagte er, jetzt zu Pierpaoli und Mamarenko gewandt, »für mich eine wunderbare Begegnung und Entdeckung.«

Pierpaoli gefiel es nicht, dass Ariadna vor diesem Mann so defensiv wurde, das war sonst nicht ihre Art. Und es missfiel ihm, dass Shah Ariadna als »Entdeckung« bezeichnete, als wäre sie *seine* Entdeckung. Er unterdrückte diesen Anflug von Eifersucht und antwortete irgendwas. Der Guru nickte Pierpaoli zu, als sei es das Faszinierendste, was er seit langem vernommen hätte, dann bat er höflich um Entschuldigung – ob er Ariadna einen Moment entführen dürfte?

»Ich bin gleich wieder da«, sagte Ariadna unwillig. Aber sie ließ sich mitziehen. Er hakte sie unter, zog sie mit sich, plaudernd.

Pierpaoli und Mamarenko blieben allein zurück.

»Hemd ist falsch geknöpft«, sagte Mamarenko melancholisch. »Seh ich aus wie ein Idiot, wie?«

»Nein, ist schon okay, Niki«, sagte Pierpaoli. »Dieser Guru ist wohl ein wichtiger Mann.«

»Ja, ist überall, der Mann, wo was Wichtiges geschieht«, erwiderte Mamarenko. Er hob die Hand, wollte an seinem Pflaster zupfen, besann sich aber. »Ich glaube, er kennt gut Catchside.«

»Professor Catchside? Den zweiten Leiter von ›Qube 17‹? Was meinst du: kennt ihn? Sind sie Freunde?«

»Ja, vielleicht. Aber nicht Freunde wie wir. Ohne das hier.« Er tippte mit dem Zeigefinger auf sich, ungefähr dorthin, wo er unter seinem falsch geknöpften Hemd sein Herz vermutete. »Sie kennen sich mehr, als sie zeigen wollen. Ich habe aber Beweise gehabt, dass sie sich getroffen haben. Mehr als einmal. Aber jetzt sind Beweise – da, irgendwo …« Er machte eine Handbewegung zum Himmel über Island, der tiefblau war, wolkenlos. Die Luft war geradezu flüssig. »Aber ich habe immer noch einen Joker … Jedenfalls – Ariadna ist wichtig für den Guru.«

»Warum?«, fragte Pierpaoli.

»Ich weiß nur, dass sie was macht für ihn. Mit Kindern. Aus Südamerika. Wo sie war.«

»Du meinst, wo sie bei diesem Waldvolk war? Und was genau macht sie? Sie betreut diese Kinder? Herrgott, Nikita. Würdest du dich etwas genauer ausdrücken? Sonst nehme ich den nächsten Flieger nach Kapstadt, verstehst du? Dann schreibe ich einen Bericht, in dem steht, dass ich keinen Bericht schreiben kann, dass ich nicht mit dir zusammenarbeiten kann, weil du mir nichts sagst – nur verrückte Andeutungen.« Pierpaoli war heftig geworden.

Mamarenko lenkte ein. »Ist gut, Tom. Ich erzähl dir. Gibt zwei Wissenschaftler, die das ›Qube 17‹-Projekt leiten. Die eine ist Professorin Liu. Chinesin, hat in Japan und USA Lehrstühle gehabt. Professorin Liu Lian. Steht da vorne.«

Pierpaoli sah an der Hauptbühne eine mittelgroße Frau, vielleicht Mitte vierzig. Ihr Blick war klar, offen, sie trug ein breitschulteriges Marineblau mit weißem Kragen. Sie sprach mit einem großen, dünnen Mann mit einem Bürstenschnitt, schwarzes Hemd, schwarzes Sakko. Die Unterhaltung zwischen den beiden war offenbar nicht freundlich. Der Mann beugte sich vor, wedelte mit dem Zeigefinger vor dem Gesicht der Frau. Sie trat einen halben Schritt zurück, verschränkte die Arme. Der Bürstenschnitt warf beide Hände in die Luft.

»Und der Typ, mit dem sie redet?«

»Das genau ist Catchside. *Amerikanski.* Großer Physiker auch er. Zweifacher, dreifacher Doktor, Professor, sehr großes Tier, brillant, so sagen alle, die was davon verstehen. Ich nicht, du auch nicht. Wir sind nur kleine Lichter, richtig, Tom?«

»Richtig, Niki. Das hast du schön erkannt. Und der Typ, der jetzt dazwischengeht?«

Ein kräftiger, elegant angezogener Mann war zwischen die Chinesin und den kurzhaarigen Amerikaner getreten wie ein Ringrichter. Er sagte etwas zu Bürstenschnitt, er legte der Chinesin die Hand auf die Schulter, jedoch in einer beschützenden Geste, dann führte er sie einfach weg, ein paar Schritte abseits, wo der Elegante sich zwischen sie und den Amerikaner postierte, fast, als würde er sie mit seinem Körper schützen wollen.

»Das ist Difraudi. Mit dem schönen Anzug. Amar Difraudi. Halb Libanese, halb Ägypter. Guter Mann. Glaube ich. Erster Eindruck. Hab mit ihm vorsichtig gesprochen über das, was ich weiß und nicht weiß …«

»Und das wäre, Niki? Ich meine: Was weißt du?«

»Was ich weiß, ›Qube 17‹ ist Projekt für Zukunftsbestimmung. Vor allem Wetter.«

»Das weiß ich, Niki.«

»Und damit das geht, haben sie ›Qube 17‹ so gemacht, dass der Computer an alle Daten kommt. An alles, was geschrieben, geredet, gesendet wird auf der ganzen Welt. Internet, Historie, Archive, soziale Medien, Darknet – ›Qube 17‹ holt sich alles, kann alles sortieren, kann Zukunft berechnen. Nicht nur Wetter, Tom. Nicht nur Wetter …«

Pierpaoli fragte: »Was sonst?«

Ein Kellner kam vorbei. Mamarenko hielt ihn am Arm fest: »Sie haben Wodka?«

»Leider nicht, Sir.«

»Dann nehme ich das. Was ist das?«

»Ginger Ale, Sir.«

»Nehm ich. Danke.« Er trank in durstigen Schlucken. »Schmeckt gut. Ginger Ale. Muss ich mir merken. Ginger Ale.«

Pierpaoli hatte höflich gewartet. »Okay. Was sonst als das Wetter, Nikita?«

»Auch andere chaotische Prozesse. Börsen. Landwirtschaft. Heuschrecken. Wahlen. Erdbeben. Alles. Wenn du Zugriff hast auf Daten, wenn du sortieren und kalkulieren kannst, dann kannst du Vorhersagen machen. Genaue Vorhersagen. Kein Ratespiel.«

Pierpaoli dachte nach. »Aber Nikita, das ist das Projektziel. Das stand im Antrag: ›Vorhersagen chaotischer Systeme‹. Das Wetter war nur ein Beispiel.«

»Ja, nein«, sagte Mamarenko. »Sie haben unter dem Radar andere Experimente gemacht. Mit diesen Oktopoden, heimlich. Aber sie haben sich abgesichert, läuft alles unter Test und Wir-nichts-wissen-aber-ausprobieren. Haben es clever gemacht. Aber nicht clever genug für Nikita, der auch sehr clever ist!«

Er grinste, tippte mit dem Zeigefinger gegen seine Stirn, wo er den Sitz seiner eigenen Cleverness vermutete, zog aber gleich ein schmerzerfülltes Gesicht, denn er hatte gegen sein Pflaster mit der kaum verheilten Wunde getippt.

»Sie sind viel weiter gegangen als im Antrag, glaube ich …«

»Viel weiter?«

»Ja. Nicht nur Zukunft berechnen. Nicht nur wissen. Jetzt auch Zukunft machen. Du verstehst? Zukunft *machen*.«

Pierpaoli machte ein unwilliges Gesicht. Was sollte das heißen?

Ein schmaler junger Mann mit blonden Haaren, die unter einer Baskenmütze hervorquollen, schob sich an ihnen vorbei, suchte den Blick von Mamarenko. Der nahm den Blonden mit der schwarzen Baskenmütze wahr, schüttelte jedoch kaum merklich den Kopf. Pierpaoli hatte es gemerkt.

Der Blonde ging weiter.

»Kennst du den Mann, Niki? Wer ist das?«

»Ja, kenne ich. Guter Mann. Gierig, aber gut. Erzähle ich dir später mehr. Nachher. Weißt du, Tom, was ich erzählt habe, von Zukunft und so, das ist kompliziertes *Dermo*, du verstehst, schwierige Scheiße. Aber ich habe zum Glück einen Insider, der hier und da was erklärt …«

»Der Typ mit der Mütze, das ist dein Insider?«

»Ich glaube, jetzt sie fangen an, Tom …«

Tatsächlich hatten einige Leute, darunter die Chefwissenschaftler, die Chinesin und der Physiker mit dem Bürstenhaarschnitt, auf dem Podium Platz genommen. Die Musiker auf den kleinen Bühnen stellten ihre Instrumente beiseite. Auf dem Podium trat jetzt der chinesische Minister für Forschung an das Rednerpult.

Es gab drei gleichberechtigte Minister im Meta-Ministerium; aber sie waren spezialisiert und hatten Richtlinienkompetenz in ihrem jeweiligen Gebiet. Kang Chao war relativ jung, aber das war die neue Politik. Er war der Mann für neue Projekte.

»Sehr geehrte Damen und Herren!«

Die Gespräche verstummten. Stille. Nur Kangs Stimme hallte weithin.

»Verehrte Besucherinnen, liebe Freunde!

Wir danken für Ihr Kommen und möchten Ihnen heute etwas präsentieren. Einen technologischen Fortschritt, von dem wir uns in Zukunft Erfolge versprechen im Kampf gegen die Folgen der Klimakatastrophe weltweit. Weil jedoch die Technologie nicht einfach zu erklären ist, wollen wir anstelle einer Erklärung eine Demonstration veranstalten. Es handelt sich um den Prototyp eines völlig neuartigen Computers, eines Quantencomputers …«

Gemurmel erhob sich. »Also, das Ding ist schon präsentationsfähig«, raunte Pierpaoli in Mamarenkos Richtung.

»Dazu brauche ich Ihre Mithilfe«, fuhr Kang fort. »Bitte schauen Sie einmal in diese Richtung, ungefähr nach Süden …« Er deutete mit dem Arm. Alle Köpfe wandten sich in die beschriebene Richtung, man sah die Lagune des Flusses Ölfusa bis zur Bucht von Hafnarvik, die spiegelnde Fläche des Meeres, den Abendhimmel in Farben von Zinnober bis Orange, mit silbrig sich türmenden Wolken. Auf dem Meer kreuzten vereinzelt kleinere Schiffe.

»Jetzt wird auf den Bildschirmen diese Aussicht noch einmal erscheinen. Was Sie auf den Bildschirmen sehen, ist jedoch kein Film, sondern ein eingefrorenes Bild. Und es ist kein echtes Bild, das ist sehr wichtig, sondern ein künstliches Bild. Computergeneriert. Sie werden dieselbe Aussicht erkennen, die Lagune, das Meer, die Wolken, einen Vogelschwarm, die Schiffe, ein oder zwei Autos, die auf der Lagunenstraße fahren … Es wird Ihnen vielleicht kaum ein Unterschied auffallen. Doch es gibt einen Unterschied. Einen dramatischen Unterschied! Aber betrachten Sie bitte zunächst mit mir das Bild, das jetzt erscheint …«

Tatsächlich war nun auf allen Bildschirmen dieselbe Aussicht zu sehen. Das Meer, der Himmel, die Lagune. Man sah eine Formation von Gänsen durch den Himmel fliegen, V-förmig. Die Gäste schauten hin, versuchten, sich einen Reim darauf zu machen. Achselzucken, Gemurmel, Getuschel.

»Dieses Bild«, und jetzt klang Kangs Stimme triumphierend, »ist vor einer knappen halben Stunde vom Quantencomputer erstellt worden. Um genau einundzwanzig Uhr fünfundzwanzig. Doch dieses Bild, das er generiert hat, ist eine Aufnahme von der Zukunft. Ich bitte Sie, dies wörtlich zu verstehen. Es ist eine Art Vorgriff, eine Voraussage.«

Er machte eine Pause, um den Gästen Zeit zu geben. »Ich will es Ihnen erklären: Es ist jetzt einundzwanzig Uhr fünfundfünfzig, richtig?«

Viele Gäste schauten auf ihre Uhren, und jetzt erschien auch eine Zeitanzeige unten rechts an den Bildschirmen. Die Zeit lief.

»Also! Der Quantencomputer hat vor einer halben Stunde ein Landschaftsbild generiert aufgrund von einer ungeheuren Menge von Daten, die ihm vorlagen. Er hat aus all diesen Daten – Daten über das Wetter, über das Verhalten von Vögeln, über die Routen von Schiffen – eine Annahme erstellt. Eine ungeheuer genaue Annahme. Er hat berechnet, wie das Meer, der Himmel, die Wolken, selbst fliegende Gänse und die Bewegungen der Boote und so weiter in einer halben Stunde aussehen werden. Er hat berechnet, wie die Wolken sich formieren werden, was die Vögel machen werden. Und wir können gleich sehen, um genau zweiundzwanzig Uhr, ob er sich geirrt hat – oder ob er richtiglag …«

Das Gesagte war gar nicht so einfach zu verstehen, und es war wahrscheinlich gut, dass den Gästen einige Minuten blieben, den komplizierten Sachverhalt zu verdauen: Der Quantencomputer hatte tatsächlich eine immense Datenmenge, Wetter, Meeresströmungen, Wellenverläufe, Vogelverhalten, gebündelt und hochgerechnet. Und daraus hatte er eine Vorhersage errechnet und in ein täuschend echtes Bild gegossen.

Pierpaoli war perplex. Und sehr gespannt. »Wenn das stimmt, Niki«, er musste laut sprechen, um sich im allgemeinen ungläubigen Gemurmel bemerkbar zu machen, »wenn das stimmt, ist es wirklich ein Durchbruch.«

Jetzt war es so weit. Zweiundzwanzig Uhr. Die Gäste reckten die Köpfe, viele rannten zur Balustrade, machten Fotos, verglichen die Wirklichkeit – die echte Landschaft – mit dem Voraussage-Bild.

Und die Übereinstimmung war frappierend.

Sie war absolut frappierend.

Genau um zweiundzwanzig Uhr sah man eine Wolkenformation am Himmel, die der Voraussage glich. Man sah einen Zug von Gänsen in V-Form, genau wie in der Voraussage. Das Meer, die Position der Schiffe, der Rhythmus der Wellen mit ihren Schaumkronen, sogar zwei Wagen auf der Lagunenstraße – alles war genau so wie das Bild, das der Quantencomputer errechnet hatte.

»Die Vorhersage ist fast perfekt«, hörte man jetzt auch Kangs Stimme durchs Mikrofon. »Wir haben eine Genauigkeit von nahezu achtzig Prozent. Jede weitere Zunahme an Präzision wäre natürlich großartig, daran arbeiten unsere Wissenschaftler. Aber was wir heute schon haben – darauf können wir stolz sein. Lassen Sie mich jetzt einige Details erläutern …«

Kang redete von Quanten und Rechenkapazitäten. Die Gäste wirkten begeistert von der Präsentation, es wurde viel geredet, gelacht, vereinzelt wurde applaudiert. Pierpaoli hörte jetzt nicht mehr so genau hin. Er sah, wie die beiden Security-Chefs sich unterhielten, Nkunke, der Nigerianer, und sein eleganter Stellvertreter mit dem arabischen Namen, den Mamarenko ihm vorhin gezeigt hatte.

»Nikita, wie heißt der andere Security-Mann noch?«

»Difraudi. Amar Difraudi. Ich glaube, er ist guter Mann. Pass auf, Tom, ich will mit jemandem sprechen. Wir trennen uns. Du bleibst hier, bis die Präsentation vorbei ist. Dann du sprichst Professorin Liu Lian an. Sie muss Zeit haben für uns. Hatte sie nicht bisher. Hat mich immer weggewimmelt. Aber du bist höher im Rang, kannst besser auftreten. Sie muss sich uns erklären! Du musst Termin mit ihr machen! Okay?«

»Okay. Und du?«

»Ich muss mit jemandem sprechen, sag ich dir alles nachher. Weißt ja: So haben wir als Kinder Fische gefangen. Und jetzt auch. Hab Bombe ins Wasser geschmissen, jetzt gucke ich nach den Fischen.« Er grinste und deutete Richtung Gürtellinie. »Außerdem muss ich machen *Pupuschka*.«

»Wie? Was?«

»*Pupuschka*. Toilette. Wo auch der Zar hingeht zu Fuß.« Er grinste noch mehr und machte sich davon, bevor Pierpaoli noch etwas sagen konnte.

Freitag, 13. Juli 2029

Meta-Ministerium für Forschung, Energie und Verkehr, 81. Etage, Island, Anlage der Gästetoiletten

Die Toiletten lagen neben den Aufzügen. Um dem Andrang gerecht zu werden, hatten die Organisatoren noch eine Reihe von sogenannten Toi-Eggs aufgestellt, eiförmige, mattweiße Kabinen, gedacht für nur eine Person, Kabinen, die autark und mit einem chemischen Kanistersystem funktionierten und keine Sanitäranschlüsse brauchten. Mamarenko hatte ein solches Toi-Egg betreten (in der Haupttoilette war viel Kommen und Gehen), er hatte erledigt, was zu erledigen war, und stand jetzt vor dem kleinen Kabinenspiegel, wusch sich die Hände und überlegte, ob er sein Hemd korrekt knöpfen sollte. In der Kabine war es so eng wie in einer Flugzeugtoilette.

Er hörte hinter sich ein Knacken und wollte sich umdrehen. Er sah das Gesicht des Mannes in dem Kabinenspiegel. »Moment, ist besetzt«, sagte Mamarenko. Im nächsten Augenblick spürte er ein heftiges Brennen im Nacken, gefolgt von einem stechenden Schmerz. Gleich darauf unsägliche Übelkeit.

Die Gruppe der Nowitschok-Gifte ist seit etwa der Jahrtausendwende bekannt; Nowitschok heißt »Neuling«. Sie gehören zu den stärksten und tödlichsten Nervengiften überhaupt. Dabei ist ihre Funktionsweise relativ einfach: Durch sogenannte Cholinesterase-Hemmer wird ein Enzym blockiert, ein allerdings sehr wichtiges Enzym, welches normalerweise den Botenstoff Acetylcholin abbaut und dadurch die Reizübertragung zwischen Nerven reguliert.

Wird der Botenstoff Acetylcholin nicht mehr abgebaut, reichert er sich in wenigen Sekunden im Körper an: Es kommt zu einer unkontrollierten Überaktivierung des Nervensystems. Typische Vergiftungssymptome sind Speichelfluss, Muskelkrämpfe, tödliche Herz- und Atemlähmungen.

Anfangs wurde Nowitschok vor allem vom russischen Geheimdienst eingesetzt, inzwischen auch von anderen kriminellen Gruppen.

Die Verwendung ist nicht ungefährlich. Der Täter sollte, so in den einschlägigen geheimdienstlichen Schulungen, auf jeden Fall auf Distanz achten. Man kann jedoch eine Plasmapatrone aus einer kleinen Kunststoffpistole abfeuern. Man muss das Opfer nur irgendwo treffen, wo die Haut bloßliegt, auf dem Handrücken, im Gesicht oder im Nacken.

Nikita Nikolajew Mamarenko brach noch vor dem Waschbecken zusammen. Dass ausgerechnet der Ausruf »Moment, ist besetzt« seine letzten Worte waren, hätte er sich höchstwahrscheinlich nie verziehen.

Doch das sollte er schon nicht mehr erfahren.

Freitag, 13. Juli 2029

Meta-Ministerium für Forschung, Energie und Verkehr, 81. Etage, Island

Pierpaoli wandte sich wieder dem Vortrag zu, dem Podium. Die Präsentation war offenbar zu Ende, jedenfalls gab es so etwas wie anhaltenden Applaus. Kang verbeugte sich – erst vor dem Publikum, dann drehte er sich zu den Wissenschaftlern um und verneigte sich vor ihnen und begann zu klatschen. Die Wissenschaftler auf dem Podium erhoben sich, rückten Stühle, manche blieben noch stehen, in Grüppchen, ins Gespräch vertieft, andere rafften ihre Papiere und Mappen zusammen und stiegen von der Bühne.

Pierpaoli behielt die chinesische Professorin im Auge und arbeitete sich zur Bühne vor. Er war nicht der Einzige. Etliche Zuhörer hatten Tablets und Bücher gezückt und umringten die Forscher, um Widmungen und Autogramme zu ergattern – als hätte eine Dichterlesung stattgefunden, als wären es keine nüchternen Physiker, sondern Popstars.

Tatsächlich hatte in den vergangenen Jahren ein Wandel im Star-Geschäft, in der medialen Verarbeitung und Hagiographie stattgefunden: Die oberflächlichen und glamourösen Popkultur-Stars und Schnell-Philosophen hatten an Bedeutung verloren; an ihre Stelle waren Naturwissenschaftler, Literaten mit einer Botschaft gerückt. Das Publikum achtete darauf, ob jemand Banalitäten bot oder Substanz.

Endlich stand Pierpaoli vor der Chinesin, er stellte sich vor. Ihr Händedruck war fest, sie sah ihn offen an, graugrüne Augen, das Gesicht matt gepudert. Ihr schweres schwarzes Haar war von grauen Strähnen durchzogen.

»Ich würde gerne auf Ihre Fragen eingehen«, antwortete sie zögernd, nachdem Pierpaoli seinen Ausweis und seine digitale Prüfberechtigung an sie überspielt hatte – das Hochkommissariat durfte jederzeit ein ministerielles Projekt einsehen. »Aber leider habe ich in dieser Phase des Projekts, in den kommenden Wochen, überhaupt keine Zeit«, schloss sie streng.

Solch eine Abfuhr war ungewöhnlich. Und sie brachte Pierpaoli in eine unangenehme Situation. Er konnte die Professorin nötigen, mit Rückendeckung aus Kapstadt konnte er sie zur Beantwortung seiner Fragen zwingen – aber so ein Auftreten war ungewöhnlich und würde an ihm kleben bleiben, für den Rest seiner Karriere. Er versuchte es noch einmal: »Frau Professorin Liu, aber Sie müssen doch auch einmal etwas essen – gehe ich recht in dieser Annahme? Warum darf ich Sie nicht morgen oder übermorgen zu einem Lunch oder einem Arbeitsessen am Abend einladen? Ich verspreche, ich brauche nicht mehr als eine, höchstens zwei Stunden. Sie werden sagen, was ich wissen muss, ich werde begeistert sein, ich reise ab, Sie sind mich los. Bitte.« Er kramte sein weniges Chinesisch zusammen. »*Wo huì gandao feichang rongxing, geng hui gandao hen gāoxing*, es wäre mir eine Ehre und ein noch größeres Glück.«

Sie sah ihn an, lächelte.

In diesem Moment trat Nkunke zu ihm, legte ihm von hinten eine schwere Hand auf die Schulter. Pierpaoli fuhr herum. »Was soll das?«

»Sie müssen bitte mitkommen, Mister Pierpaoli. Ihr Freund. Der Russe. Bitte kommen Sie.«

»Was ist mit ihm?«

»Er ist tot, fürchte ich.«

Freitag, 13. Juli 2029

Meta-Ministerium für Forschung, Energie und Verkehr, 81. Etage, Island, Anlage der Gästetoiletten

Fluoreszierendes Absperrband, es war überall. Die Fahrstühle waren gestoppt und verschlossen. Die Toiletten, die offizielle wie auch die Toi-Eggs, geräumt, der ganze Bereich war abgesperrt. Überall waren inzwischen Security-Leute, teilweise in CS-Stufe-1-Anzügen, in beißendem Gelb, mit eingepassten Pressluftgeräten und Kühl- und Wärmewesten und gas- und chemieschützenden Überschuhen. Manche knieten vor großen Alu-Koffern und holten Geräte heraus, manche fuhren mit blinkenden Testgeräten an Klinken, Handläufen entlang. Nkunke führte Pierpaoli – er hatte ihm behutsam die Hand ins Kreuz gelegt, wie ein Tanzpartner, der seine Dame zur Tanzfläche geleitet – durch das Durcheinander Richtung Tatort.

Denn das war es jetzt: ein Tatort.

Vor dem Toi-Egg, in dem Mamarenko seinen Tod gefunden hatte, war von der hohen Decke aus eine Doppelfolie gespannt. Davor und dahinter standen kleine, schwarzblaue Boxen mit einem stumpfen Trichter an der Oberseite, Luftmessgeräte.

»Was ist passiert? Herrgott, was ist passiert?«

»Wir bleiben hier. Wir dürfen kein Risiko eingehen«, sagte Nkunke ruhig.

»Risiko?«

»Ihr Freund wurde vergiftet, höchstwahrscheinlich«, sagte Nkunke. »Sehr schnelles und aggressives Gift, das sich auf jeden Fall über Berührung mitteilt, möglicherweise auch über Aerosole. Die Frau vom Reinigungsteam, die ihn wahrscheinlich gefunden hat und rausziehen wollte, jedenfalls berührt hat, ist ebenfalls tot. Wir werden es noch untersuchen. Aber ich glaube, ich kann jetzt schon sagen, dass ein Gift dieser Gefahrenklasse äußerst selten ist, man kann es nicht in der Apotheke um die Ecke kaufen.«

»Gift? Was reden Sie denn da? Meinen Sie, jemand hat ihn …«

»Dazu kommen wir noch«, unterbrach Nkunke. »Können Sie – Ihren Freund identifizieren? Es ist eine traurige Formalität, aber wir sind dazu verpflichtet.«

Mamarenko lag zusammengesackt, eingekeilt, mit dem Rücken zum Waschbecken, das Gesicht zur Tür der Toilettenkabine. Sein Gesicht war fleckig, um Mund und Kinn hatte er Speichel oder Erbrochenes, es sah aus wie angetrockneter Rasierschaum. Die Hände waren verkrallt, die Fußspitzen zeigten in einem bizarren Winkel nach innen.

»Ja«, brachte Pierpaoli sehr leise hervor, er beherrschte sich, um nicht zu würgen, »ja, ich kann ihn identifizieren. Es ist Nikita Mamarenko.«

Nkunke wartete einen Moment. »Er wird Krämpfe gehabt haben, aber es wird nicht lange gedauert haben – er wird nur kurz gelitten haben. Falls Sie das, nun ja, beruhigt. Es tut mir leid.«

»Nein, es beruhigt mich nicht«, Pierpaoli sprach immer noch leise und langsam. »Es beruhigt mich keineswegs. Was ist hier los? Was geschieht hier? Wieso werden hier Menschen vergiftet? Sie sind doch hier verantwortlich, verdammt!« Er schrie jetzt. »Für die Sicherheit der Menschen hier! Nikita hat niemandem etwas getan – er hat nur seine Arbeit gemacht, er hat nur – nur …«

Pierpaoli verstummte, so abrupt, wie er laut geworden war.

»Was ist?«, fragte Nkunke leise. »Was wollten Sie sagen?«

»Er hat eine kleine Bombe ins Wasser geworfen.«

Nkunke starrte ihn an.

»Nicht wörtlich. Ein russisches Sprichwort. Er wollte sehen, welche Fische hochkommen. Aber er hat wohl nicht gewusst …«

»Was nicht gewusst?«

In diesem Augenblick erkannte Pierpaoli unter den Schaulustigen am Absperrband den jungen blonden Mann mit der Baskenmütze.

»Dass er selber einer von den Fischen ist«, sagte Pierpaoli.

Samstag, 14. Juli 2029

Apartment 13.294, Wohnanlage 13, Meta-Ministerium, Island

»Ich verstehe einfach dieses Töten nicht«, sagte Ariadna.

Sie sagte es hitzig, jäh, streitlustig, mit Betonung auf »Töten«, an ihrer Stirn pulsierte eine Ader, und sie spuckte die beiden trockenen Silben »Töten« vor sich auf den Tisch.

Auf dem Gläser und Flaschen standen, in klebrigen Pfützen, daneben verschmierte Zettel, eine zerknüllte Zigarettenschachtel, eine Tasse, die Ariadna als Aschenbecher benutzt hatte, randvoll mit stinkenden Zigarettenkippen. Der Tisch hatte jetzt Brandstellen.

Es war kurz vor sechs Uhr morgens. Die Sonne war bereits vor zwei Stunden aufgegangen. Es waren die hellen Nächte Islands.

Ariadna hatte noch auf dem Empfang von dem Mord an Mamarenko erfahren. Pierpaoli hatte alles versucht, sie halbwegs zu beruhigen – es war ihm nicht gelungen. Sie waren jetzt in seinem Apartment.

Pierpaoli hatte sich in den zurückliegenden Stunden mehrmals aufgerafft, war zum Fenster geschlurft und hatte es aufgerissen, aber der Rauch hing wie eine kompakte und durch nichts zu vertreibende Wolke im Zimmer, zusammen mit ihrer Trauer. Natürlich war Rauchen im Apartment verboten; aber Ariadna war jetzt nicht in der Stimmung für irgendwelche Ge- oder Verbote.

»Ich verstehe einfach dieses Töten nicht! Ich verstehe euch Männer nicht! Warum muss es Mord und Totschlag geben, was ist nur los auf der Welt? Sag es mir, Tom, bitte, erklär es mir!«

Er sah zu ihr hin, aus blutunterlaufenen Augen. Sie hatten auf dem Weg in sein Apartment eine Flasche Wodka gekauft, für Ariadna, die den klaren Schnaps trank wie Wasser und vertrug wie Wasser, für Pierpaoli hatten sie zwei Flaschen Ginger Ale gekauft, er wollte keinen Wodka, keinen Whisky, nur Ginger Ale.

Er sagte nichts.

»Du fragst dich wahrscheinlich gerade, wieso ich mit sowas anfange, stimmt's, Tom?«

»Nein. Ja.«

»Weil ich es verstehen will. Weil ich wütend bin. Nikita war ein guter Mensch. Durch und durch anständig. Er hat niemandem etwas getan, das weiß ich. Wieso geht jemand hin und tötet einen wirklich guten Menschen? Dieser Gedanke macht mich wahnsinnig. Was ist bloß los auf der Welt? Die Menschen sind völlig durchgedreht!«

Pierpaoli war todmüde, er war aufgewühlt, erschrocken, starr vor Trauer; aber er verstand sie. Ihre Wut war das Einzige, an das sie sich klammern konnte. Er verstand auch, dass sie wahrscheinlich sogar noch verzweifelter war als er, dass sie ihn jetzt mehr brauchte als er sie.

Aber das machte es nicht leichter.

»Ich kann's dir nicht erklären, Ari. Ich weiß nicht, was auf der Welt los ist. Und ich bin genauso schockiert. Er war auch mein Freund.«

»Du kannst es nicht erklären, Tom? Aber das müssen wir! Das sind wir Nikita schuldig. Er war dein Freund. Dann kannst du es doch nicht einfach hinnehmen, dass er ermordet wird!«

»Das tue ich auch nicht, Ariadna. Aber wir wissen ja noch gar nichts. Nicht mal, ob es ein Mörder oder eine Mörderin war, Absicht oder Verwechslung. Wutausbrüche machen Nikita jetzt nicht lebendig. Du machst ihn damit nicht lebendig.«

Sie schwiegen. Draußen war gleichfalls Stille, der Himmel, in lavendelblauer Ferne, war wie ein Tuch, ein Stoff von einer Schwere, die alles zudeckt. Ein warmer Nieselregen fiel, unhörbar.

Als Ariadna wieder ansetzte, hatte ihre Stimme sich verändert. »Was hat Nikita hier getan? Ihr wart doch Kollegen. Was war sein Job hier auf Island?«

»Er hat ein Projekt untersucht, als Controller. ›Qube 17‹,

eine Computersache – die, die sie heute beim Empfang vorgestellt haben. Der Quantencomputer erlaubt Vorhersagen. Offenbar sehr erfolgreich. Andererseits gab es in diesem Projekt Unstimmigkeiten. Und Vertuschungen. Und Nikita hatte Dinge in Erfahrung gebracht, die er mir nicht gesagt hat. Er war da … na ja, sehr geheimnistuerisch. Ich dachte, er übertreibt. Aber vielleicht hängt sein Tod damit zusammen.«

Er trank den letzten Rest Ginger Ale, verschluckte sich und bekam einen Hustenanfall. Ariadna wartete geduldig. Pierpaoli fuhr fort:

»Dieser ganze Empfang war merkwürdig, fand ich. Lauter seltsame Leute. Diese Chefin von dem Projekt, eine Chinesin … ich weiß zum Beispiel nicht, was ich von ihr halten soll. Da war noch ein blonder Typ. Mit einer Baskenmütze. Niki schien ihn zu kennen, aber es war irgendwie komisch. Und dann dein neuer Freund, dieser Guru, war auch da, mit seinem Gefolge. Was hast du mit dem überhaupt zu tun?«

»Ich arbeite für ihn. Ich bin eine Art Babysitter. Für Kinder. Tut nichts zur Sache.«

Pierpaolis Ginger Ale war leer. Er goss sich ein großes Glas Wodka ein und trank es aus, es schmeckte nach nichts.

»Weißt du, was mir leidtut, Tom?«

»Nein.« Pierpaoli konnte nur noch flüstern.

»Dass er in einem Hemd gestorben ist, das falsch geknöpft war.«

Dann war es lange still. Draußen war es licht geworden, der Morgenhimmel aus trompetenhellem Blau.

»Ich gehe jetzt, Tom.« Ariadna war aufgestanden, hielt sich, etwas schwankend, an der Stuhllehne fest. Die Flasche war fast leer. Pierpaoli überlegte, ob er ihr vorschlagen könnte, hier zu schlafen, sie könnte sein Bett haben, er würde sich aufs Sofa legen.

»Also – ich gehe jetzt, Tom. Aber eines wollte ich noch sagen. Niki war für mich da, als sonst niemand für mich da war. Damals, als wir uns trennten, weißt du?«

»Ja. Ich weiß. Es tut mir leid …« Schuldgefühl umschloss ihn wie Wasser einen Ertrinkenden.

»Und wir beide, du, ich, wir beide waren nicht für ihn da, als er starb. Er starb ganz allein, in diesem verdammten Klohäuschen. Aber wir werden seinen Mörder finden, richtig, Tom?«

»Ja. Ich werde es versuchen. Entschuldigung, ich meine – *wir* können es versuchen. Sind wir ein Team, Ari?«

Sie hielt immer noch die Stuhllehne fest und dachte nach. »Nein. Kein Team. Aber locker verbündet. Und wir werden herausfinden, warum jemand Nikita Mamarenko getötet hat, du auf deine Art, ich auf meine. Vertraust du mir, Tom?«

Pierpaoli kam um eine Antwort herum, sein Telefon schrillte. Er nahm ab.

»Ja? Oh. Ja, ich bin es … Oh. Ja, sehr gerne. Das ist sehr nett von Ihnen. Ja, richtig, er ist mein Patenonkel. Ja, natürlich … Am Abend? Nein … Nein, es passt mir gut. Ja, sehr freundlich. Nein, das finde ich … Dann bis heute Abend, Frau Professorin …«

Pierpaoli legte auf.

»Wer war das?« Ariadna hatte genau zugehört.

»Das war Professorin Liu. Eine Chinesin. Liu Lian. Sie ist Physikerin. Sie leitet ›Qube 17‹, du weißt, das Projekt, über das wir vorhin gesprochen haben, über das Nikita seinen Bericht schreiben sollte …«

»Und?«

»Es ist seltsam. Ich hatte sie gestern gefragt, auf Nikitas Vorschlag hin, ob sie mit mir redet. Erst hat sie nein gesagt. Was sehr ungewöhnlich ist. Eine Ablehnung in dieser Art. Auch unklug und riskant für sie. Denn dann könnte ich in meinen Bericht schreiben, dass sie ein Gespräch verweigert. Aber jetzt ruft sie mich an. Jetzt hat sie überraschend Zeit für mich.«

»Und jetzt?«

»Jetzt wollen wir uns treffen. Informell. Am Abend. In einem Restaurant.«

»Informell, aha. In einem Restaurant. Ist sie schön?« Das kam betont gleichmütig heraus.

»Ist das wichtig, Ari?«

»Nein.« Sie riss sich zusammen. »Sie könnte aber etwas wissen. Das ist wichtig. Insofern solltest du dich unbedingt mit ihr treffen. Ich meine, du sagst, Niki hat etwas über dieses komische Projekt herausgefunden. Wenn es uns weiterhilft, Tom, dann ist es sehr wichtig, dass du dich mit dieser Chinesin triffst.«

»Ja, Ari.« Plötzlich erfasste ihn Zärtlichkeit – Zärtlichkeit für diese kleine und komplizierte und schöne Kolumbianerin, es erfasste ihn Zärtlichkeit für den verrückten Russen, den treuen Freund, den er auf so absurde Art und Weise verloren hatte.

»Ich werde alles tun, was nötig ist, Ari«, sagte er. Es klang hölzern, er merkte es selbst, aber irgendwo, tief im Inneren des mittleren Beamten Thomas Pierpaoli, tief drin, machte sich möglicherweise ein Held bereit.

Kapitel 4
Das Labor

Ich war mitten im großen Erdbeben 1906 in San Francisco. Es hat mich nicht so erschüttert wie die Quantentheorie.

Johnson van Kaarst, Teilchenphysiker

Delhi/Times of India/Exklusivbericht/14. Juli 2029

Regierung eingeklemmt zwischen G3-Forderung und Volkes Stimme/ PP windet sich – Regierungschef Paritosh Patel steht im Schach

Von unserem Sonderkorrespondenten Mohan Lahann

Offenbar steht die neugebildete Regierung von Premierminister Paritosh Patel gleich zu Anfang ihrer Legislaturperiode vor einem kaum lösbaren Dilemma: Außenpolitisch wächst der Druck, der Klima-Allianz beizutreten und deren Forderungen zu akzeptieren – die Maßnahmen zum Klimaschutz umzusetzen, ein Programm zur Abrüstung zu entwerfen, die Ein-Kind-Politik einzuleiten. Vor allem aber die letzte der drei Forderungen sorgt hierzulande für Spannungen und Nervosität. Schätzungsweise die Hälfte der Bevölkerung steht dieser Maßnahme feindselig gegenüber.

Gleichzeitig wächst der Druck, die Anreize der Klima-Allianz zu nutzen – ohne finanzielle Hilfe von außen droht Indien ein Staatsbankrott.

Samstag, 14. Juli 2029

»Shakantula Dance, Delite & Movie Bar«, Maganchand Road, Delhi

Im Frühjahr des Jahres 2029 befand sich Indien am Rand eines Bürgerkriegs. Eine der Ursachen war der dramatische Rückgang der Wirtschaftsleistung aufgrund der weltweiten Klimakrise, verbunden mit den Nachwirkungen der Coronapandemie. Hinzu kamen Dürren, Überschwemmungen, weitere Epidemien.

Das indische Bruttoinlandsprodukt, 2020 noch bei mehr als zweitausend Milliarden US-Dollar, ging um dreißig Prozent zurück.

Indien war das bevölkerungsreichste Land der Welt; es hatte China in dieser Beziehung im Jahr 2021 überholt. Jetzt lebten hier fast zwanzig Prozent der Weltbevölkerung auf nur zwei Prozent der weltweiten Landesfläche. Es waren zu viele.

Das Land konnte seine Menschen nicht mehr tragen.

Und viele Menschen fielen in namenloses Elend.

*

Die »Shakantula Dance, Delite & Movie Bar« lag am Anfang der Maganchand Road, auf der Rückseite des Chanda-Marktes und etwa eine Stunde vom Regierungssitz entfernt.

Es war kurz nach fünf. Der Abendhimmel war tiefrot, die Wolken waren schwer und unheilvoll, als würde der Himmel einbrechen unter seinem Gewicht. Auf dem Chanda-Markt schoben die *Thelavaalas*, die Karrenhändler, ihre mit Obst, Fisch, Gemüse beladenen Gefährte heimwärts, die *Chayvaalas*, die Teeverkäufer, packten zusammen. Die Restaurants und Imbissbuden in der Gegend präparierten sich für die Abendschicht.

Das »Shakantula« würde bis Mitternacht offen sein – beide

»Shakantulas«, denn es handelte sich, genau genommen, um zwei Etablissements in einem.

Das eine Etablissement war die Bar, die man durch einen reich verzierten Eingang betrat – eine normale Tanzbar, wo junge Frauen, Inderinnen und Thailänderinnen, züchtig in Sari und Choli gewandet, sich zu schmachtender Filmmusik etwas stumpfsinnig auf einer kleinen, runden Tanzfläche drehten, während die Männer ihnen Fächer aus kleinen Geldscheinen hinhielten. Wenn eine Tänzerin sich einen Schein nahm, schenkte sie dem Mann ein routiniertes Eine-Sekunde-Lächeln. Die Bar öffnete mittags und schloss um Mitternacht. Einmal im Monat kam ein Inspektor vorbei und nahm einen Umschlag entgegen, der etwa einen Lakh enthielt, hunderttausend Rupien. Indien war noch nicht der Klima-Allianz beigetreten, der Global als Währung war noch nicht übernommen.

Eine Tanzbar wie tausend andere in Delhi, etwas primitiv vielleicht, aber einträglich genug. Der Schnaps, der hier verkauft wurde, war billiger *Schatrangi*, die Kosten für die Mädchen waren gering, der Laden warf einen bescheidenen Gewinn ab.

Dann gab es hinter dieser Fassade noch ein anderes »Shakantula« – weniger primitiv, deutlich lukrativer. Tatsächlich war die Tanzbar nämlich ein luxuriöses Bordell, klein, sauber, diskret, mit eigenem, videoüberwachtem Eingang, einer schweren Stahltür, die nur von innen und mit einem Summer zu öffnen war, als Etablissement durchaus in der oberen Spielklasse anzusiedeln. Auch hier gab es im Erdgeschoss eine runde Bühne, auch hier wurde zu Filmmusik von Dev Anand und Dilip Kumar getanzt; doch hier waren die Tänzerinnen jünger, schöner und splitternackt. Außerdem befanden sich im zweiten und dritten Stock fünfzehn Zimmer, die unterschiedlich eingerichtet waren, es gab mehrere Movie-Zimmer nach Bollywood-Motiven, es gab das Cowboy-Zimmer, die Marilyn-Suite, es gab drei SM-Räume für Sadomasopraktiken, es gab das Spiegel-Zimmer, das Wasserbett-Zimmer.

Das »Shakantula« gehörte dem Mann, der jetzt als einziger Gast in einer der hinteren Sitznischen saß. Er trank Mineralwasser, *Bisleri*, mit einem Spritzer Limone. Der Mann war für einen Inder hellhäutig, etwa Mitte fünfzig, er hatte volles, dunkles Haar und trug ein khakifarbenes Hemd, vor sich auf dem Tisch lag eine verspiegelte Sonnenbrille.

Dieser Mann war Umesh Varinder, der aufsteigende Stern der radikalnationalistischen Hindu-Partei. Man prophezeite ihm eine große Zukunft. Er war der Herausforderer des Ministerpräsidenten – er hasste diesen Paritosh Patel.

Neben sich auf der Sitzbank hatte Varinder eine lederne Aktentasche. Er war vertieft in sein Mobiltelefon – von dem er jetzt aufblickte.

Ein jüngerer Mann war in die Bar gekommen, ein Mann in einem gut geschnittenen Anzug, weißes Hemd, Krawatte.

Er steuerte auf die Sitznische zu, blieb jedoch respektvoll stehen.

»Namaste.« Angedeutete Verbeugung.

»Namaste. Bitte setzen Sie sich, verlieren wir keine Zeit …« Der Mann im Khakihemd machte eine Handbewegung, der Jüngere schob sich in die Nische.

Jetzt erklang die Filmmusik aus »Sholay« oder »Flammen der Sonne«, mit 204 Minuten einer der längsten und vor allem der bisher erfolgreichste Bollywood-Film aller Zeiten. Die Frauen tanzten mit Hingabe, aber die beiden Männer schauten nicht hin.

»Ich höre.« Der Mann im Khakihemd steckte sein Telefon ein, musterte den anderen.

»Die Sitzung hat fast sechs Stunden gedauert, ich bin sofort hergekommen.«

»Und?«

»Wie soll ich es sagen? – Sie sind ratlos. Patel ist ratlos. Er lässt es sich nicht anmerken, aber er steckt fest. Die Hälfte des Kabinetts ist für die Klima-Allianz-Forderungen, der Wirtschaftsminister, Finanzminister, Forschung und Entwicklung. Die anderen sind strikt dagegen, vor allem die Minister für Verteidigung, Bildung, Gesundheit, Kultur. Absolutes Patt.«

»Nicht sehr überraschend. Und was macht PP?«

»Patel tut so, als ob er einen Plan hätte. Er lässt sie diskutieren, hält sich selbst zurück. Ich glaube, er will noch abwarten, ob das Pendel in diese oder jene Richtung schlägt.«

»Die Entscheidung ist zu groß für ihn, zu gefährlich.«

»Ja. Das ist sie in der Tat.«

Eine Kellnerin in einem Sari, fast noch ein Kind, trat an den Tisch, blieb aber in einigem Abstand stehen, mit gesenktem Kopf.

»Ein *Thums Up*«, sagte der Jüngere. »Aber eine Dose, keine Flasche. Nicht geöffnet, ich will sie hier am Tisch öffnen. Und ohne Glas.«

Der junge Mann im Anzug war der zweite Sekretär des Premiers. »Wenn ich fragen darf – was planen Sie?«, fragte er den Mann im Khakihemd.

»Dies und das. Ich kenne die Menschen in diesem Land, ich weiß, was sie fühlen. Sie haben Angst: Sie haben Angst vor den Muslimen, der Überfremdung, dem Monsun, vor den Göttern, davor, eines Tages allein und arm zu sein. Sehr berechtigte Ängste in diesem Land. Aber gleichzeitig hoffen sie – hoffen darauf, dass sie durchkommen, dass sie Glück haben, vielleicht sogar einen Schatz finden, reich werden, dass sie nicht allein sterben, sondern von Kindern und Enkeln umgeben, geliebt, versorgt. Will das nicht jeder?«

»Wahrscheinlich …«

»Ja, wahrscheinlich. Angst und Hoffnung sind unser Fluch, unser Segen. Darum wollen wir in diesem Land nicht von unserem Kinderreichtum lassen, es ist der einzige Reichtum, der Sicherheit verspricht. Diese Dichte, diese Enge – sie ist schrecklich, aber sie presst auch die Menschen zusammen, hält sie zusammen. Aber Sie fragten nach meinen Plänen. Ich werde mit dieser Angst und dieser Hoffnung spielen. Und diese Kräfte, richtig dosiert, werden mich nach oben tragen. Wo man das Land führen kann. Wo man jenen Kräften, die uns herumschubsen wollen, mit Stolz und Selbstbewusstsein entgegentreten kann. Und bevor ich es vergesse – dies ist für Ihre Freundlichkeit und Ihre Informationen.«

Der Mann im Khakihemd zog einen Briefumschlag aus seiner Aktentasche und legte ihn vor den anderen.

Der jüngere Mann berührte erst den Umschlag, dann seine Kehle, rasch murmelte er ein Mantra, bevor er das Kuvert in seine Jackentasche schob.

»Sind Sie mein Freund?«

»Das bin ich, aber es ist riskant …«

»Ich weiß. Sehen Sie: Angst und Hoffnung. Sie fürchten sich, doch Sie hoffen auf einen Aufstieg, der Sie noch weiter emporführt, auf Glück, auf Reichtum, Sicherheit. *Shabash.*«

Die Kellnerin brachte auf einem Tablett eine Dose, ein *Thums Up*, die indische Coca-Cola, sie stellte es ab und entfernte sich lautlos, auf bloßen Sohlen.

Der Jüngere legte die Dose an seine Wange, genoss für einen Moment die Kühle. Die beiden Männer schwiegen, die nackten Frauen auf der runden Bühne tanzten, aber die Männer schauten nicht hin.

Samstag, 14. Juli 2029

Arbeitszimmer des Apostolischen Palastes, Vatikan, Rom

Der Apostolische Palast, die offizielle Residenz des Papstes, liegt, wenn man vom Petersplatz auf den weltberühmten Dom zusteuert, rechter Hand, also nordöstlich. Es ist ein imposantes Bauwerk, von innen noch grandioser als von außen, vollgestopft mit den größten Kunstschätzen der Menschheit, großen und kleinen Thronsälen, Kapellen, der Konsistoriumshalle, der Clementinenhalle, dem Uhrensaal, einer Bibliothek mit Handschriften, die ins sechste Jahrhundert zurückreichen. Bei allen Vorzügen, die man noch weiter aufzählen könnte – Übersichtlichkeit gehört nicht dazu: Es gibt im Apostolischen Palast mehr als eintausendzweihundertvierzig Räume, zwanzig Innenhöfe, zweihundert Treppen. Man tut wahrscheinlich gut daran, sich hier nicht zu verlaufen.

Papst Franziskus Oscar I. bevorzugte daher auch als Wohnsitz das bescheidenere und nebenan gelegene Gästehaus, die *Casa San Marte*. Zum Arbeiten jedoch benutzte er das offizielle – und traditionelle – Büro des Papstes, jenes Büro mit dem »berühmtesten Fenster der Welt«, oberste Etage, zweites Fenster von rechts, wo der Papst jeden Sonntag das Angelus-Gebet sprach. Hier arbeitete er tatsächlich, empfing seine Sekretäre, las und beantwortete Briefe, entwarf Ansprachen und Predigten. Auf seinem Schreibtisch stand in einem kleinen Wechselrahmen das berühmte Zitat seines Vorgängers: *»Wir sind nicht Gott. Die Erde war vor uns da und ist uns gegeben worden. Die Harmonie der Schöpfung aber wurde zerstört durch unsere Anmaßung, den Platz Gottes einzunehmen.«*

Auch der neue Papst verfolgte diesen Weg weiter, er stimmte mit den Zielen – und größtenteils auch mit dem Vorgehen – der Klima-Allianz überein. Seit längerer Zeit schon trat er ein für Abrüstung, eine Lockerung bei der Empfängnisverhütung, für den Schutz der Schöpfung.

Doch auch ein Papst ist nicht allmächtig. Er ist nur *eine* Figur innerhalb des hochkomplexen Räderwerks namens Vatikan. Die feinen Netzwerke der Konservativen bremsten Franziskus Oscar immer wieder aus.

An diesem Abend betrat gegen einundzwanzig Uhr der *Camerlengo* das Büro. Seine Heiligkeit saß am Schreibtisch am berühmten Fenster und schrieb.

Der *Camerlengo* war der Kammerdiener, so die Übersetzung, doch dieser Titel ist eine krasse Untertreibung. Denn der *Camerlengo* ist zunächst einmal ein Kardinal, darüber hinaus der engste Vertraute des Papstes. Der *Camerlengo*, nebenbei auch Vorsitzender der Kongregation zur Heiligsprechung, trug die in rote Seide eingeschlagene Korrespondenz- und Unterschriftenmappe. Er legte sie auf dem Schreibtisch des Papstes ab. Dann blieb er, was unüblich war, stehen – abwartend.

Der Papst schlug die Mappe auf.

»Obenauf ist der Brief, von dem ich vorhin gesprochen habe«, sagte der *Camerlengo*.

Papst Franziskus Oscar überflog das Schreiben. Er schaute überrascht auf. »Goretti?«

»Ja«, der *Camerlengo* nickte. »Und es ist höchstwahrscheinlich wahr, was dieser Pater schreibt. Wir haben es überprüfen lassen. Aber belastbare Beweise, die haben wir nicht.«

Kardinal Ottavio Goretti war einer der mächtigsten Reformgegner, die Schlüsselfigur der Glaubenskongregation.

Der Papst hasste es, berechnend zu denken, aber manchmal konnte man nicht umhin. Dieser Brief war eine Chance: Fiele Goretti, dann wäre der Weg frei für einen progressiven Nachfolger. Und der überfällige Wandel im Haus Gottes könnte stattfinden.

Der Papst betrachtete die Unterschrift unter dem Brief, er wandte sich an seinen Kämmerer. »Wie könnten Sie diese Beweise beschaffen?«

Der Kämmerer sah seinen Papst direkt an. Er liebte diesen

Mann, der die Kirche verändern wollte, um sie zu erhalten. Dieser Papst wog ab, er prüfte seine Chancen, dann entschied er sich und zog es durch. »Goretti hat wahrscheinlich nur eine Schwachstelle, diesen Pater Philipp«, antwortete der *Camerlengo*. »Wir müssten ihn dazu kriegen, die Beweise zu besorgen …«

»Tun Sie's«, sagte der Papst.

»Ja, Eure Heiligkeit.«

»Dieser Pater – er ist wohl noch ein junger Pater?«

»Anfang dreißig, Eure Heiligkeit.«

»Ich hoffe, der junge Mann war sich bewusst, was er uns da zugespielt hat – und was auf ihn zukommt.«

Samstag, 14. Juli 2029

Strand vor der Insel Geldinganes, Island

Vielleicht war es doch keine tolle Idee gewesen, sich ausgerechnet hier zu treffen, dachte Pierpaoli, denn er fand den Ort ziemlich beklemmend. Natürlich, er war verwöhnt, er kannte die weißen Strände bei Kapstadt, die trunkene, leuchtende Schönheit des warmen südafrikanischen Hinterlandes, und dies war eben Island, kalt, windig, vierundsechzigster Breitengrad, zweihundertfünfzig Kilometer vom Polarkreis, aber so unwirtlich hätte er sich's doch nicht vorgestellt.

Er sah sich um. Die Küstenlinie war fast überall abweisend, steil, schwarz, schroff, bis auf diese Bucht und das kleine Strandstück, belegt mit faustgroßen Kieseln. Landeinwärts, aber immer noch in Sichtweite, befand sich der Forschungskomplex, dreistöckig, grünverglast, daneben ein kleines Informationszentrum, davor der große, halb leere Parkplatz, wo auch Pierpaoli seinen Wagen geparkt hatte, einen »NiuIDEA« von TTG, einem Mischkonzern, in dem nach der großen Krise die Autobauer Tata, Toyota und Volkswagen aufgegangen waren. Hinter dem Forschungszentrum begann schon der Slum, der dritte Ring.

Pierpaoli hatte den Wagen angefordert und nach einigem Hin und Her auch bewilligt bekommen. Er hatte keinen Fahrer gewollt, er war dringend gebeten worden, allein zu kommen. Die Professorin hatte ihn nochmals angerufen, am Vormittag, ihm diesen Ort und dieses Restaurant für ein Treffen vorgeschlagen – eigentlich eher: genannt – und ihn ausdrücklich auf den »informellen und diskreten Charakter« des Treffens hingewiesen.

Was alles seltsam war. Erst die Abweisung. Dann der Anruf. Jetzt dieses geheimnisvolle Treffen.

Dabei war er, zum Henker, kein Bittsteller. Er hatte einen offiziellen Auftrag! Und es eigentlich gar nicht nötig, sich auf diese Merkwürdigkeiten einzulassen. Aber sein Instinkt sagte ihm, dass er sonst nicht weiterkäme.

Er ging ein Stück am Strand entlang, er hatte immer noch mehr als eine halbe Stunde. Weil er den Weg nicht kannte, hatte er mehr Zeit einkalkuliert, er wartete lieber selbst, als dass er andere warten ließ.

Er hatte die Umgehungsstraße genommen, war durch graues und schwarzes Land gefahren, bis kurz vor Geldinganes. Die Landschaft war ihm brutal und grob erschienen: Sandebenen mit Gletscherschutt und Schmelzwasserflüssen, karg bewachsen, dazwischen vulkanische Erhebungen, mit Strauchwerk und kurzstämmigen Nadelbäumen, hier und da fuhr er an kleinen Seen vorbei, die keine Seen waren, sondern schwefelhaltige *Solfatare*, die einen unangenehmen, aber nicht unvertrauten Gestank nach Fauligem entsandten. Dazwischen waren braune, blubbernde Tümpel, sogenannte »Schlammtöpfe« – der Schlamm indes war bis zu zweihundert Grad heiß.

Den Wagen zu fahren war allerdings vergnüglich gewesen. Das kleine, aber schmiegsam zu lenkende Ding war innen hübsch ausgestattet. Und der elektrische Antriebs-Strang, hatte Pierpaoli von dem sprechenden Bordcomputer gelernt, war das Neueste auf dem Gebiet. Im Sandwichboden sei eine Festkörper-Lithium-Metall-Zelle verbaut, aus einer Baureihe, die inzwischen mit Energiedichten aufwarten konnte, an die vor wenigen Jahren noch niemand geglaubt hätte. Der Bordcomputer hätte noch gerne weiter vor sich hin geschwärmt, aber Pierpaoli hatte ihm Schweigen geboten. Trotzdem, der kleine Wagen war ein Fest der Technologie gewesen, ein Stück Zukunft, Schönheit.

Der Strand hingegen war nicht so schön. Auf dem Kies, dort, wo während der Flut der Wassersaum gewesen war, zog sich ein Gürtel aus farblosen Dosen, verquollenen Plastikflaschen, schmutzigen Bretterresten hin. Ein paar glänzende Steinquader lagen im Wasser, mit Muscheln bewachsen. Hier und da waren Nester aus zerbrochenen Flaschen, Angelschnur, Stofffetzen, zerplatzten Styroporboxen. Reste von Feuerstellen. Jemand hatte hier getrunken, vielleicht gefeiert, vielleicht campiert.

Die Slum-Leute, hatte man Pierpaoli bei der Wagen-Übergabe erzählt, kämen gelegentlich hierher – zum illegalen Angeln, zum Grillen und Drogeneinwerfen. Er solle also aufpassen, hatte man ihm eingeschärft, den Wagen sicher parken. *Wenn sie sich dieses Fleckchen zum Grillen aussuchen*, dachte er, *dann haben sie nicht viel Auswahl.*

Pierpaoli machte kehrt und stapfte zum Parkplatz zurück. Hier waren sie verabredet, vor dem grün schillernden Meeresforschungs-Gebäude mit seinen drei Etagen. Als er auf den Parkplatz schlenderte, rief ihn jemand an, mit dröhnender Stimme: »He, Pierpaoli! Thomas Pierpaoli! Bist du das?«

Pierpaoli blieb erschrocken stehen und sah, vom Haupteingang her, eine massige Gestalt auf sich zustürmen – er erkannte ihn: Arthur Redmondis, Kollege aus Kapstadt, aus dem Ressort Fischerei/Schutzmaßnahmen Seen, Flüsse, Meere. Redmondis war Deutscher, etwas verrückt, sehr dickköpfig, aber sympathisch und ein fähiger Mann. In Kapstadt hatten sie vor Jahren gelegentlich beruflich zu tun gehabt, dann war Redmondis versetzt worden, sie hatten sich aus den Augen verloren.

»Arthur! Wo kommst du denn her? Was machst du denn hier?«

»Ich arbeite hier, Tom.« Er grinste und wies mit dem Daumen hinter sich. »Was sonst? Sind 'ne Menge Projekte, spannende Sachen, Algenanbau, neue Shrimp-Farmen, CO_2-Einlagerungen, schicke Projekte. Und ich bin im Kapstadt-Auftrag hier, die haben hier ständig Meerestier-Transporte, da muss immer mal wieder eine Prüfung abgenommen werden. Aber inzwischen arbeite ich schon ganz gut mit den Jungs zusammen … Hey, wir reden zu viel. Lass dich umarmen …«

Redmondis trat auf ihn zu, mit ausgebreiteten Armen, bereit für eine bärenhafte Umklammerung, die Pierpaoli höchstwahrscheinlich das Rückgrat gebrochen hätte, aber Pierpaoli trat geistesgegenwärtig einen halben Schritt zurück und streckte dem anderen die Hand entgegen, die Redmondis begeistert ergriff und heftig schüttelte und quetschte.

Arthur Redmondis war Meeresbiologe, mittleres Level, ähnlich wie Pierpaoli, und wie dieser war auch Redmondis in seinem Job äußerst gewissenhaft und fähig, aber damit waren die Ähnlichkeiten erschöpft. Denn Redmondis kultivierte einen Stil als Mischung aus einer Art Fantasymonster und New-Age-Rocker. Er war gefühlt drei Meter groß, ein Vollbart wie eine Wärmflasche bedeckte seine Brust, an den Ohren baumelten zwei gewaltige Creolen. Den Schädel hatte er rasiert, er trug eine geflickte Wildlederhose und mächtige Gummistiefel.

Um den Hals hatte er eine klotzige Silberkette, mit der man einen kaputten Elektrowagen vom Strand hätte ziehen können, an der jedoch Schlüssel hingen, und ein faustgroßes Amulett, das irgendwas Seltsames darstellen mochte.

Das alles gehörte zur Redmondis-Show, in Wahrheit war er hilfsbereit, zart besaitet, auf der Suche nach der Frau fürs Leben. In Kapstadt hatte er allein gelebt, in einer hübschen, kleinen, aufgeräumten Wohnung (Pierpaoli hatte ihm mal Unterlagen vorbeigebracht), aber um das wettzumachen, hatte er eine verölte Werkstatt angemietet, in der ein riesiges Motorrad – eine »Triumph Rocket 3 R Black« – stand, das er selten fuhr, dafür ständig umbaute, reparierte, polierte, fotografierte, während er schwedischen Death-Metal hörte, von Bands, die *Entombed, Deranged* und *Dismember* hießen.

Eifrig verschickte er Fotos seiner Triumph, mit nervtötenden Erklärungen zu den neuen Modifikationen, es war eine Angewohnheit, deren Fehlen kein Unglück wäre, fand Pierpaoli. Bei allem hatte Redmondis ein großes Herz.

»Tom! Schön, dich zu sehen! Aber was treibst du hier – auf Island? Urlaub? Oder ein offizieller Auftrag? Willst du zu meinen Algen-Leuten?«

»Schön, dich zu sehen, Arthur. Ich bin hier zur Verstärkung

von Mamarenko – na ja, besser gesagt, ich war es.« Er fing sich schnell. »Ich bin als Prüfer für ›Qube 17‹ beordert worden. Diese Quantencomputer-Geschichte, davon hast du vielleicht gehört …«

»Vielleicht? Machst du Witze? Jeder im Ministerium hat von diesem ›Qube 17‹ gehört, aber natürlich nie was Genaues. Hat ja höchste Security-Stufe. Ganz mysteriös. Und das macht ihr beiden allein? So eine große Sache?«

»Ja … Erstmal allein.« Pierpaoli hatte keine Lust, über Mamarenkos Tod zu sprechen. »Ich bin mit der Chefwissenschaftlerin hier verabredet, Professorin Liu. Dahinten, im Restaurant.« Er deutete Richtung Insel, Geldinganes.

Redmondis konnte nicht genug staunen. »Wow. Gespräch mit der Oberphysikerin, mit der geheimnisvollen Schönen. Du warst immer für eine Überraschung gut. Du hattest diese wunderbare Freundin, diese Mexikanerin … in Kapstadt, wie hieß sie noch …«

»Sie ist Kolumbianerin. Falls du Ariadna meinst. Und wir sind seit drei Jahren nicht mehr zusammen.«

»Oh. Entschuldigung. Na ja. Sie sah gut aus. Sie sah *sehr* gut aus.«

»Arthur, du bist, seit ich dich kenne, solo und auf der Suche. Für dich sieht jede Frau gut aus.«

»Das stimmt. Jede Frau ist schön. Das erhöht meine Chancen, denke ich.« Er nickte zufrieden. »Und, jedenfalls, du und die Physikerin, geht ihr etwa ins ›Kolkrabbi‹, für euer Meeting?«

»Doch, ja, ich glaube, so hieß es – du kennst es?«

Redmondis schnaubte. »Tom. Das ist das einzige Restaurant hier draußen. Von unserer Kantine abgesehen. Du wirst lachen: Früher hab ich da unten gearbeitet, es war unsere Forschungsstation. Dann haben wir eine neue gekriegt. Und die alte ist jetzt das Restaurant. Verdammt exklusiv. Aber für die Stars ist immer ein Tisch reserviert. Ist ziemlich spektakulär da unten, das Wasser ist klar, manchmal sieht man Robben, ich war da zwei-, dreimal. Wobei ich immer dachte, du, Tom, du bist nicht so für Aufenthalte unter dem Meeresspiegel …«

»Bitte? Wovon redest du?«

»Na ja, das ›Kolkrabbi‹ ist ein Restaurant auf dem Meeresgrund. Nicht tief, keine Angst«, sagte Redmondis gutmütig, als er Pierpaolis Gesicht sah. »Nur ein paar Meter. Aber es ist durchaus auf dem Meeresgrund, das schon. Du kommst aber trocken rein und trocken raus, also keine Sorge. ›Kolkrabbi‹ ist übrigens Isländisch und bedeutet ›Oktopus‹. Die haben da auch einige Oktopoden … Was wollte ich sagen?« Er hatte den Faden verloren. »Ach ja – also, genieße den Abend mit deiner Chinesin. Und dann meldest du dich bei mir. Ich hab hier eine Dienstwohnung, in 35 C. Kannst du dir das merken?«

»35 C.«

»Genau. Und ich habe mir auch auf Island ein Motorrad gekauft, was sagst du dazu?«

»Schön.«

»Eine ›Adler M 250‹. Mit Seitenwagen. Achtzehn PS. Ursprünglich. Du kannst also im Seitenwagen sitzen, ganz bequem. Wir rattern über die Insel. Wie findest du das?«

»Mal sehen, Arthur.«

»Deal«, sagte Redmondis. »Übrigens – ich glaube, dahinten kommt deine Professorin.«

Pierpaoli sah, dass ein Wagen auf den Parkplatz eingebogen war und neben seinem an der Ladestation andockte. Ebenfalls ein »NiuIDEA«, aber eine Nummer größer, fluoreszierend weiß. Eine schlanke Frau in einem schwarzen Hosenanzug stieg aus, sie hatte eine Aktentasche und einen Mantel oder ein Cape über dem Arm – Professorin Liu Lian.

»Ja. Meine Professorin. Wir sehen uns.« Pierpaoli setzte sich in Bewegung.

Samstag, 14. Juli 2029

Restaurant »Kolkrabbi«, Meeresboden in etwa 18 Metern Tiefe, Island

Professorin Dr. Dr. Liu Lian hatte auf die meisten Menschen, die ihr begegneten, denselben Effekt wie die Silhouette eines herabstoßenden Habichtadlers, *Hieraaetus fasciatus*, auf eine Kolonie nervöser Junghasen. Sie war schlank, groß, attraktiv, verschlossen und als Mensch ähnlich kompliziert wie das Gebiet, auf dem sie forschte. Die meisten Frauen mochten sie nicht, die meisten Männer flohen.

Mit zweiundvierzig Jahren war sie bereits eine *Grande Dame* der Quantentheorie, denn in diesem Feld waren die Geniestreiche und bahnbrechenden Entdeckungen oft das Werk ungestümer, revolutionär denkender Menschen. Einstein war sechsundzwanzig, als er in Bern die Spezielle Relativitätstheorie zu Papier brachte, Max Planck war fünfunddreißig, als er in Berlin die Physik revolutionierte. Im Vergleich dazu war Liu Lian beinahe ein Spätzünder, aber sie war auf dem besten Weg.

Liu Lian lernte schnell, dachte schnell, aber sie hatte sich immer zur Langsamkeit gezwungen – aus Respekt vor den großen Fragen, denen sie zu Leibe rückte, geduldig, systematisch, durch nichts aufzuhalten. Diese Fähigkeiten hatte sie früh erworben.

Liu, geboren in Shunyi, am Stadtrand von Peking, war in eine Mittelstandsfamilie hineingeboren. Ihr Vater war mittlerer Parteifunktionär gewesen, verantwortlich für die Wohnungsvergabe in Shunyi, ihre Mutter leitete als Oberschwester die Chirurgiestation im »Chinese Medicine Hospital« im Shunyi-Distrikt. Es waren die späten achtziger Jahre, in denen China sich erholte und Kraft sammelte für den großen Sprung. Die Parteiführung herrschte damals uneingeschränkt. Als Liu zwei Jahre alt war, schlug das Regime auf dem »Platz des Himmlischen Friedens« mit ungeahnter Brutalität die Proteste nieder. Ihre Eltern waren, wie Millionen anderer Chinesen, eingeschüchtert und abgestoßen, ihr Vater dachte sogar daran, seine Parteimitgliedschaft aufzugeben. Doch das hätte die kleine Familie in Entehrung und Niedergang getrieben. So blieb ihr Vater auf seinem Posten, bemühte sich aber, mehr denn zuvor, um Redlichkeit und Anstand. Er war einer der ganz wenigen Funktionäre, die im Ruf standen, wirklich unbestechlich zu sein.

Liu hatte Glück mit ihren Eltern, sie hatte darüber hinaus auch Glück, dass sie überhaupt geboren wurde – denn die damals geltende Ein-Kind-Politik führte zur Bevorzugung männlicher Nachkommen, viele werdende Töchter wurden abgetrieben. Doch Lius Mutter dachte anders: Ein gesundes Mädchen nicht zu bekommen, das wäre ihr und auch dem Vater als Sakrileg erschienen. Sie bekamen das Kind. Und sie wurden belohnt: Das Baby war gesund und wonnig, sie nannten sie Lian, eine Kurzform von Lianhue, Lotusblüte.

Es waren die »Jahre der höchsten Vorsicht«, wie man sagte, in denen Liu Lian aufwuchs, eine Zeit, da man in China scharf darauf achtete, was man in welchem Zusammenhang zu wem sagte. Lians Eltern bemühten sich, ihre Arbeit zu machen und möglichst nicht aufzufallen.

Aber ihr Kind fiel auf – allerdings positiv. Liu Lian war eine Aufsteigerin, die, ohne jeden Druck, die Schule mühelos meisterte, anstandslos höflich war, als Sechzehnjährige beim »International Young Physicists' Tournament« ihr Team aufs Siegerpodest peitschte, dann an der Tsinghua University ihren Abschluss in Mathematik und Physik machte, in Boulder, Colorado, weiterstudierte, nach Innsbruck ging, Singapur, St. Petersburg, Island.

Inzwischen arbeitete sie auf einem Gebiet, auf dem sie ständig ihre erlernte Vorsicht überwinden musste, ein Metier, dem der Ruf des Exotischen und Geheimnisumwitterten anhaftete.

Das Gebiet war die Quantenphysik, und Liu Lian war der Star, »Stolz der Parteiführung und des Volkes«, diese Auszeichnung hatte man ihr verliehen. Auch wenn in der chinesischen Staatsführung kaum jemand hätte sagen können, womit sich diese Professorin wirklich befasste.

*

Noch vor rund hundert Jahren schien den Physikern alles klar: Was die Welt zusammenhält, das galt als erforscht. Ob nun Äpfel oder Planeten, alles folgte denselben Regeln, das Universum war vorhersehbar. Physiker sagten: deterministisch. Es war ein Uhrwerk. Man sprach deshalb vom Uhrwerksuniversum. Und die Physiker, bei aller Nüchternheit ihres Wesens, fühlten sich ziemlich schlau und ziemlich erhaben.

Aber dann kam die Quantenphysik. Die alles – aber auch wirklich alles – auf den Kopf stellte. Plötzlich hatte man eine Welt der kleinsten Teilchen entdeckt, und hier galten die tausendfach bewährten Naturgesetze keineswegs. Hier war alles möglich. Die Physiker kamen sich vor, als wären sie wie Alice im Wunderland in ein Kaninchenloch gefallen – und fanden sich wieder in einer Welt, in der die Kartenkönigin reden konnte und die Kaninchen eine Taschenuhr hatten. Das war die Welt der Quanten und subatomaren Teilchen. Sie konnten an zwei Stellen gleichzeitig sein, sie konnten kommunizieren, sie konnten alles Mögliche. Hier galten schlechterdings ganz andere Gesetze als in der Welt der großen Dinge.

Das war schrecklich. Es war ein Schock für die Physiker, sogar für die gesamte Naturwissenschaft.

Denn Naturgesetze gelten überall – oder es sind keine Naturgesetze. Ausnahmen und Sondergenehmigungen sind einfach nicht vorgesehen.

Für manche Physiker allerdings waren genau diese Seltsamkeiten jene Herausforderung, auf die sie gewartet hatten. Eine junge Chinesin zum Beispiel, Liu Lian. Sie brannte vor Ehrgeiz, diese Zauberwelt, wenn sie sie schon nicht verstehen konnte, doch wenigstens nutzbar zu machen – die Magie der Quantenwelt zu kontrollieren, in ein Gerät zu bannen, in den Quantencomputer.

Tag und Nacht dachte sie an nichts anderes: Wie konnte man die Quanteneffekte nutzen, um einen Computer zu konstruieren, der nicht nur etwas besser oder schneller war, sondern eine völlig neue Dimension aufschloss? Wie konnte man einen Quantencomputer konstruieren, der so rasend gut war, dass er das Unvorhersehbare berechnete?

Und dann kam die Klimakatastrophe, und die Klima-Allianz trat auf den Plan und rief nach Wissenschaftlern, die die nötigen Eingriffe in das sensible Klimasystem planen sollten. Und dann wurde auf dem Mars das Claranium entdeckt.

Und Liu Lian ergriff ihre Chance.

Unter ihrer Führung machte sich ein Team aus den weltbesten Physikern, Informatikern, Mathematikern daran, einen Quantencomputer zu bauen, leistungsfähig genug, um das Wetter zu berechnen, um Klimareparaturen zu steuern.

Samstag, 14. Juli 2029

Restaurant »Kolkrabbi«, 18 Meter unter dem Meeresspiegel, vor der isländischen Küste, Island

Was Restaurants anging, war Thomas Pierpaoli stets ein neugieriger und vergnügter Ausprobierer gewesen, aber noch nie hatte er in einem Restaurant das Gefühl gehabt, ein Goldfisch zu sein.

Ein Goldfisch in einem Goldfischglas, so kam er sich vor, nur mit umgekehrten Vorzeichen, nur dass das Wasser sich in diesem Fall *draußen* befand, sehr viel Wasser, der gesamte Atlantik genau genommen, und hier drinnen, beziehungsweise hier unten, in der Kuppel, konnte man zwar atmen, sitzen, auch auf die Toilette gehen, auch durch das Glas nach draußen blicken, in eine irritierende Welt, auch gab es hier drinnen zwar Speisekarten, leise Klaviermusik, aufmerksame Kellner – aber das Goldfischgefühl blieb.

Sie saßen an der gewölbten Glasscheibe, dreißig Zentimeter dahinter war das Meer. Professorin Liu Lian war offenbar so etwas wie ein Ehrengast, der Manager, ein Mann in einem blauen Jackett und mit einer schweren Hornbrille, hatte sie ehrerbietig begrüßt und an ihren Tisch geleitet.

Das »Kolkrabbi« befand sich etwa achtzehn Meter unter der Meeresoberfläche, nur etwa dreihundert Meter seeeinwärts, also in Sichtweite der Bucht, des Strandes. Es war eine gläserne Halbkugel unter einem Ponton, der mit Dalben und Rammpfählen aus Carbonit verankert war und sich vertikal, je nach Tidenhub, der hier knapp vier Meter betrug, dem Wasserstand anpassen konnte. Der Ponton war mit einer Vertikalröhre mit dem Restaurant verbunden. Hier verliefen der Versorgungsaufzug, außerdem eine Fluchtröhre mit einem Leitersystem, außerdem die Infrastruktur-Systeme, Frischluft, Abluft, Zu- und Abwasser, Strom, Wärme, Kommunikation. Zwischen Ponton und Strand hatte man eine flexible Brücke gezogen, mit einem Transportband und verankerten Sitzen mit Anschnallgurten, eine Art Skilift, nur dass man nicht auf einen Berg befördert wurde, sondern abwärts.

Der Wasserdruck lag in dieser Tiefe bei nur knapp drei Bar, die Kuppel war allerdings so konzipiert, dass sie einem Druck von beinahe sechzehn Bar, für hundertfünfzig Meter Tiefe, standhielt. Für den unwahrscheinlichen Fall eines Energieabbruchs schaltete das Versorgungssystem auf Notbetrieb und alarmierte eine Not-Nummer auf dem Festland. Der Sauerstoff-Vorrat für vierzig Menschen reichte mindestens zweiundsiebzig Stunden.

Die Kuppel war am höchsten Punkt knapp fünf Meter hoch, und sie hatte einen Durchmesser von etwa zwanzig Metern. Der runde Innenraum war getrennt durch die Bar: Die eine Hälfte war für die Gäste, nicht mehr als sechzehn Tische, die andere Hälfte war der Küche, dem Vorrats-, Kühl- und Serviceraum, dem Manager-Büro vorbehalten. Stühle, Tische, Haltestangen bestanden aus Zellulose-Nanofasern auf Algenbasis. In der Mitte des Restaurants war ein großes Aquarium aufgestellt, drei Meter lang, eineinhalb Meter hoch und tief.

Ein Oktopus, ein kleines, etwa dreißig Zentimeter langes Tier, braun mit rostroten Sprenkeln, schwamm in dem Bassin hin und her. Mamarenko hatte auch von Experimenten mit Oktopoden erzählt, es waren Tiere mit einer ganz eigenen Intelligenz, wusste Pierpaoli. Wie würde dieses Tier, getrennt durch eine Glasscheibe, all die Menschen in dem Restaurant wahrnehmen?

Der Tisch, an dem Pierpaoli und Liu Lian saßen, war blütenweiß gedeckt. Sie hatten eine Flasche Wasser bestellt, isländisches Gletscherwasser aus der legendären Ölfusdóttir-Quelle.

»Interessantes Restaurant, Frau Professorin Liu – ich glaube nicht, dass ich jemals in einem solchen Etablissement war.« Pierpaoli sah sich vorsichtig um, draußen schwamm gleichmütig ein riesenhafter Rochen vorüber. Pierpaoli trank schnell einen Schluck Wasser. »Ich meine, es fühlt sich fast an, als wären wir an Bord eines gesunkenen Schiffes …«

»Es tut mir leid«, sagte sie steif. »Es tut mir leid, falls dieser Ort oder Treffpunkt zu exotisch ist, ich hätte daran denken können – ich persönlich habe mich wahrscheinlich daran gewöhnt. Wir haben nicht sehr viele Restaurants auf Island. Und ich komme sehr gerne hierher, muss ich gestehen. Ein Perspektivwechsel. Man sieht die Welt anders. Man denkt anders. Zumindest ist das meine Hoffnung. Und das Essen ist gut.«

Sie blickte zum Bassin mit dem Oktopus, Pierpaoli folgte ihrem Blick. Sie lächelte. »Wir untersuchen in unserem Projekt auch die Wahrnehmung und den Zeitsinn von Oktopoden. Es sind bemerkenswerte Tiere. Übrigens töten wir sie nicht, schneiden sie nicht in Stücke. Wir untersuchen sie, aber es geht ihnen gut. Morgen bekommen wir wieder eine Lieferung …« Sie lächelte kurz.

»Also. Sie möchten oder sollen einen Bericht schreiben. Über den Status quo unserer Forschungen, ›Qube 17‹. Sie waren die Ablösung oder Verstärkung für Ihren sympathischen Kollegen Mamarenko – es tut mir übrigens sehr leid, dass er verstorben ist. Bitte, ich möchte mein tiefes Mitgefühl ausdrücken. Ich hörte, er war nicht nur Ihr Kollege, auch Ihr Freund.«

Sie sah ihn an, klar, offen. Ihr Gesicht war matt gepudert, soweit er das in diesem Licht erkennen konnte. Sie trug keinen Schmuck, kein Make-up. Ihre Augen waren groß, dunkel und ließen nichts erkennen. »Wissen Sie, woran er gestorben ist?«

»Nein. Es wird alles untersucht. Die Security hat alles in der Hand. Vielleicht ein Herzinfarkt. Ich weiß nicht, ob man mich überhaupt informiert. Ich bin nur ein Prüfbeamter. Eigentlich mit Agrarthemen befasst …« Er hatte etwas den Faden verloren, räusperte und besann sich. »Es könnte allerdings sein, dass, nun ja – ich habe heute mit dem Security-Chef telefoniert, Mister Nkunke, auch mit seinem Stellvertreter, mit Mister, äh …«

»Difraudi.«

»Ja. Genau. Sie kennen ihn?«

»Natürlich. Wir haben ständig Sicherheitschecks, das Labor,

die Mitarbeiter, es ist Teil meiner Arbeit.« Mehr wollte sie nicht sagen.

»Natürlich.« Allmählich ging ihre Verschlossenheit ihm auf die Nerven. »Jedenfalls wird eine Fremdeinwirkung nicht ausgeschlossen«, sagte er grob. »Ein Verbrechen.«

»Fremdeinwirkung? Verbrechen?« Ihre Augen wurden etwas größer, ihr Mund etwas schmaler.

»Ja. Das heißt, dass jemand ihn – nun ja, möglicherweise töten wollte. Tötete. Während er an einem Bericht über Ihr Projekt arbeitete. Das ist seltsam, nicht wahr?« Als sie nichts sagte: »Haben Sie, Frau Liu, dazu vielleicht eine Idee, eine Meinung?«

»Natürlich habe ich keine Meinung«, sie sprach langsam, förmlich. »Die Untersuchung und der Ablauf sind einzuhalten. Unsere Security ist ausgezeichnet. Der Sicherheitschef, Mister Nkunke, wie auch sein Stellvertreter, Mister Difraudi, sind überaus kompetent. Mehr kann ich dazu nicht sagen. Aber ich denke, das ist auch nicht unser Thema. Was genau *ist* unser Thema, Mister Pierpaoli?«

Er hatte Zeit, über die Antwort nachzudenken, das Essen kam. Sie hatte *Himanthalia* bestellt, lange, rotbraune Fäden, eine Tang-Art, auf Reis. Krabben mit Algengemüse für ihn. Sie aßen ein paar Bissen. Das Essen war ziemlich gut, registrierte Pierpaoli mechanisch. Echte Krabben waren eine Delikatesse, eigentlich ein Umweltfrevel.

Sie legte ihre Stäbchen beiseite, nahm das Gespräch wieder auf. »Gut! Wozu, Mister Pierpaoli, führen wir diese Unterhaltung? Sie haben um dieses Treffen nachgesucht. Und ich habe Ihnen zugesagt, vor allem, wie ich betone, weil ich vom Tod Ihres sympathischen Freundes erfuhr und Ihnen persönlich mein Beileid aussprechen wollte. Ich habe mit ihm kooperiert. Und ich möchte selbstverständlich weiterhin kooperieren. Denn Sie werden sein Nachfolger sein, richtig? Sie schreiben über mein Projekt. Also, was genau wollten Sie wissen?«

Pierpaoli zögerte, sie konnte offenbar schnell umschalten.

»Nun, Frau Professorin Liu, Nikita Mamarenko hat mir gegenüber angedeutet, dass der Rahmen der Forschungen erweitert worden sei. Ursprünglich bezog sich das Projekt auf Vorhersagen zum Wetter, richtig? Nun, ich habe meinen Freund so verstanden, dass auch andere Bereiche, Entwicklungen berechnet, vorhergesagt würden.«

»Nämlich?«

»Ich weiß es nicht. Mister Mamarenko war sich nicht hundertprozentig sicher.«

»Das klingt etwas vage, finden Sie nicht?«

»Möglich.« Das musste man ihm nicht sagen. Wenn einer wusste, wie vage das klang, dann er.

»Das sind alle Ihre – sogenannten Anhaltspunkte, Ihre Fragen, Ihre Themen?«

»Erstmal. Ja.«

»Gut.« Sie aß noch etwas, dann legte sie die Stäbchen beiseite, trank ihr Wasserglas leer und winkte dem Kellner nach einer neuen Flasche. »Gut. Ich werde Ihnen, in meiner Funktion als Projektleiterin, die Situation darstellen. Damit Sie informiert und beruhigt sind. Viel von dem, was wir machen, sieht für den Außenstehenden aus wie ›seltsame Geschehnisse‹. Projekte sind dynamisch, sie entwickeln sich, Forschung ist kein statischer Vorgang. Also. Was wissen Sie über Quantenphysik, zum Beispiel über Verschränkungen, Kohärenzzustände, sagt Ihnen das was?«

»Wenig. Eigentlich nichts.« Es kam bockig heraus, aber er hatte keine Lust auf eine Vorlesung, hier, an diesem merkwürdigen Ort, mit dieser merkwürdigen Frau, die zwar höflich war, dabei verschlossen wie eine Muschel.

»Nun, die Quantenwelt ist schwierig zu beschreiben, was wir tun, ist schwierig zu beschreiben: Es ist schwierig, weil es unserer ganzen Erfahrung als Mensch widerspricht.«

»Erklären Sie mir das.«

»Gerne. Wir sind Menschen, es gibt uns noch nicht sehr

lange, wahrscheinlich seit sechs Millionen Jahren. Und wir haben überlebt, weil wir gelernt haben, Dinge in unserer Größenordnung wahrzunehmen. Zum Beispiel hinter Ihnen. Drehen Sie sich bitte um, schnell.«

Pierpaoli wandte sich um. Ein Stachelrochen kam auf sie zugeschwommen und glitt die Glaskuppel entlang, direkt hinter der Scheibe. Pierpaoli zuckte unwillkürlich zurück.

»Sehen Sie, das meine ich. Wir haben überlebt, als Art, weil wir diesen Blick erlernt haben. Unsere Wahrnehmung hat mit Überleben zu tun, nicht mit Wirklichkeit. Denn die Welt ist nicht notwendig so, wie wir sie sehen. Ich will Ihnen eine Brücke in die Quantenwelt bauen. Sie sind Agrarbiologe, nicht wahr?«

»Ja.«

»Dann denken Sie bitte an einen Waldboden, sagen wir: im brasilianischen Regenwald. Eine zufällige Bodenprobe enthält eine vernetzte Welt von Milliarden von Mikroorganismen, von einigen zehntausend Protozoen- und Bakterienarten, die meisten sind kaum bekannt oder nicht katalogisiert. Die ganze Mikrowelt ist voller Fadenwürmer, Milben, Pollenkörner, Arthropoden, Bakterien. Es gibt viel mehr mikroskopische Lebewesen als makroskopische, geradezu lachhaft mehr. Kennen Sie Richard Feynman, den Physiker?« Sie wartete nicht ab. »Er hat gesagt: ›Dort unten ist noch eine Menge Platz.‹ Und damit meinte er nicht mal die Welt der Bakterien.«

»Was meinte er denn?« Pierpaoli unterdrückte seine Ungeduld.

»Feynman meinte die Welt darunter. Die Quantenwelt. Sie ist noch viel umfassender als die Welt der Bakterien und Arthropoden. Sie ist unendlich kleiner als die Welt der Milben und Bakterien, und sie ist die *eigentliche Welt.* Sie ist das, was uns ausmacht. Aber wie funktioniert sie? Unsere klassischen Naturgesetze, von Newton beginnend, liefern hierfür keine Antwort.«

Sie betrachtete ihre Ess-Stäbchen.

»Ein anderes Beispiel: Wir denken in Entweder-oder-Strukturen. Wir sind es gewohnt, dass sich ein Ding *entweder* so *oder* anders verhält. Dieses Stäbchen liegt hier auf dem Tisch – oder nicht. Diese oder jene Variante. Es kann nicht hier liegen und gleichzeitig in China sein. Entweder hier oder da. So war es klassischerweise. Bisher.«

»Bisher?« Inzwischen hörte er gebannt zu, fast gegen seinen Willen.

»Ja, bisher. Denn in der Quantenwelt gibt es kein ›Entweder-oder‹. Zum Beispiel Sie, Mister Pierpaoli, sind entweder auf Island oder in Kapstadt. Aber Sie können nicht zu siebzig Prozent auf Island sein, und zu dreißig Prozent sind Sie in Kapstadt. Richtig?«

»Ich wüsste jedenfalls nicht, wie ich das anstellen sollte«, sagte Pierpaoli.

»Aber in der Quantenwelt könnten Sie's. Dort könnte dieses Ess-Stäbchen an zwei oder sogar an unendlich vielen Orten gleichzeitig sein. Es gibt dort keine Festlegungen. Nur Wahrscheinlichkeiten, Verteilungswolken, Multiversen.«

»Multiversen?«

»Ja. Universen, die in unserer Nachbarschaft liegen, ohne dass wir im normalen Leben etwas davon merken. Doch bei bestimmten Experimenten ist die Multiversum-Theorie die erklärungsstärkste Theorie. Ein Photon kann größtenteils einem anderen Universum angehören, aber zu einem kleineren Teil ist es auch hier. Dies sind, nebenbei gesagt, keine Spekulationen, kein esoterischer Unfug, wir reden von sehr handfesten, sehr nüchternen Experimenten.«

Der Kellner näherte sich mit der Dessertkarte. Liu wies ihn mit einer Handbewegung zurück.

»Meine Arbeit besteht darin, diese Welt einzufangen, sie in einen Computer zu stecken – und für sehr komplexe Berechnungen verfügbar zu machen. Wie den Flaschengeist im Märchen, den man in eine Flasche lockt und dort einkorkt, und die Flasche ist der Quantencomputer.« Sie erwärmte sich. »Das

Thema ist faszinierend, die Verschränkungen, die Multiversen. Mein Kollege testet sogar, ob auch makroskopische Organismen, Menschen, Tiere, kurzfristigen Kontakt, Zugang zu diesen Multiversen haben.«

Pierpaoli unterbrach sie. »Sie sprechen von Ihrem Kollegen Professor Catchside?«

»Ich finde das nicht unbedingt immer vielversprechend, es sind Experimente. Wir probieren vieles aus. Wie gesagt: Es ist alles harte Wissenschaft. Bitte lesen Sie Hugh Everett, Feynman, Khalil, Carroll.«

»Es gibt also nichts, was unterschlagen wurde? Nichts, was aus der Reihe fiel?«

Sie schaute aus dem Fenster und sagte nichts. Ein großer fleckiger Fisch näherte sich der Kuppel. Pierpaoli wartete.

Plötzlich ein Schlag, ein Knall. Betäubend laut, entsetzlich laut, als wäre ein Schuss abgefeuert worden. Gefolgt von einem hohen Ton, der langsam verklang.

Das Licht in der Kuppel erlosch. Die Scheinwerfer draußen, auf dem Meeresgrund, ebenfalls.

Das Summen des Air-Change-Systems erstarb. Die Hintergrundmusik erstarb.

Die Notbeleuchtung sprang knisternd an.

Ein Kellner oder Gast ließ etwas fallen, etwas Gläsernes zersprang. Man hörte ein Knirschen. Eine Frauenstimme schrie auf.

Und dann trat Stille ein, wie ein Schockzustand. Keiner sprach. Man meinte, das Atmen der Gäste hören zu können. Für vielleicht zehn Sekunden, fünfzehn Sekunden. Zwanzig Sekunden. Eine Ewigkeit.

In die Stille hinein trat der Geschäftsführer, der Manager, das blaue Jackett, die schwere Hornbrille. Er trat vor die Tische, vor seine Gäste, mit erhobenen Händen, als würde er sich ergeben, und er gab sich Mühe, seine Aufregung zu verbergen. *Ein leider kurzfristiger Energieabfall* und *ein kleines technisches Problem, das gleich behoben sein wird.* Alle Gäste sollten *bitte* sitzen bleiben und Ruhe bewahren. Kein Grund zur Sorge oder Panik. Man habe alles im Griff. Die Systeme inklusive Fahrstühle und Evakuierung würden rebootet. Dieses Restaurant sei absolut sicher. In vier, fünf Minuten, spätestens, wäre die kleine Panne behoben. Bitte alle sitzen bleiben. Es ist wichtig, dass wir alle Ruhe bewahren. *Ihre Getränke gehen selbstverständlich aufs Haus.* Dann verbeugte er sich eckig und eilte nach hinten.

Eine Sekunde, zwei Sekunden blieb es still in der Kuppel, totenstill. Und dann erhob sich ein Zischeln, Raunen, hektisches Flüstern, dann schien es so, als würden alle Gäste an allen Tischen auf einmal reden. Fast alle Gäste.

Pierpaoli und die Chinesin sahen sich an. Pierpaoli hätte gerne die eine oder andere Bemerkung zu unterseeischen Hightech-Restaurants gemacht, aber er schwieg. Dann stand Liu Lian auf. Sie nahm ihre Tasche. »Ich kann leider nicht bleiben«, sagte sie, es klang gehetzt. »Es ist unhöflich, aber unvermeidlich. Ich muss weg, sofort.« Sie sah ihn ernst an. »Zu Ihrer Frage: Es gab nichts Unvorhergesehenes. Ich habe Ihnen nichts zu sagen.«

Und mit diesen Worten drehte sie sich um und ging Richtung Ausgang. Die Gäste, die ihren Abgang bemerkten, starrten ihr nach.

Pierpaoli konnte nicht glauben, was da passierte. In ihm stieg Wut auf.

Samstag, 14. Juli 2029

Restaurant »Kolkrabbi«, 18 Meter unter dem Meeresspiegel, vor der isländischen Küste, Island

Es dauerte etwa eine halbe Minute, bis sich Thomas Pierpaolis Wut in Entschlossenheit verwandelt hatte. Er stand auf und warf ein paar Geldscheine auf den Tisch.

Der Aufzug funktionierte nicht, aber die Tür zum Notausgang war nur angelehnt. Pierpaoli drückte sie auf, dahinter war eine Leiter, die durch eine Röhre senkrecht nach oben führte. Ungefähr sechs Meter.

Oben, am Ende der Leiter, war eine Klappe. Sie ließ sich von unten aufdrücken, der Verschlusshebel war noch offen. Pierpaoli kletterte durch die Schleuse und stand auf dem Ponton. Es war fast Mitternacht, die Sonne war gerade untergegangen. Am Himmel, in der polaren Dämmerung, zog sich ein breiter, irisierender Streifen, ein leuchtendes Band, das unentwegt seine Form und seine Farbe änderte, weiß, gelb, bläulich, purpurn. Der Himmel war umso schöner, weil das Land dunkel war.

Und dann fiel es ihm auf: Nirgendwo an der ganzen Küste brannte ein einziges Licht. Der Slum, soweit er von hier sehen konnte, Hütten, Häuser, Straßen – alles lag im Dunkeln.

Zum Strand waren es ungefähr fünfzig Meter, Wind war aufgekommen, der Steg schwankte und schlug in den Wellen hin und her.

Auf dem Parkplatz, vor dem Meeresinstitut, sah er Liu Lian.

Sie stieg in ein Auto ein – und stieg wieder aus.

Und dann lief sie los, die Straße entlang, Richtung Slum.

Der Steg schwankte immer noch, eine Welle spülte über die Bodenplatten.

Pierpaoli wollte jetzt wissen, was hier los war.

Samstag, 14. Juli 2029

Apartment 35 C, Meeresforschungs-Gebäude, Geldinganes, Island

Thomas Pierpaoli warf das dritte oder vierte Steinchen gegen das Fenster von Apartment 35 C, er hoffte jedenfalls, dass es das richtige Fenster war.

War es. Das Fenster ging auf, Arthur Redmondis lehnte sich heraus, im gestreiften Schlafanzug-Oberteil. Irritiert: »Tom? Bist du das? Alles okay?«

»Mein Auto springt nicht an!«

»Hast du's an die Ladestation gehängt? Dann kannst du's vergessen. Wir hatten eine Überspannung, hat wieder alles zerhauen. Wie ein Blitzeinschlag. Das gab's gestern schon mal. Irgendwas hat Unmengen von Strom gezogen … Der Slum ist total tot, dunkel. Bei euch unten im Restaurant auch? Sind da jetzt noch andere Gäste unten?«

»Da ist alles in Ordnung. Arthur – ich muss unbedingt zum Ministerium, jetzt! Fährt dein Motorrad noch?«

Arthur schaute ihn an und sagte nichts.

»Dein Motorrad – ist das noch funktionstüchtig? Kann ich dein Motorrad haben?«

Arthur sagte immer noch nichts.

»Arthur! Ich brauche dein Motorrad. Jetzt. Dringend.«

»Tom, weißt du, was du verlangst? Das ist eine ›Adler M 250‹, und es ist ein Gespann, und auf dieser Insel gibt es nur dieses eine. Und du, Thomas, kannst nicht Motorrad fahren. Ich zieh mich schnell an, ich fahr dich. Gib mir zehn Minuten!«

»Nein! Gib mir den Schlüssel, jetzt! Bitte!«

Arthur schwieg. Dann verschwand er, kam wieder: »Da! Fang! Und warte, ich such dir eine Lederjacke raus, die dir passt. Und Handschuhe! Und einen Helm …«

»Nein, danke!«

»Wie – nein, danke? Du brauchst eine Jacke … Tom! Tom?«

*

Pierpaoli war der wahrscheinlich schlechteste Motorradfahrer der Welt. Drei Minuten später saß er auf der röhrenden, knatternden Maschine und beschleunigte auf der schnurgeraden Straße in Richtung Slum. Es hatte gedauert, das Zündschloss zu finden, die Maschine mit dem Beiwagen zog heftig nach links, sie bockte und hatte ihren eigenen Willen – wie ein Pferd, das einen schlechten Reiter erkennt, Pierpaoli hatte seine liebe Not.

Er versuchte zu verstehen, was passiert war. Es hatte einen Stromausfall gegeben. Halb Island lag im Dunkeln. Überspannung, hatte Arthur gesagt. Und diese Physikerin hatte es plötzlich sehr eilig gehabt, ins Labor zu kommen. Diese Quantencomputer brauchten wahrscheinlich viel Strom. Waren das die unvorhergesehenen Vorkommnisse, von denen Nikita gesprochen hatte? Fakt war, diese Frau benahm sich seltsam.

Was verschwieg sie?

Um das herauszufinden, saß er jetzt also auf diesem stinkenden, lärmenden Ding. Und fuhr geradewegs in einen Slum, an den er nicht die besten Erinnerungen hatte.

Er fühlte sich fremd auf Island. Und schrecklich unvorbereitet auf das, was kommen mochte.

Samstag, 14. Juli 2029

West-Vejen-Road, Slum-Ring eins, Island

Liu Lian hatte ihr Tempo beibehalten, sie war offenbar eine trainierte Läuferin. Pierpaoli hatte sie nach einigen Minuten jedoch eingeholt, er nahm Gas weg und ließ das Gefährt neben ihr hertuckern. Links und rechts standen Hütten wie Zahnstümpfe, eingefallene Häuser, ein Müllberg ragte auf, ein paar Gestalten saßen davor, an einem blakenden Feuer. Es war das einzige Licht, die Straßenbeleuchtung war tot, die Hütten dunkel. Am Himmel stand der Mond, rund, voll, gelb, ein Ei im Glas.

Pierpaoli ratterte neben ihr her. *Absurde Situation*, dachte er.

Eine Weile lief sie noch weiter und ignorierte ihn.

Schließlich blieb sie stehen. Sie war kaum außer Atem.

»Sie wissen, wo ich hinmuss?«

Pierpaoli schaffte es, höflich zu bleiben. »Möglich.« Er musste fast schreien, um die Maschine zu übertönen. »Schon! Möglich!«

»Okay. Fahren Sie mich ins Ministerium oder nicht?«

»Wenn Sie mir verraten, was hier los ist!«

Sie zögerte, nickte. Sie stieg in den Seitenwagen. Setzte sich zurecht.

Pierpaoli gab Gas.

Der Fahrtwind, kalt, feucht, feindlich, schlug ihm entgegen. Er merkte, er musste auf die Schlaglöcher achten. Und er hätte die Lederjacke von Arthur nicht ablehnen sollen. Und ein Halstuch. Und was würde er geben für ein paar Handschuhe. Er warf einen Blick auf den Seitenwagen, Liu saß tief drin in dem altmodischen Ding, hielt sich fest, einigermaßen windgeschützt, jedenfalls geschützter als er. Der Wind zerrte an ihm. Und was er machen würde, wenn sie auf Straßensperren trafen und in Hinterhalte gerieten, wenn bewaffnete Gangster sie verfolgten, die auf seine Reifen schossen – was er dann tun würde, das war ihm absolut nicht klar.

Dafür wurde er nicht bezahlt. *Ich bin ein Beamter im Agrarressort*, dachte er. *Mehr nicht. Ich erstelle Prüfberichte.*

Der Scheinwerfer vor ihm tastete den Weg ab, stocherte mit orangefarbenem Licht auf der finsteren Straße, wie ein vorwurfsvoller Zeigefinger, wie Arthurs Zeigefinger, dachte Pierpaoli. Noch mehr dunkle Hütten, dunkle Häuser. Sie fuhren an einer Reihe schwarz-wuchtiger Lastwagen vorbei, jetzt kamen sie an eine leere Fläche, dort standen noch ein paar Gerüste und Stände, ein abgebauter Markt. An den Ausgängen waren Berge mit triefenden Gemüseabfällen, der Gestank nach Vergorenem klebte in der Luft. Pierpaoli, auf seinem Motorrad, drehte den Kopf weg. *Ich bin es Nikita schuldig*, dachte er. Pierpaoli sah jetzt die drei Türme am Horizont, glitzernd, elegant, sie standen in vollem Licht. Wie weit? Schwer zu schätzen. Er duckte sich in seinen Sitz, achtete auf die Schlaglöcher, biss die Zähne zusammen und fuhr weiter. Ariadna hatte recht, sie waren es Nikita schuldig, vor allem er.

Ich bin es Nikita schuldig.

Samstag, 14. Juli 2029

Labor unter dem Ministeriumsturm I, Level Minus elf,
Meta-Ministerium für Forschung, Energie und Verkehr, Island

Die drei Türme am Horizont, glitzernd, elegant, standen in vollem Licht, die Notaggregate waren sofort angesprungen. Die unzähligen Büros, Konferenzsäle, Arbeitsräume, Buchhaltung, Personal, Rechneranlagen, alles hatte seine eigene Stromversorgung, Security, Luft-, Nahrungs-, Material- und Wasserversorgung – dies war, nach Kapstadt, immerhin die mächtigste Behörde in der Geschichte der Menschheit. Hier wurden täglich Hunderte von offiziellen Projekten angeschoben, Baupläne gecheckt, etwa für Wettermaschinen, Wolken-Maschinen, Versumpfungsfelder. Hier wurden Ausschreibungen gemacht, Aufträge vergeben für neue Energieformen, neue Verkehrsmittel, neue Ernährungsmöglichkeiten, neue Baumaterialien, Algen-Gewinnung, Ammoniak-Synthese, Heuschrecken-Abwehr. Ungeheure Gelder liefen ein, wurden umgeleitet, an Tausende von Industrien, Universitäten und Forschungseinrichtungen auf der Welt – das Meta-Ministerium war Gehirn, Planungsbüro und Scheckbuch der Menschheit. Dagegen war der offizielle Sitz der Klima-Allianz, die Pyramidenstadt in Kapstadt, wo Pierpaoli arbeitete, ein betulicher Laden. Die Schlacht wurde *hier* geschlagen, der Kampf ums Überleben der Menschheit, mit Mitteln von Wissenschaft, Organisation, Erkenntnis.

Das alles fühlte man, das alles dachte man, sollte man denken, wenn man die drei Türme sah.

Was man allerdings nicht sah, was man auch nicht sehen sollte, das war die Welt *darunter*. Das geheime Leben der Türme.

Denn die Architektur ragte nicht nur in die Höhe, sondern sie erstreckte sich auch in die Tiefe.

Unter jedem der Türme führte, unterhalb des Drei-Ringe-Fundaments, ein Schacht in die Tiefe, hineingetrieben in den

Mittelatlantischen Rücken. Es war ein Laborschacht, jeweils mit Abmessungen wie ein Ballsaal, dreihundertsechzig Meter oder elf Level tief, man hatte die Schächte durch Tertiärbasalt, Graubasalt, postglazialen Granit, Lavagestein und Quarzit getrieben, hatte Leitungen für Versorgungen ausgerollt, Luft, Reinluft, Wasser, eine Stromversorgung, die für New York gereicht hätte, und jeder Schacht wurde von sechs unabhängig betriebenen Fahrstühlen angesteuert, dazu sechs Lastenaufzüge, und nur die oberen drei Level waren, gleichsam zur Tarnung, normale Tiefgaragen mit Ladestationen und Fahrzeug-Stapel-Maschinen.

Darunter, überwachter Zugang, waren Level Minus vier bis Minus elf. Hier befanden sich Forschungslabore der Extraklasse. Diskrete Forschung. Klassifizierte Forschung. Geheimnisumwittert. Exotisch. Höchste Sicherheitsfreigabe. Hier wurden nur die allerwichtigsten Projekte betrieben.

Und ganz unten schlug das Herz.

Das Reich der Quantenphysik, das Reich des Quantencomputers.

Und es war das Reich von Professorin Liu Lian, Chinas Physik-Star und möglicherweise eine der intelligentesten Frauen auf diesem Planeten, und von Professor Dr. Dr. Norman Catchside, Amerikaner, Nobelpreis-Anwärter wie Liu. Was nur wenige wussten: dass die Chinesin und der Amerikaner sich seit einiger Zeit bekämpften, sich hassten bis aufs Blut.

Bis zu vierhundert Physiker, Mathematiker, Ingenieure, Informatiker, Chemiker, Laboranten, Techniker, Wartungsmonteure, Kalibrierungs-Experten, Sensoriker – all diese Leute arbeiteten an normalen Arbeitstagen auf allen drei Levels, sie arbeiteten in drei Schichten. Aber jetzt waren die Laborräume fast leer. Bis auf eine Minimalbelegschaft von zwei Dutzend Leuten, die permanent da sein musste, um die Helium-Kühlungsmaschinen zu überprüfen, das Claranium zu überwachen, die Messeinrichtungen und Supraleitung zu checken, wie Arbeitsameisen, die tief im Bau in der Königinnen-Kammer ihre Königin füttern, bewachen, betrillern – nur dass das Objekt ihrer Hingabe in diesem Fall eine riesige Maschine war.

Eine Maschine, die aussah wie ein gigantischer Kronleuchter, golden, gleißend, summend.

Der Kronleuchter hing mitten im Großlabor, hatte eine Vertikalabmessung von 14,6378 Metern, Durchmesser der Supraleitungsringe: 9,7353 Meter, Länge der vergoldeten Supraleitungen und Mikrometer-Verästelungen: 17 653 Kilometer.

Und dieser Kronleuchter war der Quantencomputer.

Das eigentliche Herzstück des Quantencomputers war das kostbare Claranium, das Element vom Mars. Der Schaltkreis passte auf einen postkartengroßen Chip, gekühlt mit flüssigem Helium.

Die Schalterräume und Messeinrichtungen waren oberhalb und in einer Art Galerie angeordnet, ganz oben lagen die Chefbüros, zwei Karbonatkabinen. Die eine war dunkel und verschlossen, es war das Büro von Liu Lian. In der anderen Kabine, in der des amerikanischen Professors, brannte Licht. Hier saß Catchside, neben sich ein Besucher.

Catchside war in Schwarz gekleidet: schwarze Hose, schwarzes T-Shirt, schwarzes Sakko, er trug seit seiner Postdoc-Zeit in Innsbruck immer nur schwarze Kleidung, inklusive Unterwäsche, T-Shirts, Kniestrümpfe, Schuhe, weil es ihn der Frage enthob, welche Farbe er mit welcher Farbe kombinieren sollte. In Innsbruck hatte er einen Durchbruch beim Thema »Quantencomputing und intuitive Wahrnehmung« erzielt; revolutionär und umstritten zugleich.

Sein Besucher trug, wie um Catchsides Schwärze zu kontrastieren, einen hellen Anzug. Aber seine Haut war dunkel, und anders als der Amerikaner, der knochig, schlaksig war, in seinen Bewegungen ruppig, wirkte der Besucher proportioniert, seine Haltung war ruhig, entspannt, mit dem richtigen Maß an Spannung, als sei er in seinem Körper zu Hause. Er war ein sehr gutaussehender Mann, er hatte langes Haar, nach hinten *gestrichen*, weißblond, markante Gesichtszüge. Neben dem amerikanischen Physiker, in dem verdunkelten Büro, elf Stockwerke unter der Erde, saß Amitav Rama Shah, der »Guru der Millionen«.

Die beiden Männer beugten sich über eine Reihe von Elektroenzephalografien – Wellenmuster des Gehirns. Es gab Bilder, die die langsamen Delta-Wellen zeigten, es gab Auswertungen der Theta-, Alpha- und Betamuster bis zu den schnellen Verläufen der Gamma-Wellen.

»Ist ein Irrtum möglich?« Shah sprach sanft, interessiert.

»Extrem unwahrscheinlich«, antwortete Catchside gepresst. »Wir haben sie in den vergangenen zweiunddreißig Stunden beobachtet, und obwohl ich Physiker bin, kein Hirnspezialist, glaube ich doch den Experten in meinem Team. Wir haben erstmals die zusätzlichen Wellenverläufe, die wir sonst beim Menschen nicht finden. Es sind dieselben Ahnungsimpulse und aufblitzenden Vorherschauen wie bei allen Experimenten mit den Oktopoden. Nur dass der Quantencomputer sie viel leichter lesen und in menschliche Abläufe einpassen kann.«

»Die Oktopoden-Linien waren ebenfalls stark«, sagte Shah.

»Aber hier sind sie deutlicher, Faktor fünfeinhalb. Und der Transmitter im Quantencomputer kann sie viel klarer interpretieren.«

»Keine Verluste?«

»Null Streuverluste.«

»Und der Stromausfall?«

»Wir sind unabhängig, eigene Versorgung. Ausgelöst wurde es tatsächlich durch uns, wir haben exponentiellen Stromverbrauch bei dieser Rechenleistung. Aber die Resultate sind sensationell, fast achtundneunzig Prozent! Wie haben Sie diese Kinder gefunden? Woher wussten Sie das?«

Shah überging die Frage. »Wie lange wird es dauern, bis wir ein Ergebnis haben?«

»Etwas weniger als acht Minuten«, sagte Catchside. Er tippte auf seiner Tastatur. »Die indischen Datensätze waren etwas konfus.«

»Mit anderen Worten«, Shah lehnte sich entspannt zurück, »wir haben einen Durchbruch.«

»Eher eine Revolution«, sagte Catchside. »Operation *Reverse Prophecy* hat begonnen.«

Samstag, 14. Juli 2029

Labor unter dem Ministerium I, Level Minus acht, Island

Level Minus acht, drei Ebenen über Level Minus elf gelegen, war ursprünglich als Ruhe- und Konferenzbereich konzipiert worden, mit allem Drum und Dran, Zugang nur ab Abteilungsleiter aufwärts, es war ein Pausenraum der Super-Extraklasse – gewesen.

Denn es gab ihn jetzt nicht mehr.

Level Minus acht war vollständig entkernt, komplett umgebaut worden, und zwar ziemlich plötzlich, beinahe in einer Nacht-und-Nebel-Aktion, auf Anweisung Catchsides, der das Führungspersonal zusammengerufen und mit knappen Worten in Kenntnis gesetzt hatte, dass Level Minus acht kurzfristig nicht zur Verfügung stünde, weil es umgewidmet worden sei, mit der sehr dringlichen Bitte um Diskretion. Als Entschädigung für ihren Pausenraum hatte man den Abteilungsleitern eine sehr nennenswerte Gratifikation überwiesen, das Dreifache des Weihnachtsgeldes. Viele hatten geschluckt, beschwert hatte sich keiner.

Der Umbau war in nur zwei Tagen und Nächten erfolgt, nach genauen Anweisungen Catchsides. Nur wenige Kollegen waren hinzugezogen worden, vor allem Akustiker, Neurologen, Spezialisten für Sensor-Kalibrierung. Für die Innengestaltung hatte Catchside einen chilenischen Ethnologen aufgetrieben, der sich mit den *Pehuenche* auskannte und von Santiago aus seine Pläne schickte.

Das Ganze war als höchste Priorität deklariert, Chefsache, genauer: die Sache *eines* Chefs. Catchside hatte dafür gesorgt, dass alles an Liu Lian vorbeilief.

Und jetzt war Level Minus acht also völlig umgebaut worden, auf primitiv gemacht. Die Trennwände waren abgebaut worden, das ganze Level war ein leerer Raum, groß wie eine Turnhalle.

Davon ab ging nur ein gemeinsames Schlaf- und schlichtes Badezimmer für die drei Kinder, mit einem kleineren, angrenzenden Raum für die Frau. Keine Steckdosen waren zu sehen, keine Kabel. Die Touchscreens und Lautsprecher waren abmontiert. Der Boden war mit nichtsplitternden Holzspänen und trockenem Laub bedeckt, um Waldboden-Gefühl zu erzeugen. Die Betten waren aus Zedernholz und knarzten. Es gab nur Holzstühle und Schemel. Das weiße Porzellangeschirr in der Küche hatte man durch abgenutzte Blechteller und hölzerne Becher ersetzt. Die Zahl der Grünpflanzen war verfünffacht worden, vor allem Baby-Fichten und kleine Nadelbäume in Zubern. Es gab einen künstlichen Wasserfall, Bassins mit Süßwasserfischen. Alles Wasser war Trinkwasser, permanent und aufwändig gefiltert. In einer Kiste befanden sich Holzspielzeug, Puzzles und eine Sammlung schlichter Kinderbücher.

Es war eine Kulisse, eine gönnerhafte, aber ziemlich perfekte Nachbildung der *Pehuenche*-Welt, der Einfachheit mit modernsten Mitteln. Ein Spielzeugland – als hätte man einem Tier im Zoo seinen Käfig halbwegs artgerecht gestaltet, dem Affen eine Schaukel und ein Kletterseil in den Käfig gehängt. So empfand es Ariadna, die im ersten Moment so amüsiert wie düpiert war. Sie hegte gemischte Gefühle angesichts dieser Kulissen-Natur, dieses artifiziellen Waldgefühls acht Etagen tief unter der Erde.

Ariadna hatte ohnehin gemischte Gefühle – bei dieser ganzen Angelegenheit. Sie fühlte sich verantwortlich für die Kinder, gebunden an ihr Versprechen, die Kinder nach einem Monat abzuliefern. Was wollte Amitav Rama Shah wirklich von ihnen, mit ihnen? Er war großzügig, er war freundlich, er finanzierte Dutzende von NGOs, er hatte den *Pehuenche* Land verschafft, sie gerettet. Und sicher – als kleine Gegengabe hatte er darum gebeten, die Kinder auf eine Reise mitnehmen zu dürfen, mit ihr als Begleiterin, anders hätten die *Pehuenche* auch gar nicht zugestimmt.

Er wolle, hatte der Guru erklärt, einen Dokumentarfilm drehen lassen. Er hatte Ariadna vorgeschlagen, die Filmmusik zu komponieren. Und all das, wie Shah behauptete, um der Welt die Botschaft der *Pehuenche* zu verkünden, Harmonie mit der Natur, Friede, Einfachheit. Ariadna fand die Idee zwar etwas kitschig, etwas pompös, aber die Botschaft fand sie gut – solange ihre Schützlinge nicht überfordert wurden. Und das wurden sie nicht.

Die drei *Pehuenche*-Kinder, Inara, Sayen und Amuway, schienen sich wohlzufühlen; so bizarr es auch war. Ariadna verbrachte viel Zeit mit ihnen, sie sprach viel mit ihnen – über das Leben der *Pehuenche*, über Träume, Tiere, alles Mögliche. Ariadna war weniger eine Aufpasserin als eine Freundin. Und die Kinder waren klug und wissbegierig, Ariadna musste ihnen alles über diesen Ort, das Ministerium, die neue Regierung, die Welt erzählen.

Der Guru besuchte sie mehrmals am Tag, brachte kleine Geschenke mit und sprach vage von seinen Plänen und Ideen. Er schien viel Rücksicht zu nehmen auf die Kinder, auch auf Ariadna. Er sprach charismatisch, einfühlsam. Erstmal sollten sie sich ausruhen, erstmal sollten sie sich akklimatisieren. Dann würde er, vielleicht in ein paar Tagen, einen Regisseur schicken, einen Kameramann, ganz dezent. Die Kultur der *Pehuenche*, ihre Einmaligkeit – das war die Botschaft an die Welt. So nannte er es.

*

Und so beschäftigt sich Ariadna intensiv mit den Kindern, seit ihrer Abreise aus Chile, seit ihrer Ankunft auf Island. Es sind ihre kleinen Schwestern. Und sie ist Freundin, Beschützerin, Erklärerin.

Sie ist nicht die ganze Zeit bei ihnen, nicht vierundzwanzig Stunden. Das würden die Kinder auch nicht wollen. Ab und zu nimmt Ariadna sich ein paar Stunden frei, fährt hoch, ein Fahrstuhl ist nur für sie reserviert, sie kann kommen und gehen, wie sie will. Sie war auch schon in der Shopping-Mall des Ministeriums und hat ein paar Sachen eingekauft, sie war auf dem Empfang, wo ihr Freund Nikita ums Leben kam, sie hat die Nacht darauf mit Tom am Küchentisch gesessen und getrauert.

Die Trauer um Nikita sitzt tief in ihr, geronnen zu einer schwarzen, brennenden Bitterkeit. Sie hat so viel über das Warum und Wie gegrübelt, aber sie kam nicht weiter. Jetzt verdrängt sie die Gedanken, jedenfalls für ein paar Stunden.

Irgendwann will sie auch einige ihrer Freunde besuchen, die draußen leben, in der wilden Ansiedlung rund ums Ministerium.

Ariadna mag den Raum nicht, in dem sie untergebracht sind. Man merkt nicht, dass sie so tief unter der Erde sind, die Illusion durch Licht und Luft ist vollkommen – aber sie *weiß* es nun mal. Warum hier? Ein kleines Haus oder eine Wohnung hätten doch gereicht? Andererseits hat der Guru erklärt, er wolle die Kinder nicht der Öffentlichkeit preisgeben, bis der Film gedreht sei. Er mag recht haben. Vielleicht ist es besser so.

Manchmal allerdings spürt sie bei den Kindern eine instinktive Abneigung gegen diesen Ort, gegen die ganze künstliche Primitivität, gegen das Laborhafte dieses Habitats. Manchmal überkommt sie eine Angst, die sie nicht deuten kann.

Und wenn Ariadna wüsste, wie recht sie hat mit ihrem Gefühl, dann würde sie sich die Kinder schnappen und für immer verschwinden.

Es ist nur so, dass die Kinder überhaupt keine Angst haben.

*

Die Stadt Coburg, im Oberfränkischen, kann aufwarten mit einer malerischen Burg, der sogenannten »Veste«, außerdem mit einem stattlichen Rathausbau und nicht zuletzt mit exzellenten Bratwürsten; vor allem aber ist Coburg der Geburtsort eines gewissen Hans Berger. Und dieser Hans Berger, der dort im Mai des Jahres 1873 zur Welt kommt, als Sohn eines Arztes, dieser junge Mann wird ebenfalls den Arztberuf ergreifen, er wird seinen Vater überflügeln, Neurologe werden, Psychiater, sich mit Experimenten an der Hirnrinde beschäftigen – und eines Tages wird besagter Hans Berger eine revolutionäre Erfindung machen.

Er wird das Elektroenzephalogramm erfinden.

Eine Entdeckung und Technologie, die die Hirnströme misst und seitdem wesentlich hilft, um Störungen zu entdecken, Krankheiten zu heilen. Eine Entdeckung, die man, etwa im Behandlungsraum eines Neurologen, einfach hinnimmt; nichtsdestotrotz war sie ein Meilenstein, und Berger war deswegen in der engeren Auswahl für den Nobelpreis.

Am Anfang dieser Entdeckung steht ein parapsychologisches Erlebnis: Als Student, neunzehnjährig, stürzt Berger in den Würzburger Weinbergen vom Pferd. Ein dramatischer Sturz, er verliert fast sein Leben, kommt nur um ein Haar davon. Und praktisch zur selben Zeit, hundertneun Kilometer entfernt, nämlich in Coburg, springt seine Schwester erschrocken auf und erklärt den Eltern, sie wisse mit Bestimmtheit, dass dem Hans ein Unglück zugestoßen sei. Man müsse ihm sofort telegraphieren. Jetzt! Sie lässt so lange nicht locker, bis der Vater, um das aufgestörte Mädchen zu beruhigen, tatsächlich ein Telegramm schickt.

Die Geschichte gilt als wahr, sie wurde mehrmals überprüft, Berger selbst hat sie in seinen Erinnerungen als »spontane Gedankenübertragung im Augenblick der höchsten Gefahr« bezeichnet. Von diesem Tag an war Hans Berger jedenfalls überzeugt, dass das menschliche Gehirn kein geschlossenes System ist, dass es sendet, dass es ständig kommuniziert, mal stärker, mal schwächer, bei manchen Menschen vielleicht ausgeprägter. Und seine Erfindung sollte ihm recht geben, seine These beweisen. Die verschiedenen Modi des Gehirns lassen sich an ganz unterschiedlichen Wellenformen ablesen.

Das Ablesen von Hirnströmen ist heutzutage Routine. Der Patient bekommt eine Haube aufgesetzt, einundzwanzig Elektroden, bestrichen mit Kontaktgel, werden an die Kopfhaut gebracht, einundzwanzig empfindliche Sensoren. Die Elektroden erfassen und addieren die Messungen, zwanzig Messungen pro Sekunde, viertausend Messungen in rund drei Minuten. Der Patient hält still, macht mit, dann ist es schnell vorbei.

Professor Dr. Dr. Norman Catchside hatte eine brillante Idee gehabt. Er stand jedoch vor einem ganz anderen Problem, nämlich vor dem Problem, Hirnströme zu messen – allerdings *unauffällig.* Will sagen: ohne dass die Probanden, seien es nun Oktopoden oder Menschen, es spürten. Also *ohne* Haube, ohne Elektroden. War es möglich? Ja, das war es; unter Catchsides Aufsicht hatte ein kleines Experten-Team eine Methode entdeckt: Die Elektroden wurden nicht *an* das Gehirn geheftet, sondern *um* das Gehirn, um die Probanden verbaut, in diesem Fall drei Kinder eines Waldvolks aus Chile.

Man brauchte keine Elektroden als Sensoren, sofern der gesamte Raum, in dem die Kinder sich befanden, der Sensor war. Und man hatte Zeit, man musste die Messung nicht in drei Minuten abwickeln, sondern konnte die ganze Nacht, den ganzen Tag messen, Stör-Frequenzen aussortieren, Hirn-Frequenzen addierend verstärken.

Die Unterkunft der *Pehuenche*-Kinder, auf Level Minus acht, drei Etagen über dem Quantencomputer gelegen – diese Unterkunft, nett eingerichtet und auf primitiv getrimmt, besonders der Schlafraum, besonders die Kopfteile der Betten, der ganze Raum war ein einziger, geschlossener Differenzverstärker, Messapparat, sortierender Algorithmus.

Wer sich hier aufhielt, dessen Hirnströme wurden aufgezeichnet, verstärkt, im *Mind-Mirror* analysiert.

Und wenn die Hirnströme, vor allem die Gamma-2-Wellen im Frequenzband um achtunddreißig Hertz, der sogenannten *Peak Performance*, die mit intuitiven und transzendenten Erfahrungen in Verbindung gebracht wird – wenn diese Hirnströme also die höchste Feldstärke und Synchronisation erreichten, wenn die Probanden träumten, dann wurden die Bilder in den Quantencomputer eingegeben.

Und der verarbeitete sie, in einer kaum messbaren Geschwindigkeit.

Denn der Quantencomputer konnte zwar mit haarsträubenden Rechenleistungen und Geschwindigkeiten aufwarten. Aber er brauchte Intuition, wenigstens ein Quäntchen Intuition.

Und die *Pehuenche*-Kinder waren genau das. Sie waren die reine Intuition, in Person dreier ungewöhnlicher Kinder.

Samstag, 14. Juli 2029

Labor unter dem Ministeriumsturm I, Level Minus elf, Island

Drei Stunden später. Catchside und Shah sitzen immer noch in Catchsides Büro, mit Blick auf den Quantencomputer. Sie warten auf das Ergebnis.

Es ist der erste Durchlauf mit den *Pehuenche*-Kindern, der erste Test für *Reverse Prophecy*. Die Idee hatte der Guru, auch das Geld; aber Catchside hat die Fähigkeiten eingebracht.

»Für die Übertragung«, wiederholt Catchside, »für die Übertragung halten Sie Ihr Armband an das Sendemodul – der Datensatz wird sofort übertragen, es ist nur eine Textdatei.«

»Wie ist die Rechenleistung?«

»Stabil bei achtundneunzig Prozent«, sagt Catchside. »Das hat es noch nie gegeben.« Catchside ist aufgeregt, doch er beherrscht sich. »Wie haben Sie diese Kinder gefunden, Sie haben sie aus Chile, oder? Wie haben Sie sie ausfindig gemacht? Wie haben Sie deren Fähigkeiten erkannt?«

Shah blickt versonnen. »Ich habe ja selbst eine Begabung. Eine sehr bescheidene Begabung. Sie müssen wissen, ich war als Kind eine Weile sehr krank und musste viel Zeit allein verbringen. Meine Eltern waren arm und unwissend. Sie hatten kein Geld für Ärzte, und ich musste aus mir selbst heraus gesund werden. Damals, in dem Eingesperrtsein der Krankheit, da stellte es sich heraus, dass ich durch die Spirale der Zeit hindurchblicken konnte. Ich spürte Geschehnisse, die sich aufbauten. Sehr verschwommen, anfangs. Es war wie ein Spiel. Aber ich habe diese Fähigkeiten trainiert, sie stärker und geschmeidiger gemacht. So kann ich manchmal einen Blick in eine andere Ebene, in die Zukunft fühlen. Aber in bescheidenem Ausmaß. Doch darum merke ich, wenn ich einer starken Begabung begegne.«

»Und was hat Sie dann zu genau diesen Kindern geführt?«

»Ich hatte drei Dutzend Hilfsorganisationen finanziert, Hilfe für Naturvölker. Diese NGO-Leute schickten mir regelmäßig Berichte.«

»Aber es gibt doch irgendwo Eltern, oder?«

»Natürlich. Sie leben in Chile. Irgendwo im Wald. Sehr freundliche Menschen, aber auch einfache Menschen. Sie sind stolz, dass über ihre Kinder ein Film gedreht wird. Ich musste für sie die Sache etwas vereinfachen. Eine kleine Notlüge.«

Catchside starrt gebannt auf die Skalen. »Die Ergebnisse sind großartig. Dank der Kinder.« Er macht eine Pause. »Entsetzlicher Verlust, wenn wir sie hergeben müssten …«

»Wenn es so gut läuft, wie es aussieht«, sagt Amitav Rama Shah, »dann werde ich sie nie mehr zurückgeben.«

Samstag, 14. Juli 2029

Meta-Ministerium für Forschung, Energie und Verkehr, Island

Thomas Pierpaoli lernte gerade einige Eigenschaften der ehrenwerten Frau Professorin Liu Lian kennen. Sie war wahrscheinlich die meiste Zeit die Ruhe selbst und Gefasstheit in Person – aber wenn sie in Wut geriet, dann war sie durch nichts aufzuhalten.

Jetzt zum Beispiel. Liu hatte während der holpernden Fahrt in dem Seitenwagen offenbar Zeit gefunden, nachzudenken, Rückschlüsse zu ziehen, und dann, endlich im Ministerium angekommen, war sie aus dem Seitenwagen gesprungen, über den Parkplatz gehastet, durch Lobby und Security gestürmt, jetzt eilte sie den Gang entlang, an verschlossenen Türen vorbei, zu den Fahrstühlen, die sie abwärts befördern sollten, abwärts zu ihrem Labor, ihre Absätze hämmerten ein Stakkato in den Flur, *klack-klack-klack*, und der verdatterte, verfrorene Pierpaoli war durch ein Raum-Zeit-Loch verschwunden, existierte nicht mehr.

»Frau Professorin! Frau Liu!«

Keine Reaktion. Sie strebte zu den Fahrstühlen, *klack-klack-klack*, Pierpaoli war atemlos und zwanzig oder dreißig Meter hinter ihr.

Es hatte gedauert, das Motorrad auf dem Parkplatz abzustellen, den Ständer auszuklappen, das Schloss zu finden, abzuschließen, Pierpaolis eisige, krampfige Hände hatten ihren Dienst verweigert, und inzwischen war Liu, offenbar weniger ausgekühlt als er, gleich am Fahrstuhl. Pierpaoli war nichts übriggeblieben, als hinterherzustaksen, unwillig, verfroren, seinerseits zunehmend wütend. »Ich komme mit!«

Er war eigentlich nicht der Mann, der berühmten Physikerinnen auf Ministeriumsfluren hinterherbrüllte, aber das hier gefiel ihm noch weniger. Er hatte sie herkutschiert, sie ließ ihn stehen.

»Frau Professorin! Bleiben Sie verdammt nochmal stehen!«

Jetzt blieb sie stehen. Ließ ihn herankommen. Musterte ihn mit eisigen, dunklen Augen.

»Hören Sie zu, Mister Pierpaoli. Es verhält sich wie folgt: Ich danke Ihnen, dass Sie mich hergefahren haben. Das war sehr hilfsbereit. Aber jetzt habe ich keine Zeit. Jetzt muss ich in mein Labor. Ich muss einige Dinge prüfen. Und da kann ich Sie nicht gebrauchen. Also lassen Sie mich meine Arbeit tun. Können Sie mir so weit folgen?«

Ihr Mund: ein schmaler Strich.

Pierpaoli rang um Atem. »Vielleicht können Sie mir ebenso folgen, wenn ich sage, dass ich hier nicht zu meinem Vergnügen bin, sondern zur Überwachung Ihres Forschungsprojekts. Und ich sehe leider viele Anzeichen, dass – dass …« Er suchte nach dem richtigen Wort. »Ich meine, wir sind im Restaurant, wo der Strom ausfällt. Und im ganzen Slum fällt der Strom aus. Und Sie springen auf, wie von der Tarantel gestochen. Erzählen Sie mir doch nicht, dass bei Ihnen alles glattläuft. Sie haben irgendein großeres Problem.«

»Welches Problem denn, Mister Pierpaoli?«

»Ich werde einen Bericht abliefern. Und ich müsste schreiben, dass mir Informationen vorenthalten wurden, dass ich ausgebremst wurde, dass hier irgendwas nicht stimmt. Es wäre mir egal, wie bedeutend oder brillant oder nobelpreiswürdig Sie sind.«

Sie standen sich gegenüber, auf dem Flur, starrten sich an. Pierpaoli schlug schließlich einen diplomatischeren Ton an.

»Was stimmt hier nicht bei Ihrem Projekt? Haben Sie Ihr Budget überzogen? Passiert doch ständig. Ist irgendeine Maschine kaputt? Hinken Sie mit dem Experimentplan hinterher? Das alles wäre keine Katastrophe. Also, reden Sie mit mir … Und halten Sie mir keine ablenkenden Vorträge über Quantenphysik. Sondern reden Sie Klartext!«

»Gut.« Jetzt war sie wieder die Gefasstheit in Person. »Gut. Ich soll mit Ihnen reden?«

»Ja, verdammt! Ich meine: Das wäre nett.«

»Gut. Sehr schön. Wir setzen uns einen Moment hin und reden. Ich werde mich erklären.«

Sie ging zu einer der Türen auf dem Flur, trat an den Iris-Scanner, ein kurzes Aufleuchten, klickend sprang die Tür auf. Sie öffnete sie. Dahinter war ein schmuckloser Konferenz- und Studienraum. Grauer Teppichboden, ein Dutzend Tische, ein Dutzend Stühle, ein Whiteboard, eine Espressomaschine, eine Schale mit Tablets. Sie stand in der Tür, machte eine knappe Handbewegung. »Bitte. Kommen Sie, nehmen Sie Platz, ich werde mich erklären.« Sie winkte ihn an sich vorbei, in den Raum. »Bitte.«

Pierpaoli war irritiert über ihren plötzlichen Sinneswandel, Stimmungswandel. Aber er war auch erleichtert, es fühlte sich an wie ein kleiner Durchbruch. Er trat ein. Sie wies auf einen Stuhl. Er ließ sich ächzend nieder. Der Gedanke kam ihm, die Espressomaschine anzuwerfen, ein Kaffee wäre die Rettung. Die Knie taten ihm weh. Aber in dem Raum war es wenigstens warm, sein Körper registrierte es dankbar.

Und er merkte, wie müde er war.

Liu hatte sich ein Tablet gegriffen und tippte darauf herum, im Stehen, es dauerte nicht lange. Dann gab sie ihm das Tablet. »Hier steht, was Sie wissen sollten.«

Pierpaoli nahm es, starrte auf den Bildschirm. Er war weiß. »Hier steht nichts. Was soll das?«

»Einen Moment Geduld. Es wird gleich lesbar sein.«

Und mit diesen Worten drehte sie sich zur Tür, sie war ohnehin in der Nähe der Tür stehen geblieben, ging hinaus, zog die Tür hinter sich zu, Pierpaoli hörte das Klicken, das Schloss war eingerastet.

Sie hatte ihn eingeschlossen. Unfassbar. Sie hatte einen Prüfungsbeauftragten der mittleren Beamtenebene des Hochkommissariats eingesperrt wie einen Schuljungen, dem man Stubenarrest verordnet.

Auf dem Tablet erschien jetzt eine Schrift, die Buchstaben kleingeschrieben, wie ein expressionistisches Gedicht.

übens sie sich in der tugend der geduld
ich werde sie etwa in einer stunde
wieder herauslassen
bis dahin lassen sie mich meine
arbeit machen danke

Pierpaoli starrte auf den kleinen Bildschirm. Ihm fiel dazu nur ein Wort ein.

Samstag, 14. Juli 2029

Labor unter dem Ministeriumsturm I, Level Minus elf, Island

Drei Schleusen waren zu passieren, bevor man das elfte Untergeschoss betrat, die geheiligten Laborräume, drei Schleusen, ob man nun Reinigungskraft war oder die Chefphysikerin: eine erste Luftschleuse, nicht viel mehr als ein Glaskasten mit einem Gitterrostboden, wo man von oben und von den Seiten sechs Sekunden lang einem Gebläsestrom ausgesetzt wurde. Dann ein Sprühraum, in dem man mit einer partikelhaftenden Flüssigkeit besprüht wurde, schließlich die Haupt-Luftschleuse, mit einem Vakuum und einem Gebläsestrom von den Seiten, drei Sekunden von oben, drei Sekunden von unten. Ein Besucher mochte nach dieser Prozedur des Durchgepustetwerdens immer noch schmutzige Gedanken hegen, aber was Staub, Fusel, Krümel, Härchen anging, war er sauber. Ringe, Ketten, Haarspangen, Kontaktlinsen, Piercings, Armbanduhren waren abzulegen.

Und natürlich waren die Schleusen kameraüberwacht.

Ein leiser Gong ertönte. Es war das Zeichen, dass der Rechenprozess des Quantencomputers beendet war. Auf dem Bildschirm erschienen Zahlenreihen, Orts- und Personenbeschreibungen und Koordinaten: das Ergebnis des ersten Testlaufs der Operation *Reverse Prophecy*. Catchside blickte den Guru an: »Die Wahrscheinlichkeit ist unverändert bei achtundneunzig Prozent auf fünfzehn Tage. Das hat noch kein Mensch vor mir geschafft, Mister Shah …«

»Nennen Sie mich Guru-ji.«

»Okay, Guru-ji, ich gestehe, ich bin ein klein wenig stolz.«

Der Guru stand auf, er lächelte. »Ich bin sogar sehr stolz auf dich, mein Freund.« Der Guru legte ihm mit einer ganz leichten und eleganten Geste die flache Hand auf den Scheitel. »Sei gesegnet, mein Freund.«

Der Guru blieb eine Weile so stehen, die Hand über Catchsides Kopf. Dem war die Situation unangenehm, aber er sagte nichts.

Doch dann fiel Catchsides Blick auf den Überwachungsmonitor, in der Schleuse stand Liu Lian.

»Wir kriegen Besuch. Verflucht. Meine Kollegin kommt. Eigentlich war sie im Wochenende …«

Shah verlor keine Zeit. Er legte sein Datenarmband auf den Sensor, so, wie es Catchside ihm vorhin erklärt hatte. Catchside gab die Freigabe ein. Es piepte. »Das Ergebnis«, sagte Catchside, »ist jetzt auf Ihr Armband übertragen worden.«

Der Physiker schaltete alle Monitore aus, fuhr dann den Quantencomputer herunter. Ein sonorer Summton erklang.

»Sie muss misstrauisch geworden sein«, sagte Catchside dann, »vielleicht wegen des Stromausfalls.«

Der Guru betrachtete die Frau auf dem Monitor. Catchside hatte Lius Gesicht herangezoomt, sie stand in der dritten Schleuse und blickte ausdruckslos nach oben, zur Kamera.

»Werden wir ein Problem bekommen mit dieser Frau?«

»Nein. Uns – oder mir – ist nichts nachzuweisen. Alle Spuren im System werden automatisch gelöscht. Die ganze Verantwortung liegt bei ihr.«

»Mir scheint, das haben Sie gut eingerichtet. Wie haben Sie das hinbekommen?«

»Bei den Technikern hilft Geld. Und da Sie den Mittelzufluss so großzügig gestaltet haben …« Catchside grinste.

»Gut«, sagte Shah mit einem Nicken. »Ich habe schon mehr Geld für weniger Resultat investiert.«

Und dann betrat Liu Lian Catchsides Büro. Anzuklopfen hatte sie für unnötig erachtet.

*

»Ich will gleich zur Sache kommen, meine Herren«, Liu stand im Büro, schmal, bleich. Sie wandte sich an den Guru. »Zunächst zu Ihnen, Mister! Was machen Sie hier? Besucher sind hier nicht zugelassen. Ihr Eindringen ist illegal und wird geahndet werden. Ich habe unseren Sicherheitsdienst bereits benachrichtigt …«

»Frau Kollegin, bitte«, Catchside machte einen Schritt auf sie zu, blieb jedoch in respektvoller Entfernung stehen, als er sah, dass sie vor Wut beinahe zitterte. »Jetzt spielen Sie sich doch nicht so auf! Ich habe persönlich unseren Besucher mitgenommen, um ihm die Anlage zu zeigen, ein wenig von unserer Arbeit zu erzählen … Und wenn Sie wüssten, wer hier vor Ihnen sitzt, würden Sie höflicher sein. Das ist Mister Amitav Rama Shah aus Indien, einer unserer wichtigsten privaten Sponsoren, wie Ihnen bekannt sein dürfte …«

»Ich weiß, wer dieser Mann ist, danach habe ich nicht gefragt. Ich fragte, *warum* er hier ist. Auch Sie müssen Besucher jeder Art mit mir absprechen, es muss angemeldet und genehmigt werden, das wissen Sie genau. Sie dürfen keine Sponsoren einladen! Das wird Folgen haben!«

»Bitte, bitte«, Catchside nickte, scheinbar gleichmütig. Er stand einen Moment unschlüssig, dann ließ er sich in seinen Stuhl fallen, lächelte Shah zu, breitete die Arme aus: *Da sehen Sie mal, mit wem ich hier arbeiten muss.*

»Schön.« Liu fuhr fort. »Nun zum Stromausfall. Ich denke, die Ursache lag hier. In meinem Labor. Sie haben meinen Quantencomputer unangemeldet und unberechtigterweise hochgefahren. Wieso hat er so viel Energie gezogen? Was haben Sie gemacht?«

»Jetzt regen Sie sich ab, Frau Kollegin«, sagte Catchside. »Wir sind Wissenschaftler. Wir müssen Ideen entwickeln, Ideen ausprobieren. Mit Leuten wie Ihnen gibt es nur Formalismen und Verbote, aber keinen Fortschritt.«

»Sparen Sie sich die ›Kollegin‹. Das ist mein Quantencomputer, Sie machen hier nichts ohne mein Wissen.«

Catchside lachte auf. »*Ihr* Quantencomputer? Ohne mich gäbe es diese Anlage nicht. Sie wissen nicht mal, was mit dieser Anlage möglich ist …«

Shah legte Catchside begütigend die Hand auf den Unterarm.

»Was ist denn möglich?« Liu sprach leise.

Catchside war nicht zu bremsen. »Ich habe zufällig heute, in Ihrer Abwesenheit, *dank* Ihrer Abwesenheit, einen Durchbruch erzielt. Wir haben eine stabile Vorhersage-Genauigkeit von achtundneunzig Prozent. Über fünfzehn Tage.«

Liu Lian starrte ihn an. Dann sagte sie tonlos: »Unmöglich.«

Der Guru betrachtete amüsiert die Szene.

Liu fing sich. »Sie haben neue Hirnstrom-Probanden? Keine Oktopoden diesmal? Sie haben mich nicht eingeweiht. Zeigen Sie mir das Protokoll!«

»Es war ein Testlauf«, sagte Catchside trocken. »Es gibt kein Protokoll.«

»Entschuldigen Sie bitte, wenn ich mich kurz einmische.« Shahs Stimme war warm und volltönend. »Ich bin ein Narr, mich in die Unterhaltung solch erlauchter Geister einzumischen, aber ich kann nicht anders.« Er lachte, amüsiert über seine eigene Narrheit, ein herrliches Lachen, entspannt und gurgelnd, ein Baby im Arm seiner Mutter. »Denn ich bin an allem schuld, Frau Professorin Liu. Ich habe meinen Freund Catchside überredet, fürchte ich, mich hereinzubitten. Aber Sie müssen uns entschuldigen. Ich war zu fasziniert, zu neugierig. Auf alles, was mit Quantentheorie zu tun hat – die ja auch gegen alle Regeln und Naturgesetze verstößt, wenn ich es recht verstanden habe. Aber wie will man Phänomenen beikommen, die regelwidrig sind, ohne selbst die Regeln neu auszulegen? Wie will man das Unglaubliche denken, wenn man stets in den engen Bahnen des Vorgegebenen bleibt? Das frage ich mich. Aber das nebenbei. Gut! Mein sympathischer Freund, Professor Catchside, liebt seine Arbeit. Sie ist seine Religion. Und ist die Arbeit nicht auch Ihr Glaube, Frau Liu? Wogegen sperren Sie sich? Warum lassen Sie sich nicht erklären, wie Professor Catchside es geschafft hat, die Berechnungs-Genauigkeit auf nahezu hundert Prozent zu bringen?«

»Sie sind ohne Berechtigung hier«, wiederholte Liu schwach. Um ihre Mundwinkel zeichneten sich scharfe Falten ab, sie wirkte plötzlich alt, angeschlagen.

»Ich werde dieser Frau gar nichts erklären«, schnauzte Catchside.

»Bitte!« Shahs Stimme war plötzlich scharf. »Bitte, mein lieber Freund. Wir wollen nicht kindisch werden. Sobald unsere gute Professorin Liu die Bedeutung unserer Idee erkennt, sobald sie deren Möglichkeiten erfasst, wird sie sich sicherlich als weniger sperrig erweisen. Habe ich nicht recht, liebe Frau Liu? Bitte hören Sie doch erstmal an, was wir Ihnen vorschlagen, Ihnen anzubieten haben, verehrte Frau Professorin …«

Amitav Rama Shah war in vielerlei Hinsicht ein gewinnender Mensch; aber seine Stimme, seine Art zu sprechen – darin lag vielleicht seine größte Stärke. Seine Stimme war warm und weich, sie meinte es gut mit einem, und sie war klangvoll, tröstend – mit dieser Stimme könne man einen jungen Gibbon-Affen von einem Baum herunterreden, hatte man in Indien gesagt.

Liu zögerte. Dann riss sie sich zusammen.

»Mister Shah, ich weiß, dass Sie Ihre Finger in vielen Dingen haben, ich weiß auch um Ihre vielen einflussreichen Freunde – aber hier, in meinem Bereich, haben Sie mir nichts anzubieten!«

Liu atmete schwer, sie schaute auf ihr Telefon, das eine Meldung anzeigte. »Da kommen endlich auch die Kollegen von der Security. Sie werden hinausbegleitet, Mister Shah. Und Sie, Catchside, werden aus der Leitungsfunktion, aus meinem Projekt entfernt werden.«

»Ja, meinen Sie?« Catchside klang spöttisch.

»Ich werde die Protokolle prüfen und die Backups, ich werde einen Bericht schreiben. Wir haben einen Controller aus Kapstadt hier. Suchen Sie sich am besten schon einen anderen Arbeitsplatz. Am besten sehr, sehr weit weg von mir!«

Die Tür ging auf, ein Mann trat ein, ein äußerst eleganter Mann. Er trug einen dunkelgrauen Salz-und-Pfeffer-Anzug, eine dezente Krawatte, und unter dem einreihigen Jackett verbarg sich ein Kydex-IWB-Holster, eine Abkürzung für »Inside-the-waistband«, ein Pistolenhalfter, der bei Anzugträgern besonders beliebt ist. Und in diesem Holster steckte eine der besten Pistolen der Welt, eine »STI-Staccato P«, die einem guten Schützen ermöglichte, kopfgroße Ziele noch auf fünfzig Meter Entfernung zu treffen.

Dieser ebenso elegante wie exzellent bewaffnete Mann war Amar Difraudi.

»Guten Abend, Frau Professorin. Sie haben gerufen? Gibt es ein Problem?«

Amar Difraudi: ehemaliger Leiter des jordanischen Geheimdienstes, in jungen Jahren verantwortlich für die Ermittlungen gegen und die Festnahme von Abu al-Zarkawi, beteiligt an den Ermittlungen gegen und der Festnahme von Osama bin Laden. Amar Difraudi: Kontaktmann für den russischen wie auch für den chinesischen Geheimdienst, danach einige Jahre freischaffend, spezialisiert auf Entführungen und Hackerangriffe. Amar Difraudi: seit einem Jahr mitverantwortlich für die Sicherheit im Meta-Ministerium auf Island, ein Mann ohne Schwächen. Oder jedenfalls mit nur einer Schwäche: Er liebte eine Frau, eine chinesische Physikerin.

Hinter Difraudi standen vier seiner Männer. Sie trugen graue Overalls, jeder hatte einen Taser und eine Gaspistole, darüber hinaus eine schwarze Umhängetasche mit Aramid-Einlagen, kugelsicher, notfalls als Schild verwendbar, darin eine Heckler & Koch MP7.

»Ja. Gut, dass Sie da sind, Mister Difraudi …« Liu hatte sich wieder gefangen. »Ja, es gibt ein Problem. In der Tat. Mister Shah hier« – brüske Kopfbewegung – »ist unberechtigterweise hier im

Labor eingedrungen. Geleiten Sie ihn hinaus, und untersuchen Sie Professor Catchsides Beteiligung an seinem Eindringen. Bitte mit detailliertem Bericht. Mein Kollege Catchside hat das Labor für private Zwecke benutzt – und er hat mich bedroht …«

»Ich habe Sie keineswegs bedroht! Das ist eine Lüge!«

Catchside war aufgesprungen. Difraudi nickte in Richtung seiner Männer, zwei traten vor und bauten sich vor Catchside auf. Er hob die Stimme.

»Was soll das, wieso glauben Sie dieser Frau?«

»Schweigen Sie! Ich werde den Anordnungen von Professorin Liu folgen und Sie hinausgeleiten lassen, vor allem aber Mister Shah. Professorin Lius Aussage hat für mich Priorität, als erste Projektleiterin von ›Qube 17‹.«

Shah hatte sich erhoben und sein verbindlichstes Lächeln aufgesetzt. »Aber natürlich«, er sang es geradezu, »aber natürlich komme ich gerne mit, ich habe Ihre Gastfreundschaft bereits zu lange strapaziert. Frau Professorin Liu«, er machte eine kleine Verbeugung, »es war mir eine Freude und eine Ehre. Kommen Sie, lieber Freund, kommen Sie, Catchside. Es wird sich alles aufklären und richten, vertrauen Sie mir …«

»Vernehmung im Protokollraum. Gehen Sie vor, ich komme gleich nach«, sagte Difraudi. Seine Leute nahmen Shah und Catchside in die Mitte, Shah, glücklich lächelnd, war schon fast aus der Tür, als er sich nochmals umdrehte.

»Frau Liu, eine Kleinigkeit noch, wenn Sie erlauben. Sie wissen es noch nicht, aber als Sponsor dieses Projekts muss ich Ihnen mitteilen, dieses Projekt ist nicht mehr Ihr Projekt. Sie leben und denken leider in der Vergangenheit. Dieses Projekt aber weist in die Zukunft. Für Sie bleibt nur eines zu tun – die Verantwortung zu übernehmen für Ihre vielen Fehler bei ›Qube 17‹. Denn alle Übertretungen und Fehlentscheidungen gehen auf Sie zurück, auf niemand anderen, das wird sich rasch herausstellen. Es tut mir sehr leid für Sie. Aber lassen Sie den Mut nicht sinken. Manchmal muss man hinter eine Lüge blicken, um die

Wahrheit dahinter zu sehen. Und manchmal muss man hinter die Wahrheit blicken, um die Lüge zu erkennen. Wissen Sie, was ein *Lila* ist? Ein zweckfreies Spiel, das ein Gott spielt. Wir sind alle Spieler in einem großen *Lila*. Ich segne Sie, Frau Professorin. Ich segne auch Sie, meine Herren, alle in diesem Raum …«

»Sind wir fertig? Genug gesegnet«, Difraudi wurde schroff. »Raus mit ihm. Mit beiden. Zur Vernehmung und zum Protokoll. Gehen Sie jetzt, ich komme gleich nach«, sagte Difraudi.

Der Guru verbeugte sich ein letztes Mal und verließ den Raum. Am linken Handgelenk trug er sein Datenarmband. Aber niemand kam auf die Idee, ihn danach zu fragen. Auf dem Armband war das Ergebnis des ersten Testlaufs der Operation *Reverse Prophecy* gespeichert. Eine Art Bedienungsanleitung des Schicksals.

*

Difraudi und Liu blieben allein zurück.

»Wie geht es dir?«, fragte Difraudi.

»Bitte. Hier bleiben wir beim ›Sie‹.«

»Entschuldigung. Wie geht es Ihnen?«

»Ich – habe noch viel Arbeit zu erledigen. Ich muss einigen Dingen nachgehen …«

»Natürlich. Wenn ich etwas erfahre, was für Sie wichtig ist, rufe ich an. Und ich lasse Sie allein, wie Sie wünschen, Madam.« Difraudi verneigte sich knapp an der Tür.

»Amar?«

»Ja?«

»Danke.«

Samstag, 14. Juli 2029, Mitternacht

Ebene null, Meta-Ministerium, Island

Ein Glockenton erklang, der Fahrstuhl hielt auf der Ebene null des Ministeriums. Die Türen aus Stahlkarbon glitten auf. Eine Gruppe von sieben Männern trat aus dem Fahrstuhl: Catchside und Shah wurden von Difraudis Männern nicht gerade abgeführt, aber doch eng begleitet, Difraudi hatte ein Telefon am Ohr.

»Ja, ist gut, ich weiß, wo das ist, ich hole ihn da raus, Madam.«

Difraudi wandte sich an seine Männer. »Wir machen einen kleinen Umweg über den Lobby-Flügel.«

»Einverstanden«, sagte Shah, »Umwege sind oft interessanter als direkte Wege, meinen Sie nicht?«

Difraudi musterte ihn kalt.

Sonntag, 15. Juli 2029

Konferenzraum 1683, Meta-Ministerium, Island

Wut kann man aufstauen, aber nicht lange. Pierpaoli hatte, als ihm klarwurde, wie plump er reingelegt worden war, eine Weile ruhig dagestanden. Dann gebrüllt, geschrien, getobt, allerdings war er eingesperrt in einem fensterlosen Konferenzraum. Als Nächstes war er dazu übergegangen, gegen die Tür zu hämmern, bis ihm die Knöchel bluteten, woraufhin er gegen die Tür getreten hatte, bis der rechte Fuß taub wurde; zur Abwechslung hatte er das Tablet auf der Tischplatte zerschmettert (ein Fehler, denn es war inklusive Nachricht so etwas wie ein Beweisstück), und als ihm das klarwurde, hatte er noch ein Tablet zerschlagen. Bis er schwer atmend innehielt. Auch, weil er sich seiner Taten schämte – was konnten diese Gegenstände dafür, dass er hereingelegt worden war?

Dann hatte er versucht, logisch zu denken. Er hatte sich das Smartlock an der Tür angesehen, die Tür betastet, vergebens. Dann hatte er sich die Espressomaschine vorgenommen, die etwa die Ausmaße einer kleinen Kirchenorgel hatte, schließlich hatte er an der Seite der Maschine einen silbernen Hebel entdeckt (Beigabe von Milchschaum) und an diesem Hebel so lange herumgerissen, bis er das Ding abgebrochen hatte, dann hatte er mit dem Hebel wie mit einer Keule auf die Tür aus Polypropylen eingehämmert.

Polypropylen weist nach der HUG-Industrietechniktabelle einen Bruchdehnungswert von 800 aus. Das ist etwa das Zehnfache im Vergleich zu ähnlichen Kunststoffen. Die Tür gab nicht nach. Und niemand hörte Pierpaoli.

Irgendwann war er erschöpft. Und traurig. Er musste warten, bis jemand vorbeikam und ihn aus seinem Kerker entließ. Würde es aber Liu sein, dann – gnade ihr Gott.

Er zapfte sich an der drangsalierten Espressomaschine eine

Tasse Wasser und trank sie aus. Die Tasse warf er mit aller Kraft gegen die Tür; so viel Wut war noch übrig. Die Tasse zersprang nicht, sie prallte ab und fiel mit einem »Plopp« zu Boden.

Dass nicht mal die Tasse zerschellte, war das Deprimierendste überhaupt.

Pierpaoli schob einen Stuhl vor die Tür und setzte sich. Den Hebel hielt er in der Hand wie eine Waffe. Er starrte die Tür an. Er wartete auf Schritte. Eine Putzfrau würde kommen. Ein Hausmeister. Irgendwann musste diese Tür sich öffnen. Hoffentlich. Und hoffentlich bald.

Oder irgendwer würde hier eines Tages, in drei Wochen oder drei Monaten, das mumifizierte Skelett eines mittleren Beamten des Hochkommissariats, Agrarressort/Unterabteilung Prüfberichte, Konfliktlösungen, finden.

Mit diesem Gedanken schlief er ein.

Und mit diesem Gedanken erwachte er. Und zwar davon, dass die Tür klickend aufging. In der Tür stand ein Mann, in einem dunkelgrauen Salz-und-Pfeffer-Anzug: Amar Difraudi.

»Mister Pierpaoli? Sie haben sich versehentlich eingeschlossen? Und wieso sind Sie überhaupt hier, ohne Begleitung?« Difraudis Blick wanderte vom Hebel in Pierpaolis Hand zu der demolierten Espressomaschine und zurück zum Hebel.

Difraudis Stimme wurde streng.

»Haben Sie Behördeneigentum zerstört, Mister Pierpaoli?«

*

Behördeneigentum zerstört? Pierpaoli gab sich alle Mühe, seinen Denkapparat zum Laufen zu bringen. Ja, richtig, er hatte den verdammten Hebel abgebrochen. Er hielt ihn in der Hand.

»Ja, Mister – wie war noch Ihr Name? Ja, vielleicht habe ich tatsächlich behördliches Eigentum zerstört«, sagte Pierpaoli, sagte es so sarkastisch wie möglich, er hievte sich ächzend vom Stuhl hoch. »Aber die Frage ist ja wohl: warum?«

»Aha. Das ist die Frage?«

»Ja, das ist die Frage. Mein Name ist Thomas Pierpaoli, ich bin offiziell entsandter Prüfbeamter des Hochkommissariats aus Kapstadt, mit einem Prüfungs- und Aufklärungsauftrag. Und ich wurde in Behinderung meiner Dienstpflichten hier festgehalten. Ich wurde eingesperrt!« Pierpaoli wurde laut. »Absichtlich! Hören Sie mir überhaupt zu?«

»Natürlich.«

»Können Sie sich ausweisen?«

»Amar Difraudi. Stellvertretender Leiter des Sicherheitsdienstes im Meta-Ministerium.«

»Oh. Ja. Gut. Dann möchte ich Ihnen jetzt etwas mitteilen …«

»Jetzt nicht.«

»Es ist aber sicherheitsrelevant. Ich muss davon ausgehen, dass Professorin Liu, Leiterin von ›Qube 17‹, massive Unregelmäßigkeiten vertuscht. Ich muss auch davon ausgehen, dass der Tod meines Kollegen Mamarenko damit zu tun hat.«

»Wirklich? Frau Professorin Liu hat eigentlich eine unangefochtene Reputation. Aber ich werde mich zeitnah bei Ihnen melden und Ihren Kenntnisstand aufnehmen, ebenso die Zerstörung von behördlichem Eigentum. Legen Sie diesen Hebel, den Sie abgebrochen haben, dort auf den Tisch. Danke. Und jetzt wird einer meiner Männer Sie nach Hause fahren. Sie haben ein Apartment?«

Pierpaolis Widerstandskraft war damit erschöpft. Er ließ sich, heimlich unendlich dankbar für seine wiedergewonnene Freiheit, gefügig aus dem Raum führen. Auf dem Flur standen wartend einige Männer, vier von ihnen waren Difraudis Security-Leute in ihren grauen Overalls, außerdem erkannte Pierpaoli zwei Männer, die er auf dem Empfang gesehen hatte: Professor Catchside, der eine wütende Miene zur Schau trug, und Amitav Rama Shah, der lächelte wie ein Delfin und Pierpaoli freundlich zunickte, wie einem guten Bekannten.

Es war nur ein kurzer Moment. Dann wandte Shah sich ab und ging auf den Ausgang zu. Difraudi und seine Leute folgten dem Guru – es sah eher aus wie eine Ehreneskorte, nicht wie ein Rausschmiss.

Einer von Difraudis Männern war zurückgeblieben.

»Wenn Sie mir bitte folgen würden, Mister? Ich fahre Sie zu Ihrem Apartment.«

Draußen, auf der Freifläche vor dem Ministerium, blieb Pierpaoli stehen. Ihm war schwindelig, er fühlte sich, als hätte man ihn mit einem Schuh verprügelt. Sein Security-Begleiter blieb stehen, offenbar besorgt. »Sir? Geht es Ihnen nicht gut? Ich hole den Wagen …«

»Es geht gleich wieder.« Pierpaoli atmete die isländische Luft. Es hatte geregnet, morgendlicher Schimmer lag über allem.

Pierpaoli schloss die Augen. Es drehte sich alles.

»Sir?«

»Ja. Gehen wir.« Und als sie sich in Bewegung setzten und Richtung Parkplatz gingen, wo auch die Security-E-Drives standen, sah Pierpaoli einen schmalen jungen Mann, der wirkte, als hätte er auf ihn, Pierpaoli, gewartet. Er stand so, dass ihn die Parkplatzbeleuchtung nur streifte; doch Pierpaoli konnte lange blonde Haare erkennen, die unter einer schwarzen Baskenmütze hervorquollen. Pierpaoli blieb stehen. Woher kannte er den Mann mit der Baskenmütze? Jetzt fiel es ihm ein.

»Sir? Alles in Ordnung?«

»Ja«, sagte Pierpaoli. »Alles wunderbar.«

Sonntag, 15. Juli 2029

Labor unter dem Ministeriumsturm I, Level Minus elf, Meta-Ministerium, Island

»Sind Sie mit der Arbeit fertig, Madam?« Difraudi stand in der Tür von Liu Lians Büro, er hatte vorsichtig geklopft, aber das musste sie überhört haben. Vor dreieinhalb Stunden hatte ihr treuer Difraudi die beiden Männer, ihre Widersacher, Catchside und Shah, aus dem Labor geführt, seitdem versuchte sie zu begreifen, was geschehen war. Allmählich hatte sie eine Vorstellung – eine schreckliche Vorstellung.

»Fertig?«, sagte Liu. »Allerdings. Ich glaube, ich bin erledigt.«

Bis auf die Nachtschicht, ein kleines Team, nur für Wartung und Kalibrierung zuständig, war niemand mehr im Labor. Es war gegen drei Uhr morgens.

»Madam, es ist schon spät … Vielleicht sollten Sie nach Hause gehen?«

»Ja. Vielleicht sollte ich das. Vielleicht sollte man heimgehen, wenn man mit den Trümmern einer wichtigen Arbeit, vielleicht der wichtigsten Arbeit seines Lebens, konfrontiert wird. Nach Hause gehen … Eine tröstliche Idee. Kommen Sie rein, Amar.«

Difraudi trat ein. Für Liu Lian war er einer der anständigsten, freundlichsten Männer, die sie bisher getroffen hatte. Er, im Gegenzug, betete sie an, das war ihr zwar schmeichelhaft, aber auch unheimlich.

Difraudi zog die Tür zu, blieb jedoch abwartend stehen.

Lius Ton war jetzt weicher. »Ich bin fertiggemacht worden. Er hat mich ausgebootet. Er hat meinen Server gehackt, eine Malware eingespielt, ein Programm, das verschwindet, sobald man es zu fassen versucht. Keine Spuren. Alle Überschreitungen Catchsides weisen jetzt auf mich. Wer immer sich das von außen ansieht, wird mich für die Schuldige halten.«

»Es wird sich beweisen lassen, Lian.«

»Ja, vielleicht, Amar. In einem halben Jahr. Durch aufwändige Rekonstruktion. Aber wer wollte die anordnen? Man wird sagen: Zwei Wissenschaftler, beide mit der Leitung betraut, haben sich gezankt wie eitle Idioten, was ja unter Wissenschaftlern durchaus vorkommen soll, und dann hat man sie aus ihren Positionen entfernt – warum da noch ein langes Detektivspiel spielen? Niemand, der nicht eingeweiht ist, versteht, was hier passiert ist, was wir gemacht haben. Weder meinen Quantencomputer noch Catchsides Hirnstrom-Erweiterung. Niemand wird verstehen, mit welcher Beute Catchside abzieht …«

»Beute?«

»Er hat alles. Er hat Baupläne, Experiment-Protokolle, technische Berechnungen kopiert. Er hat eine Eins-zu-eins-Kopie von allem hier. Umso schlimmer, wenn wir hier lahmgelegt werden. Was automatisch passieren wird, sobald ich Alarm schlage. Dann wird alles gestoppt, auseinandergenommen. Nur dass niemand was finden wird. Außer einigen Hinweisen, die auf mich deuten. Aber Catchside hat die Beute.«

»Kannst du nicht ebenfalls den Status quo kopieren?«

»Seine letzten Berechnungen hat er mehrfach überschrieben. Er hat die Brücken hinter sich verbrannt. Unmerkliche Fehler. Winzig. Aber wirkungsvoll. Nur Catchsides Kopie ist fehlerfrei. Er wird irgendwann ein mächtiges Instrument in der Hand haben – vielleicht sogar bald, falls er nicht schon mit dem Bau eines Quantencomputers begonnen hat. Falls er nicht sogar bereits eine Kopie hat bauen lassen.«

»Aber er hat das Claranium nicht«, wandte Difraudi ein. »Ich denke, davon gibt es nur genug für einen Quantencomputer?«

»Genau. Deshalb müssen wir das Claranium im Quantencomputer unbedingt schützen.«

»Mach dir keine Sorgen, Lian. Es ist maximal geschützt.« Difraudi hatte die Frau, die er liebte, noch nie so verzweifelt gesehen. Für sie stand alles auf dem Spiel, ihr Ruf, ihre Existenz. Er fühlte sich hilflos, er sagte: »Lian, wir finden eine Lösung …«

»Es gibt keine ›Lösung‹, Amar! Keine, bei der ich nicht alles verliere. Auch mit dem Claranium. Ich stehe im Schach, drei Züge weiter bin ich matt.« Sie sah ihn an. »Catchside muss das alles lange vorbereitet haben. Er muss ausgenutzt haben, dass ich mich in den vergangenen Wochen so krank gefühlt habe. Weißt du, dass ich jetzt doch beim Arzt war deswegen? Ein Blutbild habe machen lassen? Und habe ich dir gesagt, dass eine erhöhte Arsenkonzentration festgestellt wurde?«

»Nein! Arsen?«

»Doch. Arsen. Nicht lebensgefährlich. Nicht sehr viel, aber auffällig genug. Und genug, um mich zu schwächen. Ich glaube, dass Catchside das angeordnet hat. Wahrscheinlich war es die Ursache für meinen Hautausschlag. Das sagt jedenfalls der Arzt. Es ist kein Hexenwerk, jemanden zu vergiften, wenn man planmäßig und geduldig zu Werke geht.«

»Lian, ich helfe dir! Ich werde Nachforschungen einleiten …«

»Du tust gar nichts, Amar! Du gehst jetzt. Es geht hier um meinen Ruf, wenn der zerstört ist, helfen Nachforschungen nicht mehr. Ich werde noch einige Stunden vor diesen Daten sitzen. Ich will allein sein. Bitte, das musst du verstehen. Geh jetzt. Geh! Danke, Amar.«

»Okay, Lian. Aber eines noch. Du wolltest Informationen zu Catchsides Probanden.«

»Was weißt du?«

»Sie sind hier. Drei Etagen über uns. Auf Level Minus acht.«

»Und Catchside hat sie dort einquartiert, während ich krank war?«

»Wahrscheinlich. Auf Level Minus acht ist eine Art Habitat eingerichtet. Und es sind offenbar Tonnen von Sensoren dort verbaut worden.«

»Danke, Amar. Geh jetzt. Ich weiß, du bist immer für mich da.«

»Ich liebe dich.«

»Ja, Amar.«

Er wartete, ob sie noch etwas sagen würde, aber das tat sie nicht.

Sonntag, 15. Juli 2029

Apartment 0409, Wohnanlage 4 (privilegiert), Meta-Ministerium, Island

Für den Teilchenphysiker Professor Dr. Dr. Norman S. Catchside ist die Arbeit zur zweiten Natur geworden. Erholung, sagt er gerne, sei für diejenigen, denen sie nichts nütze, Worte wie Wochenende, Feierabend, Burn-out hält er für Gewäsch. Er lebt allein. Seinen letzten Freund – er vermeidet auch das weiche Wort *Partner* – ist er losgeworden, der Sex war abwechslungsreich, aber der Mann fing an, ihm auf die Nerven zu gehen.

Es ist gegen vier Uhr morgens, eine mondhelle Nacht. Catchside sitzt in seinem geräumigen Apartment, er hört klassische Musik, hört sie ziemlich laut, aber er hat das Apartment auf eigene Kosten schallisolieren lassen, er könnte nachts hier Schüsse abgeben, die idiotischen, verachtungswürdigen Nachbarn würden nichts hören. Er hört das Streichquartett Nr. 15 in a-Moll von Beethoven, gewidmet dem Fürsten Golizyn. Catchside liebt das Viertonmotiv im ersten Satz, das vom Cello intoniert wird, in je einem auf- und einem absteigenden Halbtonschritt, und er liebt die Stelle, wo es im Hauptthema des Kopfsatzes wieder auftaucht, Catchside liebt diese Zusammenhänge, weil sie so herrisch gelegt sind, fast tyrannisch, und gleichzeitig sensibel.

Das Apartment liegt im Halbdunkel, nur eine Schreibtischlampe brennt, und die Küchenbeleuchtung. Catchside sitzt am Schreibtisch und kontrolliert auf seinem Tablet eine verschlüsselte Kopie des Experiment-Ablaufs. Sie haben es geschafft. Jetzt braucht er nur noch das Claranium, und er wird sich seinen eigenen Quantencomputer bauen können. Wenn man bedenkt, wie wenig sie wussten, als sie das Projekt begannen. Seine Zufriedenheit mit sich selbst grenzt an Glück. Er ist froh, dass er dieses Gefühl mit niemandem teilen muss, dass er es für sich hat, dass er allein ist, nur mit dieser Musik und sich selbst.

Aber er irrt sich.

Der Besucher, der sich mit einer Code-Karte Zutritt verschafft hat, ist ebenfalls dankbar für die laute Musik. Dieser Besucher trägt Handschuhe und einen hellgrauen Tyvek-Overall von DuPont, mit dreiteiliger Kapuze und dichtem Maskenabschluss. In einem solchen Anzug kann man jeden Tatort betreten; die Wahrscheinlichkeit, dass man Spuren hinterlässt, grenzt an null.

Der Besucher geht beinahe unhörbar, die Musik, Opus 132, ist hilfreich. Er weiß, dass Catchside zurzeit keinen Freund hat, der bei ihm übernachtet, auch keinen Hund, auch das ist hilfreich. Als der Besucher hinter Catchside steht, am Schreibtisch, lässt er den stählernen Hebel, den er aus der Tasche gezogen hat, wie eine Keule niedersausen, er kennt die Stelle am Hinterkopf, wo man treffen muss, und er trifft schon beim ersten Hieb. Catchside gibt einen stöhnenden, fast erstaunten Laut von sich, von der Musik übertönt, und sackt nach vorne.

Der Besucher holt noch mehrmals aus, dreimal, viermal lässt er die kleine Keule aus Metall niedersausen, immer an dieselbe Stelle, und die Schädeldecke bricht, platzt auf, Blut sickert, noch ein Schlag, ruhig und kraftvoll ausgeführt – wäre es leise im Apartment, würde man ein feines Schmatzen hören, wenn der Schlag trifft.

Der Besucher lässt die Tatwaffe fallen und wendet sich zum Gehen. Dabei holt er aus einem Plastikbeutel ein paar Scherben, sie haben zu einer Tasse gehört, er wirft die Scherben auf den Küchenfußboden, er macht das fast schon lässig, im Vorübergehen.

Dann zieht er die Tür hinter sich zu, leise und sorgsam.

Catchside liegt über den Schreibtisch gebreitet, eine kleine Blutpfütze hat sich gebildet, das Blut wird bald gerinnen. Die Tatwaffe, die »Keule«, liegt auf dem hellen Teppich, vor dem

Schreibtisch. Blut, Haar- und Hautreste kleben daran. Es handelt sich um ebenjenen Hebel, den Thomas Pierpaoli vor fast genau vier Stunden, eingesperrt in einen kleinen Konferenzraum des Ministeriums, von der dort installierten Espressomaschine abgebrochen hat. Die Musik spielt weiter, zwei Violinen, Bratsche, Violoncello, der »Heilige Dankgesang eines Genesenen« hebt an in lydischem Modus. Die Töne ziehen durch die Räume, die nun ein Tatort sind, als gäbe es nur Schönheit, nichts Böses auf der Welt.

Sonntag, 15. Juli 2029

Labor unter dem Ministeriumsturm I, Level Minus elf, Meta-Ministerium, Island

Liu Lian war am Ende – am Ende ihrer Sichtung, am Ende ihrer Möglichkeiten.

Catchside hatte seine eigenen Regelübertretungen perfekt verwischt. Und dann hatte er auch noch die speziell für Quantencomputer programmierte Steuersoftware sabotiert, auf hochelegante Art.

Liu Lian spürte etwas wie eine perverse Bewunderung: Ein solches Maß an krimineller Energie hätte sie Catchside nicht zugetraut.

Schon in den Anfängen der Entwicklung, vor gut drei Jahren, musste er den hoch gesicherten Administrator-Account gekapert haben. Er hatte Malware geschrieben und ins Betriebssystem und in alle bestehenden Backups eingeschmuggelt.

Offenbar hatte er schon damals einkalkuliert, dass sein Zwist mit Liu Lian irgendwann eskalieren müsste.

Und nun, als das eingetreten war, hatte er diese Malware aktiviert.

Und mit einem Schlag war der Quantencomputer ausgebremst. Er war in dieser Form nicht mehr einsetzbar.

Mit anderen Worten, Catchside hatte Liu Lians Lebenswerk, die große Hoffnung der Klima-Allianz, unbrauchbar gemacht. Und zwar so, perfiderweise, dass es aussah, als läge die Schuld bei ihr.

Über seine Absichten konnte sie nur spekulieren. Und Spekulation war eine Denkungsart, die ihr fremd war.

Was Liu Lian aber keine Ruhe ließ: Vorher hatte Catchside ganz offenbar einen spektakulären Durchbruch erzielt, diese phantastischen achtundneunzig Prozent. Aber sie wusste nicht einmal, wie oder womit.

Liu Lian musste sich eingestehen, dass Catchside in vielen Belangen deutlich mutiger, kreativer zu Werk gegangen war, als sie es je gewagt hätte. Ihr Spezialgebiet war das mathematische Design des Computers, der präzise Einsatz des Claraniums. Aber die Art und Weise, wie der Quantencomputer sich aus allen Datenströmen der Welt bediente, durstig und unfassbar schnell aus allen Netzen trank, auf jede Mail, jeden Chat, jede Kamera, jedes Einwohnermelderegister, jeden getätigten Kreditkartenkauf zugriff – diese Architektur hatte Catchside entworfen.

Ihr gemeinsamer erster, noch unzuverlässiger Prototyp hatte eine Prognosegenauigkeit von sechsundsiebzig Prozent auf fünf Tage erreicht. Das war allen bisherigen Systemen meilenweit überlegen. Aber Catchside war das nicht genau genug. Er war besessen von der Idee einer absolut verlässlichen Vorhersage.

Catchside kam mit der Idee, dem Quantencomputer eine Prise Ungenauigkeit, ein Quantum emotionaler Irrationalität unterzuschieben, den datengenerierten Vorhersagen quasi Leben einzuhauchen. Er hatte die besten Neurologen hinzugezogen, die aufzutreiben waren, sie hatten mit Hirnströmen experimentiert, dem elektromagnetischen Abbild und Ausdruck von Leben, Denken, Wissen. Sie hatten gute Datenresultate bei den Oktopoden bekommen, denn Oktopoden dachten bekanntlich mit dem ganzen Körper – sie hatten kein Gehirn, sie *waren* ihr Gehirn. Und Oktopoden hatten eine messbare Fähigkeit der Vorausschau, als könnten sie die Zukunft ahnen.

Eine vierstellige Zahl von Experimenten hatte diese Zeitwahrnehmung nicht erklärt, dafür oft bestätigt. Zum Beispiel: Selbst wenn ihre Fütterungszeiten zufällig festgelegt wurden, von einem Zufallsgenerator, der auch noch am anderen Ende des Gebäudes stand, reagierten die Tiere auf die nächste Fütterung, *bevor* der Zufallsgenerator sie ermittelt hatte.

Doch der Quantencomputer konnte die Hirnströme der Oktopoden nie sinnvoll interpretieren. Die Oktopoden waren zu fremd.

Damals war sich Liu Lian sicher, ihr Kollege sei in eine Sackgasse gelaufen.

Doch Catchside beharrte auf seinen Methoden. Er suchte nach verwertbaren Hirnstrom-Bildern bei allen möglichen Naturvölkern, bei auserwählten Führungsfiguren in afrikanischen, südamerikanischen, australischen Stämmen – bei deren sogenannten Hexen, Zauberern, Schamanen, Medizinfrauen.

Trotz aller Offenheit für die Seltsamkeiten der Quantenphysik: Hier war für die kühle Logikerin Liu Lian eine Grenze überschritten. Sie blockierte die Mittel für solche Forschungen.

Amitav Rama Shah war schon lange als Sponsor mit dabei gewesen. Aber spätestens zu dieser Zeit, Liu konnte jetzt nur raten, hatte Catchside ihn heimlich auf seine Seite gezogen. Und mit ihm sein Kampfgewicht an Geld, Einfluss, Intelligenz, Image, Skrupellosigkeit.

Damit hatten die beiden Männer Liu geschlagen. Catchside hatte seine Technik im Stillen weiterentwickelt. Und im Augenblick des höchsten Triumphes hatte er sich gerächt. Er hatte Liu eiskalt aus dem Rennen genommen.

Nein, die achtundneunzig Prozent waren kein Bluff. Das war Catchside und auch Shah anzusehen gewesen. Aber wie hatte er es geschafft?

Es war jetzt fünf Uhr morgens. Liu war in einem Zustand von Erschöpfung, wo man die Erschöpfung kaum noch fühlt.

Sie musste es wissen.

Sie nahm ihren Schlüssel und ging zum Fahrstuhl. Drei Etagen über ihr waren die Probanden, von denen Difraudi gesprochen hatte.

Sonntag, 15. Juli 2029

Habitat unter dem Ministeriumsturm I, Level Minus acht, Meta-Ministerium, Island

Sie ist da, drei Etagen über dem Labor. Level Minus acht. Sie steigt aus dem Fahrstuhl.

Der Raum, in dem die Probanden untergebracht sind – für Liu sind sie nach wie vor lediglich »Probanden«, lediglich Teil eines wissenschaftlich-experimentellen Konzepts –, dieser Raum ist abgeschlossen, so gehört es sich, doch sie hat ihren Schlüssel.

Also gut. Dann schauen wir uns diese Probanden mal an.

Sie öffnet die Tür und tritt ein. Drinnen ist es dunkel, schließlich ist es kurz nach fünf. Wahrscheinlich schläft noch, wer immer hier ist. Sie wartet, bis ihre Augen sich an die Dunkelheit gewöhnt haben, dann sieht sie vor sich einen leeren Raum, leer bis auf ein paar kleine Kiefern in Töpfen. Sie macht ein paar Schritte, bleibt stehen, weil sie Wasser hört. Ein Rauschen.

Dieses Level war das *Recreation-Level* für die Führungskräfte. Nicht, dass Liu sich oft Auszeiten hier gegönnt hätte, aber wie es hier noch vor kurzem aussah, das weiß sie sehr wohl. Jetzt ist alles anders. Alle Wände, die kleinen Ruheräume, die Sportgeräte, alles weg. Auch der Geruch ist anders, es riecht nach Erde, Holz, nach Wald.

Was soll das? Eine eigene Welt, nur für die Probanden?

Liu zögert. Wieso springen die Bewegungsmelder nicht an, wieso bleibt es dunkel? Sie will eigentlich nicht in den Raum hineinrufen, andererseits ist sie immer noch die Leiterin dieses Projekts, die Chefin. Dies ist immer noch ihr Terrain.

Sie geht weiter in den schummerigen Raum hinein, irgendwas knirscht unter ihren Schuhen – und plötzlich fährt sie erschrocken zusammen.

Vor ihr steht eine kleine Gestalt. Ein Kind.

»Hallo. Mein Gott. Wer bist du denn? Du bist doch wohl

nicht allein hier, oder? Kannst du überhaupt verstehen, was ich sage? Welche Sprache sprichst du?«

Liu fühlt sich nicht wohl – allgemein mit Kindern. Sie hat Englisch gesprochen, dann Spanisch, aber das Kind hat nicht reagiert, es steht nur da und betrachtet sie. Es ist ein Mädchen, vielleicht zehn Jahre alt, schätzt Liu. *Wahrscheinlich hat es Angst vor mir, alle Kinder haben Angst, ist doch so.*

Aber nicht dieses Kind. Es wirkt jedenfalls nicht so.

Liu spürt eine Bewegung im Raum, sie merkt, es sind noch zwei andere Kinder im Raum.

»Hat Professor Catchside euch hergebracht?« Die Kinder reagieren nicht.

Die anderen beiden Mädchen sind jünger, vielleicht fünf und acht, Liu kennt sich wirklich nicht aus, außerdem spürt sie jetzt ihre Müdigkeit, ihre Traurigkeit, und sie will gerade etwas strenger werden, als das erste Mädchen den Mund aufmacht:

»Ariadna!« Sie hat sich umgedreht und ruft jemanden.

»Ariadna! *Llegó una Señora*, hier ist eine Frau!«

Ariadna hat geschlafen, aber jetzt ist sie schlagartig wach. Sie springt aus dem Bett, in T-Shirt und Slip, und so tritt sie auch Liu Lian gegenüber, schützend, kampfbereit, Zähne und Klauen ausgefahren – falls jemand sich den Kindern nähert.

Liu ist etwas irritiert, als Ariadna kommt; einen Morgenmantel, findet sie, sollte man sich wenigstens überwerfen. Sie weiß auch nicht, was diese Frau mit den Probanden zu tun hat. Die Mutter? Nein. Die Frau, findet Liu, wirkt feindselig. Andererseits ist dies immer noch ihr Labor, ihr Reich – sie stellt hier die Fragen. »Arbeiten Sie für Professor Catchside?«, fragt Liu.

»Wer ist Catchside?«, fragt die Frau.

Sonntag, 15. Juli 2029

Apartment 13.294, Wohnanlage 13, Meta-Ministerium, Island

Es war noch nicht vorbei.

Als Thomas Pierpaoli das Apartment 13.294 betrat, fand er eine elektronische Nachricht vor, einen Brief in seinem E-Mail-Eingang. Er las ihn im Stehen. Der Briefkopf war eindrucksvoll, drei Genitive hintereinander: Leiter der Kommandantur der Sicherheitsdienste des Meta-Ministeriums, Horace M. Nkunke; und die Nachricht selbst lautete:

Mr Pierpaoli:
Habe keine guten Neuigkeiten. Mr Nikita Mamarenko wurde vergiftet. Dies ist eine vorläufige Erkenntnis, aber ich dachte, Sie sollten es wissen. Der offizielle Bericht, der dann auch an Kapstadt geht, steht noch aus. Ich rege unbedingt an, dass Sie sich bis dahin abwartend verhalten. Freundliche Grüße, Nkunke.

Pierpaoli stand da, starrte auf die Worte. Er dachte an Nikita, an seine nicht enden wollenden Trinksprüche und Ansprachen, an sein altmodisches Eau de Toilette, *Knize Ten*, an seine Freundlichkeit, seinen Überschwang – er konnte noch Jahre später von einem Kräuteromelette schwärmen, das Pierpaoli ihnen nach einer durchzechten Nacht bereitet hatte. Dass er immer für einen da war, dass es seine ganze Art war, für andere da zu sein, dass man ihn zum Beispiel Tag und Nacht mit den unsinnigsten Fragen und Bitten behelligen konnte, und er würde nie die Geduld verlieren. Er hatte nie die Geduld verloren. Nur sein Leben.

Pierpaoli wartete, bis die Traurigkeit sich, wenigstens zum Teil, in Wut verwandelt hatte, und dann rollte er alles zu einem schönen, harten Klumpen zusammen und verstaute diesen Klumpen irgendwo in seinem Unterbauch, und den arroganten

Satz »Ich rege unbedingt an, dass Sie sich abwartend verhalten« würde er nicht vergessen, von dieser Empörung würde nicht das Geringste verloren gehen.

Und dann setzte er sich, so zerschlagen und übermüdet er eben noch gewesen sein mochte, an den kleinen Schreibtisch des Apartments und schrieb einen Bericht an Eleanor Minklater in Kapstadt, an die Eiskönigin, und er versuchte, möglichst sachlich zu bleiben, aber zwischendurch, fürchtete er, gingen ihm die Geschehnisse, Fakten und Vermutungen doch etwas durcheinander.

Die Empörung trug ihn durch die nächsten Stunden.

Als er fertig war, machte er sich nicht mal (normalerweise undenkbar) die Mühe, den Bericht ein zweites und ein drittes Mal zu lesen. Er schickte ihn ab.

Dann öffnete er ein Fenster, warf sich aufs Sofa und schüttelte die Schuhe von den Füßen. Nur einen Moment ausruhen. Nicht lange. Dann die nächsten Schritte überdenken.

Pierpaolis Telefon summte. Doch da war er längst eingeschlafen und wanderte durch die labyrinthischen Gänge seiner Träume.

Die Nachricht, die auf dem Display aufleuchtete, war von Arthur Redmondis. Sie lautete:

WO IST MEIN MOTORRAD?

Sonntag, 15. Juli 2029

Suite des Gurus, »Ritz Carlton Iceland«, Island

Ariadna wartete. Sie wartete darauf, dass Amitav Rama Shah, der Heilige und Erleuchtete, endlich Zeit für sie hätte, sie wollte ihn zur Rede stellen – aber sie musste sich gedulden, sie hatte vergessen, dass es Sonntag war. Und Shah hielt jeden Sonntag, pünktlich um zwölf Uhr mittags, sein berühmtes *Darshan* ab, also seine Philosophiestunde, seine Lesung, sein Ritual, seine Verkündung – wie immer man es nennen wollte. Es lief im Netz, als Video-Blog, Amitav Rama Shah auf allen Kanälen, genau eine Stunde lang. Manchmal sah man ihn dabei durch einen Park schlendern, manchmal einen Strand entlangspazieren, aber meistens saß er entspannt und ungemein gutaussehend in einem schlichten Zimmer, saß auf einer *Gadda*, einer dicken Matratze, umgeben von ein paar Kerzen und glimmendem Räucherwerk, trug ein einfaches weißes Hemd, meditierte eine Zeitlang und sprach dann zum Beispiel über den Ursprung des Universums. Oder über die Cricket-Weltmeisterschaft oder über stundenlange Orgasmen, eine seiner Erfindungen, er nannte sie Multigasmen, und er wusste, wie es geht. Am Ende segnete er mit gewölbter Hand seine Anhänger.

Es war der erfolgreichste Video-Blog aller Zeiten. Das Geheimnis lag darin, dass es stets unaufgeregt, improvisiert wirkte. Er war nur ein einfacher Guru-ji, er war nur der Lehrer, der seine Schüler zu sich nach Hause einlud. Jeder Einzelne seiner Anhänger fühlte sich gemeint. Es war alles ungemein lässig.

Und natürlich war gar nichts daran lässig.

Die Auftritte waren kalkuliert bis ins letzte Detail, ein Team von unterwürfigen Beratern, Schreibern, Ausstattern, Musikern und Visagisten kümmerte sich um die Ausleuchtung des letzten Winkels oder Strandabschnitts, bestimmte aufs Jota den honiggelben Farbton der Zimmerwand, inklusive Kratzern und Abnutzungen, suchte die Kerzen aus, den Sitz und Schnitt seines ungebleichten, leinenen Nehru-Hemdes, die Sitar-Musik, die seine Meditationen untermalte, bis zu den Themen, die er setzte, den philosophischen Schwafeleien, den politischen Meinungen, die er vertrat. Er hatte beinahe eins Komma zwei Milliarden Abonnenten auf allen Kontinenten und in den meisten Ländern der Welt, also gab es rund eins Komma zwei Milliarden Gründe für ihn, nichts dem Zufall zu überlassen.

Also musste Ariadna warten.

Sie hatte Shah in seiner Suite im »Ritz Carlton Iceland« aufgesucht, nach der Begegnung mit Liu, nachdem sie den restlichen Morgen im Habitat nach Sensoren gesucht hatte – vergebens übrigens. Aber schließlich hatte sie auch nicht recht gewusst, wo diese Sensoren waren, und sie hatte auch keine Möglichkeit, die Wände aufzubrechen; also hatte sie bald entnervt aufgegeben. Doch sie glaubte dieser Chinesin. Von Beginn an hatte Ariadna ein komisches Gefühl beschlichen, ein unbestimmter Verdacht, dass hinter diesem Interesse und Aufwand mehr steckte. Die Chinesin hatte das bestätigt.

Ariadna galt als Shahs Vertraute, also war sie von seinen *Sadhus*, seinen Assistenten, freundlich in sein Arbeitszimmer geführt worden, in der Suite des »Ritz Carlton Iceland«, die er gemietet hatte. Sie hatte dort Platz nehmen dürfen. Das Arbeitszimmer hatte eine riesige Panoramascheibe, die auf eine Dachterrasse ging, es war frisch gelüftet und sehr aufgeräumt, kein Laptop stand herum, dafür frische Blumen in Vasen, Karaffen mit Ingwerwasser, Limettenwasser, frisches Obst, Schälchen mit Pistazien und Rosinen. Dass sie hier warten musste, kam Ariadna gelegen. Ihr schwante, dass es nicht klug wäre, den mächtigen Mann mit Vorwürfen und Fragen zu konfrontieren; er konnte einfach leugnen, und was hatte sie schon in der Hand? Sie musste sich auf ihr Improvisationstalent verlassen, ruhig bleiben. Kein Wutanfall. *Beherrsche dich*.

Auf einem Bildschirm konnte Ariadna das *Darshan* verfolgen, sie hörte mit halbem Ohr hin. Der Guru sprach jetzt über die einfachen Antworten, die jeder Mensch sich wünscht. »Jede Frau, jeder Mann hat eine Frage, an der sie oder er beinahe verzweifelt: Werde ich geliebt? Anders formuliert: Mache ich das Richtige? Habe ich Erfolg? Ist mein Leben lebenswert? Und jeder Mensch will eine Antwort – will *die* Antwort. Aber es gibt auf einfache Fragen eben keine einfachen Antworten. Die Geschichte hat eine Form. Unter dem Chaos liegt eine Form, eine Absicht verborgen. Doch wie können wir diese Absicht erkennen? Wie können wir die Muster sehen? Indem wir das Einfache als etwas Schwieriges akzeptieren. Die Fragen sind einfach, und das ist gut. Aber die Antworten sind komplex, und es erfordert Hingabe und manchmal ein ganzes Leben, um zu den einfachen Antworten zu gelangen. Am Ende steht dann: eine Antwort. Wenn wir diese Antwort finden, finden wir auch Frieden …«

Shahs Stimme war warm, volltönend, beschützend.

Er ist wirklich phantastisch, dachte Ariadna, *besonders, wenn er lügt*. Ihre Wut hatte den Aggregatzustand von hart und kalt angenommen.

»Wir dürfen nicht zu sehr auf andere Menschen hören. Andere Menschen sind möglicherweise wohlmeinend, aber sie sprechen immer von sich. Wir müssen auf uns selbst hören. Das klingt einfach. Aber ist es das? Wirklich zuzuhören, unsere Ohren zu öffnen, auf unser Herz zu hören, nach innen zu gehen, das ist eine große Kunst …«

Ariadna war eine Idee gekommen. Sie kramte in ihrer Handtasche und fand darin ein kabelloses Ansteckmikrofon. Es war ihr eigenes, etwa so groß wie ein Mantelknopf, ein Gerät, das sie gelegentlich für Auftritte und Aufnahmen verwendete, es war ein Sennheiser XM 1200. Sie aktivierte es und koppelte es mit ihrem Smartphone. Sie beugte sich vor, als wollte sie die Frühlingsblumen in der Vase etwas umarrangieren (falls es hier Kameras gab), und schob das Mikrofon in das sich wölbende, feste Blatt einer frischen Tulpe. Sie lehnte sich zurück. Gut. Vielleicht half das ja. Sie würde auf ihr Herz hören, wie der Guru es empfahl, aber sie würde auch mitbekommen, was im Arbeitszimmer so geredet wurde.

Der Blumenstrauß kam ihr jetzt viel schöner vor.

Auf dem Bildschirm war Shah jetzt am Ende seines *Darshans* angelangt, er segnete seine Zuschauerinnen und Zuschauer, Sitarmusik erklang, der Video-Blog war beendet.

Fünf Minuten später stand Shah im Zimmer, er legte erfreut die Hände aneinander und strahlte Ariadna an, als sei ihr Anblick das Erfreulichste und Schönste überhaupt.

»*Jite raho*, Ariadna, mögest du lange leben.«

Er ließ sich in den Sessel ihr gegenüber sinken, zwar hatte er gerade eine Stunde lang gesendet, aber er wirkte kein bisschen erschöpft, sondern frisch, heiter, gelöst. »Wie schön, dass du mich aufsuchst. Geht es den Kindern gut? Ich wollte dich heute kontaktieren, wegen des Films, ich habe sehr gute Nachrichten, mein Kind.«

Es ging Ariadna auf die Nerven, dass er sie »mein Kind« nannte, aber das musste warten.

»Ich habe auch Neuigkeiten, Mister Shah«, begann sie langsam.

»Nenn mich Guru-ji, mein Kind.«

»Nun, jedenfalls habe ich auch Neuigkeiten. Eine Frau war bei uns, eine Physikerin, sie wäre die Leiterin des Labors, hat sie gesagt ...«

»Aha. Professorin Liu. Sie hat euch besucht. Wie freundlich von ihr.«

»Nun – ›besucht‹ hat sie uns eigentlich nicht. Sie wusste nämlich nichts von uns. Obwohl sie die Chefin des Labors ist. Und sie war einigermaßen überrascht, uns zu treffen. Ich wiederum war überrascht, dass man uns irgendwie heimlich einquartiert hat. Warum nicht in einem normalen Hotelzimmer? Weshalb acht Etagen unter der Erde? Die Chinesin hat erklärt, die Hirnströme der Kinder würden ›abgenommen‹. Hirnströme würden in einen Computer eingegeben, in einen Quantencomputer. Mister Shah, was soll das heißen? Was geht da vor, Guruji?«

»Du bist verärgert, Ariadna.«

»Ich will nur eine Antwort. Eine simple Antwort auf eine simple Frage.«

»Es gibt keine einfachen Antworten. Alles verweist aufeinander, vorwärts und rückwärts. Jeder Grund hat wiederum Ursachen, die ihn bedingen, und diese Ursachen berühren sich, überkreuzen sich, stehen im Dienste eines Ziels – das ist das Gewebe des Lebens.«

»Oh, bitte. Keine esoterische Vorlesung. Ich will lediglich wissen, ob es in dem Raum, in dem wir untergebracht sind, irgendwelche Sensoren gibt, ob das gefährlich ist für die Kinder, ob sie für etwas benutzt werden, was nie so besprochen war …«

»Es ist nicht gefährlich, es war nie gefährlich, Ariadna. Beinahe kränkt es mich, wenn du mich für fähig hältst, euch in Gefahr zu bringen. Ich liebe diese Kinder. So wie du sie liebst. Denn das spüre ich an der Art, wie du dir Sorgen machst. Aber zu deiner Frage. Angenommen, es gäbe Sensoren, angenommen, die Hirnströme dieser wunderbaren Mädchen würden gelesen – für friedliche Zwecke, für gute Zwecke. Wo wäre der Grund, verärgert zu sein, sich Sorgen zu machen? Diese drei Mädchen sind etwas Besonderes, das weißt du besser als ich. Vielleicht sind sie Teil eines Plans, den wir alle noch nicht überblicken, weil es ein universeller Plan ist?«

»Also gibt es Sensoren?«

Shah warf sein rechtes Bein über die Sessellehne und nahm sich eine Schale mit gerösteten Pistazien. Er öffnete sie mit einer Hand, steckte sich die Kerne andächtig in den Mund, ganz vertieft in den Geschmack.

»Sie antworten nicht?«

»Vielleicht gibt es Sensoren. Aber es war nie gefährlich. Sensoren sind ungefährlich. Du kennst mich, Ariadna.«

»Das bezweifle ich. Aber eine Frage noch. Wir hatten abgemacht, dass die Kinder nach spätestens drei Monaten zurückreisen zu ihren Familien. Zu ihrem Stamm. Das war unsere Verabredung. Ich habe dafür gebürgt. Halten Sie sich daran? Oder haben Sie andere Absichten?« Ariadna wurde laut. »Ich habe den *Pehuenche* mein Wort gegeben!«

»Ach, Ariadna!« Shah stellte die Pistazienschale auf den Couchtisch. Er breitete die Arme aus. »Natürlich werden die Kinder wieder nach Chile reisen! Es ist ihr Zuhause, es ist ihr Stamm. Glaubst du denn, ich hätte all diese Arbeit für die Naturvölker geleistet, um sie am Ende zu belügen? Glaubst du denn, ich hätte all die NGOs finanziert, um törichte Dinge zu tun? Was sagt dir dein Herz, Ariadna?« Er lächelte.

Ariadnas Herz sagte ihr so manches. Zum Beispiel, dass Shah aussah wie ein Kater, der zufrieden einen kleinen Vogel verspeist, während die Eltern des kleinen Vogels zusehen müssen. Laut sagte sie:

»Ich war unsicher. Ich wollte es nur nochmal hören …«

»Geh jetzt, Ariadna. Die Kinder brauchen dich. Und ich habe noch andere Pflichten.«

»Ja.« Sie stand auf, nahm ihre Tasche, vermied es, einen Blick auf den Blumenstrauß zu werfen. »Ich bin froh, dass wir das geklärt haben. Es war mir sehr wichtig.«

»Einer meiner *Sadhus* wird dich nach Hause bringen.«

»Nicht nötig. Ich glaube, ich gehe zu Fuß. Ein bisschen frische Luft … Dort unten im Keller, man fühlt sich dort sehr eingesperrt, Guru-ji. Ich denke, auch die Kinder sollten mal raus. Vielleicht mache ich einen Ausflug, einen Spaziergang.«

»Eine wunderbare Idee.« Er öffnete die Tür seiner Suite, im Vorzimmer standen drei seiner ergebenen Leute, stämmige Männer, vollbärtig, in schwarzen Overalls. »Es gibt einen wunderschönen Park, Ariadna. Man wird euch abholen. Ich werde Anweisungen geben. Und jetzt wird dich Nihil nach Hause begleiten.« Shah winkte einem der Männer.

»Danke. Namaste, Mister Shah.«

»Bis bald, Ariadna, *jite raho*. Und nenn mich Guru-ji.« Sie verbeugten sich voreinander, mit aneinandergelegten Handflächen

Ariadna war schon draußen auf dem Hotelflur, als sie, als sei ihr plötzlich etwas eingefallen, ihr Smartphone aus der Tasche holte. »Ach, einen Moment nur, Nihil. Einen Moment! Ich muss nur was abhören …« Sie ging ein paar Schritte weg von Nihil, der stehen geblieben war, sein Gesicht war undurchdringlich. Ariadna öffnete die App des Sendermikrofons. Bis hierhin reichte die Verbindung. Sie drückte das Telefon fest an ihr Ohr, hörte die Stimme von Shah. »Passt gut auf sie auf, vor allem auf die Kinder, verdoppelt die Wachen.«

Nihil war leise näher getreten. Ariadna drückte die Lautstärke weg, dafür die Aufnahmetaste. Und ließ ihr Smartphone rasch in die Tasche gleiten.

»Blinder Alarm«, sagte sie. Sie lächelte den Mann mit dem buschigen Vollbart an. »Ist alles in bester Ordnung. Wir müssen nicht hetzen.« Nihil nickte ernst und machte nur eine Handbewegung: Gehen wir endlich.

Etwa eine halbe Stunde später war Ariadna wieder bei den Kindern, im achten Untergeschoss des Ministeriums, und als Erstes hörte sie die Aufnahme ab. Sie hatte etwa fünf Minuten der Aufnahme gespeichert. Zu hören war Shahs Stimme, wie er telefonierte. Er sprach über Ermittlungen, die bislang ergebnislos geblieben waren, was gut sei, und dann erwähnte er »den beseitigten Russen«.

Es schnürte Ariadna die Kehle zu, als sie das hörte. Die Aufnahme war kein Beweis, das nicht. Aber für Ariadna stand fest, dass nur ein »Russe« gemeint sein konnte.

Sonntag, 15. Juli 2029

Castel di Casio, Italien

Abends vor dem Kloster Castel di Casio. Das Bild hätte nicht friedlicher sein können, man hörte Grillengezirp, eine schwarzweiße Katze machte sich auf zu einer kleinen Inspektionsrunde. Pater Philipp trat aus dem neuen Stallanbau.

Er hielt Dino, den arabischen Vollblüter, am Zügel, ungesattelt, er wollte ihn gerade zur Trainingsbahn führen, als ein Wagen vorfuhr. Das war nicht ungewöhnlich. Seit Goretti seinen Plan des subventionierten Maisanbaus in die Tat umgesetzt hatte, kamen öfter Besucher, auch unangemeldet, Vertreter, Saat-Verkäufer, Architekten – mit allen musste Philipp reden, verhandeln, sie abwimmeln. War es jemand, den Goretti geschickt hatte? Philipp blieb stehen und beruhigte das Pferd, das nervös am Zügel ruckte.

Der Wagen war ein kleiner, staubiger Fiat 500.

Der Wagen fuhr in einem langsamen Halbkreis auf das Hofgelände und hielt direkt vor dem Stall. Philipp hörte, wie knarrend die Handbremse angezogen wurde, ein junger Mann stieg aus – Philipp konnte sich nicht erinnern, ihn schon mal gesehen zu haben, etwa am Bischofssitz oder als Begleiter Gorettis. Der Mann trug einen schwarzen Anzug, darunter ein blütenweißes Hemd, er war etwa in Philipps Alter. Unterm Arm hatte er eine schmale schwarze Aktentasche.

»Guten Abend! Bitte entschuldigen Sie diesen Überfall …« Der Mann sprach ein kultiviertes Italienisch mit toskanischem Akzent. »Aber ich suche einen gewissen Pater Philipp. Könnte es vielleicht sein, dass ich ihn gefunden habe, dass er vor mir steht?«

Philipp fand diese Wendung gestelzt, aber er ging darauf ein. »Das könnte sein. Was wollen Sie denn von Pater Philipp?«

»Es geht um einen – nun ja, um einen Brief, den Sie geschrieben haben, Pater. Man hat mich geschickt, um mit Ihnen darüber zu sprechen. Könnten wir vielleicht dort hineingehen? Und könnten Sie vielleicht vorher das Pferd anbinden? Solche großen Tiere machen mich immer etwas nervös, muss ich gestehen …«

Der Brief! Seit er ihn abgeschickt hatte, war keine Sekunde vergangen, in der er nicht darüber nachgedacht, gegrübelt hatte. War es illoyal, was er getan hatte? Welche Konsequenzen würde es haben? Würde man ihn aus der Kirche verstoßen? Tausend Fragen. Null Antworten.

»Wer sind Sie?«, fragte Philipp.

»Ich dachte mir schon, dass Sie mich das fragen würden. Nochmals, ich entschuldige mich für den Überfall. Aber es schien mir besser, unangemeldet zu kommen. Mein Name ist Marco di Brambilla. Und wir beide, Pater Philipp, haben denselben Vorgesetzten – Seine Heiligkeit. Ich bin Nuntius und komme in direktem Auftrag des *Camerlengo* Seiner Heiligkeit. Ihr Brief – ich habe ihn natürlich nicht gelesen, aber ich weiß, wovon er handelt – hat einige Entwicklungen ausgelöst. Diese Entwicklungen sind – wie soll ich sagen? – noch nicht zum Abschluss gelangt. Können wir bitte irgendwo hingehen, wo wir weniger exponiert herumstehen? Und könnten Sie bitte dieses große Tier wegbringen oder anbinden?«

Pater Philipp, einigermaßen erschrocken, einigermaßen konsterniert, brachte Dino zurück in seine Box, das Pferd, das sich auf die Bewegung gefreut hatte, ließ sich nur unwillig führen. Dann standen sie im Halbdunkel des Stalls, zwischen den warmen Ausdünstungen der Pferde, in dem Scharren, Schnauben und Stampfen, in dem Geruch, den Philipp so liebte, nach Heu und Pferdeäpfeln, und der junge Mann holte aus seiner Aktentasche einen Ausweis und einen Brief, der ihn zu ebendiesem Gespräch ermächtigte und worin der Pater dringend gebeten wurde, dem Gesandten des Papstes behilflich zu sein, im Namen Gottes.

Briefkopf und Unterschrift waren vom Kämmerer Seiner Heiligkeit. Herrgott. Der Mann war tatsächlich ein Abgesandter des Papstes. Philipp schwitzte und atmete flach. Was hatte er nur getan? Was hatte er nur ausgelöst?

Und er erfuhr, worum ihn der Mann in dem Anzug ersuchte: Ja, man sei im Vatikan schockiert über diese Geschehnisse, schockiert, jawohl, über den Kardinal, und man wünsche sehr, diese Vorgänge zu stoppen. Dazu brauche man jedoch Beweise. Belastbare Beweise. Die Transaktionen Gorettis.

Und von höchster Stelle bitte man darum den Pater, hier behilflich zu sein. Schnell, sehr schnell. Und unauffällig. Vor allem unauffällig. Kein Skandal. Man wollte die Angelegenheit geräuschlos regeln. Ein Wunsch von höchster Stelle – vom Stellvertreter Gottes auf Erden.

»Ich soll Beweise beschaffen? Wie soll ich das anstellen?«

»Sie haben doch Zugang zum Buchhaltungsprogramm.« Der Mann war jetzt entspannter und selbstsicherer, seit er das Pferd in der Box wusste.

»J-ja, aber nur in die äußere Buchhaltung, zu dem, was Sie da von mir verlangen, habe ich keinen Zugriff, das ist alles gesichert und gesperrt …«

»Schon klar, schon klar. Wie es der Zufall will, kenne ich mich damit etwas aus. Wie steht es bei Ihnen? Haben Sie Erfahrung mit Passwort-Entschlüsselung? Haben Sie schon mal mit Trojanern gearbeitet?«

»Nein.« Philipp schüttelte störrisch den Kopf. »Mit solchen Sachen habe ich mich nie beschäftigt. Ist das nicht alles illegal?«

»Illegal, lieber Pater, ist vor allem das, was der Kardinal treibt. Und wir werden Sie jetzt gemeinsam in die Lage bringen, dafür Beweise heranzuschaffen.« Der Mann holte aus seiner Aktentasche zwei Schachteln. »Hier sind ein abhörsicheres Telefon und ein Stick, darauf ein Trojaner und ein Sender. Sobald Sie das nächste Mal an den Buchhaltungsrechner gehen, stecken Sie den Stick rein, der Rest geschieht automatisch. Der Computer wird einen Neustart machen.«

»Sie haben dann Zugriff auf das System?«

»Falls es Probleme gibt, rufen Sie mich an. Von diesem Telefon. Stellen Sie sicher, dass Sie nicht gestört werden. Am besten um zwei oder drei Uhr morgens. Ich bin rund um die Uhr für Sie erreichbar. Meine Nummer ist eingespeichert, steht außerdem auf der Schachtel. Haben Sie das verstanden, Pater?«

»Ja … Ich glaube … Aber ich denke nicht, dass ich der Richtige für sowas …«

»Niemand ist der Richtige. Oder jeder. Also sind Sie der Richtige. Um die technischen Dinge kümmere ich mich. Darin bin ich gut, glauben Sie mir.«

»Sind Sie ein Hacker oder sowas?«

»Ich war ein Hacker. Dann habe ich zu Gott gefunden. Jetzt stelle ich meine Fähigkeiten in den Dienst der Kirche. Wir werden das gemeinsam durchziehen, Pater. Für den Papst. Und für den Herrn.«

»Gelobt sei sein Name«, murmelte Pater Philipp automatisch.

»Gelobt sei sein Name. Vernichten Sie, sobald Sie fertig sind, auf jeden Fall das Telefon. Vernichten Sie es gründlich. Kann ich mich darauf verlassen?«

»Wie denn?«

»Haben Sie eine Mikrowelle?«

»Nein.«

»Dann verbrennen Sie's. Einen Ofen werden Sie haben, oder?«

»Ja.« Es gab mehrere Öfen hier im Kloster.

»Gut. Mehr als zweihundertvierzig Grad, zur Sicherheit. Wir werden beide helfen, das Schicksal der Welt zu verändern. Können wir uns auf Sie verlassen, Pater?«

»Ja«, sagte Pater Philipp. Er nahm die beiden Schachteln entgegen, vorsichtig, als wären darin zwei kleine Bomben.

Kapitel 5
Der Slum

Der Mardi Gras, der fette Dienstag, war damals, in den Zwanzigern, immer der größte Tag in New Orleans. Der Karneval erreichte seinen Höhepunkt, die Stadt kochte. Wir Jungs hetzten wie die Verrückten hinter den Mädchen her. Aber Louis nicht. Er wollte nur die Bands hören. Für Louis Armstrong gab es damals schon nur die Musik.

Aus: Earl »King« Turnbull, Mein Leben mit Louis Armstrong

Sonntag, 15. Juli 2029

Europa-Park, Meta-Ministerium, Island

Ariadna hatte sich einen Plan zurechtgelegt, einen Plan, um die drei Mädchen, die in ihre Obhut gegeben worden waren, Inara, Sayen und Amuway, dem Zugriff des Gurus zu entziehen.

Sie plante eine Entführung.

Sie würde die Kinder wieder zu den *Pehuenche* bringen.

Das Vorhaben war keine Kleinigkeit, das wusste sie. Shah wollte, er brauchte diese Kinder, auch wenn sie nicht verstand, wofür. Er verschwieg es ihr, er log. Und sie war ihm zwar nützlich, als bessere Kindergärtnerin, Dolmetscherin, denn wer sprach schon die Sprache der *Pehuenche?* Sobald Shah zu dem Entschluss gelangen würde, dass Ariadna ihm lästig wurde, würde er sie entsorgen, wie er Mamarenko entsorgt hatte. Oder sie von den Kindern trennen. Also jetzt oder nie.

Und eines hatte Ariadna Ferrer Bayonne gelernt im Leben: Man brauchte Freunde.

Sie gingen also spazieren, Ariadna und die drei *Pehuenche* Mädchen, sie marschierten durch den tatsächlich sehr schönen Europa-Park, in fußläufiger Entfernung vom Ministerium gelegen, sie betrachteten gemeinsam die Bäume, die Platanen *(Platanus danielica)*, die Buchen *(Fagus hansmarcoia)*, Lebensbäume *(Thuja raoulensis)*, die Mammutbäume (*Sequoia semperhenri*). Die Kinder entdeckten einen jungen *Pehuén*-Baum *(Araucaria araucana)*, fast noch ein Strauch, vielleicht zehnjährig. Sie würden alte Frauen sein, erklärten sie Ariadna, bevor dieser Baum Früchte trug. Ariadna kaufte an einem Eiswagen vier Portionen Eis in der Waffel, sie schlenderten dahin, dann kaufte Ariadna an einem anderen Stand gebrannte Mandeln. Sie gingen weiter – und Ariadna wartete ab, wartete auf ihre Chance.

Ariadna und die Kinder wurden begleitet, bewacht, nicht

heimlich, sondern demonstrativ. Der Guru hatte ihr den Ausflug und Spaziergang durch den Park genehmigt, aber vier seiner *Sadhus*, vier seiner Männer, begleiteten sie. Einer ging vorweg, einer blieb ihr und den Kindern auf den Fersen, links und rechts schirmte je ein Mann sie ab. Vier stämmige Typen in schwarzen Overalls mit buschigen Bärten. Sie hielten einen Abstand von vielleicht zehn, fünfzehn Metern ein, doch das genügte. Sie waren bewaffnet, Ariadna war davon überzeugt. Weglaufen war unmöglich.

Unauffällig hielt Ariadna, während sie mit den Mädchen durch den Park spazierte, Ausschau, und sie überlegte fieberhaft, wie sie die vier Bewacher abschütteln konnte.

Nach dem Treffen bei Shah hatte man sie vor dem Ministerium abgesetzt; sie hatte so getan, als ob sie zu ihren Schutzbefohlenen zurückkehren würde, tatsächlich hatte sie von einem Telefon im Ministerium einen Anruf gemacht. Sie hatte einen alten Freund angerufen – Mardi Gras, ein Musiker, der inzwischen auf Island gelandet war.

»Mardi Gras« lebte im Stadtteil »NO2«, New Orleans zwei. Mardi Gras, was, unelegant übersetzt, so viel bedeutete wie »Fetter Dienstag«, war Jamaikaner und unglaublich beleibt; er stammte aus New Orleans, war dort Impresario, Karnevalskönig, Hotdog-Verkäufer, Autohändler, Musiker, Drogendealer gewesen, nicht unbedingt in dieser Reihenfolge. Bis er auf verschlungenen Wegen auf Island gelandet war, wo er dank seines Geldes und seines Geschäftssinns zu einer Art Bürgermeister, Volkstribun und Problemlöser in »NO2« geworden war. Sein Freund war ein schmächtiger Skandinavier namens »Prime Time«, der früher für das norwegische Fernsehen eine Wirtschaftssendung moderiert hatte, und die beiden waren das seltsamste und auch wieder plausibelste Pärchen der Welt.

Mardi Gras war, wenn man in Schwierigkeiten steckte, der perfekte Freund: Er kannte jeden, er liebte Ariadna innig. Mardi hatte versprochen, ihr ein Auto zu schicken.

Aber davon war nichts zu sehen. Außerdem ließen die vier Bewacher Ariadna und die Kinder nicht aus den Augen.

Der Europa-Park war riesig und finanziert und gestaltet worden von diversen europäischen Staaten – all jene, die bei der Klima-Allianz dabei waren, die skandinavischen Länder, die Beneluxstaaten, Deutschland, Frankreich, Spanien, Italien, die Polen, Tschechen, Portugiesen. Das Ganze hatte politische Symbolkraft: Seht her, wir machen mit. Im Losverfahren war den unterschiedlichsten Städten und Regionen das Recht auf Ausgestaltung zugestanden worden: Madrid hatte das Rasen- und Grünflächendesign zugesprochen bekommen, Kopenhagen die Anpflanzung der Sträucher und Hecken, Lausanne die Pavillons, Paris die Bäume und Blumenrabatten, Warschau die Parkwege, Lissabon die Sitzbänke und Grillanlagen und so weiter. München wurde beauftragt mit der Anlage der Wasserläufe, und die Bayern hatten eine kaum verkleinerte Kopie der Bäche, die, von der Isar abgehend, durch den Englischen Garten führen, angelegt. Den Schwabinger Bach II, den Oberstjägermeisterbach II und den Eisbach II.

Der Eisbach II auf Island war ebenso flach wie sein Münchener Vorbild, und er war ebenso schnell, bis zu siebenundzwanzig Metern in der Sekunde. Für die *Pehuenche*-Mädchen Inara, Sayen und Amuway war der Bach ein großer Spaß: Sie hockten am sandigen Ufer, bauten und bastelten, geschickt wie alle *Pehuenche*-Kinder, aus Rinden- und Holzstückchen kleine Boote und ließen sie über das Wasser tanzen, derweil Ariadna heimlich Ausschau hielt.

Sie war nervös. Hoffentlich war Mardi etwas eingefallen.

Die vier stämmigen Aufpasser des Gurus sahen stoisch zu.

Da näherte sich der kleinen Gruppe, quer über den Rasen, ein Ding. Ein sehr merkwürdiges Gefährt, rumpelnd, knatternd, bläuliche Auspuffwolken ausstoßend.

Es war ein Daihatsu S60-Kastenwagen.

Vom Aussehen her ein auf die Hälfte geschrumpfter VW-

Bus, mit eins vierzig Breite so schmal, dass der Fahrer die Arme aus beiden Fenstern heraushängen lassen konnte. Ursprünglich war das Ding wahrscheinlich weiß gewesen, jetzt creme-grau-sandfarben, verbeult, museumsreif, die Motorhaube und die Türen mit Rostflecken gesprenkelt und mit Spachtelstellen bedeckt. Die Reifen waren so groß wie bei einem Kinderwagen.

Aber das Hässlichste an dem heranpuffenden Vehikel war ein auf dem Dach befestigtes Irgendwas: eine aufgeschnittene, etwas unförmige Kugel, gelb lackiert. Und zwischen den Hälften, den Halbkugeln, steckte ein wulstiger, rotbrauner Schlauch, der irgendwas darstellen sollte. Wer immer das Ding gebaut hatte, er hatte möglichst wenig Zeit darauf verschwendet, wahrscheinlich, um sich schöneren Tätigkeiten zuzuwenden. An den Seitentüren des Wagens prangte eine schwungvolle Aufschrift: »Gudi's Veggie-Chili-Hotdog-Station«.

Die vier Bewacher und Ariadna starrten das Auto an, das sich ihnen zielstrebig näherte, die Männer wachsam und angespannt, selbst die drei Mädchen hielten inne bei ihrem Basteln und Bootebauen.

Ariadna sah, wie das Gefährt, halb Auto, halb Seifenkiste, beim ersten Bewacher hielt, das Fahrerfenster wurde heruntergekurbelt, der Fahrer – oder war es eine Frau? – wechselte ein paar Worte mit dem Bewacher, der unwillig den Kopf schüttelte. Die Geste war eindeutig: Verschwinden Sie. Der erste Gang wurde krachend eingelegt, das kleine Gefährt beschrieb einen Halbkreis … und hielt bei Ariadna.

Ariadna trat an die Fahrerseite.

Die *Sadhus*, die vier Bewacher, traten ebenfalls näher. Sie waren unschlüssig. Einschreiten? Nicht einschreiten? Aber was genau ging hier vor?

Die drei Mädchen hatten ihre Boote und Rindenstücke vergessen.

Auf dem Fahrersitz saß eine Frau, Schwedin, Norwegerin, Isländerin, wenn Ariadna hätte raten sollen. Eine graue Wollmütze, darunter quoll ein blonder Pferdeschwanz hervor. Kantiges Kinn, wässrig blaue Augen. Sie war kräftig, das konnte man sehen, außerdem riesengroß. Der Fahrersitz war abmontiert, stattdessen saß sie auf einer Art Hocker, damit ihre Knie unter das Lenkrad passten.

»Du bist Ariadna, Freundin von Mardi?« Die Frau sprach Englisch. Die Stimme war tief, rauchig, ihr Gesicht ausdruckslos, wie eine Nordisland-Wanderkarte. Ariadna musste genau hinhören, das Rauschen des Eisbachs II war ziemlich laut.

»Ja?«

»Mardi sagt, ich soll dich abholen. Aber man hat mir nicht gesagt, dass es hier vier Wachhunde gibt. Die Typen werden nicht einverstanden sein, dass ich dich abhole, dich und die drei Kinderlein, richtig?«

»Nein, werden sie nicht.«

»Okay. Dann müssen wir uns was ausdenken. Improvisieren. Du isst jetzt mal einen Hotdog. Und die Kinder kriegen auch einen. Zwölf Global pro Hotdog, also achtundvierzig. Du kannst doch bezahlen?«

Wer ist diese Frau? Laut sagte Ariadna: »Ja, ich kann bezahlen.«

»Gut. Dann esst ihr einen Hotdog, und deine Wachhunde werden mich hier nicht wegkriegen. In der Zwischenzeit denken wir uns was aus. Du magst doch Hotdogs?«

Ariadna warf einen zweifelnden Blick auf das Gefährt war das der Fluchtwagen?

»Mardi hat gesagt, ich soll dich mit'm Auto abholen, und das ist mein Auto. Ich bin Gudi. Eigentlich Gudrun. Für meine Freunde Gudi. Und ich verkaufe die besten Hotdogs der Welt, sind berühmt, Schätzchen! Hier auf Island jedenfalls, Gudi's Veggie-Chili-Hotdogs, nie gehört? Deshalb der Hotdog auf dem Dach. Reklame. Wenn du mit 'nem Rolls abgeholt werden wolltest, hättest du das sagen müssen. Dann hätt ich mich nicht hierherbemüht.«

Die Frau stieg aus, und Ariadna trat einen Schritt zurück, noch einen, die Frau war riesengroß. Und breit. Sie trug einen unförmigen weißen Pullover, aber darunter konnte man die Schultermuskeln, Rückenmuskeln, Halsmuskeln ahnen. Sie ging an die Seite des Wagens und öffnete schwungvoll eine Klappe. Dahinter waren eine Art Tresen, ein Kessel in einer Halterung, ein Korb mit Brötchen, ein Gestell mit abwärts hängenden Soßenflaschen.

Die *Sadhus*, die vier Bewacher, traten näher, gleich würden sie einschreiten.

Gudi hatte eine Aluminiumzange gegriffen und aus dem Kessel eine Wurst gefischt, sie wandte sich damit an den Bewacher, der am nächsten stand. »He! Du! Bist du sicher, dass du keinen Hotdog willst? Verstehst du mich überhaupt? Essen? Lecker!«

Sie fuchtelte mit Zange und Hotdog in Richtung des Mannes, der finster den Kopf schüttelte und zurücktrat.

»Oder ihr, Jungs? Du? Oder du? Kleiner Snack? Gönnt euch was! Ist kein Schweinefleisch, keine Kuh. Vegetarisch! Los, Jungs, unterstützt mich mal ’n bisschen!«

Ein *Sadhu* nach dem anderem schüttelte den Kopf.

»Okay, Schätzchen«, Gudi sprach halblaut zu Ariadna. »Die Jungs haben was zum Nachdenken. Und jetzt kriegst du erstmal einen Hotdog. Und je einen für die Kinder. Bezahl mich, aber lass dir Zeit. Ich muss nachdenken. Eingelegte Gurken hab ich leider nicht dabei. Auch keine Servietten. Tut mir leid …«

Sie wandte sich an die *Sadhus*, brüllte wie ein Nebelhorn: »Hat einer von euch Servietten dabei?«

Sie beugte sich ins Wageninnere, holte ein Brötchen aus dem Korb. Die Brötchen waren bereits aufgeschnitten, sie stopfte die Wurst ins Brötchen und hielt das Gebilde unter den Soßenständer, drückte auf einen Knopf. Eine rote, eine gelbe, eine weiße Masse quoll heraus, von einer festgeschraubten Schale hob sie den Deckel ab und schüttete großzügig Flocken über alles. Das

Innere des Wagens war ziemlich fleckig und verklebt, stellte Ariadna fest. »Mit Röstzwiebeln! Und die Geheimsoße – das ist das Geheimnis, verstehst du, Schätzchen? Und iss jetzt und tu so, als ob es dir schmeckt. Du willst mich doch nicht beleidigen? Und nicke! Deute in Richtung der Kinder. Als ob die Kinder auch einen Hotdog wollen …«

Die Kinder standen am Ufer, offenbar trauten sie sich nicht heran. Sie hatten schon viel gesehen, viele Merkwürdigkeiten erlebt, seit sie ihren Stamm und die Wälder verlassen hatten, aber so etwas noch nicht. Ariadna gab ihnen ein Zeichen, sicherheitshalber dort zu bleiben.

Ariadna biss folgsam, aber vorsichtig in das mit Soße getränkte Brötchen, es schmeckte süßlich-muffig.

»Kannst du schwimmen, Schätzchen? Und die vier Kinderlein? Können die schwimmen?«

Gudi legte drei Brötchen vor sich auf den Tresen, sie fummelte mit der Wurstzange herum, sie ließ sich Zeit.

»Gudi – kannst du mir sagen, was du vorhast?«

»Okay, ihr geht ans Ufer, du und die Kinder. Du gibst ihnen die Hotdogs. Und sagst ihnen, dass sie gleich ins Wasser springen. Der Bach führt abwärts. Sobald ihr im Wasser seid, kann man euch nicht mehr einholen. Unmöglich. Das Ding auf meinem Dach, das werfe ich euch zu. Den Hotdog. Ist aus Kunststoff mit Styroporfüllung. Geht nie unter. Ich werf euch das Ding zu. Ihr haltet euch daran fest und lasst euch nach unten treiben. Bachabwärts. Nach eineinhalb Kilometern wird das Wasser flach. Dann könnt ihr raus. Da wartet ihr. Verstanden, Schätzchen?«

»Nein«, sagte Ariadna, »nicht verstanden. Das ist der schlechteste Plan, den ich je gehört habe.«

Gudi verschränkte die Arme vor der Brust. »So? Es geht hier um Vertrauen, verstehst du, Schätzchen? Um *Vertrauen.* Ich traue Mardi und tue das hier, weil er sagt, dass du es wert bist. Und du traust mir, ganz einfach. Du bist Spanierin?«

»Nein.«

»Egal, *muy importante*, gut festhalten. Der Bach macht den Rest.«

Ariadna deutete auf die Plastikwurst auf dem Dach des kleinen Autos. »Das Ding? Wie soll das ins Wasser kommen?«

»Du kennst mich wohl nicht? Ich bin Gudrun Sigrunsdóttir. Bin hier eine Berühmtheit. War vor vier Jahren für Island Goldmedaillen-Olympiasiegerin im Diskus. Und Silber im Hammerwerfen. Ich kann alles werfen. Ich könnte auch die vier Trottel dahinten durch die Gegend werfen. Aber ich schätze, die sind bewaffnet. Also machen wir's lieber auf die elegante Art. Überraschungsmoment. Improvisiert, aber elegant. Die Eisbach-Methode.«

Ariadna schwieg. Sie überlegte, ob sie mit den Kindern zum Ministerium zurückgehen sollte. Dann fiel ihr Blick auf die Männer des Gurus. »Okay. Dein Plan ist *una mierda*, scheiße. Aber ich vertrau dir. Wir gehen zum Bach. Du machst den Rest.«

Gudi grinste. »*Una mierda*. Es geht los.«

Ariadna ging mit den Hotdogs zu den Kindern, die am Bach warteten. Sie kniete sich bei ihnen nieder und gab flüsternd ihre Anweisungen. Sie hatte Angst um die Mädchen: Die *Pehuenche*-Kinder lernten natürlich sehr früh schwimmen, tauchen, fischen, in dem Bergwald flossen kleine Flüsse und Bäche, trotzdem – es waren Kinder.

Gudrun »Gudi« Sigrunsdóttir ließ die Klappe krachend zufallen, ein paar Rostwölkchen stiegen auf. Sie grinste und winkte den Bewachern zu, was diese nur mit finsterem Schweigen quittierten, dann stellte sie sich falsch pfeifend an ihren kleinen Wagen und riss den Plastik-Hotdog mit einem Ruck vom Dach. Sie hielt das Gebilde den vier *Sadhus* hin, die sich auf das Ganze partout keinen Reim machen konnten.

Sadhus – im Hinduismus ein Begriff für entsagungsvolle Mönche. Die Männer, die Guru Amitav Rama Shah im Gefolge führte, nannten sich zwar so, aber sie hatten mit Askese und Friedensliebe nichts im Sinn. Für seine Dienste hatte er Inder aus dem Norden rekrutiert, Sikhs aus dem Punjab, Kurden, Türken, sie waren die Männer fürs Grobe, halbwegs ausgebildet, und was ihnen an Ausbildung fehlte, machten sie durch Brutalität wett.

Die vier Männer wussten nicht, was sie von diesem Hotdog-Wagen und dieser großen Frau mit der Mütze halten sollten.

Der Hotdog, von Gudrun »Gudi« Sigrunsdóttir aus einer flüssigen Drehbewegung geschleudert, flog zwanzig Meter durch die Luft – und landete direkt vor Ariadna und den Kindern.

Und nun passierten einige Dinge gleichzeitig.

Ariadna, von Gudi instruiert, schob, zerrte den Hotdog in die Strömung, watete hinterher, trieb die Kinder zur Eile und mahnte zur Vorsicht, was völlig unnötig war, denn die Kinder waren sehr vertraut mit kaltem Bergbachwasser, sie hatten ihre Schuhe abgestreift und warfen sich bäuchlings in die Strömung und hielten sich am Hotdog fest. Die Strömung riss und zerrte, für sie war das ein großer Spaß, ein Spiel, für Ariadna weniger.

»Go! Go!«, röhrte Gudrun hinter ihnen her.

Die *Sadhus* standen völlig perplex, einen Moment lang, dann rannten drei von ihnen zum Ufer, zückten im Laufen ihre Omega Taser, Reichweite dreißig Meter. Aber das Hotdog-Floß war schon unterwegs, war schon ziemlich weit weg, die Männer rannten ein Stück am Ufer hinterher, aber es war nicht einzuholen. Der Kräftigste von ihnen rannte in den Bach, spritzend, fluchend, hechtete ins Wasser, aber er ging unter, kam wieder hoch, ging wieder unter, bis er triefend und zerschunden wieder ans Ufer kroch.

Der vierte Mann ging auf Gudrun »Gudi« Sigrunsdóttir zu, die rechte Hand unter seinem Overall, am Griff seiner Elektrowaffe.

Die durchschnittliche Armlänge bei Frauen beträgt etwa siebenhundertsechzig Millimeter, aber Gudi kam auf neunhundertzehn Millimeter. Sie erwischte den Mann mit einem einzigen Stoß, zwei flache Hände vor die Stirn, unkonventionell, aber wirksam genug, der *Sadhu* ging grunzend zu Boden, Gudrun zwängte sich in die Fahrerkabine, auf den Hocker.

Sie gab Gas.

Der schmale Bus knatterte los. Die Männer am Ufer rannten hinter ihr her. Gudrun trat das Pedal durch, aber das tapfere und betagte Zweitaktmotörlein gab nicht viel her, die Tachonadel zitterte um zwanzig, zweiundzwanzig Stundenkilometer.

Die Männer hatten ihre Waffen gezogen. Und sie liefen schnell. Gudrun blickte in den Rückspiegel. Die Verfolger würden dieses Tempo vielleicht nicht lange durchhalten; aber der Abstand verkürzte sich. Sie hatte keine Angst vor diesen Kerlen, sie hatte vor kaum etwas Angst, aber sie musste sie abschütteln. An den Park schloss sich ein Sport- und Fitnessfreigelände an, Fußball, Beach-Volleyball, Softball. Sie lenkte ihren Wagen in Richtung Fußballplätze. Die Verfolger holten tatsächlich auf.

Und dann sah sie das trainierende Fußballteam.

Sie kannte die Mannschaft, die dort trainierte. Es waren die »Nice Guys«, sie waren schon zum dritten Mal auf Island, zusammengestellt für ein vom Ministerium veranstaltetes Benefizturnier. Das Turnier war keine große Sache, sportlich gesehen. Der isländische Fußballverband, der *Knattspyrnusamband*, machte aber mit, dazu kam eine Auswahl des Ministeriums, dazu eine Auswahl des Instituts für Meeresbiologie, die »Ocean's Eleven«, schließlich ein (undiszipliniertes) Team aus Künstlern aus den umliegenden Wohngebieten, die »Slum-Players«.

Die »Nice Guys«, die Gudi jetzt trainieren sah, waren eine Art von Promi-Truppe, zusammengestellt von einem Eventbeauftragten im Ministerium, der offenbar Sinn für Humor besaß – es waren die Spieler mit dem schlechtesten Leumund der Welt. Die wenigsten von ihnen waren große Talente gewesen, und alle waren schon etwas gealtert, doch für ein Benefizturnier reichte es allemal. Trainiert wurden sie von einem Schauspieler und ehemaligen Profi, von Vincent »Vinnie« Jones, in seinen aktiven Zeiten auch genannt »Die Axt«, berühmt geworden dadurch, dass er in einem Benefizspiel gegen eine Kindermannschaft einen kleinen Jungen von hinten umgemäht hatte, ohne auch nur einen Anflug von Schuldgefühl.

Außerdem waren dabei: Andoni Goicoechea, der »Schlächter von Bilbao«, der Torwart Tim Wiese, der einem Gegenspieler mit dem Fuß voran an den Hals gesprungen war; außerdem der Engländer Joey »Killer« Barton, vorbestraft. Und andere mehr.

Das waren die »Nice Guys«.

Und diese Spieler trainierten gerade. Jeder andere Mensch hätte es vermieden, ihnen in die Quere zu kommen. Gudrun »Gudi« Sigrunsdóttir jedoch lenkte ihren Wagen mitten aufs Spielfeld, kurbelte das Seitenfenster runter und grinste.

»He, Jungs! Ich bin's. Hey, Joey. Hola, Andoni. Schön, euch so schwitzen zu sehen. Jünger werdet ihr aber auch nicht. Keine Angst, bin gleich wieder weg. Ihr könnt mir einen Gefallen tun …«

Gudi kannte die Spieler von mehreren Sportler-Empfängen, von den anschließenden Partys, wo sie gegen Geld im Armdrücken gegen die Männer antrat.

»Eine Bitte: Da sind ein paar Typen hinter mir her. Da seht ihr sie. Die wollen was von mir, könnt ihr euch das vorstellen? Tut mir den Gefallen und haltet sie ein bisschen auf. Dafür habt ihr was gut bei mir. Sex oder Alkohol, was immer ihr wollt.« Sie lachte, gab Gas und fuhr davon, quer über den Rasenplatz, diesmal betont langsam.

Und die drei *Sadhus* folgten ihr.

Die Spieler der »Nice Guys« sahen sich einen Moment lang an, und dann trabten sie alle gemeinsam den drei Männern in ihren schwarzen Overalls entgegen und bildeten einen Pulk um sie, und die *Sadhus* waren nicht zu beneiden.

Gudrun fuhr Richtung Wehr, wo sie Ariadna und die drei Kinder schon von weitem ausmachte. Der Eisbach II floss hier ganz ruhig, und sie hatten sich offenbar ohne Probleme und unverletzt ans Ufer retten können. Sie saßen im Sand, nass wie Wassergeflügel, die drei Mädchen lächelnd, Ariadna zitternd und mit blauen Lippen.

Gudrun brachte das Wäglein zum Halten, stieg aus und machte die quietschende Heckklappe auf. »Einsteigen, Kinderlein. Ich hab eine Heizung im Auto.«

»W-wohin fahren wir?« Ariadnas Zähne schlugen aufeinander.

»In den Slum. Zu Mardi.«

Sonntag, 15. Juli 2029

Suite 311, »Ritz Carlton Iceland«, Island

Amitav Rama Shah, der Erleuchtete, war außer sich, die Kinder waren weg, Ariadna hatte es tatsächlich gewagt, ihm die kostbaren Geschöpfe – seine Geschöpfe! – zu stehlen. Aber er warf nicht mit gläsernen Karaffen um sich, er griff nicht zum Baseballschläger und zertrümmerte seinen wimmernden Männern die Hoden oder die Hirnschale, er gab nicht Anweisung, Ariadnas nichts ahnende Eltern in Bogotá zu massakrieren, obwohl er zu alldem aufgelegt war – nein, er tat nichts dergleichen, denn es wäre Zeitverschwendung gewesen; lediglich an seiner Stirn, an einer zarten Stelle über seinem rechten Auge, pulsierte eine Ader. Er saß allein in seiner Suite und dachte nach.

Erstens. Ariadna hatte Hilfe gehabt. Sie kannte offenbar Leute im Slum.

Zweitens. Seine Männer hatten diese Reklame-Wurst gefunden. Er musste nach Wagen suchen, die Hotdogs verkauften, viele konnten es nicht sein. Es gab ja wohl ein Register für Kleingewerbe oder Restaurantbetriebe.

Drittens. Seine Leute hatten ihm berichtet, dass Ariadna mit diesem Prüfungsbeamten aus Kapstadt befreundet war. Er war die Verstärkung oder der Nachfolger dieses Russen, den sie beseitigt hatten. Pierpaoli. Er war ein Niemand, aber im Auge behalten sollte man ihn. Vielleicht wusste er, wo sich Ariadna versteckte.

»Chanterjee!« Shah rief seinen engsten Vertrauten, seinen Controller. »Findet alles über dieses Auto heraus.«

»Jawohl, Guru-ji.«

»Und dieser Kerl, der Freund der Kolumbianerin.«

»Ja, Guru-ji?«

»Er wird uns zu der Frau führen. Zu den Kindern. Beschattet ihn.«

Montag, 16. Juli 2029

Apartment 13.294, Wohnanlage 13, Meta-Ministerium, Island

Die Neurologen Chiara Cirelli und Giulio Tononi haben sich durchaus Verdienste erworben, indem sie den Schlaf und seine heilsamen Wirkungen erforschten. Vereinfacht gesagt: Ist man ausgeruht und ausgeschlafen, sieht die Welt besser aus. Während des REM-Schlafs zum Beispiel wird die Skelettmuskulatur maximal entspannt, andere vegetative Funktionen heilsam hochgedreht, Blutdruck, Atmung, Durchblutung der Genitalien. Das Gehirn greift dann gelegentlich zu sexuellen Träumen (wie man einen Film einlegt), um den physiologischen Effekt zu bedienen. Und dann kommt der Tiefschlaf. Hier werden, der Homöostase-Theorie zufolge, die Abfallstoffe aus dem Gehirn geschwemmt, unnötige Erfahrungen und Erinnerungen werden aus den synaptischen Verschaltungen gekickt, weg damit, Wichtiges wird betont, kurzum, man kann gestärkt erwachen.

An Pierpaoli hätten die Schlafforscher ihre Freude gehabt. Er hatte Erfreuliches geträumt, von seinem Bericht über die Restrukturierung der Gruyère-, Roquefort- und Camembert-Produktion in Abstimmung mit der chinesischen Käse-Export-Initiative. In seinem Traum hatte er einen Abschluss der Verhandlungen bewirkt. Ein großer Konferenztisch mit Franzosen und Chinesen, die alle lächelten und sich die Hände schüttelten. Das hatte er geträumt.

So erwachte Pierpaoli mit einem kleinen Vorrat an Zuversicht und Frische. Vor dem Schlafengehen hatte er seinen Bericht abgeschickt, aber das schien in weiter Ferne zu liegen. Er wollte nicht an das Knäuel von Mutmaßungen und Verdächtigungen, von Zorn und Peinlichkeit denken. Der Tod seines Freundes Nikita war immer noch eine sehr schmerzhafte Erinnerung; damit würde er leben müssen.

Er hatte sein Bestes getan. Er hatte die Vorschriften befolgt.

Der Bericht war eingereicht, man würde jetzt eine Verstärkung schicken, mindestens fünf Leute. Minklater würde selbst kommen. Sie würden der Sache gemeinsam nachgehen; so wurde es gehandhabt.

Das war sein Vorrat an Zuversicht. Außerdem hatte er geduscht, zwanzig Kniebeugen gemacht, eine Kanne Kaffee getrunken, mehr gab es erstmal nicht zu tun.

Doch er irrte sich.

Thomas Pierpaoli, ein mittlerer Beamter aus dem Hochkommissariat in Kapstadt, war in ein Räderwerk geraten, das ihn zu zermalmen drohte.

Es begann damit, dass er sein Smartphone prüfte. Er fand eine Nachricht seines Freundes Redmondis:

WO IST MEIN MOTORRAD?

Montag, 16. Juli 2029

Suite 311, »Ritz Carlton Iceland«, Island

Amitav Rama Shah hatte einen geregelten Tagesablauf. Er ließ sich morgens um vier Uhr dreißig wecken, in der jeweiligen Zeitzone, in der er sich befand, dann nahm er ein kurzes, kaltes Bad, das Wasser eiskalt, er frottierte sich trocken, ließ sich massieren und ölen, trank ein Glas Wasser und legte sich sodann für genau eine Stunde nochmals ins Bett. Um sechs Uhr stand er endgültig auf. Er nahm ein leichtes Frühstück zu sich, bestehend aus Obst, Tee, Nüssen, dann las er Zeitungen, dann telefonierte er. Hiermit verbrachte er den Vormittag. Die meisten seiner Telefonate führte er von einem normalen Telefon aus; für einige benutzte er einen Wintec-Double-Scrambler. Etwa bei diesem Telefonat mit Umesh Varinder, dem nationalistischen Hindu-Politiker, geführt am 16. Juli 2029 um 10.09 Uhr.

Varinder: »Ist das eine abhörsichere Leitung, *Bhai?*«

Shah: »Ja. Was haben Sie für mich?«

Varinder: »Das Kabinett tagt noch. Aber mein Informant meint, es wird heute ganz bestimmt keine Einigung mehr geben. Ausgeschlossen. Die Regierung ist gespalten, quer durch die Mitte. Die vier Minister für Wirtschaft und Finanzen, Bildung, Landwirtschaft und Ernährung sind dafür, die Forderungen der Klima-Allianz anzunehmen. Vier Minister. Die übrigen vier Minister, Bildung, Kultur, Verkehr, Arbeit, sind entschieden dagegen. Jeder so, wie er denkt, dass es ihm bei den nächsten Wahlen mehr Stimmen bringt. Feiglinge, wenn Sie mich fragen. Widerlich. Ich würde selbst keinen von diesen Kriechern in mein eigenes Kabinett berufen.«

Shah: »Jetzt wollen wir mal nicht zu streng sein, oder? Wir reden immerhin von der indischen Innenpolitik. Einer durch und durch korrupten Gesellschaft, nicht wahr? Es sind kleine, fehlbare, vor Ehrgeiz hechelnde Politiker, so wie Sie einer sind.«

Varinder: »Bei allem Respekt, aber solche Bemerkungen können Sie sich sparen.«

Shah: »Noch sind Sie kein Ministerpräsident. Noch sitzt Patel im Amt. Und wenn ich es nicht will, dann werden Sie ihn niemals beerben. Ich entscheide das, können Sie mir folgen?«

Varinder: »Ja, *Bhai*. Entschuldigen Sie.«

Shah: »Gut. Es ist nützlich, wenn der Ministerpräsident unter Druck ist. Die Klima-Allianz wird nicht von ihren Forderungen abrücken. Und Patel will nur Zeit gewinnen, er ist ratlos. Sie wissen, was Sie zu tun haben, Varinder?«

Varinder: »Ja, ich denke, *Bhai* ...«

Shah: »Erhöhen Sie diesen Druck. Sie werden genug Geld bekommen, um weitere Demonstrationen zu organisieren. Bringen Sie so viele Menschen auf die Straßen, wie Sie können. Lassen Sie gleichzeitig die Studenten los. Und die Muslime. Alle politischen Splitterorganisationen. Führen Sie sie in ein großes *Kaliyug*, ein Blutbad. Nicht nur in Delhi, Mumbai, Nagpur, Chennai, Hyderabad, Pune. Sondern gehen Sie auch aufs Land. Schüren Sie die Hitze. Patel muss bis zum Äußersten getrieben werden. Unruhen, Kämpfe, Blutvergießen, Totschlag. Bürgerkrieg und Lähmung. Vor den Wahlen muss Chaos herrschen.«

Varinder: »Und danach?«

Shah: »Was danach in Indien passiert, ist mir gleich. Ich will, *dass* etwas passiert. Und *wie* es passiert. Das ist interessant. Das Ganze ist ein Test ...«

Varinder: »Ein Test, *Bhai?*«

Shah: »Meine kleinen Experimente und Projekte auf Island müssen einem Praxistest unterzogen werden, und Indien ist der Testlauf.«

Varinder: »Sie meinen, Sie wollen den Wahlausgang fälschen ...«

Shah: »Nein, das wäre lächerlich. Das kann jeder. Es geht nicht um ein paar verschwundene Wahlurnen. Ich will mehr. Ich will die Zeit verändern ...«

Varinder: »Ich verstehe nicht …«

Shah: »Müssen Sie auch nicht.«

Varinder: »Warum sollte ich Ihnen trauen?«

Shah: »Weil ich Sie reich mache. Aber Sie müssen etwas anderes für mich tun. Sie halten noch den Kontakt zu unserer Freundin in Kapstadt? Die Dame mit dem eisigen Blick und dem unersättlichen Wunsch nach Geld? Setzen Sie sich mit ihr in Verbindung. Es hat zu viel Aufregung gegeben auf Island. Ein paar Figuren mussten aus dem Spiel genommen werden. Andere Figuren müssen wir noch neutralisieren: Und unsere Freundin soll für Ruhe sorgen, sie soll die Ermittlungen abwürgen. Stellen Sie von mir aus mehr Geld in Aussicht.«

Montag, 16. Juli 2029

Das Parkgelände vor der »Pyramidenstadt« der Klima-Allianz, unweit von Kapstadt, Südafrika

Die Frau saß auf einer Parkbank am Bambus-Wald, im Park des Hochkommissariats. Anscheinend genoss sie die Stille, den Ausblick auf den Wald, den Gesang der Vögel.

Der Park ähnelte im Konzept dem isländischen Europa-Park, nur waren hier die Kontinente repräsentiert. Es gab in diesem Park die unterschiedlichsten Themen und Abschnitte, eines dieser Areale war asiatisch – der Bambus-Wald. Die Frau auf der Parkbank trug einen Übergangsmantel aus Kaschmir, darunter einen Hosenanzug. Sie hatte ein gut geschnittenes Gesicht: energisches Kinn, volle Lippen, auffallend blaue Augen, ihr Name war Eleanor Minklater, von der Abteilung »Forschung, Energie und Verkehr/Beobachtung und Berichte«.

Ein Mann schlenderte des Weges, Richtung Parkbank. Der Mann war offensichtlich Inder oder Pakistani. Er war Mitte fünfzig, volles, dunkles Haar, er trug eine Sonnenbrille und einen Khaki-Dress – mit diesem betont einfach geschnittenen Stil setzten die Anhänger der nationalistischen Hindu Befreiungsbewegung in Indien sich ab vom Westen, von den Muslimen, vom Rest der Welt. Es war der Dress der Freiheitskämpfer, so nannten sie sich. Und tatsächlich war der Mann sogar einer der Köpfe und Anführer dieser Bewegung, die sich *Rashtriya Sangh* nannte, Nationaler Bund.

Es war Umesh Varinder, und er hatte vor, bald nicht mehr nur einer der Anführer zu sein, sondern *der* Anführer. Ministerpräsident von Indien – davon war er nicht weit entfernt.

Der Mann fragte höflich, ob er sich setzen dürfe, er müsse einen Moment verschnaufen. Mit einem freundlichen Lächeln rückte die Frau auf der Parkbank – die ohnehin genügend Platz bot – beiseite.

Varinder eröffnete das Gespräch, halblaut. »Unser gemeinsamer Freund bittet Sie, die Situation auf Island zu beruhigen.«

»Ach ja?«

»Es hat Aufregung und Irritation gegeben, unnötigerweise. Er war daran beteiligt, und er bedauert das. Aber er möchte, dass Sie alle weiteren Ermittlungen zum Erliegen bringen oder zumindest stark verlangsamen. Natürlich unauffällig. Er will den Fortgang seines Projekts ohne Aufsehen betreiben.«

»Unauffällig?« Minklater sprach das Wort verächtlich aus. »Wenn es um Unauffälligkeit geht, bin ich für seine Ratschläge sehr dankbar! Er hat diese Aufmerksamkeit provoziert, ich kann nicht immer alles bemänteln und vertuschen, richten Sie ihm das freundlicherweise aus. Einer meiner Leute ist ermordet worden. Das ist wohl auffällig genug.«

»Hören Sie«, Varinder hob die Hände, »ich bin nur der Überbringer dieser Nachricht, ich will nur beiden Seiten einen Gefallen tun.«

»Und sich selbst, vergessen Sie sich selbst nicht. Hören Sie, unser Freund verlangt viel. Er verlangt mehr als zuvor besprochen. Also wird es auch teurer.«

»Ich bin befugt, Ihnen mehr anzubieten.«

»Das Doppelte des Abgemachten.«

»Das ist genau mein Verhandlungsrahmen.«

»Dann sind wir uns einig?«, fragte Minklater.

»Es war schön, mit Ihnen zu plaudern«, antwortete Umesh Varinder. Er nickte ihr zu, erhob sich und schlenderte seines Weges.

Montag, 16. Juli 2029

Apartment 13.294, Wohnanlage 13, Meta-Ministerium, Island

WO IST MEIN MOTORRAD?
WO IST MEIN MOTORRAD?
WO IST MEIN MOTORRAD?

Drei solcher Textnachrichten, alle gleichlautend, hatte Thomas Pierpaoli inzwischen empfangen, womit für ihn der Beweis erbracht war, dass Redmondis eine veritable Meise hatte – und genau das würde er ihm auch sagen, wenn er ihm das verdammte Ding wieder vor die Tür stellen würde, vollgetankt natürlich und mit einer sehr guten Flasche Wein.

Pierpaoli war unterwegs zum Ministerium, wo er das Motorrad abgestellt hatte, als er den Anruf entgegennahm. Es war Minklater.

»Ich habe Ihren Bericht hier vorliegen, ich glaube, Sie haben die wichtigen Punkte behandelt – in der kurzen Zeit. Gute Arbeit. Ich hab's erstmal nur überflogen, aber gute Arbeit. Kompliment.«

»Danke, Madam …«

»Ich will, dass Sie herkommen, dann können wir alles in Ruhe diskutieren.«

»Ich soll – zurück nach Kapstadt kommen? Aber es gibt einige offene Punkte. Sollten wir nicht eher mit einer größeren Prüfungskommission auftreten? Das hier ist eine große Sache. Der Tod Mamarenkos – das war Mord. Schicken Sie mehr Leute, Madam.«

»Nein, Mister Pierpaoli, das halte ich für unnötig. Zunächst will ich mit Ihnen den Bericht durchgehen. Ich glaube, im Gespräch finden wir mehr heraus.«

»Aber Madam, wie sollen wir in Kapstadt mehr herausfinden als hier? Ich finde, Sie sollten ein Team von …«

»Nein, wir brauchen kein Team, sondern ich brauche Sie hier. Den Rest übernimmt die dortige Security. Sie haben gute Arbeit geleistet. Kommen Sie mit der nächsten Maschine zurück. Dies ist eine Anweisung, Mister Pierpaoli.«

Es ergab keinen Sinn. Pierpaoli wünschte sich nichts sehnlicher, als in der ersten Maschine nach Kapstadt zu sitzen – aber es ergab keinen Sinn. Warum lobte ihn die Eiskönigin? Sie würde ihn nicht mal loben, wenn er übers Wasser ginge, warum also jetzt? Warum wollte sie ihn in Kapstadt haben?

Weil sie ihn nicht hier haben wollte.

»Hallo? Pierpaoli, hören Sie mich? Haben Sie mich verstanden?«

Er dachte an Nikita, an Ariadna, an Liu, an Difraudi, er traf seine Entscheidung.

»Hallo? Hallo, Madam? Ich kann Sie leider nicht hören! Hallo?«

»Lassen Sie den Unsinn, Pierpaoli! Spielen Sie keine Spielchen!«

»Madam, die Verbindung ist nicht stabil. Ich kann Sie nicht mehr hören. Ich melde mich, sobald ich eine bessere Verbindung habe.«

Er legte auf. Der dümmste Trick auf Erden, der beste, der ihm eingefallen war.

Er dachte nach. Sie würden kein Team schicken. Falls er nach Hause flog, falls die Angelegenheit in bürokratische Bahnen gelenkt wurde, konnten darüber Wochen vergehen. Nur er war hier. Aber er wurde von oben nicht mehr gedeckt. Wenn er weitermachte, riskierte er viel, Minklater würde ihn fertigmachen, und sie hatte eine Handhabe. Aber Ariadna war in alles verstrickt. Und Nikita war tot.

Wenn er weitermachte, war er auf sich gestellt.

Er traf seine Entscheidung.

Montag, 16. Juli 2029

Fischrestaurant in der Mall des Meta-Ministeriums, Island

Das Meta-Ministerium war ein Riesenbau, aber auch eine kleine Welt. Pierpaoli brauchte nicht mehr als den Rest des Vormittags, um den Mann mit der Baskenmütze zu finden. Zweimal hatte er ihn schon gesehen, beim Empfang hatte Mamarenko eine Andeutung gemacht, und später hatte die Baskenmütze auf dem Parkplatz gestanden. Das Meta-Ministerium war zwar eine kleine Welt – aber zwei Begegnungen waren mehr als ein Zufall, vermutete Pierpaoli.

Außerdem war dies sein einziger Anhaltspunkt, außerdem lief ihm die Zeit davon. Er war sich nicht sicher, was er da tat. Noch konnte er sich bei Minklater zurückmelden, auf seiner Ausrede beharren und im nächsten Flugzeug nach Kapstadt sitzen. Er würde sein Leben zurückbekommen, dazu allerdings ein paar ungeklärte Fragen, die ihn den Rest seines Lebens begleiten würden.

Zweieinhalb Stunden und ein paar Zugriffe auf Personaldaten später hatte Pierpaoli einen Namen und eine Telefonnummer: Der Mann hieß Gil Quispel, holländische Staatsangehörigkeit, er war Techniker, Spezialist für Feinsensorik. Und er gehörte tatsächlich zu dem Team um Catchside. Eine weitere Dreiviertelstunde später hatte Pierpaoli einen sehr nervösen Quispel am Telefon überzeugt, sich mit ihm persönlich zu treffen, diskret, nur sie beide, ohne irgendwelche Verpflichtungen für Quispel.

Es war trotzdem mühsam gewesen. Pierpaoli hatte andeuten müssen, dass Mamarenko ihm allerhand erzählt hätte, er hatte erklären müssen, wer er war, er hatte seine Rolle etwas pompöser darstellen müssen, als ihm recht war, hatte zwischen offiziellem und informellem Tonfall gewechselt, hatte behauptet, dass er bald abreisen würde, es gehe nur um ein paar letzte Informationen. Und so weiter und so fort.

Treffpunkt war ein Fischrestaurant in der Ministeriums-Mall, ein Laden mit Selbstbedienung. Er war schäbig, nicht übermäßig sauber, abgenutzt, aber berstend voll, jetzt, um die Mittagszeit. Wahrscheinlich liefen die Geschäfte so gut, dass man auf Renovierung und einen frischen Anstrich verzichtete. Das Essen war billig.

Und es war gut. Pierpaoli war etwas früher da, er konnte eine abgelegene Sitznische erobern und holte sich einen Riffle-Joghurt auf Erbsenbasis mit Ananas, dazu einen Kaffee. Er ließ sich Zeit und beobachtete die Leute. Quispel kam zehn Minuten zu spät, wirkte abgehetzt und machte dennoch ein Ich-kann-mich-nicht-entscheiden-Theater um seine Bestellung – am Ende orderte er einen Finless-Fisch, künstliches Thunfischfilet. Die Entwicklung von artifiziellem Fisch hatte in den vergangenen Jahren Fortschritte gemacht; durch die sinnlos-brutale und industrielle Überfischung der Meere vor allem mittels gigantischer Schleppnetze waren die ökologischen Systeme Mitte der zwanziger Jahre kollabiert, schlagartig, und der Preis für echten Fisch war in exorbitante Höhen gestiegen.

Der Labor-Fisch war günstig, hatte sogar höhere Anteile an Omega-3-Fettsäuren, Jod und Selen. Angeblich war er sogar geschmacksintensiver.

Quispel allerdings stocherte und murrte, er kleckerte und war überhaupt wie ein kleines Kind, fand Pierpaoli. Dann holte er sich eine Flasche Wasser, kehrte aber nur mit einem Glas für sich selbst zurück. Es störte Pierpaoli, dass Quispel beim Essen seine speckige Baskenmütze aufbehielt, aber Pierpaoli sagte nichts. Er ließ ihn eine Weile murren und stochern, dann blickte er demonstrativ auf die Uhr: Zeit, um zur Sache zu kommen.

Wie sich herausstellte, konnte Quispel sehr präzise Antworten geben. Ja, er hatte Mamarenko vor ungefähr drei Monaten kennengelernt, ja, er hatte ihn mit Informationen beliefert, weil sie eine Art Freunde geworden waren – Pierpaoli verkniff sich eine Bemerkung dazu –, ja, er könnte diese Informationen auch ihm, Pierpaoli, mitteilen, obwohl das riskant sei für ihn, Quispel. Und dann rückte er mit einer ziemlich unverschämten Forderung nach, er wollte Geld.

Pierpaoli war perplex. Er hatte noch nie in einem offiziellen Prüfungsverfahren einem Informanten Geld gegeben, es gab kein Budget dafür. Außerdem war es verboten.

»Was meinen Sie – wenn Sie sagen, Sie hätten gerne eine Entschädigung?«

»Ist das so unverständlich? Ich will einen Gegenwert für meine Zeit, für mein Risiko, ich will tausend Global für die nächste halbe Stunde. So lange bleibe ich hier und beantworte Ihre Fragen. So haben Mamarenko und ich es gehalten. Wenn die dreißig Minuten um sind, gehe ich. Wenn Sie mehr wissen wollen – jede weitere halbe Stunde wird bezahlt.«

Pierpaoli schwieg. Er hatte tausend Fragen, aber bestimmt keine tausend Global bei sich.

»Okay. Erst die Antworten, dann das Geld. Ich habe keine tausend Global dabei.«

Quispel spielte mit seinem Essen und lachte leise. »Verschwenden wir nicht unsere Zeit. Wie viel haben Sie dabei?«

Pierpaoli unterdrückte seine Wut, holte sein Portemonnaie aus der Tasche. »Vierhundertsechzig.«

»Okay, das macht eine knappe Viertelstunde. Legen Sie das Geld unter die Serviette.«

Pierpaoli biss sich auf die Zähne. *Irrsinn, was ich hier mache. Es ist absolut illegal, es ist unethisch.* Aber Mamarenko hatte auch bezahlt.

»Passen Sie auf, wenn Sie das beruhigt: Sie zahlen mir kein Geld für Informationen, sondern Sie geben mir einen Kredit aus Freundschaft, auf unbestimmte Zeit, eigentlich eine Schenkung. Sie tun das aus Freundschaft. Hat nichts mit Ihrem Job zu tun. Und dann reden wir.«

Pierpaoli schob das kleine Geldbündel unter eine Papierserviette, wartete einen Moment, und als Quispel ihn ausdruckslos ansah, schob er es mit der Spitze seines Zeigefingers ein Stück zu ihm hin. Quispel verlagerte ein wenig sein Gewicht und stützte sich mit seinem Ellbogen auf die Serviette.

»Okay, was läuft da in dem Labor?«

»Eine präzisere Frage haben Sie nicht auf Lager?«

Pierpaoli ärgerte sich, er hätte sich besser vorbereiten sollen.

Quispel rieb sich über die Augen. »Was in dem Labor läuft? Erstmal wird ein Quantencomputer gebaut. Was ziemlich cool ist. Auch für kleine Lichter wie mich, doppelte Zulagen und so weiter, Verschwiegenheitserklärungen, das ganze Programm. Wir hatten einige Testläufe. Der letzte soll spektakulär gewesen sein. Mit dieser Rechenleistung lassen sich chaotische und bisher unberechenbare Systeme berechnen.«

»Wie das Wetter.«

»Genau, Mister Pierpaoli. Wie das Wetter. Ein System mit fast unendlich vielen Faktoren. Unberechenbar! Aber dann, plötzlich, eines Tages, gelangt der Quantencomputer zur Anwendbarkeit. Plötzlich wird das Unberechenbare kalkulierbar. Und wie wichtig Wettervorhersagen sind – ich meine: präzise Vorhersagen, auf die Minute, auf die Sekunde – das muss ich Ihnen nicht sagen. Und eigentlich könnten sie in dem Labor jeden Tag jubeln und Champagner bestellen, denn sie sind praktisch fertig. Tun sie aber nicht. Warum? Weil sie sich hassen. Die Chinesin und der Amerikanski, wie unser Freund zu sagen pflegte, sie arbeiten gegeneinander, sie hassen sich. Ein wunderschönes Beispiel für einen Laborkrieg.«

»Das weiß ich alles schon. Das ist das Geld nicht wert, was Sie hier erzählen.«

»Ach, ist das so? Dann stellen Sie bessere Fragen. Ich komme schon zum Punkt. Warum dieser Streit? Weil Catchside mehr mit dem Quantencomputer anfangen will, als nur das Wetter zu berechnen. Er hat schon, testweise, ganz andere chaotische Systeme kalkuliert, soziale Systeme, politische Systeme, ökonomische Systeme, Börsen. Er hat eine Menge Hackerangriffe laufen lassen, alles schön heimlich. Denken Sie an den Anschlag auf die US-Präsidentin, damals in Iowa. Scheint lange her, wie? Ich kann nichts beweisen. Aber der Quantencomputer wäre der einzige Rechner auf der Welt, der die Drohnen hätte manipulieren, die Sicherheits-Systeme hätte knacken können.«

»Das war Catchside? Sind Sie sicher?«

»Nein, bin ich nicht. Vielleicht war es nur ein Test. Dem Computer ist es egal, welches System er berechnet, ob er hackt oder kalkuliert. Der Computer greift sich alle verfügbaren Informationen und gibt Prognosen. Und die wurden immer genauer in den vergangenen Monaten. Kamen über siebzig Prozent. Aber nie weiter. Jetzt aber …«

»Was ist jetzt?«

»Ich sage doch, ich bin mein Geld wert. Jetzt hat Catchside neue Probanden, damit kommt er auf achtundneunzig Prozent Vorhersagegenauigkeit! Auf zwei Wochen! Totaler Wahnsinn! Catchside ist der wahre Könner, müssen Sie wissen. Er ist das echte Genie. Noch sieben Minuten ungefähr. Fragen Sie.«

»Was will Catchside denn? Professorin Liu loswerden?«

»Das weiß ich nicht. Er vertraut mir seine geheimen Pläne nicht an. Aber wenn ich raten soll?«

»Raten Sie.«

»Dann vermute ich, dass Catchside und dieser Inder, dieser milliardenschwere Guru, unter einer Decke stecken. Beide waren so verdammt selbstzufrieden. Noch drei Minuten. Fragen Sie.«

»Ich muss nachdenken, warten Sie. Sie meinen, Catchside und Shah hängen zusammen?«

»Beweisen könnte ich es nicht. Wir reden hier nicht von einem technischen Spielzeug. Wir reden vom Quantencomputer. Von einer mächtigen Waffe. Es steht viel Geld auf dem Spiel. Vorsicht also! Es ist gefährlich.«

»Aber wenn das alles rauskommt, wenn zum Beispiel Professorin Liu jetzt Alarm schlägt, dann würde Catchside den Zugang zum Computer verlieren, oder?«

»Zum Labor hier – ja. Aber was, wenn er inzwischen einen anderen Quantencomputer gebaut hat?«

»Wäre das möglich?«

»Natürlich. Die technische Seite ist nicht schwierig. Alles nur Kühlung, Aufbau, Komposition. Die physikalische Seite – die ist heikel. Da braucht es einen genialen Kopf. Und den hat Catchside. Vielleicht hat er auch die Baupläne kopiert.«

»Sie meinen, er will einen anderen Quantencomputer bauen?«

»Es ist eine Möglichkeit.«

»Aber das Claranium? Es gibt nur genug für einen Quantencomputer, und es ist hier auf Island?«

»Ja«, sagte Quispel. »Noch eine Minute.«

»Warten Sie, Moment. Wissen Sie etwas über – Kinder?«

»Nein, von Kindern weiß ich nichts. Und ich mag auch keine Kinder.«

»Haben Sie im Labor oder irgendwo eine Frau gesehen, eine Kolumbianerin? Jung, hübsch? Sie heißt Ariadna Ferrer Bayonne. Sie kam zuletzt aus Chile. Sie passt auf Kinder auf, ich weiß nicht genau, warum …«

»Ich auch nicht. Ich habe keine Frau gesehen. Ihre Zeit ist um.«

Quispel hatte Serviette und Geld in seine Jackentasche gleiten lassen, er wollte sich erheben, er tippte sich zum Abschied mit dem Zeigefinger gegen die Baskenmütze, und das gab vielleicht den Ausschlag, denn irgendwas in Pierpaoli explodierte. Plötzlich hasste er diesen Typen. Plötzlich hatte er unbändige Lust, ihn zu schlagen, jetzt, hier, mit der Faust ins Gesicht – er, Thomas Pierpaoli, der in seinem Leben noch keinen anderen Menschen angerührt hatte. Aber er griff über den Tisch und packte Quispel beim Aufschlag seiner Lederjacke. »Sie bleiben hier sitzen und erzählen mir, was Sie wissen, über meine Freundin wissen«, Pierpaoli zitterte vor Wut.

Quispel blieb erstaunlich ruhig. »Was sind Sie, ein Irrer?

Wollen Sie hier eine Szene machen? Soll ich Ihnen meine Glasflasche über den Schädel ziehen?«

Pierpaoli wusste nichts zu sagen. Er starrte Quispel einfach nur an, dann blickte er auf seine Hand, die in den Stoff verkrallt war, und dann ließ er los. »Sie haben Ihr Geld, verschwinden Sie.« Seine Fingerknöchel waren weiß.

Doch Quispel ging nicht, er blieb sitzen. »Ich habe mein Geld?« Es kam höhnisch heraus. »Glauben Sie, mit vierhundert Global haben Sie mir einen Gefallen getan, damit hätten Sie mich auch annähernd anständig bezahlt? Was denken Sie, was diese Informationen eigentlich wert sind? Wie gefährlich es ist, darüber zu sprechen? Und was glauben Sie, warum ich so hinter Geld her bin?«

»Keine Ahnung«, sagte Pierpaoli schwach.

Quispel lehnte sich zurück, er sprach leise, es kam gehetzt heraus. »Weil ich auch mal mitmachen will bei eurem Leben! Ist das zu viel verlangt? Weil ich ein großes Bett will, mit roten Laken, ein sauberes Badezimmer nur für mich allein, weil ich mir Liebe und Sex und Fisch kaufen will, sobald mir danach ist, richtigen Fisch, nicht diese künstliche Scheiße – ich will all die Privilegien, die den Reichen, Leuten wie Ihnen, zustehen, ohne dass ihr es wisst …«

»Ich bin nicht reich. Ich habe keine roten Laken.«

»Nein? Aber Sie gehören dazu. Sie arbeiten in Kapstadt. Sie sind Beamter. Sie beziehen, wenn Sie hier anreisen, bestimmt ein schickes Apartment. Sie dürfen fliegen. Das alles kann ich mir nicht leisten. Wissen Sie, in was für einem Drecksloch ich hause? Wissen Sie, wie es ist, wenn man sich wie ich als Freelance-Techniker durchschlägt? Mal ein guter Job, dann monatelang nichts. Am Anfang lief es gut, aber dann kam mir die Klimakatastrophe dazwischen, hoppla, Pech gehabt, dann die Weltwirtschaftskrise, nochmals Pech, die Rohstoffkrise, die Konsumkrise, die Jobkrise, und inzwischen gibt es nur noch ein Oben und ein Unten – und Leute wie ich, die unten sind, müssen kämpfen.

Mit Zähnen und Klauen. Wir müssen kämpfen, um überhaupt zu überleben. Sonst werden wir nämlich ausgenutzt und ausgespuckt. Von Leuten wie Ihnen, von Leuten wie Catchside …«

»Was ist mit Catchside?«

»Nichts«, sagte Quispel. Pierpaoli sah ihn an.

»Ach, was soll's. Wir waren ein Paar, der große Professor und der kleine Techniker. Nein, ich *dachte* nur, wir wären ein Paar. Aber eigentlich hat er mich nur gefickt. Solange ich stillhielt, solange ihm mein Arsch gefiel. Da haben Sie meine Geschichte.« Er stand auf.

»Sie hassen Catchside?«

»Rufen Sie mich nie wieder an«, sagte Quispel. Dann ging er. Pierpaoli blieb sitzen, wie betäubt.

Montag, 16. Juli 2029

Apartment 13.294, Wohnanlage 13, Meta-Ministerium, Island

Er musste nachdenken.

Am besorgniserregendsten an Quispels prahlerischen Erzählungen schien Pierpaoli die Andeutung, wie gefährlich das Ganze war. Falls Ariadna mit diesem Shah zu tun hatte, falls der Guru und Catchside zusammenhingen, dann war Ariadna involviert. Aber wie? Sie war nicht der Mensch, mit dem man ein finsteres Komplott schmiedete. Sie war ahnungslos. Und also in Gefahr.

Es war vierzehn Uhr. Noch konnte er zurück. Er konnte die Nachtmaschine nach Kapstadt nehmen, der Eiskönigin irgendwas erzählen und wieder in sein behagliches Büro zurückkehren. Quispel hatte recht: Dies war eine Nummer zu groß für ihn. Wie es auch für Nikita zu groß gewesen war.

Pierpaoli schaltete sein Telefon ein, fand drei gleichlautende Textnachrichten von Redmondis, auf der Mailbox zwei Anrufe von der Eiskönigin. Er rief Ariadna an. Er ließ es lange klingeln. Dann hörte er ihre Stimme.

»Wo bist du, Ari?«

»Ich war im Studio. Wir haben etwas Musik gemacht. Warum fragst du?«

»Musik? Wo bist du?«

Sie sagte nichts.

»Hör zu, Ari, du musst auf dich aufpassen! Du musst mir sagen, wo du bist. Und du musst dich fernhalten von diesem Shah, diesem Guru. Da laufen merkwürdige Dinge, glaub mir. Sag mir bitte, wo du bist, ich hole dich ab.«

»Keine Angst, Thomas. In dieses Ministerium setze ich keinen Fuß mehr. Und ich kann auf mich selbst aufpassen. Ich will nicht, dass du kommst.«

»Bist du noch auf Island?«

»Ich muss Schluss machen, Thomas.«

Er hörte im Hintergrund eine Stimme rufen, Trommeln.

»Bist du noch auf Island, Ari? Sag's mir!«

»Mach's gut, Thomas.«

Sie hatte aufgelegt.

Sie war eine schlechte Lügnerin, lieber sagte sie nichts. Sie war noch auf Island.

Montag, 16. Juli 2029

Slum-World, Island

Sie fuhren. Denn Reza hatte eine Idee gehabt.

Seit Reza Taxi fuhr, wusste er um die Vergänglichkeit des Glücks, des Erfolgs. Er war ein guter Taxifahrer – sein Ehrgeiz war es, seinen betagten Volkswagen E-Like sauber zu halten und seine Fahrgäste schnell und wohlbehalten ans Ziel zu bringen. Was schwierig genug war in dem wild wuchernden Durcheinander von aufgestellten Häusern, improvisierten Werkstätten, Hinterhof-Drogenküchen, hastig aus dem Boden gestampften Containersiedlungen – der Slum-World. Der Slum war wie ein Abbild der neuen Welt, einer Zeit ohne Garantien und Bestand; er war amorph, fließend, in permanenter Veränderung.

Nur wenige Straßen waren befestigt und hatten Namen, manchmal waren sie wochenlang nachts hell erleuchtet, dann lagen sie in Dunkelheit, und es gab auch nur eine Handvoll *landmarks*, an denen man sich orientieren konnte. Manche Stadtviertel waren wochenlang, monatelang von diesen oder jenen Leuten bewohnt, doch kaum dass man sich daran gewöhnt hatte, zogen sie fort. Andere Menschen kamen, stockten Häuser auf, verlegten Straßen, setzten primitive Leitern, Pfähle mit Querzapfen, das Viertel wurde umgestaltet, der Slum wuchs in die Höhe, in die Breite, ohne Überblick und System.

Reza kannte sich gut aus in den drei Ringen, aber wenn sein Fahrgast keine Ahnung hatte, wohin er wollte, dann war auch Reza mit seiner Weisheit am Ende, fast.

Trotzdem fuhren sie. Denn Reza hatte eine Idee gehabt.

Pierpaoli hatte Reza unter dessen Satellitenverbindung erreicht und gebeten, ihn abzuholen; er bräuchte einen Fahrer wie ihn, dringend. Reza hatte gelacht und war eine Stunde später am Treffpunkt gewesen. Pierpaoli hätte Reza küssen mögen, aber er beherrschte sich.

Dann hatte Pierpaoli allerdings zugeben müssen, dass er keine Adresse hatte, keine Wegbeschreibung, keinen Anhaltspunkt.

»Sie sind als Fahrgast eine Herausforderung«, hatte Reza gesagt und seinen Glücksbringer angetippt, der am Rückspiegel hing, die kleine Messingfigur. »Also, ich soll Sie irgendwo hinfahren, aber wir wissen nicht, wohin. Schön. Ihre Freundin ist wahrscheinlich bei irgendwelchen Künstlern, aber sie verrät Ihnen nicht, wo. Gut. Sie ist in dem Viertel, wo die Bands spielen, wo die Musiker leben. Okay, das engt es ein bisschen ein. Aber auch nur ein bisschen. In dem Viertel leben ein paar tausend Menschen. Praktisch jeder ist da Künstler.«

Pierpaoli hatte genickt. Er war sich seiner Schuld bewusst.

»Okay, dann fahren wir zu ›Das Ohr‹. Wenn einer helfen kann, dann er.«

Und so fuhren sie.

Währenddessen erzählte Reza. Pierpaoli erfuhr, wie diese Außenwelt aufgebaut war, bei aller Veränderung gab es dennoch Regeln, abgezirkelte Gebiete. Es gab drei Ringe, wenn auch mit fließenden Grenzen. Im äußeren Ring lebten die »Normalen«, meist Pendler, die im Ministerium oder in den angeschlossenen Institutionen mit Glück einen Job gefunden hatten, die dort kochten, Reinigungsmaschinen fuhren, Techniker, Gärtner waren – deren Verdienst aber nicht reichte, um innerhalb der Ringe eine Wohnung zu bezahlen. Sie lebten still, bescheiden, wollten nicht auffallen.

Einen Ring weiter hausten die Nichtnormalen, das waren die Musiker, Yogis, Priesterinnen, Maler, Schauspielerinnen, Sänger, Aktivistinnen, all die Berühmten und Nicht-mehr-Berühmten oder Noch-nicht-Berühmten, der Slum zog sie magisch an, er versprach Prestige und Coolness. Dieser zweite Ring war ein Labor der Meinungen und der Moderne: Ehemalige Megastars hatten große Häuser, Sternchen hatten Wohnungen gekauft und ließen sich sogar gelegentlich blicken. Keith Richards zum Beispiel, Kanye West, auch der greise Roger »Pink Floyd« Waters, oder Rihanna, die angeblich ihr Unterwäsche-Label (»Iceland-Slum-Lingerie«) hier designen ließ. Gelegentlich reiste Udo Lindenberg an.

Die radikal-militanten »Future Warriors« hatten hier ihre Zentrale, sie hatten mehrere Demonstrationen angekündigt gegen Greta Thunberg, die sie für »angepasst« erklärt hatten. Daneben residierte die »Freeganism«-Organisation, deren Mitglieder jede Teilnahme am konventionellen Wirtschaftskreislauf ablehnten und sich durch Minimalkonsum, Recycling, Müllsammeln und Guerilla-Gärtnern (man baute irgendwo Gemüse an, egal, ob einem das Land gehörte oder nicht) über Wasser hielten.

Es gab winzige Fahrrad-Werkstätten, es gab funkenstiebende Manufakturen, wo halbnackte Metallarbeiter riesige Eisenräder für Webstühle schmiedeten, es gab eine florierende Container-Liefer-Branche, Schuhmacher, Drogenküchen, Lederwerkstätten, zerfasernde Bäcker- und Gärtner-Kollektive, die Superfood anboten, Rettich, Rotkohl, Amaranth, es gab esoterische Zirkel, wo bleiche Apostel betend auf der Straße knieten; Ärzte-Kollektive, die kleine Krankenhäuser betrieben, irgendwo hauste ein surrealistischer Künstler von mittlerer Bekanntheit, dessen Kunst darin bestand, für jeden Händedruck zehn Global zu nehmen. Händeschütteln plus Schulterklopfen plus Foto kostete fünfzehn. Er hatte Kunden, die kamen, nur um sagen zu können: Wir haben's gemacht.

Das waren die Normalen und die Nichtnormalen; im inneren Ring herrschten die »Namenlosen«. Hier galten strenge Disziplin und ein fast schon faschistischer Ordnungssinn. Einige der militanten Klimaleugner waren hier untergeschlüpft, nachdem die Konsolidierung der G3 zur Klima-Allianz sie in die Bedeutungslosigkeit getrieben hatte. Wer hier leben wollte, musste Bürgen anschleppen, sich einer Prüfung unterziehen, ein Regelwerk unterschreiben, das den Umfang einer Doktorarbeit hatte. Ruhegebot, Sauberkeitsgebot, Erscheinungsgebot bei den regelmäßig stattfindenden Kundgebungen. Sie kontrollierten auch die Zufahrten zu ihrem Bereich. Und neben den drei Ringen trieben noch diverse Gangster-Gruppierungen ihr Unwesen. Sie bauten, vor allem nachts, improvisierte Straßensperren, überfielen Autofahrer, lieferten sich mit den »Namenlosen« Gefechte.

Pierpaoli erfuhr das, als sie den »Namenlosen«-Ring schon hinter sich gelassen hatten und durch das Gebiet der Nichtnormalen fuhren. Reza lenkte den Wagen durch tunnelartige Straßen, Schotterwege, links und rechts waren alte Schifffahrts-Container zu Häusern umfunktioniert worden, manchmal waren es fünf Container übereinander, die oberen waren nur durch Leitern erreichbar. Diese Leitern würden nachts eingezogen, erzählte Reza. Man hatte in das Seitenblech Fenster und Luken geschnitten, Pierpaoli sah Gestalten, die die wackeligen Leitern auf und ab kletterten oder die primitive Seilzüge bedienten.

Reza bog einmal links und zweimal rechts ab, dann hielt er vor einem Kellereingang. Eine schmale Treppe. Pierpaoli konnte eine flackernde, offenbar defekte, blau-weiße Leuchtreklame erkennen: »Das Ohr«.

»Was soll das, Reza? Wo sind wir?«

»Wir sind bei ›Das Ohr‹. Wenn einer weiß, wo Ihre Freundin steckt, dann dieser Mann hier. Steigen wir aus.«

»Was machen wir hier?«

»Kurzversion? Langversion?«

»Bitte eine kurze Kurzversion, Reza.«

»Okay. Sie haben's eilig. Verstehe.«

Was Reza in seiner Kurzfassung wegließ, war, wie es begonnen hatte, nämlich vor mehr als einem Vierteljahrhundert.

*

Begonnen hatte es damit, dass die diversen Umweltverbände im Westen erstarkten – immer mehr Menschen wurden sich, wenn auch noch verschwommen, ihrer Verantwortung bewusst, ihrer

Verantwortung für die Natur, für die nachfolgenden Generationen, das gesellschaftliche Klima änderte sich, Schuldgefühle kamen auf, und immer mehr Geld kam herein, aus kleinen Kraut-und-Rüben-Gruppen wurden stattliche Organisationen, sie konnten Leute einstellen und ihnen ein Gehalt zahlen, sie hatten ordentliche Büros und vernünftige Computer.

Aber sie hatten immer noch das Problem: Wie konnten sie ihre Öko-Empfehlungen einfach und klar auf den Punkt bringen?

Für die meisten Menschen waren die Themen, je genauer man sie betrachtete, zu komplex, im Alltag und im Konsumverhalten kaum zu lösen. Was war ökologisch vertretbar? Durfte man gebleichtes Toilettenpapier benutzen – oder sollte man das harte, graue, kratzige Papier kaufen, auf dem »Danke« stand? Durfte man ein Flugzeug besteigen? Durfte man Fleisch essen – und wenn ja, welches? War es unverantwortlich, ein Auto zu fahren? War ein loderndes Osterfeuer unverzeihlich, weil es Unmengen von CO_2 in die Nacht schleuderte? Was war richtig, was war falsch?

In diesem Umfeld tummelte sich auch ein junger Aktivist, ein Mann, der mal bei Greenpeace, dann bei Robin Wood arbeitete, ein junger und erfinderischer Mann, der sich Arnold Palindromski nannte. Und dieser Palindromski kam eines Tages auf die geniale Idee, die Dinge zu vereinfachen – man brauchte Zertifikate. Das war die Idee. Man brauchte einfache Aufkleber, die der ökobewussten Hausfrau, dem ökobewussten Hausmann das richtige Leben im falschen ermöglichten.

Palindromski war nicht *der* Erfinder der Zertifizierung, aber er trieb das System maßgeblich voran, systematisierte es, beziehungsweise: Er machte es unübersichtlich. Er stellte fest, zu seiner freudigen Überraschung, dass die meisten Hersteller und Industrien ganz wild darauf waren, diese neuen Ökosiegel auf ihre Produkte zu pappen, und dass da Geld zu holen war. Viel Geld.

Der Markt war nicht reglementiert. Einfach gesagt: Jeder

konnte sich hinstellen und jeder Institution, jeder Branche was auch immer bestätigen, irgendein Siegel verleihen. Schlechtes Gewissen war ein Rohstoff.

Die Versuchung war einfach zu groß.

Palindromski hatte Erfahrung, er kannte das Vokabular, und er baute in den folgenden Jahren ein eigenes Netz von scheinbar strengen Überwachungs- und Zertifizierungs-Organisationen auf – teilweise waren es nur Briefkastenfirmen, die aber täuschend echt wirkten. Und Palindromski begann, Geld zu scheffeln. Vor allem, als er die richtigen Kunden fand: Kleidung, Spielzeug, Fischverarbeitung. Geschickt verwischte er seine Spuren, er beschäftigte Schwadronen von smarten Anwälten, er nutzte die Grauzonen und bediente das Bedürfnis der hilflosen Konsumenten, im Supermarkt das richtige Produkt zu kaufen, das Gewissen zu beruhigen.

Es lief gut. Bis er irgendwann Pech hatte, unerwartetes Pech. Er wurde krank.

Es geschah im Dezember des Jahres 2019, Januar 2020. Palindromski weilte zu einem geschäftlichen Meeting in der chinesischen Stadt Wuhan, als ihn dort der Ausbruch einer Epidemie, ausgelöst durch eine Virus-Mutation, erwischte. Er konnte zwar in letzter Minute, dank seiner Geschäftspartner und dank seines Geldes, ein Krankenhausbett in einem Zwölfbettzimmer im »Central Hospital« in der Shengli Street ergattern, doch dort verbrachte er, während die Stadt in Quarantäne lag, neunundzwanzig Tage und Nächte. Es ging um Leben und Tod. Er erlebte Krankenschwestern und Ärzte, die sich aufopferten, er erlebte unfassbares Leid, namenlose Angst. Zwischendurch erfuhr er, dass der Ausbruch der Corona-Epidemie hätte verhindert werden können, wenn es nicht ein System von Vertuschung und Heimlichtuerei gegeben hätte. Das erinnerte ihn stark an sein eigenes Business. Palindromski war nie besonders religiös gewesen, schon aus Zeitgründen; doch in diesem Zwölfbettzimmer, hinter einer schmierigen Plastikplane liegend, fiebernd, hustend, röchelnd und um sein Leben kämpfend, hatte er viel Zeit. Er wandte sich an einen Gott, falls es den gäbe. Er gelobte Besserung. Falls er hier jemals herauskäme. Falls er diesen Alptraum überleben würde.

Palindromski überlebte. Er wurde im Februar entlassen, ausgeflogen, und er hielt sein Versprechen. Palindromski erstattete Selbstanzeige, legte alle Hintergründe offen, dokumentierte alle Machenschaften, stellte den Strafverfolgungsbehörden eine Wagenladung von Akten zur Verfügung – die Staatsanwälte griffen sich vor Glück ans Herz. Palindromski wurde zu einer vierjährigen Gefängnisstrafe verurteilt, die er auf eigenen Wunsch voll absaß.

Danach war er alles andere als ein gebrochener Mann; er war ein glücklicher Mann. Wenn auch arm wie eine Kirchenmaus. Seine alten Freunde und Bekannten hatten sich verständlicherweise abgewandt, aber er gewann neue Freunde. Und irgendwann verschlug es Arnold Palindromski nach Island. Wo er seine Bestimmung fand.

*

Dies war die Kurzfassung, die Reza zum Besten gab, mit einem gerüttelt Maß an Bewunderung übrigens, während sie die rutschige Kellertreppe hinabstiegen. Palindromski hatte sich hier eingemietet, hier hatte er eine Geschäftsidee neuen Typs verwirklicht: Er hörte zu.

Er war »Das Ohr«. Er hörte zu.

Mehr nicht. Leute kamen zu ihm, erzählten ihm ihre Geschichte, und Palindromski kochte für sie und sich auf einer Heizplatte türkischen Kaffee und schenkte seinen Besuchern, die im Kaffeeschlamm der kleinen Tassen rührten, seine Zeit. Er hörte hin. Er gab keine Ratschläge, verlangte kein Geld, forderte keine Reue, Sühne, falls er von Untaten erfuhr, er war nie schockiert oder begeistert – er hörte nur zu. Er war ein Beichtvater neuen Zuschnitts.

Er hatte feste Öffnungszeiten, vergab aber keine Termine. Wenn das Schild blinkte, war er da. Manchmal kamen an einem Tag nur drei oder fünf Besucher, manchmal gaben sich die Leute die Klinke in die Hand. Es war erstaunlich, wie viele Menschen jemanden brauchten, der ihnen, ohne Ungeduld, ohne priesterliche Professionalität, ohne moralischen Zeigefinger, ohne psychiatrisches Vokabular, einfach nur zuhörte.

Pierpaoli wusste nicht, wen oder was er sich vorgestellt hatte, wahrscheinlich aber eine etwas eindrucksvollere Erscheinung. »Das Ohr« war ein unscheinbares Männchen mit einem zauseligen Vollbart und blitzenden Augen hinter einer mit Klebeband zusammengehaltenen Brille. Er begrüßte die Besucher, stellte sich vor, wollte aber selbst keine Namen wissen. Er hieß sie willkommen. Der Raum war sehr warm, in der Ecke bullerte ein Ofen, irgendwie verliefen die Wände merkwürdig schief, ansonsten war das Zimmer mit Mobiliar vom Sperrmüll ausgestattet. »Das Ohr« lebte hier offenbar auch. Ein schmales Bett, eine Teeküche. Hinter einem Flickenvorhang befand sich so etwas wie eine Toilette, ein Bad. »Das Ohr« deutete auf die durchhängende Couch und zwei geblümte Sessel, die um einen Couchtisch standen, der eine Kiste war. Pierpaoli wollte keinen Kaffee. Reza hielt sich im Hintergrund, hörte aber genau zu. Er war ganz und gar Ehrfurcht, Bewunderung.

Aus dem Sessel stiegen kleine Staubwölkchen auf, als Pierpaoli sich setzte. Der Sessel roch muffig.

»Wir kennen uns nicht«, sagte der Bärtige. »Aber ich freue mich über Ihr Kommen.«

»Wir sind hier, weil wir Ihre Hilfe brauchen. Mein Freund, mein Fahrer, also Reza, er erzählte, dass viele Leute zu Ihnen kommen, dass Sie viel erfahren …« Pierpaoli war sich nicht sicher, wie er fortfahren sollte.

»Das ist wahr. Ich höre zu.«

»Deshalb dachten wir, Sie erfahren viel. Deshalb dachten wir auch, Sie könnten uns helfen, eine Frau zu finden, die sich hier im Slum – also, in diesem Gebiet – versteckt, in der Gegend, wo vor allem die Künstler, vor allem die Musiker wohnen, die – äh …« Pierpaoli blickte sich zu Reza um.

»Die Nichtnormalen«, ergänzte Reza eifrig.

»Genau. Dort ist sie wahrscheinlich. Die Frau, nach der wir suchen. Nach der ich suche. Sie heißt Ariadna Ferrer Bayonne. Sie könnte in Schwierigkeiten sein. Ich habe Fotos. Vielleicht haben Sie was gehört? Oder vielleicht könnten Sie sich umhören?«

»Nein, leider nicht. Das mache ich nicht. Ich erzähle nie etwas weiter. Ich höre nur zu. Haben Sie mir etwas zu erzählen?«

»Ich? Ihnen? Nein, ich wollte Sie um eine Auskunft bitten.«

»Aber ich gebe keine Auskünfte, nie. Es tut mir leid. Selbst wenn ich etwas wüsste.«

»Was meinen Sie damit? Sie haben von ihr gehört? Sagen Sie's, bitte!« Pierpaoli wurde laut.

»Warum wollen Sie diese Frau finden? Lassen Sie uns darüber sprechen.«

Großer Gott. Wir verschwenden hier nur Zeit. »Das ist eine lange Geschichte.«

»Lange Geschichten sind mein Metier. Erzählen Sie, wenn Sie möchten. Erzählen Sie mir Ihre Geschichte.«

Pierpaoli wusste nicht, was er tun sollte. »Okay, falls ich Ihnen erzähle, warum, dann sagen Sie mir, ob Sie von der Frau gehört haben, so läuft das hier?« Pierpaoli sah sich hilfesuchend nach Reza um.

»Erzählen Sie. Oder gehen Sie, bitte.«

Reza nickte Pierpaoli auffordernd zu.

»Okay. Ich erzähle Ihnen eine Geschichte. Wenn Sie unbedingt wollen …« Pierpaoli atmete schwer ein und aus. »Okay. Da ist also ein Typ. Er sucht eine Frau – nicht irgendeine, eine bestimmte Frau. Sie ist in Gefahr, möglicherweise. Sie heißt Ariadna Ferrer Bayonne. Sie versteckt sich hier, möglicherweise. Bei den Nichtnormalen. Mit drei Kindern.«

»Ihre Kinder?«

»Nein, es sind nicht ihre eigenen, sie passt aber auf sie auf. Weiß der Henker, warum. Die Frau hatte jedenfalls mit den falschen Leuten zu tun, aber das ist keine Banalität, es ist ernst, es geht da um ein Forschungsprojekt im Ministerium, und es geht um Geld und einen Computer, aber es ist alles sehr kompliziert. Ja. Also. Haben Sie von dieser Frau gehört – ja oder nein?«

»Und der Mann liebt die Frau?«

»Ob er sie liebt? Sie stellen vielleicht Fragen. Ja, sie waren mal ein Paar, die Frau und der Mann. Sie ist eine tolle Frau. Vielleicht ist sie die Frau seines Lebens. Wer weiß das schon? Aber dieser Mann – er hatte eben Angst. Er hatte das nicht gelernt. Seine Mutter ist früh gestorben.«

Pierpaoli verstummte. »Das Ohr« wartete geduldig.

Pierpaoli fuhr fort. »Die Frau machte ihm jedenfalls Angst. Sie wollte alles, sie wollte ihm alles geben, alles nehmen, so ist sie eben, alles oder nichts. Sie beachtet keine Regeln, der Mann schon, er hält sich an Regeln, eigentlich. Und die Frau geht jedes Risiko ein, lässt alles stehen und liegen, um anderen zu helfen, so ist ihr Charakter. Der Mann war lieber vorsichtig. Denn irgendwann verliert man alles, richtig? Irgendwann endet alles. Und davor hatte der Mann Angst. Wenn er sich dieser Frau ausgeliefert hätte, so, wie sie es verlangte – dann wäre er, wie soll ich sagen …«

»Schutzlos?«

»Ja. Dann wäre er schutzlos. Davor hatte der Mann Angst.«

»Ich finde, man kann den Mann verstehen. Die Welt ist erfüllt von Angst. Vieles ändert sich, es herrscht Unsicherheit. Ich höre hier oft Geschichten, die von Angst handeln.«

»Tja, der Mann dachte, besser, man hält sich raus. Bevor es ernst wird. Man windet sich durchs Leben. Zwar einigermaßen anständig, zwar einigermaßen charmant, aber Charme und Anstand sind nur die Beilagen. So sieht der Mann das jetzt.«

»Warum?«

»In den letzten Tagen oder Stunden ist ziemlich viel passiert. Er hat einiges erfahren, was er nicht versteht, und er hat nachgedacht, unser Mann. Er hatte übrigens einen Wutanfall, hätte fast jemanden geschlagen, in einem Restaurant …«

»Weshalb?«

»Ja, weshalb? Eigentlich war es völlig unbegründet. Da war ein armer Kerl. Der steckte voller Frustration und Rache, und er gab ein paar Informationen her, und er hat dafür ein bisschen Geld verlangt. Mehr war nicht. Aber unser Mann wäre fast ausgerastet …«

»Aus Wut? Aus Verzweiflung?«

»Vielleicht aus Verzweiflung. Weil er auf dem falschen Weg war. Er wollte plötzlich nur noch die Frau beschützen. Er wollte, dass sie ihm erlaubt, sich um sie zu kümmern. Ein einfacher Wunsch, könnte man denken. Aber es ist nie einfach.«

»Oft merkt man, was fehlt, wenn es einem fehlt.«

»Ja …« Pierpaoli lehnte sich zurück und starrte nach oben. Die Zimmerdecke war weiß und hatte Wasserflecken. »Ja, das haben Sie schön gesagt. Jetzt hab ich Ihnen also meine Geschichte erzählt, wie würden Sie es nennen – eine traurige Liebesgeschichte?«

»Ich glaube, Ihre Geschichte handelt von Vertrauen. Von der Schwierigkeit, Vertrauen zu haben. Doch wir sind als Menschen auf Vertrauen angewiesen. Jeder Kontakt setzt Vertrauen voraus. Jetzt, hier, in der Gegenwart.«

»Vertrauen ist nicht meine Stärke«, sagte Pierpaoli. »Wie dem auch sei. Sie können mir nichts Konkretes sagen? Sie wissen nichts?«

»Nein.«

»Dann gehen wir eben. Vielen Dank.« Pierpaoli hatte es eilig, hier herauszukommen, er gab Reza ein Zeichen, aber der war erstarrt in Bewunderung.

»Warten Sie. Ich weiß nichts Konkretes, sagte ich. Aber es gibt vielleicht einen Anhaltspunkt. Gehen Sie zu Mardi Gras.

Grüßen Sie ihn von mir. Er wohnt über dem ›Chix-Chox‹, falls Sie das kennen? Oder vielleicht kennt Ihr Freund es? Es ist ein Club …« Palindromski blickte Reza fragend an, der nickte eifrig.

»Mardi Gras ist momentan in seinem kleinen Viertel sowas wie der informelle Bürgermeister. Finden Sie ihn. Grüßen Sie ihn, er ist ein Freund.«

Sie saßen im Auto. Reza war begeistert. »Der Mann ist beachtlich. Was der aus Ihnen herausgeholt hat!«

»Tu mir einen Gefallen«, sagte Pierpaoli. »Fahr einfach.«

Montag, 16. Juli 2029

Suite 311, »Ritz Carlton Iceland«, Island

Shah saß in einem bequemen Sessel und dachte nach. Gerade hatte er die Nachricht von Catchsides Tod bekommen und wusste, es gab jetzt mehr als ein Problem.

Sein verschlüsseltes Telefon klingelte.

»Ja?«

»Sie fahren wieder los.«

»Nach wie vor nur Pierpaoli und sein Fahrer?«

»Nur die beiden.«

»Bleibt an ihm dran. Er sucht die Frau. Er wird uns zu den Kindern führen.«

»Okay, Guru-ji.«

»Und sag Rajan und Mogra, ich habe eine andere Aufgabe. Sag: Sie sollen evakuieren. Sie wissen Bescheid.«

Montag, 16. Juli 2029

»Chix-Chox«, Slum-World, Island

Das Viertel war schäbig: ein Gemengsel aus engen Schotterwegen, Betonbehausungen, elefantengrau, packpapierbraun, meist zweigeschossige Kästen, teilweise von einem grünlichen Schimmelflor überzogen, dazwischen verschachtelte Bauten aus rostigen Containern. Kreuz und quer liefen verwegen gezogene Stromleitungen. Am Straßenrand lagen Baustahlmatten, Kleidungsstücke, Schuhe.

Das »Chix-Chox« jedoch schien aus einem besseren Stadtteil oder aus besseren Zeiten hierher eingewandert. Pierpaoli und Reza stiegen aus.

Das schlanke Haus, dreigeschossig, ragte über die Nachbarhäuser hinweg. Es war frisch gestrichen, in einem Rosé-Anstrich, Tür und Fenster waren in einem kräftigen Hellblau und Hellgrün lackiert und obendrein mit Goldfarbe verziert, die Tür war beschirmt von einer Markise in Honiggelb – das Haus zwischen den anderen Gebäuden sah aus, als hätte ein Papagei sich unter einem Schwarm Tauben niedergelassen. *Dieses Versteck*, dachte Pierpaoli, *würde zu Ariadna passen, das auffälligste Versteck der Welt.* Auf dem Flachdach standen zwei Leuchtreklamen, die abwechselnd an- und ausgingen: »Chix«, dann, von der anderen Dachseite: »Chox. Chix. Chox.«

Die Tür war schwer und vergittert. Aber unverschlossen, die Klinke ließ sich hinunterdrücken. »Lassen Sie sich Zeit, aber ich bleibe beim Wagen«, sagte Reza. Er fürchtete um seinen Wagen, er traute der Gegend nicht.

Pierpaoli nickte, drückte die Tür auf und trat ein. Ein schmaler Flur. An der Wand stand, in ironischer Schnörkelschrift: »Place to be«.

Wummern und Dröhnen empfing ihn. Er brauchte einen Moment, bis er begriff, dass es Musik war, allerdings martialische Musik – Pierpaoli schritt vorsichtig, zögerlich voran, durch den Flur, an dessen Ende ein Vorhang hing, mehrere Lagen aus Filz und Stoff. Er schlug das schwere Ding zurück, stieg achtsam zwei Stufen tiefer – und stand im Club. Hier war die Musik ohrenbetäubend. Aber sie war gut. Das merkte selbst Pierpaoli.

Ein runder, großer Raum, schwarz gestrichen und leer, bis auf die Bühne, auf der ein Dutzend Leute agierten, auf runde Gegenstände einschlugen. Mittendrin ein fetter Mann, ein Jägerhütchen auf dem Kopf, er spielte Zugposaune, sein Gesicht glänzte. Wie er aber spielte, klang es mehr nach einem Holzinstrument, der Klang war warm und kompakt, die melodischen Linien kamen einem bekannt vor – und gleichzeitig fremd.

Zeiten und Orte bringen ihre spezifische Kunst hervor. Die Band hieß »Second Line«, ein historischer Ausdruck, benannt nach dem tanzenden Gefolge, welches früher, in den Neunzehnhundertzwanzigern, den Jazzbands durch New Orleans hinterhergelaufen war. Die neue Second-Line-Musik war eine Mischung aus zahllosen Stilrichtungen, die zerlegt, recyclet und neu zusammengesetzt waren, Jazz, Jamaika, Folklore, The Clash, Turbofolk, Blues, mit eingeschleuster rhythmischer DNA vom Balkan. Die Band war ein Aufgebot von acht Trommlern, die auf Plastiktonnen, auf ausrangierten Autofelgen, mit Nägeln gefüllten Eimern, Snare-Drums und Kinderbadewannen einhämmerten, pochten, kratzten, klackerten, Basstöne hervorlockten, dazu Posaune und Flügelhorn und Gitarre und Gesang, und wie durch ein Wunder verband sich das Getöse zu einem aufregenden Ganzen.

Es war Subkultur-Musik, die sich aber anschickte, demnächst auf der ganzen Welt gehört zu werden. Und dass sie hier entstand, im Place-to-be-Slum auf Island, war eigentlich nur logisch.

Pierpaoli trat näher, machte ein Zeichen, die Musiker brachen einer nach dem anderen ab. Pierpaoli trat näher an die Probebühne. Der dicke Mann mit dem Jägerhütchen schüttelte den Speichel aus seinem Mundstück und musterte Pierpaoli eingehend. »Ja? Können wir Ihnen helfen?«

»Ich suche Ariadna Ferrer Bayonne, ich bin ein – ein Freund von ihr. Wir kennen uns aus Indien. Und aus Kapstadt.«

»Und Sie sind?«

»Pierpaoli. Thomas Pierpaoli …«

»Aha.« Der Mann – es war Mardi Gras – sah ihn prüfend an. »Also gut. Ariadna ist oben. Da rechts die Treppe hinauf, erster Stock, erstes Zimmer.«

Pierpaoli dankte und stieg die Treppe hoch.

Die Tür war verschlossen. Er klopfte zwei Mal. Als keine Antwort kam, drückte er die Klinke.

*

Der Raum ist groß, quadratisch, ohne Möbel. Auf dem Holzfußboden liegt ein zerschlissener bunter Teppich. Vier Schlafsäcke sind darauf ausgerollt. Taschen und ein Rucksack stehen an der Wand. Und drei Mädchen, unterschiedlichen Alters, sitzen auf dem Boden, barfuß, schwarzhaarig, indianische Gesichtszüge, sie hocken im Schneidersitz auf dem Teppich und legen jedes ein Puzzle. Sie sind vertieft in ihre Beschäftigung – blicken kaum auf, als Pierpaoli in das Zimmer tritt. Von unten das Gewummer der Band.

Es sind Inara, Sayen und Amuway.

Pierpaoli ist an den Umgang mit Kindern nicht gewöhnt; und diese hier machen ihn zusätzlich unsicher. Er bleibt vor dem größten Mädchen stehen, etwas linkisch, aber er setzt ein Lächeln auf. »Entschuldigung, ich suche eine Freundin – Ariadna …«

Die Mädchen schauen auf. Zucken die Achseln, dann wenden sie sich wieder ihren Puzzlebildern zu.

Vielleicht haben sie ihn nicht verstanden? Pierpaoli kratzt sein Spanisch zusammen: *»Ariadna está? Estoy buscando a Ariadna …«*

»*No está*, sie ist nicht hier«, sagt das älteste Mädchen freundlich, mit einer Handbewegung in das Zimmer.

Pierpaoli weiß nicht, was er davon halten, was er denken soll. Seine Gewissheit, warum er hier ist, warum er Ariadna unbedingt finden wollte, versickert.

Das älteste Mädchen sieht ihn immer noch an. Es ist ein langer Blick. Als ob Signale, die zu senden und zu empfangen normalerweise viele Tage oder Wochen dauern würde, in nur wenigen Sekunden übermittelt werden. Sie deutet auf den freien Platz neben sich, auf den Teppich, Pierpaoli soll sich neben sie setzen.

Zögernd lässt er sich neben ihr nieder. Was er sagen oder tun soll – keine Ahnung. Aber er findet es – für den Moment – tröstlich, hier neben diesem seltsamen Kind zu sitzen. »Ariadna wird kommen?«

»Sí«, sagt das Mädchen, *»ahorita volverá*, sie kommt bald.«

Dann kann er warten, hier auf dem Teppich ebenso gut wie sonst wo.

Er sieht dem Mädchen zu, wie es das Puzzle legt, mit verblüffender Geschwindigkeit und Sicherheit, die richtigen Teile scheinen dem Kind in die Finger zu springen. Pierpaoli sieht sich um, einige Bilder sind schon gelegt: ein Eisvogel, ein Reh. Das Mädchen neben ihm – es ist Inara – setzt das Bild einer großen gelben Heuschrecke zusammen. Das Motiv wird unter ihren raschen Bewegungen erkennbar. Dann hat sie eine Frage an Pierpaoli: »*Vas a tener niños con Ariadna*, wirst du Kinder mit Ariadna haben?«

Pierpaoli weiß nicht, was er darauf sagen soll. Er ist nicht mal sicher, ob er das Kind richtig verstanden hat. Er setzt ein, wie er fürchtet, etwas dümmliches Lächeln auf.

»Ariadna!« Das Mädchen deutet auf die Tür. Aber Pierpaoli hört nichts, keine Schritte.

Drei Sekunden später geht die Tür auf.

Es ist Ariadna.

*

»Und dir ist wirklich niemand gefolgt?«, sagte Ariadna.

Sie hatte sich im ersten Moment gefreut, Pierpaoli zu sehen, aber dann war ihre Stimmung umgeschlagen, in Besorgnis.

»Die Kinder müssen nach Hause zu ihren Leuten. Der Guru hat ihre Pässe. Meinst du, du könntest ihnen provisorische Pässe besorgen? Und Flug-Vouchers? Du hast doch Kontakte.«

Pierpaoli holte tief Luft, er wollte gerade zu einer Antwort ansetzen, da hörten sie von unten laute Stimmen, wütende Schreie. Ein Klirren, der Lärm von etwas, das krachend zerbarst. Ein Streit. Eine Schlägerei!

Amitav Rama Shah hatte acht seiner bärtigen Leute losgeschickt, sie waren Pierpaoli und Reza gefolgt, in zwei Wagen; sie hatten einen unauffälligen Vorsprung lassen können, weil sie seine Telefon-Ortung besaßen. Schließlich hatten sie ihre Wagen an der Rückseite des »Chix-Chox« abgestellt, hatten die Verriegelung am Hintereingang aufgehebelt und waren unbemerkt eingedrungen – bis sie allerdings der probenden Band begegnet waren. Es war zum Kampf gekommen.

Nun waren Mardi Gras und seine Jungs keine verzärtelten Luxusmusiker, sie schleppten Verstärker, sie arbeiteten auf Baustellen, sie konnten auch zuschlagen; aber die unwillkommenen Besucher waren trainierte Kämpfer, und vor allem waren sie bewaffnet.

Ariadnas Gesicht war bleich wie Papier. »Du bleibst hier oben. Du bleibst bei den Kindern, Thomas. Ich gehe runter, nachsehen.« Sie schaute sich nach etwas um, das sie als Waffe verwenden könnte, sie griff sich eine blecherne Kehrschaufel.

»Nein, Ari, du bleibst hier, ich gehe …« Pierpaoli protestierte, doch es war schon zu spät. Sie hörten schwere Schritte, die die Treppe hinaufpolterten.

Die Tür flog auf. Vier Männer, bärtig, in schwarzen Overalls, standen im Raum. Drei waren groß, einer war klein und breit gebaut, er hatte trübe Augen, er knurrte eine Anweisung, er schien so etwas wie der Anführer zu sein. Die drei Großen schoben sich an Ariadna und Pierpaoli vorbei, als wären sie gar nicht vorhanden, jeder steuerte auf eines der Mädchen zu, die sich nicht rührten, die erstarrt waren. Ariadna schrie auf. Sie schwang die Kehrschaufel und sprang einen der drei Männer an, denjenigen, der am nächsten war. Der Anführer hatte einen Omega-Taser, er richtete ihn auf Ariadna, drückte ab. Ein Surren. Ariadna fiel, als die Ladung sie traf, einfach in sich zusammen, röchelnd, keuchend, mit verdrehten Armen, eine Marionette, die der Spieler loslässt. Die Kehrschaufel schepperte auf den Boden.

Die drei Großen schnappten sich jeder ein Kind, sie warfen sich die zappelnden, kratzenden Mädchen über die Schultern, als hätten sie sich einen Blumenstrauß gegriffen oder ein Kätzchen geschnappt. Der Kleine bellte einen Befehl, er riss die Tür auf, die zugefallen war, sie polterten aus dem Zimmer. Ariadna lag reglos am Boden, aus ihrem Mundwinkel lief Speichel.

Pierpaoli hatte das Geschehen erstarrt und ungläubig beobachtet, doch jetzt, endlich, endlich, kam Bewegung in ihn. »Wer sind Sie? Finger weg von den Kindern!«

Er packte den Kleinen bei den Aufschlägen seines Overalls, aber der Kleine schlug ihm mit einer einzigen Bewegung die Hände weg, drosch ihm die Faust auf die Kinnspitze und rempelte ihn mit einer wuchtigen Bewegung fort von sich. Pierpaoli stolperte rückwärts, sein Hinterkopf schlug hart gegen den Türrahmen. Pierpaoli wurde schwarz vor Augen, er wollte sich festhalten, irgendwo festhalten, aber da war nichts, seine Knie gaben nach, er rutschte am Türrahmen herunter, vor seinen Augen tanzten Funken. Er sah alles undeutlich, verschoben, aber er konnte Ariadna sehen, sie lag am Boden, verdreht; er sah den Mann im schwarzen Overall, der den Elektroschocker auf ihn gerichtet hielt, während er ein Telefon ans Ohr drückte.

»Wir haben die Kinder. Was sollen wir mit der Frau und dem Mann machen? Ja, verstanden. Keine Schüsse.«

Der Overall ließ Waffe und Telefon in seine Tasche gleiten, holte aus einer anderen Tasche eine feste Plastiktüte hervor, beugte sich über Pierpaoli. Er zog ihm die Tüte, fast freundlich, fast liebevoll, über den Kopf, aber der nächste Atemzug war für Pierpaoli sofort entsetzlich, seine Sinne, sein Organismus revoltierten augenblicklich, er hob seine Hand, aber der Mann war sehr stark und drückte Pierpaoli eisern nach unten, drückte Pierpaoli den Hals zu und erstickte ihn, erdrosselte ihn umsichtig, routiniert, denn er hatte diese Prozedur schon oft gemacht, er wusste, wie es geht – aber was er nicht wusste, womit er nicht gerechnet hatte, war der Posaunist, Impresario, Karnevalskönig, Autohändler, Musiker, Drogendealer – Mardi Gras.

Er war fett. Aber unter dem Fett waren Muskeln, und er hatte die Art von Kampfbereitschaft, wie nur eine sehr wilde Kindheit sie abwirft, und dies war sein Haus. Er sah zwar grausam mitgenommen aus, blutete aus der Lippe, seine rechte Gesichtshälfte war verschwollen, sein rechtes Ohr hatte einen Riss, aber er hatte sich unten losgemacht, hatte sich die Treppe hinaufgeschleppt und warf sich jetzt mit seinem ganzen Gewicht gegen den Kleinen im Overall, und sie fielen übereinander her, *peng!*, etwas krachte, sie rangen, sie rollten, sie grunzten. Pierpaoli spürte, dass der Druck um seinen Hals weg war, er tastete nach der schrecklichen Tüte, riss sie ab, sog gierig Luft ein, unendliche Erleichterung, er sah vor sich auf dem Boden, wie Mardi und der Overall miteinander rangen, Mardi hatte sein Gewicht auf dem Gegner, er rief Pierpaoli etwas zu, Pierpaoli verstand es erst nicht, beim zweiten Mal verstand er es: »Schnapp dir Ariadna! Und verschwindet! Beide! Lauft!«

Verschwindet? Pierpaoli rappelte sich auf. Stand wackelig da, stand da und schaute auf das stöhnende, ringende, zerrende Knäuel, ein Gewirr von Armen und Beinen, er brauchte Zeit, seine Atmung, seinen Denkapparat in Gang zu bringen. »Lauf! Schnapp dir Ariadna! Lange kann ich nicht mehr …«

Leben kam in Pierpaoli. Ein Schritt, er war bei Ariadna. Er griff unter ihre Arme. Hob sie hoch. Sie war leicht. Aber schwer zu halten, ihre Arme und Beine schlackerten in alle Richtungen. Er zerrte sie zur Tür.

»Nicht die Treppe! Fenster!« Mardi hielt den Overall immer noch umklammert, aber der hatte eine Hand freibekommen, tastete nach den Augen seines Gegners. »Fenster! Schnell!«

Pierpaoli zerrte Ariadna zum Fenster, da war der Fenstergriff, er riss es auf, Fenster war offen, Pierpaoli blickte hinunter, schrecklich hoch, erster Stock, aber nur ein Stückchen rechts von ihm, unter ihm, da war die gelbe Markise, wenn er auf die Markise sprang … Er umschlang Ariadna von hinten, wie ein Rettungsschwimmer, fasste Ariadna mit aller Kraft, hievte sich und sie auf das Fensterbrett, bekam die Füße unter das gemeinsame Gewicht, machte eine Drehung … und sprang. Er sprang in Richtung gelbes Ding, in Richtung Markise, einen furchtbaren, leeren Moment lang waren sie in der Luft, dann prallten sie auf etwas Nachgiebiges, Federndes, Gelbes, Pierpaoli hielt Ariadna immer noch fest, jetzt rollten sie, rollten, drehten, rollten, fielen, ein Schlag auf seine rechte Schulter.

Er lag auf dem Boden. Auf der Erde vor dem Haus. Aus dieser Perspektive sah das Haus sehr unwirklich aus. Unwirklich wie das, was eben passiert war. Er war aus dem Fenster gesprungen? Bärtige Männer in schwarzen Overalls hatten die Kinder entführt? Der fette Schwarze hatte den Kleinen zu Boden gerissen? Pierpaolis Kopf dröhnte. Seine rechte Schulter war taub. Etwas Warmes lief ihm ins Auge, lief ihm das Gesicht runter, er hatte einen metallischen Geschmack im Mund, nach Blut.

Er hörte ein Stöhnen. Ariadna stöhnte. Pierpaoli merkte, dass er sie immer noch fest umklammert hielt, er ließ sie los, drehte sie vorsichtig auf die Seite, sie war noch betäubt. Mit großer Anstrengung hievte Pierpaoli sich auf die Knie. Er hörte eine Stimme über sich. Er blickte auf. Es war Reza. Der ziemlich schockierte Reza.

»Mister, sind Sie verletzt? Was ist hier los, Mister?«

»Reza. Hilf mir. Ich habe Ariadna gefunden. Aber wir müssen sie … wir müssen sie in dein Auto legen …«

Reza half ihm hoch. Pierpaoli wäre fast wieder hingefallen. Aber er konnte neben Reza herstolpern, der Ariadna zu seinem kleinen Wagen schleifte. Sie bugsierten sie auf den Rücksitz, Ariadna lief Speichel aus dem Mund. Pierpaoli achtete darauf, dass sie seitlich lag.

Dann richtete er sich auf, schwer atmend. Sein Kopf dröhnte, seine Schulter war gefühllos und kalt.

»Mister, wir sollten hier weg …«

»Ja … Eine Sekunde … Ich muss nur …« Er hatte den Mund voll mit Flüssigkeit. Er spuckte aus. Blut.

»Mister, wir kriegen Besuch … Müssen hier weg …«

Zwei Wagen kamen die Schotterstraße herangefahren, es waren Fahrzeuge des Ministeriums, auf der Seitentür der Schriftzug »Security«. Im vorderen Wagen saß Nkunke.

»Bring Ariadna ins Krankenhaus, Reza. Ich kann hier nicht weg, ich muss der Polizei erklären, was hier los ist …«

»Krankenhaus? Krankenhaus geht nicht. Aber ich nehme die Lady zu mir. Halten Sie die Security-Typen auf …«

Reza lief zur Fahrerseite, stieg ein, fuhr an. Pierpaoli trat auf die Schotterstraße, stellte sich in die Mitte, die Arme erhoben. Der vordere Wagen bremste hart vor ihm, kaum eine Handbreit von seinen Knien entfernt. Und dem vorderen Wagen, von der Beifahrerseite, entstieg Horace M. Nkunke, Security-Chef des Meta-Ministeriums für Forschung, Energie und Verkehr.

Montag, 16. Juli 2029

Straße vor dem »Chix-Chox«, Slum-World, Island

»Endlich! Gut, dass Sie kommen! Hier hat eine Entführung stattgefunden! Ein Überfall. Drei Kinder, die eigentlich in der Obhut des Meta-Ministeriums sind …«

Thomas Pierpaoli stand vor Nkunke, der starrte ihn an. »Die Kinder waren in dem Haus. Ich war auch da. Und dann kamen diese Typen, alle in Schwarz, und sie haben die Kinder mitgenommen, und oben wird noch gekämpft … Dieser Mann, Mardi Gras heißt er, er ist dazwischengegangen. Hat gesagt, ich solle aus dem Fenster springen. Aber er ist noch drin. Er hat den einen Schlägertypen aufgehalten, wir müssen deshalb jetzt da rein …«

»Hier? In diesem Gebäude?« Nkunke stoppte Pierpaolis Redefluss. »Und Sie sind aus dem – Fenster gesprungen? Aus welchem Fenster? Und warum?«

»Ja, hier, aus dem Fenster dort oben! Ich bin gesprungen, weil diese Männer kamen … Die gehören zu diesem Guru … Deshalb müssen wir da rein. Oder ich gehe allein!« Pierpaolis Instinkt gebot ihm, nichts von Ariadna zu erzählen.

Nkunke machte seinen Leuten eine Handbewegung: Checkt das Haus. Drei gingen hinein, mit gezückten Waffen.

»Sie bleiben bitte hier bei mir, Mister Pierpaoli. Und beruhigen Sie sich. Heute ist ein ungünstiger Tag, um hier im Slum aus Fenstern zu springen. Wir haben eine angespannte Situation. Aber meine Leute gehen allem nach … Sir? Sind Sie okay?«

Pierpaoli war übel geworden, er schwankte. Nkunke ließ ihn nicht aus den Augen. Währenddessen liefen auf seinem Autoreceiver immer neue Meldungen ein: Krawalle, Demonstrationen, Kundgebungen gegen und für Greta Thunberg.

Der Tag ihrer Ankunft hatte sich in den sozialen Medien verbreitet, ebenso wie die Aufrufe ihrer Gegner, die »Verräterin an der Sache« gebührend zu empfangen, mit Feuer und Schwert, mit selbstgebauten Bomben und Raketen.

Greta Thunberg war vor elf Jahren, als sie 2018 ihr Engagement begann, sofort zur Symbolfigur gemacht worden – im positiven wie auch im negativen Sinne. Sie stand für die »Generation Greta«; aber sie war auch eine Projektionsfigur für all jene Gruppierungen, die noch radikaler dachten, die gewaltbereit waren, und diese Gruppierungen gab es auch im Slum.

Sie waren eine Minderheit, aber eine schlagkräftige. Eine dieser Gruppen nannte sich »Peter-Pan-Warriors«, nach den »Verlorenen Jungs« in der Kindergeschichte, die im fiktiven Nimmerland spielt. Die »Peter-Pan-Warriors« waren tatsächlich überwiegend Jugendliche, kaum eines der Mitglieder war älter als zwanzig, fünfundzwanzig, aber sie waren darum nicht weniger gefährlich, nicht weniger schlagkräftig. Sie attackierten alles, was Technik und Technologie war – nach ihrer Ideologie, wenn das Wort nicht zu hoch gegriffen ist, war die Technik der große Sündenfall, mit dem der Aufstieg der Spezies Mensch begann, und die Unterjochung der Natur. Eine Nähmaschine, ein Hammer, ein Bogen – das war noch akzeptabel, mehr nicht. Sie lebten wie Stadtindianer, gewollt primitiv, nähten ihre Kampfkleidung selbst, schnitten ihre Haare nicht, hausten in kleinen Gruppen und in besetzten Häusern, ernährten sich von Diebstählen, steckten Autos in Brand, sprengten Tankstellen und Wasserleitungen, überfielen Security-Autos, vor allem das.

Die »Peter-Pan-Warriors« fanden, Greta Thunberg hätte die Bewegung verraten, indem sie sich mit dem »System« gemeinmachte. Für den Abend ihrer Ankunft hatten sie »Feuer und Schwert« angekündigt. Und das war es, was Nkunke gemeint hatte, als er von einem »sehr ungünstigen« Moment sprach; tatsächlich wollte Nkunke seinen Auftrag erledigen und dann schnell raus aus dem Slum.

Und der Auftrag betraf Thomas Pierpaoli.

Die Security-Leute, die Nkunke ins »Chix-Chox« geschickt

hatte, kamen jetzt wieder heraus, sie führten Mardi Gras mit sich, der humpelte, blutete und schwer atmete. Seinen Gegner, den Mann, mit dem er sich auf dem Boden gewälzt hatte, konnte Pierpaoli nicht erblicken. Vielleicht war er entkommen. Auch keiner der Musiker kam heraus.

Einer der Security-Männer trat zu Nkunke und sprach leise mit ihm, Pierpaoli konnte nicht verstehen, was er sagte. Er wurde ungeduldig. Er blickte hinüber zu Mardi Gras, der jetzt verarztet wurde, außerdem befragt. Was er erzählte – oder wahrscheinlich nicht erzählte –, das konnte Pierpaoli nur ahnen.

Aber Mardi Gras warf ihm einen Blick zu. Er formte mit den Lippen ein Wort: Ariadna? Pierpaoli gab ihm unauffällig ein Zeichen: Sie ist in Sicherheit.

Nkunke wandte sich an Pierpaoli. »Gut. In dem Haus gab es einen Kampf. Aber bis auf diesen Herrn« – er nickte zu Mardi Gras hinüber – »ist niemand mehr vor Ort. Wir fahren jetzt sofort ins Ministerium. Sie kommen mit mir. Bitte steigen Sie hier ein. Ich denke, eine Fesselung ist überflüssig. Steigen Sie ein.«

Pierpaoli meinte, er hätte sich verhört. Außerdem wollte er zu Reza, zu Ariadna. »Ich will nicht, ich kann nicht mit Ihnen fahren – außerdem, was haben Sie da eben gesagt …?«

»Mister Pierpaoli«, Nkunke legte ihm schwer seine Hand auf die Schulter, »ich nehme Sie fest wegen des Verdachts der Ermordung von Professor Norman Catchside.« Er sah ihn kalt an. »Steigen Sie ein.«

Kapitel 6

Die Flucht

Surtur fährt von Süden mit flammendem Schwert,
Von seiner Klinge scheint die Sonne der Götter.
Steinberge stürzen, Riesinnen straucheln,
Zur Hölle fahren Helden, der Himmel klafft.

Aus: Edda – Völuspá: »Der Seherin Ausspruch«

Montag, 16. Juli 2029

Slum-World, Island

Nkunke fuhr. Und Pierpaoli saß hinten, im verriegelten Rückraum des Security-Mobils, und beschwerte sich und brüllte und tobte, soweit es ihm eben gegeben war, sich zu beschweren, zu brüllen und zu toben.

Ariadna hatte einmal, da waren sie noch zusammen gewesen, frisch verliebt, über Pierpaolis Charakter gesprochen. Er sei ein guter Mensch und Beamter durch und durch, hatte sie gesagt, Pierpaoli sei *werksseitig auf Höflichkeit und Duldsamkeit eingestellt* – es war liebevoll gemeint, zum größten Teil jedenfalls. Aber weil es von Ariadna kam, lagen auch Schärfe und Spott darin.

Jetzt aber – hätte sie ihren guten alten Thomas Pierpaoli erlebt, hätte sie ihre Freude gehabt; von werksseitiger Duldsamkeit war nicht viel übrig.

Nkunke war ein erfahrener Ermittler. Bei einem Festgenommenen, wusste er, musste man den Schockmoment nutzen. Darum fuhren sie zu zweit, darum hörte Nkunke zu, scheinbar interessiert, scheinbar verständnisvoll, und Pierpaoli redete, er sprach von einem Komplott, bei dem es um den Quantencomputer ging, dessen Moglichkeiten im Geheimen erweitert worden seien. Er sprach davon, dass er, Thomas Pierpaoli, nichts gegen diesen Professor Catchside im Schilde geführt hätte – warum sollte er? Er war dem Mann doch kaum begegnet! Und dass vielmehr dieser indische Milliardär und Guru, dieser Shah, mit der Hilfe von Catchside die Kontrolle über ein entscheidendes Projekt der Klima-Allianz … während er, Thomas Pierpaoli, im offiziellen Prüfungsauftrag hier war, mit allen Befugnissen ausgestattet, im regulären Auftrag von Kapstadt.

Nkunke verkniff sich die Bemerkung, dass Pierpaoli – wie der Security-Chef inzwischen erfahren hatte – zurückbeordert worden war. Dass ihn in Kapstadt eine unangenehme Untersuchung erwartete. Wenn nicht Schlimmeres.

Stattdessen fragte er nach der Mordwaffe.

»Eines verstehe ich nicht, Thomas …« Er nannte ihn Thomas. »Was hat dieser Milchschaumhebel für Sie für eine Bedeutung? Ist das eine Art von Symbolik? Ich meine, angenommen, Sie haben es so schlau angestellt, ohne Spuren in Catchsides Apartment zu gelangen, was offenbar der Fall war, übrigens: Kompliment, Thomas – aber warum benutzen Sie dann als Mordwaffe einen Hebel, der bedeckt ist mit Ihren Fingerabdrücken?«

»Wovon reden Sie? Hebel?«

Nkunke bog in eine Seitenstraße, vorher blieb er stehen und beobachtete die Dächer. In Nächten wie diesen, wenn Demonstrationen zu Aufständen wurden, mit Barrikaden, Straßenkämpfen, versteckten sich die Stadtindianer gerne auf den Dächern – und schossen von oben auf alles, was sich bewegte. Mit Stahlkugeln, Steinen, Brandgeschossen.

»Na ja, die Mordwaffe, Thomas. Der Milchschaumhebel einer Espressomaschine aus dem Ministerium. Darauf Ihre Fingerabdrücke. Ist schon ein aussagekräftiges Indiz, finden Sie nicht?«

Ein Funkspruch dröhnte durch die Telekommunikationsanlage: »An alle Einheiten. Diebstahl im Ministerium. Ein spezielles Material, buchstabiere C-l-a-r-a-n-i-u-m. Gelber Transportbehälter, Gefahrenklasse H250. Entzündet sich bei Kontakt mit der Luft. Höchste Priorität …«

Nkunke wollte gerade antworten, da knallte vor ihnen ein Fass auf die Straße.

Ein Angriff der »Peter-Pan-Warriors«.

Die Straße, die Nkunke hatte nehmen wollen, hätte ihn auf die Ringtrasse geführt. Jetzt war sie versperrt. Links und rechts ragten Hauswände. Und vor ihnen Flammen. Das Fass brannte. Die Flammen schlugen drei, vier Meter hoch, kein Durchkommen.

Nkunke setzte hart zurück. Bis zu der ersten Abbiegung, einer Seitenstraße. Er wollte einschlagen, da fuhr ein wütender *Rumms* durch ihren Wagen. Ein zweiter Karren, beladen mit Lumpen, getränkt mit Benzin, beladen außerdem mit Steinen und Betonbrocken, war von hinten gegen ihren Wagen geschoben, umgekippt worden, ein Berg türmte sich hinter ihnen, vor ihnen das Feuer. Kalte Angst wallte in Pierpaoli auf, als er Nkunke fluchen hörte, denn er, Pierpaoli, war doppelt gefangen, und jetzt prasselte von den Häuserdächern ein wahrer Hagel von Steinen und Glasflaschen und Gegenständen auf sie nieder, geschleudert, von Zwillen abgeschossen, ein solches Getöse war um sie, *bamm, bamm, beng, beng*, Pierpaoli brüllte nach vorne, zu Nkunke – der drehte sich zu ihm um, gestikulierte, deutete auf den Türgriff, verzog plötzlich das Gesicht, Grimasse des Erstaunens, tastete nach seiner Stirn, ein scharfkantiger Stein hatte die Scheibe durchschlagen und ihn hinter der Schläfe getroffen, er verdrehte die Augen und fiel nach vorne.

Das Prasseln der Wurfgeschosse, *bamm, bamm, beng, beng*, es hielt an. Automatisch griff Pierpaoli nach dem Türgriff – er ließ sich bewegen! Die Tür öffnete sich einen Spalt, das war es, was Nkunke ihm hatte sagen wollen.

Ein Klirren! Ein weiteres Wurfgeschoss hatte die Windschutzscheibe durchschlagen. Glassplitter regneten. Pierpaolis Gedanken rasten: Wenn er aus dem Wagen sprang – wie groß war die Chance, dass ihn irgendwas erwischte? Am Kopf erwischte? Er müsste einen Schutz haben, hatte aber keinen. Ein Schirm, ein Buch? Nichts. Hier war nichts. Sein Sakko! Pierpaoli zerrte sich sein Sakko vom Leib, Fischgrätmuster, Yorkshire-Tweed, ein schwerer Wollstoff, *Woven in England since 1837*, er faltete es zu einem festen Bündel. Ein Klirren, abermals. Noch ein Wurfgeschoss, diesmal aus Glas, gefüllt mit Benzin, so roch es, und daran eine zischende, qualmende Lunte … Feuer! Sie würden den Wagen abfackeln, mit ihm drin! Er öffnete die Tür einen Spalt, das Getöse auf dem Dach hielt an, war aber schwächer geworden.

Pierpaoli stieß die Tür auf. Sprang hinaus. Das wilde Licht, die Dunkelheit der Nacht, nur grell erhellt von den tanzenden Flammen, kam ihm zugute. Schatten sprangen über sein Gesicht, er hielt das Bündel über seinen Kopf. Er rannte um den Wagen, zur Fahrerseite, riss die Tür auf, die Hitze versengte ihm die Augenbrauen, brannte in seiner Lunge. Er schlüpfte in die Jacke, er brauchte jetzt seine Hände. Er fasste Nkunke, zerrte ihn hinaus, mein Gott, war dieser Mann unnötig schwer, unnötig groß, Pierpaoli zog und wuchtete, hatte jetzt seine Arme unter Nkunkes Achseln, so hievte und bugsierte er den leblosen Mann aus dem Wagen, drückte ordnungsliebend die Wagentür mit dem Knie wieder zu – er ächzte, hustete, schleifte Nkunke mit sich, ein ganzes Stück bis zur Hauswand, dann noch ein Stück weiter, Pierpaoli hielt inne, bis sich sein Atem etwas beruhigte, dann noch ein Stück, er lehnte den reglosen Nkunke gegen eine Hauswand.

Irgendwo hatte er mal gesehen, dass man einem Verletzten den Puls am Hals tasten konnte. Aber er spürte nichts. Dann hustete Nkunke plötzlich und schlug die Augen auf. Wenigstens lebte er. Er war ein kräftiger Mann, er würde klarkommen. Pierpaoli hatte hier nichts mehr verloren.

Er rannte los, so schnell er konnte. Hinter ihm ging das Auto in Flammen auf. Wohin Pierpaoli rannte, wusste er nicht.

Montag, 16. Juli 2029

Konilgurhavns, Island

Eine sternlose Nacht, kalt, windig. Der Sikorsky-Helikopter mit der Kennung ARS 001 und der luxuriösen Innenausstattung wartet betankt und startbereit. Die Freifläche, auf der er steht, war mal der Parkplatz für die Lkw, am ehemaligen Fischereihafen Konilgurhavns. Dahinter ist gleich das Hafenbecken. Die Meereswellen klatschen gegen die schwarze Kaimauer. Die Ausläufer von Slum-World sind noch in Sichtweite, vereinzelte Lichter. Drei, vier Männer des Gurus stehen neben dem Piloten am Helikopter, wartend, rauchend, es sind seine Leute fürs Grobe.

Der Pilot macht sich Sorgen, der Wind frischt immer mehr auf, und er hat auch keine offizielle Startgenehmigung, er würde also gerne bald losfliegen, mit seiner kostbaren Fracht an Bord. Aber noch ist der Guru nicht da.

Jetzt – da kommt er.

Die weiße Stretchlimousine fährt vor, mit abgeblendeten Lichtern, der Guru steigt aus. Der Pilot begrüßt ihn ehrerbietig, aber auch ungeduldig – können wir losfliegen? Shah schüttelt nur kurz den Kopf: Er wartet noch auf eine Lieferung, der Pilot soll sich gedulden.

Shah winkt einen seiner Männer heran, er fragt, wie es den Kindern geht, wie der Transport war. Der Mann hat einen schwarzen Vollbart, er ist skrupellos und dem Guru zutiefst ergeben. Es gehe den Kindern gut, sagt der Bärtige, sie schlafen, er habe ihnen ein Schlafmittel gegeben. Shah verliert für einen Moment fast die Beherrschung: »Du hast was getan? Ein Schlafmittel?« Fast hätte der Guru dem Bärtigen ins Gesicht geschlagen. »Niemals wieder! Die Kinder dürfen keinerlei chemische Substanzen bekommen, die ihren Schlaf, ihre Träume beeinflussen. Niemals. Verstanden?« Der Bärtige stammelt, entschuldigt sich unterwürfig.

»Darüber sprechen wir noch«, sagt der Guru kalt.

Erstmal muss er sich um etwas anderes kümmern, ein Lieferwagen kommt herangefahren.

Die beiden Männer, die aussteigen, sind – im Unterschied zu dem Bärtigen – die klügsten und bestbezahlten Leute in der Riege seiner Handlanger. Sie heißen Rajan und Mogra, und sie waren, bevor sie zum Guru kamen, äußerst versierte Einbrecher. Der Guru setzt sie nur ein, wenn es um Wichtiges geht.

Jetzt haben sie einen Sonderauftrag erledigt – keine einfache Sache, der Einbruch in ein Labor, der Diebstahl dieser Substanz, aber sie hatten Pläne und Zugangscodes, das hat es erleichtert. Einige Leute mussten sie allerdings ausschalten.

Rajan und Mogra hieven eine Kiste aus dem Lieferwagen, eine schwere, gelbe Hochsicherheitsbox der Gefahrenklasse H250. Darin befindet sich in einem speziellen Behälter das Claranium – das einzige Claranium, das es derzeit auf der Erde gibt.

Es ist fast noch kostbarer als die Kinder.

Rajan und Mogra verfrachten die Kiste in den Laderaum. Der Pilot drängt zum Abflug. Der Guru gebietet ihm Schweigen: Eine Sache ist noch zu erledigen. Er winkt den Bärtigen herbei, den Unglücklichen, der den Fehler begangen hat, den *Pehuenche*-Kindern ein leichtes Schlafmittel zu verabreichen.

»Du fliegst nicht mit uns«, sagt der Guru, es klingt beinahe liebenswürdig.

Der Bärtige erbleicht. Was soll das heißen?

»Du schwimmst nach Hause«, sagt der Guru.

Der Bärtige stottert, aber er begreift, es ist dem Guru ernst.

Rajan und Mogra richten ihre Waffen auf den Bärtigen, nehmen ihm seine Waffe ab.

»Schwimm!«, befiehlt der Guru. »Du kannst schwimmen – also schwimm. Jetzt.«

Der Bärtige fällt auf die Knie, aber der Guru wendet sich ab: »Du schwimmst, oder du stirbst. Es ist deine Entscheidung.« Dann geht er zum Helikopter.

Rajan und Mogra führen den Bärtigen zur Kaimauer. Der Guru steigt in den Helikopter.

*

Shah sitzt im Helikopter, die Kinder schlafen immer noch, er hat dafür gesorgt, dass sie bequem und warm zugedeckt liegen. Das Claranium ist ebenfalls an Bord. Der Helikopter hebt ab, fliegt auf, fliegt jetzt über das Meer. Der Guru späht aus dem Fenster. Unten sieht er den Bärtigen – wie er auf dem offenen Meer ist, wie er schwimmt, die kleine Gestalt, wie sie gegen die eisigen Wellen ankämpft. Er schwimmt aufs offene Meer hinaus.

In Gedanken segnet ihn der Guru.

Montag, 16. Juli 2029

Tschenajews Büro, High Commission Building, Kapstadt, Südafrika

»Sir, ich übernehme die Verantwortung.« Eleanor Minklater sprach langsam, ernst, die Worte genau betonend. Sie saß, das perfekte Bild der Delinquentin, weit vorne auf der Stuhlkante, nicht zurückgelehnt, sondern kerzengerade, die Füße nebeneinander, die Hände flach zwischen den Knien: schuldbewusst, verantwortungsvoll. Es war eine überzeugende Darbietung. Sollte es nötig sein, könnte sie auch Tränen hinzufügen.

Sascha Tschenajew, weich und nachgiebig, wünschte sich, sie würde nicht so vor ihm sitzen: Er hinter dem Schreibtisch, sie voller Selbstvorwürfe. Er hatte sie zu sich bestellt, aufgewühlt durch die schlechten Neuigkeiten aus Island. Tschenajew stand in der Hierarchie des Hochkommissariats nur eine Stufe unter dem Beratergremium der Großen Drei, der Präsidenten. Man würde Antworten verlangen, die er nicht vorweisen konnte.

»Sir, wie gesagt, ich übernehme die Verantwortung für alles, was passiert ist.«

»Unsinn«, brummte Tschenajew. »Wir wissen doch gar nicht, was passiert ist! Wir wissen nur, dass wir einen unsäglichen Schlamassel haben: zwei Controller entsandt, der eine tot, möglicherweise ermordet. Haben wir da bereits Details vorliegen?«

Minklater dachte kurz nach und riskierte eine Lüge: »Nein, Sir, die Untersuchungen laufen noch.«

»Gut, aber jedenfalls ein ungeklärtes Ableben. Der andere Controller wegen Mordes gesucht, einer der Wissenschaftler tot, für die Entwicklung des Quantencomputers unersetzlich. Das Material Claranium verschwunden. Dazu ein aus der Freigabe und Projektbeschreibung gelaufenes Projekt – bei dieser Wichtigkeit! Und dieser Pierpaoli war vielleicht ein kleines Licht und ein Mann ohne besonderen Ehrgeiz, aber er ist der verdammte Patensohn von Professor Bao. Bao Wenliang! Der engste Berater von Xi! Wenn ich gewusst hätte, dass dieser Auftrag ein derartiges Höllenkommando ist, ich hätte niemals mein Okay gegeben zu Pierpaoli.«

»Das wusste niemand, Sir. Das war nicht abzusehen. Es ist nicht Ihre Schuld. Man kann Ihnen vernünftigerweise keine Schuld geben.«

Sie war zufrieden mit der Gesprächswendung: Jetzt ging es um seine Schuld an dem Debakel, und Tschenajew tappte in die Falle. »Ja, vernünftigerweise. Aber versuchen Sie mal, das ganz oben zu erklären.«

Tschenajew zog eine Schreibtischschublade auf und holte eine vom Gebrauch zerschrammte Pillendose heraus, er schüttelte eine rote und eine weiße Tablette in seine Hand, steckte sie in seinen Mund und spülte einen Schluck Wasser nach. Er sah schlecht aus, leidend: gelbe Halbmonde unter den Augen, blass, nachlässig rasiert. Minklater registrierte es mit Befriedigung.

Das Verhältnis zwischen dem Hochkommissariat in Kapstadt und den diversen Ministerien war unter Zeitdruck entstanden und fragil. Man hatte die diversen Ministerien auf verschiedene Länder verteilt, neben dem mächtigsten Ministerium in Island auch Mexiko City, Tunis, Kopenhagen, Berlin, Anchorage, die Ministerien waren relativ autonom. Kapstadt, das mit politischen Beamten besetzt war, hatte allerdings jederzeit das Recht, Controller oder Controller-Gruppen von beliebiger Größe zu entsenden, außerdem besaß Kapstadt theoretisch das Veto über sämtliche Projekte. Indes war eine Spannung, ein ungelöstes Kompetenzverhältnis von vornherein angelegt: Die Ministerien tendierten dazu, allein und resultatbezogen zu arbeiten, das Hochkommissariat zu übergehen. Und die Controller waren fachlich oft überfordert. Das Problem war bekannt, aber nicht schnell zu lösen.

Die Klima-Allianz stand unter Zeitdruck.

»Wir hätten ein größeres Team schicken sollen«, sagte Tschenajew. Er schob die Pillendose zurück in die Schublade, kramte eine Weile und fand eine weiße Tablette, die er in sein Wasserglas plumpsen ließ. »Zehn oder fünfzehn Leute, Experten, unabhängig und paritätisch besetzt. Dass wir diesen überforderten Pierpaoli geschickt haben, war ein Fehler.« Das Wasser begann zu sprudeln, zu zischeln.

»Sir, das konnten Sie nicht absehen, wie hätten Sie ahnen sollen, dass Pierpaoli durchdreht? Und wir sollten vorsichtig sein, schlage ich vor. Wir müssen erst wissen, was geschehen ist, bevor ein unabhängiger Bericht eintrifft, in dem möglicherweise – zu Unrecht, Sir! – anklingt, dass diese Hauptabteilung die Verantwortung trägt. Ich habe die Leiterin des Projekts, Professorin Liu Lian, hergebeten. Ich denke, sie wird morgen hier sein. Außerdem sollten wir in der Ministeriumsspitze in Island einige personelle Änderungen vornehmen …«

»Dort sollen Köpfe rollen?«

»Besser dort als hier, Sir. Es wäre auch nur gerecht.«

Tschenajew schwieg. Minklater war sich nicht sicher, ob sie nicht zu weit gegangen war. Er ergriff nach einer Weile das Wort: »Sie haben sich das alles genau überlegt, wie?«

»Sir?«

»Nun, immerhin war es Ihr Vorschlag, diesen Pierpaoli zu entsenden.«

»Ich versuche nur, Sie zu schützen, Sir.«

Sie senkte den Kopf, blickte vor sich, auf ihre Füße, so, als suchte sie dort, auf dem Büroteppichboden, nach einer Lösung. Als sie wieder aufblickte, standen in ihren schönen Augen zwei Tränen, glitzernd. »Sir, ich übernehme die Verantwortung … ich …« Sie ließ ihre Stimme wegbrechen. Tschenajew war augenblicklich besänftigt.

»Nein, nein, natürlich, die Verantwortung trägt die Hauptabteilung, also …« Er beendete seinen Satz ebenfalls nicht. »Wir warten auf Professorin Liu. Und schreiben Sie nur rasch einen Zwischenbericht.«

Den Rest des Abends verwendete Eleanor Minklater viel Zeit und Mühe darauf, einen Bericht zu verfassen, der direkt nach oben gehen würde und aus dem hervorging, dass laut Sascha Tschenajew die Hauptabteilung die Verantwortung für die bedauerlichen Geschehnisse in Island übernahm, gleichzeitig von umfangreicheren Nachforschungen vorläufig Abstand nahm. Sie verbesserte den Text mehrmals, bis sie zufrieden war. Ihr Auftraggeber, fand sie, konnte ebenfalls zufrieden sein.

Montag, 16. Juli 2029

Slum-World, Island

»Hallo …?«

Reza nahm sofort ab. Guter Reza.

»Ja, äh … ich bin's … äh, ich bin der Fahrgast von vorhin …«

Wie das klang, diese verdrucksten Wörter am Telefon – als wäre sein guter Name plötzlich eine Peinlichkeit, als wäre er ein Verbrecher auf der Flucht, was er einerseits auch war, andererseits aber auch nicht, denn was hatte er Unrechtmäßiges gemacht? *Ich habe nur meinen Auftrag erledigt. Was mir widerfährt, ist ungerecht.*

Pierpaoli hatte einen feinen Sinn für Ungerechtigkeit, Unfairness im Sport, Häme im Büroalltag, gegen derlei war er immer vorgegangen, höflich, aber deutlich. Doch dass ihm selbst eines Tages eine himmelschreiende Ungerechtigkeit widerfahren würde, wer ist auf sowas schon vorbereitet?

»Klar weiß ich, wer Sie sind, Mister – Sie waren mein bevorzugter Fahrgast. Sie sind Mister Fenstersprung. Ich hab Ihre Freundin abgeliefert. Was ist eigentlich los, Mister?«

»Abgeliefert? Wie geht es ihr, wo ist sie?«

»Es ging ihr besser, sie hatte sich berappelt. Und ich hab sie zum Flughafen gefahren, wie sie es wollte. Und sie hat mich bezahlt, wir sind also quitt.«

»Was wollte sie denn am Flughafen, um Himmels willen?«

»Na ja. Wegfliegen, schätze ich mal. Wohin, das hat sie mir nicht verraten. Sie war nicht sehr gesprächig.«

Pierpaoli verdaute diese Information.

»Und – Mister, Sie wissen, dass Sie gesucht werden, zur Fahndung ausgeschrieben? Kam vorhin durch.«

»Fahndung?«

»So hörte es sich an.«

»Tja, ich stecke wohl tatsächlich in Schwierigkeiten … Aber ich habe noch etwas zu erledigen.«

»Passen Sie auf, Mister, Sie sind ein netter Mensch, glaube ich. Sie waren großzügig. Aber ich kann da nicht reingezogen werden, verstehen Sie? Leute wie ich, die nicht besonders privilegiert sind, müssen aufpassen …«

»Das verstehe ich. Tut mir leid, wenn ich – Probleme gemacht habe.«

»Schon gut. Sind Sie sicher, dass Sie da weitermachen wollen – bei was auch immer? Das scheint ja wohl irgendwie gefährlich zu sein.«

Pierpaoli schwieg.

»Na, geht mich nichts an. Eine Sache noch: Ich würde auch nicht mehr von Ihrem Telefon aus telefonieren. Ist bestimmt registriert. Sie gehören ja zu den Privilegierten. Man wird Sie bei erster Gelegenheit orten. Bis eben war die Ortung gestört, wegen der ganzen Unruhen und Demos. Dann funktioniert die Ortung nicht. Aber sobald man Sie aufspüren kann …«

»Oh.«

»Ja. Oh. Also keine Anrufe mehr, das ist mein Rat. Nicht von Ihrem Telefon. Wenn Sie ein anderes brauchen: An den Auffahrten zur Trasse hängen manchmal Leute rum, die Telefone verkaufen. Unregistrierte. Besonders in solchen Nächten, wenn geplündert wurde.«

»Okay. Alles klar.« Welche Auffahrten zu welcher Trasse?

»Viel Glück, Mister.« Aufgelegt.

Natürlich. Sein Telefon konnte geortet werden. Er hatte, bevor er Reza kontaktierte, noch im Ministerium angerufen und einem ungläubigen Pförtner oder Telefonisten erklärt, wo Nkunke zu finden war – unverzeihliches Risiko! Aber sein Telefon enthielt Nummern, Adressen, Bilder, Filme, seine Freunde, es enthielt sein Leben. Wobei es nicht mehr viele Freunde gab, aber einen vielleicht noch. *Eine* Nummer brauchte Pierpaoli. Er rief sie auf, angelte einen Stift hervor, gelobt sei seine Angewohnheit, nie ohne Stift das Haus zu verlassen, er schrieb sie auf seine linke Hemdmanschette. Dann ließ er sein Telefon fallen, es tat ihm im Herzen weh, aber er kickte es von sich. Wie er zu Reza gesagt hatte: Er hatte noch etwas zu erledigen. Also machte er sich auf zu dieser Trasse.

Denn jetzt brauchte er ein neues Telefon, ein neues Leben.

Pierpaolis Mutter war gestorben, als er noch klein gewesen war, er hatte nur verschwommene Erinnerungen. Er war als Halbwaise aufgewachsen; sein Vater war ein kompetenter Ingenieur und Erfinder gewesen, außerdem ein enger Freund von Bao Wenliang. Bao war sein Patenonkel, er hatte sich nach dem Tod von Pierpaolis Vater um den verwaisten Jungen gekümmert, und natürlich verdankte Pierpaoli es nicht zuletzt diesen Beziehungen, dass er einen Job im Hochkommissariat bekommen hatte. Er wusste das, er genierte sich auch etwas dafür – aber nie und nimmer hätte er sich darauf verlassen oder versucht, darauf aufbauend Karriere zu machen. Im Gegenteil: Pierpaoli war ein guter Beamter, denn er *glaubte* an die große Idee der Klimarettung, und er glaubte auch daran, dass es nicht wichtig war, ob man Karriere machte – entscheidend blieb, dass man seine Arbeit gut erledigte, egal, an welcher Position. Auch Details waren wichtig. Und für diese kleinen Dinge hatte Gott die Pierpaolis dieser Welt erschaffen – so lautete, in groben Zügen, Pierpaolis Philosophie. Man bearbeitete, was man auf dem Schreibtisch hatte. Sei es nun ein Plan zur Restrukturierung der Käseproduktion; notfalls auch ein Komplott von ungeahnten Ausmaßen.

Also marschierte er durch die Nacht, marschierte zu dieser verfluchten Auffahrt oder Trasse, was auch immer.

Die Trasse zu finden erwies sich als leichter denn befürchtet. Pierpaoli hatte sich durchgefragt – Menschen waren auf den Straßen, standen in den Hauseingängen, und Pierpaoli war einfach zu einem hingegangen, hatte ihm den Weg verstellt und ihm mit barscher Stimme eine Auskunft abverlangt. Das hätte er sonst nie gemacht. Aber er hatte jetzt wenig zu verlieren, vor der Verzweiflung in seinem Herzen mussten seine höflichen Manieren zurücktreten.

Auf der Trasse rasten im Minutentakt Krankenwagen entlang, mit hohem Tempo und Geheule. An den Auffahrten standen Wagen, ebenfalls blitzend und blinkend, und Leute, die Kommandos brüllten und nach Bürgerwehr aussahen, liefen herum, und andere Leute, die Verwundete brachten, und zwei Fernsehteams, die das Durcheinander filmten. Tatsächlich gab es im Slum so etwas wie eine halboffizielle Polizei, die O.B.A., die *Other Backwards Authorities*, die mit der isländischen *Lögrelu* zusammenarbeitete. Die Unruhen waren inzwischen abgeflaut, aber es hatte viele Verletzte gegeben. Die schweren Fälle wurden nun, wenn auch unter Aufsicht, an den Trasse-Auffahrten abgeholt und auf die Krankenstationen des Meta-Ministeriums verteilt.

Die Gegend um die Auffahrt war kein erhebender Anblick. Pierpaoli spürte Glassplitter unter seinen Füßen, sah ausgebrannte Autokarossen, teilweise gestrandet, auf den Achsen liegend, mit abmontierten Rädern, vorne und hinten aufgerissen, die Eingeweide ihrer Batterien und Hybrid-Module herausgerissen. Ein Berg von verkohlten, immer noch glosenden Matratzen. Heruntergerissene Stromleitungen. Ein niedergelegter Maschendrahtzaun. Überall kleine Tümpel, die chemischen Geruch verbreiteten, Unkraut, Dickicht, aufgeplatzte Müllsäcke, eine Fuhre verquollener Bücher, Kinderschuhe.

An der Auffahrt standen, wenn auch verstreut, kleine Gruppen von Leuten, unschlüssig und aufgekratzt, wie nach einem Rockkonzert oder Straßenfest, wenn es im Grunde nichts zu sehen gibt, aber man will noch nicht nach Hause gehen. Viele rauchten kleine E-Pfeifen. Es roch nach künstlichem THC. Pierpaoli war versucht, einfach zum Erstbesten zu gehen und nach einem Telefon zu fragen, aber etwas hielt ihn ab. Er sah eine Weile zu und wurde belohnt: Eine Frau ging in einer Art unauffälligem, schlurfendem Schlenderschritt von einem zum anderen, sie war klein, korpulent, unbestimmten Alters, strähniges Haar, sie trug einen Regenmantel, glänzend und offenbar neu.

An den Füßen aber hatte sie nur Pantoffeln, an einem war noch ein Pompon. Sie schlurfte von Gruppe zu Gruppe. Sie hatte eine schwarze Umhängetasche, aus der sie, hier und da stehen bleibend, etwas fischte, das sie vorzeigte, hergab, dafür im Austausch ein paar Scheine in die Manteltasche schob – eine Telefonverkäuferin.

Wie viel verlangte sie für ein Telefon, höchstwahrscheinlich gestohlen, hoffentlich unregistriert? Pierpaoli hatte keine Ahnung.

Aber wie viel sie auch verlangte – es würde mehr sein, als er hatte. Er hatte gar nichts. Es durchfuhr ihn heiß, wie ein entsetzlicher Makel, er war schutzlos, hatte kein Geld bei sich, nur das, was er am Leibe trug – und seine Armbanduhr, ein Erbstück seines Vaters, eine sehr altmodische *Piaget Emperador*. Ein Sammlerstück. Sie war ungefähr sechstausend Global wert. Für einen solventen Sammler. Aber hier? Die Leute hier sahen nicht nach Armbanduhren-Sammlern aus.

Die Frau hatte ihre Runde beendet und machte sich schlurfend davon. Pierpaoli schnitt ihr, eine gleichgültige Miene aufsetzend, den Weg ab. Ein paar Schritte gingen sie nebeneinanderher.

Die Frau tat völlig unbeteiligt.

»Ich brauche ein Telefon«, setzte Pierpaoli an.

Sie warf ihm einen Seitenblick zu. »Jeder braucht eins. Sind praktisch, die Scheißdinger.«

»Haben Sie welche dabei?«

»Hartgekochte Eier sind's jedenfalls nich' hier in meiner Tasche.« Sie blieb stehen, musterte ihn.

»Du bist so 'n Feiner, wie? Isländische Polizei biste jedenfalls nicht. Egal. Für dich nur das Beste. Gibt drei Preisklassen: teuer, mittel, billig …«

»Ich denke, mittlere Preisklasse genügt.«

»Aha.« Sie kramte in ihrer Tasche. »Mittlere gibt's nicht mehr. Aber hier hab ich genau, was du brauchst …« Sie hielt ihm ein »iP40« hin, es sah gänzlich unbenutzt aus, im Laden hätte Pierpaoli dafür etwa dreitausend Global bezahlt.

»Was wollen Sie dafür?«

»Was ich will? Ganz viel! Alles! Aber was ich nehme, das musst du fragen, Süßer. Ich nehme fünfzig. Geladen, anonymisiert, der Akku hält drei Tage mindestens.«

Fünfzig Global! Ihm schwindelte. So billig war Diebesgut? Es war eine andere Welt, mit anderen Regeln. Aber das änderte nichts daran, dass er nicht mal fünfzig Global besaß.

»Ich – äh, ich bin – ich habe gerade kein … würden Sie meine Uhr nehmen? Als Sicherheit? Sie ist sehr viel mehr wert. Und ich könnte sie bei Ihnen auslösen.«

Er dachte an seinen Vater, er schluckte. »Wenn Sie mir Ihre Adresse geben, dann komme ich so bald wie möglich und bezahle Ihnen das Doppelte fürs Telefon. Hundert Global. Und löse die Uhr aus.« Er räusperte sich. Gepresst: »Es ist ein Erbstück.«

»Seh ich aus wie eine Uhreneinkäuferin? Das hier ist ein Bargeldgeschäft, Süßer.«

»Aber ich habe kein Bargeld. Ich habe kein Geld bei mir, das habe ich doch bereits erklärt …« Pierpaoli sprach zwischen zusammengebissenen Zähnen. »Aber ich brauche ein Telefon. Ich brauche ein Telefon. Ich brauche ein Telefon!«

Sie musterte ihn lange. Dann riss sie den Mund auf und lachte, ein krächzendes Lachen, Pierpaoli konnte ihre schwärzlichen Zähne sehen. »Hier, nimm's, Süßer. Geschenkt! Hab für heute genug verdient. Und du bist wohl in richtigen Schwierigkeiten, wie?« Sie drückte ihm das Telefon in die Hand, lachte ihn an, krächzend, irre kichernd. Pierpaoli war plötzlich von unendlicher Dankbarkeit erfüllt gegenüber dieser schrecklichen Vettel, die doch so großzügig war; aber den Impuls, sie zu umarmen, konnte er unterdrücken.

Er marschierte die Auffahrt hinunter, bis er eine ruhige Ecke gefunden hatte. Die Nummer von Redmondis – sein letzter

Freund, sein letztes Aufgebot – stand auf seiner linken Hemdmanschette. Das Telefon funktionierte einwandfrei. Redmondis nahm sofort ab.

»Arthur, hier ist Tom. Pierpaoli. Hör zu …«

»Wo ist mein Motorrad?«

»Ja. Ich verstehe, dass du danach fragst. Dass du wütend bist. Verstehe ich sehr gut, Arthur. Aber du musst wissen, was mir passiert ist …«

»Wo ist mein Motorrad?« Arthur war entschlossen, es ihm schwer zu machen.

»Das will ich doch gerade erklären, Arthur. Deinem Motorrad ist nichts passiert. Ich konnte es dir nur noch nicht zurückbringen, weil – diverse Dinge geschehen sind. Deshalb auch dieser Anruf. Von diesem Telefon. Es tut mir leid, aber ich brauche deine Hilfe. Wirklich …«

»Wo ist mein Motorrad?«

»Das versuche ich doch gerade zu erklären, Arthur. Es gab Probleme …«

»Wo ist mein Motorrad?«

Pierpaoli hätte das Telefon am liebsten weggeworfen. Redmondis hatte offenbar einen Schwur getan, nur noch dieselben vier Worte zu sagen, bis er sein vermaledeites Motorrad zurückhätte.

Er musste es ihm bringen. Vorher war mit Arthur nicht zu reden.

»Ich bring's dir, Arthur. Ich bring dir dein Scheißmotorrad.« Er legte auf. Wo stand das Ding nochmal? Vor dem Ministerium. Zu Fuß zwei Stunden, wenn nicht drei. Es hatte angefangen zu regnen. Er knöpfte sein Sakko zu, schlug den Kragen hoch. *Woven in England since 1837*.

Montag, 16. Juli 2029

An Bord der Boeing 797, Flug IA 164

Ms Ariadna Ferrer Bayonne saß auf Platz 2 B, First Class, sie flog gewohnheitsmäßig First, einer Iceland-Air-Dreamliner-Boeing-797, sie dachte nach.

Ariadna fühlte sich noch etwas taub am Körper, sie hatte einen Wodka bestellt, das half. Sie hatte in der Flughafenhalle auf einem Fernsehschirm eine Eilmeldung gesehen: Thomas Pierpaoli wurde gesucht. Ihr Thomas. Gesucht wegen Mordverdachts und Flucht. Was war da passiert?

Tom war aus dem Fenster gesprungen, mit ihr in den Armen, das hatte ihr der nette Taxifahrer erzählt. Ihr Retter. Ariadna konnte sich zusammenreimen, dass das alles mit diesem Quantencomputer, den sie da bauten, zusammenhing, dass sie alle in eine Geschichte verstrickt waren – aber in welche? Sie fühlte sich schuldig, dass sie jetzt nach Mumbai flog und ihn im Stich ließ – aber sie musste als Erstes herausfinden, was mit den Mädchen war. Der Guru hatte sie wieder in seine Gewalt gebracht, er war ein böser Mensch. Von Anfang an hatte er sie belogen, die *Pehuenche* und sie.

Auf Island waren die Kinder nicht mehr. Der Guru und seine Entourage hatten das Hotel verlassen – vermutlich, als er die drei Mädchen an sich gebracht hatte.

Wahrscheinlich waren sie in Mumbai. In seinem Hauptquartier.

Sie würde sie finden und die Mädchen nach Chile zurückbringen. Und wenn es das Letzte war, was sie tat.

Dienstag, 17. Juli 2029

Vor Arthur Redmondis' Wohnung, Geldinganes, Island

Arthur Redmondis neigte der Ansicht zu, dass man Geliehenes wohlbehalten, sauber und unzerkratzt zurückerhalten sollte. Diese Regel galt vor allem für Motorräder, ganz besonders galt die Regel für *sein* Motorrad. Insofern war die Stimmung zwischen ihm und Pierpaoli durchaus gereizt. Redmondis machte Bestandsaufnahme.

Sie standen vor Redmondis' Wohnanlage, es war kurz nach Mitternacht. Dahinten war der Steg, das »Kolkrabbi«. Hier hatte er noch vor zwei Tagen Steinchen geworfen, gegen Redmondis' Fenster, wie ein verliebter Teenager. Pierpaoli hatte das Motorrad vor dem Meta-Ministerium vorgefunden, in seinen Augen unbeschadet, er hatte es mit Müh und Not hierhergeschafft – die Tankuhr zeigte weniger als ein Viertel. Und jetzt musste er sich Redmondis' Bemerkungen anhören. Der um die Maschine herumschritt und ständig den Kopf schüttelte.

»Nein, nein. Das ist nicht gut. Nicht gut. Rechter Handprotektor zerkratzt und angebrochen. Kostet mindestens hundertfünfzig Global.«

Fehlt nur noch das Klemmbrett, dachte Pierpaoli. Er überwand sich.

»Hör zu, Arthur, ich weiß, dass dir dein Motorrad heilig ist, dass ich's zu spät wiederbringe, und vielleicht hat es auch einen Kratzer abgekriegt, aber ich muss mit dir über etwas anderes reden, ich brauche nämlich Hilfe.«

»Nein, nein. Nicht gut. Hier. Der Lenker ist in der Mitte verkratzt. Das ist besonders schade, weil er schwarz eloxiert ist. Muss alles ausgebaut werden. Kostet eher zweitausend. Nicht gut, Tom.«

Pierpaoli schwieg eine Weile. Setzte dann neu an. »Arthur, ich – ich bin in Schwierigkeiten. Ich kann dir das alles nicht erklären. Aber du bist der einzige Freund, den ich fragen kann, um Hilfe bitten.«

Arthur war in die Knie gegangen, hatte den Seitenwagen inspiziert, jetzt stand er auf und tippte auf die Kunststoffscheibe. »Steinschlag, Tom. In den Windschutz. Direkt im Blickfeld. Muss ersetzt werden. Kostet tausendfünfhundert. Übrigens, sag mal – du bist doch kein Mörder, Tom, oder?«

»Wie?«

»Es kam überall in den Nachrichten. Dass du Hilfe brauchst, kann ich mir also denken. Hast du jemanden umgebracht?«

»Herrgott, sehe ich aus wie ein Mörder, Arthur?«

»Ich hab noch nie einen gesehen, glaube ich. Ich weiß also nicht, wie Mörder aussehen.«

»Arthur, ich bin reingelegt worden. Ein großes Komplott läuft da. Hat alles mit dem Ministerium und dem Quantencomputer zu tun. Ich muss darüber mehr herausfinden.«

»Weißt du, Tom, wir haben beide Glück gehabt, wir haben gute Jobs. Und das in einer Zeit, wo alles drunter und drüber geht auf der Welt. Wir sind zwar keine großen Tiere, aber wir gehören zum Establishment. Zum Apparat, zum System. Ihm gehört unsere Loyalität, oder? Wir müssen die Regeln des Systems befolgen. Wir müssen unseren Job machen. Verstehst du, was ich sagen will?«

»Klar.« Es war auch seine Religion. »Ich bin loyal, Arthur. Warum wendet sich dann alles gegen mich?«

Redmondis fing an, sein Motorrad sauber zu wischen, er gab auch Pierpaoli einen Lappen. »Vielleicht«, Redmondis' Stimme klang jetzt nachdenklich, »gibt es noch eine andere Loyalität. Regeln sind gut und schön. Aber manchmal muss man sie auch brechen. In dieser Welt bist du jetzt angekommen, schätze ich. Du musst die Regeln brechen. Wie in dem Song von Status Quo. Auf dem Album ›Quo‹.«

»Wovon redest du?« Pierpaoli hatte jetzt keine Energie mehr für Redmondis' Geschichten, für dessen Vorwürfe. Mit einem

Mal fühlte er sich schrecklich müde und mutlos: Er wurde gesucht, er war ein Gefangener auf der Insel.

Plötzlich war ein Dröhnen in der Luft. Über dem Meer flog ein Hubschrauber, hielt Richtung Westen. Pierpaoli konnte die Aufschrift erkennen: »ARS 001«.

Das waren die Initialen von Amitav Rama Shah. Der Guru machte sich davon – in einem Hubschrauber konnte man Island jederzeit verlassen; aber er, Pierpaoli, hatte keinen Helikopter.

»Tom? Hörst du mir eigentlich zu? Hast du gehört, was ich gesagt habe? Du musst hier weg.«

»Ja. Aber ich weiß nicht, wohin. Und Island ist eine Insel.«

Redmondis wischte sich die Finger sauber und legte den Lappen hin. »Ich weiß.« Er verschwand in seiner Wohnung und kam bald wieder. »Ich kann dir gleich fünfundzwanzigtausend Global geben. Geliehen. Abzüglich der Reparaturkosten. Und ich habe eine Idee, wie du von hier wegkommst.«

Dienstag, 17. Juli 2029

An Bord der »Edda«, Nordatlantik,
zwischen Island und den Faröerinseln
Position: Lat = 62° 56'05.1"N Lon = 13° 06'44.7"W

Die Vorstellung von der Hölle, dem Ort der Verworfenen, der Hoffnungslosen und der verdammten Seelen, ist in den meisten Mythen, vor allem nach dem christlichen Koordinatensystem, nach *unten* verlegt worden, in die Tiefe, eine bodenlose Tiefe, mit Variationen von dunklem Schlund, schwefligem Qualm und teuflischen Feuern – ein satanischer Ort, wo die Sünder gefoltert, versengt, verbrannt, gekocht, geröstet werden. Pierpaoli, seit ungefähr sechseinhalb Stunden Schiffspassagier auf der Flucht, sah das inzwischen anders.

Für ihn war die Hölle ziemlich genau zwölf Meter lang, viereinhalb Meter breit (an der breitesten Stelle) und keineswegs heiß, sondern eisig, windig, feucht, grau, es roch höllisch nach Diesel, Fisch, brackigem Wasser, ungewaschenen Körpern – und diese Hölle hatte einen stumpf-passenden Namen: »Edda«.

So hieß der Kutter, der für Pierpaoli die einzige Chance darstellte, unbemerkt aus Island wegzukommen. So hatte es Redmondis für ihn eingefädelt. Pierpaoli wusste, er sollte dankbar sein. Aber er war es nicht. Er litt. Er fror. Er kotzte.

Pierpaoli trug die Kleidung, die Redmondis ihm gegeben hatte: einen ebenso schweren wie kratzigen Rollkragenpullover, dessen Ärmel so lang waren, dass er sie mehrmals umschlagen musste, darüber eine gelbe Helly-Hansen-Jacke, eine ebenfalls gelbe und steife PU-Ölhose, eine zerschlissene Mütze und kurzschäftige Gummistiefel, die zwei Nummern zu groß waren, aber besser als zwei Nummern zu klein. Er hatte sich, kaum dass sie abgelegt hatten, auf Weisung des Kapitäns umgezogen, sein Tweed-Sakko, seine Hose und seine John-Lobb-Halbschuhe hatte er in eine Tüte gestopft und unter sein Kojenbett geschoben. Der Schlafraum, den Pierpaoli sich mit den drei Matrosen teilte, war winzig, aber irgendwie hatte man zwei Etagenbetten hineingequetscht. Ein Bett war noch frei gewesen: Das war jetzt seines. Die Bettdecke war bretthart und stank. Das Bett stank, der Raum stank. Nur das Kopfkissen stank nicht, denn es gab keines.

Redmondis hatte telefoniert, hatte alles beherzt organisiert, Pierpaoli im Dunkeln zu einem abgelegenen Ankersteg gefahren, mit den vier zweifelhaften Gestalten geredet, während Pierpaoli abseitsstehen musste, er hatte Pierpaoli einen Kleidersack in die Hand gedrückt, ihm einen wattierten Umschlag überreicht, der fünfundzwanzigtausend Global enthielt, von denen er aber im Scheinwerferlicht gewissenhaft dreitausendsechshundertfünfzig Global abzählte für die Reparaturen des Motorrads, und dann war Pierpaoli über den wackeligen, schmalen Landgang auf das Schiff balanciert und hatte sich auf Weisung des Kapitäns nach unten in die Schlafkoje verfügt. Mit einem nervenzerreißenden Heulton, der nur langsam in ein Geratter und Getucker überging, hatte das Schiff schlingernd abgelegt. Und unter einem eisgrauen, trostlosen Himmel hatten sie Island verlassen.

Pierpaoli hätte nicht sagen können, wann ihm schlecht geworden war, ob sofort oder gleich. Sie kamen in stürmische See, mit hohem Wellengang.

Die »Edda« war ein ehemaliger Fischkutter, klein, stabil, kompakt, aus fünfunddreißig Millimeter dicken Eisenplatten geschweißt, Baujahr 1959, aber inzwischen mehrfach überholt und umgerüstet. Sie hatte einen fast senkrechten Vorsteven, eine deutliche Linienverjüngung an Bug und Heck, und sie wurde hybrid betrieben: Der ursprüngliche Antrieb war ein Sechszylinder-Dieselmotor mit zweihundertneunundachtzig PS, dazu hatte man im Rumpf eine Brennstoffzelle eingebaut, die mit Wasserstoff betrieben wurde, gespeist aus Lithium-Eisenphosphat-Akkus. Der Schiffsbauch war mit einer neuartigen Haifischhaut-Lackierung überzogen, die den Strömungswiderstand senkte – so schaffte die »Edda« bis zu fünfzehn Knoten. In diesen Breiten war eine gewisse Grundgeschwindigkeit nötig, denn ein Schiff ohne Fahrt drohte sich in die Wellentäler zu legen und zu kentern.

Davor war die »Edda« gefeit, weitgehend. Sie stampfte unbeirrt durch Wellentäler, fuhr Wellenberge hinauf, fiel klatschend hinab, stinkend, dröhnend, von Brechern und kaltem Salzwasser überspült, aus tiefen Wolkenbänken besprüht – und Pierpaoli hatte sich inzwischen mehr als zwei Dutzend Mal übergeben, sein Magen gab nichts mehr her, außer bitterer Galle. Seine Kehle war verätzt. Die Übelkeit trieb ihn immer wieder an Deck. Der Wind machte ihn taub. Sein Schädel tönte hohl von der Einsamkeit des Meeres.

Der Kapitän der »Edda« hieß Hildur Edmundsson, ein kleiner, stabiler Mann mit einem grauen Backenbart, ein Seemann, der offenbar ziemlich befähigt war, aber Steuerhaus und Unterdeck schonungslos mit Zigarrenrauch verpestete. Edmundsson paffte vom frühen Morgen an Zigarren der Marke »Asylum 13 Ogre«, zweihundertdrei Millimeter lang, die wie ein Ofenrohr von ihm abstanden. Der Rest der Besatzung bestand aus drei Matrosen: Da war Marco, ein kahlschädeliger Italiener, Anfang fünfzig, mit einem blau-schwarzen Inter-Mailand-Schal, außerdem zwei Männer von Mitte dreißig, Zwillinge, die gleiche Pullover und gleiche Mützen trugen und Tjörk und Torge hießen. Wer allerdings Tjörk und wer Torge war, hätte Pierpaoli nicht zu sagen gewusst. Sie stammten von den Färöern, waren breit, unerschütterlich und bis auf gelegentliche Brummlaute stumm. Der Italiener war wuselig und führte Selbstgespräche, seufzte dabei und bekreuzigte sich oft. Ein- oder zweimal sah ihn Pierpaoli auf den Kapitän einreden: *Sembra proprio Steinbjörn … ammettilo! La faccia, oh, gli occhi, oh, Santa Maria Vergine, proteggici!*

Oder: *Guardalo, togli i capelli, metti un po' più di barba– e hai Steinbjörn, il nostro amico Steinbjörn, risorto dai morti. È un segno, capitano! Non so il perché, ma é un segno!*

Pierpaoli hörte es, er verstand Italienisch, aber hatte keine Kraft, sich darum zu kümmern.

Edmundsson hatte Pierpaoli einen schweren Ledergürtel ausgehändigt, mit einem eingestanzten Ring, an dem ein Stahlseil hing, daran war ein Karabinerhaken befestigt. Pierpaoli hatte dazu zwei Anweisungen erhalten: Gekotzt wurde nur oben, nur auf Deck, und zwar mit dem Wind. Zweitens: Sobald Pierpaoli auf Deck ging, hatte er den Karabiner in die Reling einzuhaken. Niemals ungesichert auf Deck stehen! Dies war ein Befehl, keine Empfehlung; und es war klug, ihn zu befolgen. Die eisigen Wellen, die schäumend übers Deck schlugen, hätten ihn über Bord gewischt wie einen Lappen, hinein ins Nirgendwo, in die Schwärze des Nordatlantiks.

Die »Edda« war als Forschungsschiff deklariert. Ursprünglich waren Edmundsson und seine Männer Fischer gewesen, sie kamen von den Färöern, hatten aber auch für eine isländische Fischereigesellschaft gearbeitet – bis die Meere so brutal leergefischt waren, dass sie ihren Job aufgeben mussten. Redmondis, der diesen Schlag von Männern mochte, hatte ihnen neue Arbeit verschafft. Sie dampften zwischen Island und den Färöern hin und her und nahmen Wasserproben, Fischproben, Planktonproben. Die Kühlkammer im Schiffsbauch war mit Regalen bestückt, dort standen die verschraubten, flaschengroßen Plastikampullen, säuberlich etikettiert; denn so säuisch es auf dem Schiff auch sonst aussah – die klebrige Kombüse, die ölig-feuchten Schlafkammern –, bei den Proben ließ Edmundsson keine Schlamperei zu.

Die Seekrankheit oder Kinetose ist eine der Heimsuchungen, vor der es keine Zuflucht gibt, kein Bett, in dem man sich fiebernd vor der Welt verkriechen könnte, kein Rückzug, keine Atempause. Die Welt um den schwankenden Patienten scheint in Auflösung begriffen, es bleiben nur die sich türmenden, verwirbelnden, verschiebenden Wassermassen. Man weiß nicht mehr, wo man steht, ob man überhaupt noch steht oder sitzt oder bereits fällt. Begleitende Symptome sind kalter Schweiß,

Abgeschlagenheit, Kopfschmerzen, Schwankschwindel, auch Brechreiz, Sodbrennen, Gliederschmerzen, die Magen-Darm-Funktionen sind gestört, der Patient will nur eines: sterben. Der Organismus wirft erstmal alle seine Stresshormone in die Schlacht, um dann zu kollabieren.

Die ersten zwei Tage, die Pierpaoli auf der »Edda« verbrachte, von der Besatzung weitgehend in Ruhe gelassen, verbrachte er zwischen Hangen und Bangen. Kalte Salzwassertropfen peitschten sein Gesicht, wenn er würgend über der Reling hing; Salzwasser lief ihm in den Kragen, wenn er zurückkroch, zwischen Aufgang und Koje schlitternd und rutschend, dabei den Matrosen immer im Weg, die peinlich berührt wegsahen. Die Tage waren ein Strudel abwärts. Der Horizont kippte nach links, nach rechts, fuhr hoch, rutschte abwärts. Pierpaoli lag in seiner Koje und presste die Fingerknöchel gegen den Mund.

Die Erlebnisse nach seiner Ankunft auf Island, die Gesichter von Mamarenko, Liu, Nkunke, Reza, Difraudi, Shah, verzerrt und verwischt, strudelten in ihm; aber wenn er ganz unten ankam, war da ein Name, ein Gesicht, an dem er sich festhalten konnte: Ariadna. Es war einmal in Kapstadt gewesen, da waren sie noch zusammen, und er hatte sie bei irgendeiner Gelegenheit gefragt: »Würdest du was für mich tun?«, und er hatte dabei eigentlich nur einen kleinen, lapidaren Gefallen im Sinn gehabt, doch sie hatte bedenkenlos geantwortet: »Alles.«

An diesem »Alles« hielt er sich fest. Und an dem Wissen, dass sie ihn brauchte, dass sie in Gefahr war, auch wenn sie es nicht wusste.

Der zweite Abend, als die Sonne unterging und alle Farben mit sich nahm, war immer noch schrecklich – am dritten Morgen aber war das Meer lakenglatt. Die Winde waren abgeflaut – als sei das Ganze ein Test gewesen, ein Spaß, den sich die Natur erlaubte, indem sie gelegentlich ihre Muskeln spielen ließ.

Pierpaoli stand an der Reling, den Karabinerhaken eingeklinkt, und atmete. Er war immer noch misstrauisch, aber er hatte, welch Wunder, in der Nacht tatsächlich geschlafen. Jeder Atemzug ohne Brechreiz war köstlich.

Kapitän Edmundsson gesellte sich zu ihm, die unvermeidliche Zigarre war ausgegangen.

»Wenn wir keinen Seegang haben, müssen Sie sich auch nicht einklinken.« Edmundsson nickte zu Pierpaolis Karabiner.

»Oh. Macht der Gewohnheit, schätze ich.«

Edmundsson tastete nach seinem Feuerzeug.

»Kapitän, ich wollte mich bedanken. Dafür, dass ich mitfahren darf …«

»Danken Sie Arthur. Redmondis hat uns den Arsch gerettet, hat uns diesen Job beschafft. Wenn er uns bittet, helfen wir ihm. So läuft das Spiel.«

»Ja … Danke trotzdem. Richten Sie's der Mannschaft aus, ja?« Edmundsson zuckte die Achseln. Pierpaoli wagte zu fragen: »Was hat eigentlich dieser Italiener – wie heißt er? Marco? Was hat der eigentlich mit mir für ein Problem? Ich meine, er bekreuzigt sich, wenn er mich sieht, murmelt vor sich hin.«

»Tja, Marco ist abergläubisch. Er denkt, Sie sind so etwas wie mein wiedergeborener Bruder. Der war für die Jungs ein Freund. Steinbjörn Edmundsson. Mein Bruder. Jünger als ich. Wurde von uns genommen. Ist noch nicht lange her. Fehlt uns. Mir, aber den Jungs auch. Er hatte eine Kneipe auf den Färöern, bei Thorselsend. Abgelegener Platz. Wunderbarer Platz für eine Kneipe. Konnte gut kochen. Und wie.«

»Mein herzliches Beileid. Zu Ihrem Verlust.« Pierpaoli schwieg eine Weile. Edmundsson paffte. Dann sagte Pierpaoli: »Aber was hat das mit mir zu tun?«

Edmundsson spuckte ins Wasser.

»So ist Marco eben. Sie sehen Steinbjörn ähnlich. Äußerlich. Wie es halt so vorkommt. Allerdings hatte er keine Haare. Und sein Bart war länger. Aber sonst … Nicht Ihre Schuld. Sie seh'n ihm nur zufällig ähnlich. Aber Marco – na ja, Marco ist eben Marco.«

Sie schwiegen und schauten auf die See. Das Meer war wie Bleifolie, ruhig und kalt. »Drei Tage noch, dann sind wir da.« Edmundsson schlug an seiner Zigarre die Asche ab. »Warum mussten Sie so schnell weg? Probleme mit der Polizei? Geldprobleme?«

Pierpaoli war sich nicht sicher, wie viel Edmundsson wusste, was er preisgeben durfte. »Letztlich ging es um eine Frau.«

»Verstehe.«

»Kann ich mich an Bord nützlich machen? Ich meine – damit ich nicht nur herumstehe?«

Edmundsson betrachtete ihn. »Was können Sie denn? Redmondis konnte man an Bord gut gebrauchen, der kennt den Dieselmotor, den Hybridantrieb, und seefest ist er auch. Aber Sie ja offenbar nicht.«

»Nein, das bin ich nicht. Und von Motoren verstehe ich leider nichts.«

»Also. Was können Sie?«

Pierpaoli dachte nach. »Ich könnte kochen«, sagte er.

Dienstag, 17. Juli 2029

An Bord der »Edda«, Nordatlantik,
zwischen Island und den Färöerinseln
Position: Lat = 62° 24'38.6"N Lon = 11° 03'08.1"W

Zweimal trafen sie auf ihrer Überfahrt ein Kontrollschiff – dann kam Edmundsson runter und sorgte dafür, dass Pierpaoli unsichtbar blieb. Fender wurden ausgeworfen, das Kontrollschiff, die »Oktopus II«, legte sich längsseits. Man kannte sich, die Kontrolleure kamen nicht an Bord, aber man unterhielt sich über die Reling hinweg.

Diese Kontrollschiffe waren jetzt gang und gäbe. Die Klima-Allianz unterhielt eine internationale Flotte von bewaffneten Kontrollbooten, die alle Schiffe, vor allem natürlich die wenigen Fangschiffe, die noch fahren durften, stichprobenartig überprüften, deren Kontrolleure gelegentlich an Bord kamen, die Kühlräume öffneten, die Logbücher lasen. Denn Fischfang war jetzt strikt reglementiert.

Und das war auch bitter nötig gewesen.

Trotzdem war diese Entscheidung den Regierungen in der Klima-Allianz schwergefallen, sehr schwer. Die Entscheidung bedeutete den Verzicht der Bevölkerung auf echten Fisch, die Kunstfischproduktion kam nur langsam in Gang, sie bedeutete außerdem arbeitslose und revoltierende Fischer, und vor allem ließ diese Entscheidung die mächtige Lobby der Fang- und Verarbeitungsindustrie weltweit Amok laufen. Aber es hatte keine Alternative gegeben.

Die Überfischung der Meere hatte bereits um die Jahre 2021 und 2022 einen Grad erreicht, bei dem das Ökosystem zu kippen drohte. Etliche Fischarten waren bereits ausgestorben, andere standen kurz davor. Der Restbestand an Blauwalen lag bei knapp zwei Prozent, der Thunfisch-Bestand bei zehn Prozent. Etwa zweiundfünfzig Prozent der Bestände wurden nach einem

FAO-Bericht derart intensiv befischt, dass eine Steigerung nicht mehr möglich war. Dazu kam der Beifang in den gigantischen Schleppnetzen, die so voluminös waren, dass darin ein Dutzend Jumbojets hineingepasst hätte. Es war Beifang, der als Abfall über Bord geworfen wurde: Pro Jahr gingen Millionen von Haien, Rochen, Walen, Delfinen und Meeresschildkröten in die Netze und wurden als Müll entsorgt.

Da aber Haie zum Beispiel die Gesundheitspolizei der Meere stellten, indem sie kranke Tiere fraßen, brachen nun immer häufiger Krankheiten und unterseeische Seuchen aus.

Die Klima-Allianz hatte keine Wahl. Es ging dabei nicht um Meeres-Romantik oder Sentimentalität. Vielmehr waren die Ozeane von existenzieller Bedeutung für das Überleben des Planeten: Sie absorbierten, im Vergleich zum Amazonas-Regenwald, die vierfache Menge an Kohlendioxid. Und mehr als achtzig Prozent des Sauerstoffs wurde von Phytoplankton erzeugt. Man hatte die Meere jahrhundertelang als unermesslich und unendlich ausbeutbar angesehen. Ein Irrtum.

Viele Menschen mussten für diesen Irrtum bezahlen, Fischer – wie zum Beispiel die Besatzung der »Edda« – verloren Arbeit und Identität.

Dabei konnten Edmundsson und seine Leute noch von Glück reden, dass ihnen Redmondis diese Arbeit verschafft hatte – für ihren Freund Arthur hätten Edmundsson, Marco und die Zwillinge viel mehr getan, als nur einen blinden Passagier zu verstecken.

Pierpaoli ging es inzwischen etwas besser. Das Wetter klarte auf. Sie kamen in ruhigere See.

Samstag, 21. Juli 2029

An Bord der »Edda«

Position: Lat = 62° 16'48.8"N Lon = 8° 46'41.9"W

Fünf Tage währte die Überfahrt. Die ersten zwei Tage hatte Pierpaoli sterbenskrank verbracht, in den verbleibenden drei Tagen fand er neuen Lebenssinn, er fand ihn durchs Kochen. Er wurde für den Rest der Fahrt der Smutje der »Edda«.

Pierpaoli hatte, zu seinem eigenen Erstaunen, selbst ein wenig Hunger, er wollte auch dieser seltsamen Mannschaft etwas Gutes tun, und eine Art von Tatendrang hatte ihn erfasst, eine Hemmungslosigkeit, die er gut gebrauchen konnte. Denn zuerst musste er saubermachen, hemmungslos. Die Kombüse im Schiffsbauch musste zu einem Ort werden, an dem man wenigstens ein Ei braten konnte, ohne festzukleben.

An Bord der »Edda« herrschten rustikale Essgewohnheiten. Im Rückraum der Kombüse gab es ein sogenanntes »Schapp«, ein Abstellraum, darin sechsundneunzig Dosen »Rio Plata«-Corned Beef, zweiundfünfzig Dosen »Benzler's Dauerbrot«, elf Schachteln Vitamintabletten der Marke »Foodspring«, zwei müllsackgroße Tüten »Löfbergs Kaffee«. Pierpaoli räumte alles aus, zählte, methodischer Beamter, der er war, die Dosen durch, kehrte das Schapp aus, wischte es, erlegte einige altersmüde und auf Besucher nicht vorbereitete Kakerlaken, kehrte abermals, wischte abermals. Dann machte er sich an die eingebrannte Herdplatte, die klebrige Arbeitsfläche, den Tisch, den Boden, die Stühle. Er wischte, kehrte, wischte, fand ein Brett und ein Messer und schnitzte einen primitiven Kochlöffel. Und dabei sortierte er seine Gedanken. Er räumte sozusagen innerlich auf.

Corned Beef und Brot waren normalerweise Frühstück, Mittagessen und Abendmahlzeit der Besatzung. Es gab in der Kombüse eine kleine Herdplatte, auch drei Töpfe und eine Pfanne, aber kaum jemand machte sich die Mühe, ein paar

Scheiben anzubraten, auch herrschte nicht die Sitte, sich gemeinsam zu einer Mahlzeit hinzusetzen. Wer Hunger hatte, riss sich eine Dose Beef auf, dazu eine Dose Brot, streute etwas Pfeffer auf das Zeug und löffelte es kalt und im Stehen weg. Das alles spülte man mit einer oder zwei Tassen giftig-schwarzen Kaffees hinunter. Die Kaffeemaschine war groß, verfleckt, die Platte mit einer eingebrannten Kruste überzogen, und sie wurde ständig neu befüllt.

Aber unter der Herdplatte befand sich ein kleiner Kühlschrank mit einem Eisfach, und darin fand Pierpaoli zu seinem freudigen Erstaunen einen vergessenen Schatz: Klumpen eisiger Margarine, drei Stiegen Eier, ein Glas Senf, ein paar tiefgekühlte Tomaten, ein Säckchen langtriebiger Zwiebeln, die Hälfte davon aber noch brauchbar, Knoblauch, sogar Äpfel, zwei Päckchen Nudeln und etliche Tüten Nüsse, deren Verfallsdatum allerdings unleserlich war.

Besser als nichts.

Pierpaoli hatte Marco, den Italiener, gebeten, eine Angel auszuwerfen. Marco hatte tatsächlich einen kleinen Schellfisch gefangen, allenfalls vierzig Zentimeter lang, aber Pierpaoli löste das Fleisch, wusch es sorgfältig, dünstete sechs Zwiebeln an, fügte das halbe Glas Senf hinzu und bereitete Schellfisch-Pasta mit allen verfügbaren Tomaten und großzügigen Mengen Knoblauch. Die Wirkung war sensationell. Die Mannschaft aß begeistert und beinahe gesittet, Marco erging sich in Lobeshymnen, die Zwillinge baten um eine dritte Portion, und Kapitän Edmundsson spendierte aus seinem privaten – für medizinische Zwecke, wie er behauptete – Vorrat für jeden ein Wasserglas Aquavit. Es war ein Freudenmahl in einer halbwegs sauberen Kombüse. Pierpaolis Ansehen stieg schlagartig.

Das zweite Essen, am folgenden Abend, misslang. Pierpaoli hatte versucht, aus Eiern, Brotteig und Corned Beef Klöße zu formen und zu dämpfen, bereitete dazu eine Zwiebel-Aquavit-Soße, aber er war unzufrieden, die Klöße waren fad und matschig, doch seine neuen Fans wischten mit Brotbrocken die Töpfe aus.

Während Pierpaoli abwusch, aufräumte und Töpfe und Pfannen scheuerte, dachte er über den Fall nach. Er war in etwas hineingeraten. Galt es ihm? Nein. So wenig wie es Mamarenko gegolten hatte. Mamarenko hatte etwas herausgefunden, was er nicht wissen durfte, er hatte es Pierpaoli nicht mehr erzählen können.

Das Projekt »Qube 17«, der Quantencomputer, hatte sich als erfolgreich herausgestellt, als über alle Erwartungen erfolgreich. Quispel hatte viel Aufhebens wegen der ominösen achtundneunzig Prozent gemacht. Was bedeutete das?

Gab es Neidkämpfe? Vielleicht. Bei vielen Projekten waren die Wissenschaftler anfangs ein Herz und eine Seele; am Ende gab es oft erbitterte Verteilungskämpfe, Pierpaoli kannte das, es ging um Ruhm, Anerkennung, Geld, neue Forschungsaufträge. Aber war das ein Motiv für Liu, Catchside zu ermorden? Oder ermorden zu lassen?

Nkunke hatte von der Mordwaffe gesprochen, dem Milchschaumhebel, mit Pierpaolis Fingerabdrücken darauf. Es war wahrscheinlich derselbe Hebel, den Pierpaoli in dem Konferenzraum abgebrochen hatte, als Liu ihn eingeschlossen hatte. Wer wusste von dem Milchschaumhebel? Vor allem Difraudi. Aber warum sollte er Pierpaoli etwas anhängen? Hatte Liu diesen Mord in Auftrag gegeben, auch an seinem Freund Mamarenko? Vielleicht arbeitete sie mit Shah zusammen? Hatte Liu Catchside töten lassen, um das Bündnis mit dem Guru selbst weiterzuführen?

Welche Rolle spielte der Guru wirklich? Und was hatten die Indio-Kinder damit zu tun – und Ariadna? Was wusste sie? Hing überhaupt alles zusammen – oder waren es nur zufällige Gleichzeitigkeiten?

Noch eine unbeantwortete Frage.

Pierpaoli schob alle Möglichkeiten hin und her. Ohne Lösung. Er machte sich wieder ans Kochen.

Das dritte Essen, das Pierpaoli an Bord der »Edda« zubereitete, am Abend vor der Ankunft, war das beste. Er machte zwei Sorten Ei-Brot-Pfannkuchen, eine gepfeffert-herzhafte Variante mit Corned Beef, eine süße mit Äpfeln, Nüssen, Zucker und Aquavit. Marco, die Zwillinge und Edmundsson erklärten die Pfannkuchen für den Gipfel der Kochkunst.

Sie saßen danach noch eine Weile und redeten, vor allem Marco. Er erzählte, von zustimmenden Brummtönen der Zwillinge begleitet, von der Kneipe, die ihr Freund Steinbjörn – *il fratello del nostro grande capitano!* – betrieben hätte. Wie wundervoll es dort gewesen sei. Das Essen. Die Art, wie Steinbjörn erzählte. Der Aquavit! Und jetzt war Steinbjörn tot, dieser großartige Ort verwaist. Kein Nachfolger in Sicht, kein Pächter, das Clubhaus – leer, seelenlos. Dabei stand alles bereit. Es brauchte nur einen Mann. Und dabei zwinkerte er Pierpaoli bedeutungsvoll zu. Die Zwillinge nickten und brummten, was als Zustimmung gemeint sein mochte.

Pierpaoli blickte Edmundsson fragend an. Der zuckte die Achseln, paffte an seiner Zigarre und teilte die Nachtwachen ein. Er selbst ging ins Steuerhaus. Alle erhoben sich. Pierpaoli schob die Teller zusammen, scheuchte die Truppe raus und machte sich an den Abwasch. Morgen würde er auf den Färöerinseln sein. Was sollte er da?

Pierpaoli war mit dem Abwasch noch nicht ganz fertig, als Edmundsson den Aufgang herunterkam. Er paffte eine schwere Qualmwolke Richtung Kombüse. »Wo wollen Sie eigentlich unterkommen auf den Färöern, wenn wir morgen da sind? Ist nicht so, dass wir dort haufenweise Hotels hätten.«

Pierpaoli hatte keine Antwort.

»Und außerdem legen Sie ja vielleicht Wert auf Abgeschiedenheit. Das Haus meines Bruders steht leer. Ich kann da nicht hin. Zu viele Erinnerungen. Aber für Sie vielleicht passend. Vorne die Kneipe, die jetzt geschlossen ist, hinten das Häuschen. Also?«

Er paffte zwei, drei Qualmwolken, bis Pierpaoli zu einer Antwort fähig war: »Danke.«

»Okay. Redmondis wird's sicherlich auch gut finden. Er hat gemeint, ich soll auf Sie aufpassen. Zeig's Ihnen morgen. Das Haus.« Und damit stieß er eine Rauchwolke aus und stieg wieder hoch.

Sonntag, 22. Juli 2029

Haus des Steinbjörn Edmundsson, dreißig Fußminuten westlich von Grimurshavn, Vágar, Färöerinseln

Pierpaoli stand in schmutzigen Wollsocken – er trug noch sein Ölzeug, hatte aber seine Gummistiefel am Eingang ausgezogen, etwas an diesem Ort hatte ihn dazu herausgefordert – im Wohnzimmer des kleinen Hauses. Es war vollkommen abgelegen, drei Kilometer vom nächsten Ort, Grimurshavn – Pierpaoli stand also in schmutzigen Wollsocken am Fenster und blickte hinaus. Er sah auf einen kleinen, sauber angelegten Weg, der zu der Klippe führte. Er sah die Horizontlinie des Atlantiks, die nur wenig dunkler war als der aufgespannte Himmel. Er sah auf der Klippe Möwen landen, sah sie auffliegen; aber was Pierpaoli nicht sah, das war seine Zukunft.

Meine Zukunft, dachte er, *ist ziemlich ungewiss. Vielleicht sollte ich umsatteln auf Gegenwart.*

Die Gegenwart war dieses Haus. Es lag zwischen Grimurshavn und Torsend, keine dreißig Meter von der Klippe entfernt, von der es etwa siebzig Meter steil hinabging. Eine Bank stand unweit der Klippe, aber sie war sicherlich nicht für Zwiegespräche gedacht, denn direkt an der Klippe war das Tosen, Donnern, Dröhnen der Brecher, die in schäumender Tiefe an die Felsen droschen, schlechterdings betäubend. Im Haus, hinter dem geschlossenen Wohnzimmerfenster, war das Meer durchaus noch zu hören: ein gleichmäßiger und tiefer Lärmstrich, nicht unangenehm, zumal die Wasserlinie in beruhigendem Abstand weit *unter* dem Haus verlief.

Die Gegenwart, das war dieses Haus, das der Kapitän Pierpaoli zur Verfügung gestellt hatte, an der Rückseite der Kneipe gelegen, die Pierpaoli sich noch nicht angeguckt hatte. Das Haus war eine erfreuliche Überraschung, vor allem nach der Fahrt auf der »Edda«. Es war klein, aber behaglich. Die Wände weiß verputzt, der Boden aus dunklen Holzdielen, sparsam möbliert: ein abgelaugter und sandgestrahlter Eichentisch, ein weißer Wollteppich, hochlehnige Sessel, mit festem Wollstoff überzogen, alle Sessel mit verstellbarer Leselampe, ein hellgraues Sofa, ebenfalls mit Leselampe.

Grau, Silbergrau und Weiß gaben den Ton vor – die bestimmenden Farben des Hauses. Auf der Kommode eine gekälkte Holzschale mit Schlüsseln, Papieren. In der Diele und im Wohnzimmer hingen einige gerahmte Schwarz-Weiß-Fotos. Zwei ausladende Bücherregale. Die Bücher waren an der Kante ausgerichtet.

Das war jetzt seine Gegenwart. Dazu gehörte freilich auch die unleugbare Tatsache, dass Pierpaolis Leben, Job, Liebe, Zukunft in Trümmern lagen. Pierpaoli schaute auf das hellgraue Sofa, eine weiche Decke lag, ordentlich gefaltet, über der Lehne. Er tat das Naheliegende und Vernünftige: Er legte sich aufs Sofa und schlief ein. Die Zeit zog sich in sich selbst zurück.

Als er erwachte, war es dunkel. Sein Mund war trocken. Er fand den Schalter der Sofalampe, sah auf seine Armbanduhr, die zu verpfänden ihm das Herz gebrochen hätte, er hatte vierzehn Stunden geschlafen. Aber das war egal. Er hätte auch vierundzwanzig oder vierundvierzig Stunden schlafen können – niemand suchte ihn hier, niemand wollte hier etwas von ihm, Edmundsson, der Käpt'n, hatte ihm, als er ihm den Schlüssel aushändigte, zugesichert, dass die Jungs dichthalten können. »Wir Färinger«, hatte er gesagt und stinkende Zigarrenwolken gepafft, »wir halten nicht so viel von Polizei und den Aufklärungsbehörden. Redmondis sagt, Sie sind ein guter Kerl. Brauchen nur Zeit, um den Kopf klarzukriegen. Bitte. Hier kümmert man sich um seinen eigenen Kram.« Dann hatte er Pierpaoli den Schlüssel gegeben und ihn Richtung Haus gewinkt. Paffend war er davongestiefelt, ohne sich noch einmal umzusehen.

Pierpaoli erkundete das Haus, respektvoll, behutsam, die Dinge nur scheu berührend. In den Regalen Bücher aller Provenienz, zumeist auf Englisch: die Kulturgeschichte der Eheleute

Durant, Werke über Astronomie und Physik, Petersen, Diamond, Morris, Laxness, Baldursdóttir, Sloterdijk, Mann, Updike, Dostojewski. Eine kleine Hausbar, die Rum und Aquavit enthielt, die gerahmten Fotos zeigten Männer, die in einem Gastraum saßen und in die Kamera grienten, Männer in Taucheranzügen, die in einem Schlauchboot saßen, Aufnahmen, die unter Wasser aufgenommen waren, Schiffswracks und Felsformationen.

Der Kühlschrank enthielt Lebensmittel. Das meiste davon war verdorben. Pierpaoli entsorgte die verschimmelten Sachen in der Abfalltonne, die vor dem Haus stand, dann ließ er das Wasser eine Weile ablaufen und trank zwei Gläser davon, es schmeckte rein und kühl und süß. Er öffnete eine Dose Sardinen, fand eine Gabel und aß den öligen Fisch direkt aus der Dose.

Thomas Pierpaoli merkte, fast gegen seinen Willen, dass er sich in dieses Haus, in diesen Ort zu verlieben begann. Er erfreute sich an den Einzelheiten, an den jagenden Wolken, dem Rhythmus, in dem die Möwen landeten und abhoben, an den Vormittagen voller Licht. Wie es hier aussah – das entsprach ihm. Das Haus war ohne Stilzärtelei eingerichtet, aber liebevoll und gepflegt; nur jetzt lag eine feine Staubschicht über den glatten Flächen. Pierpaoli ertappte sich bei dem Gedanken, dass der Besitzer es gerne gesehen hätte, wenn Pierpaoli Staub wischen würde. Wer war dieser Mann, dieser ominöse Steinbjörn Edmundsson? Woran war er gestorben? War es plötzlich geschehen? Das Haus wirkte, als hätte der Besitzer es nur mal eben verlassen, als wäre er sicher gewesen, zurückzukommen.

Pierpaoli hätte den Bruder fragen können, er hatte es aber gelassen, die Empfindlichkeit Edmundssons respektierend.

Und jetzt?

Was sollte er jetzt tun? Es war zehn Uhr abends, die Sonne gerade untergegangen.

Er legte sich wieder auf das Sofa und schloss die Augen.

Mittwoch, 25. Juli 2029

Haus des Steinbjörn Edmundsson, dreißig Fußminuten westlich von Grimurshavn, Vágar, Färöerinseln

In den nächsten Tagen kam Thomas Pierpaoli, mittlerer Beamter des Agrarressorts im Hochkommissariat zu Kapstadt, der Welt abhanden. Was da draußen auch passieren mochte, es ging ihn nichts mehr an.

Die Tage knickten weg. Später hätte er nicht mehr zu sagen gewusst, was er eigentlich in dieser Zeit gemacht hatte, am ehesten: nichts. Er wärmte etwas Wasser an, fand einen kleinen Eimer, einen Lappen und wischte Staub. Er stand stundenlang am Fenster und starrte auf seine Socken und Unterhosen, die an der Leine hingen. Nachts regnete es, das Rauschen gefiel ihm. Er hatte keine Lust, die Insel zu erkunden, etwas einzukaufen oder Menschen zu treffen, also ernährte er sich von Sardinen und Kaffee. Er duschte kalt, beobachtete Vögel und ließ sich einen Bart stehen. Manchmal ging er das Stück zu der Klippe, starrte hinunter, das schäumende Brüllen und Tosen beruhigte ihn.

Er kam der Welt abhanden, und wahrscheinlich gab es dafür keinen geeigneteren Ort als diesen.

Die Färöerinseln, achtzehn baumlose Felsbrocken im Nordatlantik, sind wie ein Gegenentwurf zur Welt – alles ist hier anders.

Die Färöer sind besiedelt, hier leben durchaus Menschen, die sich Färinger nennen, aber von ihnen gibt es nur knapp fünfzigtausend, auf einigen Inseln lebt jeweils nur eine einzige Familie. Zum Ausgleich hält man Schafe, und zwar in Unmengen, doppelt so viele wie Menschen. Und noch mehr wilde Vögel haben hier ihre Heimstatt, ihre umschwirrten, umkreischten Brutplätze, mehr als dreihundert Arten: Millionen von Sturmschwalben, Austernfischern, Eissturmvögeln, Papageitauchern, Dreizehenmöwen, Trottellummen, die Vögel bilden eine Gesellschaft für sich, genügen sich selbst und empfinden Menschen als Störung. Was aber auch für die meisten Färinger zutrifft. Will man alles hinter sich lassen, sich verkriechen, ein neues Leben beginnen – willkommen. Der perfekte Ort.

Am vierten Tag tauchte Kapitän Edmundsson auf. Er kam mit einem Rucksack mit Lebensmitteln, den er vor der Haustür abstellte; er hatte eine Quittung über die Einkäufe und ließ sich von Pierpaoli das Geld wiedergeben. Für das Haus wollte er nichts nehmen. Er hätte es auch überhaupt nicht eilig, sagte Edmundsson, seinen neuen Mieter loszuwerden, im Gegenteil. Er blieb auf eine halbe Zigarrenlänge, versprach wiederzukommen und stapfte davon.

Während Pierpaoli eine Zahnbürste, Zahnpasta, Dosenbrot, Shampoo, Corned Beef, Schafskäse, Schokolade und eine kleine Flasche Aquavit auspackte und verstaute, dachte er nach. Das Leben hier war unsagbar billig. Pierpaoli hatte daheim Geld gespart. Damit könnte er hier tatsächlich eine Weile untertauchen – dann vielleicht, mit neuen Papieren, an einem anderen Ort neu anfangen, Andalusien, Mexiko, Ungarn, sonst wo, vielleicht sogar hier.

Später, er wollte einen Gang zur Klippe unternehmen, stand er in seinen Gummistiefeln in der Diele und starrte in den Spiegel. Der Bart hatte ihn verändert. Neben dem Spiegel hingen die gerahmten Schwarz-Weiß-Fotos, Pierpaoli erkannte Steinbjörn, den Mann, dessen Haus er bewohnte, in dessen Leben er geschlüpft war, wie ein Einsiedlerkrebs, der ein leeres Schneckenhaus bezieht. Marco, der Matrose, hatte nicht unrecht gehabt: Eine Ähnlichkeit war da, sogar deutlich. Pierpaoli trat näher an den Spiegel und deckte mit der Hand seinen Haaransatz ab: Hätte er eine Glatze wie Steinbjörn, dann wäre die Ähnlichkeit sogar frappierend. Verrückt. Andererseits, fand Pierpaoli, hatte er auch ein Allerweltsgesicht – Ariadna hatte ihn manchmal damit aufgezogen.

Pierpaoli hatte, wenn er an Ariadna dachte, einen Knoten in

der Kehle, unlösbar. Es gab Momente, da fühlte er sich gefährlich allein.

An der Klippe setzte Pierpaoli sich auf die winzige, weißlackierte Bank und dachte nach. Es war windstill, das Meer war glatt und glitzernd, gehämmertes Silber. Plötzlich senkte sich das Gestöber in seinem Kopf. Pierpaoli bekam drei Gedanken zu fassen, drei Hypothesen.

Erstens: Der Quantencomputer war der Schlüssel zu allem. Er war nicht nur ein »Forschungsprojekt«. Er war der Grund für zwei Morde, für das wilde Zerwürfnis, der Quantencomputer war der Ausgangspunkt – für was auch immer. Nach Pierpaolis Wissensstand war die einzige noch lebende Person, die diese Erfindung durchblickte, die Chinesin, Liu Lian.

Zweitens: Der Guru steckte hinter den Männern, die in dem Haus von Mardi Gras aufgetaucht waren und die Kinder an sich gebracht hatten, und so war auch Ariadna, Beschützerin der Kinder, in alles hineingezogen worden. Aber warum, wozu? Und was sollten die Kinder mit dem Quantencomputer zu tun haben? Wahrscheinlich waren die Kinder, vielleicht auch der Guru, Nebenfiguren, Nebenschauplätze.

Drittens: Falls es ein Komplott gab oder eine Intrige, dann wurde der Plan von Kapstadt aus gedeckt. Möglicherweise von der Eiskönigin, vielleicht von Tschenajew, vielleicht auch von Difraudi und Nkunke. Das waren übermächtige Gegner; Pierpaoli war überfordert, gar nicht fähig, das Problem zu verstehen, wie auch Nikita überfordert gewesen war – genau deshalb hatte man ihn ausgesucht: *weil* er scheitern sollte. Außerdem war er suspendiert, kaltgestellt.

Pierpaoli merkte, dass ihm kalt geworden war, er stand auf. Es dunkelte. Ein Stück Brot und etwas Schafskäse wären schön, ein Glas Aquavit. Er ging zum Haus zurück.

Zwei seiner Hypothesen sollten sich als richtig erweisen, die dritte Hypothese als gefährlich falsch.

Mittwoch, 25. Juli 2029

Haus des Steinbjörn Edmundsson, dreißig Fußminuten westlich von Grimurshavn, Vágar, Färöerinseln

Pierpaoli musste sich an jemanden wenden, der Macht besaß, der begreifen würde, was auf dem Spiel stand, an jemanden, dessen Wort gehört wurde. Pierpaoli fiel ein Sprichwort ein: *Die Fähigkeiten unserer Freunde sind unsere Fähigkeiten.* Nun war Professor Bao Wenliang viel mehr als ein Freund, er war Pierpaolis Patenonkel; und eigentlich war er auch viel mehr als das.

Pierpaoli hatte sich keineswegs entschlossen, den Kampf aufzunehmen. *Ich muss das nicht tun*, dachte er. *Niemand muss ein Held sein, ich am allerwenigsten.*

Aber er hatte sich zu einem Anruf durchgerungen.

Pierpaoli brauchte den Abend und die halbe Nacht, außerdem viel Geduld, außerdem die Hilfe seines Freundes Robert in Hongkong, um an die Mobilnummer seines Patenonkels zu gelangen. Bao Wenliang, mittlerweile siebenundsiebzig Jahre alt, war Vorsitzender eines Clubs mit sperrigem Namen: »Verband der Ingenieure, Naturwissenschaftler, Techniker Chinas«, kurz *Xiehui*, sechsundneunzig Millionen Mitglieder, davon siebenundsechzig aktiv, mächtigster *Brain-Trust* der Welt. Bao kannte Dutzende von Forschungseinrichtungen in Europa, hatte unter anderem in Clausthal-Zellerfeld studiert, sich mit Antriebstechnik und alternativen Brennstoffen befasst; vor allem aber war er enger Berater von Xi Jinping, des Staatspräsidenten. Es war Bao gewesen, der damals Kamala Harris – als sie noch Senatorin war – in die weitreichenden, von Wissenschaftlern ausgearbeiteten Pläne einer künftigen Klima-Allianz eingeweiht hatte, und Bao war es auch gewesen, der jetzt den Streit um die Marsmission geschlichtet hatte, in ausdauernden Gesprächen und mit einer bedächtigen Konferenzführung.

Es war in den Nachrichten gewesen: ein Bild von seinem

Patenonkel, seinem *Jiaofù*, lächelnd, bescheiden wie immer, neben den Direktoren der Internationalen Weltraum- und Klima-Behörde. Die unterbrochene Arbeit an den schnellen Antriebsmodulen, worüber sich Chinesen und Amerikaner entzweit hatten, sollte wieder anlaufen. Die erste Lieferung größerer Mengen des Claraniums würde in knapp vier Jahren auf der Erde eintreffen. Und dann könnte auch die Technologie des in Island entwickelten Quantencomputers in Serie hergestellt werden. Bao Wenliang hatte die verfahrene Situation gerettet.

Sein Patenonkel, wusste Pierpaoli, war ein guter Schlichter: geduldig, emotionslos, fachkundig. Für Pierpaoli war er aber noch viel mehr – seine einzige Familie. Bao Wenliang hatte schon so viel für ihn getan. Normalerweise vermied es Pierpaoli, aus der prominenten Position seines Paten einen Vorteil zu schlagen. Aber jetzt ließ es sich nicht aufschieben.

Manchmal allerdings setzt ein simpler Anruf eine Kette von Geschehnissen in Gang, und am Ende dieser Kette liegt ein Mensch tot auf dem Kopfsteinpflaster. So ändern sich die Leben.

Pierpaoli ließ sich in Steinbjörns Lesesessel fallen und tippte die Nummer in Steinbjörns Festnetz-Apparat, ein drolliges Ding, das aussah wie ein abgeschraubter Duschkopf. Die Vorwahl war 0086, China, es konnte teuer werden, aber er würde dem Käpt'n den Anruf später bezahlen. Er wusste nicht, in welcher Zeitzone Bao sich gerade aufhielt, also konnte er ebenso gut jetzt anrufen.

Es war kurz vor Mitternacht, als Pierpaoli die Nummer eingab, und in Baos Hotelzimmer war es kurz vor ein Uhr morgens, als Bao den Anruf entgegennahm. Er hatte noch gelesen, wenn auch im Bett. Er erkannte Pierpaolis Stimme sofort. Pierpaoli setzte an, von Island zu erzählen, Quantencomputer, Komplott, bin da in was reingeraten – doch Bao ließ Pierpaoli nicht lange reden.

»Komm hierher zu mir. Ich wollte morgen abreisen, aber ich werde auf dich warten, Thomas. Lass uns das nicht am

Telefon erörtern. Das sind – komplizierte Themen. Ich werde warten, bis du hier bist. Ich will dich sehen. Ich will von dir hören, was wirklich passiert ist. Komm hierher, und wir besprechen alles.«

»Ich will es versuchen … Aber wo bist du, ich meine – wo ist ›hier‹?«

»Ich bin in Europa, in Deutschland. In Ilsenburg. Ein kleiner Ort im Harz, unweit von einer Stadt namens Hannover. Du weißt ja, ich habe hier studiert. Schreib es dir auf, I-l-s-e-n-b-u-r-g. Geh ins Hotel ›Zu den Rothen Forellen‹. Hast du das?«

»Ja, ich hab's notiert.«

»Ich hinterlasse eine Nachricht für dich an der Rezeption.«

Pierpaoli notierte.

»Geht es dir gut, Tom?«

»Nun ja …«

Eine Pause entstand. Dann sagte Bao: »Ich werde hier auf dich warten.«

Und er legte auf.

Pierpaoli hätte noch sagen wollen, dass er eigentlich nicht reisen konnte. Dass er auf einer kleinen Insel im Nordatlantik saß. Dass er gesucht wurde. Wegen Mordes.

Er erhob sich ächzend, ging steifbeinig zum Sofa und ließ sich fallen. Er hatte die vergangenen Nächte auf dem Sofa verbracht; im Bett des toten Steinbjörn Edmundsson zu schlafen, das war unmöglich.

Deutschland? Ilsenburg im Harz? Wie sollte er da überhaupt hinkommen? Sein letzter Gedanke, bevor er einschlief, war: *Niemand muss ein Held sein, ich am allerwenigsten.*

Draußen hatte der Wind sich gelegt. Auf den Färöerinseln gibt es keinen Smog, keine Lichtverschmutzung, der Sternenhimmel, wenn es wolkenlos ist, erscheint von unfassbarer Schönheit. Ein Betrachter, hätte er vor dem Haus gestanden, würde mit unbewehrtem Auge etwa zweitausend Sterne erblickt haben, im Norden das Bild des Kleinen Bären, im Südwesten das Sternbild des Löwen mit dem strahlenden Regulus an seinem Fundament, im Südwesten die Nördliche Krone, ein Collier mit einem gleißenderen und größeren Stein unter kleineren. Und im Osten hätte er die Vega gesehen, im Sternbild der Leier.

Aber es gab keinen solchen Betrachter. Thomas Pierpaoli schlief. Es ist nicht auszuschließen, dass er von Ariadna träumte.

Donnerstag, 26. Juli 2029

Haus des Steinbjörn Edmundsson, dreißig Fußminuten westlich von Grimurshavn, Vágar, Färöerinseln

Es ist kurz nach acht Uhr morgens. Der Tag verspricht sonnig zu werden, die Luft ist frisch, rein, man hört die dunklen Rufe der Basstölpel, die heiseren Schreie der Raubmöwen, die schrillen Pfiffe der Küstenseeschwalben. Pierpaoli sitzt auf den flachen Treppenstufen vor der Haustür, neben sich einen Becher mit erkaltetem Kaffee.

Niemand muss ein Held sein, mit diesem Satz im Kopf ist Pierpaoli aufgewacht. *Die Welt braucht auch Durchschnittstypen – wie ich einer bin.* Er könnte seinen Patenonkel anrufen, den Besuch absagen. Bao würde es nicht verstehen, aber das wäre dann auch nicht zu ändern. Und Pierpaoli könnte sich hier verkriechen, für ein paar Wochen, Monate. Und dann, allmählich, geschickt einfädelnd, könnte er ein neues Leben anfangen. Er braucht den Job in Kapstadt nicht. Er ist einigermaßen versorgt. Er kann den Rest seiner Tage irgendwo anspruchslos leben, bescheiden, unauffällig, wie es ihm entspricht.

Eine Gestalt kommt um das Haus, mit einer Zigarre im Mund, die wie ein Ofenrohr absteht: Edmundsson.

Er bleibt vor Pierpaoli stehen, schaut auf den Sitzenden herab.

»Guten Morgen! Nett, dass Sie mich besuchen. Möchten Sie einen Kaffee? Es müsste noch etwas Kaffee da sein …« Pierpaoli macht Anstalten, sich zu erheben.

»Nein, bleiben Sie sitzen. Wunderschöner Morgen, wie? Ich dachte, ich schau mal vorbei. Sie haben sich eingelebt? Es gefällt Ihnen einigermaßen?«

»Das Haus ist sehr schön. Nochmals vielen Dank. Sie sind sehr großzügig …«

»Unsinn«, Edmundsson winkt ab. »Grüße von Redmondis,

Grüße von der Mannschaft. Wir laufen in fünf Tagen wieder aus. Aber die Jungs könnten auch mal einen Besuch abstatten, wenn's recht ist …«

»Oh. Das wäre nett.«

Die Männer schweigen.

»Eine Frage, Kapitän. Wenn ich darf …?«

»Ja?«

»Woran ist Ihr Bruder gestorben?«

Edmundsson schließt die Augen. »Tauchunfall«, sagt er, er spricht leise. »Vereisung des Atemreglers, ein kleines Bauteil. Die Ventilspindel. Kommt sehr selten vor. Heißt aber nicht, dass es nie vorkommt. Er hatte keine Chance.«

Die Raubmöwen schreien, die Schwalben pfeifen.

Edmundsson nimmt die Zigarre aus dem Mund. »Es gibt keine Garantie. Im Leben, meine ich. Entschuldigen Sie, wenn ich hier philosophisch werde. Aber es ist ja so. Du machst alles richtig, stehst auf Deck, hast dich eingehakt, plötzlich ein seitlicher Brecher, kommt aus dem Nichts, schlägt über Deck, der Karabiner bricht, Materialermüdung, die Welle ist wie ein Rammbock, klatscht dich über Bord. Aus. Keine Chance. Hab ich schon erlebt. Und überlebt, zufällig. Wurde rausgefischt. Oder du tauchst, schön. Wie mein Bruder. Du kennst dich aus, bist erfahren, aber ein winziges Bauteil gibt den Geist auf, du bist tot. Keine Chance. Keine Garantie, der Zufall, das Schicksal, Gott – nennen Sie's, wie Sie wollen. Man sollte natürlich trotzdem versuchen, alles richtig zu machen.«

»Was meinen Sie damit? Was sollte man richtig machen?«

»Das war nur so eine Redensart. Ich bin ja nur ein Kutterkapitän. Aber ich meine, dass jeder Augenblick der letzte sein kann. Jeden Spaziergang sollte man so unternehmen, jedes Gespräch so führen, jede Entscheidung sollte man so treffen, als sei das alles, was man noch vor sich hat. *Play as if you mean it*, hat mein Bruder gesagt. Wir sollen uns Mühe geben, das meine ich damit. Na ja. Egal. Der Morgen ist zu schön für solche Gespräche. Ich muss auch wieder aufbrechen.«

»Kapitän, ich fürchte, ich muss ebenfalls aufbrechen. Ich muss weg.«

»Weg?«

»Ja.« Ein Rädchen, irgendwo in Pierpaolis Innerem, hat sich ein Stück gedreht. »Ja. Ich muss nach Deutschland. Kennen Sie ein Schiff, das mich bringen kann? Ich kann dafür bezahlen. Ein bisschen jetzt gleich, später mehr. Oder können Sie mich nach Deutschland bringen?«

Eine Entscheidung ist gefallen.

»Mit dem Schiff? Mit der ›Edda‹? Nach Hamburg oder Bremerhaven? Ausgeschlossen. Wir laufen in fünf Tagen aus, nach Island. Sie müssen fliegen. Jeden Tag gehen zwei Maschinen ab Vágar. Kein Problem.«

»Ich kann nicht fliegen. Ich habe nicht die nötigen Papiere bei mir, um einen Flug zu buchen.«

»Oh. Verstehe. Ja, Redmondis deutete sowas an.«

Edmundsson pafft eine Weile, dann: »Ich kann Ihnen nicht sagen, dass es im Haus meines Bruders einen Safe gibt. Im Schlafzimmer, hinter dem Bild mit der Schafherde. Ich darf Ihnen nicht sagen, wie der Code lautet, nämlich 4343. Und dass dort ein Pass liegt. Keine Wertsachen, aber ein Pass. Und ich sollte auch nicht erzählen, dass das Einwohnermelderegister von den Inseln nur alle sechs Monate mit Kopenhagen abgeglichen wird. Das heißt, offiziell lebt mein Bruder noch. Dem Sie ähnlich sehen. Auch wenn er ganz anders war als Sie …«

Das kommt ziemlich plötzlich für Pierpaoli. Aber es ist – vielleicht – eine Möglichkeit. »Ich hab die Fotos gesehen. Ihren Bruder. Er hatte eine Glatze, richtig? Steinbjörn, meine ich.« Pierpaoli probiert den Namen aus.

»Das kann man so sagen. Er hatte jedenfalls kaum noch Haare.«

»Ich glaube, ich habe in der Küche eine Schere gesehen.«

»So?«

»Und ich glaube«, Pierpaoli greift sich ins Haar, »ich werde an meinem Äußeren eine kleine Veränderung vornehmen.«

Edmundsson raucht.

»Käpt'n?«

»Ja?«

»Ich bin Ihnen – wahnsinnig dankbar. Sie sind … ein echter Freund.«

»Freut mich.«

»Aber Ihre Zigarren sind schrecklich.«

Freitag, 27. Juli 2029

Ilsenburg im Harz, Deutschland

Wenn du auf der Flucht bist, ist Geld dein Freund, dein Verbündeter, dein Schutz. Das war die erste Lektion, die Pierpaoli lernte.

Die zweite Lektion: Du hast einen untreuen Freund. Einen Freund, der dich verlässt. Der dir durch die Finger rinnt.

Es war Freitagvormittag, und Pierpaoli alias Steinbjörn Edmundsson, offizieller Einwohner der Färöerinseln, in touristischer Mission auf dem Kontinent, saß auf dem Rücksitz eines E-Tax und fuhr von einer kleinen Stadt namens Goslar Richtung Osten, zu einer noch kleineren Stadt namens Ilsenburg, es waren knapp dreißig Kilometer; die Fahrt sollte nicht viel mehr als tausend Global kosten, etwa zweihundert Dollar. Pierpaoli schaute unauffällig auf das Digimeter: Sie waren jetzt schon bei achthundertvierundsiebzig Global, und sie waren immer noch auf der Autobahn. Der Taxifahrer hatte eine hochgetürmte Lockenfrisur. Er kam ursprünglich aus Asmara, Eritrea, hatte er erzählt. Aber er sprach über die Sehenswürdigkeiten, die der Harz biete, über Dinge wie Brocken, Hexensabbat und Blocksberg, was immer das war, er sprach mit einem behaglichen Stolz, als sei seine Familie hier schon seit sieben Generationen ansässig und hätte mit den ersten Hexen ums Feuer getanzt. Pierpaoli hörte kaum hin und fuhr sich unauffällig mit der Hand über den blanken Schädel. Es war ein merkwürdiges Gefühl.

Und er überschlug seine Finanzen.

Fünfundzwanzigtausend hatte Arthur ihm gegeben. Ohne dieses Geld wäre Pierpaoli schon längst erledigt. Fast viertausend hatte Arthur allerdings gleich abgezogen. Zweitausendfünfhundert hatte Pierpaoli dem Käpt'n für das Haus, für Telefon und sonstige Unkosten gegeben, Pierpaoli hatte darauf bestanden, wahrscheinlich war das ein Fehler gewesen. Hundert hatte die

Flughafengebühr auf dem Miniaturflughafen in Vágar gekostet, viertausenddreihundertneunzig das Flugticket; zum Glück war er mit dem Pass ohne Beanstandung durchgekommen. Tausend für die Bahnfahrt von Frankfurt nach Goslar, nochmal tausend Global, mindestens, für das E-Tax, das machte rund dreizehntausend Global, ungefähr zweitausendsechshundert Dollar. Mehr als die Hälfte seines Fluchtgelds hatte er bereits verschossen, und erreicht hatte er gar nichts.

Allerdings war er noch am Leben.

Ilsenburg, als sie endlich da waren, erwies sich als pittoreskes Städtchen mit krumm und lustig aneinandergedrückten Fachwerkhäusern und gewundenen Straßen, die über krumme Brücken und purzelnde Bergbäche führten. Hier hätte man mühelos einen Mittelalter-Film drehen können.

Das überraschte Pierpaoli nicht. Bao Wenliang, der hochrangige Berater der Top-Politiker, der Mann, der in Millionenstädten von Konferenz zu Konferenz eilte, der Mann, der Marsmissionen rettete, Bao liebte solche Orte. Je putziger, desto besser.

Das Hotel »Zu den Rothen Forellen«, vor dem der Taxifahrer Pierpaoli endlich absetzte, war allerdings nicht putzig, sondern ein schickes Fünf-Sterne-Haus – auch das war nicht verwunderlich, denn in einer Familienpension würde Bao nicht absteigen. Pierpaoli überlegte, wie hoch der Zimmerpreis sein mochte und ob er sich mit Bao treffen könnte, ohne selbst einzuchecken. Nur im Notfall würde er einchecken. Andererseits – irgendwo musste er die Nacht verbringen.

Die Entscheidung wurde Pierpaoli abgenommen. An der Rezeption fragte er vorsichtig nach einer Nachricht von Professor Bao, einer Nachricht für einen Freund, und die Rezeptionistin, eine junge Frau in einer roten Uniformjacke und so blond, als sei sie einem Bilderbuch entsprungen, gab Pierpaoli ein zugeklebtes Kuvert. Sie lächelte, zeigte makellose Zahnreihen und musterte ihn neugierig. Pierpaoli fühlte sich unwohl unter ihrem Blick. Er wurde das Gefühl nicht los, jeder müsste ihm seine Verkleidung ansehen. Er dankte, ging etwas abseits und riss das Kuvert auf.

Es enthielt ein einziges Blatt, das mit einer Forelle geschmückte Briefpapier des Hotels, mit einer handschriftlichen Zeile in lateinischen Lettern: »Imbiss ›Gökan & Ilse‹, hinter Kloster, bin dort tgl. von 11 bis 12 h, von 15 bis 16 h.« Darunter war ein einzelnes *Kanji*, ein chinesisches Schriftzeichen.

Es war zehn vor zwölf. Pierpaoli schlenderte abermals zur Rezeption und fragte nach den Klöstern der Stadt. Es gab nur eines. Natürlich. Dumm von ihm. Er ließ sich den Weg beschreiben und dankte.

Kaum ein Mensch war auf den Straßen. Es war ein merkwürdiger Ort. Pierpaoli hatte sein Leben in großen Städten verbracht, er kannte Ministerien, Universitäten, Büros, Konferenzräume, Flughäfen; aber leer gefegte Städtchen und drollige Häuser mit Fachwerk und Butzenscheiben waren etwas Fremdes. Ihm war, wie schon im Hotel, unbehaglich, als würde hinter jedem dieser Fenster jemand stehen, der ihn beobachtete.

»Gökan & Ilse« erwies sich als ein aufgebockter Wohnwagen im Schatten der wuchtig ragenden Klostermauern am Rand eines kleinen Parkplatzes. Es war ein Wohnwagen-Imbiss mit einer verschnörkelten Aufschrift und einer großen, hochgeschlagenen Ausgabeklappe an der Seitenfläche. Drinnen ein elektrischer Grillrost, Fritteuse, Kühlschrank. Eine Frau mit blonden Locken und einem weißen Kittel saß im Wagen und las die »Neue Wernigeröder Zeitung« in Papierform. Drei runde Stehtische aus Resopal standen davor. Ein einziger Gast stand an einem der Tische: Bao Wenliang, der vor sich ein Glas und eine Bierflasche stehen hatte und gerade trank, genussvoll, wie es schien. Er zog ein Taschentuch aus seiner Sakkotasche und tupfte sich den Schaum von der Oberlippe.

Pierpaolis Patenonkel war ein kleiner, zartgliedriger Herr von inzwischen siebenundsiebzig Jahren, schmalschultrig, das immer noch volle, jedoch schlohweiße Haar sorgfältig frisiert, kluge Augen hinter schweren Brillengläsern, ein dunkelblauer Maßanzug.

Pierpaoli steuerte auf den Stehtisch zu. Es war Jahre her, dass sie sich gesehen hatten. Pierpaoli hatte nicht erwartet, dass sein Patenonkel ihn in seiner Vermummung überhaupt erkennen würde. Doch es gab nur einen kurzen Moment des Zögerns, Stutzens, dann setzte Bao sein Glas ab, auf seinem Gesicht malte sich Freude. »Thomas!«

»Jiaofù!« Das war ein chinesisches Wort für »Onkel«, so nannte Pierpaoli Bao seit seiner Kindheit.

Sie umarmten sich. Dann hielt Bao den jüngeren, größeren Mann auf Abstand und musterte ihn. »Du wirst deinem Vater immer ähnlicher. Bis auf die Haare. Eine neue Frisur?«

»Eher eine Notwendigkeit. Ich musste mich verändern. Ich bin sozusagen inkognito hier.«

»Ah ja. Ich verstehe. Entschuldige.« »Inkognito« schien seinen Patenonkel nicht zu beeindrucken. »Es tut mir leid, Thomas, dass ich dich hierherzitiert habe. An diesen abgelegenen Ort. Der aber von Geschichte durchdrungen ist.« Er machte eine Bewegung zu den wuchtigen Klostermauern. »Wir hatten diese recht ausgiebige Konferenz, wegen einiger Unstimmigkeiten in Sachen Marsmission. Doch wir konnten am Ende die Missverständnisse ausräumen. Aber jetzt, Thomas, sollten wir zuerst anstoßen. Auf unser Wiedersehen. Ich glaube, ich könnte noch etwas von diesem wunderbaren Getränk vertragen. Entschuldigung!«

Bao winkte der Frau in dem Imbiss und hob zwei Finger. Sie stellte zwei neue Flaschen, zwei Gläser auf den Tresen. Pierpaoli holte sie und goss Bao und sich ein. Sie ließen die Gläser aneinanderklingen.

»Thomas, was auch immer es ist, ich werde dir helfen. Und jetzt erzähle!«

»Danke, *Jiaofù.* Wirklich, ich danke dir.«

Und Pierpaoli erzählte.

Bao stellte nur wenige, aber präzise Zwischenfragen. Er

kannte Liu und Catchside nicht persönlich, aber er kannte ihren Werdegang, ihre Arbeiten. Pierpaoli erzählte vom Empfang, von Mamarenko, von seinem Treffen mit Mamarenkos Informanten, Quispel, und von seinem Ausflug in den Slum, wo Männer die Indio-Mädchen entführt hatten. Ariadna erwähnte Pierpaoli nur am Rand. Aber er beschrieb Amitav Rama Shah, die Begegnungen. »Dieser Quantencomputer auf Island«, schloss Pierpaoli, »das ist meiner Meinung nach der Dreh- und Angelpunkt.« Pierpaoli hatte viel geredet, er war erschöpft.

Bao blickte an Pierpaoli vorbei, auf die Klostermauer. »Ich glaube, du hast recht«, sagte er. »Was weißt du über diese Technologie, Thomas?«

»Nur das, was ich gelesen habe. Das war nicht viel. Und verstanden habe ich noch weniger. Ich bin kein Quantenphysiker, *Jiaofu.*«

»Das weiß ich, Thomas. Dann lass uns unser Wissen zusammenlegen, lass mich dir helfen. Also – wir haben jetzt diesen Quantencomputer, der die schnellsten Netzwerke der Menschheit alt aussehen lässt. Das ist zunächst sehr gut. Denn wir brauchen diese Technologie, brauchen sie dringend. Und wenn ich sage ›wir‹, dann meine ich die Menschheit. Die Klimakatastrophe, Thomas, hat uns vor ungeahnte Aufgaben gestellt. Das weißt du, zumindest vom Hören, von deiner Arbeit aus Kapstadt, richtig?«

Pierpaoli nickte. »Es gilt aber als geheim.«

»Aus guten Gründen, Thomas. Die Klima-Allianz muss unbedingt Panik und Misstrauen vermeiden. Wenn herauskommt, dass die Menschheit am Rand einer weltweiten Hungerkatastrophe steht, verlieren wir schlagartig jedes Vertrauen, ein grauenvolles Chaos bräche aus. Wir müssen also behutsam sein. Und der Anbau von Nahrung in Zeiten des Klimawandels ist sensibel. Empfindlich gegen Unwetter, Dürren, Fluten, gegen Schädlinge. Zum Beispiel Heuschrecken. Und hier kommt der Quantencomputer ins Bild.«

»Weil er präzise Vorhersagen erlaubt?«

»Genau, Thomas. Die Rechenleistung ist so gewaltig, dass sie auch chaotische Systeme durchdringt. Wir brauchen also den Quantencomputer, um die Zukunft zu kennen …«

»Um nicht ihr Opfer zu werden«, ergänzte Pierpaoli.

»Ja, Thomas. Aber jetzt habe ich eine wichtige Frage. Eine sehr wichtige. Du sagtest vorhin, dieser Holländer, dieser unangenehme Mensch, dem du Geld geben musstest, dieser Techniker …«

»Quispel.«

»Ja. Dieser Quispel. Du sagtest vorhin, er hätte von achtundneunzig Prozent Vorhersage-Präzision gesprochen. Das war nur so eine Redensart, nehme ich an?«

»Nein, ich glaube nicht, *Jiaofù*. Ich glaube, er meinte es genau so: achtundneunzig Prozent auf fünfzehn Tage. Das sei der Durchbruch, hat er gesagt. Quispel war sogar sehr aufgeregt deswegen.«

»Achtundneunzig Prozent auf einen Zeitraum von etwa fünfzehn Tagen? Nicht siebzig? Du bist dir sicher?«

»So hat er es gesagt.«

»Das, Thomas, wäre eine Sensation. Achtundneunzig Prozent wären unglaublich.«

»Aber es sind doch nur Quantitäten, *Jiaofù*. Wieso macht es einen solchen Unterschied?«

»Das ist eine interessante Frage, Thomas.« Bao blickte nachdenklich zu dem Imbisswagen hinüber. Die Betreiberin hatte ihre Zeitung weggelegt, jetzt machte sie sich an der Kaffeemaschine zu schaffen. »Ich will es dir an einem Beispiel erklären.«

Bao ging zu dem Imbisswagen und kehrte mit einigen Papierservietten zurück. Dann legte er eine Serviette auf den Stehtisch und zog einen Kugelschreiber aus der Sakkotasche. »Was weißt du über den Kaffeepreis, Thomas? Über sein Zustandekommen?«

»Wenig.« Pierpaoli verstand nicht, was das sollte.

unterspült und bricht ein, die Lastwagen müssen einen Umweg in Kauf nehmen – und so weiter. Wer immer über den Quantencomputer verfügt, kann sich jedes Ereignis wünschen – und es geschehen lassen. Und er bleibt unauffindbar. Es sieht alles nach Zufall aus. Nach einem Flügelschlag. Aber am Ende steht das gewünschte Ergebnis. Vielleicht etwas Schönes, Wünschenswertes. Vielleicht aber auch etwas Schreckliches.«

»Ich glaube, ich verstehe, *Jiaofù*. Und darum darf dieses Instrument nicht in falsche Hände fallen.«

»Ich wusste, dass du es verstehst.« Bao tätschelte Pierpaolis Arm.

Irgendwie war es schön, dass sein Patenonkel zu ihm sprach, als wäre er immer noch vierzehn Jahre alt. Pierpaoli trank von seinem Bier. Seine Beine taten ihm weh. Er hätte sich gerne gesetzt. Und er dachte an den Guru. Shah.

Bao schien seine Gedanken zu lesen. »Du hast vorhin von diesem Guru erzählt. Dieser Mann scheint gefährlich zu sein. So ein Mensch darf nie die Kontrolle über den Quantencomputer bekommen. Durch eine scheinbare Nebensächlichkeit könnte er eine Kette von Ereignissen auslösen – und wir wüssten es nicht mal. Das Ergebnis erschiene ganz und gar zufällig. Es wäre das perfekte Verbrechen.«

»Ich glaube, er versucht es. Oder er hat es schon geschafft, er hat diese Kontrolle bereits.«

Bao nahm die leeren Bierflaschen und brachte sie zum Imbisswagen zurück, die Frau sah kurz von ihrer Zeitungslektüre auf. An den Stehtisch zurückgekehrt, sprach Bao jetzt leise. »Das wäre schrecklich. Wer die Zeit kontrolliert, wird zu *Mister Fügung*. Er wird Gott.«

Das Gespräch schien seinen Patenonkel nun doch angestrengt zu haben. Er stand da, klein und gebeugt, als läge eine schwere Last auf seinen Schultern. Pierpaoli ging es ähnlich. Er war sich unsicher, was er sagen sollte.

»*Jiaofù*, ich kann nichts machen – ich bin kein Held.«

»Doch, das bist du. Jetzt schon. Du hast genug getan. Was du herausgefunden hast, war sehr wichtig. Jetzt werde *ich* etwas tun. Ich werde telefonieren, mit Kapstadt. Ich werde ein paar Leute anrufen.«

»Danke. Aber sei vorsichtig.«

»Gib mir fünf Stunden.«

»Danke, *Jiaofù*.« Pierpaoli war unendlich dankbar. Bao Wenliang war in diesem Moment wie ein Vater für ihn.

»Wir treffen uns um sieben Uhr wieder hier, Thomas. Hast du im Hotel eingecheckt?«

»Noch nicht. Es ist ziemlich schön, aber auch teuer, das Hotel.«

»Oh. Entschuldige. Ich bin zu zerstreut. Natürlich.« Bao holte ein Ledermäppchen aus der Sakkotasche, klappte es auf, nahm eine schwarze Kreditkarte heraus. Sie trug das Hologramm der chinesischen Zentralregierung. »Hier. Da sind hunderttausend Global drauf. Außerdem Flug-Vouchers. Alles läuft über Peking, auf meinen Namen. Damit bist du beweglich.«

»*Jiaofù*, das kann ich nicht annehmen …«

»Unsinn. Du musst beweglich sein. Wie dumm von mir. Du kannst nicht als Thomas Pierpaoli einchecken. Hast du so etwas wie einen anderen Namen?

»Steinbjörn Edmundsson.«

»Wie?«

»Steinbjörn. Nachname: Edmundsson. Er ist tot, sah mir aber ähnlich.«

»Stein… Steinbjörn …?« Baos Englisch, Russisch, Deutsch waren exzellent, aber hier kam er an seine Grenzen. »Also, um sieben Uhr hier, Steinbjörn. Kannst du das Bier bezahlen?«

Freitag, 27. Juli 2029

Ilsenburg im Harz, Deutschland

Es ist gut möglich, dass Gott der Herr, der da wacht über die Geschehnisse auf Erden, ein besonderes Auge auf Thomas Pierpaoli hatte, dass er ihn aus diesem Grund in eines seiner Gotteshäuser stolpern und dort einschlafen ließ – und ihm dergestalt das Leben rettete. Die Wege sind unergründlich. Aber es ist auch gut möglich, dass alles nur Zufall war, Schicksal, Glück.

Pierpaoli blieben, nachdem Bao ihn allein gelassen hatte, um in Ruhe zu telefonieren, fünf leere Stunden. Eine Stunde davon verbrachte er damit, durch die Stadt zu laufen wie der Tourist, der er nicht war. Er stapfte, zunehmend verdrossen, die Straßen entlang; aber dann entdeckte er, etwas abseits vom Stadtkern, eine Kirche, die Kirche des heiligen Benedikt. Ein Gotteshaus im Feindesland. Denn dies war die einzige katholische Kirche in einer Stadt, die im Land Martin Luthers, im Herzen der Reformation lag – vielleicht musste sie um jeden Besucher kämpfen und war deshalb unverschlossen. Pierpaoli drückte die schwere Tür auf. Die Kirche war beinahe leer. Nur ganz vorne saßen zwei schwarzgekleidete Frauen und schwiegen, wahrscheinlich beteten sie. Pierpaoli drückte sich ganz hinten und ganz außen in eine Kirchenbank, setzte ein frommes Gesicht auf und nickte dann ein.

Als er erwachte, war es beinahe sieben.

Am Imbiss »Gökan & Ilse« schob die Frau, die ihnen das Bier verkauft hatte, gerade die drei Stehtische zusammen und kettete sie an. Dann stieg sie die Rasterblechstufen zu ihrem Imbisswagen hoch und begann aufzuräumen, klapperte mit Töpfen und Gläsern.

Pierpaoli sah Bao kommen, er wirkte gehetzt und müde und alt, wie er da über den Parkplatz kam, aber er nickte zuversichtlich. Pierpaoli ging ihm entgegen.

»Machen wir ein paar Schritte, Steinbjörn?« Bao lächelte.

Dann, ernst: »Ich habe für nächste Woche einen Termin bei Xi. Und ich habe die Testreihen des Quantencomputers bestellt. Alle Pläne, alle Protokolle. Ich bin zwar kein Physiker, erst recht kein Quantenphysiker, aber ich habe meine Leute. Catchside und dieser Guru waren so etwas wie Freunde. Was das bedeutet, weiß ich noch nicht. Außerdem habe ich mit Kapstadt telefoniert. Dort weiß man schon Bescheid. Es hat bereits eine Versetzung gegeben, im Ministerium. In Kapstadt ebenso. Der Mann, der für die Kontrollfehler verantwortlich ist, wurde versetzt. Ich habe mit seiner Stellvertreterin gesprochen, sie war erst überrascht, aber wirkte dann sehr kompetent. Und jetzt rate! Professorin Liu sei auf dem Weg nach Kapstadt, hieß es. So war es verabredet. Sie ist auch abgereist aus Island. Aber sie ist nie in Kapstadt angekommen.«

»Wo ist sie hin?«

»Das weiß man in Kapstadt nicht.«

»Verdammt!«

»Aber in Island wusste es jemand. Und ich habe da meine Informanten. Sie ist nach Mumbai gereist. Ausgerechnet.«

»Was – nach Indien?«

»Genau, nach Mumbai, wo der Guru sein Hauptquartier hat. Das ist mehr als ein Zufall, findest du nicht? Ich kenne Liu ja nur von ihren Arbeiten. Aber sie hat eine makellose Biographie und einen Ruf als sehr korrekte Wissenschaftlerin und Kollegin. Ich kann mir nicht vorstellen, dass Liu mit einem dubiosen Charakter wie dem Guru gemeinsame Sache macht. Das alles passt nicht zusammen. Vielleicht aber doch. Jedenfalls – sie hat ihre Reise geheim gehalten. Minklater wusste es nicht. Sie wird ziemlich überrascht sein, wenn ich es ihr sage …«

Pierpaoli blieb stehen. »Was hast du eben gesagt, *Jiaofù?*«

Bao blieb ebenfalls stehen. »Ich sagte: Sie wird ziemlich überrascht sein …«

»Mit wem in Kapstadt hast du gesprochen, *Jiaofù?*«

»Mit der Nachfolgerin dieses – wie hieß er? – Russen, Tschenajew?«

»Und Minklater ist seine Nachfolgerin? Du hast Minklater alles erzählt?«

»So hieß sie.«

Pierpaoli bedeckte seine Augen. »Das war nicht gut, *Jiaofù*. Gar nicht gut. Ich hätte dich warnen müssen. Minklater ist Teil des Komplotts, glaube ich. Sie hat meinen Bericht abgefertigt, sie hat mich zurückbeordert, obwohl das keinen Sinn ergab, dann hat sie mich suspendiert. Sie ist kalt, ehrgeizig und verschlagen.«

»Das hast du mir nicht gesagt, Thomas!«

»Es tut mir leid. Aber du hättest Minklater nichts erzählen dürfen …«

Bao sah plötzlich aschgrau aus im Gesicht. »Ich glaube, ich kann das revidieren. Ich gehe zurück und telefoniere nochmals mit Peking. Ich kriege das hin, Thomas. Aber mit dem Abendessen wird es nichts. Wir sehen uns morgen. Beim Frühstück.«

Bao wandte sich zum Gehen, Pierpaoli blieb stehen. Bao überquerte den Parkplatz, als er etwa in der Mitte war, ging es sehr schnell. Zwei große, dunkle Transporter kamen über den Parkplatz, hielten direkt auf Bao zu, bremsten vor ihm, keilten ihn ein, die Seitentür des einen Wagens wurde von innen aufgeschoben. Etwas richtete sich auf Bao, ein trockenes, hartes *Plopp* war zu hören, das Geräusch einer schallgedämpften Schusswaffe. Bao fiel sofort zu Boden, eine kreisrunde Wunde in der Stirn.

Pierpaoli schrie auf.

Die Imbissfrau, die die Szene beobachtet hatte, schrie auch auf.

Pierpaoli rannte los.

Zwei Männer beugten sich aus der Tür. Der leblose Bao wurde, als sei er eine Puppe, emporgezerrt und ins Wageninnere gezogen.

Ein Schlag, die Tür ging zu.

Pierpaoli rannte immer noch. Quer über den Parkplatz.

Er war noch nicht mal in der Nähe, als die Wagen davonbrausten.

Pierpaoli lief noch einige Meter, blieb stehen, atemlos, keuchend, er starrte in die Richtung, in der die Wagen verschwunden waren. Nichts war mehr von ihnen zu sehen, keine Spur des Vorgefallenen. Pierpaoli fiel ein, dass er nicht mal auf die Nummernschilder geachtet hatte.

Er hörte ein Gellen. Er drehte sich um.

Die Frau vom Imbiss stand vor ihrem Wagen und kreischte. Pierpaoli konnte nicht verstehen, was sie schrie. Sie deutete in seine Richtung und schrie und deutete auf ihn.

Pierpaoli erwachte aus seiner Erstarrung. Und lief davon.

Gut möglich, dass Gott der Herr, der da wacht über die Geschehnisse auf Erden, an diesem Abend nicht nur auf Thomas Pierpaoli, sondern auch ein bisschen besser auf Bao Wenliang hätte aufpassen können. Aber vielleicht war er abgelenkt. Oder er war mit anderen Dingen befasst. Die Wege sind unergründlich.

Kapitel 7
Die Zufallsmaschine

Eine Intelligenz, die zu einem bestimmten Zeitpunkt alle in der Natur wirkenden Kräfte, aus denen die Welt besteht, kennen und analysieren würde, könnte in einer und derselben Formel die Bewegungen der größten Körper des Weltalls und die der winzigsten Atome zusammenfassen. Nichts wäre ihr ungewiss, und Zukunft wie Vergangenheit wäre ihren Augen gewärtig.

Pierre-Simon Laplace, *Essai philosophique sur les probabilités*

Freitag, 27. Juli 2029

Mumbai, Indien

Der Hindu-Nationalismus oder das *Hindutva* hatte sich in den vergangenen Jahren als politische Bewegung auf dem Subkontinent immer mehr radikalisiert, in einer Vehemenz, die Beobachter überraschte. Im Zuge dieser Radikalisierung hatten sich nun einige Wählerschichten abgewandt, denen ein Narendra Modi zwar noch gerade recht war, die aber weitere nationalistische Auswüchse und Wildheiten fürchteten. Dafür waren den Nationalisten andere Wählerschichten zugewachsen, unter allen Bevölkerungsgruppen, Hindus, Panjabi, Bengalen, Tamilen, Marathen, unter allen Schichten, vom verarmten Banker bis zum hungernden Rikschafahrer.

Angst und Verzweiflung hatten den Boden bereitet für diese Entwicklung. Die Klimakatastrophe hatte Indien schwer getroffen, das Bruttoinlandsprodukt war um achtunddreißig Prozent eingebrochen. Das Land mit seinen rund eineinhalb Milliarden Menschen taumelte am Rand von Hungersnot und Zusammenbruch dahin. Nur die Hilfsleistungen der Klima-Allianz verhinderten das Schlimmste.

Diese Hilfen waren allerdings an Bedingungen gekoppelt – an Bedingungen, auf deren Einhaltung die Klima-Allianz irgendwann, in naher Zukunft, bestehen würde.

Aber noch verhandelte man. Und so lange hielt sich Indien.

Es regierte im Jahr 2029 die relativ moderate Kongresspartei unter Paritosh Patel. Das Kabinett jedoch war gespalten, fast die Hälfte seiner Minister waren dem Staatschef bereits abtrünnig. Vertraulichkeit und Geheimhaltungspflicht der Kabinettsmitglieder wurden lax gehandhabt. Patel war isoliert.

Und dann kam Umesh Varinder.

Der Herausforderer Patels, der sich von 2023 an immer schärfer profiliert hatte, Umesh Varinder, war ein erfolgreicher

Unternehmer. Varinder hatte in der Lebensmittelbranche sein Vermögen verdient, vor allem mit dem Anbau von Karotten, für die er in den Regionen Hyderabad, Chennai und Pune große Anbauflächen besaß. Der Boom der vegetarischen und veganen Ernährung hatte Varinders Unternehmen »Var Gajar« – »Gajar« bedeutete Möhre – nach oben getragen, vornehmlich durch die Eroberung des westlichen Marktes mit Möhrensuppen, Karotten-Nudeln, Karotten-Tortilla und Smoothies. Der Umsatz bewegte sich im dreistelligen Millionenbereich. In Global gerechnet, nicht Rupien.

Varinder profilierte sich gleichwohl als Mann von der Straße, als »einer von euch«. Seine Stärke war seine Vielsprachigkeit; von den mehr als vierhundert Sprachen Indiens sprach er acht, sein Hindi wie auch sein Urdu waren makellos, oft wechselte er in seinen aufpeitschenden Reden die Sprache. Er trug Khakianzüge in Grün- und Blautönen und spielte in Talkshows und hinter Rednerpulten mit einer Sonnenbrille. Varinders Freundschaft oder Allianz zu einem der großen spirituellen Führer, der sogar weltweit eine Anhängerschaft besaß, Amitav Rama Shah, war Varinder mehr als hilfreich gewesen.

Nun ist der Hinduismus weniger eine Religion als mehr ein Sammelsurium aus Glaubensbekenntnissen, Strömungen, Ritualen, er ist ein auf Toleranz basierendes Gefäß, das sich, wie der Experte Pierre Gottschlich schreibt, eigentlich *nicht* für irgendeine Art des Fundamentalismus eignet. Varinder und seine Anhänger begegneten diesem Problem mit beherzter Geschichtsklitterung. Der Hinduismus, behaupteten sie, sei das Bollwerk gewesen, das Indien seinen gierigen Eroberern, den Muslimen, Mogulkaisern, Briten, entgegengesetzt hätte. Und das gelte. Trotz der Verachtung des Westens machten sie Anleihen beim europäischen Faschismus – sie pflegten den Führerkult, betonten den Volkskörper, die Überlegenheit ihrer Rasse. Sie machten ihre Sache gut. Aber die entscheidende Wahl stand noch aus.

Und Patel hatte dafür alles in die Waagschale geworfen.

Die Bruchlinie, die sich durch die indische Gesellschaft zog, war die Frage der Ein-Kind-Politik. Patel stand hier unter ungeheurem Druck: Um die Hilfsleistungen der Klima-Allianz weiterhin zu beziehen, musste er zustimmen; doch die Hälfte der Wähler – vor allem Männer – hatte er in dieser Frage gegen sich. Varinder hatte zweierlei geschafft: Er hatte die Straße mobilisiert, und er hatte die Klima-Allianz als neue Kolonialmacht diffamiert. Das Image der Ein-Kind-Kampagne war das Image einer Politik gegen die Armen.

Patel wiederum hatte sich, nach langem Lavieren, für die Ein-Kind-Politik ausgesprochen. Um dem Vorwurf zu begegnen, nur die Armen müssten die Last tragen, hatte Patel eine symbolische Entscheidung getroffen – eine Vasektomie an sich selbst. Der Termin stand fest, am 27. Juli 2029 im »Reliance Foundation Hospital«, Mumbai, im Bundesstaat Maharashtra. Noch nie hatte es in Indien eine Operation mit so viel Medienbegleitung gegeben – gerade mal, dass im OP-Saal direkt nicht gefilmt wurde. Aber Indien ist ein Land der Symbole. Es war gut möglich, dass der durchtrennte Samenleiter eines Ministerpräsidenten den Ausschlag gab.

Umesh Varinder war nervös.

Das folgende Telefonat wurde elf Tage vor der Wahl geführt.

Shah: »Was kann ich für Sie tun?«

Varinder: »Ich mache mir Sorgen … Die Wahl … Es ist sehr, sehr knapp.«

Shah: »Die Wahl ist gewonnen. Patel ist tot.«

Varinder: »Tot?«

Shah: »Er weiß es noch nicht, aber sein Tod steht fest.«

Varinder: »Was ist Ihr Plan?«

Shah: »Also gut. Es gibt eine Berechnung. Eine Berechnung von nahezu hundertprozentiger Genauigkeit. Mit dieser Berechnung, die bereits vorliegt, werde ich die Abläufe verändern.«

Varinder: »Was meinen Sie damit?«

Shah: »Ich werde einen Schmetterling einen Flügelschlag tun

lassen. Genau im richtigen Moment. Und dieser Flügelschlag wird eine Kette von Ereignissen in Gang setzen. Am Ende wird der Tod eines Mannes stehen.«

Varinder: »Patels Tod?«

Shah: »Ja. Aber er wird nicht einfach nur sterben, er wird symbolisch sterben. Er wird in die Falle laufen, die er selbst gebaut hat. Die Falle des Symbols. Verstehen Sie?«

Varinder: »Nein …«

Shah: »Glauben Sie mir einfach. Ich bin der Zufall. Ich bin das Schicksal.«

*

Shit happens, die Dinge haben ihren eigenen Willen. Die Welt selbst hat ihren eigenen Willen, alles kommt anders.

Spätestens nach dem dritten, nach dem vierten Glied in der Kausalkette laufen die Dinge aus dem Ruder. Das lehrt uns die Chaostheorie. Und das lehrte uns auch der Alleskönner Vicco von Bülow alias Loriot, der so verliebt war in das Misslingen, dass er es immer wieder malte, immer wieder zum Thema machte.

Zum Beispiel in seinem Sketch vom schief hängenden Bild: Ein pedantischer Herr sitzt in einem Salon und soll sich gedulden, bis die Herrschaften Zeit für ihn haben. Ein einziges Bild über dem Sofa hängt schief. Das erträgt er nicht. Und beim Versuch, es geradezurücken, verrutschen Bilder, kippen Lampen, purzeln Teller aus dem Schrank, das ganze Zimmer wird zerlegt. Der Ärmste hat keine Chance. Loriot liebte es, sich lächelnd zu verneigen – vor der Majestät des Chaos, vor dem König Zufall.

Die Geschichte der Menschheit ist voller solcher Zufälle, die eines gemeinsam haben – dass sie einen perfekten Plan implodieren ließen. Viele dieser Geschehnisse sind natürlich Tragödien: Die »Titanic« galt als unsinkbar, bis ein Eisberg an der falschen Stelle und eine Fehlentscheidung eines dümmlichen

Kapitäns die Katastrophe auslösten. Die Sicherheit des Thronfolgers Franz Ferdinand war von unzähligen Polizisten und Geheimdienstlern überwacht. Bis durch Zufall der Wagen bei der Parade umgeleitet wurde und genau vor der Bäckerei »Moritz Schiller« zum Halten kam – wo just der Attentäter, den Revolver in der Tasche, gerade eine belegte Semmel aß und einen Weltkrieg auslöste. Das Atomkraftwerk Fukushima galt als überaus sicher, erbaut von den besten Konstrukteuren Japans, bis sich am 11. März 2011 um 14.46 Uhr vor der Sanriku-Küste ein Seebeben ereignete – mehr als zwanzigtausend Menschen starben, mehr als eine halbe Million Menschen war betroffen.

Gegen den Zufall sind wir wehrlos, Kaiser und Könige, Kapitäne und Konstrukteure. Der Zufall, in seiner blinden Unerbittlichkeit, ist der wahre Herrscher der Welt. Auch kein Verbrechen kann den Zufall eliminieren.

Aber was, wenn ein Plan den Zufall gar nicht eliminieren will? Sondern den Zufall benutzt?

Was, wenn der Zufall selbst – der Plan ist?

*

Im elften Untergeschoss des Meta-Ministeriums auf Island war am Abend des 14. Juli 2029 der Prototyp des Quantencomputers – des bis dahin leistungsfähigsten Rechners in der Geschichte – für eine spezielle Rechenoperation eingesetzt worden. Es handelte sich um die Operation *Reverse Prophecy:* Man hatte ein Ereignis als Zielpunkt gesetzt und ließ den Computer die Kausalketten rückwärts rechnen. Der Quantencomputer war zuvor mit einer praktisch uneingeschränkten Zugriffsfähigkeit ausgestattet worden.

Die Berechnungszeit betrug siebenundzwanzig Minuten, vierzehn Sekunden und fünf Millisekunden. In dieser Zeit griff der Computer auf eine riesige Menge von Daten zu: Krankenblätter, Kreditzahlungen, Bewegungen und Verläufe im Netz, im Darknet, Kryptowährungen, Personen-Erkennungen, das Weltwetter, Straßenverläufe, Hackerangriffe, Wahlmanipulationen, die verschlüsselten Nachrichten von Hackern, Auto-Zulassungen, Stromrechnungen, Abrechnungen von Bäckereien in den Vororten Mumbais, Buchhaltungen einer Nachbarschafts-Lotterie, Einkommensverhältnisse von mehr als vierundvierzig Millionen Menschen, Stromverlegungen, Stromverbrauch, Überwachungsbilder – und mehr. Der Computer beschaffte sich diese Daten nicht nur, er verknüpfte sie auch. Er las die Welt. Es war ihm »egal«, wo er sich physisch befand. Es war ihm »egal«, ob er seine Berechnungen zu einem guten oder zu einem »verbrecherischen« Zweck ausführte, diese Kategorien existieren für eine Maschine nicht.

So hatte er die Welt gelesen, und er hatte Verläufe gesucht, Zeitfenster definiert, Personen mit Schwachstellen ausfindig gemacht – und er hatte die spezielle Intuition dreier Kinder, dreier Mädchen indigenen Ursprungs, aus einer Wald- und Gebirgsregion im Südwesten Chiles, mit eingepflegt. Dieser Einfall, wissenschaftlich so brillant wie grenzwertig, beruhte auf der Forschungsarbeit eines Wissenschaftlers und Quantenphysikers namens Professor Norman Catchside. Denn Catchside hatte die *Intuition* studiert, viele Fälle von Ahnung und intuitiver Wahrnehmung geprüft, verglichen, sie auf ihre Brauchbarkeit hin getestet.

Solche Ahnungen und Zukunftsvisionen sind selten, aber sie kommen vor, in alltäglichen Situationen. Man kann sie nicht »erklären«; mit empirischer Wissenschaft ist ihnen nicht beizukommen. In einer durchrationalisierten Gesellschaft sind solche Phänomene wie ungebetene Gäste – man ignoriert sie, in der Hoffnung, dass sie bald verschwinden.

Nicht so Catchside.

Hierin bestand sein wissenschaftliches Genie. Catchside hatte sich immer schon für die magischen Techniken bei Naturvölkern interessiert; er brannte darauf, Intuition und das irisierende Moment der Quantenphysik zu verschränken. Durch die Quantenphysik war er vertraut mit dem Momentum von Unschärfe. Und er hatte den perfekten Partner: Amitav Rama Shah. Also griff er zu.

Die Integration der kindlichen Ahnungen – dieser speziellen kindlichen Ahnungen – war der Durchbruch gewesen. Und der Quantencomputer nahm ihre Träume, ihre Bilder, ihre Ängste, ihre Wünsche und rechnete sie ein.

Am Ende stand ein Resultat.

Freitag, 27. Juli 2029

Goreagon, Mumbai, Indien

Am 27. Juli 2029 findet der erste Testlauf außerhalb von Laborbedingungen statt – der erste *richtige* Testlauf, wie Amitav Rama Shah findet. Denn der kleine Angriff auf die US-Präsidentin vor vier Jahren, ausgeführt mit einem Prototypen, war qualitativ etwas anderes. Es war alles in allem eine amüsante Attacke, um Rechenkapazitäten und Angriffs-Algorithmen auszuprobieren. Über derlei ist Shah längst hinaus. Natürlich, er könnte scharenweise Staatschefs töten, Geld scheffeln, es wäre ein Leichtes, jetzt, da ihm diese mächtige Waffe zur Verfügung steht. Doch er will mehr.

Er hat Catchside beerbt.

Nun also der erste Testlauf. Der Quantencomputer auf Island hat gerechnet. Er hat eine Handlungsanweisung geliefert, mit Ort und Zeit. Shah hat sie auf seinem Armband mit nach Indien gebracht. Diese Handlungsanweisung soll nun umgesetzt werden.

Auslöser wird eine scheinbare Nebensächlichkeit sein. Und diese Nebensächlichkeit soll eine Kette von Ereignissen auslösen. Das Ergebnis wird aussehen wie ein Zufall. Niemand wird eine Absicht dahinter erkennen können. Das perfekte Verbrechen.

Der Guru ist sehr zufrieden. Es ist ein Spiel, das er spielt, ein *Lila*. Er schaut sich gerne zu, wie er die Details logisch fügt, zu einem leuchtenden, surrenden Räderwerk seiner Planung. Er knabbert Möhrensticks, die er in einen leichten Dip tunkt, sein Abendessen, und er überprüft den Spielstand.

Catchsides Tod war ein Verlust, doch er hatte längst schon Ersatzleute in petto. Und was Catchside an Wissen und Brillanz einbringen konnte, das ist jetzt in seinen, Shahs, Händen.

Der Quantencomputer auf Island ist außer Gefecht, auch

hierfür sollte er Catchside im Nachhinein dankbar sein. Es wird, versichern ihm seine Physiker, auf Island Monate dauern, die kleinen Schwächen, die Catchsides Programm initiiert hat, aufzufinden, auszumerzen. Der einzige Quantencomputer, der diesen Namen verdient, wird *für ihn* gebaut, auf sein Geheiß, mit seinem Geld und nach Catchsides Plänen. Natürlich nicht hier in Indien, nicht hier in seinem Hauptquartier, das wäre unnötig riskant. Nein, Shah hat dafür ein schönes Stück Land gefunden, ein tiefes Versteck, so tief, dass seine Waffe von niemandem aufzuspüren ist.

Trotzdem ist Catchsides Tod eine Irritation. Der Guru hat seine Leute angesetzt, bislang erfolglos.

Eine weitere Irritation ist allerdings die Ankunft dieser Co-Professorin von Catchside, der Chinesin. Sie ist seit zwei Tagen in Mumbai, begleitet von dem Araber, die beiden sind ihm gleichsam auf den Fersen, wie sie närrischerweise denken. Doch das Problem ist eingegrenzt. Er ist über jeden der Schritte informiert, hat genügend Polizisten in seinen Diensten, und außerdem spielt es ihm in die Hände, dass Liu und Difraudi hier in Indien genau genommen nichts zu melden haben. Indien ist nicht Mitglied der Klima-Allianz, die Regierung ist über diese Frage zerstritten. Offiziell sind Liu und Difraudi lediglich Touristen, zwei Angereiste, die sich auf eine Autorität berufen, die hier nichts gilt. Die außerdem einen indischen Staatsbürger und Wohltäter mit absurden Beschuldigungen beleidigen. Der Guru lächelt bei dem Gedanken. Sie werden beobachtet. Man lässt sie ins Leere laufen. Vielleicht muss man sie irgendwann ausschalten. Abwarten.

Der Chinese in Deutschland, Bao Wenliang, wäre fast ein Problem geworden. Aber es hat sich ausgezahlt, dass der Guru überall auf der Welt Leute engagieren kann, die solche Probleme beseitigen.

Die Kinder allerdings machen Shah Sorgen.

Er hält sie streng unter Verschluss, er tut alles, damit es ihnen gut geht, damit sie stabil sind, denn er braucht sie. Aber seit die junge Kolumbianerin verschwunden ist, sind die Kinder sehr verschlossen. Nicht unbedingt feindselig, aber in sich gekehrt. Er hat ein ganzes Team eingestellt, das sich um die drei Indianermädchen kümmert, jeden Tag erstattet man ihm Bericht, er selbst besucht sie so selten wie möglich. Tatsache ist, dass er der Begegnung ausweicht – ausgerechnet er, der doch sonst jeden Menschen umgarnen, auflösen, gewinnen kann! Aber bei diesen drei seltsamen Mädchen ist es anders.

Der Guru ist selbst ein überaus intuitiver Mensch. Er hat eine Gabe, die ihm oft genützt hat. Nicht selten spürt er im Voraus, wenn anderen etwas zustoßen wird. Nicht selten hat er geahnt, wenn jemand etwas gegen ihn im Schilde führte, und diese Gabe hat er mit Erfolg eingesetzt. Doch bei den Mädchen ist er an seine Meisterinnen geraten.

Ihr Ahnen ist viel umfassender. Er kann sie nicht verstehen, kann sie nicht lesen. Aber sie scheinen ihn mühelos zu durchschauen. Trotzdem sperren sie sich nicht, sie fügen sich. Anfangs haben sie nach der Frau gefragt, nach Ariadna, aber das haben sie aufgegeben.

Hoffentlich ist sie tot. Hoffentlich ist der aus Kapstadt entsandte Beamte, der ihr hinterherlief, ebenfalls bei den Unruhen ums Leben gekommen. So der bisherige Ermittlungsstand. Die Recherchen sind vorerst eingestellt. Aber das ist vergleichsweise unwichtig.

Wichtig ist der erste richtige Testlauf. Die Schönheit, findet der Guru, liegt vor allem darin, dass der freie Wille scheinbar bestehen bleibt. Der Guru lächelt, während er darüber nachdenkt. Die Menschen machen immer ein solches Aufhebens um ihren freien Willen. Doch wenn man eine Person kennt, sobald man ihren gesamten Datensatz kennt, ist ihr Verhalten vollkommen absehbar – wo soll da denn der freie Wille sein? Die meisten Menschen sind Maschinen. Er allerdings nicht. Amitav Rama Shah formt die Welt nach seinem Willen.

Die Handlungsanleitung des Quantencomputers wird nun umgesetzt.

Und so beginnt Operation *Reverse Prophecy*. Eine Reihe von Menschen ist darin involviert. Ohne ihr Wissen. Alles erscheint zufällig.

*

Position: 19.182139, 72.847444, Swarni Vivekanada Road, Malad West, Mumbai 400064, Indien

14.52 Uhr: Der Auslöser, ein Teller mit *Jalebi*-Kringeln der besten Qualität, wird durch die Leute des Gurus unauffällig am Arbeitsplatz eines Losverkäufers für die Nachbarschaftslotterie »Malad Vijakar Lottery« platziert. Nach den Berechnungen muss dies geschehen sein, bevor ein Mann namens Dilip seinen Verkaufsshop aufschließt.

Der Mann heißt mit vollem Namen Surav Dilip, dreiundfünfzig Jahre alt, verheiratet, jedoch kinderlos, unauffällig, etwas übergewichtig, ein kleiner Angestellter von »India-Your-Million-Lottery«, die vor allem in Südindien kleine Nachbarschaftslotterien unterhält. Der Verkaufsshop ist ein kleines Blechhaus, das man vor eine Mall gestellt hat, an der Vivekanada Road, am linken, äußeren Parkplatz. Öffnungszeiten für den Losverkauf sind vormittags von zehn bis zwölf, nachmittags von drei bis fünf, ein Los kostet zwanzig Rupien, sechs Lose kosten hundert Rupien. Der Verkaufsshop ist lieblos eingerichtet: ein Tisch, ein Stuhl, die Lostrommel, doch er ist abschließbar und mit einer festen Tür versehen, da hier während der Woche die allmählich sich füllende Lotterietrommel steht.

Neben dem Verkaufsshop ist eine kleine Bühne, an jedem Freitag findet hier die Auslosung statt. Eine Lottofee aus der Nachbarschaft macht die Ziehung, für einen Obolus von dreihundert Rupien, und es ist Dilips Job, für jeden Freitag ein

Mädchen zu engagieren, es gibt eine Liste. Die Gewinnzahl wird dann auf eine grüne Tafel geschrieben. Es besteht also kein Grund, unbedingt bei der Ziehung zugegen zu sein – trotzdem kommen immer zwischen hundert und zweihundert Menschen, die voller Hoffnung die Bühne umlagern.

Der Hauptgewinn ist mit viertausend Rupien dotiert. Die nächsten Preise sind reine Trostpreise. Aber der Hauptgewinn ist lockend genug.

»India-Your-Million-Lottery« verkauft allein in diesem Shop jede Woche etwa neunhundert Lose, nach Abzug der Unkosten, wie etwa Dilips bescheidenes Salär, kassiert die Gesellschaft etwa die Hälfte der Einnahmen. Lohnend wird es für das Unternehmen durch die schiere Menge – im Großraum Mumbai betreibt sie knapp tausend solcher Lotterie-Shops.

Dilips Job ist der Losverkauf und die Überwachung der Ziehung. Dilip verkauft seine Lose von einem Abreißblock; ein Los, sobald gekauft, wird an der Perforation durchtrennt, die Käuferin oder der Käufer bekommt seine oder ihre Hälfte, Dilip knifft seine Hälfte und wirft sie unter den Augen des Käufers durch den Deckelschlitz in die Lostrommel, einen sehr großen, etwas abgenutzten Eimer aus durchsichtigem Plexiglas. Normalerweise gehört es zu Dilips Aufgaben, die Lose vor der Ziehung nochmals zu verwirbeln, und üblicherweise kommt er diesem Auftrag auch gewissenhaft nach, anfänglich machte er dies sogar mit einer Art von würdigem Ernst – doch heute nicht.

Heute hat Dilip, zu seinem Erstaunen, einen Teller mit verführerisch duftenden *Jalebis* neben seinem Abreißblock vorgefunden – er konnte sich keinen Reim darauf machen, bis er zu dem Ergebnis kam, dass dies eine kleine Wohltat »von oben« sei. Ein kleiner Dank für seine treuen Dienste. Dilip wären eine Gratifikation oder Gehaltserhöhung lieber gewesen, doch er nimmt die *Jalebis* dankbar an, was nicht überraschend ist. Süßigkeiten, Kringel, Schmalzgebackenes, *Burfi, Ladoo, Prasad, Jalebis, Coconut-Ladoo* – Dilip kann Zuckrigem nicht widerstehen, er konnte es nie.

Der Datensatz des Quantencomputers über Dilips Konsumgewohnheiten ist umfassend.

Um 16.56 Uhr wird Dilip in das Leben einer Frau namens Subha Mathur eingreifen. Sie kauft an diesem Freitag ein Los.

Subha Mathur und ihre Familie wohnen seit drei Jahren in Malad. Natürlich können sie sich keine der schicken Wohnungen leisten, aber sie haben ein *Kholi*, ein Ein-Zimmer-Haus, im Basti Kulkarni. Subha Mathur hat drei Arbeitsstellen, sie putzt und wäscht bei zwei Ärzten und einem Rechtsanwalt, ihr Mann ist Fahrer auf einem Lastwagen. Das Geld ist knapp. Für das *Kholi* haben sie grausam gespart, die neunzehntausend Rupien für die erste Rate haben sie herausgequetscht aus Tausenden von Arbeitsstunden, von gewischten Böden, von gespülten Tellern.

Jetzt brauchen sie Geld für die zweite Rate. Ein Lotteriegewinn wäre der Glücksfall, den sie ersehnen. Diese Information ist erfasst.

Dilip verkauft Subha Mathur ein Los. Er durchtrennt die Perforation, gibt ihr die Käuferhälfte, wirft ihre Losnummer in die Trommel. Das Los liegt obenauf.

Normalerweise müsste er vor der Ziehung die Zettelchen in der Trommel mit beiden Händen verrühren; doch er hat den Teller mit den *Julebis* geleert, seine Hände sind klebrig, als hätte er die Finger in Sirup getunkt, eine Papierserviette wäre ein Segen, doch er hat keine. Er mischt die Lose nicht, das letzte Zettelchen bleibt obenauf.

17.01 Uhr: Dilip verschließt den Losbehälter und trägt ihn zur Bühne, wo er ihn auf einen Schemel stellt. Die Auslosung ist öffentlich, wieder sind etwa hundert Menschen da, und diesmal spielt eine junge Friseurin namens Navinda aus dem Friseursalon »Pretty Kooko« die Lottofee. Navinda mag ihre Arbeit, auch wenn sie vor allem fegt, föhnt und Köpfe wäscht. Aber Navinda kauft oft Film-Illustrierte und träumt von einer Karriere als Model in der Werbung, vielleicht sogar beim Film, wer weiß? Wichtig ist, dass man schön ist. Navinda hat sich vor zwei Tagen von einer Kollegin künstliche Fingernägel aufsetzen lassen, Navinda musste nur das Material bezahlen.

Auch diese Informationen sind erfasst.

Dilip kündigt mit einem kleinen Gongschlag den Umstehenden und Gaffern die Ziehung an, er spricht mit lauter, etwas leiernder Stimme – er macht den Job schon seit Jahren, im Grunde ist es ja jede Woche dasselbe. Navinda, die Lottofee, muss jetzt den Deckel abnehmen, aber das Ding klemmt, außerdem ist es widerlich klebrig. Üblicherweise müsste Navinda ein Los etwa aus der Mitte der Trommel herausfischen, aber sie will mit ihren langen, neuen Fingernägeln nicht zu tief in den schmuddeligen Behälter greifen; sie greift hinein, etwas bleibt an ihren Fingern kleben. Sie zieht das Los, das obenauf liegt. Sie reicht das Gewinnerlos mit einem strahlenden Lächeln an Dilip weiter, der die Nummer laut verliest und mit großen Ziffern an eine Tafel schreibt: 847.

Das Los 847 ist das Los, das Subha Mathur gekauft hat, sie steht an der Bühne und fasst sich vor Glück ans Herz. Viertausend Rupien! Sie berührt ihre Stirn, dann ihre Kehle, sie murmelt ein Dankgebet zu den Göttern. Sie muss ihren Mann anrufen!

Um 17.08 Uhr wird Subha Mathur in das Leben ihres Mannes Anil eingreifen.

*

Position: 19.209778, 72.829028 – Anil ist Fahrer auf einem Lastwagen. An diesem Nachmittag, als er die Textnachricht seiner Frau empfängt, ist er unterwegs im Charkop-Industriegebiet, bei einer kleinen Firma in der Kandivali Road; hier sind vor allem Pharma- und Chemieunternehmen angesiedelt, aber auch ein Hindutempel, Teeläden, ein Architekturbüro, eine Firma, die Hochzeiten und Feste organisiert, die »Gurukrupa Marriage Hall«.

Die Freude Anils über die Textnachricht ist nachvollziehbar – viertausend Rupien sind die Rettung: Und es passt zu ihm, dass er zu einer getippten Antwort ansetzt, während der Lkw noch in Bewegung ist, darum touchiert er einen Strommast und erzeugt einen Kurzschluss, ein kurzes Funkensprühen, 31,4 Ampere, was die Sicherung nicht herausfliegen lässt, aber sich als kurze elektrische Irritation fortsetzt, auch in die Stromnetze der anliegenden Firmen.

Anil hat es nicht mal bemerkt, dass sein Wagen den Strommast gestreift hat. Doch auf diese Weise, um 17.09 Uhr, greift Anil Mathur in die Produktion von »Ketwadi Pharma Ltd.« ein.

*

Position: 19.208711, 72.829354 – »Ketwadi Pharma Ltd.« gehört zu den größeren und expandierenden Unternehmen in dieser Branche. Sie haben Joint Ventures mit Firmen in Thailand und Usbekistan, sie sind spezialisiert auf Antihistamine, Antibiotika, Schmerzmittel, kardiovaskuläre Medikamente, Anästhetika, vor allem Letzteres. Die Produktion ist Hightech und wird eigentlich peinlich genau überwacht, doch bei der Befüllung der Anästhesiekartusche Nummer 648263, Allgemeinanästhetika für Operationen, Inhalt, unter anderem: Propofol, Etomidat, Bentodiazepin, Ketamin – bei dieser Kartusche also setzt die Befüllungsmaschine zwei, drei Sekunden lang aus. Lang genug, um einige Tropfen Öl in die Lösung gelangen zu lassen. Die Kartusche mit der Nummer 648263 ist damit falsch befüllt, ihr Einsatz, etwa bei einer Operation, ist gefährlich, möglicherweise tödlich.

An diesem Tag um 10.04 Uhr greift »Ketwadi Pharma Ltd.« in das Leben des amtierenden Ministerpräsidenten Paritosh Patel ein.

*

Position: 18.958882, 72.820034 – Eine Vasektomie, die Durchtrennung des Samenleiters, des *Ductus deferens*, oberhalb der Nebenhoden des Mannes, ist vom Standpunkt eines erfahrenen Chirurgen keine sehr komplizierte Angelegenheit. Meist wird der Eingriff sogar ambulant und unter örtlicher Betäubung durchgeführt; dieser spezielle Patient allerdings, Paritosh Patel, hat eine Vollnarkose verlangt.

Als politisches Kapital ist diese Operation nicht mit Gold aufzuwiegen – so sieht es Patel. Der amtierende Ministerpräsident Indiens wird den indischen Männern mit gutem Beispiel vorangehen! Indien steht nicht länger abseits, wenn es um die Geburtenkontrolle geht! Und welche Symbolkraft hat es, wenn der Ministerpräsident sich freiwillig auf den Operationstisch legt.

Dieser Einfall könnte ihm den Wahlsieg bescheren. Das ist allemal eine Operation wert.

Dementsprechend gewaltig ist die – von Patels Medienstab organisierte – Medienbegleitung. Fernsehteams, Zeitungsreporter, Radio-Wagen, scharenweise haben sie vor dem »Reliance Foundation Hospital« in der Kulkarni Road in Mumbai Position bezogen. Patel hat sich gegen Delhi und für Mumbai entschieden, denn Mumbai ist eine Swing-Region, hier könnte die Wahl entschieden werden. Natürlich gibt es keine Live-Übertragung aus dem OP-Saal, das ginge dann doch zu weit. Aber der, sicherlich glückliche, Verlauf der Vasektomie soll einem staunenden Volk verkündet werden.

Tatsächlich war Patel etwas mulmig zumute. In eine einfache Klinik zu gehen, das wäre zwar noch symbolischer gewesen, aber das wollte er nicht. Die OP findet in einem der besten Krankenhäuser Mumbais statt, unter den erfahrensten Ärzten, Patel hat sich da mehrmals rückversichert. Professor Vitesh Singh ist eine Koryphäe.

Singh lässt durch seinen Anästhesisten seinem prominenten Patienten eine Anästhesie aus der Narkotikumlieferung der

Hightech-Firma »Ketwadi Pharma Ltd.« verabreichen, es ist die Kartusche mit der Nummer 648263. Dabei gelangt Öl, etwas mehr als die Menge eines Tropfens, in den Blutkreislauf. Öl hat ein gänzlich anderes Fließverhalten als Blut, die Folgen beim Patienten sind eine Venenverstopfung, ein Kreislaufkollaps und, bevor die Ärzte überhaupt realisieren können, was unter ihren Händen geschieht, der Tod.

Der Tod des Ministerpräsidenten wird den Medienvertretern mit einiger Verspätung bekanntgegeben. Der erschütterte Professor Singh weigert sich, zu einem Statement vor die Kameras zu treten. Aus Patels Medienteam erleiden zwei Mitarbeiter einen hysterischen Anfall. Der Herausforderer Patels, Mr Umesh Varinder, dessen Chancen damit schlagartig gestiegen sind, gibt eine Vielzahl von Interviews, in denen er geschickt die Symbolik dieses »tragischen Fehlers« betont. Der indische Mann, so Varinder, dürfe sich nicht in seiner Freiheit und Zeugungskraft gängeln lassen, auch nicht von der Klima-Allianz, auch nicht für Geld. Nationalstolz und Potenz seien dasselbe, sie machten den indischen Mann aus. So Varinder in seinen Interviews.

Amitav Rama Shah, der Guru, wird über den Verlauf der Operation *Reverse Prophecy* genauestens informiert, er ist mehr als zufrieden.

Der Zufall, denkt er, ist ein Tiger, einschüchternd, stark, wild. Aber die Berechnung des Quantencomputers ist viel mehr als ein Tiger. Die Berechnung ist der Reifen, der Dompteur, die Dressur, die Manege, der Zirkus. Und wenn die Berechnung stimmt, dann springt der Zufall durch den Reifen. Er kann nicht anders. Der Zufall muss gehorchen.

Der Testlauf war erfolgreich. Es ist fast schon surreal, was der Quantencomputer kann.

Jetzt ist es Zeit für den Ernstfall. Den Angriff auf die Welt, auf die Menschheit.

Kapitel 8
Das Feuer

Es kann schon mal passieren, dass man unvorbereitet und ohne den nötigen Mut einer Gefahr entgegentreten muss.

Johannes von Bismarck

Samstag, 28. Juli 2029

Redaktionsbüro »Frankfurter Allgemeine Zeitung«, Hellerhofstraße 9, Frankfurt, Deutschland

»Es gibt eine Rückkehr des Vertrauens«

Interview mit der US-Präsidentin Kamala D. Harris über die Klima-Allianz, die neue Weltwährung – und den richtigen Zeitpunkt, einen Baum zu pflanzen

FAZ: Ms President, Sie haben in den vier Jahren Ihrer Amtszeit große Entscheidungen getroffen, Weichen neu gestellt – mit dem Ziel, gegen die Folgen der Klimakatastrophe anzukämpfen. Sind Sie erfolgreich? Oder war es womöglich zu spät?

Harris: Es war eindeutig spät, als wir das Ruder herumwarfen, meine beiden hochgeschätzten Amtskollegen und ich. Aber es war nicht *zu* spät. Wäre es *zu* spät gewesen, hätten wir gleich aufgeben können, das wäre einem kollektiven Selbstmord der Menschheit gleichgekommen. Aber diesen Fehler machen wir nicht. Wir haben ein Konzept, einen Plan – und jetzt haben wir auch eine handlungsfähige Instanz, die Klima-Allianz. Die Mehrzahl der Staaten ist dieser Allianz beigetreten. Warum? Weil die Menschen und ihre Regierungen begriffen haben, dass es höchste Zeit ist. Wie mein Kollege, Xi Jinping, in unserer gemeinsamen Rede vor der UNO sagte: Die beste Zeit, einen Baum zu pflanzen, war gestern. Die zweitbeste Zeit ist heute. Also handeln wir. Gemeinsam.

FAZ: Viele Menschen mussten – und müssen es immer noch – große Opfer bringen. Es mehren sich die

Stimmen, die eine Spaltung der Gesellschaft beklagen. Ist die Lastenverteilung gerecht?

Harris: Sie sprechen einen wichtigen Punkt an. Aber wie stark ist die Gesellschaft tatsächlich gespalten? Ich habe zum Glück einen starken Rückhalt bei der amerikanischen Bevölkerung, nahezu sechzig Prozent unterstützen unseren Kurs. Aber es ist natürlich wahr: Viele Jobs gingen verloren, viele Menschen mussten umlernen, umsatteln, verzichten. Wir achten jedoch sehr darauf, diese Prozesse gerecht und menschenwürdig zu gestalten. Nicht nur die Kleinen sollen Opfer bringen. Diejenigen unter uns, die es sich leisten können, werden stärker zur Kasse gebeten.

FAZ: Da Sie den Rückhalt ansprechen, Ms President – gibt es Gruppierungen, die Sie bis aufs Blut bekämpfen? Da war zum Beispiel dieser Anschlag auf Ihr Leben, in Iowa, vor drei Jahren …

Harris: Dass es ein Anschlag war, ist nicht bewiesen. Nennen wir es einen Unfall. Am Ende ging es ohne Tote ab. Das ist das Wichtigste.

FAZ: Gut, also nur ein Unfall. Aber nach Ihrer Rede, Ihrer gemeinsamen Rede vor den Vereinten Nationen haben Sie ebenfalls Gegenwind bekommen. Warum eine neue Instanz ins Leben rufen, die Klima-Allianz? So waren die Argumente. Warum haben Sie die Klima-Allianz gleichsam an der UNO vorbei gegründet?

Harris: Die UNO als Institution hat hervorragende Arbeit geleistet und große Verdienste erworben. Doch als es um den Klimawandel ging, da stellte sich heraus, dass ihr System – die Idee, so lange zu reden und zu beraten, wie es nur geht, in der Hoffnung auf Einigkeit –, dieses System war einfach zu langsam, zu umständlich. Wenn in einem Mehrfamilienhaus ein Feuer ausbricht, können Sie nicht alle Parteien zusammenrufen und erstmal diskutieren. Da muss man sofort die Feuerwehr rufen. Oder selber löschen. Darum traten China, Russland und die USA aus der UNO aus. Darum schmiedeten wir eine neue Institution. Es geht um Handlungsfähigkeit!

FAZ: Es scheint eine herkulische Leistung gewesen zu sein, so viele Staaten zu sieben Ländergruppen zu bündeln …

Harris: Da können Sie drauf wetten! (lacht) Nein, herkulisch war es nicht. Aber politisch sehr aufwändig, das würde ich unterschreiben.

FAZ: Wie beurteilen Sie die Arbeit in den Ländergruppen?

Harris: Sehr gut. Sehen Sie, in den Ländergruppen wird ja durchaus und sehr viel diskutiert. Aber wenn diese Diskussionen abgeschlossen sind, dann spricht die jeweilige Ländergruppe, Europa, Lateinamerika, Afrika, die Gruppe der Länder – dann spricht jede Gruppe mit *einer* Stimme. Das macht die Sache schlank. Das macht uns handlungsfähig. Und jede Staatengruppe ist in Kapstadt vertreten, mit einem eigenen Sitz, einer Pyramide in der Pyramidenstadt.

FAZ: Und Sie haben vielen Staaten einen Schuldenerlass gewährt …

Harris: Das half. Wir haben umgeschuldet, weil die Verschuldung die Staaten lähmte. Sie hätten ihre Schulden in dieser Höhe ohnehin nie begleichen können. Wir haben parallel dazu begonnen, eine neue Weltwährung einzuführen. Es half uns außerdem, dass wir Anfang der 2020er Jahre eine neue Ausgangslage hatten. Immer mehr Menschen begriffen die dramatischen Folgen der Erderwärmung. Und die Zeit blumiger Absichtserklärungen war vorüber. Dafür setzten wir globales und koordiniertes Handeln der wirtschaftlich und militärisch stärksten Nationen der Erde.

FAZ: Und spätestens jetzt kamen bei vielen Menschen Zweifel auf, ob sich da nicht eine Diktatur anbahnte.

Harris: Durch den Zusammenschluss der G3 zur G7, oder besser: zur Klima-Allianz, durch diesen Zusammenschluss also, der mit dem zu erwartenden Beitritt Indiens acht Staatengruppen umfassen wird, hat sich Entscheidendes verändert. Das kommunikative Miteinander der politischen Entscheidungsträger hat sich verändert. Denken Sie an den großen Dichter aus Ihrem Land. Goethe – spreche ich den Namen richtig aus?

FAZ: Absolut, Ms President.

Harris: Ihr Dichter, Mister Goethe, hat vor rund zweihundert Jahren noch geschrieben: »Handeln ist leicht, Denken ist schwer – aber nach dem Gedanken zu handeln, das ist unbequem.« Er war sozusagen pessimistisch. Aber da gab es auch noch keine wetterbedingten Katastrophen. Angesichts einer apokalyptischen Bedrohung jedoch geschah genau das, was Goethe nicht für möglich hielt: Misstrauen, Rechthaberei und Hegemonialbestreben – das alles platzte wie eine Seifenblase. Regierungschefs begriffen, dass es auch um ihre eigenen Kinder und Enkel geht. Dass es um die ganze Schöpfung geht. Und kleinteiliges und kleinkariertes Fühlen, Denken und Handeln kamen aus der Mode. Ganz schnell. Plötzlich rückte die Welt zusammen. Zum Beispiel der Rüstungswahnsinn. Das Rüstungs- und Militärsystem erschien plötzlich als das, was es immer schon gewesen war: als naturfeindlich, als menschenfeindlich.

FAZ: Aber nicht jedes Land bekam sofort volles Mitspracherecht.

Harris: Nein. Zuerst mussten die Supermächte untereinander Vertrauen aufbauen. Dann erst konnten wir andere Staaten zur Kooperation einladen. Ein Schritt nach dem anderen. Denn es war, wie Sie selbst sagten, ein riesiges Projekt. Das mussten wir erstmal in Fahrt bringen. Um dann später möglichst viele an Bord zu holen. Aber in einer schlanken und handlungsfähigen Struktur! So haben wir es vor zwei Jahren vor der UNO skizziert.

FAZ: Lassen Sie uns über Indien sprechen. Ist der Beitritt Indiens gefährdet durch den tragischen Tod des Ministerpräsidenten?

Harris: Zunächst möchte ich der Familie von Paritosh Patel mein Mitgefühl aussprechen. Und seinen Parteifreunden und Mitstreitern. Sie haben recht, es ist tragisch, was da geschehen ist, wie dieser verdienstvolle Mann aus dem Leben gerissen wurde. Die Umstände sind mysteriös. Patel war jedenfalls ein Vorkämpfer für Modernität und die Ein-Kind-Politik. Wie Indien sich nun als Staat positioniert, wie die Wahlen verlaufen, das muss man alles abwarten. Wir, die Klima-Allianz, bleiben gesprächsbereit. Wir suchen die Kooperation. Wir bieten unsere Hilfe an.

FAZ: Dennoch ist die Klima-Allianz kompromisslos in Sachen Ein-Kind-Politik – warum?

Harris: Weil es keinen Sinn macht, drum herumzureden. Mit mehr als eineinhalb Milliarden Menschen ist Indien das bevölkerungsreichste Land der Erde. Jedes Jahr kommen weitere zwölf Millionen Menschen dazu. Allein in den vergangenen sieben Jahren waren das rund vierundachtzig Millionen, etwa die Einwohnerzahl Deutschlands. Das können wir nicht akzeptieren. Die Einsicht in globale Notwendigkeiten darf nicht durch Partikularinteressen zerrieben und zermürbt werden.

FAZ: Ms President, eine letzte – und persönliche – Frage. Sie gelten als entschiedene und energische Persönlichkeit. Gab es in Ihrem Leben ein Erlebnis, von dem Sie besonders geprägt wurden?

Harris: Ja, natürlich. Da war die Begegnung mit Bao Wenliang. Bereits 2020, da war ich noch nicht mal offiziell ernannte Kandidatin für die Vizepräsidentschaft, besuchte mich Bao Wenliang. Er ist ein wichtiger Berater, außerdem ein überaus kluger und großherziger Mensch. Aus dieser Begegnung entwickelte sich eine tiefe Freundschaft. Bao hatte Ideen für eine gemeinsame Zukunft, und ich begann, ihm zuzuhören, ihm zu vertrauen.

Und dann wurde ich durch einen sehr guten Dokumentarfilm aufmerksam auf die dramatische Lage der Meere. Die Dokumentation hieß »Seaspiracy«, und sie zeigte, wie Überfischung und Erwärmung dem Ökosystem zusetzen. Das war zum Beispiel solch ein Auslöser. Aber ich würde noch etwas anderes betonen: Wenn die Menschen eine politische Kaste erleben, die Verantwortung übernimmt, wenn die Menschen sehen, dass Worte zu Taten führen, dann glauben sie den Worten. Und packen mit an. Das ist es, was meine wichtigste Inspiration ist.

FAZ: Ms President, vielen Dank für das Gespräch.

Das Interview führten FAZ-Chefredakteur Christian Heise und FAZ-Washington-Korrespondentin Sabine Träger.

Samstag, 28. Juli 2029

Flughafen Frankfurt am Main, Terminal 2

Kurz bevor Thomas Pierpaolis Mutter starb, hatte sie ihm einen Brief geschrieben, den sie deponieren ließ – er sollte ihn bekommen, wenn er alt genug wäre. Es waren die Zeilen einer Mutter, die weiß, dass sie nicht mehr lange zu leben hat, an ihr Kind; Pierpaoli bekam den Brief von seinem Vater ausgehändigt, als er etwa achtzehn war. Er hatte ihn ein einziges Mal gelesen und bewahrte ihn seitdem in einem Bankschließfach auf.

Pierpaolis Vater hatte sich bemüht, die Mutter zu ersetzen, es gelang ihm halb und halb. Als dann auch noch Pierpaolis Vater bei einem Unfall ums Leben kam, Pierpaoli war Anfang zwanzig, da war es Bao Wenliang gewesen, der sich um den jungen Mann kümmerte, um seinen Patensohn.

Und jetzt war Bao Wenliang ermordet worden.

Pierpaoli hatte niemanden mehr auf der Welt.

Auf einem Flughafen ist es schwer, einen Ort zu finden, wo man mit sich allein sein kann, wenigstens für eine halbe Stunde oder eine Stunde, weil man es sonst nicht aushält.

Zu seinen Glanzzeiten war der Fraport der größte deutsche Airport und der viertgrößte in Europa, hinter London, Paris, Amsterdam, die zwar größer waren, aber auch legendär chaotisch.

Im Vergleich dazu war Frankfurt immer gut organisiert gewesen, eine effiziente Maschine, die im Jahr rund siebzig Millionen Passagiere durchschleuste, mehr als eine halbe Million Flugbewegungen abwickelte, über zwei Millionen Tonnen Fracht verschickte, fast hunderttausend Mitarbeiter aus achtundachtzig Nationen beschäftigte. Der Airport war eine Welt für sich, eine Welt mit Läden und einundvierzig Restaurants, von »Best Wurscht in Town« bis zur »Goethe Bar«. Frankfurt hatte zwei Terminals, ein dritter war im Bau.

Doch dann kam die Pandemie. Und der Reiseflugverkehr brach ein.

Und dann zeigte sich, kaum schien die Coronakrise überwunden, dass die Auswirkungen des Klimawandels nicht zu ignorieren waren.

Die Regierungen sahen sich, wenn auch widerstrebend, gezwungen, den Flug-Tourismus zu reglementieren. Als die meisten europäischen Länder vereint der Klima-Allianz beitraten, verpflichteten ihre Staaten sich zu einer strengen Kappung. Die Reaktionen der Menschen, die Auswirkungen auf die Wahlergebnisse waren übrigens nicht so verheerend, wie die Politiker befürchtet hatten. Die meisten Menschen trugen die Maßnahmen mit. Es stellte sich im Gegenteil so etwas wie Erleichterung darüber ein, vor allem bei der jungen Generation, dass die Zeit der leeren Ankündigungen vorbei war. Dass die Politiker etwas unternahmen.

In Frankfurt wurde der erste Terminal stillgelegt und die freien Räume an Start-up-Unternehmen und Forschungseinrichtungen vermietet, vorzugsweise an solche, die sich auf nachhaltige Technologie konzentriert hatten. Es waren Mode- und Recycling-Label, Materialforschung, Labore für Photovoltaik und Baustoffentwicklung. Die Arbeiten am dritten Terminal wurden auf unbestimmte Zeit eingestellt, in den Ruinen entwickelte sich eine lebendige Gastro- und Kneipenszene, die »Ruin-Restaurants« und »Ruin-Bars«.

Pierpaoli erreichte den Flughafen Frankfurt am späten Abend, er befand sich in einer Art von Schockzustand.

Nur Terminal zwei war noch für den normalen Flugverkehr in Betrieb, und hier verbrachte Pierpaoli, alias Steinbjörn Edmundsson, einige Zeit in einer Toilette, in der er sich eingeschlossen hatte. Als er sie verließ, waren seine Augen rotgeweint. Er wusch sich am Handwaschbecken das Gesicht und versuchte, sich über seine nächsten Schritte klarzuwerden.

Pierpaoli hatte sich mit Müh und Not und bei Nacht und Nebel aus Ilsenburg davongemacht, hatte mehrere Züge gewechselt, war schließlich nach Frankfurt gefahren. Was sein Patenonkel über die Gefahren des Quantencomputers gesagt hatte – all die Dinge über die Ausschaltung des Zufalls, dass der Quantencomputer nicht in die Hände des Gurus fallen dürfe –, für Pierpaoli klang das alles noch ziemlich wild und unvorstellbar. Aber Baos Ermordung war grauenhaft real gewesen.

Was, wenn Bao recht hatte? Was, wenn der Quantencomputer wirklich diese Allmacht verlieh? Und was, wenn der Guru schon im Besitz dieser Maschine war?

Falls das alles zutraf, dann musste man etwas unternehmen. Man musste den Mann aufhalten. Doch wo befand er sich? Pierpaoli hatte nur einen Anhaltspunkt: dass Liu Lian nach Mumbai gereist war. Das hatte ihm Bao gesagt, kurz bevor die zwei schwarzen Wagen kamen.

Pierpaoli schauderte bei der Erinnerung.

Er hatte unterwegs einige Video-Blogs des Amitav Rama Shah aufgerufen, er fand sie geschwätzig. Aber er hatte nach Anhaltspunkten gesucht.

Der jüngste Blog, eine fast einstündige Philosophiestunde, Predigt, Lebenshilfe, war für Pierpaoli aufschlussreich gewesen: Die Aufnahme hatte den Guru zwar nur vor einer neutralen, cremefarbenen Wand gezeigt, aber offensichtlich nicht in geschlossenem Raum, sondern in einem Garten oder Park. Pierpaoli hatte jedenfalls im Hintergrund einige Vogelrufe gehört, die er als Biologe deuten konnte. Es war ein Kuckucksruf, der Indische Smaragdkuckuck, *Chrysococcyx indicus*. Pierpaoli hatte seinerzeit über asiatische Kuckucksarten eine Arbeit geschrieben. Der Smaragdkuckuck kam vor allem in Südostindien vor. Und Mumbai war das Hauptquartier des Gurus.

Auf der Kreditkarte, die Bao ihm gegeben hatte, waren auch drei Flug-Vouchers registriert, ein Luxus, der normalerweise nur hohen Staatsdienern zustand. Ohne dieses kleine Plastik-Kärtchen, schwarz, anonym und ungeheuer mächtig, hätte Pierpaoli sich in Ilsenburg gleich der Polizei stellen können.

Pierpaoli hatte einen One-Way-Flug nach Mumbai gekauft, New-Economy, er wollte sparsam sein. Aber er zögerte. Was genau würde er in Mumbai machen? Was konnte er überhaupt tun?

Pierpaoli hatte noch eineinhalb Stunden Zeit. Er ging zu »Rashid's Callcenter« und rief eine Nummer mit 571-Vorwahl an. Er rief Ariadnas Eltern an. Er musste Ariadna finden, sie schwebte – möglicherweise – in irgendwelchen Gefahren. Er fühlte ihre Verletzlichkeit. Ariadna ließ sporadisch ihre Eltern wissen, wo sie sich auf der Welt herumtrieb. Verlass war darauf nicht, aber es war eine Chance.

Pierpaoli hatte ein gutes Zahlengedächtnis – es war die richtige Nummer, in Bogotá war es frühmorgens, Pierpaoli erkannte die Stimme von Ariadnas Mutter.

»Doña Esmeralda? Hier ist Thomas. Äh – Thomas Pierpaoli. Ich bin … Sie erinnern sich vielleicht … Ich war mit Ariadna zusammen, ich bin ein Freund von Ariadna.«

»Tom! Dass du anrufst!« Sie wusste sofort, wer er war. »Wie schön ist das! Natürlich erinnere ich mich. Wie geht es dir?«

»Nun, danke. Wie geht es Ihnen, Doña Esmeralda?«

»Nenn mich nicht so, Tom! Ich fühle mich dann so alt. Nenn mich Mamá! Du hast mich immer so genannt, weißt du das denn nicht, Tom?«

»Mamá. Danke. Schön, Sie zu sprechen, Mamá. Ich wollte mich nach Ariadna erkundigen.«

»Welch ein Zufall! Ja, gestern. Nein, vorgestern. Da hat das liebe Kind sich seiner alten Eltern erinnert und hatte ein Herz und Einsehen und griff zu einem Telefon und rief mich an, und in Bogotá ging für mich die Sonne zum zweiten Male auf …«

Bei Señora Bayonne Arboleda kam schnell die Telenovela-Schauspielerin durch.

»Das ist schön, Doña – Mamá. Wo ist Ariadna denn, ich meine, wo ist sie gegenwärtig?«

»Auf Reisen. Fährt hierhin und dorthin. Du kennst sie ja.

Leider bist du nicht an ihrer Seite, lieber Tom. Ich habe eure Trennung damals sehr bedauert. Weißt du, die Liebe ist eine der großen Aufgaben in unserem Leben. Sie ist eine Herausforderung.«

»Da haben Sie bestimmt recht, Mamá. Entschuldigen Sie, wenn ich unterbreche, aber *wo* ist Ariadna?«

»Unterwegs in eine Stadt.«

»Und – in welche Stadt?«

»Das hat sie mir zwar gesagt. Aber es fällt mir gerade nicht ein. Es war ein komischer Ort. Ich weiß noch, dass ich mich wunderte. Warum will das Kind ausgerechnet dorthin? Weißt du, ich glaube, sie liebt dich immer noch, Tom …«

»Das ist sehr freundlich, Doña Esmeralda, ich meine, Mamá. Und wenn ich nochmals darauf zurückkommen darf – dieser Ort, an den Ariadna fuhr, fällt Ihnen da gar nichts ein? Es ist wichtig.«

»Doch, natürlich. Es war eine Stadt. Mit P oder mit L. Sie fing mit P an, glaube ich. Ich hab's auf der Zunge. Oder mit R. Warte … Nein, ich weiß es nicht.«

»War es vielleicht zufällig – Mumbai?«

»Genau! Mumbai! Ich hatte es auf der Zunge. Indien, richtig?«

»Ja, Mamá, Sie haben völlig recht, Mumbai liegt in Indien«, sagte Pierpaoli. »Ich, entschuldigen Sie, aber ich muss Schluss machen, verzeihen Sie mir, aber ich bin sehr, sehr in Eile …«

»Natürlich, das verstehe ich, Tom. Schön, dass du angerufen hast. Vergiss die Liebe nicht, Tom! Sie ist das Wichtigste. Würden sonst so viele Menschen Telenovelas schauen? Denk darüber nach.«

»Ja, mach ich. Danke. Auf Wiederhören, Mamá.«

Pierpaoli legte auf, einigermaßen betäubt. Aber die Entscheidung, ob er nach Mumbai fliegen würde, war gefallen.

Sonntag, 29. Juli 2029

Mumbai International Airport, Mumbai, Indien

Wahnsinn und Hysterie, Irrsinn und Liebe – das war Indien, jedenfalls für Pierpaoli. Er war mehrmals dienstlich auf dem Subkontinent gewesen, hier hatte er auch Ariadna kennengelernt, aber trotzdem war Indien eine Überdosis – zu viel an Schönheit, zu viel an Schrecken. Pierpaoli hatte gelitten unter dem Anblick der ausgemergelten Menschen in den Großstädten, die in Hoffnungslosigkeit vegetierten, in Sichtweite eines Reichtums, der sich blähte, weiß und unerreichbar. Ariadna war es ähnlich gegangen. Sie hatten viel Zeit im Hotelzimmer verbracht, in diesem kleinen und hübschen Hotel.

Es war früher Abend, als er ankam. Bereits in der Ankunftshalle des Mumbai International Airport spürte man die Anspannung, die in der Luft lag, man atmete sie wie Ozon. Die Ankunftshalle, innen und außen, war gepflastert mit politischen Plakaten, die irgendwas grell hinausschrien, von der Decke herab hingen riesige, fransenverzierte Banner, die das Konterfei Amitav Rama Shahs zeigten und für seine Ideologie warben – so etwas hätte es in den Vorjahren nie gegeben.

Auch nicht diese Polizeipräsenz. Alle Polizisten schwer bewaffnet, mit ölglänzenden Maschinenpistolen um den Hals, in Fünfergruppen, mit finsteren Gesichtern die Fluggäste anstarrend, die gesenkten Blicks dahinhasteten. Überall waren Fernseher aufgehängt, vor jedem stand eine Traube von Menschen. Statt der sonst üblichen Bollywood-Filme, mit ihrer augenrollenden Überdrehtheit, liefen nur Sondersendungen, Nachrichtensendungen, sah man jetzt auf jedem Fernseher einen Sprecher, der seine Botschaften mit Grabesmiene vortrug.

Nach dem Tod Patels auf dem Operationstisch hatte die – noch – regierende Kongresspartei eine Verschiebung der Wahl erwogen; daraufhin waren die Proteste explodiert. Patels Herausforderer, Umesh Varinder, gab täglich mehrere Interviews, in denen er den tragischen Tod als Symbol, als Auftakt zu einer Selbständigkeit Indiens deutete. Die Luft brannte. Die Wahl würde in neun Tagen sein, der Beitritt zum Bündnis der Klima-Allianz schien gefährdeter denn je. Und ein Bürgerkrieg keineswegs ausgeschlossen.

Und so taumelten Städte wie Delhi oder Pune oder Mumbai wie Gespenster durch ihren Alltag.

Sonntag, 29. Juli 2029

Mumbai, Indien

Pierpaoli hatte kein Gepäck; er war rasch draußen und ergatterte, während die Sonne auf ihn einschlug und die Hitze des Bodens durch seine Sohlen drang, eines der wenigen Taxen, die noch fuhren. Pierpaoli erinnerte sich: Früher hatte es Hunderte von Taxen gegeben.

Der Fahrer des kleinen Tata war ein grobknochiger Paschtune, der schaltete, ohne richtig zu kuppeln, und bei jedem Gang dem jaulenden Getriebe einen Stoß versetzte. Pierpaoli hoffte, dass der Wagen wenigstens bis nach Naik Nagar durchhalten würde – das war der Kleine-Leute-Stadtteil, wo Pierpaoli ein Hotel kannte. Dorthin wollte er. Es war nicht ideal gelegen, doch das war egal. Dort hatte er Ariadna kennengelernt, es war *ihr* Hotel gewesen.

Von dort aus würde er weitersehen; mehr wusste er auch nicht.

Der Tata quälte sich durch die Rushhour. Die Gänge krachten, die Sonne brannte wie Gottes Schneidbrenner. Die Gesichter der Kinder, die an den Ampeln an die Autofenster pochten, um Plastikflaschen mit selbst abgefülltem Wasser zu verkaufen, waren von Hautkrankheiten entstellt, ihre Unterarme bedeckt mit Ringelflechte. Die Luft flimmerte, der Asphalt war weich.

Und so fuhr Thomas Pierpaoli in Mumbai ein – verzweifelt, ratlos und unter einem unsäglich blauen Himmel.

Sonntag, 29. Juli 2029

Naik Nagar, Mumbai, Indien

Das Viertel, zu dem er sich fahren ließ, Naik Nagar, bildete eine Art Pufferzone zwischen Sanjay, einem sehr reichen Viertel, und Dharavi – das den traurigen Titel als größter Slum Asiens trug.

Naik Nagar bestand nur aus zwei Dutzend Straßen, die Hauptstraße und die kurzen Quergassen, die davon abgingen. Parallel zur Hauptstraße, im Abstand von weniger als einem Kilometer, verlief ein morastiger Fluss, der *Carparts River*, aufgefüllt mit uralten Reifen und rostenden Autoteilen. Zwischen Naik Nagar und dem Fluss fiel das Gelände ab, hier begann Dharavi, ein Meer aus braunen, grauen, blauen Rechtecken, aus Hütten, erbaut, geflickt, geformt aus Plastik, Pappe, Blech, Bambus, Holzresten. Noch weiter unten lag die illegale Müllkippe. Manchmal trieb der Wind unversehens einen Übelkeit erregenden Gestank bis an die Straße. Die Müllabfuhr fuhr, allen Versprechen zum Trotz, nur alle paar Wochen vor, um eine kleine Lücke in die Hügelkette aus Müll und Verwesung zu reißen. Es gab drei öffentliche Wasserhähne in Dharavi, doch es floss immer seltener Wasser.

Naik Nagar behauptete noch einen Rest von Intaktheit und mittelständischer Gepflegtheit. Die zwei- oder dreistöckigen Häuser unter den Werbetafeln für Sex-Doktoren und Internetfirmen waren weiß – oder einstmals weiß gewesen – und hatten zur Straße hin hohe, schmale Fenster und Balkone mit kunstvoll durchbrochenen Geländern, manche allerdings bedenklich schief.

Die Naik Road war die Hauptstraße, ihr entlang siedelten kleine Läden und Restaurants: »Trimmurti's Kebab House«, »Sammy's Tools« für gebrauchtes Werkzeug aller Art, Kugelhämmer, Bügelsägen, Stichsägen, Stechbeitel, Maulschlüssel, Ringschlüssel. Daneben war »Rima Roti«, eine Bäckerei, rechts davon »Clowdi's Costume Design & Sexdolls«, mit einem verhängten Schaufenster, aber einem Schild »Yes, we're open«. Gegenüber ein Restaurant, das kleine Gerichte aus gekochten Eiern anbot und auslieferte, dann ein Laden für Kanarienvögel, daneben eine Zentrale der »Sekte der Stehenden«, ein obskurer Brauch, dessen Anhänger sich verpflichteten, den Rest ihres Lebens stehend zuzubringen, um für den Anbruch des neuen Zeitalters allzeit bereit zu sein. Dieser bizarren Idee brachten sie ihre Opfer: In den ersten Jahren schwollen ihre Beine monströs an, in der zweiten Phase kam es zu Blutstockungen, das Gewebe starb, die Knochen verkümmerten.

Pierpaoli hatte von solchen Sekten gehört, mit Schaudern. Er hatte auch von jenen Fanatikern gehört, die das Gelübde ablegen, ihren linken Arm fortan in die Höhe gereckt zu halten; auch dies eine folgenreiche Entscheidung: Die Arme und Hände verkümmerten, die Finger wurden zu Klauen mit langen, gekrümmten Nägeln. Solche Sekten waren in den vergangenen Jahren aufgeblüht.

Aus diesem Sud von Besessenheit und Märtyrertum hatte Amitav Rama Shah sich mit viel Geschick bedient, hier hatte er seine zwar weichere, aber immer noch gefährliche Ideologie geformt: Läuterung durch Entsagung, ein besseres Karma, indem man am besten ihm sein Geld zuschob und die Vernunft in einem Schwall parfümierter Phrasen zum Teufel gehen ließ. Allgemein stand Vernunft nicht mehr hoch im Kurs, die Menschen hatten genug davon. Die Wissenschaft und die sogenannten Erkenntnisse hatten ihnen nichts gebracht; sie suchten jetzt ihr Heil im Widersinn.

Zwischen »Clowdi's Costume Design & Sexdolls« und einem Laden für Räucherwerk lag ein Hotel, ein schmaler Bau mit dunklem Eingang. Auf dem Schild stand »Let-India-be-a-dream-Hotel«, darunter: »Madame Tamara & Miss Pegonia«. Pierpaoli tippte dem Fahrer auf die knochige Schulter. Der gab seinem Bremspedal einen Tritt, als wollte er den Wagenboden durchtreten. Pierpaoli wurde nach vorne geschleudert. Er zahlte und stieg erleichtert aus und die Treppe hinauf.

Sonntag, 29. Juli 2029

»Let-India-be-a-dream-Hotel«, Naik Road, Mumbai, Indien

Im ersten Stock war eine Art Empfangszimmer. Zwei Frauen, beide im mattgrünen Sari, saßen damenhaft an einem runden Tisch. Die ältere Frau hatte ein scharfgeschnittenes, aber ausdrucksvolles Gesicht, sie legte eine Patience. Die jüngere Frau saß hinter einem Laptop und sah nur kurz auf, lächelnd. An der Wand hing ein Fotokalender, die vergangenen Tage waren säuberlich ausgestrichen, das Bild des Monats zeigte Amitav Rama Shah, Pierpaoli sah es mit Widerwillen. In einem Fernseher lief eine auf lautlos gestellte Folge von »MacGyver«.

Die beiden Damen waren Mutter und Tochter, dies war ihr Hotel, zur anderen Hälfte war es eine der vielen kleinen Geldwäschereien, die es in Mumbai gab.

Steuerhinterziehung und Geldwäsche waren in Mumbai normal geworden, niemand vertraute mehr dem Staat sein Geld an. Diese Finanzverwalter waren wie Zauberer. Sie verschoben ungeheure Summen von hier nach dort, sie ließen schmutzige und kriminelle Millionen verschwinden und im Ausland wie neu und unbefleckt wieder zum Vorschein kommen. Die Geldwäscher waren eine Gilde für sich, sie achteten aufeinander, und sie bewahrten strikte Ehrlichkeit – dass sie die ihnen anvertrauten, schwindelerregenden Summen für eine hübsche kleine Provision mit absoluter Korrektheit verwalteten, darauf beruhte das Geschäftsmodell.

Madame Tamara legte gerade eine Pik-Dame ab, als Pierpaoli eintrat. Sie kniff die Augen zusammen, dann erkannte sie ihn.

»Mister Pierpaoli! Welche Freude! Wir wussten gar nicht …« Sie blickte zu ihrer Tochter, die kurz aufschaute, lächelte, sich dann wieder ihrem Bildschirm zuwandte.

»Ein spontaner Besuch, Madame Tamara. Und ja, ich habe mich ein wenig verändert. Nun ja. Auch meinen Namen übrigens. Ich heiße jetzt Steinbjörn Edmundsson. Es ist etwas kompliziert.«

»Das ist nur zu verständlich. Was sind schon Namen? Das Leben ändert sich, neue Ideen, neue Inspirationen, und man muss Schritt halten, habe ich recht?«

»Meinen Sie, ich könnte ein Zimmer bekommen?«

»Natürlich. Für Sie jederzeit. Wird Ms Ariadna auch bald kommen?«

»Nein. Ich denke, nicht. Ich fürchte, ich bin allein.«

»Aha. Natürlich. Wir hatten ja unlängst das Vergnügen …«

»Mit wem?«

»Mit Ms Ariadna. Sie ist so freundlich. Und so begabt. Wir lieben ihre Musik. Wissen Sie, sie schickt uns stets ihre neuesten Aufnahmen.«

»Wie bitte? Ariadna war hier? Sie war hier in Mumbai? Hier bei Ihnen?«

»Ja. Eine so wunderbare, so begabte Frau. Wie gesagt. Sie kam wie Sie – spontan. Es war keine Vergnügungsreise. Ich hatte den Eindruck, sie hatte etwas zu erledigen. Sie blieb nur kurz. Dann ist sie abgereist. Eine wunderschöne Frau.«

»Wohin? Nach Hause, nach Kolumbien?«

»Ja, vielleicht. Nach Südamerika. Dorthin ging ihr Flug. Ich glaube, so etwas sagte sie. Wir spionieren unseren Gästen nicht nach, das verstehen Sie sicherlich.«

»Natürlich.«

»Willkommen, Mister Steinbjörn.«

Madame Tamara drückte einen Knopf unterhalb der Tischplatte, der Zimmerboy kam, er hatte eine lange grüne Schürze und schwere, goldene Ohrringe. Pierpaoli erinnerte sich, er grüßte ihn freundlich.

Das Zimmer lag einen Stock höher, Blick zur Straße. Madame Tamara ließ ihm Wäsche und Toilettenartikel bringen. Pierpaoli gab dem Zimmerboy Trinkgeld, schloss die Tür ab, setzte sich aufs Bett und versuchte nachzudenken.

*

Das Zimmer war groß mit etwas schadhaften Dielen, mit wenigen, aber prachtvollen Möbeln ausgestattet und sehr sauber. Über dem Bett hing an der Decke ein großer, gemessen kreiselnder Ventilator. Auf dem Nachttisch standen ein Glas und eine banderolierte Wasserflasche, Trinkwasser war inzwischen ein Luxusgut. Eine eingeschweißte Zahnbürste lag daneben.

Pierpaoli hatte die Fenster geschlossen gelassen, von draußen sickerte gedämpft Straßenlärm herein, das Hupen der Autos, das Schreien der *Thelavaalas*, das Tschilpen der Vögel, die den Tag verabschiedeten.

Der Quantencomputer war der Auslöser. Er barg, durch seine schiere Leistungsfähigkeit, ungeahnte Möglichkeiten. Die das als Erste verstanden hatten, waren Catchside, Liu – und der Guru. Falls Bao Wenliang recht gehabt hatte und Liu ihre Pläne nicht geändert hatte, so war sie hier in Mumbai. Wozu? Viel sprach dafür, dass sie mit dem Guru unter einer Decke steckte. Der Guru war die unbekannte Größe. Arbeitete sie ihm zu? Hatte der Guru Catchside töten lassen, um den Weg für Liu frei zu machen? Angenommen, er, Pierpaoli, fände Liu – wie sollte er herausfinden, ob sie beteiligt war? Und vor allem: woran?

Sein Patenonkel hatte von den Möglichkeiten gesprochen, durch Berechnung Kausalketten in Gang zu setzen – falls er Bao Wenliang richtig verstanden hatte.

Pierpaoli stand auf und schritt im Zimmer umher.

Und welche Rolle spielte Ariadna? Für sie ging es um die Kinder. Ariadna würde die Kinder suchen, die er ihr weggenommen hatte. War sie deshalb nach Mumbai gekommen? Und warum war sie wieder abgereist?

Er, Pierpaoli, musste an den Guru kommen, er musste in das Hauptquartier des Amitav Rama Shah – insofern war er hier in Mumbai genau richtig.

Aber es war gefährlich.

Pierpaoli hatte schon immer diese Schilder geliebt, die man an kleinen Teichen oder wilden Badeseen aufgestellt hatte: »Machen Sie keinen Kopfsprung in unbekannte Gewässer!« Nichts fand er einleuchtender. Es hätte seine Lebensmaxime sein können. Die Regel aller Regeln: Kein Kopfsprung in unbekanntes Gewässer.

Er nahm die Zahnbürste, öffnete die Wasserflasche und schlurfte in das kleine Bad.

Wie hatte ein Langweiler wie er es angestellt, an eine Frau wie Ariadna zu geraten, eine Frau, die über unbekannte Gewässer lachte? Durch Zufall. Das war die Antwort. Eine Begegnung, ein Gespräch, er trug ein blaues Hemd, war länger nicht beim Friseur gewesen und sah verwegener, interessanter aus, als er war, so erklärte er es sich; und so war Pierpaoli, der bis dato seine eher braven Affären sparsam dosierte, in eine wilde Liebesgeschichte gestolpert, mit einer jüngeren, verrückteren Frau. Die unglaublich sexy war, die ihn faszinierte und zugleich überforderte. Es hatte nicht gut gehen können. Nach einer Phase des Staunens und der Ergebenheit war die alte Vorsicht bei ihm durchgekommen. Ariadnas wunderbarer Körper, ihre Phantasie, ihr Witz, das alles war Pierpaoli plötzlich wie eine Aufgabe erschienen, die er nicht zu lösen vermochte. Er war ein Buchhalter des Lebens, kein Mathematiker, er konnte kleine Aufgaben lösen, aber keine hyperkomplexen Formeln. Und Ariadna war genau das: eine hyperkomplexe Formel.

Pierpaoli war ängstlicher, zurückhaltender geworden, dies alles Symptome, die Ariadna *sofort* erkannte – und das war dann das Ende gewesen.

Was hatte sie, die überall auf der Welt die verrücktesten Freunde hatte, überhaupt an einem wie ihm gefunden? Er hatte sie mal gefragt. »Du kannst zuhören«, hatte sie gesagt. »Diese Kunst beherrschen nicht viele. Und bei dir fühle ich mich sicher. Und du meinst es gut.«

Pierpaoli spie die Zahnpasta in das Waschbecken, spülte den Mund und betrachtete sich im Spiegel. Er sah mutlos aus, fand er. »Du kannst zuhören« – bedeutete das, dass er selbst nichts zu sagen hatte? »Bei dir fühle ich mich sicher« – hieß das, dass er zu tranig war, zu berechenbar, um aus der Reihe zu tanzen?

Er machte das Licht aus, ging zum Bett und betrachtete es. Das Bett war weder besonders gut noch besonders schlecht, es war durchschnittlich, ein durchschnittliches Bett für einen durchschnittlichen Mann. Nur leider hatte dieser Durchschnittsmann ein Problem: Er musste so etwas wie ein Held werden. Pierpaoli legte sich aufs Bett und schloss die Augen.

Nur leider wusste dieser Mann nicht, wie er das anstellen sollte. Und damit schlief er ein.

Montag, 30. Juli 2029

Shah-Shaanti-Ashram, Mumbai, Maharashtra 400101, Indien

Am nächsten Morgen, er war halbwegs erfrischt, stand Pierpaoli in der Schlange vor einer der zwölf Eintrittskassen am heiligen Ort, am *Ashram* des Amitav Rama Shah.

Der *Ashram* war ein spirituelles Disneyland, Psychozentrum, Unterweisungszentrum, Yogaschule, Meditations-Akademie, ein Ziel für Pilger aller Nationen, reiche Finnen, betuchte Deutsche, Ungarn, Schweden, Neuseeländer, Amerikaner, Japaner, Italiener, Argentinier, die alle nach Erleuchtung lechzten.

Dass der *Ashram* den internationalen Freizeitparks ähnelte, war kein Zufall.

Tatsächlich hatte Shah für die Gestaltung ein kalifornisches Team angeworben, das die Disney Worlds entwickelt hatte – diese Frauen und Männer hatten viel Erfahrung, Menschenströme zu kontrollieren, zu lenken, Gefühle in die richtigen Bahnen zu leiten. Der Eingang war von mächtigen Säulen flankiert und von einem Fries überwölbt, der Stationen aus dem Leben des Gurus zeigte. Die *Sadhus*, die Mönche, die die Besucher begrüßten, zu den Kassenschlangen geleiteten und überwachten, waren in leuchtendes Weiß gehüllt, sie waren alle, Frauen wie Männer, gutaussehend, schlank, freundlich, mit einer Andeutung von Herablassung.

Denn natürlich wurden die Pilger gemolken.

In Indien galten Rupien, am *Ashram* jedoch wurden die Preise in harter Währung berechnet. Der Eintritt kostete zweihundert Global, man bekam ein elektronisches Handgelenk-Band, hierauf konnten die Besucher sich weitere Programmpunkte laden lassen. Gemeinsames Atmen in einem der Atemräume kostete weitere fünfhundert Global, Unterweisungen vor einem Bildschirm ebenso, für eine Yogalektion musste man tausend berappen. Selbst die einfachsten Dinge wurden berechnet: Für eine Minute am

Wasserspender musste man sich zwanzig Global aufs Armband laden, und man wurde dringend hingewiesen, sich mit mindestens zehn solcher Trink-Guthaben zu versehen. Die Wege, die die ergriffen dahintrottenden Besucher nehmen mussten, waren in regelmäßigen Abständen gesäumt von kleinen, sehr modernen, sehr sauberen Toilettenhäuschen. Selbst der Toilettenbesuch war nicht umsonst: hundert Global, zwanzig Dollar für drei Minuten.

Pierpaoli hatte sich selbst nur Wasser und Toilettenbesuche auf sein Armband laden lassen. Auf dem vorgeschriebenen Weg, der von weiß gekleideten *Sadhus* überwacht wurde, durchwanderte er den *Ashram*.

Das Gelände war ein riesenhafter, dabei sehr gepflegter Park, beackert, beharkt und beschnitten von Heerscharen von grün gekleideten Gärtnern. Die weiten Rasenflächen wurden unterirdisch bewässert und waren von einem satten Grünton. Der Weg war von Blumenrabatten und Volieren gesäumt, in denen Vögel zwitscherten, Bäume spendeten Schatten, trotzdem war die Hitze beträchtlich.

Der Weg aus hellem, geharktem Sand glich einer liegenden Acht oder einem Unendlich-Zeichen. Um die Strecke zu durchwandern, brauchte man etwa vier Stunden. Da, wo die beiden Schlaufen der Acht sich berührten, dort lag, etwas abgerückt, bewacht und unbetretbar, die Zentrale des Gurus, ein weiß schimmernder Pagodenbau, die Fassade marmorverkleidet, Sitz von Verwaltung, Lobbyarbeit, Finanzen, Medien, Psychologie, Marketing.

Der *Ashram*-Besuch war für die Pilger also ein Spaziergang von knapp vier Stunden. Wer irgendwo zu einer Schulung, zu einer Unterweisung, in einen der Shops, wo es Kalender, Poster, Halsketten aus Holz, Hemden, Sandalen gab, oder zu einem Referat oder Yoga-Kurs einkehrte, brauchte dementsprechend länger. Pierpaoli verhielt nur hier und da, um sich am Wasserspender satt zu trinken, etwas Wasser ins Gesicht zu spritzen. Er schwitzte. Das Toilettenhäuschen betrat er eigentlich nur, weil er es bereits bezahlt hatte, nicht weil er sich erleichtern musste. Die Toiletten waren nach europäischem Stil, mit Porzellansitz und chemischer Spülung.

In den Klohäuschen starrte er die bezahlten drei Minuten lang in den kleinen Spiegel über dem Handwaschbecken und fragte sich: *Was tue ich hier? Was kann ich tun?* Nach drei Minuten ertönte an der Außenseite des Toilettenhäuschens ein Summton, den man nur von draußen abstellen konnte. Oder man war noch nicht so weit und verriegelte den Ort für weitere drei Minuten.

Wo war die Schwachstelle in diesem System?

Der *Ashram* war ein surrendes Uhrwerk, eine perfekt eingestellte und sekündlich überwachte und von niedrig fliegenden Kameradrohnen kontrollierte Maschine, erschaffen, um den Sinnsuchenden Geld abzunehmen. Die Angestellten waren, dem indischen Kastensystem folgend, nach Bedeutung sortiert und in unterschiedliche Farben gewandet: Die Gärtner trugen grüne Shalvar-Kamiz, die Köche – denn es gab ein halbes Dutzend Restaurants – trugen ein leuchtendes Rot, die Techniker und Botengänger trugen Gelb, die *Sadhus* waren in Weiß gewandet, die Security-Leute, denn auch diese gab es, trugen dunkelblaue Uniformen. Und jeder, so schien es jedenfalls, arbeitete an seinem vorgeschriebenen Platz, verrichtete die vorgeschriebene Aufgabe. Die einzige Ausnahme schienen die Ärzte zu bilden. Krankenstationen und Erste-Hilfe-Zelte waren entlang des Pilgerwegs errichtet, denn eines wollte man hier nicht: Man wollte vermeiden, dass Besucher in der Hitze kollabierten und röchelnd verstarben. Womöglich wurden sie dabei gefilmt, womöglich ergab das unschöne Publicity. Beim kleinsten Anzeichen von Wanken, Keuchen, Taumeln griffen die *Sadhus* zum Funkgerät, schon wenige Minuten später kamen Ärzte und Pfleger angerannt, das Stethoskop um den Hals, Intubationsbesteck, Insulin und Benzodiazepine zur Hand, Valproinsäure für epileptische Anfälle, den Defibrillator im Anschlag.

Könnte er, Thomas Pierpaoli, umkippen, einen Kollaps spielen? Aber das brachte nichts. Man wurde notversorgt, auf eine Trage geschnallt und eilig nach draußen verfrachtet. Wer wollte, wurde ins Krankenhaus gebracht. Hauptsache, man starb nicht auf heiligem Boden.

Nach der Tour gab Pierpaoli fürs Erste auf. Er war erschöpft von den Eindrücken. Er ließ sich im Tross der Besucher hinaustreiben und marschierte gesenkten Kopfes durch die Hitze zu seinem kleinen Hotel. Verschwitzt, befleckt, kahlrasiert und bärtig – in diesem Aufzug blieb er von den Straßenkindern weitgehend verschont, wenigstens das.

So verging der erste Tag. Stunden um Stunden war Pierpaoli auf den Beinen gewesen, aber keinen Schritt weitergekommen.

Und so verging auch der zweite Tag.

Und auch der dritte Tag ließ sich ähnlich an.

Doch der dritte Tag brachte die Wende.

Mittwoch, 1. August 2029

Shah-Shaanti-Ashram, Mumbai, Maharashtra 400101, Indien

Gegen Mittag, Pierpaoli schob sich wieder in der Prozession der Pilger den Parkweg entlang, er war etwa auf der Hälfte der Tour, also auf der Höhe der Pagode, und er hielt verzweifelt die Augen offen, suchte nach Schwachstellen – da sah er zwei Polizeiwagen durch das Tor kommen, gefolgt von einer schwarzen Limousine. Es gab nur eine Autostraße, die das Gelände durchschnitt. Und eigentlich gab es keinen Durchgangsverkehr. Nur Zulieferer durften einfahren.

Die kleine Kolonne bretterte an den Pilgern vorbei, zog eine Staubfahne hinter sich her und hielt vor der Pagode. Das war ungewöhnlich. Mehrere *Sadhus* traten heraus, etliche mit Funkgeräten. Den beiden Polizeiwagen entstiegen vier Männer in Khaki-Uniformen mit blauen Schiffchen, der Anführer salutierte zackig vor einem der *Sadhus*.

Und dann öffnete sich das Portal der Pagode. Und der Guru höchstpersönlich trat heraus.

Pierpaoli kniff die Augen zusammen, aber es war kein Irrtum möglich, es war Amitav Rama Shah, der die Polizisten lächelnd begrüßte – sie standen stramm –, es war Shah, der jetzt zur Limousine schritt, ganz der Gastgeber, und die Limousinentür öffnete sich, und dem Wagen entstiegen eine Frau mit schwarzen Haaren und ein Mann mit einer Sonnenbrille.

Sie waren es. Kein Zweifel. Liu Lian und Amar Difraudi.

Sie waren hier, was immer sie hier taten, vorhatten – hier waren sie. Also waren sie die Komplizen des Gurus? Wahrscheinlich. Pierpaoli gab sich Mühe, die Gesten und die Körpersprache zu lesen. Ihm fiel auf, dass die beiden Ankömmlinge die formvollendete, fast zeremonielle Verneigung des Gurus kaum erwiderten, Liu allenfalls knapp, Difraudi gar nicht. Auch schienen die *Sadhus* eine Art Ring um ihren Meister zu bilden, als würden sie ihn abschirmen. Liu hatte weiße Unterarme, vielleicht waren das Bandagen. Sie wandte sich jetzt an den Polizisten, der salutiert hatte, und redete auf ihn ein, sie deutete mehrfach auf Shah. Es sah aus wie eine Geste der Anklage.

Der Polizist schaute zum Guru. Offensichtlich war er unsicher, was er tun sollte. Shah hob abermals die Arme, in einer entwaffnenden Geste: Ihr seid meine Gäste, meine Freunde, und wenn ich helfen kann, gerne …

Die Gruppe stieg die drei Stufen empor und verschwand hinter der breiten Glastür des Pagodenbaus. Vor dem Portal bauten sich etliche *Sadhus* und Security-Leute auf.

Es gab keine Chance, in die Pagode hineinzugelangen, herauszufinden, was da drinnen vor sich ging. Pierpaoli überschlug seine Möglichkeiten. Es gab eigentlich nur eine: Er musste draußen warten, dann musste er der Kolonne folgen. Er musste zum Haupteingang. Der zwei Fußstunden entfernt war. Er musste es schneller schaffen. Viel schneller.

Umzukehren oder quer über die Grasflächen zu laufen, das war verboten, die Prozession der Besucher bewegte sich immer nur in einer Richtung. Aber es war nicht verboten, seine Schritte zu beschleunigen. Es war nicht verboten, in Trab zu fallen.

Und so fiel Pierpaoli in Dauerlauf, trotz der knapp vierzig Grad. Er versuchte, die Zufahrt im Auge zu behalten. Die *Sadhus* und Kontrolleure brummten und murrten zwar, als er an ihnen vorbeitrabte, aber Pierpaoli lächelte ihnen unter Verbeugungen zu, er sandte Signale von Erleuchtung und Glückseligkeit, und das war nicht nur gespielt. Denn er hatte zwar noch keinen Plan, aber es war ein Anfang.

Mittwoch, 1. August 2029

Shah-Shaanti-Ashram, Mumbai, Maharashtra 400101, Indien

Draußen gab es keine Taxen, sie mussten zwei Blocks weiter stehen, hier gab es nur eine Handvoll Autorikschas, Tuk-Tuks mit dösigen Fahrern darin. Pierpaoli musterte nervös die Reihe der Rikschas. Jeden Moment konnte die Kolonne herauskommen, mit Liu und Difraudi in der Limousine. Alle Rikschas waren gleich: dreirädrige Mofas, vorne ein Rad, hinten zwei, gasbetrieben, mit einem breiten Lenker und einem mit gelbem Stoffverdeck versehenen Anbau für den Passagier – wobei die Fahrer gerne unterwegs andere Passagiere aufgabelten, Umwege fuhren, Zeit vertrödelten. Das alles galt es zu vermeiden.

Pierpaoli schritt die Reihen ab. Welchen Fahrer sollte er ansprechen? *Welchen würde Ariadna aussuchen?* Die meisten hatten ihr Vehikel, nachvollziehbar genug bei dem tödlichen Verkehr, mit schützenden Bildnissen von indischen Göttern und Schutzheiligen verziert, dazwischen Blumengirlanden und Pin-up-Bildchen barbusiger Schönheiten.

Einer der Fahrer hatte drei private Fotos, gehüllt in Zellophan, auf seine Lenkstange geklebt: Das erste Bild zeigte ihn und eine junge Frau, wohl seine Ehefrau, im Hochzeitssari, das zweite zeigte ihn und seine Frau mit einem Säugling, das dritte zeigte ihn und seine Frau mit zwei Säuglingen. *Diesen Fahrer würde Ariadna aussuchen.* Sie würde sich für den entscheiden, der seine Frau liebt.

Der Fahrer hieß Enji Sharmaji, das war es jedenfalls, was Pierpaoli verstand. Ein Auto verfolgen, das gleich hier herausfahren würde? Dem Wagen auf den Fersen bleiben? Für den dreifachen Fahrpreis? Enji Sharmaji grinste und zeigte sehr weiße, sehr große Zähne. *No problem*, sagte er. Er sei aus Tamil Nadu, er tippte sich auf die schmale Brust. Der Mister könne schon mal Platz nehmen. Pierpaoli kletterte steif auf die Rückbank, die Knie taten ihm weh.

Sie behielten die Ausfahrt im Auge. Enji Sharmaji drehte sich noch ein paarmal zu Pierpaoli um, als vergewissere er sich, dass sein seltsamer Passagier es bequem hätte, dass er entspannt säße. *No problem?* Pierpaoli bedeutete ihm, den Motor schon mal anzulassen. *No problem!*

Es war aber doch ein Problem. Sogar ein großes. Nach ungefähr einer Viertelstunde kam der Konvoi, die Polizeiwagen, die Limousine, aus dem Haupttor gerauscht, die Staubfahne hinter sich aufziehend, sie fuhren schnell, unaufholbar für ihren ratternden, kleinen Verfolger. Enji Sharmaji und sein Mofa gaben alles her, aber das war nicht genug. Der Abstand wurde schnell größer, Pierpaoli sah es mit Entsetzen. Es war nicht Sharmajis Schuld, dachte er. Man kann einem Dackel noch so energisch befehlen, einen Windhund zu verfolgen, die Chancen stehen nie gut für den Dackel. Zu allem Überfluss angelte Sharmaji auch noch sein Mobiltelefon aus der Hosentasche und begann, darauf herumzutippen, wobei er den schlingernden Wagen mit der Linken lenkte.

Sie fuhren Richtung Juhu Bridge. Dahinter begann der Expressway, meinte Pierpaoli sich zu erinnern. Pierpaoli war versucht, nach vorne zu greifen und dem Fahrer das vermaledeite Telefon wegzunehmen, dann hätte er wenigstens beide Hände am Lenker.

Sie waren jetzt auf der Brücke. Sharmaji hielt sich ganz rechts, machte sich mit seinem puffenden Wäglein so schmal wie möglich, hielt den Gashebel am Anschlag, sie wurden trotzdem in einer Tour überholt von hupenden, dröhnenden Lastwagen, von Lieferwagen, Geländewagen, die ganze Welt überholte sie, und jedes Mal musste Sharmaji gegen den Windschwall lenken, der sie gegen die Leitplanke zu pressen drohte, nur mit links lenkend, mit der rechten Hand das Telefon am Ohr, schreiend, brüllend, zwischendurch tippend – Pierpaoli fand, es sei jetzt wahrscheinlich ein guter Zeitpunkt, mit seinem Leben abzuschließen. Er schloss die Augen.

Als er sie öffnete, waren sie in einer ruhigen Seitenstraße. Enji Sharmaji hatte das Tuk-Tuk zum Stehen gebracht. Pierpaoli war erleichtert, dass er noch lebte, immerhin.

Aber die Limousine mit Liu und Difraudi hatten sie verloren.

»Wir haben sie verloren«, sagte Pierpaoli dumpf.

»Ja, haben wir.«

»Aber Sie haben gesagt, es sei kein Problem, wir könnten sie verfolgen, wir könnten dranbleiben.«

»Nicht dranbleiben. Das ist unmöglich. Aber wir haben kein Problem. *No problem.*« Sharmaji grinste, seine Zähne waren wirklich sehr weiß und groß.

»Ja, aber *mein* Problem ist leider nicht gelöst. Ich wollte diese Leute verfolgen. Wir haben sie verloren.« Der Beamte in Pierpaoli überlegte, ob er dem Mann sein Geld verweigern sollte, schließlich war die Leistung nicht erbracht worden, aber das schien ihm zu gemein. »Tja … Dann können wir ja jetzt zurückfahren.« Pierpaoli grollte.

»Nein.«

»Wie nein?«

»Ich bin Enji Sharmaji, komme aus Tamil Nadu«, Sharmaji tippte mit dem Zeigefinger begeistert auf sich selbst, auf seine schmächtige Brust unter dem verschwitzten Hemd.

Auch das noch. »Ja. Ich weiß. Und?«

»Wir Tamilen sind Südinder. Für die Brahmanen oder Marathen oder Sikhs sind wir Ungeziefer. Wertlos. Leider. Aber so ist es!«

»Tut mir leid. Aber ist wohl nicht zu ändern.«

»Nein. Nicht zu ändern. Darum haben wir Tamilen unser eigenes Netzwerk. Wir halten zusammen. Ein Tamile hilft dem anderen Tamilen. Deshalb ist alles für uns *no problem*. Wenn einer mir nicht hilft, wenn ich ihm nicht helfe, bin ich entehrt, auch meine ganze Familie. Es ist ein Ehrencode, verstehen Sie?«

»Ja, ich verstehe. Wie schön.« Pierpaoli war plötzlich unglaublich müde. Diese ganzen Menschen, all diese Leute, Reza, Liu, Redmondis, der Italiener, Edmundsson, Madame Tamara, jetzt dieser Tamile – alle hatten sie ihre Geschichte, ihr Anliegen, und ihm schien, als kämen sie alle damit zu ihm, ausgerechnet zu ihm, der in Wahrheit nichts davon wissen wollte. Warum zu ihm? »Okay. Vergessen wir's. Fahren wir jetzt zurück, Sharmaji. Los!«

»Nein, nein. Ich habe die Limousine verfolgt, solange ich konnte, das war lang genug, bis ich das Autokennzeichen hier hatte.« Er tippte an die Stirn. Pierpaolis Interesse war plötzlich geweckt.

»Ach, und man könnte den Halter ermitteln? Bei der Zulassungsstelle?« Wieso war ihm das nicht eingefallen?

»Nein …« Sharmaji war verwirrt. »Nein, das nicht. Keine Zulassungsstelle. Sowas haben wir nicht. Aber wir haben Mister Hafta. Er heißt so, weil ihm alle Werkstätten gehören. Oder viele Werkstätten. Und er vermittelt Limousinen, Autos. Er weiß von jedem Auto. Auch von diesem Auto. War kein Tempo, kein Ambassador. War ein Ford. Getönte Scheiben. Seltenes Auto! Mister Hafta nimmt immer ein Siebtel von jeder Vermittlung, darum heißt er Hafta. Er ist Iraner. *Jek, do, se, tschar, pandsch, schisch, haft*«, er zählte an den Fingern ab, »das ist sieben. Nicht zu viel, nicht zu wenig.«

»Und dieser Mann, dein Freund Hafta, er weiß, wer der Halter ist?« Pierpaoli half Sharmaji behutsam wieder in die Spur.

»Nein. Wieso?«

»Aber?«

»Mister Hafta weiß, wo das Auto jetzt ist. Wo die Leute hingefahren sind.«

»Was? Das weiß er? Das kann er uns sagen?«

»Hat er schon gesagt. Hotel Marriott Juhu. Schönes Hotel. Sehr teuer.«

»Das ist ja hervorragend! Wunderbar, Enji Sharmaji! Fahren wir hin, los!«

»Nein.«

»Was nein?«

»Fahren wir nicht hin. Sind wir schon da. Das da ist Hotel Marriott Juhu.«

Pierpaoli blickte hinüber, tatsächlich! »Das ist großartig, Enji Sharmaji. Tausend Dank!«

»Gibt allerdings doch ein Problem.«

»Oh.«

»Ja. Brauche ich leider etwas mehr Geld. Muss Mister Hafta bezahlen.« Enji Sharmaji blickte bekümmert. »Sorry.«

»Sharmaji, weißt du was?«

»Nein.«

»No problem.«

Mittwoch, 1. August 2029

Juhu Beach, Mumbai, Indien

Pierpaoli nahm die Abkürzung über den Strand, über den Juhu Beach. Es war ein Kies- und Felsstrand, aber dennoch sehr beliebt, vor allem abends, wenn das Meer Kühlung brachte. Die Sonnenuntergänge von Juhu waren legendär, und man konnte hier für wenig Geld sitzen, die Kühle des Abends genießen und vielleicht etwas Kokoswasser trinken, eine Kleinigkeit essen.

Der Strand füllte sich allmählich. Die *Belpuri-* und *Sevpuri*-Verkäufer, die Reis- und Kichererbsen-Pfannkuchen mit Tamarinden-Soße feilboten, legten bereits ihre Kokosmatten zurecht, auch die Akrobaten, Bettler, Blumenmädchen mit kleinen Sträußchen, Verkäufer von Spielzeug und Kanarienvögeln in Bambuskäfigen, Thai-Masseurinnen, Schausteller mit tanzenden Affen würden bald mit der Arbeit beginnen. Niemand beachtete Pierpaoli, dafür sah er zu abgerissen aus. Aber was hier ein Vorteil war, würde im Hotel zum Nachteil ausschlagen. War das Marriott ein Fünf-Sterne-Hotel? Vier Sterne bestimmt. Er sah nicht aus wie ein Vier-Sterne-Hotelgast. Sie würden ihm niemals die Zimmernummer verraten.

Er hatte eine Idee.

Er kaufte einem Blumenmädchen ihren gesamten Bestand ab und erstand ein paar Meter weiter einen aufgeregt tschilpenden Kanarienvogel inklusive Käfig. In seiner Gesäßtasche hatte er noch die Eintrittskarte zum *Ashram*, postkartengroß, mit der Abbildung eines gütig lächelnden Amitav Rama Shah. Er steckte das Foto in den Blumenstrauß wie eine Autogrammkarte, strich sich den Bart zurecht und schritt mit steifen Schultern Richtung Hotel.

Die Türwächter in ihren Phantasieuniformen musterten ihn irritiert, ließen ihn aber eintreten. Die Lobby war dunkel und herrlich kühl; in Indien durften die großen Hotels noch ihre Klimaanlagen unterhalten. An der Rezeption musste Pierpaoli nicht lange warten. Die Rezeptionistinnen trugen rote Saris, die Frau, die zu ihm kam, war jung und schön. Und skeptisch. Der Mann vor ihr sah nicht nach einem Hotelgast aus.

»Sir, *welcome* im Marriott Juhu. Wie kann ich Ihnen helfen?«

»Nun, ein Mann, der unbekannt zu bleiben wünscht …« Pierpaoli sah sich verschwörerisch um, ob auch niemand zuhörte. »Ein Unbekannter möchte Frau Professorin Liu, die bei Ihnen zu Gast ist, ein Zeichen seiner Ergebenheit schicken. Durch mich. Ich überbringe dies.« Er legte den Blumenstrauß auf den Tresen, stellte den Käfig daneben. Der kleine gelbe Vogel, der von alldem nichts begriff, fiepte nervös.

»Ich sollte nicht erwähnen, dass es sich bei dem Absender um Mister Amitav Rama Shah handelt – von dem Sie vielleicht gehört haben. Der Guru.« Pierpaoli zwinkerte.

»Oh ja, natürlich! Der Guru! Er ist sehr gut, sehr berühmt.« Sie errötete. »Ich werde das Geschenk sofort auf das Zimmer der Professorin bringen lassen, selbstverständlich, es ist uns eine Ehre.« Sie griff zum Telefon, kritzelte etwas auf ein Kärtchen, Pierpaoli bemühte sich, unauffällig mitzulesen, aber die Zahlen standen auf dem Kopf. Er las: Eob.

Sie befestigte das Kärtchen an dem Käfig und gab Blumen und Vogel einem Pagen, der heraneilte. »Es wird ihr sofort gebracht, Sir. Können wir sonst etwas für Sie tun?«

»Nein, danke. Ich werde noch eine Cola trinken.«

»Sehr gerne, Sir. Die Bar ist dort drüben.«

Pierpaoli schlenderte zur Bar, bestellte beim gelangweilten Barkeeper eine Cola und bat um einen Stift. Er schrieb »Eob« auf eine Papierserviette und drehte sie dann um: 903. Die Zimmernummer. Pierpaoli trank aus.

*

Pierpaoli stand vor der Zimmertür 903. Der Hotelflur war leer. Pierpaoli klopfte, einmal zögernd, dann energisch. Er trat etwas beiseite, aus dem Blickfeld des Türspions.

Die Tür ging auf.

Bevor Pierpaoli reagieren konnte, lag er mitten im Zimmer, lag auf dem Bauch, etwas Hartes in seinem Rücken, das Gesicht in den Teppich gepresst, den Arm auf den Rücken gedreht.

Er hörte eine Frauenstimme. »Pierpaoli? Sie?«

Pierpaoli konnte nichts sagen.

Die Frauenstimme: »Amar, lass ihn los.«

Der Schmerz in seinem Arm ließ nach. Pierpaoli rappelte sich auf. Vor ihm stand Difraudi, immer noch zum Angriff bereit.

Auf dem einen Bett saß Liu. Ein großes, schönes Zimmer. Kühl. Auf einer Anrichte der Blumenstrauß, der Vogelkäfig. Zwei Betten, aber auseinandergeschoben.

»Pierpaoli? Was soll dieser Überfall? Was wollen Sie hier?« Difraudi war zwischen Liu und Pierpaoli getreten, schützend. Seine Eleganz hatte merklich gelitten. Auch Liu, die immer noch schwieg, sah zerzaust und fleckig aus.

Irgendwas in Pierpaoli zersprang. »Sie sagen, dies sei ein Überfall? Ich würde es eine Überraschung nennen. Womit wir quitt sind. Denn für mich war es auch eine Überraschung, plötzlich ein gesuchter Mörder zu sein. Sie haben mir diesen Mord angehängt, ist es nicht so?«

»Ist das alles?«, sagte Difraudi tonlos.

»Nein, ich habe noch mehr Fragen. Und ich werde nicht ohne Antworten gehen, ganz einfach.« Pierpaoli zog einen Sessel heran und ließ sich hineinfallen. »Zurück zu Frage Nummer eins. Haben Sie mir diesen Mord angehängt?«

Difraudi sah ihn an, wortlos.

»Die Mordwaffe war dieser Hebel aus dem Raum, in den mich einzusperren Sie die Freundlichkeit besaßen, Frau Professorin. Also – was sollte das? Oder sollen wir in Kapstadt anrufen? Beim hiesigen Konsulat des Kommissariats? Dort wird man erfreut sein, denke ich.«

Difraudi sagte nichts.

»Er hat es für mich getan. Um mir zu helfen, um mich zu schützen«, sagte Liu.

»Wie großmütig. Und meine Person war Ihnen egal?« Pierpaoli sprach scharf.

»Machen Sie um sich selbst nicht so ein Aufhebens«, sagte Difraudi jetzt. »Ich musste Sie da hineinziehen, um Zeit zu gewinnen. Aber ich hatte vor, Sie zu entlasten, ich werde mich bekennen – sobald Professorin Liu und ich eine Sache erledigt haben, die keinen Aufschub duldet. Und die wichtiger ist als Sie. Oder als wir drei.«

»Ah, und Sie legen fest, was wichtig und unwichtig ist? Wie reizend. Wenn Sie ein Geständnis ablegen wollen, dann jetzt und hier. Oder ich rufe in Kapstadt an und weiche Ihnen nicht von der Seite, bis wir alle festgenommen sind.« Kapstadt war ein Druckmittel, das merkte Pierpaoli.

»Wir können jetzt keinen Ärger gebrauchen«, sagte Difraudi. »Sie bekommen das Geständnis. Sobald wir hier etwas erledigt haben. In zwei, maximal drei Tagen. So lange brauchen wir freie Hand.«

»Geben Sie mir Ihr Geständnis jetzt, und ich werde drei Tage damit warten.«

»Ich kann Ihnen nicht trauen.«

»*Sie* können *mir* nicht trauen?«

Difraudi und Liu wechselten einen langen Blick. Sie nickte. »Amar, ich finde, du solltest es tun.«

»Okay, haben Sie ein Telefon? Nehmen Sie das Folgende auf …« Er leierte den Text herunter wie auswendig gelernt. »Dies ist eine Nachricht an meinen Vorgesetzten Horace M. Nkunke, Security, Meta-Ministerium, Island. Und an alle, die es angeht. Mein Name ist Amar Difraudi. Ich bin oder war stellvertretender Security-Chef des Meta-Ministeriums auf Island. In dieser

Eigenschaft war es mir möglich, den Mord an Professor Norman Catchside zu begehen und Mister Pierpaoli zu belasten. Ich habe am fünfzehnten Juli Catchside erschlagen. Die Mordwaffe war ein Bauteil einer Espressomaschine, die von Pierpaoli mutwillig beschädigt worden war. Darauf waren seine Fingerabdrücke. Ihn zu belasten war Teil meines Plans. Denn ich musste Zeit gewinnen. Ich wusste, dass ich irgendwann selbst zu den Verdächtigen gehören würde – wegen der Auseinandersetzung zwischen den Professoren Catchside und Liu, wegen des versuchten Giftmordes durch Professor Catchside an Professorin Liu und wegen meiner Beziehung zu Liu Lian, der Frau, die ich liebe. Die *nichts* von meinem Plan wusste.«

Difraudi sah zu Liu, ihr Gesicht war verschlossen. Sie nahm eine Tube, strich sich Salbe über ihren linken Unterarm. Verrieb sie. Dann über ihren rechten Arm.

»Dieses gebe ich zu Protokoll am ersten August zweitausendneunundzwanzig, im Vollbesitz meiner geistigen Kräfte, im Beisein der Zeugen Pierpaoli und Professorin Liu. Ende.«

»Rührend. Vor allem die Passage mit der Liebe.« Pierpaoli vergewisserte sich, dass die Aufnahme gesichert war, und schob sein Telefon tief in seine Hosentasche.

»Wie gesagt, ich hätte dieses Geständnis ohnehin abgelegt. Catchside zu töten, das war ein Fehler, ich wäre da nicht mehr rausgekommen. Aber wir brauchten Zeit. Weil wir etwas erledigen müssen.«

»Erledigen? Geht es um den Quantencomputer?«

Difraudi sagte nichts, Lius Gesicht war ausdruckslos.

»Dann werde ich mal was sagen. Wissen Sie, was ich glaube? Ich glaube, Sie und dieser dubiose Guru arbeiten zusammen. Deshalb war er auf Island. Ich glaube, Sie beide spielen dem Guru die Informationen oder den Computer zu. Weshalb sonst sind Sie hier in Mumbai? Weshalb sonst waren Sie im *Ashram?* Sie spielen dem Guru den Quantencomputer in die Hände. Und Shah wird ihn einsetzen, um noch mächtiger zu werden.«

Sie schwiegen.

»Und wissen Sie, was ich außerdem glaube? Ich glaube, darum ging es bei dem Streit zwischen Ihnen, Professorin Liu, und Catchside. Sie konkurrierten darum, wer in der Gunst von Shah stehen darf. Deshalb haben Sie Catchside umgebracht, Difraudi. Und Sie haben den Mord in Auftrag gegeben, Frau Professorin.«

Pierpaoli redete sich in Rage.

»Menschen sind gestorben für den Quantencomputer. Zum Beispiel Bao Wenliang! Er hatte ursprünglich nichts damit zu tun. Er wurde hineingezogen. Aber jetzt ist er tot. Hatten Sie auch damit was zu tun? Mit seiner Ermordung? Haben Sie die Mörder beauftragt?«

Pierpaoli beobachtete sie genau.

Liu sah auf. Alle Farbe war aus ihrem Gesicht gewichen. »Bao Wenliang ist tot?«

»Er wurde vor meinen Augen getötet. Von Leuten des Gurus höchstwahrscheinlich.«

Liu schaute Pierpaoli an. Ihre Stimme zitterte. »Ich glaube, Bao Wenliang war ein sehr guter Mensch«, sagte sie leise.

»Er war mein Patenonkel«, sagte Pierpaoli knapp. Er spürte, dass Liu jetzt ihre Fassade aufgab. Er setzte nach: »Was hat Shah mit dem Quantencomputer vor?«

Eine Pause entstand. Dann sprach Liu. »Sie erinnern sich an den Abend im Restaurant auf Island? Es gab den Stromausfall. Ich wusste sofort, was es bedeutete. Nämlich, dass der Quantencomputer auf höchster Leistung lief. Denn die Energie, die der Computer benötigt, wächst exponentiell mit seiner Prognosegenauigkeit, und der Rechner holt sich dann allen Strom, den er braucht, er schaltet dann alle anderen Netze ab. Aber es war mir nicht klar, *wie* er diese Rechenleistung erreichte. Weit über neunzig Prozent. Das fand ich erst später heraus.«

»Nämlich wie?«

»Die Quantenphysik ist kontraintuitiv, sie ist fast schon paranormal, müssen Sie wissen. Da war es ein brillanter Gedanke, sie mit einem anderen kontraintuitiven, paranormalen Phänomen zu kombinieren …«

Liu überlegte, wie viel sie Pierpaoli erzählen sollte. Offenbar fasste sie einen Entschluss.

»Die Kombination der Quantenphysik mit der Intuition bestimmter Probanden brachte eine Genauigkeit von mehr als achtundneunzig Prozent. Das war sensationell. Die Revolution. So wichtig wie die Relativitätstheorie. Ich hatte Catchside immer unterschätzt. Aber die Probanden-Idee war großartig. Er war ein Genie.«

Pierpaoli wollte fragen, von welchen Probanden Liu redete. Aber etwas anderes schien wichtiger: »Und durch diese Genauigkeit kann er jetzt zurückrechnen? Er kann Dinge geschehen lassen?«

Liu starrte ihn an, Überraschung auf ihren Zügen. »Darüber wissen nur sehr wenige Menschen Bescheid.«

»Laut Bao Wenliang kann man so die Zukunft manipulieren.«

»Catchside hatte ein Projekt mit dem Guru. Das nannte er *Reverse Prophecy*. Ich hatte dieses Konzept immer für Unsinn gehalten. Es wurde aber möglich. Durch diese extrem genaue Vorhersage.« Sie blickte zu Difraudi. Und fuhr dann fort: »Es ist klar, warum ein Mann wie Shah nach so einem Instrument lechzt. Er ist ein Manipulator. Und mit diesem Werkzeug erlangt er absolute Macht.«

Pierpaoli musterte die Physikerin, er traute ihr immer noch nicht. »Warum erzählen Sie mir das alles? Warum sind Sie hier in Mumbai?«

»Weil wir ihn stoppen werden. Die Baupläne wurden kopiert. Essentielles Material wurde gestohlen, das Claranium. Davon gibt es auf der Erde gerade genug, um einen Quantencomputer zu bauen. Und dieses Claranium ist im Besitz von Amitav Rama Shah. Er hat einige der besten Physiker angeworben. Aber was er damit genau will – es kann alles sein. Und er könnte es jeden Augenblick in Gang setzen. Der Quantencomputer kann ihm den genauen Zugriffspunkt nennen – diesen entscheidenden Punkt, wo er eingreifen muss, um die Zukunft zu manipulieren.«

»Diesen Schmetterlingsflügel-Punkt?«

»Ja, das ist nur eine Metapher in der Chaostheorie. Aber jetzt, in der Realität, kann der Guru überall ansetzen, um chaotische Systeme zu manipulieren.«

»Glauben Sie, er hat den Quantencomputer bereits gebaut?«

»Das wäre eine Katastrophe. Er hatte genug Zeit, meiner Berechnung nach. Aber wir werden ihn aufhalten.«

»Was ist denn Ihr Plan?«

»Wir glauben, dass der Quantencomputer hier neu konstruiert wird«, sagte Difraudi. »Im *Ashram* des Gurus. Es gibt einen sehr großen Bunkerraum unter dem Verwaltungsgebäude. Die Stromleitungen, die dorthin verlegt wurden, wären ausreichend für ein Labor. Und absolut überproportioniert für einen normalen Keller.«

Liu warf ihm einen scharfen Blick zu. »Der Polizeipräsident von Mumbai ist informiert. Kapstadt ist informiert. Es ist nur eine Frage von Stunden, bis dem Mann das Handwerk gelegt wird.«

»Und deshalb wurden Sie heute dort vorstellig?«

Liu zögerte, sah zu Difraudi. »Wir haben gar nichts erreicht«, mischte sich Difraudi ein. »Man hat uns mit vier kleinen Beamten dorthin geschickt! Devote Clowns! Es war eine Show. Shah hat uns vorgeführt.«

»Das haben wir doch schon besprochen, Amar«, sagte Liu scharf. Sie wandte sich an Pierpaoli. »Wir werden das Problem auf dem offiziellen Weg lösen. Ich habe Kontakt zu den höchsten Stellen. In Mumbai wie in Kapstadt. Ich bin leitende Wissenschaftlerin an einem der sensibelsten Projekte des Ministeriums. Ich denke, mein Wort hat auch hier Gewicht.«

Pause.

»Die indische Polizei«, sagte Pierpaoli vorsichtig, »ist geübt in der Kunst, Dinge zu verzögern. Ich könnte mir vorstellen, ein Mann wie Shah ist ziemlich unangreifbar.« Difraudi nickte bestätigend. »Außerdem – sagten Sie nicht, die Uhr tickt? Dass der Guru jederzeit den Quantencomputer in Gang setzen kann?«

»Wir dürfen nichts überstürzen. Diese Maschine ist sensibel. Das Gerät muss kontrolliert runtergefahren werden. Sonst könnte das Claranium zerstört werden. Das würde uns um Jahre zurückwerfen. Wir müssten auf die nächste Marsmission warten.«

»Verstehe ich Sie richtig? Dass Sie Ihren Ehrgeiz als Wissenschaftlerin über das Wohl der Menschheit stellen?«

»Mein wissenschaftlicher Ehrgeiz«, antwortete Liu steif und erhob sich, »*ist* das Wohl der Menschheit. Und jetzt entschuldigen Sie mich.« Sie griff nach der Salbe. »Ich habe mir leider eine Hauterkrankung zugezogen, sie wird in diesem Klima schlimmer. Ich muss das behandeln. Amar, wenn du unseren Besucher hinausgeleiten könntest?« Sie verschwand im Badezimmer.

Difraudi stand auf, machte eine Geste zur Tür. Pierpaoli war wie betäubt, setzte sich aber in Bewegung. An der Tür blieb Difraudi stehen. »Ich verstehe Ihre Zweifel«, sagte er gepresst. »Aber ich habe meine Gründe.«

»Gerade haben Sie mir erklärt, dass es katastrophal wäre, wenn dieser Shah den Quantencomputer in die Hände bekäme. Und jetzt wollen Sie mir sagen, dass wir einfach warten sollen? Einfach so warten?«

Difraudi sagte nichts.

»Sie wissen, wo der Quantencomputer steht! Sie kennen das Gerät! Und Sie sind in solchen Dingen ausgebildet, oder etwa nicht? Wenn jemand dieses Problem lösen kann, dann Sie! Gehen Sie dort rein, und machen Sie das Ding unschädlich!«

»Ich werde die Frau, die ich liebe, nicht noch einmal enttäuschen«, antwortete Difraudi finster. »Würde ich auf eigene Faust handeln, würde ich die Frau verlieren. Das ist gewiss. So gewiss wie der Tod. Leben Sie wohl.«

»Moment!« Pierpaoli stellte den Fuß in die Tür.

Difraudi starrte ihn kampfbereit an.

Der Moment, den Pierpaoli am meisten gefürchtet hatte, war gekommen: Er war kein Held, aber jetzt musste er einer sein. »Difraudi, sagen Sie mir wenigstens, was Sie wissen.«

Difraudi zögerte einen Moment. Dann zog er sein Mobiltelefon aus der Tasche, er scrollte durch eine Reihe von Bildern. Bei einem Foto blieb er hängen, zoomte ein Detail heraus, das einen gelben Hebel und eine Halterung zeigte. »Hier ist das Herzstück des Quantencomputers – wenn man diesen Hebel zurückschiebt, diese vier Sicherungen löst, wird ein Alarm ertönen, doch wenn man die Sperre umgeht und diesen Vakuum-Behälter trotzdem öffnet, wird das Claranium durch den Kontakt mit der Luft zerstört.« Difraudi machte eine warnende Geste. »Vorsicht, das wird heiß. Entfaltung von Energie. Der Zugang zum Keller ist im Hauptgebäude, links von der Rezeption.«

»Und was ist, wenn das Ding schon läuft?«

»Dann verlieren Sie keine Zeit. Aber wie wollen Sie da reinkommen?«

»Ich weiß es nicht.«

Difraudi musterte den anderen Mann, fast schon belustigt. »Hören Sie, ist nicht persönlich gemeint, aber dafür braucht man Profis. Ausgebildete Leute. Ich weiß, Sie meinen's gut …«

Pierpaoli drehte sich um und ging.

Donnerstag, 2. August 2029

Shah-Shaanti-Ashram, Mumbai, Maharashtra 400101, Indien

Am nächsten Morgen war Thomas Pierpaoli unter den ersten Besuchern, die sich am Eingang des *Ashrams* in die Warteschlange reihten. Er ging an Krücken.

Er bewegte sich umständlich und unbeholfen, ein alter Mann, vom Leben gebeugt und abgestumpft. Tatsächlich war er hochgradig nervös. *Ich weiß, Sie meinen es gut.* Verdammter Difraudi. Aber der Quantencomputer musste unschädlich gemacht werden, die Zeit lief.

Und dafür blieb nur er. Kopfsprung in unbekanntes Gewässer.

Einlass war immer um acht Uhr morgens, auf die Sekunde. Es gab stets ein paar Übereifrige, die sich noch vor Morgengrauen anstellten, um als Erste den Boden zu küssen, über den der heilige Mann womöglich gewandelt war. Aber Pierpaoli war zumindest weit vorne in der Schlange.

Taschen mussten abgegeben werden. Darauf war Pierpaoli vorbereitet, er hatte sich seine Ausrüstung mit Tape auf die Brust und vor den Bauch geklebt: ein Kreuzschlitz-Schraubendreher, eine Zange, Stechbeitel, weiße Hose, weißes Hemd, beides zu einem festen Paket gefaltet, ein Klemmbrett, Stethoskop, eine Digitaluhr – er hatte das alles am Vorabend eingekauft. Bei »Sammy's Tools« hatte er das Werkzeug erstanden, verstaubt, aber annehmbar, bei »Clowdi's Costume Design & Sexdolls« hatte er die Besitzerin von der Nähmaschine weggeholt und in ihrem Fundus, zwischen Prinzessinnen-Kleidern, afrikanischen Tanzröcken, zwischen Hüten in Form einer Ananas und Micky-Maus-Masken, eine weiße, halbwegs saubere Hose entdeckt, dazu ein weißes Hemd, außerdem in einer Kiste mit Spritzen, Tüllen und Potentiometern ein Bündel Stethoskope, davon hatte er eines gekauft. Außerdem Schere, Kamm, zwei Krücken aus Aluminium.

An der Kasse ließ er sich fünf Guthaben für die Toilettenbenutzung auf sein Armband laden. Dann reihte er sich ein in die Prozession und humpelte, die Krücken insgeheim verwünschend, den Tourweg entlang, zum nunmehr vierten Mal.

Gegen zehn Uhr war er da, wo er hinwollte, etwa auf Höhe der Pagode, unweit der nächsten Krankenstation. Vor ihm waren schon viele zu den diversen Unterweisungs- und Yoga-Räumen abgebogen, aber hinter ihm nahm der Andrang jetzt zu. Ab zehn Uhr füllte sich der *Ashram*. Pierpaoli scherte aus der Reihe aus und humpelte zu den Toiletten, es waren zehn an der Zahl, nebeneinander, jede auf einem kleinen Sockel, wie Reihenhäuser. Pierpaoli hinkte zu der Kabine ganz rechts. Er lehnte seine Krücken gegen die Toilettenwand, als wollte er sie für die Dauer der Benutzung abstellen, dann stieß er sie um, absichtlich, tat so, als bückte er sich ärgerlich danach – und verschwand hinter dem Klohäuschen.

Dies war der gefährlichste Moment. Er war jetzt schutzlos gegen Kameraüberwachung, gegen Kameradrohnen. Nicht zu ändern.

Er zog die Zange unter dem Hemd hervor, löste die vier Muttern der Rückwand und klopfte die Bolzenschrauben ein Stück hinein. Nicht so tief, dass sie herunterfielen, aber doch so weit, dass er sie von innen hoffentlich herausziehen konnte. Dann ging er um das Toilettenhäuschen herum und drückte dreimal sein elektronisches Armband an den Sensor, neun Minuten, maximale Zeit in einem Stück. Er stellte seine Stoppuhr an. Schloss die Tür hinter sich.

Innen war die Rückwand mit achtzehn Kreuzschlitzschrauben befestigt, für jede Schraube nicht mehr als zwanzig Sekunden, das ergab sechs Minuten, blieben ihm noch knapp drei.

Pierpaoli drehte und schraubte, als ginge es um sein Leben. Er begann oben, dann unten, dann eine Schraube rechts, eine links. Zum Glück waren die Schrauben kurz und kaum eingerostet. Nach der Hälfte hatte er in den Fingern der rechten

Hand einen Krampf, er versuchte es mit der linken Hand, aber das war zwecklos, er verlor wertvolle Sekunden, in denen er seine Rechte schüttelte und massierte. Die Luft in dem Toilettenhäuschen war unsäglich stickig. Schraube acht. Schraube neun. Beide Hände waren schweißnass, der Griff des Schraubendrehers war glitschig in seinen Fingern. Von seiner Stirn und von seinen Schläfen troff es. Die Augen brannten. Schraube zwölf. Schraube dreizehn. Schraube vierzehn.

Bei Schraube fünfzehn gab er auf, die verbleibenden drei Befestigungen drückte er einfach heraus. Es gab einen kleinen, trockenen Knall, als er mit dem Stechbeitel die Rückwand aus ihrer Verankerung hebelte, ein Riss zog sich durch das Plastik, dann lag sie draußen. Pierpaoli griff sie sich und lehnte sie wieder an. Er nahm die Schere und schnitt an seinem Bart herum. Er zog Schuhe, Hemd und Hose aus, riss sich beherzt das Tape vom Körper, rollte die abgelegten Kleidungsstücke eng zusammen und stopfte sie ins Klo. Das Werkzeug obenauf. Er zog die weiße Hose, das weiße Hemd an. Nahm das Klemmbrett. Hängte sich das Stethoskop um den Hals. Acht Minuten und vierzig Sekunden. Hatte er irgendwas vergessen? Die Schuhe! Er schlüpfte in die weißen Schuhe, dieselben, in denen er gekommen war, ebenfalls erworben bei »Clowdi's Custume Design & Sexdolls«. Er krempelte den Ärmel auf und presste, was er ins Klo gestopft hatte, nochmals tiefer hinein. Dann entriegelte er die Außentür.

Dann sprang er, als neuer Mensch, als frischgebackener Arzt, aus der Rückseite des Toilettenhäuschens, rückte die Rückwand halbwegs in Position, lehnte die Krücken daneben; dann marschierte er, die Augen wichtigtuerisch aufs Klemmbrett gerichtet, mit eiligen Schritten Richtung Verwaltungshaus, Richtung Pagode.

Bis jetzt schien es zu klappen. Die Ärzte, hatte Pierpaoli bei seinen ermüdenden Touren festgestellt, waren die Einzigen, die sich auf dem Gelände frei bewegten, sie mussten eilig jeden Notfall betreuen können. Als Arzt hatte er Chancen.

Trotzdem hatte er einen Fehler gemacht. Die Erkenntnis durchfuhr ihn, als er bei der Pagode ankam. Der Bau lag leicht erhöht, eine breite weiße Treppe, drei Stufen nur, führte hinauf. Der Eingang war von Säulen flankiert. Drinnen erspähte Pierpaoli eine Art Lobby, groß, hell, wahrscheinlich Marmor. Ein Empfangstresen, dahinter ein Mann und eine Frau. Links, ein Stück nach hinten versetzt, die Tür, wie Difraudi sie ihm beschrieben hatte – sie führte hinunter in den Keller, wo mutmaßlich der Quantencomputer stand, den Pierpaoli hoffentlich würde zerstören können, aber wie, das stand in den Sternen, so weit hatte er nicht planen können. Dem würde er sich widmen, wenn es so weit war. Falls er überhaupt so weit kam. Denn er hatte etwas nicht bedacht.

Die Rezeption. Er konnte an dem Empfangspersonal nicht einfach vorbeigehen und Richtung Keller marschieren. Auch nicht in seiner medizinischen Camouflage. Sie würden ihn aufhalten. Sie würden zumindest Fragen stellen. Und sollte der Quantencomputer im Keller des Gebäudes stehen – würde er nicht bewacht werden? Noch eine Schwachstelle seines Plans. Daran hatten auch Liu und Difraudi nicht gedacht. Oder sie hatten es ihm nicht gesagt. Weil sie ihn in eine Falle laufen ließen? Vielleicht war alles gelogen, was Liu gesagt hatte? Andererseits – hätte man ihn hier schnappen wollen, hätte man das schon längst getan.

Erst musste er an den Empfangsleuten vorbei. Aber er wusste beim besten Willen nicht, wie. Der Zufall kam ihm zu Hilfe. Ein Alarm ertönte, ein Alarmton, der sich über das Gelände zog, anschwellend, abschwellend, und Pierpaoli konnte sich den Grund denken: Sie hatten das Toilettenhäuschen entdeckt, die abmontierte Rückwand. Vielleicht konnten sie sich auf die Entdeckung keinen Reim machen, aber Grund genug für einen Alarm war es auf jeden Fall.

Pierpaoli stand weiß gekleidet vor der weißen Wand des Verwaltungsgebäudes und beobachtete, wie die Stimmung auf dem

Gelände umschlug. Die Prozession der Pilger kam fast zum Halten. Die Gärtner hörten auf zu arbeiten und blickten sich ängstlich-neugierig um. Security-Leute schritten eilig von irgendwo nach irgendwo, sprachen in ihre Funkgeräte. Die *Sadhus*, zur Aufsicht der Pilger eingeteilt, trieben ihre Schäfchen weiter, hielten ebenfalls Funkgeräte ans Ohr.

Und aus dem Verwaltungsgebäude kamen beide Empfangsleute heraus. Erst die Frau, gefolgt vom Mann. Sie blieben auf der obersten Stufe der Treppe stehen, überblickten neugierig das Gelände, zeigten hierhin und dorthin, unterhielten sich leise.

Natürlich! Ein Alarm war für die Leute, die hier arbeiteten, mal eine Unterbrechung, eine Abwechslung. Für Pierpaoli war es die Chance.

Er schlüpfte schnell, leise und seitlich hinter dem Rücken der Empfangsleute ins Gebäude. In der Lobby war niemand. Hier war alles blendend weiß und makellos sauber. Und wieder das sensationelle Gefühl kühler Luft – nach der glasigen Hitze. Die Tür zur Kellertreppe war links, DiStaudi hatte es richtig beschrieben. Pierpaoli legte die Hand an die Klinke, die Tür ließ sich aufdrücken. Pierpaoli zog sie hinter sich zu. Tastete nach einem Lichtschalter. Da war keiner. Aber das Licht sprang trotzdem an, als er sich bewegte. In der aufzitternden Helligkeit sah Pierpaoli ein breites Treppenhaus, eine Betontreppe führte direkt zu einem Treppenabsatz, zu einer zweiten Tür.

Pierpaoli stieg die Stufen hinab. Stand vor der zweiten Tür. Würde er abermals Glück haben? Nein. Die zweite Tür war aus Metall und verschlossen. Neben der Tür eine Codeanlage mit einem Tastenfeld von 0 bis 9. Oben der eingeprägte Name des Herstellers: »Keidel Secura«. Man öffnete die Tür mit einem Zahlencode.

Das war schlecht.

Das war ganz schlecht.

Donnerstag, 2. August 2029

Shah-Shaanti-Ashram, Hauptgebäude, Mumbai, Indien

Thomas Pierpaoli wusste nicht, was er tun sollte. Er horchte an der Tür, aber er hörte nichts. Könnte sich die Tür plötzlich öffnen, jemand herauskommen? Könnte er dann unbemerkt hineinschlüpfen? Unmöglich. Könnte er als Arzt hineinmarschieren? Ausgeschlossen. Seine Verkleidung taugte für das Gelände, für mehr nicht.

Er nahm sein Telefon und rief Difraudi an.

»Ja?«

»Ich stehe vor der Kellertür …«

»Tatsächlich? Sie sind weit gekommen. Sind da keine weiteren Wachleute?«

»Nein.« Difraudi hatte recht, das war merkwürdig.

»Seltsam. Überwachungskameras?«

Pierpaoli sah keine, aber das bedeutete nichts. Dennoch war es seltsam, dass hier nicht mehr Wachpersonal stand. Vielleicht dahinter? Aber es nützte nichts, darüber nachzudenken. Er musste improvisieren.

»Können Sie hineingehen?«

»Würde ich gerne, Difraudi. Hier ist ein Tastenfeld. Und ich dachte, wenn ich Ihnen den Hersteller sage, können Sie irgendwie herausfinden, wie die Kombination lautet.«

»Wie soll das gehen?«

»Weiß ich doch nicht. Irgendwie. Sie haben doch eine Security-Ausbildung! Sie sind doch so erfahren. Lernt man das nicht in Ihrer Branche? Der Hersteller heißt ›Keidel Secura‹. Sagt Ihnen das was?«

»Ja. Die Firma macht Code-Schlösser. Ausgezeichnete Produkte. Sind gut im Geschäft.«

»Schön. Können Sie also herausfinden, wie dieser Code hier lautet? Wie ich hier reinkomme?«

»Nein. Völlig unmöglich. Der Kunde legt den Code fest. Denken Sie doch mal nach, Pierpaoli.«

»Ich denke die ganze Zeit nach, Difraudi! Wer nicht nachdenkt, wie er mir helfen kann, das sind Sie! Ich dachte, wir ziehen an einem Strang!« Er hörte im Hintergrund Lius Stimme, konnte aber nicht verstehen, was sie sagte. Difraudi sprach jetzt leiser:

»Meist sind es Vierergruppen. Wie viele Tasten hat das Tastenfeld?«

Pierpaoli zählte nach. »Von 0 bis 9, also zehn Tasten. Kann ich es nicht einfach ausprobieren? Wie viele Kombinationen gibt es?«

»Wenn es zehn Ziffern gibt, in einer Vierergruppe – dann sind es zehntausend Kombinationen.«

»Was?«

»Zehn mal zehn mal zehn mal zehn. Einfache Mathematik.«

Pierpaoli sank der Mut. Einfache Mathematik. So kam er nicht weiter.

»So kommen wir also nicht weiter, Pierpaoli.«

»Nein.«

»Wir müssen herausfinden, welche Ziffern vorzugsweise benutzt werden. Haben Sie Graphitstaub dabei?«

»Nein.« Pierpaoli wusste gar nicht, was Graphitstaub war.

»Wir brauchen eine pudrige Substanz, pudrig wie Schminkpuder.« Difraudi wartete, Pierpaoli sagte nichts. »Oder können Sie Kakaopulver besorgen? Oder weißen, feingemahlenen Pfeffer? Gibt es nicht Restaurants auf dem Gelände? Da müsste es Pfeffer geben.«

»Hören Sie, ich stehe hier vor einer verfluchten Kellertür in einem verfluchten Gebäude in einer verfluchten Verkleidung, wo man mich jederzeit entdecken kann. Hier ist kein Gemischtwarenladen, wo ich mal schnell Kakaopulver kaufen könnte. Oder ein Kellner, den ich um weißen Pfeffer bitten kann. Haben Sie vielleicht irgendeine *praktikable* Idee?«

Difraudi sagte eine Weile nichts, dann: »Sind Sie staubig?«

»Was?«

»Haben Sie Staub auf Ihrer Kleidung, an Ihren Schuhen, an Ihren Hosenaufschlägen?«

Pierpaoli sah an sich herab, ja, staubig, damit konnte er dienen.

»Bürsten oder klopfen Sie den feinsten Staub, den Sie auf sich tragen, von Ihrer Kleidung, von Ihren Schuhen. Sammeln Sie etwa die Menge eines Teelöffels auf einem Blatt Papier. Falten Sie das Papier mehrmals, sodass ein Tütchen entsteht, mit dem Staub darin. Zerreiben Sie die Partikel etwa fünf Minuten lang, Staub kann man mahlen. Dann falten Sie aus dem Papier eine Art Trichter. Pusten Sie den Staub auf das Tastenfeld. Aber pusten Sie nicht direkt auf die Tasten! Machen Sie das ganz behutsam. Berühren Sie den Staub keinesfalls mit Ihren Fingern! Vermeiden Sie Speicheltröpfchen. Passen Sie auf, dass kein Schweiß in den Staub tropft. Es ist mühsam, aber möglich. Verstehen Sie? Immer nur etwas Staub in Richtung Tasten blasen. Machen Sie Pausen. Pusten Sie sehr langsam und in Tranchen. Verstehen Sie das?«

»Ungefähr.«

»Fangen Sie an.« Aufgelegt.

Pierpaoli tat, wie ihm geheißen, und es war wirklich mühsam, aber möglich. Am Ende hatte er sein Häufchen aufgebraucht, Staub auf die Tasten gepustet, in fünf oder sechs Portionen. Er rief wieder an.

»Ja?«

»Ich hab's gemacht, wie Sie's gesagt haben.«

»Gut. Von welcher Seite haben Sie den Staub aufgeblasen?«

»Von unten.«

»Gut. Machen Sie ein Foto und schicken Sie's mir. Die Tasten, die vor allem benutzt werden, haben einen leichten Fettfilm, eine andere Haptik, der Staub haftet daran. Stellen Sie Ihr Telefon leise, falls jemand in der Nähe ist.«

»Ein Foto? Wovon?«

»Wovon? Natürlich von dem Tastenfeld, Sie Genie. Schalten Sie das Blitzlicht aus.«

Aufgelegt. Pierpaoli schluckte seinen Ärger herunter, machte eine Reihe von Fotos und drückte auf »Senden«. Gleich darauf vibrierte sein Telefon.

»Die Zahlen sind höchstwahrscheinlich vier, sechs, neun, sieben. Wir haben also vierundzwanzig Möglichkeiten.«

»Woher wollen Sie das so genau wissen?«

»Vier mal drei mal zwei, das macht vierundzwanzig. Mathematik ist nicht Ihre Stärke, wie? Egal, wir schicken Ihnen eine Liste der Kombinationen.«

Die Liste kam an. Pierpaoli arbeitete sich durch die Kombinationen.

4-6-9-7. Nein.

4-6-7-9. Nein.

4-9-6-7. Nein.

4-9-7-6. Nein. Die Zahlen verschwammen vor seinen Augen.

4-7-6-9. Nein.

4-7-9-6. Das Schloss summte, die Tür sprang gehorsam auf, Pierpaoli konnte es kaum fassen. Er hatte keine Lust, Difraudi abermals anzurufen, den elenden Klugscheißer. Er tat es trotzdem.

»Ja?«

»Die Tür ist offen. Ich gehe rein.«

»Okay. Sobald Sie vor dem Quantencomputer stehen und eine Chance zum Handeln sehen, rufen Sie an. Lian wird Sie navigieren.«

»Okay. Difraudi, Sie sind nicht nur ein Mörder, wissen Sie das?«

»Was soll das jetzt …«

»Sie sind auch ein elender Klugscheißer.« Pierpaoli legte auf und betrat den Keller. Das Licht sprang hier nicht von selbst an, aber Pierpaoli fand den Schalter. Er trat ein und zog die schwere Tür hinter sich zu. Vielleicht war das falsch, Panik flackerte in ihm auf. *Vielleicht komme ich hier nicht mehr raus!* Aber dann wurden seine Gedanken von etwas anderem in Anspruch genommen.

Er hätte nicht sagen können, was er eigentlich erwartet hatte, im Privatkeller des Amitav Rama Shah am Stadtrand von Mumbai, Indien.

Aber das hier bestimmt nicht.

Donnerstag, 2. August 2029

Shah-Shaanti-Ashram, Kellerraum des Hauptgebäudes, Mumbai, Indien

Pierpaoli stand in einem Saal. Oder einem Kellerraum von der Größe eines Versailler Tanzsaals. Die Luft schmeckte rein und klar. Hohe Decken. Mindestens fünf Meter, schätzte er. Weißer Boden, weiße Wände. An den Wänden Hygrometer, Kohlenstoff-Luftfilter. Diskret beleuchtet. Und an den Wänden, mit Spots angestrahlt, die denkbar schönsten, aus geflammtem Holz gebauten Weinregale, und alle gefüllt mit Weinflaschen, es mussten Hunderte sein, Tausende, die Regale säuberlich etikettiert nach Rebe, Anbaugebiet, Jahrgang, Winzer. Pierpaoli schritt die Regalreihen ab: »Screaming Eagle Cabernet 1992«, »Jeroboam Chateau Mouton Rothschild 1945«, »Scharzhofberger Riesling Trockenbeere« – Weine im Wert von Millionen.

Vor den Regalen kleine Leiterwagen, außerdem spielzeuggroße Roboterwagen mit einer ausfahrbaren Teleskopzange, deren Sinn Pierpaoli erst nicht verstand, bis einer der Apparate plötzlich zu surren begann und eine Reihe Weinflaschen abfuhr, die Hälse mit der Zange erfasste und um eine Vierteldrehung verdrehte.

Angst und Nervosität waren verflogen, Pierpaoli staunte wie ein Kind, das eine Tropfsteinhöhle betritt. Er ging weiter.

Der zweite Saal war ebenso groß – die Unterkellerung war viel voluminöser als das überirdische Verwaltungsgebäude. Der zweite Saal war ein Museum. Ebenfalls hohe Decken, aber keine Weinflaschen, sondern Gemälde. Ungefähr zweihundert Bilder, alle gerahmt. Pierpaoli war kein großer Kunstkenner, Ariadna hätte mehr gewusst, aber einige Bilder kannte auch er, Matisse, Picasso, Rembrandt, Goya, Liebermann, Klee, Richter, van Gogh, Jawlensky, Lucian Freud, Schneiders, alles durcheinander, jedoch wunderschön aufgehängt, beleuchtet, einem privaten Geschmack folgend. Auch hier: Temperaturmessungen, Feuchtigkeitsmessungen, Klimageräte.

Daher der Stromverbrauch.

Der dritte Saal war etwas niedriger, etwas kleiner, so schien es Pierpaoli. Hier standen Vitrinen, sie standen an den Wänden, aber auch im Raum. In den Vitrinen: alle möglichen Artefakte. Kronen, Purpurmäntel, juwelengeschmückte Dosen, Schwerter, diamantbesetzte Broschen und schwere Ketten, altertümliche Statuen, Götterbilder, Skulpturen – hätte Pierpaoli raten sollen, hätte er auf Europa, Afrika und Asien getippt.

Pierpaoli war erschlagen von der Pracht, die er sah, von dem Willen, der sich in diesen Schätzen manifestierte. Dieser Keller enthielt so ziemlich alles, wovon man träumen mochte, aber eines nicht: Hier war kein Quantencomputer.

Pierpaoli griff zum Telefon, um Difraudi und Liu anzurufen, aber hier hatte er keinen Empfang. Er schob das Handy in die Brusttasche seines Arztkittels und wandte sich zum Gehen. An der Tür war wieder ein Tastenfeld. Wie war die Codezahl? Vier-sieben und dann? Vier-sieben-neun-sechs? Bestätigendes Summen. Pierpaoli wollte gerade aus dem Keller schlüpfen, als er Schritte hörte. Schritte, die die Treppe herunterkamen.

Hier gab es nichts, um sich zu verbergen. Pierpaoli knipste das Licht aus und stellte sich neben ein Weinregal. Sein Herz pochte.

*

Die Tür ging auf. Ein kleiner Mann trat ein. Ein Filipino, dachte Pierpaoli, vielleicht auch ein Vietnamese, in einer schwarzen Dienerlivree, weiße Handschuhe, er trug ein längliches Körbchen. Der Mann ging zu einem der Regale, zog einen Zettel aus der Tasche und las ab, welche Flasche er aus dem Regal ziehen und behutsam in seinem Körbchen verstauen sollte. Er ging ganz in dieser Tätigkeit auf. Dann wandte er sich mit seiner kleinen Last zum Gehen.

Er war schon an der Tür, als er Pierpaoli erblickte. Er prallte förmlich zurück, stieß einen kleinen Schrei aus. Und blieb stehen. Versteinert. Starrte Pierpaoli an.

Die beiden Männer standen sich gegenüber. Der Asiate wusste sich keinen Reim zu machen: Er sah einen Arzt, eine Autorität, aber an einem Ort, den doch niemand betreten durfte. Das Gesicht des Kleinen war braun, flach wie eine Münze, der Mann starrte ihn entsetzt an.

»Ich bin Arzt«, sagte Pierpaoli. »Doktor, verstehen Sie? Ich muss die Weine prüfen, auf ihre Schädlichkeit. Manche Weine sind gut für die Gesundheit, manche nicht. Verstehen Sie? Ich prüfe die Weine …«

Der Mann nickte gehorsam, aber verstand offenbar nichts. Seine Augen verengten sich. Jetzt trat er einen halben Schritt zurück. Das Körbchen mit der Weinflasche drückte er an sich, wie eine Mutter, die ihren Säugling hält.

Gleich würde er schreien, weglaufen, Alarm auslösen.

Pierpaoli folgte einer Eingebung. Es war nicht die schönste Eingebung seines Lebens, aber manchmal geht es vielleicht nicht anders.

Er trat dicht an den Asiaten heran, griff aus dem Körbchen die Weinflasche, hielt sie am Flaschenhals gepackt, die Augen des Mannes weiteten sich entsetzt, und Pierpaoli zog dem Mann in einer leichten, fast eleganten Bewegung die Weinflasche über den Schädel.

Der Asiate gab einen kleinen Seufzer von sich und ging zu Boden, direkt vor Pierpaolis Füßen. Unter seinem Kopf bildete sich eine kleine Blutpfütze.

Pierpaoli roch das Blut, ein metallischer Geruch. Ihm wurde übel.

Er schaute auf den Mann, den er niedergeschlagen hatte, schaute auf die Weinflasche, die er noch am Hals hielt – und ließ sie los. Sie zerbrach scheppernd. Scherben auf dem Boden. Jetzt roch es auch nach Wein.

Pierpaoli zitterte. Er beugte sich zu dem Mann, tastete nach dessen Hals, nach seiner Schlagader. Das Telefon rutschte aus seiner Kitteltasche und fiel in die Weinlache. Pierpaoli griff danach, seine Hand zitterte so stark, dass er beinahe in eine Scherbe gefasst, sich fast geschnitten hätte.

Am Hals des Mannes ertastete er einen Puls. Er hatte den kleinen Mann nicht erschlagen! Er ging um den Bewusstlosen herum, griff ihm von hinten unter die Arme und schleifte ihn zu einem der Regale. Er drehte den schmächtigen Körper auf die Seite, Pierpaoli hatte gelesen, dass Bewusstlose an ihrem Speichel oder Erbrochenem ersticken konnten.

Dann richtete er sich stöhnend auf. Mehr war nicht zu tun. Er musste raus hier. Raus aus dem Keller, weg vom *Ashram*. Er tastete nach seinem Telefon. Das Display war blind, geplatzt. Pierpaoli drückte auf die Starttaste, aber nichts geschah. Tot.

Er konnte Difraudi nicht anrufen, nicht um Hilfe bitten. Er musste allein sehen, wie er hier herauskam, zum Hotel gelangte.

Donnerstag, 2. August 2029

Mulund-West, Mumbai, Indien

»Die Stadt stinkt«, sagt der Guru zu den Kindern. »So viele Menschen …«

Rushhour in Mumbai. Der Verkehr ist mörderisch. Und die weiße langgestreckte Rolls-Royce-Limousine auf dem Expressway zwischen Mulund-West und Bhandup hat zwar eine Polizeieskorte, zwei weiß behelmte Motorradfahrer vorweg, zwei im Gefolge, trotzdem kommen die vier Passagiere, die im Wageninneren sitzen, nur quälend langsam voran.

Der Guru ist ungeduldig, aber er lässt es sich nicht anmerken. Mit ihm befinden sich in der Limousine, in dieser weiß schimmernden Air-Condition-Blase aus Stahl, getöntem Glas und Luxus, die drei *Pehuenche*-Mädchen. Eine letzte Reise, hat der Guru ihnen gesagt, dann dürfen sie zurückfliegen nach Chile, zu ihrem Stamm, ihren Eltern, zur Zauberin. Er spricht passables Spanisch mit ihnen, sie antworten ebenso, aber nur wenn er sie direkt fragt, dann auch nur einsilbig. Er hat gelächelt, als sei alles in bester Ordnung. Die drei Mädchen haben ihn angesehen und genickt, mit den ernstesten Gesichtern der Welt.

Sie durchschauen ihn. Das weiß er. Er weiß auch, dass sie ihn nicht mögen, dass seine Mittel, mit denen er andere Menschen beeinflusst, betört, dass seine Mittel bei diesen Kindern nicht verfangen. Sie haben abermals nach Ariadna gefragt. Wahrscheinlich vermissen sie die Kolumbianerin, vermutet er, vermissen wahrscheinlich auch ihren Wald, ihre Eltern – es ist nicht wichtig. Er braucht diese Kinder. Seine Pläne sind wichtig.

Sie sind jetzt in Bhandup, die Industriegebiete haben sie hinter sich, sie fahren runter vom Expressway und fahren durch Kanjurmarg, Richtung Nehrunagar. Mumbai, denkt der Guru, ist schon für Großstädter ein Schock, wie muss es da auf diese drei Kinder wirken? Sie sind jetzt bald in Ghatkopar. Er drückt einen Knopf, lässt die Scheibe herab.

»Die Stadt stinkt«, wiederholt er. Ein Schwall von Hitze, von Abgasen, verbranntem Müll, Lärm, stickiger, schmieriger Luft bläst herein. »Riecht ihr das? So viele Menschen sind da draußen.«

Inara, Sayen und Amuway haben die ganze Fahrt über aus dem Fenster gesehen, die Betelnussverkäufer und bettelnden Kinder an den Ampeln betrachtet, die grellen Reklameschilder, die wackeligen Hausfassaden, eingerüstet mit Bambusgestellen, zusammengehalten mit Nägeln und Schnüren, das Gebrodel aus Menschen, Fahrzeugen, Abgasen. »Zu viele Menschen leben in dieser Stadt«, wiederholt der Guru. »Sie sind unglücklich. Jeder will etwas. Jeder drängt sich vor. Jeder denkt nur an sich! Viele Menschen machen viel kaputt. Das muss ein Ende haben. Vielleicht versteht ihr das nicht, weil ihr noch zu jung seid. Aber es ist gut, dass ihr das seht, es ist wichtig, dass ihr meine Absichten begreift, *muy importante*«, wiederholt er.

Die drei Mädchen nicken, schweigend sehen sie aus dem Fenster.

Sie sind jetzt am Privatflughafen, die Limousine biegt in die Zufahrt ein. Vor ihnen die Landebahnen, mit den Privatflugzeugen der Reichen und Begünstigten, rechts das kleine, aber edle Gebäude, ein Glaskasten, darin Abfertigung, Passkontrolle, Lounge.

Der Jet des Gurus steht schon auf dem Rollfeld, mit der kleinen, heruntergelassenen Treppe. Normalerweise müssten sie durch die VIP-Abfertigung, aber weil sie die Polizeieskorte haben, können sie sich diese Formalität sparen. Die Polizisten sind auch schon bezahlt worden. Der Rolls-Royce hält am Rand des Rollfelds. Der Guru steigt aus, die Kinder auch. Der Fahrer eilt um den Wagen herum zum Kofferraum, um das Gepäck zu holen.

Plötzlich aber, sie marschieren schon zum Flugzeug, dreht

sich Inara um und läuft einfach los, läuft zurück, sie eilt, quer über das Rollfeld, Richtung Abfertigungsgebäude. Denn dort, hinter der dicken Glasscheibe, hat eine junge Frau auf sie gewartet – eine junge Frau, die herausgefunden hat, dass der Guru hier und heute das Land verlassen will, die sich deshalb einen Plan überlegt hat, die dachte, wenn diese kleine Gruppe durch die Abfertigung käme, dann würde sie es schon irgendwie hinkriegen, den Guru zu konfrontieren – und die Mädchen zu befreien.

Es ist Ariadna.

Es ist Ariadna, die jetzt hinter der Scheibe steht und gegen das Glas hämmert, wütend und hilflos, wie eine Zeichentrickfilmmaus unter einem Glassturz.

Inara ist stehen geblieben. Sie will nicht, dass Ariadna sich so aufregt, so verzweifelt schreit. Sie will nicht, dass Ariadna jetzt von Uniformierten abgeführt wird wie eine Verrückte. Sie will nicht, dass Ariadna so traurig ist, sich Sorgen um sie macht.

Es wird alles gut werden, möchte sie Ariadna sagen. Aber Ariadna ist hinter der Glaswand und wird jetzt weggezogen, und sie, Inara, steht hier auf dem Rollfeld, und zwei Mitarbeiter des Gurus sind ihr nachgelaufen und sind jetzt bei ihr und fassen sie bei den Schultern und führen sie mit sanfter Gewalt zurück zum Flugzeug. Sie reden auf sie ein, diese zwei Mitarbeiter, sie sagen, Inara solle keine Angst haben – sie denken, sie würde sich vor dem Flugzeug fürchten. Aber so ist es nicht. Inara fürchtet sich nicht vor dem Flugzeug; wenn überhaupt, dann hat sie Angst um Ariadna. Wenn überhaupt, dann fürchtet sie sich vor dem, was auf sie alle zukommt.

Donnerstag, 2. August 2029

Castel di Casio, Italien

Liebe Ariadna!
Ich hoffe von ganzem Herzen, es geht Dir gut! Und ich hoffe natürlich auch, Du hast interessante Projekte, findest freundliche Menschen um Dich – aber da muss man sich um Dich keine Sorgen machen, denke ich. Doch ich habe schon lange keine neuen Aufnahmen von Dir gehört! Aber Deine früheren Aufnahmen höre ich immer und immer …
Auch diesmal muss ich mich entschuldigen, dass ich nicht rascher geantwortet und regelmäßiger geschrieben habe; aber Du wirst bald verstehen, weshalb. Vor vier Wochen ungefähr habe ich eine Mail an Dich begonnen, jedoch wieder gelöscht. Es waren verrückte Wochen, die folgten. Ich habe dann das, was ich Dir eigentlich erzählen wollte, an anderer Stelle vorgetragen. Ich glaube nach wie vor, dass es richtig war – richtig vor Gott. Ich bete darum, dass ich das Richtige getan habe.
Aber seitdem ist mein beschauliches Leben mit den edlen Pferden in Castel di Casio wie auf den Kopf gestellt.
Es war mein elendes Gewissen (diesen Ausdruck hast Du mir damals beigebracht, in London, erinnerst Du Dich?) – also, es war mein »elendes Gewissen«, das mich dazu gebracht hat, bestimmte Enthüllungen zu betreiben. Dinge zu beweisen, die ich nicht mittragen wollte. Das klingt ein bisschen mysteriös. Um es in einem Wort zu sagen: Ich habe geholfen, maßgeblich sogar, meinen Dienstherrn der Lüge und des Betrugs zu überführen.
Er war ein falscher Prophet.
Seitdem ist um mich herum ein Sturm ausgebrochen. Als seien die Pforten der Hölle geöffnet. Aber der Reihe nach, liebe Ariadna …
Mein Dienstherr, der sich inzwischen dafür verantworten muss, hat Subventionsbetrug begangen. Als mir klarwurde, worum es

ging und dass ich involviert war, zeigte ich mich selbst an – aber ihn natürlich auch. Dann bekam ich Besuch. Es kam ein kirchlicher Hacker, und er hat mir geholfen, die nötigen Informationen und Beweise zu beschaffen. Ich wurde damit zum Whistleblower.

Und das ist nicht schön.

Mein Dienstherr wurde abgesetzt. Er war ein sehr wichtiger Kardinal. Ein Skandal war die Folge. Innerhalb des Vatikans sickerte durch (nichts bleibt dort geheim), dass ich beteiligt war. Es folgten Medienberichte, Reaktionen. Einige waren Lobhudeleien, andere hasserfüllt und voller Unverständnis. Plötzlich ist man entweder berühmt oder berüchtigt. Plötzlich hat jeder eine Meinung über dich. Plötzlich sehen die Menschen dich mit anderen Augen an.

Ich musste weg. Weit weg. Du weißt ja, dass ich mal ein halbes Jahr (nach meiner Londoner Zeit) in Armenien verbracht habe. In diesem kleinen Kloster an der Grenze zu Georgien. Du erinnerst Dich vielleicht: Ich habe wichtige Handschriften gefunden, für meine Dissertation über den Arche-Noah-Mythos und den Berg Ararat.

Mit den Brüdern dort stand ich seitdem in herzlichem Einvernehmen und Kontakt. Ich könnte mich gerne wieder bei ihnen einquartieren, haben sie immer wieder geschrieben. Sie können meine Hilfe sogar ganz gut gebrauchen, sie sind recht betagt. Und für mich ist es der perfekte Rückzugsort. Sie haben sogar noch ihre Pferde.

Armenien also! Mein Flug geht übermorgen. Nach Castel di Casio hast Du's leider nicht geschafft, aber vielleicht besuchst Du mich in Armenien? Das wäre großartig. Schreib mir!

Ich bete für Dich, und ich bitte Gott um seinen Segen für Dich.

Dein Pater Philipp

Donnerstag, 2. August 2029

JW Marriott Hotel, Juhu Road, Mumbai, Indien

Mit einem hellen *Bing* glitten die Fahrstuhltüren auf. Direkt gegenüber dem Fahrstuhl hing an der Wand eine Skizze der Zimmerverteilung, zwei Pfeile, die vom Fahrstuhl aus in entgegengesetzte Richtungen zeigten – Zimmer 913 bis 926 nach links, Zimmer 901 bis 912 nach rechts.

Pierpaoli trug immer noch seine, wenn auch ramponierte, medizinische Verkleidung. Sie hatte sich bewährt und ihm Zugang zum Hotel verschafft. Er wandte sich nach rechts.

Aber dann sah er die Männer.

Es waren drei. Ein Chinese, ein Europäer, ein Inder. Sie hatten militärisch kurze Haarschnitte, an den Seiten rasiert. Sie kamen von rechts, und sie verlangsamten, als sie Pierpaoli sahen, ihren Schritt, sickerten ein wenig zusammen und strafften sich: eine beinahe unmerkliche Veränderung in ihrer Körpersprache. Bedrohlich.

Pierpaoli ließ die Männer noch herankommen. Etwas in ihm warnte ihn, direkt zu Zimmer 903 zu gehen. Eine Sekunde dehnte sich, verging, zwei Sekunden. Pierpaoli unterdrückte den Impuls, sich umzudrehen, wegzurennen. Er tat, als vergliche er sorgfältig den Zimmerplan mit den Aufzeichnungen auf seinem Klemmbrett. *Du bist der Hotelarzt. Denk daran. Sei der Hotelarzt.* Er bedachte die Männer, als sie noch näher kamen, mit einem knappen Chefarzt-Nicken. *Diese Männer interessieren dich nicht, du bist der Hotelarzt.* Sie antworteten nicht. Aber dass sie reagieren würden, lag in der Luft. Pierpaoli wandte sich nach links, als sei ihm eben klargeworden, wo er hinmüsse. Weg von den Männern.

Die Männer waren stehen geblieben und sprachen miteinander, halblaut. Dass sie über ihn sprachen, lag auf der Hand.

Pierpaoli blieb vor dem erstbesten Zimmer stehen, tat so,

mit nervös-übertriebener Pantomime, als vergliche er die Zimmernummer abermals, klopfte dann energisch an – ein Arzt, den man gerufen hat, verliert keine Zeit. Die Tür wurde aufgemacht. Ein kleiner, älterer Herr. Kahlköpfig. Mit grauen Büscheln über den Ohren. Kein Inder. Ein Europäer oder Amerikaner. Im weißen Bademantel. Verwirrt: ein Arzt vor der Tür, den er nicht gerufen hat.

»Guten Tag!« Pierpaoli merkte, dass er übertrieben laut sprach. Er schob den Mann einfach rückwärts ins Hotelzimmer zurück. »Entschuldigung! Darf ich kurz hereinkommen? Ich bin der Hotelarzt …« Pierpaoli zog die Tür hinter sich zu. Der Herr im weißen Bademantel starrte ihn an. Aber Pierpaoli war in Sicherheit, vorerst jedenfalls.

»Sir, ich bin der Hotelarzt. Dr. Pierpaoli … Entschuldigen Sie den Überfall. Nur einige Fragen, bitte. Ärztliche Fragen. Wir haben im Haus eine Infektion, eventuell. Aber wir gehen der Sache nach. Haben Sie irgendwelche Beschwerden, Sir? Magen, Darm, Atembeschwerden?«

»Nein, gar nicht«, sagte der Mann. »Was für eine Infektion denn?«

»Das ist – es ist schwer zu erklären, Sir. Aber es geht Ihnen gut? Ihr Befinden ist gut?«

»Ja, natürlich. Erklären Sie's mir bitte. Ich bin ein Kollege, ich bin selbst Arzt.«

Pech! Was für ein Pech. Von allen Zimmertüren musste er an genau diese geraten, mit einem echten Arzt dahinter.

»Ich bin allerdings Augenarzt«, fuhr der Bademantel freundlich fort. »Aus Belgien. Ich kann Ihnen gleich meine Karte geben. Wir sind hier zu einer Konferenz, meine Frau und ich, beziehungsweise, ich besuche die Konferenz, meine Frau begleitet mich. Sie ist jetzt im Wellnessbereich. Um was für eine Infektion handelt es sich denn? Ist es gefährlich?«

»Gefährlich? Tja – wie man's nimmt. Ein Virus. Oder ein Bakterium. Wir sind noch unsicher. Die Befunde stehen noch aus. Aber wenn Sie selbst gesund sind – umso besser. Meine Grüße an Ihre Frau, Herr Kollege. Auf Wiedersehen.«

Er ließ den völlig verdutzten Augenarzt stehen, auf dem Flur verharrte er. Die Männer waren weg. Pierpaoli blieb eine ganze Zeit stehen, versuchte, seine Atmung unter Kontrolle zu bringen, horchte auf Geräusche, aber es war nichts zu hören. Dann ging er den ganzen Flur zurück. Bis er vor Zimmer 903 stand. Die Tür war halb geöffnet.

Pierpaoli war unschlüssig. Rufen wollte er nicht, aber die Vorstellung, einfach den Raum zu betreten, war ihm ebenfalls unangenehm. Er entschied sich für Letzteres. Drückte die Tür auf und betrat so leise wie möglich Nummer 903. Sein Herz klopfte so laut, dass er sicher war, man müsse es hören.

Das Erste, was ihm auffiel: dass das Fenster offen stand. Der Vorhang bauschte sich. Im Raum herrschte Durchzug. Er hörte einen Summton, den er nicht deuten konnte. Auf dem Teppichboden lagen weiße Flocken. Ein Geruch, der ihn an Tankstellen denken ließ. Auf einer schmalen Schleiflack-Anrichte stand noch der Käfig mit dem Kanarienvogel darin. Der kleine gelbe Vogel hockte reglos auf seinem Ästchen.

Pierpaoli machte noch einen Schritt. Und noch einen Schritt. Und dann sah er Difraudi.

Amar Difraudi lag mit seltsam verdrehten Gliedmaßen auf dem Boden, wie hingestürzt, ein Arm schräg über dem gläsernen Couchtisch. Das weiße Hemd war blutdurchtränkt, eine spiegelnde Lache von Blut hatte sich auf dem Glastisch ausgebreitet. Teile seines Kopfes fehlten: Wo das linke Ohr gewesen war, war nun eine schrecklich anzusehende Öffnung, man sah Gewebe, Knochen, versengtes Haar.

Ein Brennen drückte vom Magen hoch, in die Kehle, in Pierpaolis Mund.

Ein Kissen lag neben Difraudis Leiche, in der Mitte ein klaffendes Loch. Das erklärte die Flocken. Es waren Kissendaunen, jemand hatte das Kissen – vielleicht zusätzlich – als Schalldämpfer benutzt. Und woher kam der Geruch nach Tankstelle? Und wo war Liu?

Pierpaoli wandte sich zum Badezimmer. Die Tür war nur angelehnt. Das Bad war groß, hell, weiß gekachelt, der Fußboden aus grauem Schiefer, es gab zwei separate Waschbecken, auf der Ablage einige Toilettenartikel, eine verglaste Duschkabine, ein Bidet und eine Badewanne in sehr komfortabler Größe – eine Wanne, in der Liu lag, in rosafarbenem Badewasser, in ihrer Stirn ein kleines rotes Loch. Hinter ihrem Hinterkopf, an der Kachelwand, war ein Fächer aus Farben, rot, cremefarben, weiß, es waren Blut, Hirnmasse und weiße Knochensplitter. Das Projektil hatte bei seinem vehementen Austritt einen Teil des Hinterkopfs von Liu zerfetzt und auf der Wand verteilt.

Pierpaoli erbrach sich in einem einzigen Schwall, hielt sich am Rand des Waschbeckens fest, tief über das Porzellan gebeugt, hustend, würgend, mit weißen Fingerknöcheln, bis sein Hals brannte, bis sein Magen nichts mehr hergab. Der Geruch war widerlich. Pierpaoli drehte beide Wasserhähne auf. Er ließ Wasser über seine Finger, seine Hände laufen, spritzte sich Wasser ins Gesicht, dann erst hatte er sich so weit im Griff, dass er den Blick wieder zu Liu wenden konnte.

Er trat einen Schritt zu ihr hin.

Man hatte ihr in den Kopf geschossen, außerdem mitten in die Brust, etwas oberhalb des Ansatzes ihrer Brüste. Die Brüste waren mädchenhaft klein. Ihr rechter Arm lag auf dem Wannenrand, ein schmaler Frauenarm. Neben der Wanne stand ein Päckchen mit Meersalz in abgepackten Tütchen, außerdem ein Medikament mit der Aufschrift »Dermosan«. Wahrscheinlich hatte sie ein Bad genommen, um ihren Hautausschlag zu lindern, hier hatten die Mörder sie dann überrascht. Waren das die drei Männer gewesen, die er auf dem Flur gesehen hatte? Bestimmt. Pierpaoli zwang sich, einen Finger in das Badewasser zu stecken, es war beinahe kalt. Lius Gesichtsausdruck war vollkommen leer, neutral. Was immer Pierpaoli tat, wie immer er sie betrachtete, es ging sie nichts mehr an.

Er musste hier raus. Jeder Schritt schien plötzlich laut und verräterisch. Er bekam hier keine Luft mehr. Jeden Moment konnte jemand kommen, ein Gast, ein Zimmermädchen, ein Mörder.

Als er in der Tür des Badezimmers stand und an Difraudis Leiche vorbeiwollte, möglichst, ohne hinzusehen, da wurde das Summen plötzlich lauter. Jetzt sah er, woher es kam: ein kleiner Zünder, der auf einer Glasplatte auf einer Anrichte stand, daher die Vibrationen, zwei Drähte, befestigt an einem Röhrchen, ein Schlauch, der in einen Kanister führte. Daher der schwache Geruch, der ihn an eine Tankstelle hatte denken lassen: Benzin.

Pierpaoli trat instinktiv und augenblicklich einen Schritt zurück, trat rückwärts wieder ins Badezimmer, schlug die Tür vor sich zu, keinen Bruchteil einer Sekunde zu früh, denn eine erste Explosion erschütterte den Raum, er spürte den Druck auf der Tür, spürte ihn auf der Klinke, die er noch hielt, aber die Tür hatte ihn geschützt.

Seine Ohren klingelten.

Aber das war nur die erste Explosion.

Die zweite Explosion, direkt danach, war ungleich stärker.

Die zweite Explosion fetzte die Tür weg, riss sie in Stücke, füllte beide Räume, das Hotelzimmer und das Bad, mit einer unbändigen, bösartigen Hitze. Alles in dem Hotelzimmer schien schlagartig in weißen Flammen zu stehen, Blasen zu schlagen, das Bett, der Boden, der Stuhl, der kleine Käfig auf der Anrichte. Die Hitze drückte Pierpaoli rückwärts in das Badezimmer. Er hörte ein Zischen. Spürte, wie seine Augenbrauen, die Härchen auf den Armen, sein Hemd versengt wurden. Er hatte die Luft angehalten. Jetzt tat er einen Atemzug und hätte schreien mögen – es war, als würde er Feuer atmen, oder heißen Sand. Fast wie in Zeitlupe, fast wie in langsamen, körnigen Einzelbildern sah er, wie sich in dem Hotelzimmer ein großer Gasball aufbaute, wie er sich wütend blähte, das Feuer würde alles füllen, alles versengen, darum hatten die Männer auch das Fenster und die Tür offen gelassen, um das Feuer anzufachen – Pierpaoli begriff es blitzartig, wenn auch am Rand seines Empfindens.

Das Gehirn ist bisweilen langsamer, es weigert sich, den ganzen Umfang einer Gefahr anzuerkennen; der Körper reagiert schneller.

Im Zentrum allen Empfindens von Thomas Pierpaoli stand der Reflex, nicht sterben zu wollen. Auf keinen Fall sterben zu wollen. Dieser Reflex ging über alles.

Pierpaoli war mit einem Schritt an der Badewanne, ergriff den Arm der Physikerin, zerrte die glitschige Tote mit einer einzigen Bewegung heraus aus der Wanne, ließ den nackten, erkaltenden Körper achtlos auf die Fliesen fallen, wo die Haut zu dampfen begann, und sprang dann selbst hinein, sprang in die Wanne, warf sich flach ins Wasser, der Länge nach in die grell aufleuchtende Flüssigkeit, das Gesicht nach unten, die Augen zugedrückt, den Mund verpresst, die Hände an den Ohren, Hinterkopf, Rücken, Rückseite der Oberschenkel unerträglich heiß.

Über ihm ein ersticktes Krachen, das fauchende Inferno einer chemischen Reaktion von entflammtem Benzin. Über ihm die Hitzehölle, die glühende Luft, und das Einzige, was ihn gegen all das schützte, waren ungefähr zwei Handbreit Badewasser, mit einer Beigabe von Meersalz und einem Mittel namens »Dermosan«.

Pierpaoli hielt etwa zwanzig, vielleicht fünfundzwanzig Sekunden lang die Luft an, Nacken und Schulterblätter brannten, dann hämmerte sein Herz so sehr, dann verlangten seine Lungen so peinigend nach Sauerstoff, dass er sich hochdrückte, damit rechnend, Kopf und Oberkörper in eine Flamme zu halten. Aber er musste atmen. Er brauchte Luft. Er drückte sich hoch.

Er sah nichts. Vor seinen Augen war nur ein weißes Leuchten, er spürte Wärme, Feuchtigkeit, etwas knisterte, knackte, prasselte.

Das Feuer hatte das Hotelzimmer in einem einzigen, wütenden Schwall versengt, hatte Bett, Stühle, Sessel, Anrichte, Schrank in schwarze, stinkende und rauchende Stümpfe verwandelt, den Teppich zu schwarzem Staub gemacht, aber das Feuer hatte auch augenblicklich die Sprinkleranlage aktiviert, die jetzt mit voller Kraft Zimmer und Bad beregnete. Die Luft war warm und voller Dampf. Rauch und Dampf mischten sich, Pierpaoli stieg hustend aus der Wanne, dass er tropfnass war, schützte ihn. Wenn er seinen Kopf bewegte, schoss ein flammender Schmerz in seinen Nacken, als schlüge man dort einen Nagel ein. Aber er konnte den Kopf steif halten und sich bewegen. In seinen Ohren war ein Pfeifen.

Lius Körper lag neben der Wanne, der Körper hatte fast nichts Menschliches mehr, das nackte Fleisch mit Blasen übersät, das Haar weggebrannt, die Haut an vielen Stellen verschmort. Der Anblick war nicht zu ertragen.

Es zischte, dampfte, stank, von oben prasselte der Regen der Sprinklerdüsen.

Pierpaoli wankte in das Zimmer. Difraudis Körper war noch versengter. Der Geruch nach verbranntem Fleisch, Horn, verschmortem Plastik. Der Bambuskäfig mit dem kleinen Vogel darin, der Vogel, der eben noch gelebt hatte, existierte nicht mehr, war zu Asche geworden.

Das Pfeifen in seinen Ohren ließ nach. Dafür hörte Pierpaoli ein anderes Geräusch, eines, das von außen kam. Ein Heulton. Feueralarm, natürlich! Er war wahrscheinlich schon die ganze Zeit aktiviert. Pierpaoli musste sehen, dass er hier wegkam.

Er berührte kurz und vorsichtig den Griff der Balkontür. Der Griff war heiß und gab nicht nach. Im ganzen Raum war kein Stück Stoff, das nicht verbrannt war. Pierpaoli zog vorsichtig sein Hemd über den Kopf, mit dem feuchten Hemd als Lappen konnte er den Balkongriff umfassen, lockern, die Tür aufdrücken. Er ließ das Hemd fallen. Vor dem Balkon war das Baugerüst aus Bambus, es zog sich über die Hälfte der Hotelfassade, mit grünen Gazeplanen verhängt. Am Balkon war es sogar vertäut. Pierpaoli schwang ein steifes Bein über die Balkonbrüstung und verlagerte sein Gewicht auf die wackelige Bambuskonstruktion. Dann zog er das zweite Bein hinterher.

Die Konstruktion schaukelte, wackelte. Er wagte es nicht, nach unten zu sehen. Auf keinen Fall konnte er auf diesem Gerüst neun Stockwerke hinabklettern – wie sollte das gehen? Aber dann sah Pierpaoli neben dem Gerüst eine schmale Anlegeleiter, sie schien an der Wand zu kleben. Er machte vorsichtig ein paar Schritte hin. Fasste eine Sprosse, sie wackelte nicht, saß fest auf dem Putz, jetzt sah er auch, dass die Leiter an die Wand geschraubt war, mit Spreizdübeln, Schlossschrauben, Pierpaoli sah die kräftigen Sechskantköpfe. Die Holme und Sprossen waren mit Farbe und Zementspritzern bekleckst, wahrscheinlich wurde die Leiter von den Bauarbeitern benutzt, um auf das Baugerüst zu gelangen. Warum waren jetzt keine Bauarbeiter da? Waren gestern welche hier gewesen? Pierpaoli konnte sich nicht erinnern. Mit einem vorsichtigen Schritt hangelte er sich vom Baugerüst auf die Leiter. Sie war vielleicht drei Meter lang, ein Stockwerk. Aber darunter saß eine weitere Leiter, und so weiter.

Pierpaoli hätte vor Angst und Verzweiflung heulen können, aber er machte sich an den Abstieg. Eine Sprosse nach der anderen. Immer erst beide Hände fest auf der Sprosse, dann den einen Fuß versetzen, tastend, dann den nächsten Fuß nach unten setzen, tastend, dann die eine Hand nachziehen, dann die nächste Hand nachziehen, dann den einen Fuß versetzen, zwischendurch die Hände abtrocknen, mit dem Handrücken den Schweiß aus den Augen wischen, dann den nächsten Fuß setzen, tastend, mit schlagendem Herzen, erfüllt von einer wilden, seltsamen Lust und Wut und Angst.

Kapitel 9
Die Liebe

Was Prügel sind, das weiß man schon, was aber Liebe ist, das hat noch keiner herausgebracht.

Heinrich Heine

Donnerstag, 2. August 2029

»Let-India-be-a-dream-Hotel«, Naik Road, Mumbai, Indien

Gott, wie ihn sich die Menschen und der Monotheismus über Jahrhunderte hin zurechtgelegt, zurechtgedacht, erträumt und gewünscht hatten, dieser Gott war allmächtig, allwissend und allgütig. Kein Sperling fiel vom Dach, ohne dass der Herr es wollte. Gott lenkte alles. Die Menschen mussten sich fügen in ihr Schicksal.

Dann kam mit dem siebzehnten Jahrhundert die Aufklärung. Und die Philosophen stellten unangenehme Fragen. Voltaire oder Descartes, Hume, Kant oder Hegel – diese Denker brachten neue Ideen auf, Ideen wie Rationalismus, Selbstbestimmung und Fortschritt. Die Kirche hatte – aus ihrer Sicht – recht gehabt, diese Ideen zu bekämpfen. Denn sie untergruben die Macht der Kirche. Aber die Zeit war reif. Die Ideen setzten sich durch.

Thomas Pierpaoli war immer ein Kind dieser Denkrichtung gewesen. Er glaubte an Vernunft und einen aufgeräumten Schreibtisch. Aber jetzt kam seine Überzeugung ins Wanken.

Pierpaoli lag bäuchlings auf dem Bett, nur in Unterhose, über ihm der gemessen kreiselnde Ventilator. Er hatte sich ein feuchtes Handtuch über den Nacken gelegt, ein weiteres über seine Schulterblätter, dort, wo die Verbrennungen, die er sich in der Badewanne des Marriott zugezogen hatte, pochten und schmerzhaft zerrten.

In seinem Kopf rotierten die Fragen. Er hatte versagt. Er hatte sich einen mickerigen Plan zurechtgelegt, aber damit war er ins Leere gelaufen. Dass er gerade noch eben lebte, war alles, was er vorweisen konnte. Er hatte ein kleines Glück im großen Unglück gehabt, zufällig lebte er noch.

Wenn es ein Zufall war. Seine Gedanken drehten sich. Nach allem, was er inzwischen über Zufälligkeiten und Manipulationen wusste, konnte es durchaus sein, dass sein Unternehmen wie auch sein Scheitern Teil eines größeren Bildes waren, Puzzlestücke in einem Plan des Gurus, den er, Thomas, niemals überblicken konnte. Vielleicht waren er, Ari, Catchside, Liu, Difraudi nur Bauern auf dem Schachbrett des Amitav Rama Shah? Und er, Thomas, war der unwichtigste aller Bauern? Und nur deshalb hatte er überlebt?

Welchen Sinn machte es dann, zu kämpfen? Welche Chance hatte er? Einen Feind, der die Zukunft kannte, den konnte man kaum besiegen. Und einen Feind, der die Zukunft *machte*, der war unmöglich zu besiegen. Pierpaoli schloss die Augen. Er sank in Schlaf, tauchte ab, ein Taucher, der sich in einem stürmischen, wogenschlagenden Meer in eine ruhige Wasserschicht hinabgleiten lässt. Nach unten gezogen von seinem Gewicht.

Plötzlich hörte er Musik. Wieso hörte er Musik?

Pierpaoli stöhnte. Madame Tamara und ihre Tochter waren sehr streng, was plärrende Fernseher, kläffende Hunde und laute Musik in den Zimmern anging, einer der Gründe, warum Pierpaoli dieses kleine Hotel so mochte. Aber diese Songzeilen … diese Songzeilen kannte er.

A rain, a light …

A day, a night …

A right, a wrong, a fight, a song …

Und diese Stimme kannte er auch, er würde sie unter Tausenden von Stimmen erkennen. Es war Ariadnas Stimme, und dies war ein Lied von ihrer vorletzten Aufnahme, noch aus Südafrika, wenn Pierpaoli sich richtig erinnerte. Wieso aber hörte er hier Ariadnas Musik? War das Einbildung, Überreiztheit? Vielleicht wurde er verrückt, die Möglichkeit war nicht von der Hand zu weisen …

Pierpaoli zog vorsichtig die feuchten Handtücher von sich ab, stemmte sich aus dem Bett, fand ein Unterhemd, streifte es über und stieg ächzend in seine Hose. Er griff den Zimmerschlüssel, an dem ein altmodischer Anhänger hing, fast so groß wie eine Birne und aus Hartgummi. Er schloss die Tür ab und ging mit wackeligen Schritten zum Treppenabsatz, wo er stehen blieb, wie angewurzelt. Er konnte nicht glauben, was er eine Treppe tiefer sah – wen er sah.

Es war Ariadna. Sie hatte einen Koffer in der einen, einen Zimmerschlüssel und eine Tasche in der anderen Hand. Neben ihr stand Madame Tamara. Sie hielt das große Plattencover einer Vinylplatte in der Hand, Pierpaoli erkannte Ariadnas Platte.

Ariadna war wieder da, war hier im Hotel. Wahrscheinlich hatte sie ihr Werk irgendwann der Hotelchefin geschenkt, die hatte es zur Begrüßung aufgelegt, um zu demonstrieren, wie sehr sie ihren Gast wertschätzte.

»Ariadna!« Pierpaoli hatte es krächzend hervorgebracht, es ging in der Musik unter.

»Ariadna!« Etwas lauter.

Sie blickte hinauf zu ihm, erkannte ihn, nach der Ewigkeit einer Sekunde ließ sie ihren Koffer fallen, ihre Tasche fallen. Und rannte, schnellte, zwei Stufen auf einmal nehmend, die Treppe hinauf. Er kam ihr vorsichtig entgegen, und sie sprang ihn an und fiel ihm um den Hals. Madame Tamara stand unten und lächelte hinauf.

»Thomas, es tut mir so leid …« Sie flüsterte es in seine Halsbeuge. Sie war so warm und lebendig an ihm. Er wünschte nur, sie würde die Hände von seinem verbrannten Nacken nehmen.

»Thomas, es ging so schnell, damals in Island, und du hast mich gerettet … Das hat mir dieser Taxifahrer erzählt. Du bist aus dem Fenster gesprungen, mit mir, ich war bewusstlos, ich weiß nicht, was geschehen ist. Und ich hab mich zum Flughafen bringen lassen und bin hierhergeflogen. Und hab dich auf Island alleingelassen. Und dann erfuhr ich, dass du gesucht wirst, wegen Mordes, ich konnte es nicht glauben, und ich konnte dir nicht helfen, ich hatte etwas zu tun, es tut mir leid, Tom.«

Pierpaoli hörte nur halb hin, nur darüber, dass sie da war, empfand er ein Glück, das ganz unerwartet war.

»Was hast du an deinem Nacken, Thomas?« Sie hatte die blasige Brandwunde ertastet. »Was ist mir dir passiert, Thomas? Etwas Schlimmes?«

»Nur Gutes. Jetzt jedenfalls«, sagte er. »Ich hatte eine Frau verloren und habe sie wiedergefunden.«

»Ach, Tom. Versuchst du, charmant zu sein?«

»Ich sage nur die Wahrheit.«

»Die Wahrheit ist, dass wir dich erstmal verarzten müssen. Ich muss mir das ansehen: Es muss gereinigt, vielleicht genäht werden.« Ariadna war zupackend und geschickt in diesen Dingen, manchmal allerdings überschätzte sie sich. »Ich habe mein Erste-Hilfe-Set dabei, auch Brandsalbe. Ich hole meine Sachen.«

*

Pierpaoli lag – wieder – bäuchlings auf seinem Bett, Ariadna tupfte und hantierte mit Chlorhexidinsalbe und sterilen Verbänden an seinem Nacken und an seinen Schulterblättern. Sie sprach leise, ihre Stimme war weich. Für ihn hätte man die Zeit so anhalten können.

»Jetzt erzähl mir, Tom, was ist passiert? Am besten der Reihe nach.«

»Es gibt kein Der-Reihe-nach.« Pierpaoli sammelte sich. »Es gibt nur ein Wirrwarr, jedenfalls in meinem Kopf.«

»Dann fang irgendwo an.«

Pierpaoli drehte den Kopf zur anderen Seite, weg von ihr, er sprach zur Matratze hin. »Ein Komplott. Damit beginnt es. Das Komplott um diese Maschine, einen Quantencomputer. Es hatte Schwierigkeiten gegeben. Darum hatten sie von Kapstadt aus Nikita geschickt. Erst nur ihn. Damit er prüft, was los ist. Du weißt schon. Routine. Aber er war überfordert. Und dann haben sie mich geschickt. Aber das ist nicht unsere Expertise, nicht unsere Spezialität. Wir waren beide völlig überfordert. Und das war kein Zufall. Das wussten sie. Sie haben uns ausgesucht, genau aus diesem Grund – damit wir nichts herausfinden. Weil sie wussten, dass wir nichts herausfinden würden.«

»Wen meinst du mit ›sie‹?«

»Meine Vorgesetzte. In Kapstadt. Vielleicht auch ihr Vorgesetzter. Ich weiß nicht, bis in welche Kreise die Intrige reicht. Ich wurde plötzlich zurückbeordert. Mein Bericht und meine Eingaben wurden ignoriert. Darum hab ich mich an Bao Wenliang gewandt. Er wollte mir helfen. Er wurde ermordet. Vor meinen Augen.«

Pierpaoli drückte sich hoch, stand auf, ging ans Fenster, presste die Stirn gegen das Fensterglas.

»Dein Patenonkel ist tot?« Ariadna hielt erschrocken inne, die Rolle mit dem Pflaster in der einen, die Schere in der anderen Hand. Sie hatte Bao nie getroffen, doch Pierpaoli hatte ihr oft von ihm erzählt.

»Ja. Ich hab ihn in Deutschland getroffen. Er wäre der Richtige gewesen, um zu helfen, jemand mit Einfluss. Er konnte diese Sache einschätzen.«

»Welche Sache?«

»Die Möglichkeiten, die dieser Quantencomputer mit sich bringt. Und die Gefahren. Weißt du, sie nennen es ›Quantencomputer‹. Als wäre es nur ein normaler Computer. Wie jeder einen hat, aber das ist es nicht. Es ist viel mehr. Das Ding kann unendlich mehr. Eigentlich ist es eine Waffe, eine unsichtbare.«

»Eine Waffe?«

»In den falschen Händen. Zum Beispiel in den Händen dieses Gurus. Rama Shah.« Pierpaoli kehrte zum Bett zurück. »Was weißt du über ihn, Ariadna? Es wäre vielleicht wichtig. Du warst doch bei ihm, in seinem Gefolge. Weißt du, mit wem er sich getroffen hat? Weißt du, was er plant? Warum hat er dich verfolgt, dich im Haus deines Freundes angreifen lassen – dieses, wie hieß er noch?«

»Du meinst Mardi Gras. Aber ich weiß das alles nicht, Tom. Ich kann dir nur sagen, dass er ein äußerst geschickter Lügner ist. Ich war aber nie seine Vertraute. Oder seine Freundin. Ich war nur zufällig da, als er jemanden benötigte, der ihm bei den Kindern half, und ich wollte nicht, dass die Kinder ohne Betreuung in die Welt mitgenommen werden – so kam es zustande. Dann fand ich heraus, dass er mir irgendwas verschwieg. Und da habe ich mir die Kinder genommen. Um sie nach Hause zu bringen. Aber er war schneller, er hat sie sich zurückgeholt.«

»Wozu?«

»Angeblich wollte er ihnen helfen. Aber das war gelogen. Er braucht sie für etwas anderes.«

»Hm.« Pierpaoli versank in Grübeln. Arianda unterbrach ihn.

»Thomas, diese chinesische Wissenschaftlerin ...«

»Liu.«

»Diese Liu – arbeitet sie mit dem Guru zusammen?«

»Nein. Liu ist tot. Ihr Freund auch. Difraudi. Erst dachte ich, sie und ihr Freund würden mit Shah unter einer Decke stecken. Aber so war es nicht. Sie wurden ermordet. Ich war zufällig dabei. Deshalb auch meine Brandverletzung. Diese Typen hatten ein Feuer gelegt, wahrscheinlich, um Spuren zu vernichten. Dieser Quantencomputer ist für Shah ungemein interessant, Ari! Vor allem, seit sie das fehlende Teilchen gefunden haben. Das hatte Nikita herausgefunden, denke ich.«

»Was meinst du mit ›fehlendes Teilchen‹, Tom?«

Pierpaoli drehte sich um, das Bett quietschte. »Das weiß ich nicht genau. Bao Wenliang sprach davon, Liu Lian auch. Intuition, Ahnung, irgendwas in dieser Richtung.« Ihm war plötzlich schwindelig, aber das lag vielleicht an den Tabletten, die Ariadna ihm verabreicht hatte.

Ariadna legte Schere und Pflaster auf den Nachttisch, sehr langsam. »Kann es mit den Kindern zu tun haben? Mit *meinen* Kindern? Mit den *Pehuenche?*«

Pierpaoli sah sie an.

»Kann es mit ihren Gehirnen zu tun haben? Die Chinesin

sagte so etwas, in dem Labor auf Island, aber ich hab's nicht ernst genommen. Oder nicht verstanden. Dass ihre Hirnströme gelesen wurden. Dort, wo wir untergebracht waren. Was bedeutet das?«

»Was sind das für Kinder, Ariadna?«

Ariadna sprach leise. »Sie sind besonders. Die *Pehuenche* sind besonders. Wie soll ich es beschreiben? Sie leben ganz und gar im Moment, ohne jeden Zweifel, ob ihr Dasein einen Sinn hat. Und sie nehmen jeden Menschen erstmal an, intuitiv, ohne zu überlegen, ob er ihnen nützen oder schaden könnte, welchen Eindruck sie gemacht haben, wie sie wirken, wie sie dastehen. Sie leben in einer Welt ohne Spiegel, wenn du weißt, was ich meine. Es gibt unglaubliche Gegensätze in ihrem Dasein. Die sie aushalten. Mühelos. Einerseits leben sie sehr eng miteinander. Familien in einer einzigen Hütte, in einem Raum. Wir würden durchdrehen. Aber dann – treten sie in die Natur. Der Wald. Wind, Berge, Tiere, Luft, Geräusche. Ihre Konzentration, wenn sie sich in die Natur begeben, ist beinah ekstatisch. Verstehst du, wovon ich rede?«

Pierpaoli nickte. Aber sicher war er sich nicht.

»Sie empfinden genauer. Jeder Moment ist aufgeladen. Jedes Versprechen gilt. Jeder Gang von A nach B ist wichtig.«

Sie sah ihn eindringlich an. Er fühlte sich unbehaglich unter ihrem Blick.

»Und dann gibt es besondere Kinder. Sie spielen in dieser Kultur eine wichtige Rolle. Schau nicht so ungläubig, Tom! Sie sind ausgewählt worden, um *Machis* zu werden, Schamaninnen. Sie haben besondere Träume, Ahnungen. Die Kinder sind die spirituelle DNA ihres Stammes. Alle paar Jahre, manchmal auch nach Jahrzehnten, wird ein Kind geboren, dem man seine Begabung anmerkt. Und dann kommt dieses Kind zu der *Machi*, es ist eine richtige Ausbildung. Seine innere Aufmerksamkeit wird trainiert. Für die Eltern ist das traurig, aber auch eine Ehre.«

»Aber hier sind es drei Mädchen«, unterbrach Pierpaoli sie.

»Ja, drei Kinder. In kurzen Abständen hintereinander geboren. Alle mit der Begabung. Das geschieht sehr selten. Und es ist ein großes Glück. Aber auch ein Zeichen: Es heißt, dass dem Stamm wichtige Entscheidungen bevorstehen.«

»Und glaubst du das alles, Ari?«

»Das ist ganz egal, Tom. Du glaubst es nicht, ich glaube es vielleicht, das ist egal. Die *Pehuenche* glauben es, darauf kommt es an. Die Kinder bilden die Verbindung in die Vergangenheit und in die Zukunft. Es gibt ihrem Dasein einen ganz einfachen Sinn. Aber wenn du fragst, ob ich daran glaube, sozusagen wissenschaftlich-skeptisch, dann lautet meine Antwort: ja. Ich habe genügend Beispiele erlebt …«

»Was für Beispiele denn?«

»Ganz konkrete Beispiele. Sie wissen, wann jemand, der krank ist, sterben wird. Sie wissen, ob eine Geburt gut geht oder ob es Komplikationen gibt. Sie spüren es, wenn jemand im Wald gestürzt ist und in Lebensgefahr schwebt und Hilfe braucht. Sie haben die Begegnung eines Mannes mit einem Puma vorhergesagt, ganz präzise. Ich war dabei, Tom! Als sie es vorhersagten. Das war kein Taschenspielertrick. Sie *sehen* es. Sie können auch Bilder, Traumbilder – wie soll ich es ausdrücken? – senden. Übrigens machen sie kein großes Aufhebens davon.«

Pierpaoli spürte einen starken Widerwillen gegen das, was Ariadna erzählte. Ihm war, als ob etwas unter ihm nachgeben würde. Ein Riss tat sich auf, aber dahinter war ein Bild, ein Zusammenhang, ein Verstehen.

»Dann ist es das, was der Guru von den Kindern will«, sagte Pierpaoli nach einer Weile. »Sie sind die neuen Probanden, von denen Quispel geredet hat. Mit ihnen kommt der Quantencomputer auf achtundneunzig Prozent Vorhersage-Genauigkeit.«

»Das hat die Chinesin auch gesagt. Sie nannte die Kinder ihre ›Probanden‹.«

»Es waren nicht ihre, es waren Catchsides Probanden. Ihre Ahnungen, wie immer du es nennst, werden in den Quantencomputer eingespeist.«

Ariadna starrte ihn an. »Dafür die Hirnströme.«

»Ja, vielleicht.«

Ariadna stand auf, begann, im Zimmer hin- und herzugehen. »Amitav Rama Shah hat mich, hat die *Pehuenche* von Anfang an belogen. Ich dachte, es geht um eine Imagekampagne oder sowas. Deshalb hat er so schnell reagiert, als ich die Kinder in meiner Obhut hatte. Deshalb bin ich ihm anschließend nachgereist. Hierher. Ich habe ihn zur Rede gestellt. Aber auch da hat er mich angelogen. Dieser Verbrecher!« Sie fluchte auf Spanisch.

»Du bist ihm nachgereist?«

»Ja, direkt aus Island. Ich kam hierher. Deshalb musste ich dich im Stich lassen, was schrecklich war, Thomas.« Sie hatte Tränen in den Augen. »Er empfing mich. Er war ganz entspannt. Aber er erzählte mir, die Kinder seien wieder in Chile, bei ihren Familien.«

»Das hast du geglaubt?«

»Ich habe die Leute von der NGO angerufen, mit denen ich bei den *Pehuenche* war. Aber die NGO war längst aufgelöst. Die Leute waren schon in alle Winde verstreut. Sie wussten nichts. Also bin ich nach Chile geflogen. War bei den *Pehuenche.*«

»Du bist mal eben von Mumbai zu den Leuten in Chile geflogen – und wieder zurück?« Pierpaoli war bei Ariadna an einiges gewöhnt, aber dies überraschte ihn.

»Ja, alle meine Flug-Voucher habe ich damit aufgebraucht. Ich war also bei den *Pehuenche*. Die hatten nichts gehört. Machten sich Sorgen. Und ich hatte ihnen doch versprochen, auf die Kinder aufzupassen! Also bin ich wieder zurückgekommen. Ich werde die Kinder finden und dem Guru den Hals umdrehen und die Augen auskratzen. Sobald ich weiß, wo die Kinder sind.«

Pierpaoli drückte beide Daumen gegen seine pochenden Schläfen. »Was meinst du damit?«

»Sie sind nicht mehr in Mumbai. Er hat sie weggebracht.«

Pierpaoli war schockiert. »Woher willst du das wissen?«

»Ich war die letzten drei Tage am Flughafen, Thomas. Ich kam zurück aus Chile, und ich hatte Zeit gehabt zum Nachdenken. Mir war klar, dass Shah mich auf keinen Fall zu den Kindern lässt. Eher lässt er mich umbringen. Also bin ich gleich am Flughafen geblieben. Aber nicht am offiziellen Flugplatz. Sondern dort, wo die Privatjets stehen. Und wo die Piloten dieser Privatjets wohnen. Ich kenne Shahs Piloten. Ein Deutschschweizer. Ein netter Kerl. Und sehr verliebt in mich. Aber er weiß, dass er sich keine Hoffnungen zu machen braucht. Er war trotzdem nett zu mir, hat mir trotzdem geholfen. Er hat mich bei sich wohnen lassen. Hat selbst darauf bestanden, auf dem Sofa zu schlafen – ein Gentleman. Und so erfuhr ich, dass der Guru Indien verlassen wollte, sein Jet war in permanenter Abflugbereitschaft.«

»Du hast herausgefunden, wohin?«

Ariadna stand auf, ging ans Fenster. »Leider nicht. Der Pilot wusste es auch nicht. Alles war hochgeheim. Eines Morgens musste er eilig aufbrechen. Ich schätze, er hat einen Anruf gekriegt. Und ich hinterher. Dann habe ich im Abfertigungsgebäude gewartet.«

»Im Abfertigungsgebäude?«

»Ja. Ich bin einfach durchgegangen, als würde ich jemanden abholen. Und dann kamen sie, Shah und die Kinder. Leider fuhren sie direkt aufs Rollfeld, direkt zum Flugzeug. Mein schöner Plan war also gescheitert. Es war zum Verrücktwerden, kann ich dir sagen. Ich war in diesem Glaskasten, und Inara rannte zu mir, und Sayen und Amuway standen auf dem Rollfeld – und ich konnte nicht zu ihnen! Aber sie haben mich gesehen. Dann wurden sie ins Flugzeug gebracht. Und ich wurde abgeführt wie eine Irre. Niemand glaubte mir. Der Guru ist hier in Indien sakrosankt, Tom. Aber ich habe gesehen, dass es den Kindern gut geht, immerhin. Und sie sahen mich auch. Wenigstens das.«

Ariadna stand am Fenster. Draußen dunkelte es jetzt. »Und dann habe ich von Inara dieses Bild empfangen. Ich habe etwas gesehen. Als hätte sie es mir geschickt, gesendet, wie immer du es nennen willst.«

»Ein Bild empfangen?« Ariadna neigte dazu, in Rätseln zu sprechen – eine Angewohnheit, deren Fehlen in Pierpaolis Augen kein Unglück gewesen wäre.

»Ich will darüber nicht reden. Du würdest es nicht glauben.«

»Ariadna, bitte!«

»Also gut. Es war ein Gefühl, wie eine Erinnerung oder ein Bild, das man irgendwo gesehen hat. Als Inara mich ansah. Da hatte ich ein Bild von einem Berg. Mit einem Dreizack darauf. Oder mit drei Spitzen. Gegen den Himmel. Ich weiß es nicht. Es ging so schnell. Vielleicht hab ich's mir nur eingebildet. Aber die Empfindung war sehr stark. Als ob die Kinder mir irgendwas sagen wollten.« Ariadna trommelte mit den Fingerspitzen einen kleinen, nervösen Rhythmus gegen die Scheibe.

Unten fuhr ein Auto entlang, ansonsten war es ruhig. Schwarze Schatten glitten über Ariadnas Gesicht, wie Balken.

»Aha. Gut. Vielleicht – vielleicht ist es ein Anhaltspunkt …« Pierpaoli fühlte die Erschöpfung. Ihm fiel noch etwas anderes ein. »Ich könnte mich übrigens von diesem Mordverdacht befreien.«

Ariadna schaute überrascht auf. »Wie das?«

»Ich habe ein Geständnis. Vom richtigen Mörder. Von diesem Difraudi …« Pierpaoli sprach schleppend. »Ich könnte in mein altes Leben zurück.«

»Dann mach es, Tom!«

»Zu spät. Ich muss noch …« Er sprach nicht mehr. Ariadna sah zu ihm hin. Er atmete ruhig, er war eingeschlafen.

*

Ariadna stand leise auf, räumte Kompressen, Pinzetten und Chlorhexidinsalbe zusammen, brachte alles ins Badezimmer. Sie zog sich aus, bis auf Slip und Unterhemd, wusch sich leise und ging zum Bett zurück. Pierpaoli lag immer noch bäuchlings, in derselben Position. Er röchelte im Schlaf. Sie betrachtete ihn, ein Gefühl von Zärtlichkeit wallte in ihr auf, ein Ziehen in der Brust, Sehnsucht und Traurigkeit.

Ich werde nicht mit ihm schlafen.

Ich werde nicht mit ihm schlafen.

Ich werde auf keinen Fall den Fehler machen und mit ihm schlafen.

Über dem Bett kreiselte der Deckenventilator. Draußen war der Straßenlärm verebbt, die Stadt war erschöpft. Ein leerer Himmel, eine mondlose Nacht.

Am nächsten Morgen schlief sie mit Pierpaoli.

Es geschah leicht und schnell. Sie war aufgewacht, lag neben ihm, er schlief noch halb, sie zog sich mit zwei schnellen Bewegungen aus, schmiegte sich unter ihn. Sie spürte seine Erektion. Es hätte ihr genügt, nur eng umschlungen mit ihm zu liegen. Auch er war scheu, das fühlte sie. Aber sie öffnete ihre Schenkel, führte ihn in sich ein, als würden sie den Traum der Nacht fortsetzen. Sie achtete darauf, seine Verletzungen nicht zu berühren. Sie war plötzlich sehr erregt. Ein rauer Ton brach aus ihr hervor.

Dann schob sie sich unter ihm weg. Dann bereute sie, was sie getan hatte.

*

Ariadna saß auf dem Bett, in das Laken gehüllt, obwohl es im Zimmer warm war. Draußen hatte der Tag begonnen, er versprach, heiß zu werden.

»Es tut mir leid, Tom. Ich hätte das nicht machen dürfen. Es war ein Fehler.«

»Ja.«

»Wir dürfen nicht von vorne anfangen.«

»Nein.«

»Wir wollen beide Rama Shah finden. Wir haben eine Aufgabe. Wir sind kein Liebespaar mehr. Wir dürfen uns nicht ablenken lassen.«

»Nein.«

»Kannst du mal was anderes als ja und nein sagen, Tom?«

»Ja. Ich glaube, das kann ich. Ich war immer ein A-nach-B-Typ, Ari.«

»Was soll das heißen?«

»Du hast gestern von den Indios erzählt. Dass jeder Gang von A nach B für sie wichtig ist, aufgeladen ist. Für mich war es das nie. Ich wollte von A nach B gelangen und habe mir weiter keine Gedanken gemacht, keine Gefühle erlaubt. So vergeht ein Großteil des Lebens. Man erledigt seine Arbeit. Man entwickelt Routine, von A nach B zu gelangen. Aber das Leben fühlt sich zunehmend flau an, nichtssagend, blass. In den wichtigen Dingen wird man – zögerlich.«

»Zum Beispiel?«

»Zum Beispiel in der Liebe. Man traut sich keine Entscheidung zu. Es konnte ja die falsche sein. Als ob man in einem Restaurant sitzt und die Speisekarte liest und sich nicht entscheiden kann. Der Kellner kommt und geht, und man kann sich nicht entscheiden.«

»Netter Vergleich.«

»Entschuldige. Aber du wolltest hören, was ich denke. Ich schätze, so war mein Leben. Und ich glaube, das war falsch.«

»Du fürchtest jetzt, über dem Studium der Speisekarte zu verhungern.«

»Ja. Zu verhungern. Die Welt ist voller Menschen, die einsam sind, weil sie sich nicht entscheiden konnten. Doch inzwischen habe ich mich entschieden. Vielleicht habe ich zu lange gewartet. Vielleicht ist die Küche nicht mehr geöffnet …«

»Das könnte sein«, sagte Ariadna ernst. »Ich weiß es nicht, Tom. Gib mir Zeit.«

Pierpaoli schwieg. »Natürlich«, sagte er dann. »Und in der Zwischenzeit sollten wir mit Pegonia reden.«

»Mit Pegonia? Wieso das?«

»Ich habe eine Idee«, sagte Pierpaoli.

*

Pegonia sträubte sich, wehrte sich, sie wollte nicht.

Sie saßen zu dritt um den mit einer Damastdecke gedeckten runden Holztisch. Madame Tamaras Kartenspiel lag in einer kleinen Kiste, sie war für einige Stunden aushäusig. Und Pierpaoli und Ariadna erklärten der Tochter ihr Anliegen: Falls Amitav Rama Shah irgendwo auf der Welt eine sehr teure Maschine nachbauen ließ – wo konnte das sein? Würde Pegonia helfen – wenn es doch wichtig sei? Ließ sich die Beschaffung diverser Komponenten, etwa Impulsmagneten, Kryotechnik, Vakuumkammern, nachverfolgen? Der Markt hierfür war sehr überschaubar, vielleicht konnte man solche Käufe ausfindig machen? Gab es Geldströme, die über eine der zahllosen Firmen des Gurus abgewickelt wurden, die sich lokalisieren ließen, die auf ein Land deuteten, auf einen Ort?

Aber Pegonia sträubte sich. Trotz aller Bitten, trotz des Geldes, das Pierpaoli ihr anbot und das sie entrüstet ablehnte. Es gebe einen Ehrenkodex, sagte sie. Das Geld, das durch ihre Hände ging, sei schmierig, schmutzig, das wisse sie sehr wohl, trotzdem gebe es eine Schweigepflicht. Nein, Shah sei nicht ihr Klient, er würde seine Summen über andere Geldwäscher abwickeln, einige davon seien auch Bekannte von ihr, das schon – aber dennoch. Man spioniere sich nicht gegenseitig nach. Außerdem sei ihre Mutter eine Verehrerin des Gurus. Darauf müsse sie Rücksicht nehmen. Auch wenn sie selbst den Mann vielleicht ganz furchtbar fände. Egal. Das seien persönliche Gefühle. Darum nein. Es täte ihr leid.

Pierpaoli wollte schon resigniert aufgeben, als ihn Ariadna hinausschickte. Er möge sie kurz allein lassen. Sie müsse von Frau zu Frau mit Pegonia sprechen. Pierpaoli stand mit gereizter Miene auf und schob den Stuhl an den Tisch. Er ging nach oben aufs Zimmer, warf sich aufs Bett und versuchte, sich über seine Gefühle zu Ariadna klar zu werden, vergebens.

Er suchte nach etwas zum Festhalten. Aber das gab es nicht. Sein ganzes Leben war plötzlich ein Chaos geworden. Dann entdeckte er auch noch, dass die chinesische Kreditkarte, die ihm sein Patenonkel gegeben hatte, bei dem Feuer im Hotelzimmer von der Hitze derart beschädigt worden war, dass es aussichtslos war, damit noch Bargeld abzuheben.

Jede seiner Unternehmungen hatte in einer Katastrophe geendet. War ihm überhaupt irgendetwas gelungen in den letzten Tagen? Lediglich Difraudis Geständnis war ein Lichtblick, immerhin befreite es Pierpaoli von dem Mordverdacht.

Pierpaoli schrieb eine Mail an Nkunke in Island, das Tondokument mit Difraudis Geständnis im Anhang, eine kurze Entschuldigung für seine Flucht damals auf Island. Er fügte noch ein paar Zeilen hinzu über das Feuer und den gewaltsamen Tod der beiden, der Quantenphysikerin und des stellvertretenden Security-Chefs, mutmaßlich im Auftrag des Amitav Rama Shah.

Pierpaoli saß noch an der Mail, als er von unten die Stimmen der beiden Frauen hörte. Sie riefen nach ihm.

Sie empfingen ihn beide, Ariadna und Pegonia, mit sehr zufriedenen Gesichtern, Ariadna beinahe triumphierend.

»Wir haben die Geldflüsse gefunden. Beziehungsweise, Pegonia hat sie gefunden. Wir wissen, wohin die Komponenten geliefert wurden«, sagte sie.

Pierpaoli wandte sich an Miss Pegonia. »Sie haben uns doch geholfen? Trotz ihres Ehrenkodex?«

Miss Pegonia nickte nur knapp, Ariadna antwortete an ihrer Stelle, mütterlich-duldsam angesichts Pierpaolis Begriffsstutzigkeit. »Natürlich. Ich brauchte nur etwas Zeit. Ich musste Miss Pegonia nur erklären, weshalb es wirklich sehr wichtig ist.«

»Das habe ich jetzt verstanden«, sagte Miss Pegonia ernst.

»Dass es nämlich um das Leben dreier Kinder geht«, sagte Ariadna, und als Pierpaoli etwas sagen wollte, fügte sie schnell hinzu: »Und um die Rettung der Welt natürlich auch.«

Pierpaoli sammelte sich. »Und wohin ging das Geld? Hier nach Mumbai?«

»Nein.« Miss Pegonia machte eine Kunstpause. »Höchstwahrscheinlich Georgien.«

»Georgien?« Pierpaoli war, als fiele er ins Bodenlose.

»Ja, das ist ziemlich weit weg«, bestätigte Ariadna. »Und meine Flug-Voucher sind aufgebraucht.«

»Georgien! Dort herrscht Bürgerkrieg. Und ich kenne keine Menschenseele dort! Kennst du jemanden in Georgien?«

»Nein«, sagte Ariadna. »Aber nebenan.«

Kapitel 10

Der Tunnel

Das Schicksal flüstert dem Krieger zu: Ein Sturm zieht auf. Und flüsternd erwidert der Krieger: Ich bin der Sturm.

Aus dem Asiatischen

Es herrschte Einigkeit unter den verbündeten Gruppen und Untergruppen der russischen Mafia, etwa der Odessa-Jarka oder der Balagula-Organisation, oder auch der Dolkoprudnenskaya-Gang, die fast alle Anfang der Neunziger entstanden waren, dass ihre gemeinsam gegründete »Caucasus-Tbilisi-Mining Ltd.«, mit Sitz in Moskau, Tiflis, London, gute Arbeit leistete und Respekt verdiente.

Der Unternehmenszweck bestand – auf dem Papier – in der Exploration und Ausbeutung von Manganerz und Kupfer in Georgien, vor allem in der Höhenregion Samsze-Dschawachetien. Tatsächlich aber waren die Vorkommen dort lächerlich gering, und in Wahrheit war das Unternehmen eine Kulissenorganisation zur Geldwäsche. Es war eine mit einer verwirrenden Vielzahl von Tochterfirmen möglichst unübersichtliche Konstruktion für die steigenden Gewinne aus Drogenschmuggel, Waffenhandel, Menschenhandel. Zum Schein hatte man tatsächlich ein knappes Dutzend Minen zumindest ansatzweise anlegen lassen, sehr improvisierte und baulich ungenügende Bergwerke, teilweise nicht mehr als Schächte, die hineingesprengt, hineingetrieben wurden in die Flanke eines beliebigen Höhenzugs. Die geologischen Gutachten dazu waren Phantasieprodukte.

Diese Schächte und Tunnel blieben sich selbst und den Schlangen und Fledermäusen überlassen, als Machtkämpfe zwischen den Mafia-Gruppen ausbrachen und die »Caucasus-Tbilisi-Mining Ltd.« aufgelöst wurde. Die Schächte wurden von der georgischen Regierung konfisziert, die ihrerseits ratlos war, was damit anzustellen sei – und die sehr froh war, als eine indisch-italienische Investorengruppe einige dieser stillgelegten Minen kaufte, um, wie es hieß, ein großes Natur- und *Recreation*-Camp zu errichten. Hinter dieser Investorengruppe stand Amitav Rama Shah.

Seine Wahl als Standort für die Installation des Quantencomputers fiel auf einen Schacht unterhalb des Sami-Merwali-Höhenzugs – des »Drei-Spitzen-Berges«.

Der Schacht reichte, leicht abschüssig, hundertdreiundsechzig Meter tief in einen Ausläufer des Bergmassivs. Das Innere wurde ausgeräuchert, gereinigt, mit Beton, stählernen Unterzügen und einer eilig gebauten Karbonit-Abstützung verstärkt. Der Schacht wurde zweigeteilt: in einen vorderen Lager-, Geräte- und Security-Bereich und einen rückwärtigen Labor-, Büro- und Wohnbereich. Wo das Labor, inklusive Pulsmagnet, Filter- und Dämpfungssystemen, eingebaut wurde, dort höhlte und erhöhte man den Schacht um vier Meter zu einer Art Kuppel. Man hatte Zugang zur Stromversorgung, außerdem wurden Kammern für Notstromgeneratoren eingefügt.

Der Guru legte großen Wert auf elektronische Verriegelungssysteme und einen Notausgang. Dass es über dem Schacht eine natürliche Wasserblase im Berg gab, wurde als günstig angesehen, ein Wildbach wurde umgeleitet, ein Ablauf gelegt. Die Geologen, die den Ausbau begleiteten, rieten, die Decke unter dem Wasserreservoir zu verstärken. Außerdem sollte zunächst ein doppeltes Sicherheitssystem in Betrieb genommen werden, bevor das Labor aufgebaut wurde, zumal der Bürgerkrieg schwelte und im Zuge dessen diverse Freischärler und Warlords unterwegs waren.

Der Guru entschied sich in beiden Fällen dagegen. Er ordnete lediglich an, dass ein Kampfroboter bestellt würde.

Denn der Zeitplan war straff.

Und der Guru hatte es eilig.

*

Niemand widerspricht diesem Mann. Seine Autorität erscheint auf den ersten Blick beiläufig, ist aber vollkommen. Man spürt es, wenn man ihn trifft. Da ist dieser Hang, alles zu planen, berechenbar zu machen, die Welt seinen Absichten zu unterwerfen. Da ist seine Fähigkeit zu entwerfen. Eine aufwändige Maschinerie bewegt sich nur seinetwillen, sein Ego duldet keine Abweichung, keine Gegenmeinung.

Dabei verfügt er über immense Reservoirs von gespielter Freundlichkeit, er kann sich verstellen, kann einlullen und bezaubern, doch sein Wesen ist Kälte. Seine Energie ist kalt. Die Emotionen, die ihm entgegengebracht werden – von Feinden oder Bewunderern –, nimmt er in sich auf und verdaut sie. Wie eine Schlange, die ein körperwarmes Nagetier verschlingt, aber trotzdem kalt bleibt.

Sonntag, 5. August 2029

Kloster zu Chatschkar, Armenien

Man musste eine Frau wie Ariadna Ferrer Bayonne nur vier Stunden lang in einen ungefederten, durch Serpentinen dahinschlingernden, Umwege fahrenden, armenischen Reisebus der Marke *Lwowski Awtobusny Sawod* setzen, vollgestopft mit Menschen, Hühnern, Händlern von Zwiebelkäse und bejahrten Männern, die holprige Konversation mit ihr machten und sie am Ende begeistert küssen wollten, ein schreckliches Geschaukel ohne Pause und Toilettenstopp – und schon blühte sie auf.

Pierpaoli und Ariadna entstiegen dem Bus an der Haltestelle *Chatschkar*, es gab hier keine Stadt, kein Dorf oder Gehöft, nur das Kloster auf der Anhöhe. Ariadna: frisch, angeregt, tatenfroh. Pierpaoli: gerädert, zerschlagen, mutlos.

Sie schulterten ihre unförmigen Rucksäcke, die sie im armenischen Erevan am Flugplatz gekauft hatten, und gingen einen gewundenen Pfad hinauf.

Das Kloster lag vor der Kulisse der majestätisch sich erstreckenden Karmir-Sar-Bergkette, es war ein gedrungener Bau aus grauem Naturstein, das Dach des Klosters mehrfach geflickt, mit in die Erde eingelassenen tönernen *Kwewri*-Krügen, in denen Wein gemaischt und gekeltert wurde, zur Rechten eine Pferdekoppel, der Hühnerstall, ein Unterstand für Brennholz, Wolfsfallen, Werkzeug, ein Motorrad.

Ein junger Mann war damit beschäftigt, Heuballen an einer Winde emporzuzurren. Er wirkte kräftig, handfest in seinen Bewegungen. Als er Ariadnas Rufe hörte, drehte er sich um, eine Geste der Überraschung, ließ alles stehen und liegen und kam ihnen den Pfad entgegengerannt. Sein Gesicht glänzte – vor Schweiß und Freude.

Es war Pater Philipp, seit neuestem: Mönch im Kloster zu Chatschkar.

Der Brief, den Philipp geschrieben, dann die Beweise gegen Kardinal Goretti, die er gesammelt hatte, das waren die Steinchen gewesen, die klickernd den Abhang hinabrieselten und eine Lawine auslösten. Philipp wäre an dem Konflikt damals fast zugrunde gegangen, zwischen den Polen Loyalität und Wahrheitsliebe hätte es ihn beinahe zerrissen. Aber am Ende hatte er sich für die Wahrheit entschieden. Goretti selbst und seine Mitstreiter in der Glaubenskongregation des Vatikans, die wichtigste der neun Kongregationen, waren so unklug gewesen, ein erwartbares Reaktionsmuster zu zeigen: abstreiten, herunterspielen, Kritiker diffamieren, dann verstummen. Das war ihr entscheidender Fehler.

Als Gorettis Machenschaften ans Licht kamen, war er diskreditiert. So gewann das reformbereite Lager die entscheidende Stimmenmehrheit. Der Papst konnte eine Reihe von Neuerungen durchsetzen – unter anderem einen Kurswechsel hin zu einer Kirchenpolitik der Bevölkerungskontrolle in Afrika, außerdem eine behutsame Unterstützung der Klima Allianz. Derartiges hatte es noch nie gegeben.

Pater Philipp, der »Whistleblower Gottes«, wie Zeitungen ihn nannten, hatte sich bald danach abgesetzt. Er würde das Buch schreiben, das ihm schon immer vorgeschwebt hatte, ein Buch über den Mythos der Arche. Er verkroch sich in ein Kloster im armenischen Bergland; hier hatte er schon einmal einige Monate verbracht, hier konnte er sich um Pferde kümmern, hier gab es eine sehr interessante Handschriftensammlung. Die Mönche waren betagt und froh darüber, dass er ihnen die tägliche Arbeit abnahm. Sie nahmen ihn auf, obwohl er Katholik war und kein orthodoxer Christ – hier oben in den Bergen war Gott großzügig.

Die Begrüßung zwischen Ariadna und Philipp war so überschwänglich, dass Pierpaoli sich Mühe geben musste, um nicht eifersüchtig zu werden – im nächsten Moment schämte Pierpaoli sich dessen, denn Pater Philipp begrüßte ihn beinahe ebenso herzlich, er veranstaltete *stante pede* eine Führung über das Klostergelände, Ariadna hakte sich bei ihm unter wie eine jüngere Schwester, sie hatte tausend Fragen, er erzählte. Und umgekehrt.

Pierpaoli hörte nur halb hin. Er hatte während der strapaziösen Busfahrt die Zeit genutzt, um eine Liste all jener Themen anzulegen, über die er sich Sorgen machen musste. Zum Beispiel das Geld: Sie waren nahezu pleite. Jeder Frau, jedem Mann standen nur eine reglementierte Anzahl von Flügen zu. Ariadna hatte ihr Kontingent ausgeschöpft. Also hatten sie in Mumbai für Ariadna Flug-Voucher auf dem Schwarzmarkt einkaufen müssen. Den gerissenen Schwarzmarkthändlern waren sie beide nicht gewachsen gewesen, dafür hatten sie fast ihr ganzes Geld verwendet.

Sorge Nummer zwei: Sie wollten oder mussten illegal in ein Land einreisen, in dem ein Bürgerkrieg wütete. Georgien war der Klima-Allianz bislang nicht beigetreten, man verhandelte und hoffte auf mehr Geld und nachsichtigere Bedingungen. Indes hatte die abchasische Minderheit sich für unabhängig erklärt; Tiflis hatte die Armee mobilisiert, Warlords witterten ihre Chance: Es war keine gute Reisezeit.

Drittens war sich Pierpaoli keineswegs sicher, was das Ziel ihrer Reise anbetraf. Ja, ziemlich viel Geld einer Scheinfirma, die dem Guru gehörte, wurde über Umwege nach Tiflis geleitet; und dorthin wurden auch Magnete und Kryoelemente geliefert, die man zur Konstruktion eines Quantencomputers brauchte – das alles hatte Pegonia in Mumbai mit ihren flinken Fingern eruiert. Und die Firma hatte tatsächlich mehrere stillgelegte Minen erworben – aber das garantierte noch lange nicht, dass der Sami-Merwali-Berg, zu dem sie wollten, auch das richtige Ziel war. Sie nahmen es an. Aber nur, und das machte Pierpaoli Sorgen, weil Ariadna eine *Eingebung* gehabt hatte. Das waren ihre Worte. Eine Eingebung. Er sollte ihr endlich mal vertrauen, hatte sie gesagt.

Aber was, wenn sie sich irrt? Wenn sie keine echte parapsycho-

logische Eingebung hatte, sondern – wer weiß? – vielleicht nur ein Werbeplakat gesehen hat? Was, wenn das alles nicht real ist? Dann sind wir Tausende von Meilen geflogen, haben Geld verpulvert, Strapazen ertragen – aufgrund einer irrigen Grundannahme.

Der Pater und Ariadna waren an der Pferdekoppel stehen geblieben, es waren mongolische Reitpferde, erzählte Philipp, und er beschrieb den Charakter jedes einzelnen Pferdes, die offenbar sehr unterschiedlich im Wesen waren – für Pierpaoli sahen sie alle gleich aus. Er schaltete sich ein. »Entschuldigung, aber eigentlich sind wir nicht deshalb den weiten Weg gekommen.« Es war gereizter herausgekommen, als er es beabsichtigt hatte. Aber Philipp drehte sich ganz freundlich um.

»Ich wollte dich nicht langweilen. Aber weshalb seid ihr gekommen?«

Ariadna ging dazwischen, mit einem strafenden Seitenblick zu Pierpaoli. »Wir brauchen deine Hilfe, Philipp. Ohne dich schaffen wir es nicht.«

»Was schafft ihr nicht?«

»Ich muss drei Kinder befreien. Ich habe die Verantwortung für drei Indio-Mädchen. Und Tom muss einen Quantencomputer finden und unschädlich machen. Das ist die Kurzfassung.«

Philipp starrte sie an. Diesen Zug an ihr kannte er noch nicht. »Ich verstehe«, sagte er langsam. »Meinst du, ich könnte auch eine Langfassung bekommen?«

»Klar«, sagte Ariadna. »Beim Essen. Gibt's hier irgendwann auch mal was zu essen?«

*

Sie saßen in der winzigen Klosterküche. Ein niedriger Raum mit einem Holzofen, auf dem auch gekocht wurde, ein tiefes Waschbecken. Ein Sammelsurium von Stühlen, Borde an der Wand, darauf Tonkrüge, die Brot, Wein, Butter, Schafskäse enthielten. Ein kleines Wandregal mit runden Aussparungen, in denen Eier steckten. Von der Decke hingen Säckchen und bündelweise getrocknete Kräuter, Sauerampfer, Minze, Koriander.

Von den übrigen drei Mönchen war nichts zu sehen, nichts zu hören, aber Philipp hatte mit ihnen gesprochen und ihre Erlaubnis eingeholt. Jetzt schlug er sieben Eier auf, quirlte das Eiweiß steif, nahm aus einem tönernen Deckelkasten behutsam drei Tomaten, wickelte aus einem Säckchen einige wilde Zwiebeln, jede kaum größer als eine Weintraube. Er schnitt sie sorgfältig klein, briet sie kurz an, vermischte das Eigelb mit Käsestreifen und zog beides unter das Eiweiß. Dann briet er drei Omelettes, zwei größere, ein kleineres für sich. Er stellte die Teller auf den Holztisch, sprach ein langes Tischgebet, dann aßen sie. Und Ariadna erzählte.

Ariadna erzählte, Pierpaoli ergänzte hier und da, aber die meiste Zeit sprach sie. Als sie geendet hatte, schwiegen sie alle drei.

Pierpaoli sah sich in der Küche um: Wenn man hierbleiben würde, Hühner füttern, Eier braten, sich vor der Welt verkriechen – es kam ihm unendlich erstrebenswert vor.

Philipp unterbrach die Stille. »Wie gefährlich ist es?« Wenn er helfen sollte, verlangte er Aufrichtigkeit.

»Sehr gefährlich«, gab Ariadna zu.

»Und warum macht dieser Mann das? Dieser Guru?«

Sie wussten es nicht. »Geld«, schlug Pierpaoli vor.

Philipp dachte nach. »Das glaube ich nicht«, sagte er. »Er will nicht Macht, um etwas zu bekommen. Sondern er will die Macht als solche. Macht als solche ist absolut berauschend. Ich weiß das.«

»Was meinst du, Philipp?«

»Ich komme selbst aus einer Institution, Ari, die die Macht als solche darstellte. ›Man soll uns nicht lieben, weil wir uns verändern, sondern man soll uns fürchten, weil wir bleiben, wie wir sind.‹ So hat es mir ein hoher Kardinal mal erklärt. Zum Glück verändert sich das gerade. Die Kirche hat lange gebraucht, bis sie so weit war, Macht abzugeben, das zu lernen. Denn Machttrunkenheit ist gefährlich, ein Ding des Teufels. Und der Teufel hat mannigfaltige Gestalten – eine davon ist der falsche Prophet. Für mich ist er die schlimmste Inkarnation. Die gefährlichste.«

Er sah sie an. »Wisst ihr, was ihr euch vornehmt? Ihr könnt nicht etwa ein Taxi rufen und euch nach Georgien fahren lassen. Ihr müsst heimlich über die Grenze. Ihr müsst abseits der Straßen gehen. Ihr braucht Geld. Ihr braucht einen Führer. Ihr braucht Pferde, Verpflegung, ihr müsst wissen, wo ihr Wasser findet. Könnt ihr reiten?«

»Natürlich«, sagte Ariadna.

»Natürlich nicht«, sagte Pierpaoli.

Philipp sah ihn lange an. »Ich hoffe, du kannst Schmerzen aushalten? Denn es wird wehtun.«

Sonntag, 5. August 2029

Schacht unterhalb des Sami-Merwali-Höhenzugs, Georgien

Sein Cheftechniker hat darum gebeten, die Protokolle mindestens drei Tage zu speichern, um sie zu überprüfen; Amitav Rama Shah hat es erlaubt, aber danach sollen sie gelöscht werden. Der Guru konzentriert sich jetzt ganz auf die nächste Berechnung – jetzt ist es kein Testlauf mehr. Andere Dinge, wie die Präsentation und Kalibrierung des bionischen Sicherheitssystems für den Tunnelbau, man hatte es ihm beschrieben als eine Art Roboter-Geparden, sind vergleichsweise unwichtig, sind deshalb auf den morgigen Tag verschoben worden.

Laut Protokoll wird der neugebaute Quantencomputer am 05.08.2029 um 23.23.56 Uhr gestartet. Die Vorhersage-Präzision liegt jetzt schon bei etwa siebzig Prozent – ohne die Einpflegung der Intuitionen, Kohärenzen und Bilderwelten der *Pehuenche*-Kinder. Ihr »Beitrag«, ob freiwillig oder unfreiwillig, wird die Rechengenauigkeit auf mindestens achtundneunzig Prozent bringen. Das ist mehr als ausreichend für die Ziele und Pläne, die Amitav Rama Shah verfolgt.

*

Der Guru denkt über sich selbst nach, er reflektiert gerne. Wie wird ein Menschenleben, kurz, nichtig, zusammengehalten? Durch die Zeit. Aber damit die Zeit nicht einfach verrinnt, nicht einfach verdunstet, muss man Sinneinheiten herstellen im Leben – man muss Geschehnisse verklammern, Absichten und Motive zu einer Architektur fügen. Je stärker ein Motiv, desto mehr Sinn hat ein Leben. Ehrgeiz. Machtstreben. Das sind gute Antreiber. Aber noch besser ist Rache. Amitav Rama Shah hat ein Motiv für Rache. Denn es hat einen Moment der Zurückweisung gegeben in seinem Leben, den er nicht verwinden will.

Als die Klima-Allianz, entstanden aus der G3, sich vor einigen Jahren formierte, wurde eine internationale Behörde ins Leben gerufen. Eine Behörde, die die Einbeziehung und Mitwirkung von Privatleuten aller Art regeln sollte, von Unternehmern, Wirtschaftsexperten, Künstlern, Wissenschaftlern. Die Klima-Allianz appellierte an die Menschen in aller Welt, sich zu melden, Vorschläge zu machen, Geld zu spenden, Ideen zu liefern.

Die Resonanz war groß. Auch Amitav Rama Shah, damals noch nicht so berühmt wie heute, hatte ein Konzept eingereicht – er wollte ein eigenes Ministerium für spirituelle Fragen ins Leben rufen. Unter seiner Ägide. Den Menschen war die spirituelle Bindung zur Natur, zu ihren Ursprüngen abhandengekommen. Die große Krise und der Klimawandel waren die Folge davon.

Doch sein Vorschlag war damals abgelehnt worden; ausdrücklich wollte die Klima-Allianz nicht in die geistig-religiösen Belange der Bündnispartner eingreifen.

Eine schwere Demütigung für einen Menschen wie Amitav Rama Shah.

Seitdem sann der Guru auf Rache, diesen Wunsch hielt er wohlweislich verborgen unter Schichten von Philosophie und scheinbarer Weisheit, falscher Wärme und Konzilianz.

*

Der Guru steht jetzt, rein praktisch gesprochen, vor dem Problem, wie die mächtige Klima-Allianz zu erschüttern, zu stürzen sei. Man muss schrittweise vorgehen: Die Welt muss in Chaos versinken. Was geht dem Menschen wirklich nahe? Wenn er verhungert. Wenn er zusehen muss, wie seine Kinder mit aufgetriebenen Bäuchen verhungern. Man muss also eine Hungersnot generieren. Wie und wo? Indem man die *Food Spots* angreift, die die Klima-Allianz eingerichtet hat, große Plantagen und gigantische Farmen für Soja, Getreide, Gemüse, für Nahrung aller Art. Diese *Food Spots* werden selbstverständlich bewacht. Aber jedes große System hat seine Schwachstellen. Vor allem in Europa, dem Kontinent mit den kleinsten Teileinheiten und der höchsten Komfort-Stabilität.

Es ist also gar nicht so kompliziert. Eine Hungersnot in Mitteleuropa, darauf läuft es hinaus. Die Europäer werden eine Einbuße nicht tolerieren, sie werden Nahrungsmittel und Saatgut weltweit kaufen. Die Preise werden explodieren, andere Staatenbünde werden sich zur Wehr setzen, die Klima-Allianz wird zerbrechen.

Amitav Rama Shah liebt diesen Plan.

Und wie ist das alles zu bewerkstelligen? Durch ein etwa sieben Zentimeter langes Insekt, etwa zwei Gramm schwer, eigentlich ein harmloses Tierchen am Wegesrand, graubraun im solitären Zustand, aber nach seiner epigenetischen Verwandlung physisch etwas größer und giftig-gelb in seiner Erscheinung und im Schwarmbild, *Schistocerca gregaria*. Die gemeine Wüstenheuschrecke.

Für viele Biologen und Entomologen das rätselhafteste Tier auf diesem Planeten. Für den Guru der Schlüssel, der Auslöser. Er trägt die Idee schon seit langem mit sich herum. Das Wann und Wie und Wo, all diese Details wird ihm der Quantencomputer liefern.

Mittwoch, 8. August 2029

Grenzregion zwischen Armenien und Georgien

Pater Philipp hatte nicht übertrieben, als er Pierpaoli auf die Strapazen eines Rittes vorbereitet hatte – ein Pferd kann noch so wohlgesonnen sein, die Bewegungen, die das Reiten dem Ungeübten abverlangt, über Stunden hin, sind barbarisch. Ariadna war in ihrer Jugend viel geritten, sie hielt sich gut; Philipp war ohnehin mit seinem Tier verwachsen. Doch Pierpaoli saß steif im Sattel, seine Bein- und Schulter- und Rückenmuskeln waren schon am ersten Abend, als er abzusteigen versuchte, derart hart und verkrampft, dass Philipp ihm vom Pferd helfen musste.

Wenn sie rasteten, meist am Rand eines Wäldchens, bedeutete das noch kein Ausruhen: Sie mussten absatteln, die Tiere versorgen, Holz sammeln, eine Feuerstelle graben und sichern, Tee kochen, tausend Verrichtungen und Handgriffe. Philipp war in diesen Dingen unersetzlich, er war stark und geschickt, unmöglich, es ihm gleichzutun. Pierpaoli wollte vor allem vor Ariadna nicht als Drückeberger dastehen, er verbiss sich die Schmerzen und gab sein Bestes.

Sie ritten durch eine Bergwelt von großer Erhabenheit, am Horizont die gezackte Linie der Berge, silbrig schimmernd. Sie ritten frühmorgens und vom Nachmittag an, denn mittags war die Hitze zu groß, trotz der Höhenlage. Die Sonne loderte alles nieder – auch dies sei, erzählte Philipp, erst seit neuestem so, angeblich eine Folge des Klimawandels. Die Durchschnittstemperatur, sagte er, war in den vergangenen acht Jahren um knapp drei Grad gestiegen. Unbedingt müssten sie also in der Nähe eines Wasserlaufs bleiben.

Wie schnell die Natur, dachte Pierpaoli, sich in Gefährlichkeit verkehrt. Nur ein paar Grad. Nur ein paar Tage ohne Wasser. Nur ein paar hundert Kilometer von der nächsten Cafeteria entfernt – und schon knickte das Menschenwesen ein, fiel tot vom Pferd. Pierpaoli dachte an »seine« Cafeteria in der Pyramide in Kapstadt, an sein Büro. Er war in dem großen Apparat der Klima-Allianz nur ein Fußsoldat, aber immerhin, er hatte seine Arbeit anständig gemacht. Wie wichtig sie war, das begriff er erst jetzt, aus der Entfernung. Dies war nicht abstrakt, fand nicht auf dem Papier statt. Die Bedrohung war real. Die Klima-Allianz kämpfte um das Überleben der Menschheit, gegen die Folgen des selbstverursachten Klimawandels, die nackte Existenz stand auf dem Spiel. Und der Quantencomputer war offenbar eine entscheidende Waffe. Oder er war sogar *die* entscheidende Waffe. Doch jetzt befand sich diese Technologie in den Händen eines Verbrechers. Amitav Rama Shah. »Guru der Millionen«.

Sie mussten diesen Menschen aufhalten. Darum waren sie hier. Irgendwo im Nirgendwo. Bao Wenliang hätte es so gewollt. Schon allein für ihn, für sein Andenken, durften sie nicht aufgeben. Und für Mamarenko. Aber sie hatten keine Ahnung, keinen Plan, es war unbekanntes Gewässer.

Die meiste Zeit blieb Philipp in der Nähe von Pierpaoli, auf dessen Pferd er ein Auge hatte. Doch manchmal lenkte er sein Tier auch neben Ariadna. »Weißt du, was?«, sagte er bei einer solchen Gelegenheit. »Ich glaube, als Gott den Guru erschuf, war er am Ende selbst erschrocken – aber dann hatte er zu seiner eigenen Überraschung noch sehr viel Schönheit, Klugheit und Temperament übrig, und er hat sich gleich ans Werk gemacht und eine Ariadna kreiert. Allein schon wegen des moralisch-ökologischen Gleichgewichts, wenn du verstehst, was ich meine.«

Ariadna lachte. »Und dann hat er auch gleich noch einen Philipp dazugemacht. Der uns hilft. Und einen Tom.«

»Ja«, sagte Philipp und nickte. »Tom ist ein guter Mensch. Liebst du ihn?«

Ariadna duckte sich unter einem tief hängenden Zweig hindurch, nach einer Weile sagte sie: »Ich weiß es nicht, Philipp.«

Wenn sie kleine Wälder und Gehölze durchquerten, mussten sie absteigen und ihre Tiere am Zügel führen. Die Wälder, Pappeln, Kiefern, waren erfüllt vom giftigen Sirren der Bremsen, von tausend Geräuschen, vom Röhren, Knarren, Zischen, Heulen, Schnalzen, teilweise scharf über ihren Köpfen, der Wald sprach mit sich selbst, die Natur hatte tausend Stimmen, sprach in tausend Sprachen, und Pierpaoli verstand keine einzige. Sie sahen Schlangen durchs Gras rascheln, was die Pferde jedes Mal wiehern und fast scheuen ließ. Sie sahen Schwertlilien, weiß und in überirdischer Zartheit. Aber Pierpaoli war zu zerschlagen, um die Erscheinung zu würdigen.

Nachts kampierten sie an Bächen, ließen die Pferde saufen und grasen. Philipp verlangte, dass sie eine Wache aufstellten und ein kleines Feuer unterhielten, es gab Streifenhyänen und Bären – »hoffen wir nur, dass wir keinen zudringlichen Bären treffen.« Der Himmel war sternengespickt. Aber nur wenige Schritte in den Wald hinein, wenn sie noch Holz holen mussten, war die Dunkelheit undurchdringlich und erfüllt von anderen Wesen, die hier zu Hause waren.

Am späten Nachmittag des dritten Tages gelangten sie an eine kleine Pass-Station. Es war ein flaches, schmutzig gelbes Gebäude auf einem Bergkamm. Davor standen zwei ausgeschlachtete Autos. Das Ganze machte einen verwahrlosten Eindruck. »Dahinter liegt Georgien«, sagte Philipp. »Von hier an brauchen wir einen Bergführer. Ich hoffe, wir finden hier jemanden … Hallo? Ist hier jemand? Hallo?«

»Ich hoffe, wir finden hier überhaupt etwas«, sagte Ariadna, »Wasser, etwas zu essen. Für mich sieht es allerdings ziemlich verlassen aus …«

»Lass uns nachsehen«, sagte Philipp.

Ariadna und Philipp stiegen ab, betraten das Gebäude.

Pierpaoli blieb draußen bei den Pferden, dankbar für jeden Schritt, den er nicht tun musste. Er klopfte seinem Pferd auf den Hals. »Es tut mir leid«, sagte er leise, »entschuldige, dass ich ein derart miserabler Reiter bin …«

Das Tier schnaubte, als würde es ihn verstehen, es hob den Kopf, schnaubte abermals, diesmal lauter. Pierpaoli blickte auf.

Ariadna und Philipp traten aus der Tür, Ariadna schüttelte den Kopf. »Niemand da, das ganze Ding steht leer, Tom, kein Wasser, kein Diesel für die Generatoren ...«

Pierpaoli wollte gerade zu einer Antwort ansetzen, als sie von fünf kleinen Gestalten umringt wurden.

Es war sehr schnell gegangen. Die Gestalten hatten hinter der Ecke des Gebäudes gestanden oder sich angeschlichen, zwei oder drei glitten hinter den ausgeschlachteten Autos hervor, sie waren bewaffnet und feindselig, aber seltsam klein, Pierpaoli dachte an böse Elfenwesen oder Gnome.

Dann sah er, dass es Kinder waren.

Drei der Kinder hatten Knüppel, durch deren vorderes Ende Nägel getrieben und krummgeschlagen waren. Der größte Junge, vielleicht zwölf oder dreizehn, hielt ein doppelläufiges Jagdgewehr auf sie gerichtet, ein anderer hatte einen alten Armeerevolver. Ein Geruch ging von diesen Kindern aus, nach Schweiß, Rauch, Eiter und Verlassenheit. Philipps Pferd wieherte. Eines der Kinder, sah Pierpaoli, trug einen Rock und hatte eine hässliche und schwärende Wunde an der Wade. Ein Rock! Zu seiner Überraschung sah er, dass es ein Mädchen war.

Der Junge mit dem Gewehr hatte eine Haut wie altes Ölpapier und rotbraune Haare, die wie Stacheln abstanden. Er fuchtelte mit dem Gewehrlauf und schrie etwas. Seine Stimme war krächzend. Philipp hob langsam die Hände. Er nickte Ariadna und Pierpaoli zu, sie taten es ihm nach.

»Was wollen die?« Es war Ariadna, die das fragte.

»Unser Geld, vielleicht unsere Pferde«, antwortete Philipp leise. »Vielleicht wollen sie uns töten ...«

Der Junge schrie und richtete abwechselnd den Lauf auf sie. Die anderen Kinder hoben drohend ihre Knüppel. Kamen näher.

»Lasst mich mit ihnen reden!« Philipp nestelte das Kreuz,

das er auf der Brust trug, unter Hemd und Jacke hervor, hielt es hoch, sprach langsam, als stünde er auf der Kanzel, in einer Mischung aus Georgisch, Armenisch, Englisch, der Gewehrjunge schien ihn zu verstehen, aber er wurde nur wütender, schrie lauter, immer dasselbe Wort. Pierpaoli hörte ein Klicken, er blickte verstohlen nach rechts, der Kleine mit dem Armeerevolver hatte den Hahn gespannt.

Der Abendhimmel über ihnen war dramatisch. Bahnen von Rotblau, mit quecksilbrigen Fäden durchzogen, die Wolken in tiefes Violett getunkt. Es war einfach zu absurd, hier womöglich zu sterben, der Gedanke schoss Pierpaoli durch den Kopf: Da stehen wir, ein Priester, eine schöne Frau und ich, mit einer Mission, die wir nicht verstehen, in Schach gehalten von einer halben Schulklasse, dem Tod grotesk nah.

Philipp sprach weiter, in ruhigem Ton, der Junge trat einen Schritt näher, richtete den Gewehrlauf auf Philipps Gesicht.

»Was hast du gesagt, Philipp?« Ariadna ließ jetzt einfach die Arme sinken. Als hätte sie genug von dem Theater. Die Kinder reagierten, der Kleine mit dem Revolver wirbelte herum, zielte jetzt auf Ariadna.

»Ich sagte, dass wir mit Gott reisen, in einer Mission des Herrn, und dass sie sich nicht an uns versündigen sollen …«

»Aha«, sagte Ariadna. »Sehr schön. Aber irgendwie verfängt es nicht. Dann übernehme ich jetzt das Reden. Übersetz bitte, was ich dem Burschen sage …«

»Ariadna, mach hier keinen Fehler, bitte! Lass mich …«

»Nein, Philipp. Ich kann mich irren, aber Fehler mache ich nicht. Sag dem Jungen, das Bein des Mädchens muss sofort behandelt werden. Jetzt und sofort. Ich kann die Entzündung bis hierher riechen. Und ich werde es behandeln. Jetzt. Tom, hol mir bitte meine Tasche …«

»Ariadna, bitte, diese Kinder sind gefährlich …«

Aber Ariadna ging einfach direkt zu dem Jungen mit dem Gewehr, der schrie, jedoch vor ihr zurückwich. Ariadna löste behutsam und doch entschieden seine Finger von der Waffe, nahm ihm langsam das Gewehr ab, blickte ihm dabei direkt ins Gesicht, legte das Gewehr neben den Jungen auf den Boden.

»Tom?«

Pierpaoli beeilte sich mit der Tasche.

Ariadna ging zu dem Mädchen. Die Hand des Kindes, das den Knüppel hielt, zitterte. Ariadna nahm dem Mädchen vorsichtig das Holz aus der Hand, bedeutete ihm, sich hinzusetzen, half nach, drückte das Kind behutsam auf die Erde.

Der Junge, dessen Gewehr neben ihm im Gras lag, stand starr. Die anderen Kinder standen starr. Philipp hielt immer noch sein Kreuz.

Ariadna öffnete ihre Medizintasche, streifte Latexhandschuhe über und begann, das Bein des Mädchens zu desinfizieren. Das Kind schrie leise auf. Ariadna sprach begütigend auf sie ein, auf Spanisch.

»Sie versteht kein Spanisch«, sagte Philipp.

»Dann komm her und übersetz«, antwortete Ariadna.

Pierpaoli machte, einem Einfall folgend, ein paar Schritte auf den Anführer zu, der immer noch neben seinem Gewehr stand, das im Gras lag. Pierpaoli streckte ihm die Hand entgegen. Sind wir Freunde? Der Junge blickte ihn finster an, dann aber zuckte er die Achseln, sein Gesicht hellte sich auf. Er ergriff Pierpaolis Hand, sie schüttelten sich die Hände, lange, wie in einer Pantomime.

Pierpaoli zog seinen Beutel hervor, er fingerte das Geldbündel heraus, ihr letztes Geld, dreihundert Global. Pierpaoli zählte hundert davon ab, hielt sie dem Jungen hin, zeigte auf die zweihundert und machte eine bedauernde Geste: Dies kann ich dir nicht geben, das ist für uns, wir haben eine lange Reise vor uns. Er steckte den Rest ein, hielt dem Jungen aber die hundert Global hin. Der Junge starrte darauf, die anderen Kinder ebenfalls. Dann schüttelte der Junge den Kopf. Und murmelte etwas.

»Warum nimmt er es nicht?«

»Er kann es nicht annehmen, es würde seine Ehre verletzen«, sagte Philipp.

»Aber er wollte uns berauben?«

»Das wäre ein ehrlicher Raub gewesen, ehrenwert. Aber das Geld anzunehmen, das wäre wie ein Almosen. Oder er müsste ein Gegengeschenk haben. So ein großes Gegengeschenk hat er nicht.«

»Philipp, sag ihm, ich habe eine Idee für ein Gegengeschenk, wenn er unbedingt will.«

Pierpaoli machte eine Geste in Richtung des Jungen.

»Er soll uns einen Führer besorgen. Dann gebe ich ihm noch fünfzig mehr. Und seine Ehre ist gerettet.«

Philipp übersetzte. Der Junge verstand und nickte. Dann griff er schnell zu, nahm das Geld und krächzte etwas.

»Wir sollen«, sagte Philipp, »mit ihm in den Wald kommen.«

Mittwoch, 8. August 2029

Schacht unterhalb des Sami-Merwali-Höhenzugs, Georgien

Die physische Unversehrtheit der drei *Pehuenche*-Mädchen hat für den Guru absoluten Vorrang. Ihre eigentümliche Intuition ist, gleich nach dem Claranium und den Bauplänen des Computers, für Shah der Schlüssel zur Operation *Reverse Prophecy*, für die Manipulation der Zukunft mittels scheinbarer Zufälligkeiten. Die Gesundheit der Mädchen wird von einem eigens für sie in den Dienst gestellten Arzt überwacht, der auch ihr Essen kocht. Der Raum, in dem sie sich aufhalten, ist klimatisiert und so kindgerecht wie möglich. Bisher zeigen die Mädchen keine Anzeichen von Überdruss, Heimweh, Weinerlichkeit. Sie essen klaglos, was man ihnen vorsetzt. Sie beschäftigen sich mit sich selbst.

Der Guru ist überrascht, wie unkompliziert sie sind.

Sie haben eine hohe eidetische Begabung, hierin ist Shah sich sicher. Ihr visuelles Gedächtnis, auch ihre visuelle Intuition sind vollkommen. Der Guru hat so etwas noch nicht gesehen: Sie sind unendlich geduldig und können sich ganz und gar zurücknehmen, in ihrer Umgebung aufgehen.

Ihr Zeitgefühl ist zirkulär. Ihre Zeit verläuft nicht linear, sie blicken nicht vom gegenwärtigen Moment rückwärts in die Vergangenheit oder vorwärts in die Zukunft. Sie sind vor allem im Jetzt und Hier. Zwischen Vergangenem und Künftigem unterscheiden sie kaum. Je länger er sie studiert, desto faszinierender findet Shah diese Kinder.

Und dann ist da noch etwas. Sie können offenbar sehr lange auf Schlaf verzichten.

Der Quantencomputer ist bereit. Doch die Kinder schlafen nicht. Es ist keine ausgesprochene Weigerung, aber sie schlafen nicht ein. Als wüssten sie, dass jene Hirnströme, die der Quantencomputer als Intuitions-Einspeisung braucht, nur in bestimmten Schlafphasen abgenommen werden können. Vielleicht ahnen sie es sogar, jedenfalls verweigern sie sich.

Der Guru hat mit seinem Cheftechniker darüber diskutiert, dann hat er eine Entscheidung getroffen: »Wir warten. Es sind Kinder. Irgendwann müssen sie schlafen.«

Mittwoch, 8. August 2029

Grenzregion zwischen Armenien und Georgien

Erst rochen sie den Rauch, dann sahen sie die Feuer, die abgeschirmt brannten. Über zwei Feuern hingen große Kessel, dort wurde gekocht oder gewaschen, am dritten Feuer saßen etwa ein Dutzend Männer, rauchten, kauten Sonnenblumenkerne und spuckten in die Flammen.

Etwa fünfzig, vielleicht auch achtzig Menschen, Frauen, Greise, Kinder, junge Männer, schätzte Pierpaoli, lebten in diesem improvisierten Waldlager. Der Bürgerkrieg, der weiter östlich tobte, hatte sie aus ihren Dörfern und von ihren Feldern vertrieben. Sie hatten ihre Kinder genommen, Hausrat und ihre spärlichen Wertsachen zusammengepackt, ihre Tiere zusammengetrieben und sich in diesem Wald verkrochen.

Die Männer erhoben sich und griffen zu ihren Waffen, als Pierpaoli, Ariadna und Philipp sich näherten; aber der Junge, der sie geführt hatte und der sein Gewehr geschultert hielt, marschierte vorneweg und rief ihnen eine Entwarnung zu. Einige Männer kamen auf sie zu, ein junger Mann an der Spitze, er hatte eine Nickelbrille, einen Stoppelbart und einen schmutzigen Verband um die Stirn. Er sprach Englisch.

»Ihr braucht einen Führer? Nach Georgien?«

»Ja.« Philipp hatte das Reden wieder übernommen.

Der junge Mann musterte ihre Pferde, ihre Satteltaschen, ihre Gesichter. »Ihr habt Geld?«

»Nicht viel«, sagte Philipp, »aber später können wir mehr zahlen.«

»Später – das ist nicht unser Lieblingswort«, antwortete der Mann mit dem Verband, dann aber drehte er sich Richtung Feuer. »Schuschka! Komm mal her! Schuuu-schka! *Dawai!*«

Der Mann, der sich sehr langsam und würdevoll vom Feuer erhob, der gemessenen Schritts auf sie zukam, war groß, hager, er trug einen blaugefärbten Militärmantel, mit mehr Taschen, Einschüben und Litzen als Schubfächer bei einem Biedermeiersekretär, das schwere Tuch zusammengehalten von einem rissigen Lederkoppel. An dem Koppel hing links eine Lederscheide, darin stak ein Kosakensäbel, dessen Griff in einen stilisierten Adlerkopf auslief. Rechts baumelten vier selbst genähte Säckchen aus Plastik, in denen etwas Schweres verstaut war. Seine Frisur war das Seltsamste an dem Mann: Er hatte auf dem Schädel nur noch sehr schütteres und ergrautes Haar, das er sich kurzgeschnitten hatte, dafür war es an den Seiten lang, sodass er es rechts und links zu zwei merkwürdig anmutenden Zöpfen gebunden hatte. An den Füßen trug er kolossale gelbe Wanderstiefel. Er hatte einen herabhängenden Schnurrbart, der gelblich verfärbt war.

Das war Schuschka: Bergführer, Schmuggler, Schieber. Schuschka: Gelegenheitsdieb, ehemals Varieté-Künstler, ehemals Veranstalter von Hahnenkämpfen, ehemals Gefängnisinsasse, zweimal verheiratet, zweimal geschieden, launenhaft, aber gelegentlich auch zu Aufwallungen von Treue und Sentiment fähig. Sein Verhandlungsstil war allerdings bombastisch. »Fünftausend Global. Vorweg! Logisch! Nicht später.« Sein Englisch war etwas altertümlich, aber erstaunlich gut.

Philipp schüttelte den Kopf. »So viel haben wir nicht …«

»Aha. Wie viel habt ihr?«

»Zweihundert«, sagte Pierpaoli leise.

Schuschka drehte sich grußlos um und schlenderte Richtung Feuer zurück. Ariadna lachte schrill. Pierpaoli schloss die Augen.

»Warte!« Das war Philipp. Er zog seinen Brustbeutel hervor, zählte. »Warte …« Er blickte auf. »Wir bieten zweitausenddreihundertdreiundvierzig Global.« Es waren Philipps gesamte Ersparnisse.

Schuschka war stehen geblieben.

»Die Hälfte jetzt, den Rest später«, köderte Philipp.

Schuschka schüttelte den Kopf. »Später, das gefällt mir nicht. Okay?«

»Okay.«

»Dann brechen wir morgen auf. Aber erst seid ihr Schuschkas Gäste, das ist logisch. Kommt mit ans Feuer … Meine Gäste!«

Mittwoch, 8. August 2029

Schacht unterhalb des Sami-Merwali-Höhenzugs, Georgien

Die Datenmengen, die sie von den Kindern im Wachzustand empfangen, sind leider zu schwach und zu inkohärent; man braucht das Hirnstrom-Muster im Schlafzustand. Der Guru ist jetzt überzeugt, dass die drei Mädchen sich ihm absichtlich verweigern. In seine Wut über ihre Unbotmäßigkeit mischt sich auch Bewunderung. Er hat mit ihnen gesprochen, auf Spanisch, er hat ihnen erzählt, dass er nur Gutes plane, dass er ihre Hilfe bräuchte – doch in ihren Augen stand: Lüge.

Er könnte ihnen drohen, aber das könnte riskant sein. Das gilt auch für Psychopharmaka, etwa Rohypnol. Er will erst noch abwarten. Vielleicht sollte er sie überzeugen. Das jüngste der drei Mädchen zeigt erste Anzeichen von Sekundenschlaf.

Noch will er abwarten.

Freitag, 10. August 2029

Sami-Merwali-Höhenzug, Eingang zur ehemaligen Mine der »Caucasus-Tbilisi-Mining Ltd.«, Georgien

Schuschka, das musste Pierpaoli zugeben, hatte sie gut geführt. Er war ein Aufschneider, ein Selbstdarsteller, manchmal auftrumpfend, manchmal weinerlich, vor allem aber erwies er sich als ein großer Geschichtenerzähler. Bei jeder Rast oder abends am Feuer entspann er seine Storys, und Pierpaoli hätte kaum zu sagen vermocht, worüber Schuschka eigentlich redete, denn er redete ohne Unterlass, und er sprach praktisch über alles, über Stalin, der ein komplizierter Charakter gewesen sei, aber gleichzeitig auch ein Patriot, über einen Barsch, den er auf einer Angeltour auf dem Schwarzen Meer gefangen hatte, über einen Cousin, der gefälschten Kaviar exportiert hatte und reich geworden war, er erzählte von seinem Onkel, der sich das Uhrmacherhandwerk selbst beigebracht hatte, über Erkältungen und wie man sie vermied, über den Klimawandel, über die einzig richtige Methode, Kebab in Joghurt und Sauerampfer zu marinieren, über Sophia Loren, die schönste Frau der Welt, er prahlte mit den vier Handgranaten, die er gekauft hatte und die er in seinen selbst genähten Gürteletuis mit sich herumtrug – wenn man Schuschka zuhörte, schien zunächst tatsächlich alles logisch und folgerichtig, es leuchtete ein, wie er von einem Thema zum anderen gelangte, aber drei Minuten später hatte man jedwede Orientierung verloren, man trieb dahin, losgelöst von Sein und Sinn, in diesem Plankton von Schuschka-Informationen.

Sie hatten gelegentlich Schüsse gehört, während sie sich durch das Grenzland tasteten, auch Granatfeuer. Sie hatten sich dann einige Stunden verborgen gehalten. Sie waren auch durch einige verwüstete Dörfer gekommen, sahen verkohlte Häuser und Scheunen, über denen noch der widerwärtige Geruch von Verwesung und verbranntem Fleisch lag. Sie hatten einen Toten gefunden, mit einer Schusswunde, und einen halben Tag damit zugebracht, ihn zumindest mit Steinen zu bedecken und eine Art Begräbnis am Wegesrand zu veranstalten – Philipp hatte darauf bestanden. Er hatte ein ergreifendes Gebet gesprochen, Schuschka und Ariadna waren die Tränen gekommen, auch Pierpaoli.

Was war nur los auf der Welt? Darüber sprachen sie später. Vielleicht spürten die Menschen, dass sie in einer schicksalhaften Zeit lebten, dass das natürliche Gleichgewicht, auf dem die Zivilisationen erbaut waren, bröckelte und rutschte, vielleicht rührte daher ihre Aufgewühltheit, Angst, Gier, ihr Lebenshunger?

Schuschka hatte sie also gut geführt, und sie erreichten, von Süden kommend, das Hochplateau am frühen Abend des zweiten Tages. Hinter dem Plateau, in Nord-Süd-Richtung verlaufend, zog sich die Sami-Merwali-Bergkette dahin, die Berge standen schwarz und gezackt gegen den roten Abendhimmel. Sie waren abgestiegen und hatten ihre Pferde angebunden. Die Tiere waren erschöpft und unruhig, sie waren durstig, und Philipp beobachtete sie genau und sorgenvoll. Sie gingen zu Fuß weiter. Ein in Serpentinen laufender Pfad führte an der Flanke des Berges auf das Plateau. Ein Schwarm kleiner Vögel warf sich zwitschernd vor ihnen in die Luft.

Das Hochplateau, als sie oben ankamen, war groß wie eine Handvoll Fußballplätze, die man aneinandergenäht hatte, mit Felsbrocken, die versprengt herumlagen. Pierpaoli musste an einen Billardtisch denken; ein Billardtisch, den man nachlässig abgeräumt hatte, auf dem noch ein paar Kugeln lagen, ein Billardtisch, an dessen Rand sie entlangkrabbelten wie vier Käfer, den Schutz und Schatten der Felsbrocken suchend. Nach Osten hin lag ein flaches Tal, eine Ebene, vielleicht ein paar hundert Meter tiefer, Pierpaoli konnte es nicht schätzen. Eine gewundene Straße, eine kleine Stadt, beleuchtet. Ein paar Lichter hier und da, gesprenkelt über die Ebene, Höfe, Dörfer, ab und zu ein Lastwagen, der dahinkroch. Ein stummes Bild, Geräusche drangen nicht herauf, die Entfernung war zu groß.

Ein einzelner, riesiger Bergvorsprung erstreckte sich über das grasbewachsene Plateau, wie die Pranke eines Tieres, und verdeckte die Sicht auf die andere Seite. Schuschka blieb stehen, im Schatten eines Felsen, deutete auf die drei Bergzacken über ihnen: »Das sind die Sami-Merwali-Berge, und dort, wo der Bergvorsprung ist, war früher der Eingang zu einer Mine. Ist aber stillgelegt. Seit langer Zeit schon. Gehörte der Moskauer Mafia. Früher. Hier ist nichts. Auf der anderen Seite wird auch nichts sein …«

Sie schwiegen. Ariadna betrachtete die gezackte Silhouette. »Dann lasst uns das ganze Hochplateau abschreiten. Und zum Eingang der Mine gehen …«

»Gut. Logisch.« Schuschka nickte. »Aber bleiben wir in Entfernung – falls auf der anderen Seite doch etwas ist …«

Schuschkas Vorsicht war begründet. Auf der nördlichen Seite des Felsvorsprungs sahen sie eine Baustelle. Sie erblickten Zaunpfähle, einige schon aufgestellt, Rollen von Maschendraht, einige Männer, die hin- und hergingen, andere, die den Eingang bewachten. Jeeps, Kisten, Baustellenbrenner, ein Raupenfahrzeug. Mehrere Bau-Roboter, ein Gabelstapler. Aufgeschichtete Kanthölzer. Generatoren auf Holzpaletten.

Und ein Helikopter.

»Ich kann die Aufschrift nicht lesen«, Ariadna hatte gute Augen, aber der Hubschrauber war zu weit entfernt.

»Hier«, flüsterte Schuschka, er hatte ein altertümliches Fernrohr hervorgezogen.

Ariadna spähte lange und angestrengt, Pierpaoli wurde schon nervös. Dann ließ sie das Fernrohr sinken. »Derselbe Hubschrauber, mit dem wir nach Island geflogen sind«, sagte sie. »ARS 001, das steht für Amitav Rama Shah. Der Guru ist hier.«

»Logisch«, murmelte Schuschka.

Sie zogen sich zurück.

*

Sie waren wieder an etwa derselben Stelle, wo sie den Pfad genommen und das Hochplateau erklommen hatten. Es wurde dunkel, man sah einzelne Sterne aufglimmen. Die Pferde standen ein gutes Stück unterhalb, aber sie witterten sie und schnaubten und stampften. Philipp schnalzte zur Antwort. »Wir müssen morgen wiederkommen«, sagte er leise. »Bei Licht. Mit einem Plan. Oder wir rufen jemanden zu Hilfe. Lasst uns jetzt zurückgehen. Ich muss auch die Pferde tränken, die Tiere sind sehr durstig, ich mache mir Sorgen um sie.«

Die Wachleute am Helikopter und am Eingang waren weit weg, trotzdem flüsterten sie.

»Wieso sind die Pferde unruhig?«, fragte Pierpaoli.

Schuschka nickte. »Sie wittern. Ich weiß, welches Wasser sie wittern. Dort oben. Dort oben läuft ein Bergbach. Ich war da mal, hab dort gejagt. Der Bach läuft neben dem Bergvorsprung her, vielleicht auch in die Mine hinein …«

»Wir können die Pferde nicht länger allein lassen!« Das war Philipp, er wurde lauter, es ging um seine Pferde.

»Nein, Philipp«, Ariadna sprach vernünftig. »Du hast recht. Das können wir nicht. Deshalb gehst du jetzt zu den Tieren und führst sie weg. Ein Stück abwärts. Und wir schauen uns den Bach an und kommen dann nach. Du gehst einfach den Weg ein Stück zurück. Wir finden dich.«

Philipp erhob noch Einwände, sie überzeugten ihn. Er wandte sich abwärts. Ariadna, Pierpaoli folgten Schuschka, der vorsichtig nach Stellen suchte, wo sie das Gestein erklettern konnten. Schuschka hatte ihnen Blendlampen gegeben, ihnen aber eingeschärft, sie stets nach unten zu richten.

Es war anstrengend und keineswegs ungefährlich, im Finstern herumzuklettern, nach Unebenheiten, Spalten und kleinen Absätzen zu leuchten und zu ertasten, wo Hand oder Fuß Halt fanden, um auf die Felsnase zu klettern. Auch mussten sie darauf achten, keine Steine loszutreten – eine kleine Geröllawine wäre das Letzte gewesen, was sie brauchten.

Schließlich standen sie, heftig keuchend, am Bach, vielleicht zwanzig Meter höher. Von hier sah man den Bergvorsprung, wie er sich auf das Plateau erstreckte, man sah, weiter hinten und tiefer in der Talebene, immer noch die Lichter der nächsten Dörfer und Höfe. Sie spürten die Kühle und Feuchtigkeit des Wassers, kein Wunder, dass die Pferde unruhig gewesen waren. Schuschka ließ sich auf die Knie nieder und schöpfte Wasser mit der Hand in den Mund. Pierpaoli ging dem Bach nach und leuchtete. Das Licht seiner Blendlampe tanzte auf dem schnellen schwarzen Wasser. Die Steine am Bachufer waren feucht und rutschig.

Nur eine Biegung weiter, das sah jetzt Pierpaoli, war der Wasserlauf in eine Betonrinne umgeleitet worden. Diese Halbrinne lag einige Meter frei, dann kam die Rinne an eine Wand und verschwand in einem kreisrunden Loch, ein Betonring, eine Öffnung, etwas größer als ein Gullydeckel und fast senkrecht in die Wand eingelassen. Das Loch war mit einem Eisengitter gesichert.

Schuschka war Pierpaoli gefolgt.

»Das Wasser fließt hier schnell«, sagte Pierpaoli. Er musste ziemlich laut reden, gegen das Gurgeln und Rauschen.

»Ja«, sagte Schuschka.

»Weil es abwärts fließt, wahrscheinlich ziemlich steil. Oder?«

»Ja«, sagte Schuschka.

»Und unter uns ist direkt die Mine, der Tunnel, richtig?«

»Ja«, sagte Schuschka.

»Das heißt, das Wasser leiten sie in den Tunnel, zur Kühlung, als Vorrat, wozu auch immer. Das Wasser führt uns also in den Tunnel«, sagte Pierpaoli. »Wenn wir Glück haben.«

»Das ist logisch«, sagte Schuschka. »Aber es gefällt mir nicht.«

»Mir auch nicht«, antwortete Pierpaoli leise. »Vielleicht kommen wir morgen wieder. Ich will mir nur noch das Gitter ansehen …«

In dem Moment ertönte ein Sirren und Summen, es schien von unten zu kommen. »Tom! Schnell!«

Das war Ariadnas Stimme; Pierpaoli und Schuschka eilten zurück. Ariadna deutete nach unten, in das schwarze Tal. Die Talebene war dunkel, der Unterschied war dramatisch – wo eben noch die Dörfer und Höfe mit ihrem kleinen Lichtgefunkel gewesen waren, war nun alles schwarz.

»Stromausfall«, sagte Schuschka. »Das ganze Gebiet. Nicht logisch.«

»Nein«, antwortete Pierpaoli. »Aber das habe ich schon mal erlebt. Auf Island. Der Quantencomputer zieht allen Strom ab. Der Guru hat den Quantencomputer angeworfen! Zu welchem Zweck auch immer. Ich muss da jetzt rein.«

Pierpaoli hastete zurück zur Rinne, zurück zum Gitter. Er schauderte einen Moment, dann stieg er in das strömende Wasser. Erst mit dem einen Fuß, vorsichtig sichernd, er zog dann den anderen Fuß nach. Ariadna war gefolgt, leuchtete ihm. Pierpaoli balancierte Richtung Gitter. Das Wasser war eisig, gurgelnd, der gewölbte Boden unter seinen Füßen war glitschig.

Das Gitter war an nur zwei verzinkten Stahlhaken eingehängt. Pierpaoli konnte es mit einiger Mühe aus der Verankerung hebeln, aber das zusätzliche Gewicht brachte ihn ins Schwanken.

Ariadnas Licht tänzelte vom Gitter zum Wasser und wieder zurück.

Pierpaoli hielt das schwere, triefende Eisengitter jetzt mit beiden Händen. Die Kanten und Schweißgrate schnitten in die Finger. »Vorsicht, Ari, ich werfe es in deine Richtung …« Er holte aus und wuchtete es, wie ein Hammerwerfer, weg von der Rinne. Der Schwung war kraftvoll gewesen, aber als Pierpaoli das Gitter losließ, verlor er die Balance. Er taumelte rückwärts, ruderte einen Moment mit den Armen, dann wurden ihm die Beine weggespült, weggeschlagen. Er klatschte rücklings ins Wasser, der Länge nach in die Rinne, und das Wasser spülte ihn mit spielerischer Leichtigkeit und im Handumdrehen durch das Loch und hinein in den Berg.

»Schuschka! Geh zu Philipp, sag ihm, was passiert ist! Ich suche nach Tom!« Ariadna stieg in die Rinne, verzog das Gesicht, als das Wasser eisig nach ihr griff, und watete zu der kreisrunden Öffnung, durch die Pierpaoli verschwunden war.

Schuschka blieb allein zurück an der Rinne, erschrocken, erstarrt. Dann atmete er tief aus. »Logisch«, flüsterte er vor sich hin, raffte seinen Militärmantel und stieg, widerstrebend, ebenfalls in die Rinne.

*

Pierpaoli schlug hart auf, mit dem Hinterkopf auf den Beton der Rinne. Um ihn war Dunkelheit, Kälte, Wasser. Er spürte am Rand seines Bewusstseins, dass es abwärts ging, fast wie in den Wasserrutschen seiner Kindheit, die er damals schon gemieden hatte. Wie schnell er dahinglitt, wie viele Meter, das konnte er unmöglich schätzen. Dann, plötzlich, fiel er. War in der Luft. Schlug auf in etwas, das abermals kalt war, das unter ihm nachgab, abermals Wasser, aber das war nicht mehr die Rinne, jetzt war er von Wasser umschlossen, er war in einem See oder einem Becken, oder in einem Bassin, es war tief, und er hatte keine Luft, er versank, und er spürte seinen Körper kaum noch, wurde nur noch von einem großen Jammer überschwemmt, Trauer um Ari, Trauer um das, was hätte sein können, und weit weg sah er ein Licht, das ihn lockte. *Der Tod*, dachte er. Und: *Ganz so schlimm ist es nicht. Ein Übergang. Ein Gleiten. Sachte.*

Als die »Caucasus-Tbilisi-Mining Ltd.« unter dem Sami-Merwali-Gebirgszug einen minenartigen Tunnel in den Bergvorsprung treiben ließ, um Aktivitäten vorzutäuschen, war man auf eine recht große, eingeschlossene Wasserblase gestoßen, die aus mehreren Sickerzuflüssen gespeist wurde und die einige Abflüsse hatte. Zu- und Abflüsse fluktuierten je nach Jahreszeit und Regenfall, waren aber aufs Jahr hin ausgeglichen. Der Guru gedachte, für seine weiteren Pläne ein bestimmtes Kühlungssystem installieren zu lassen, daher kam ihm das Wasserreservoir gelegen. Im Zuge der improvisierten Umbauten wurde auch die Wasserblase mit einem regelbaren Zufluss, einer Schleuse, ferner einer Notbeleuchtung versehen, auch wurde die Abstützung verstärkt – wenn auch auf des Gurus Geheiß nicht in dem Maße, wie es seine Statiker vorschlugen.

Die Rinne, durch die Pierpaoli geschleudert wurde, mündete also in einem Bassin von etwa vierzig Metern Länge und etwa acht Metern Breite. Jetzt war es knapp halbvoll, etwa siebenhundert Kubikmeter Wasser.

Zwei Dinge retteten Pierpaoli das Leben: Erstens, dass Ariadna so nah bei ihm einschlug, zweitens, dass sie ihre Taschenlampe in den Mund gesteckt hatte und mit den Zähnen festhielt, mochte es sie auch würgen, sodass ihr die Lampe nicht aus den Händen gerissen werden konnte.

Sie fand Pierpaoli, der schon haltlos in dem Bassin trudelte, tauchte von hinten an ihn heran, griff ihm von hinten unter die Arme, fand mit ihren Füßen Widerstand, drückte sich mit aller Kraft hoch, nach oben. Sein Oberkörper war schrecklich schwer und unhandlich, aber dort oben war Luft, faulige Luft zwar, aber es war Luft. Sie hielt immer noch die Taschenlampe zwischen den Zähnen, jetzt erfasste der gelbe Lichtkegel eine Konstruktion am anderen Ende des Bassins, zwei Griffe, mehrere Sprossen.

»Eine Leiter! Dort kommen wir raus aus dem Wasser!« Schuschka war neben ihr aufgetaucht, sie sah sein panisches Gesicht im irrenden Aufblinken ihres Lichtkegels, Schuschka kämpfte und strampelte hart, sein Militärmantel hatte ihn, dank der vielen Lufteinschlüsse im Futter, erstmal nach oben schnellen lassen, doch kaum war der Mantel vollgesogen, zerrte das schwere Tuch ihn abwärts.

Schuschka war ein schlechter Schwimmer, aber zäh. Er ruderte und plantschte und half ihr irgendwie mit dem immer noch leblosen Pierpaoli. Gemeinsam erreichten sie die kurze

Metall-Leiter, die im Zuge der Bauarbeiten angeschraubt worden war, gemeinsam zerrten und drückten sie Pierpaoli hoch. Außerhalb des Beckens verlief ein schmaler Rand. Hier lagerten Ziegelsteine, Zementsäcke, Moniereisen. Sie legten Pierpaoli auf die Seite, Ariadna schüttelte ihn, Schuschka, tropfnass, stand keuchend daneben. Ariadna dachte bereits an Mund-zu-Mund-Beatmung und Herzmassage, als Pierpaoli hustete und einen kleinen Schwall galliges Schmutzwasser erbrach und sich hustend daran verschluckte. Schuschka wrang seine Zöpfe aus.

Sie richteten ihn auf, immer noch im Sitzen, Ariadna hielt mit der Linken sein Kinn fest und fuhr mit zwei Fingern der rechten Hand durch Pierpaolis Mundhöhle, aber da war nichts.

Sie warteten.

Pierpaoli kam auf die Beine, an Schuschkas Hand, er konnte stehen, wenn auch so wackelig wie ein sozialistischer Staat vor der Insolvenz. »Was ist passiert?«

»Du hast deine Taschenlampe verloren«, sagte Ariadna. »Und dann das Bewusstsein.«

»Ich war im Wasser. Hier in diesem Becken?«

»Ariadna hat dich rausgeholt«, sagte Schuschka.

»Schuschka auch«, sagte Ariadna.

Pierpaoli sah die beiden groß an.

»Aber jetzt sollten wir sehen, dass wir hier rauskommen. Die Tür da.« Sie deutete auf eine fabrikneue Metalltür, die offenbar gerade eingesetzt worden war. »Wohin führt die?«

Die Tür war verschlossen. Sie mussten eine knappe Stunde auf dem Schloss und dem Rahmen herumhämmern, bis Schuschka ein Moniereisen in den Spalt stieß und die Tür aufstemmen konnte. Dahinter führte eine an die Wand gesetzte Leiter abwärts. Schließlich standen sie in einer lang gezogenen Halle, die durch ein stabiles Gitter in zwei Abschnitte geteilt war. Der größere Teil, in dem sie standen, diente offenbar als Vorrats- und Lagerraum, an den Wänden türmten sich, haushoch gestapelt, Kisten, die meisten mit Metallbändern verschlossen.

Fässer waren aufgestellt, Zaunpfosten, Rollen mit Elektrodraht, mehrere Flammenwerfer, ein gewaltiger Harvester mit schwenkbarem Sägeblatt, mehrere Schrankkoffer, die mit »Submarine« beschriftet waren.

Pierpaoli, Ariadna und Schuschka hielten sich im Schatten eines großen Vehikels, jedenfalls war es höher und wuchtiger als ein normaler E-Wagen, die Reifen grobstollig wie Traktorreifen. Der Rest war unter einer festgezurrten Plane verborgen. Pierpaolis Blick fiel auf eine Kamera, die hoch an der Wand installiert war, jetzt sah er, dass es noch weitere Kameras gab. Er machte vorsichtig einen Schritt, noch einen, die Kamera drehte sich und folgte ihm.

Sie waren erfasst.

Vielleicht sogar entdeckt.

Da hörten sie etwas, das sich näherte. Es klang wie aufsetzende Krallen, aber gleichmäßig. *Tack-tack. Tack-tack.*

*

Anfang der Zwanziger hatten zwei amerikanische Firmen, eine in Pittsburgh, attachiert an das Forschungslabor der Carnegie-Universität, eine zweite Firma in Baltimore, Durchbrüche bei bionischen Robotern erzielt. Bionische Roboter waren Vorbildern aus dem Tier- und Pflanzenreich nachempfunden, sie imitierten vor allem deren Jagd- und Abwehrverhalten. Zumeist ging es bei diesen Robotern um militärische Zwecke, aber sie wurden für vielerlei Zwecke konzipiert, Ernte, Bergung, Bewachung, Exploration.

Oder zum Töten.

Es bietet sich an, solch eine Maschine zu verurteilen. Doch sie waren – auch – Wunderwerke der Konstruktionskunst, Erfindungen von großer Schönheit.

Vorbild für den GEP-27, einen Lauf- und Überwachungsroboter, war der Gepard, das schnellste Landsäugetier. Der GEP-

27 übertraf seinen natürlichen Cousin sogar, konnte dank eines eleganten Aufbaus binnen zwei Sekunden beschleunigen, abbremsen, die Richtung ändern. Von Kopf bis Rumpfende maß er hundertfünfzig Zentimeter, bei achtzig Zentimetern Höhe. Im »Kopf« der Maschine waren Instrumente zur Navigation, die Waffen und ein Zentralcomputer integriert. Im »Bauchraum« befand sich die Lithium-Luft-Batterie. Anstelle von Knochen, Sehnen, Muskeln verfügte der Roboter über filigrane Elemente aus hochfesten Karbonfaserwerkstoffen, die künstlichen Muskeln bestanden aus verdrillten Nanofasern.

Die Pfoten waren ein Spezialfall: Sie waren mit einer bionischen, elektroaktiven Schicht bedeckt, die sich abflachen oder in eine kaum sichtbare Lamellenstruktur auffächern konnte – für schnelle Bewegungen auf glatten Flächen. Ein Spezialfall war auch seine Lernfunktion. Algorithmen werteten alle Tötungen, Zerstörungen, alle Einsätze und Gegenmaßnahmen aus, nach etwa dreißig Feindberührungen galt ein Roboter als »erfahren«.

Der GEP-27, den der Guru gekauft hatte, war noch nicht kalibriert, er war ein quasi »junges« Tier. Doch der Wunsch, durch Feindeinsätze zu lernen, war programmiert, und die Maschine war äußerst gefährlich, äußerst tödlich. Wenn der GEP-27 einer jungen Katze glich, die noch dazulernte, dann waren Ariadna, Pierpaoli und Schuschka die drei Mäuse.

*

Der GEP-27 hatte sie geortet. Die Freund-Feind-Erkennung eruierte eine hohe Wahrscheinlichkeit feindlichen Eindringens. Die Waffe, die einzusetzen war, bestand aus Schallwellen.

Der Roboter verfügte über zwei Schallwaffen, die auf schnellen piezoelektrischen Materialien beruhten – ähnlich einem primitiven Piezolautsprecher in einem Smartphone. Druck und Wellen waren variabel, Schall mit mehr als zweihundert Dezibel konnte punktgenau ausgesendet werden, auch starke Druckwellen waren möglich, die Glas, Steinmauern, Holz und Fleisch zerfetzten.

Wird unser Bewusstsein von einer unbekannten Angst überschwemmt, arbeitet ein Teil des Bewusstseins dennoch an der Erhaltung der Grundsysteme, zum Beispiel das Gefühl für oben und unten, die Balance. Hier setzen die Schallwellenwaffen an: Das Gehirn eines Menschen zum Beispiel empfängt Impulse, die jede Balance, jede Orientierung außer Kraft setzen. Man kann sich nicht mehr auf den Beinen halten. Der Schmerz sticht direkt ins Gehirn: Die Empfindung ist verheerend. Im Gesicht und im Kopfbereich platzen diverse Blutgefäße.

So erging es Ariadna und Pierpaoli und Schuschka. Sie lagen zusammengekrümmt an den Traktorrädern des Vehikels, pressten ihre Hände an die Ohren, vors Gesicht, in einer Explosion von Schmerz und Panik.

Die erste Schallwelle dauerte dreihundert Mikrosekunden. Dann eine Pause. Dann abermals eine Schallwelle, etwas kürzer diesmal.

Dann näherte sich der Roboter.

Als das Dröhnen in seinem Kopf, das Zittern, der Krampf und die Angst etwas nachließen, rollte sich Pierpaoli hinüber zu Schuschka. »Deine Handgranaten«, flüsterte er. »Die Granaten aus deinem Gürtel ... Wirf sie!«

»Ist gefährlich, Tom! Die Splitter ...«

»Hinter die Kisten! Da haben wir Schutz! Ich hole Ari ...«

»Ist trotzdem gefährlich!«

»Wir haben keine andere Wahl. Ich hole Ari, du wirfst deine Granaten ...«

Schuschka fummelte zwei Granaten aus seinen Gürteltaschen, schob sich selbst an eine Wand aus aufgetürmten Holzkisten, die mit Metallbändern gesichert waren, wartete, bis Pierpaoli und Ariadna angerobbt kamen, dann zog er die Ringe, schloss die Augen, zählte – und warf.

Er hatte schlecht geworfen, aber immerhin kollerten die

Granaten dem sich langsam nähernden Roboter in den Weg. Der GEP-27 blieb stehen, scannte das Bild, verglich es mit seiner Datenbank und erkannte es, setzte sofort zurück – und ging in Deckung.

Drei Sekunden vergingen. Vier Sekunden.

Die Granaten lagen in der Halle. Der Roboter wie auch die drei Menschen kauerten hinter einem Schutz. Die Menschen hielten den Atem an. In dem Roboter liefen Programme ab. Aber nichts geschah.

Sechs Sekunden. Sieben Sekunden. Keine Explosion.

Pierpaoli zischte: »Verdammt, Schuschka, was war das?«

»Ich weiß nicht. Ist nicht hochgegangen …«

»Warum nicht, Schuschka?«

»Kann sein, der Typ, der sie mir verkauft hat, der hat mich betrogen – könnte sein, oder es ist eine Attrappe.«

»Attrappe? Verdammt, Schuschka! Wie viel hast du noch?«

»Zwei!«

»Wirf eine!«, schrie Ariadna. »Das Ding kommt näher!«

Tatsächlich war der GEP-27 hinter seiner Deckung hervorgekommen, seine Software hatte ihm gesagt, dass von einem Blindgänger mit hoher Wahrscheinlichkeit keine Gefahr ausging, sofern man den Blindgänger nicht berührte oder in Erschütterungen versetzte, und so machte der Roboter einen kleinen Bogen um die Wurfgeschosse und näherte sich abermals. Laut Software waren Erschütterungen zu vermeiden – also kein Einsatz einer Schallwaffe.

Schuschka warf die dritte Granate.

Pierpaoli legte sich schützend über Ariadna, die Hände, die sie auf ihre Ohren gedrückt hatte, waren beide blutverschmiert.

Die Granate kollerte in den Weg. Der Roboter sprang abermals zurück.

Wieder duckten sich alle, Angreifer und Angegriffene.

Aber nichts passierte. Der Roboter kam hinter seiner Deckung hervor.

Als der Roboter näher kam und ihm die vierte, die letzte Granate in den Weg rollte, da setzte er nicht mehr zurück, sondern ignorierte diese Gefahrensituation, die ja offensichtlich, zu diesem Resultat kam seine Lernsoftware, keine Gefahrensituation darstellte.

Die vierte Splitterhandgranate jedoch explodierte.

Denn die ersten drei Exemplare, von Schuschka mit Stolz und Inbrunst mit sich in seinen wasserdichten Etuis herumgeschleppt – diese ersten drei *Rutschnaja Granata Oberonitelnaja* waren tatsächlich Trainingsexemplare. Schuschka war damals auf einen Betrug hereingefallen. Die vierte Granate, eine RGO-78, jedoch war echt: fünfhundertdreißig Gramm, gefüllt mit dem Sprengstoff A-IX-1, versehen mit Sollbruchstellen, tödlich in einem Radius von sechs Metern, gefährlich in einem Sicherheitsradius von bis zu achtzig Metern. Ariadna, Pierpaoli und Schuschka kauerten zu ihrem Glück immer noch hinter den Kisten, als die Detonation stattfand, und so blieben sie unverletzt. Das Kistenholz wurde zersiebt, aber es schützte sie.

Der GEP-27-Wachroboter jedoch wurde von mehr als einem Dutzend Splittern getroffen, die sein Navigationssystem lädierten, sein Funksystem außer Kraft setzten, mehrere Partien seiner Karbonfaserstruktur zerfetzten. Er fiel auf die Seite, und die Software begann augenblicklich mit der Selbst-Reparatur.

Aber im Wachraum hatte der Explosionsknall Alarm ausgelöst. Die kleine hochmotivierte Wachmannschaft stürmte aus dem Aufenthaltsraum durch das in das Gitter eingelassene Stangentor in die Halle.

Freitag, 10. August 2029

Labor im Schacht unterhalb des Sami-Merwali-Höhenzugs, Georgien

Was außerhalb des gesicherten Bereichs vor sich geht, interessiert den Guru nicht. Jedenfalls nicht jetzt. Vielleicht hat er einen Krach gehört, einen Knall, es klang wie ein Unfall, eine Explosion – was immer es auch war, seine Security-Leute werden sich darum kümmern.

Seine Konzentration gilt den drei Mädchen. Diese Kinder haben wirklich erstaunliche Willenskraft bewiesen, doch auch die hat Grenzen. Die Kinder waren bereits rund dreißig Stunden wach, doch nun sinken sie weg, und der Schlaf löst jene Kräfte, die sie eigentlich nicht freigeben wollten. Schlafend werden sie ganz Gegenwart, und damit werden sie Intuition. Sie empfinden Sein und Zeit nicht mehr in der artifiziellen Aufteilung, die die Zivilisation lehrt – von Das-war-schon und Das-wird-noch-geschehen.

Zeit oder Raumzeit ist ohnehin eine Dimension, will sagen: Sie *vergeht* nicht. Sondern der Mensch vergeht, er hat seit jeher seine Vergänglichkeit auf die Zeit projiziert. Einige Menschen besitzen allerdings eine Begabung für das Überspringen von Zeit und Raum, eine Begabung, die selten auftaucht, aber immerhin manchmal. Diese Gabe kommt unverhofft – wenn man zum Beispiel vom Kaffeetisch aufsteht, weil man mit Gewissheit fühlt, dass dem geliebten Bruder etwas zugestoßen ist. Weil man es *weiß*. Wie kann man aber etwas »wissen«, was sich weit entfernt zugetragen hat? Man weiß es. In solchen Momenten ist diese Gabe wie ein Zimmer in einem Haus; ein Zimmer, das man sehr selten nur betritt. Aber es existiert.

Und dann gibt es die *Pehuenche*-Kinder. Für sie ist das Ahnen, das intuitive Vorhersehen, Vorwegträumen keine gelegentliche Anwandlung. Sondern es ist ein Zustand, der zu ihrem

Leben gehört. Die Schatten der Zukunft sind für sie keine Schatten, sondern Präsenz. Sie vertrauen ihrem Unterbewusstsein. Es war Catchsides Brillanz, dies zu erkennen und mit der explosiven Rechenleistung des Quantencomputers zu verbinden.

Der Computer formatiert jetzt die Intuitionen und schemenhaften Traumbilder in Algorithmen und Datenmuster um. Die Bilder sind das genau dosierte und benötigte Momentum an Ahnung, Störung und Intuition, das der Quantencomputer braucht.

Amitav Rama Shah wird das Ergebnis erhalten, das er sich wünscht.

Er wird damit eine Naturkatastrophe auslösen, leichten Herzens.

Er wird eine Hungerkrise bewirken, Hungerkriege, Chaos, Leid, Verteilungskämpfe. Es wird interessant werden.

Die Klima-Allianz wird dem nicht gewachsen sein, die Menschen werden dem Bündnis ihr Vertrauen entziehen – noch so ein Kollaps.

Und dann, nach dem Zusammenbruch der Klima-Allianz? Der Guru will die *Dhamaka*, die Explosion, die alles an Vorherigem ausstreicht, er will, dass die Menschheit in die *Khadda* fährt, in die Grube, wo einzig die Schwarze Kali herrscht, und dann wird man weitersehen.

Er selbst wird natürlich überleben. Er hat viele Rückzugsorte. Danach wird er eine Macht darstellen, die niemand ignorieren kann. Seine Spiritualität wird sich in neue, leuchtende Höhen aufschwingen, sein Atem und sein Denken werden die Welt durchdringen.

Er hätte sich einem Gott unterworfen, wenn er einen gefunden hätte, für den es sich lohnte. Aber so musste er sich selbst zu seinem Gott erklären und erheben. Und dieses Gefühl berauscht ihn.

Freitag, 10. August 2029

Schacht unterhalb des Sami-Merwali-Höhenzugs, Georgien

Sie kauerten immer noch hinter den Kisten, als die Sicherheitsleute durch die Gittertür polterten, in schwarzen Overalls, behelmt und mit Gewehren. Die ersten Schüsse fielen. Sie konnten hier nicht bleiben und warten. Pierpaoli sah sich um. Sein Blick fiel auf das Fahrzeug unter der Plane, es war ein MPV, ein *Multi Purpose Vehicle* des US-Herstellers *Future Ride*, eine Kreuzung aus Panzer und Mondlandefahrzeug. Das MPV war mit einer Plane abgedeckt, die an vier Stellen mit Karabinern eingehakt war, die grobstolligen Hinterräder waren mit Gummikeilen gesichert.

Pierpaoli hatte die Keile schon weggetreten, jetzt zerrte er die Plane ab und kletterte die kurze Leiter zur Fahrerkabine hinauf. Die Tür, eher eine Luke, war offen.

Ariadna begriff, was er vorhatte. Sie machte Schuschka ein Zeichen, sie rannten gebückt herbei. Als Ariadna sich die Leiter hochzog, pfiffen Schüsse um sie, schlugen auf die Stahl-Kevlar-Karosse und rasten als Querschläger, irrwitzigen Insekten gleich, durch die Halle.

Pierpaoli zerrte erst Ariadna in die Kabine, dann Schuschka, drückte die Tür zu, blickte durch die Sichtluke: Die Schwarzbehelmten hatten einen Kreis um sie gezogen, kamen näher, alle zielten. Pierpaoli suchte verzweifelt nach einem Hinweis, wie das Ding zu starten sei, als das berührungsaktive Display ansprang und leuchtend und blau die Kabine erhellte.

Sie hörten eine Frauenstimme, metallisch und kühl: *»Stimmerkennung oder Code-Erkennung?«*

»Stimmerkennung!«

»Sprechen Sie: jetzt.«

»Starte den Motor!«

»Ihre Stimme konnte leider nicht identifiziert werden. Sprechen Sie erneut: jetzt.«

»Motor an! Starte den Motor! Motor!«

»Ihre Stimme konnte leider nicht identifiziert werden. Sprechen Sie erneut: jetzt. Möchten Sie zum Hauptmenü gelangen, so sprechen Sie: Hauptmenü.«

»Code-Erkennung!« Das war Schuschka, er hatte in der Mittelkonsole ein Handbuch gefunden, auf den Rand hatte jemand etwas in den verschlungenen georgischen Buchstaben geschrieben, und sechs Zahlen standen da.

Sechs Felder leuchteten auf. Aber Schuschkas Finger zitterten zu stark, Ariadna musste ihm das Buch wegnehmen und tippen: 6 – 3 – 9 – 1 – 3 – 4. Das Vehikel erwachte mit einem zornigen Summen, ein prähistorisches Riesentier, das man in seinem Schlaf gestört hatte. Aber es lief. Die Sitzmotoren griffen nach den Passagieren und hielten sie auf ihrem Platz. Etliche Projektile trafen die Sichtluke und hinterließen linsengroße Eindrücke in dem Glas.

»Wünschen Sie manuelle Steuerung oder Sprachsteuerung? Sprechen Sie: jetzt.«

»Fahr los, Tom. Sie schießen auf die Reifen!«

»Vorwärts fahren!«

Die Maschine machte einen Sprung nach vorne und raste einmal quer durch die Halle. »Stopp! Zurück, das heißt: wenden!«

»Wenden links? Wenden rechts?«

»Wenden rechts … Und fahren …«

Das Vehikel wummerte und bollerte durch den Tunnel, in entfesselter Präzision, durch Pierpaolis wahllos gebellte Befehle gelenkt, es rammte Kisten, krachte gegen die elektrische Steuerung der Pumpenanlage, schob Kanthölzer zur Seite, ließ Fässer umkippen, Flüssiges ergoss sich über den Beton, die Security-Leute sprangen dem Vehikel aus dem Weg. Sie schossen immer noch, aber die wild herumfuhrwerkende Maschine war schwer zu treffen und hatte keinen empfindlichen Punkt.

Pierpaoli, Ariadna und Schuschka waren in ihrer Fahrerkanzel verhältnismäßig sicher. Sie hätten in dem Vehikel vielleicht sogar fliehen können, indem sie das Tor rammten, aber Ariadna sah eine andere Möglichkeit. »Tom! Fahr nah ans Gitter! Fahr in die rechte Ecke! Fahr dicht ran, die Tür ist offen, wir könnten rausspringen …«

»Nein!« Schuschka schrie es. »Ich springe nicht raus!«

»Ari, er hat recht! Lass mich allein rausspringen …«

Ariadna zu Schuschka: »Dann bleib drin. Sie werden denken, wir sind alle noch hier oben. Fahr einfach hin und her, immer dieselben Befehle! Schuschka, in dem Ding bist du sicher, einigermaßen jedenfalls … Und du, Tom, manövrier das Ding nah ans Gitter.«

Pierpaoli tat, wie geheißen, hielt das Vehikel nah an der angelehnten Tür. Er und Ariadna krabbelten über Schuschka hinweg, zur Beifahrerseite, Schuschka, behindert durch seinen Säbel, zwängte sich in einem Gewirr von Armen und Beinen unter ihnen hindurch, Ariadna öffnete die rechte Lukentür – und sprang. Sie kam auf, schrie leise und rollte weg. Pierpaoli zögerte einen Moment. Es war sehr hoch, der Boden war sehr weit weg. Aber dann sprang auch er.

Sie halfen sich gegenseitig auf. Ariadna drückte das Gittertor auf, sie standen vor einer Betonwand, die bis an die Tunneldecke reichte. In der Wand war eine schwere Stahltür. Nur angelehnt. Sie schlüpften hinein, Ariadna drückte die Tür von innen zu, das Schloss schnappte ein.

Sie sah Pierpaoli an. Sie waren beide schweißnass. An Ariadnas Ohren klebte verkrustetes Blut. Pierpaoli hielt sich den Arm. Tausend Blessuren.

Aber sie waren drin. Und jetzt gab es keinen Weg zurück.

*

Sie sind in einem Vorraum. Die Akustik hat sich verändert. Wände und Boden sind schallgedämpft.

Pierpaoli und Ariadna orientieren sich, versuchen es zumindest. Ein Gang führt zu einer roten Tür. Armdicke Kabelstränge verlaufen am Boden. Sehr viel Elektrizität wird hier verbraucht.

Pierpaoli und Ariadna sehen sich an, verständigen sich wortlos: *Dort sind die Kinder – höchstwahrscheinlich. Du gehst da rein. Ich sehe mich nach diesem Guru um.*

Er tastet nach ihrer Hand. Sie überlässt sie ihm – für einen Moment. Ihre Hand zittert. Es heißt, in Momenten von Gefahr sähe man sein Leben vor sich ablaufen. Er sieht aber vor allem ihr Leben, Ariadnas Leben: die behütete Kindheit, der Vater erfolgreich, die Mutter ein Star, immer genug Geld. Ihr Wunsch, dem Luxus zu entfliehen, getrieben von ihrem Talent, getrieben von ihrem Drang, anderen zu helfen. Was hat es ihr eingebracht? Nur Schwierigkeiten. Pierpaoli wünscht, er könnte sie beschützen.

Sie spürt, dass er so etwas denkt, drückt seine Hand, macht sich dann los von ihm. Sie hat Angst. Um sich, um ihn, um die Kinder.

Pierpaoli geht zu der Tür, wo er den Guru vermutet, sie hat eine runde Sichtluke. Wie ein Bullauge. Pierpaoli schaut hinein, er sieht einen Laborraum. Der Guru und drei seiner Leute sitzen an einem Steuerpult. Links davon ist ein abgetrennter Raum, hoch, kuppelartig: Dort steht der Quantencomputer.

Auch dieser Raum ist schallisoliert. Der Quantencomputer ist groß wie ein Weihnachtsbaum, den man auf dem Rathausplatz aufstellt, das Äußere besteht aus vergoldeten Kühlleitungen, die in mehreren Etagen übereinander angeordnet sind. Nach oben hin werden die Leitungen dünner und enger, der Weihnachtsbaum wird spitzer. Ein tiefer Summton geht von dem Quantencomputer aus.

Pierpaoli drückt die Klinke. Die Tür ist offen. Er tritt ins Labor. Die Männer haben ihn nicht wahrgenommen. Der Guru sitzt, die anderen stehen. Ihre Haltung ist ehrerbietig. Auf den Bildschirmen laufen Zahlenreihen.

Pierpaoli ist ratlos. Jetzt ist er so weit gekommen; aber was soll er nun tun? Hat er eigentlich eine Handhabe? Professorin Liu hat ihm erzählt, dass die Baupläne gestohlen wurden. Pierpaoli ist hier als Vertreter – wenn auch ohne Autorisierung – des Hochkommissariats in Kapstadt.

»Diese Technologie gehört Ihnen nicht! Beenden Sie das!«

Pierpaoli merkt, wie absurd das klingt. Aber er hat sich bemerkbar gemacht. Die Techniker sind erschrocken herumgefahren. Nur der Guru nicht. Er betrachtet ruhig die Vorgänge auf den Bildschirmen, er stellt eine halblaute Frage, er ignoriert Pierpaoli.

Pierpaoli tritt näher heran, von hinten. Der Guru dreht sich nicht einmal herum. Einer der Techniker, der jüngste, größer, kräftiger als Pierpaoli, verstellt ihm den Weg. Pierpaoli tritt einen Schritt zur Seite, ergreift einen Bürostuhl, nimmt ihn bei den Armlehnen, holt aus und schleudert den Stuhl in das Leitungssystem des Quantencomputers – ohne jeglichen Schaden anzurichten, ohne den Guru zu stören.

Der Guru arbeitet seelenruhig weiter. Die Berechnung scheint jetzt beendet, es gibt offenbar ein Resultat, mehrere Zahlenreihen. Der Guru macht einen Screenshot, hält das Handgelenk an einen Sensor und kopiert sich das Ergebnis der Berechnungen auf sein Datenarmband. Dann nickt er dem Mann zu, der neben ihm steht: Es ist getan.

Das ist exakt, was Pierpaoli verhindern wollte, diesem Moment galt seine ganze Reise.

Auf diesem Armband muss sich das Ergebnis befinden, von dem Bao Wenliang gesprochen hatte, die Handlungsanleitung, mit der Shah in die Zukunft eingreifen will, auf welche Weise auch immer.

Pierpaoli hat nichts mehr zu verlieren. Er tritt von hinten an Shah heran, versucht dieses Armband zu erwischen.

Der Guru hat das gemerkt, er wendet sich unwillig zur Seite, wehrt den Angriff mit einer schnellen Bewegung ab, als würde er eine Fliege verscheuchen.

Jetzt erfasst eine unbändige Wut Pierpaoli. Er rempelt den jungen Techniker beiseite, will den Guru wegzerren von seinem Pult, diesen arroganten, bösartigen Mann, der seinen Patenonkel und seinen Freund auf dem Gewissen hat, er wird dessen Pläne vereiteln, er muss dieses Armband zerstören.

Aber der Guru hat sich erhoben, in einer einzigen geschmeidigen Bewegung. Er dreht sich um, er gleitet beiseite, Pierpaoli stolpert ins Leere, greift ins Leere, Shah ist sehr reaktionsschnell und athletisch, er zieht Pierpaoli am Arm nach vorne, dreht ihm den Arm auf den Rücken, knickt sein Handgelenk nach hinten, hält Pierpaoli mit diesem entsetzlich schmerzhaften Griff nach unten gedrückt, Pierpaoli ist außer Gefecht gesetzt, der Schmerz ist demütigend, der Guru beugt sich an Pierpaolis Ohr und flüstert: »Sie können dieses Spiel nicht mehr gewinnen. Es ist schon alles entschieden.«

Freitag, 10. August 2029

Tunnel unterhalb des Sami-Merwali-Höhenzugs, Georgien

Das *Multi Purpose Vehicle*, kurz MPV, von dem hektisch Befehle brüllenden Schuschka gesteuert, hat sich bei diesem Amoklauf in der Führungsschiene des Gitters verkeilt, Schuschka lässt es zurücksetzen, die Führungsschiene bricht knirschend, das halbe Gitter geht mit, Strebpfeiler knicken weg, ein Riss an der Wand und in der Betondecke springt auf, wird zu einem klaffenden Spalt, der sich fortsetzt. Das große Reservoir über dem Tunnel, ein Gewicht von achthundert Tonnen, drückt von oben auf die Decke, achthundert Kubikmeter Wasser, die sich durch den Riss pressen. Und der Riss wird immer länger, frisst sich immer weiter durch den porösen Beton.

Freitag, 10. August 2029

Laborraum unterhalb des Sami-Merwali-Höhenzugs, Georgien

Die betonierte Decke über dem Laborraum bricht auf, ein breiter Riss, das dunkle Wasser ergießt sich in den Raum, schwer, kalt, rauschend. Damit hat der Guru nicht gerechnet, doch es bringt ihn auch nicht aus der Fassung. Er hält immer noch Pierpaolis verdrehtes Handgelenk, jetzt lässt er ihn los. Als Pierpaoli sich aufrichtet, gibt der Guru ihm einen kurzen, ansatzlosen Hieb auf Halsschlagader und Luftröhre, Pierpaoli geht augenblicklich zu Boden, fällt aufklatschend ins kalte Wasser, greift sich röchelnd mit der Hand an den Hals.

Der Guru blickt auf den klaffenden Riss in der Decke. Er deutet auf Pierpaoli, angewidert, die Geste besagt: Entsorgen Sie diesen Mann. Laut sagt er: »Wir evakuieren. Stellen Sie das Claranium sicher, gehen Sie kein Risiko damit ein. Auch alle Speichermedien. Ich hole die Kinder.« Seine Leute gehorchen.

Faustgroße Stücke der Betondecke stürzen herab, der Tunnel unter dem Wasserreservoir, einmal destabilisiert, bricht Stück für Stück zusammen.

Im Laborraum steht das Wasser bereits knöchelhoch, die Leute des Gurus arbeiten hektisch, sichern das Datenmaterial, entnehmen technisch korrekt das Claranium, verhindern dabei jeden Kontakt mit der Luft, verstauen es in dem speziellen Transportbehälter.

Der Guru hat seine Hand auf der Klinke, da wird die Labortür von innen aufgestoßen, und Ariadna steht vor ihm, für einen Moment ist selbst der Guru überrascht, dann fängt er sich: »Ariadna! Wie gut, dass du hier bist! Die Kinder brauchen dich, ich brauche dich. Wir haben hier ein Problem mit dem Wasser. Wir verlassen dieses Labor durch meinen Notausgang, es gibt dort einen Fahrstuhl. Bring die Kinder dorthin, Ariadna.«

Ariadna reagiert nicht. Sie blickt ihm in die Augen. Und

dann schnellt ihre Hand nach vorne, und sie schlägt zu, mit der flachen Hand, eine einzige, heftige Ohrfeige. Ihre gesammelte, tiefe Verachtung.

Der Guru hat ausgezeichnete Reflexe, natürlich sah er den Schlag kommen. Aber er ist nicht ausgewichen, hat den Schlag nicht abgewehrt. Er hat es einfach geschehen lassen. Er wird auch nicht zurückschlagen, nicht vor den Kindern, deren Vertrauen er braucht.

Wichtiger als diese Kinder ist nur das Claranium. Und die Handlungsanweisung auf seinem Armband.

Der Guru zieht eine Pistole, beiläufig, ohne noch ein genaues Ziel anzuvisieren. »Ich fände es traurig, auf die Kinder zu verzichten. Aber wenn du sie mir nicht gibst, erschieße ich sie – willst du das, Ariadna?« Er hat Englisch gesprochen. Trotzdem verstehen Inara, Sayen und Amuway sehr genau, was vor sich geht – sie wissen es längst.

Und vielleicht wissen sie auch, wie es enden wird.

Der Guru spricht jetzt zu den Kindern, freundlich, fast väterlich. »Kommt! Hier ist es nicht sicher für euch!«

Die Kinder bleiben, rühren sich nicht. Ariadna stellt sich schützend vor sie.

»Nie wieder«, sagt sie.

Freitag, 10. August 2029

Laborraum unterhalb des Sami-Merwali-Höhenzugs, Georgien

Pierpaoli ist bei Bewusstsein, er kann wieder atmen, er bekommt Luft, es brennt und drückt im Halsbereich, aber es geht. Er liegt halb im Wasser, das jetzt sehr schnell steigt, er hat versagt. Er ist beinahe froh, dass es vorbei ist. Niemand beachtet ihn.

Er starrt auf die Zahlenreihen, die auf dem Bildschirm stehen geblieben sind. Zwei achtstellige Zahlen, sie fallen ihm ins Auge.

37.507891. So lautet die eine Zahl.

49.137201. Das ist die zweite Zahl.

Andere Menschen sterben in einem Krankenhausbett. Das Letzte, was sie sehen, ist die Decke des Krankenzimmers. Und bei ihm sind es eben zwei Zahlen auf einem Bildschirm. Sein letztes Bild.

Er sieht die Zahlen an. Er kann sie memorieren. Es ist nicht schwer. Mit solchen Spielen hat er sich als Kind beschäftigt, wenn er allein war. Er war viel allein. Die erste Zahl besteht in ihrer ersten Hälfte aus drei ungeraden Ziffern, beginnend mit der Drei, ein kleiner Sprung zur Sieben, dazwischen liegt die Fünf. Dorthin kehrt man zurück. Und dann kommt eine Null. Die Null ist der Trenner. Jetzt kommt ein neues Kapitel, es ist einfach, denn es setzt an bei der Sieben: sieben-acht-neun, in Einerschritten, und daran kann man sich erinnern, weil die letzte Ziffer eine Eins ist.

Die zweite Zahl ist etwas interessanter. Vorweg die Neunundvierzig. Eine Siebenerpotenz, eine Lotteriezahl. Die kann man sich einfach so merken. Dann trifft man auf die Dreizehn, gleich darauf die Sieben, zusammen ergeben sie die Zwanzig, so simpel ist die Abfolge. Und die Eins am Ende korreliert mit der letzten Ziffer der ersten Zahl und bringt die Neunundvierzig zum Abschluss, indem sie eine glatte Fünfzig daraus machen würde.

So könnte man es sich merken, wenn man nicht sterben würde. Details sind schön. Zahlen sind etwas Verlässliches.

Das ist der letzte Gedanke, bevor Pierpaoli wegsackt.

*

Amitav Rama Shah hebt seine Waffe und richtet sie auf Ariadnas Stirn. Sie hat sich schützend vor die Kinder gestellt, die Arme ausgebreitet – aber dann sind die Kinder vor sie getreten.

Die Kinder nehmen Ariadna in ihre Mitte.

Inara, Sayen und Amuway wissen, was der Guru will. Er will sie bei sich haben. Ihre Traumbilder sind wichtig für ihn. Er hat jetzt Angst. Das fühlen sie. Angst vor dem Wasser, sogar Angst vor Ariadna. Vor allem Angst vor ihnen selbst, den *Pehuenche*-Kindern. Sie sollen mit ihm gehen.

Aber das werden sie nicht tun.

Es ist ein Duell zwischen der Unbeirrbarkeit dreier kleiner Mädchen und dem Machtstreben eines skrupellosen Manipulators.

Sie blicken den Guru an, alle drei, ruhig und fast emotionslos. Es liegt zwar keine Aggressivität in ihrem Blick. Aber eine sehr klare Botschaft.

Der Guru blickt die Kinder an, er hält ihren Blicken stand. Sie haben seine Angst erkannt. Das merkt er. Sie sind stärker. Sie werden sich nicht beugen. Was immer er auch tut, er hat sie verloren.

Der Guru gibt nach, gibt auf.

Schwarzes Wasser stürzt herab, durch die Risse in der Decke, das Labor läuft voll.

Seine Techniker haben die Pläne, Backups und das Claranium in den Aufzug hinter der Notausgangsluke geschafft. Der Guru steigt zu ihnen in die enge Aufzugskabine und gibt Anweisung, die Luke von innen zu verriegeln. Einer der Techniker deutet fragend auf Ariadna und die Kinder: Was geschieht mit ihnen?

Der Guru will sie nicht töten. Das wäre kein gutes Karma. Aber es ist ihre eigene Wahl. »Sie sollen hier ertrinken«, sagt er, »wie Ratten im Monsun.«

*

Während Pierpaoli, Ariadna, Pater Philipp und Schuschka sich zur Sami-Merwali-Bergkette vorkämpften, gelangte man in den Verhandlungen zwischen den drei Parteien – Georgien, der Gemeinschaft der Länder, der Georgien beitreten sollte, und der Klima-Allianz – zu einer Einigung. Nun konnten die ersten Operationen anlaufen, um den Bürgerkrieg zu beenden. Außerdem erhielten die Exekutivorgane der Klima-Allianz eine provisorische Erlaubnis, auf georgischem Hoheitsgebiet tätig zu werden.

Für Horace M. Nkunke bedeutete das, dass er von Armenien aus einen Helikopter besteigen konnte.

Nkunke hatte eine Nachricht Pierpaolis erhalten – das Geständnis Difraudis. Eine Datenanalyse hatte ergeben, dass die Mail aus dem »Let-India-be-a-dream-Hotel« in Mumbai abgeschickt worden war. Indien war zwar verbotenes Terrain für die Ermittlungsbehörden der Klima-Allianz. Aber Nkunke hatte gute Kontakte beim indischen Geheimdienst und bei der Polizei. Er fand die Übernachtungseinträge eines gewissen Steinbjörn Edmundsson, der viel unterwegs war, obwohl er eigentlich im Grab lag. Das Foto auf der Passkopie brachte Klarheit – Pierpaolis Dreistigkeit nötigte Nkunke beinahe Respekt ab.

Nkunke konnte die Tochter der Hotelbesitzerin, eine gewisse Pegonia C., bewegen, ihm Anhaltspunkte über die Recherchen Pierpaolis zu nennen – und über sein Ziel. Außerdem setzte er ein Team darauf an, die Geschäfte, Tarnfirmen und Transaktionen des Amitav Rama Shah zu recherchieren.

Freitag, 10. August 2029

Helikopter-Startplatz am Notausgang des Labors, Georgien

Nacht. Sternloser Himmel. Schwärze. Draußen hat der Guru durch seinen Notfahrstuhl das Labor verlassen – soll doch das Wasser alles verschlingen, alles wegspülen, auch die Kinder. Er spürt wie einen Stich die Schmach, ihnen unterlegen gewesen zu sein. Aber auch das ist eine interessante Erfahrung. Vor allem aber hat er das Claranium und die Handlungsanweisung des Quantencomputers. Er weiß jetzt, wie er die Klima-Allianz attackieren, wie er ein weltweites Chaos auslösen kann.

Dem Wassereinbruch entkommen, glücklich geborgen in seinem Sikorsky-Helikopter, so hebt der Guru ab.

Freitag, 10. August 2029

Laborraum unterhalb des Sami-Merwali-Höhenzugs, Georgien

Das Wasser reichte Ariadna jetzt bis über die Hüften, den Kindern bis an die Schultern, und es stieg eher noch schneller. Ariadna versuchte die Stahltür zum Tunnel zu öffnen, durch die sie hereingekommen waren. Doch das Wasser drückte die Tür von innen gegen den Rahmen, Ariadna stemmte sich mit den Beinen gegen die Wand und zerrte mit aller Kraft an der Tür. Aber die Tür war vom Wasserdruck wie vermauert, es war unmöglich.

Sie kämpfte sich durch bis zu Pierpaoli. Er war zusammengesackt, halb besinnungslos, die Augen verdreht. Sie zerrte ihn hoch, schüttelte ihn. »Tom!«

Er kam zu sich, hustend.

Sie half ihm auf die Beine. »Wir müssen hier raus, Tom! Shah ist weg.«

Pierpaoli versuchte sich zu orientieren.

»Wie ist er rausgekommen?«

»Er hatte einen Notausgang. Mit einem Fahrstuhl.«

Sie fanden den Notausgang, halb watend, halb schon schwimmend. Aber auch dieser Weg war versperrt. Die gepanzerte Luke war von innen verriegelt.

Ariadna hörte die Mädchen rufen. »Ich muss zu den Kindern, Tom!«

Sie fanden die Kinder in dem Kuppelraum des Labors, aber die drei Mädchen waren nicht entsetzt und angstvoll, sondern relativ ruhig. Sie kletterten an dem Gestänge des Quantencomputers hoch. Sie riefen Ariadna und Pierpaoli etwas zu. Ariadna verstand es. »Da oben sei es sicher, sagen sie!«

Jetzt flackerte die Beleuchtung – und erlosch. Sie standen im Dunkeln. Um sie war nichts als das Geräusch des Wassers, das einströmte, von der Kühlanlage des Computers ging eine eisige Kälte aus.

Ariadna spürte, wie ihre Beine im Wasser gefühllos wurden. Sie wollte einen Schritt machen und stolperte, taumelte im Dunkeln. »Ich kann meine Beine nicht mehr bewegen, Tom.«

»Wo bist du? Ich sehe dich nicht«, seine Stimme klang panisch.

Sie streckte die Hand aus, suchte ihn im Dunkeln. Sie fanden sich. Pierpaoli bugsierte mit letzter Kraft Ariadna auf die ersten, quer laufenden Kühlstangen. An einigen Stellen hatte sich schon Reif um die Rohre gebildet. Sie mussten über diese Kühlteile weg, weiter nach oben.

Die Kälte zog in Pierpaolis Körper ein. Ariadna fühlte sich plötzlich schwer an, entsetzlich schwer. Doch er schob sie hoch, versuchte sich dann selber nachzuziehen. Auch er war so schwer. Es gelang ihm nur halb. Von oben hörten sie die Kinder, sie riefen. Ariadna antwortete etwas, krächzend, schwach.

»Was sagen sie, Ari?«

»Sie sagen, uns wird nichts geschehen.«

Tom sagte nichts. Mit letzter Kraft konnte er sich hochziehen.

Kurz darauf kauerten sie auf dem Überbau der Anlage, die Köpfe knapp unter der Felsendecke.

Das Wasser stieg weiter, sie hörten es durch den Felsen hereinrauschen.

»Tom, *mi amor*«, sagte Ariadna dann in die Stille hinein. »Ich liebe dich.«

Pierpaoli schwieg.

»Du bist mein Leben, Ariadna«, sagte er schließlich.

Dunkelheit, Kälte, Wasser. Der Tod würde sie finden.

Freitag, 10. August 2029

Hochplateau der Sami-Merwali-Berge, Georgien

Als Pierpaoli erwachte, dämmerte der Morgen, und er blickte in das Antlitz des Todes – das war sein erster Gedanke. Der Tod war groß, schwarz und stoppelbärtig, und sein Antlitz kam Pierpaoli irgendwie bekannt vor. Der Tod sah aus wie Horace M. Nkunke, der ihn aufmerksam betrachtete.

Es war Nkunke. Pierpaoli lag auf einer Trage, zwei Ärzte oder Sanitäter knieten bei ihm und legten gerade eine Infusion. Pierpaoli schaute um sich; er erkannte das Hochplateau, auf das sie sich geschlichen hatten, drei Hubschrauber standen darauf, Uniformierte liefen hin und her, eine sehr große Plane war ausgerollt, Bergungstrümmer wurden darauf abgelegt und fotografiert. Dahinter lag das tiefe Tal, im Rücken war die Sami-Merwali-Bergkette.

Er lag auf einer Trage. Er war nicht mehr im Tunnel. Er war noch am Leben.

»Ariadna?«

Es kam mühsam heraus, rau, heiser, aber Nkunke hatte es gehört. »Ihrer Freundin geht es gut«, sagte er, »sie hat Verletzungen, vor allem im Mittelohr, aber sie lebt. Und Sie – leben ebenfalls, Mister Pierpaoli.« Er grinste. »Sie sind zäher, als Sie aussehen. Ach so, bevor ich es vergesse: Ich lebe ja auch noch, dank Ihnen. Sie haben mich neulich im Slum aus dem Auto gezogen. Es war auf einer Überwachungskamera. Wenn Sie so wollen, verdanke ich Ihnen mein Leben.«

»Schuschka? Philipp?« Pierpaoli konnte kaum mehr als flüstern.

Nkunke beugte sich zu ihm hin. »Ihren Schuschka mussten wir aus dem Vehikel befreien, er hatte sich rettungslos verkeilt, war aber die ganze Zeit über in Sicherheit. Er wäre nur ohne Schneidbrenner nicht mehr herausgekommen. Verrückter Kerl, hatte ziemlich viel zu sagen. Und Ihrem Gottesfreund geht es auch gut. Ohne ihn hätten wir Sie auch nicht gefunden. Oder sehr viel später.«

»Wieso?«

»Wieso? Weil wir zwar die Kavallerie waren, aber nicht wussten, wo wir Sie suchen sollten. Von Ihrer netten Geldexpertin in Mumbai hatten wir diesen Ort genannt bekommen, aber sie war sich selbst nicht sicher. Als wir das Gelände überflogen, war es noch dunkel. Ihr Pater Philipp, der Gottesmann, war so gewitzt, ein Feuer anzuzünden. So haben wir Sie gefunden. Und nicht zu früh. Das Ding, dieser Tunnel, war schon ziemlich vollgelaufen. Sie hatten zwar eine Luftblase, aber lange hätten Sie nicht mehr überlebt.« Er knackte mit den Fingerknöcheln. »Insofern sind wir quitt. War mir ein Vergnügen, Mister Pierpaoli.«

»Moment. Bitte. Wo ist der Guru?«

Nkunke wurde ernst. »Shah ist geflohen, wir schätzen, dass wir ihn um eine Stunde verpasst haben. Aber die Fahndung läuft. Wir haben eine Menge unschöner Dinge ans Licht befördert. Ihre Vorgesetzte in Kapstadt, Minklater, steckt ebenfalls tief drin. Sehr unschöne Geldeingänge auch bei ihr. Durch das Geständnis Difraudis sind Sie auch erstmal vom Mordverdacht befreit; ich habe mich darum gekümmert. Trotz allem werden Sie einige Fragen beantworten müssen …«

»Fragen?«

»Nun, ich glaube Ihnen, Mister Pierpaoli. Aber ich gelte als befangen. Sie haben mir das Leben gerettet. Meine Kollegen sind nicht so befangen. Sie stehen der ganzen Geschichte – na ja, skeptischer gegenüber. Sie werden sich erklären müssen. Sie werden sehr viel erklären müssen.«

»Kann ich Ariadna sehen?«

Nkunke schaute auf den Sanitäter, der schüttelte den Kopf. »Sie bleiben noch einen Moment hier. Ich hole Ihre Freundin. Erschrecken Sie nicht, Sie hat einen Kopfverband. Aber der Arzt sagte, es würde heilen.« Nkunke wollte gehen.

»Zettel. Kann ich einen Zettel haben? Und einen Stift?«

Nkunke trat näher. »Natürlich. Wozu denn? Was wollen Sie denn aufschreiben?«

»Zwei Zahlen«, sagte Pierpaoli. »Zwei achtstellige Zahlen.«

Montag, 13. August 2029

Tbilisi Grand Hotel, Tiflis, Georgien

Sie nahmen sich Zeit. Sie befragten alle Beteiligten, vornehmlich Pierpaoli. Und sie nannten es zwar »Befragungen«, aber für Pierpaoli waren es eher Verhöre. Sie begannen morgens, gingen bis zum späten Abend. In Pierpaolis Fall waren es dieselben zwei Beamte des Sicherheitsdienstes aus Kapstadt, er hatte sie dort natürlich nie gesehen. Ein Amerikaner, ein Chinese. Der Amerikaner war groß, hager, langsam und saß steif da, mit versteinert drohender Miene – Pierpaoli nannte ihn im Stillen »den Galgen«. Der andere war ein Chinese, er stellte immer viele Fragen auf einmal, und wenn man ihm eine Auskunft zu entlocken suchte, flutschte er weg, Pierpaoli fand ihn irgendwie glitschig – das war »Seife«. Die richtigen Namen hatten sie ihm ohnehin nicht gesagt. Galgen und Seife. So nannte Pierpaoli sie. Und irgendwie fühlte er auch mit ihnen.

Der Schlamassel, den sie aufzuklären hatten, war gewaltig: fünf Tote, darunter sein Freund, darunter drei hochrangige Wissenschaftler, des Weiteren ein Vizesicherheitschef, der einen Mord zugegeben hatte, Korruption bei der Prüfungsabteilung in der Pyramide, dann auch noch ein zerstörter sowie lahmgelegter Quantencomputer, dadurch Verzögerungen bei einem wichtigen Forschungsprojekt – und er, Pierpaoli, mittendrin. Dass er verdächtig war, war das Mindeste. Er wurde zwar nicht eingesperrt und durfte sich im Hotel bewegen, durfte aber das Hotel nicht verlassen. Er hatte Bewacher.

Sie waren vom Hochplateau der Sami-Merwali-Berge nach Tiflis geflogen worden, Georgiens Hauptstadt. Dort wurden sie ärztlich untersucht. Dann wurden sie alle im »Tbilisi Grand Hotel« einquartiert, bis auf Philipp, der kategorisch bei den Pferden zu bleiben verlangte, die in einer Stallung in der Vorstadt untergebracht waren. Sie telefonierten häufig, vor allem Philipp und

Ariadna, und es war klar, dass er zurück nach Armenien wollte, sobald seine Befragungen abgeschlossen waren. Schuschka, den man unverletzt aus dem verkeilten Vehikel geschnitten hatte, war mit Hotel und Situation sehr zufrieden: Er nahm täglich zwei Wannenbäder, arbeitete sich durch das Zimmerservice-Speisenangebot und erzählte bei den Befragungen seine wirren und ausufernden Geschichten. Die Interviewer mochten ihn nicht.

Ariadna wich den Kindern nicht mehr von der Seite – nur wenn sie abends für ein paar Stunden Pierpaoli besuchte, in sein Zimmer schlüpfte und bis kurz nach Mitternacht blieb. Die Bewacher wussten von diesen abendlichen Besuchen; aber das war den Liebenden gleichgültig.

Ihre halben Nächte waren aus Samt und Seide. Manchmal sprachen sie über ihre gemeinsame Zukunft. Vielleicht würden sie in Kapstadt leben, das hing davon ab, ob Pierpaoli seinen Job behielt, ob er ihn behalten wollte. Zuerst musste Ariadna jedenfalls die Kinder zurückbringen.

Manchmal sprachen sie auch übers Heiraten. Über eigene Kinder.

Die *Pehuenche*-Kinder hatte Pierpaoli nur ein Mal und nur kurz gesehen und nur wenige Worte mit ihnen gewechselt. Er fand sie frühreif, eigenartig und auch liebenswert, aber es war auch etwas Beängstigendes an ihnen. Nachts, wenn er allein in seinem Hotelbett lag, wenn die Erinnerungen an die furchterregenden Momente kamen und er sein dunkles Reich der Angst durchstreifte, dann träumte er auch von ihnen, von den Kindern, rätselhafte Szenen, die er nicht verstand und nicht deuten konnte.

Morgens stand er zerschlagen auf und musste zur »Befragung«, die neuerdings, seit immer mehr Verdachtsmomente entkräftet waren, nur noch »Besprechung« hieß.

Besprechung – das klang nach einem Treffen unter Gleichberechtigten. Aber das war es noch lange nicht. Galgen und Seife stellten viele Fragen und gaben wenige Antworten, auch wenn Pierpaoli drängte. Er tat sein Bestes, um zu erklären, was er halb und halb erfahren hatte im Laufe seiner Odyssee, er fragte immer wieder nach Bao Wenliang, ohne eine Antwort zu bekommen. Er wollte wissen, was die Untersuchung des Quantencomputers ergeben hatte, er forderte, dass die zwei Zahlen, die er memoriert hatte, untersucht würden. Waren das Codes? War es vielleicht nur *eine* Zahl? Waren es Koordinaten? Bankkonten? Galgen machte sich eine Notiz, in Großbuchstaben und in nervenaufreibender Langsamkeit.

Manchmal, wenn Galgen und Seife sich besonders unwillig anstellten, wurde Pierpaoli laut. Einmal fragte ihn Seife scheinheilig, ob er besorgt sei. *Nein*, sagte Pierpaoli, *ich bin nicht besorgt, nur verzweifelt, weil Sie ständig die falschen Fragen stellen und nichts unternehmen.*

Sie sorgen sich also, hatte Seife gefragt, *dass jemand zu Schaden kommt?* Galgen machte sich eine Notiz.

Ich mache mir Sorgen, dass die ganze Welt zu Schaden kommt.

Galgen notierte das, langsam und mit stumpfer Miene.

Zwischendurch telefonierte Pierpaoli auch mit Kapstadt. Dort hatte es Umstellungen gegeben, Pierpaoli sprach lange mit Ms McFyberty, seiner Sekretärin, sie war hocherfreut, von ihm zu hören, erleichtert, dass es ihm gut ging. Pierpaoli erfuhr allerlei Tratsch, aber nichts, was ihm weiterhalf.

Auf dem Weg zur Besprechung oder zurück lief ihm gelegentlich Nkunke über den Weg, der ebenfalls noch in Tiflis zu tun hatte – er arbeitete als »befristete Leihgabe«, wie er es nannte, mit den georgischen Sicherheitsbehörden zusammen. Pierpaoli vermutete, dass Nkunke die Begegnungen, im Hotelfoyer, im Fahrstuhl, in der Bar, arrangierte.

Von Nkunke erfuhr Pierpaoli, dass man dem Guru mehrmals hart auf den Fersen gewesen war, doch er war stets entkommen. Das Claranium allerdings war bei einer dieser Durchsuchungen und Verfolgungen in offenen Kontakt mit der Luft gekommen und dadurch vernichtet worden. Trotzdem wurde der Quantencomputer auf Island nach wiederhergestellten Plänen rekonstruiert. Nur auf neues Claranium würde man mindestens vier Jahre warten müssen, das war der früheste, erste Rückkehrtermin der Mars-Mission.

Die Ermittlungen gegen das System des Amitav Rama Shah liefen ebenfalls, man hatte Verflechtungen zu Minklater gefunden, allerdings nicht zu Tschenajew. Minklater war clever gewesen, aber nicht clever genug.

Und die Zahlen?, wollte Pierpaoli wissen.

Die Zahlen, die Pierpaoli sich da notiert hatte, erzählte Nkunke, konnten tatsächlich alles sein, Bankverbindungen, Ortskoordinaten, Codierungen, Schlüssel. Sie konnten banal sein oder auch wichtig. Die Überprüfung von Bankkonten hatte nichts ergeben. Die Überprüfung von Koordinaten hatte ebenfalls nichts ergeben. Als Koordinaten gesehen würden sie einen Ort in der Ukraine beschreiben, Nebedje. Irgendwo auf dem Land. Eigentlich im Nirgendwo. Sie hätten die Gegend abgesucht. Dort war nichts. Kein Labor. Nur Felder.

Und sonst? Konnten die Zahlen eine andere Bedeutung haben?

Sie wussten es nicht, sagte Nkunke.

Am vierten Tag waren die Anhörungen und Besprechungen abgeschlossen. Galgen und Seife verabschiedeten sich hölzern. Pierpaoli würde sie nicht vermissen.

Freitag, 17. August 2029

Tiflis, Georgien

Ariadna hatte einen Flug nach Chile, um endlich die Kinder zurückzubringen, Pierpaoli fuhr mit ihnen im Taxi zum Flughafen. Er würde die Abendmaschine nach Kapstadt nehmen. Ariadna fiel die kleine Papiertüte auf, die er bei sich trug, zusätzlich zu seinem Handgepäck.

Draußen zogen die Häuser vorbei, Pierpaoli starrte aus dem Fenster, Ariadna saß auf dem Rücksitz, mit den Kindern. Sie betrachtete sein Profil.

Er war verändert. Er war zuvorkommend und höflich wie immer, aber ernster, dunkler als zuvor. Die Ereignisse dieser letzten Wochen hatten Spuren hinterlassen. Wahrscheinlich auch bei ihr selbst.

Was für ein Unterschied, dachte sie, ob man als Paar seinem Alltag nachgeht, in einer schönen Wohnung, ohne dramatische Abenteuer – oder ob man plötzlich sein Leben in die Hände des anderen legen muss.

Das Taxi rumpelte durch eine Reihe tiefer Schlaglöcher, die Straßen in Tiflis waren ziemlich schauderhaft. Die wenigen Menschen, die man sah, machten einen schlecht genährten, unzufriedenen Eindruck. Pierpaoli drehte sich kurz um und schaute, ob es ihnen gut ging dahinten auf dem Rücksitz. Er lächelte.

Er war immer noch ihr Tom, höflich, freundlich. Poetische Liebesbekundungen waren von ihm nicht unbedingt zu erwarten – obwohl, man wusste nie. Und es gab jedenfalls keine Zweifel mehr, nicht bei ihr, nicht bei ihm.

Ariadna tastete nach seiner Hand. Sie fand sie und hielt sie fest.

Freitag, 17. August 2029

»Tbilisi International Airport«, 20 Kilometer östlich vom Stadtzentrum

Der Abschied war kurz und heroisch, er fand am Gate statt, am Abfluggate nach Santiago de Chile. Pierpaoli gab Ariadna, verpackt in einer kleinen Holzschachtel, den Schlüssel zu seinem Apartment in Kapstadt. Er hatte im Hotelshop den am wenigsten hässlichen Schlüsselanhänger für sie gekauft. Ariadna öffnete die Schachtel, wischte zwei Tränen weg und gab Pierpaoli einen schnellen Kuss. Die Mädchen sahen interessiert zu.

Ach ja, fiel Pierpaoli ein, er hätte auch Geschenke für die Kinder. Er zog aus seiner Tüte für jedes Mädchen ein Puzzlespiel, für jedes ein T-Shirt »Tbilisi – City of your Dreams«. Pierpaoli war etwas verlegen. Aber die Mädchen bedankten sich artig.

Dann wurde die Maschine aufgerufen.

Zum Schluss drehte sich Inara noch zu Pierpaoli um, als sei ihr plötzlich etwas eingefallen.

»¿Sabes encender un fogón?«, fragte sie ihn, ob er wisse, wie man ein Feuer macht.

Pierpaoli verstand nicht. Ein Feuer?

Aber da mussten sie auch schon gehen. Ein letztes Winken von Ariadna. Pierpaoli blickte ihnen noch eine Weile nach.

*

Pierpaoli stopfte die leere Papiertüte in einen Abfalleimer und schlenderte durch die Flughafenhalle. Er hatte noch Zeit. Es gab einen Zeitungsstand und ein paar Restaurants. Pierpaoli nutzte die schnelle Netzverbindung und las ein bisschen. Die letzten Berichte über Kapstadt. Vom Guru nichts Neues. Kein Wort über Island.

Dann rief er Ms McFyberty an, seine liebenswerte, vergessliche Sekretärin in der Pyramide. Sie berichtete, er sei zwar wegen der Vorfälle vorübergehend beurlaubt, aber seine Stelle werde für ihn offen gehalten. Seine Rückkehr war avisiert. Sie erzählte viel, wollte viel wissen, sie plauderten eine Weile. Aus einer Eingebung heraus bat er sie, die Koordinaten nochmals zu überprüfen, die zwei Zahlen, die er im Labor des Gurus gesehen hatte.

37.507891 und 49.137201. Pierpaoli richtete sich auf eine Wartezeit ein.

Aber Ms McFyberty brauchte nicht lange, von ihrem Rechner aus hatte sie schnellen Zugriff auf alle existierenden Datenbanken. Die Koordinaten, erzählte sie, beschrieben einen Ort in der Ukraine, Nebedje, und sie lagen im Grenzbereich eines *Food Spots*, eines der wichtigsten Anbaugebiete für Europa übrigens, sagte Ms McFyberty.

Nebedje war ein verlassener Kolchose-Betrieb aus den Zeiten des Sowjetreiches. Das Silo dort war eine Weile unbenutzt gewesen, ja, genau genommen war es sogar bis gestern nicht in Benutzung, aber am Abend hatte man es gereinigt und als Weizenlager aktiviert.

»Es war so eine Kette von kleinen, verrückten Zufällen gewesen«, sagte Ms McFyberty.

Pierpaoli ließ sich noch von den Ernte-Prognosen berichten. In der Ukraine hatte man bereits mit der Test-Ernte begonnen, in einer Woche etwa würde dann die Ernte eingefahren.

Ms McFyberty las ihm die Prognosen vor. Sie waren gut. Vermutlich darum hatten die Erntemanager auch zusätzliche Lager und Silos angemietet. Das Ganze hatte gedauert, fügte McFyberty hinzu, weil die *Food Security Patrol* – »unsere geliebte Heuschreckenpolizei« – Einwände erhoben hatte. »Es gibt offenbar Heuschrecken in Nebedje«, sagte sie leichthin. »Aber wo nicht?«

Pierpaoli bedankte sich und legte auf. Er war nachdenklich. Die Koordinaten beschrieben einen Punkt, an dem Getreide lagerte. Ein Ort namens Nebedje. Und Heuschrecken waren in der Nähe. Niemand hatte damit gerechnet, dass das Silo gefüllt werden würde – ein Zufall, wie Ms McFyberty gesagt hatte.

Ein Zufall.

Getreide.

Die Heuschrecken.

Viele weitere Felder in der Umgebung, die fruchtbaren Böden der Ukraine deckten die Nahrungsmittelversorgung für Europa für ein Jahr.

Er musste nach – wie hieß der Ort noch? Nebedje? Die nächste Stadt mit einem Flughafen war Odessa. Pierpaoli buchte um.

Er traute keinem Zufall mehr.

Kapitel 11

Hic sunt dracones

Sinngemäß: »Hier sind die Ungeheuer« – Eintragung auf dem Globus des Leonardo da Vinci aus dem Jahr 1504, als Warnung vor den damals unbekannten und gefährlichen Gegenden der Welt.

Natur ist rastloses Erfinden, zügelloses Ausprobieren, Natur ist Mord und Totschlag und Verwandlung, und mühelos bringt die Natur die seltsamsten Wesen und skurrilsten Geschöpfe hervor: Mutanten, Symbionten und Parasiten. Fleischfressende Riesenblumen und Ameisenstaaten. Dahinstampfende Saurier von kolossaler Harmlosigkeit und schwirrende Kolibris, singende Walfische und tödliche Viren.

Aber keine Spezies ist bizarrer – und mörderischer – als die kleine *Schistocerca gregaria*, die Wanderheuschrecke. Aus der Klasse der *Insecta*, Ordnung *Orthoptera*, Unterordnung *Caelifera*. Im Normalzustand nur eine nett zirpende Grille, fingerlang, deren schnarrendes Liedchen man ganz gerne hinnimmt, an Sommerabenden, wenn sie im welken Gras oder am staubigen Wegesrand sitzt, furchtsam und zierlich.

Aber wehe, wenn sie sich verwandelt.

Wehe, wenn sie zum Schwarm wird.

Ausgelöst wird die Verwandlung dieser Spezies durch das Auftreten bestimmter Parameter: die Wahrnehmung, dass plötzlich größere Nahrungsquellen verfügbar sind, etwa Regenfälle, die die Fruchtbarkeit begünstigt haben, oder auch geringste Schwankungen in Temperatur und Vegetation.

Und auf einmal geschieht es, die Verwandlung geht sehr schnell vonstatten, sie kann sich innerhalb von vier Stunden vollziehen. In dieser Zeit wandeln sich die *Schistocercae gregariae* von scheuen Sängern am Wegesrand zu giftigen Sex- und Fressmaschinen, die den Himmel verdunkeln. Sie legen plötzlich jede Zurückhaltung ab, und auch ihre Tarnfarbe, sie werden grellgelb. Ihr Stoffwechsel schnellt empor, deutlich mehr Dopamin und Serotonin werden ausgeschüttet, ja sogar die Gehirne dieser Insekten verändern sich – sie legen dreißig Prozent an Hirnmasse zu, ein einzigartiger und bis heute rätselhafter Vorgang.

In ihrer ichlosen Vielzahl mutieren sie zu einem alles erdrückenden, alles vernichtenden Schwarm, mutieren zu einem Ungeheuer – *hic sunt dracones*. Biologen und Genetiker sehen darin einen Geniestreich der Evolution.

In ihrer Schwarmform sind die Flugleistungen und das Vermehrungstempo der Tiere mehr als beeindruckend: Der im Jahr 2019 in der Rub-al-Chali-Wüste entstandene Schwarm, der bald schon Pakistan, Indien, Iran und Ostafrika bedrohte, hatte ein Wachstum mit dem Faktor 8000. »Albert's Schwarm«, der im Jahr 1875 den Mittelwesten der USA heimsuchte, hatte die Größe von fünfhundertzwanzigtausend Quadratkilometern, eineinhalb mal so groß wie Deutschland, die geschätzte Zahl der Insekten lag bei zwölfeinhalb Billionen, zwölfeinhalbtausend Milliarden Heuschrecken.

Die Insekten sind extrem ausdauernde Flieger, sie können nonstop bis zu fünftausend Kilometer zurücklegen und überqueren sogar Ozeane – nach Berichten von Entomologen landen sie zwischendurch auf dem Wasser, wobei die unteren Tiere ertrinken und für die übrigen eine Art Landeplatz bilden, außerdem gleichsam den Reiseproviant. Denn in ihrer verwandelten Form, als Schwarm, fressen Heuschrecken nicht nur Felder kahl, Wäsche von der Leine, Tieren die Haare weg, sondern sie fressen auch ihresgleichen.

Ein Artgenosse mit einer Verletzung wird im Nu verspeist. Ihre Mandibeln, ihre Kauwerkzeuge, sind ungeheuer robust und schnell, ihr Hunger explosiv: Ein Schwarm von der Größe der Stadt Paris, etwa achtzig Millionen Tiere, kann täglich so viel verzehren wie etwa die halbe Bevölkerung Frankreichs.

Für ihre Organisationsform brauchen die Heuschrecken keinen König, keinen Anführer, sie folgen lediglich einem epigenetischen Programm, das mit wenigen Regeln auskommt: Bleibt eng zusammen, vermehrt euch, und wenn ein Artgenosse nicht mehr mithalten kann, so verleibt ihn euch ein – fresst einfach alles, was immer ihr findet.

So hat man diese achte Plage seit Urzeiten gefürchtet, hat sie verdammt, hat sie verflucht. Dabei stehen moralische Urteile auf sehr wackeligen Füßen: Denn was kann die einzelne Heuschrecke dafür, dass dreiundsechzig Milliarden Artgenossen genauso sind wie sie? Eine unangenehme Parallele zu den Menschen drängt sich auf – zu dieser Spezies, die sich ebenfalls überall ausgebreitet und die Erde unterworfen hat, mit gefährlichen Folgen. Auch hier – ohne dass man dem Einzelnen einen Vorwurf machen kann. Kein Mensch will den Planeten vergiften. Man will nur einen Job und ein Häuschen und ab und zu in den Urlaub fliegen. Was kann der Einzelne dafür, dass neun Milliarden Menschen dasselbe wollen?

Das Individuum, wenn es in der großen Masse schwimmt, kann die Richtung nicht ändern. Die Masse, auch wenn sie in ihr Verderben steuert, hat dennoch kein Korrektiv. Und darum, aus diesem Gedanken heraus, war die Klima-Allianz entstanden – um ein Korrektiv zu sein, um den Untergang aufzuhalten. Und die Entwicklung des Quantencomputers war ihr wichtigstes Instrument; es war der Versuch, im Namen der Menschheit Vernunft, Planung und Voraussicht einzuziehen.

Doch die Absichten können noch so gut sein, der Rechner noch so leistungsfähig – in den Händen eines kranken Verbrechers brachte diese Technologie nichts als Leid, Tod, Zerstörung. So sah es jedenfalls Pierpaoli. Und darum hatte er seine Order missachtet. Darum hatte er umgebucht, war er nicht nach Kapstadt geflogen, darum war er hier. Mitten im Nirgendwo. Auf einem Feld, eine halbe Autostunde vom nächsten Kaff entfernt, irgendwo in der Ukraine.

Samstag, 18. August 2029

Vor dem Getreidesilo 34, Nebedje, Ukraine

Es ist Mittagszeit. Die Sonne im Zenit, der Himmel wolkenlos. Flaches Land, wohin man blickt. Pierpaoli tritt aus dem Schatten des Silos, wo er seinen Mietwagen geparkt hat, in die Sonne, er blinzelt ins grelle Licht. Er wünscht sich, er hätte daran gedacht, am Flughafen eine Sonnenbrille zu kaufen. Ein leichter Wind geht. Kaum ein Geräusch – bis auf das Zirpen einiger Grillen. Direkt vor Pierpaoli sitzt eine Heuschrecke im Gras, sie springt erschrocken davon, als er einen Schritt macht.

Er ist mit der Frühmaschine in Odessa angekommen, hat sich dort einen Wagen genommen, bis Nebedje waren es vier Stunden Fahrt. Er denkt daran, wie sie in Kapstadt jetzt durchdrehen werden, wenn sie sehen, dass er nicht kommt, aber das interessiert ihn nicht.

Er hat ein paar Indizien, aber eigentlich folgt er einem Gefühl. Mehr kann er nicht tun. Es wird sich erweisen, ob er richtigliegt.

Hier ist jedenfalls nichts. Nur das Silo, ein Kubus, riesenhaft hoch, alles etwas verwahrlost, grauweiß getüncht. Am Silo ist eine Stricheinteilung, alle zwei Meter ein Strich, Pierpaoli zählt acht Striche bis zum Flachdach. Sechzehn Meter ist es hoch.

Da, wo die Zufahrt etwas sandig ist, entdeckt er frische Reifenspuren; hier ist kürzlich gearbeitet worden, McFyberty hatte wohl recht, das Silo ist gefüllt. Er beschattet die Augen und betrachtet es: Vorne, an der Rampe, ist ein Elevator, ein Förderband mit Schaufeln. Dort liegt auch noch verschüttetes Getreide.

Von irgendwo dringt ein Geräusch, ein Klappern, ein Schlagen. Pierpaoli zuckt zusammen. »Hallo? Ist hier jemand?« Seine Stimme klingt dünn, das bemerkt er selbst. Er geht um das Silo herum. Jetzt sieht er die Ursache für das Geräusch: eine Tür, die im Wind schlägt, das Schloss ist kaputt, man hat kein neues eingebaut. *Schlamperei*, denkt der Beamte in ihm.

Er betritt das Treppenhaus. Es ist eng und dunkel, die Stufen sind krumm und bröckelig. Das Treppenhaus ist hinten an das Silo angebaut, auf jeder Ebene gibt es eine Luke ins Silo-Innere, aber die Scheiben sind staubig. Der Getreidestaub liegt überhaupt schwer in der Luft, Pierpaoli registriert, dass seine Schuhe weiß sind, seine Augen brennen. Er ist dankbar, als er auf das Dach tritt, an die frische Luft, in den leichten Wind.

Ein Flachdach, kein Geländer, man könnte einfach über den Rand treten und sechzehn Meter in die Tiefe stürzen. Pierpaoli hält sich von der Kante entfernt. In der Mitte des Flachdachs der große Fülltrichter, daneben ein primitiver Aufbau, kaum mehr als ein Bretterverschlag, Pierpaoli späht hinein, da ist der Motor, der mit einem durchhängenden Treibriemen den Elevator treibt, das Förderband. Daneben eine Luke. Es riecht nach Diesel. Auch Benzinkanister stehen herum. Pierpaoli blickt durch die Luke nach unten ins Silo. Es ist zu drei Vierteln gefüllt, Pierpaoli riecht das noch frische Getreide, ein kräftiger, etwas dumpfiger Geruch, offensichtlich ist es noch nicht ganz durchgereift – es muss tatsächlich eine Testernte gewesen sein, ja, Ms McFybertys Daten waren genau richtig.

Vom Dach hat Pierpaoli freien Ausblick in alle Richtungen. Die weite Ebene liegt friedlich in der Mittagshitze. In westlicher Richtung, ziemlich weit am Horizont, kann Pierpaoli Weizenfelder erkennen.

Dort beginnt, weiß er, ein riesiges Agrargebiet. Es ist einer der europäischen *Food Spots*, der erste in einer Perlenkette, die von hier aus über Tschechien und Polen bis nach Deutschland und Frankreich hineinreicht, Kategorie A für die Nahrungsmittelversorgung der Menschheit, und entsprechend genau überwacht vom Hochkommissariat.

Die *Food Security Patrol* hat in Kapstadt eine eigene Abteilung, aber Pierpaoli kennt natürlich die Eckdaten. Die Landwirtschaft hier in der Ukraine wird von Agro-Konzernen betrieben, die die Anbauflächen der Kolchosen aufgekauft haben. Die Gegend lebt von ihrem Boden, dem fruchtbarsten aller Ackerböden, Schwarzerde, hoher Anteil an Wasser, günstiges Verhältnis von Kohlenstoff und Stickstoff – mehr als zwei Drittel der Nahrung für Europa und Russland werden allein hier angebaut, Weizen, Körnermais, Triticale, auch Leguminosen wie Soja, Erbsen, Raps. Daher die Aufmerksamkeit der *Food Security Patrol;* man geht kein Risiko ein. Stürme, Sturzregen und Erosion sind eine große Gefahr in diesen riesigen Monokulturen – vor allem aber die Heuschrecken, deren Schwarm-Auftreten mit dem Klimawandel dramatisch zugenommen hat.

Was die Bekämpfung angeht: Der entscheidende Faktor ist der Zeitpunkt. Die einstigen Hoffnungsträger, die Mikrodrohnen, sind durch den Vorfall mit der amerikanischen Präsidentin in Misskredit geraten. Seitdem bleibt nur, das Auftreten der Schwärme im Entstehen zu bekämpfen, den Wendepunkt zu erfassen, wenn aus den harmlosen Grillen die vernichtenden Schwärme werden. Mehr als vierzigtausend Kameras, meint Pierpaoli sich zu erinnern, überwachen den *Food Spot*, dessen äußersten Rand er da am Horizont sehen kann. Hier, in der Ukraine, gab es allerdings vor einem Jahr einen Korruptionsskandal, seitdem liegt, was die Sicherheit angeht, möglicherweise einiges im Argen. Der schlampige Zustand des Silos, die Tatsache, dass es nach der Befüllung unbewacht sich selbst überlassen wurde, das sind keine guten Zeichen.

Pierpaoli schaut auf den Horizont, und er sieht jetzt das Bild. Hier, am Rand einer ungeheuer verletzlichen Anbauregion, steht ein Silo, das zufällig mit einer Testernte befüllt wurde. Es liegt knapp außerhalb der kameraüberwachten Gebiete, die Befüllung ist zwar gemeldet, aber was hier weiter geschieht, wird nicht erfasst.

Und die Koordinaten entsprechen – jetzt ist Pierpaoli sich

sicher – jenen Zahlen, die der Quantencomputer im Tunnel in Georgien ausgespuckt hatte.

Pierpaoli wird unterbrochen, sein Telefon klingelt. Die Nummer ist anonym. Pierpaoli nimmt ab. »Ja?«

»Pierpaoli? Sind Sie das?«

»Ja.« Er erkennt Nkunkes Stimme. Ziemlich gereizt.

»Verdammt, Pierpaoli, wo sind Sie?«

»Ich bin an dem Koordinatenpunkt, Sie erinnern sich, die Zahlen, die ich vom Quantencomputer abgeschrieben hatte.«

»In der Ukraine? Wollen Sie mich verarschen? Ich habe Ihnen vertraut. Sie sollten nach Kapstadt fliegen! Können Sie sich vorstellen, was ich jetzt hier für ein Theater habe?«

»Hier ist ein Silo. Es ist gefüllt.«

»Hören Sie mir eigentlich zu, Pierpaoli?«

»Ich glaube, ich weiß, was Shah will. Er will einen Heuschreckenschwarm auslösen. Hier ist alles, was er braucht. Und das Silo steht gleich am Rand der *Food-Spot*-Kette für Europa. Begreifen Sie, was das bedeutet? Hier hätte ein Schwarm die idealen Bedingungen, ins Unermessliche zu wachsen. Dieser gottverlassene Fleck hier ist der Schwachpunkt. Von hier aus kann Shah die Katastrophe auslösen! Nahrungsmittelknappheit in Europa, können Sie sich vorstellen, was das bedeuten würde? Glauben Sie, die Europäer würden einfach hungern? Oder würden sie anderswo in der Welt alles aufkaufen? Und würden das die anderen dulden? Glauben Sie, die Klima-Allianz würde solche Verteilungskämpfe überleben?«

Nkunke schweigt. Dann sagt er: »Sie haben uns Ihre Theorie mit dieser *Reverse Prophecy* ja schon dargelegt. Aber inzwischen ist es leider egal, ob ich Ihnen glaube oder nicht. Kapstadt zieht mich zur Verantwortung, weil ich Sie nicht unter Bewachung zum Flughafen begleitet habe. Ich schicke jetzt Leute zu Ihnen, von Odessa aus. Die werden Sie festnehmen, Pierpaoli. Sie bleiben jetzt, wo Sie sind, und dann gehen Sie mit denen mit, haben Sie mich verstanden?«

»Das Silo ist befüllt, jetzt ist der kritische Moment. Ich bin mir sicher, Shah wird hierherkommen. Was immer Sie tun, ich werde das nicht geschehen lassen.«

»Was haben Sie vor, Pierpaoli?«

»Das weiß ich nicht«, sagt Pierpaoli, er legt auf.

Pierpaoli hat nicht gelogen. Er weiß nicht, was er jetzt tun will. Aber eines gibt es hier, auf diesem Silo-Dach im Nirgendwo.

Hier gibt es Zeit zum Nachdenken.

Samstag, 18. August 2029

Auf dem Dach des Getreidesilos 34, Nebedje, Ukraine

Zwei Stunden sind vergangen. Pierpaoli sitzt, mit dem Rücken an den Bretterverschlag gelehnt, auf dem Dach, hier hat er etwas Schatten. Ab und zu steht er auf und späht in alle Richtungen. Bislang hat sich nichts getan.

Jetzt sieht er allerdings eine Staubwolke. Sie zieht sich in gerader Linie die Zufahrtsstraße entlang, ein Auto nähert sich. Ein merkwürdiges Fahrzeug, so scheint es Pierpaoli. Es ist kein Lastwagen, aber auch kein normaler Wagen. Es ist eine weiße Stretchlimousine. Das bevorzugte Fahrzeug des Amitav Rama Shah.

Es ist so weit, denkt Pierpaoli. Sein Mund ist trocken. Er öffnet die Klappe des Holzverschlags, wo die Fässer mit dem Diesel stehen.

Samstag, 18. August 2029

Vor dem Getreidesilo 34, Nebedje, Ukraine

Die Limousine hält vor dem Silo. Sie ist geliehen, inklusive Fahrer. Der macht den Motor aus, bleibt unbewegt sitzen; aus dem Fond des Wagens steigt Amitav Rama Shah, elegant wie stets, gutaussehend wie immer: das markante Gesicht, die schlanke, aber athletische Figur, ein cremefarbener Anzug, ein hellblaues Hemd, das volle weiße Haar aus der Stirn gestrichen und hinten zu einem Pferdeschwanz gefasst. Amitav Rama Shah mag nun auf den Fahndungslisten der ganzen Welt stehen, aber seinen Stil, sein Image, wird er nicht aufgeben. Er lebt von diesem Bild, er ist seine eigene Figur. Shah lächelt, sein Lächeln dehnt sich wie ein Gummiband.

Vor dem Silo steht Pierpaoli.

Shah hat ihn schon aus dem Auto gesehen. Er hat auch Pierpaolis kleinen Mietwagen gesehen. Er weiß, dieser Mann ist allein gekommen. Genau wie Shah selbst.

Die beiden Männer sehen sich an. Pierpaoli ist ruhig, die Zeit hier in der Stille war gut für ihn. Shah hat einen kleinen Knetball in der Hand, mit dem er spielt.

»Ich bin nicht sehr erstaunt, Sie hier zu treffen«, eröffnet der Guru in beiläufigem Ton. »Sie bereiten gerne anderen Menschen Ärger, nicht wahr? Entspricht das Ihrer Beamtenmentalität? Verhindern – macht Ihnen das Freude?«

»Bei Ihnen ja«, sagt Pierpaoli.

»Ich verstehe«, sagt Shah und zerdrückt spielerisch den Ball zwischen seinen Fingern, »aber ich glaube, dies wird unsere letzte Begegnung sein.«

Pierpaoli verspürt einen Stich von Angst. Der Guru ist stärker, gewandter, wahrscheinlich auch bewaffnet, er hat mit Sicherheit schon einen Plan, wie genau er Pierpaoli töten will. Pierpaoli ist ein Ärgernis. So wie Mamarenko ein Ärgernis war.

Wie Liu Lian und Difraudi Ärgernisse waren. Pierpaoli hat die Bilder vor Augen. Mamarenko, vergiftet und erstarrt, die erschossene Wissenschaftlerin in der Badewanne. Und er denkt an seinen *Jiaofu*, seinen Patenonkel Bao Wenliang, den freundlichen, klugen Mann.

Der Guru sieht das Zucken im Gesicht seines Gegenübers. Es wäre der Moment zum Angriff, aber sein Gegenüber, Pierpaoli, bleibt immer noch zu ruhig. Er müsste viel mehr Angst haben.

Pierpaoli hat Angst. Aber er weiß, was er schon getan hat.

Und jetzt merkt es auch der Guru, er riecht es, und dann züngeln die ersten Flammen aus dem Silo.

Der Guru lässt den Knetball fallen.

»Sie haben das Getreide angezündet!«

»Ja. Sie wollten das Silo öffnen und mit dem Getreide die Heuschrecken anfüttern. Eine Schwarmbildung triggern. Das wird jetzt nicht mehr gehen.«

Für einen Moment verliert der Guru die Kontrolle über seine Gesichtszüge. Der Ball liegt im Staub.

Geruch von brennendem Diesel, glosender Stärke breitet sich aus. Ein Fenster platzt. Funken stieben heraus. Eine Rauchwolke steigt vom Getreidespeicher auf und schiebt sich vor die Sonne.

Der Guru atmet tief durch. Er sucht nach einem Plan B. Einer Alternative. Aber genau dieser Ort, dieses Nirgendwo war der Ansatzpunkt, den ihm seine Operation *Reverse Prophecy* geliefert hat. Die Berechnungen des Quantencomputers lassen keinen Spielraum. Exakt an diesem Ort, exakt zu dieser Zeit – hier ist das Ereignisfenster, wo der Zufall manipuliert werden kann.

Hätte manipuliert werden können.

Dass Pierpaoli hier war, gegen alle Wahrscheinlichkeit, das mussten diese restlichen zwei Prozent sein. Die letzte Unsicherheit in der achtundneunzigprozentigen Wahrscheinlichkeit. Die erstaunliche Widerspenstigkeit eines Beamten der mittleren Besoldungsstufe.

Flammen schlagen aus den Luken. Pierpaoli hat sie, bevor er den Diesel und das Benzin benutzt hat, geöffnet, um den Brand genügend anzufachen. Das Silo wirkt wie ein Kamin. Pierpaoli spürt die Hitze in seinem Rücken.

Instinktiv geht er ein paar Meter weg.

»Die Vergangenheit ist eine Hure. Jeder reklamiert sie für sich, jeder treibt es mit ihr, deutet sie um. Jungfräulich ist allein die Zukunft …« Der Guru wirft einen Blick auf das Silo. Er muss lauter sprechen, um das Feuer zu übertönen, das Knistern und Knacken.

»Nur aus Interesse gefragt: Sie fänden es nicht beruhigend, genau zu wissen, was die Zukunft bringt?«

Pierpaoli ist nicht vorbereitet auf diese Frage des Gurus. Aber er muss nicht lange nachdenken.

»Wir sollten nicht zu viel wissen über die Zukunft. Wir brauchen Hoffnung. Die Zukunft sollte ein Rätsel sein. Damit wir hoffen können.«

»Hoffnungen scheitern.«

»Das kommt vor. Aber trotzdem. Die Zukunft gehört allen. Nicht einem einzelnen Menschen. Und ganz bestimmt nicht Ihnen.«

Der Guru schweigt. Er blickt zum Himmel. Ein Hubschrauber ist im Anflug. »Ihre Freunde von der Kavallerie? Ich hatte Sie wirklich unterschätzt.«

Pierpaoli schaut ebenfalls zum Hubschrauber. Er trägt den Schriftzug der Klima-Allianz. Nkunkes Leute.

Der Guru weicht einem Rauchschwaden aus und geht ein paar Schritte zurück zu der Limousine. Vielleicht denkt er an Flucht, eine Flucht gegen alle Wahrscheinlichkeiten.

Der Hubschrauber landet jetzt auf einem Feld unweit des Silos. Eine Lautsprecherstimme ertönt.

Der Fahrer der Stretchlimousine steigt sofort aus und legt gehorsam seine Hände aufs Autodach. Pierpaoli tut es ihm gleich. Auf der Straße sieht er ein paar Löschfahrzeuge kommen.

Der Guru bleibt neben Pierpaoli stehen.

»Wissen Sie, ich hätte die Verantwortung für mein Handeln übernommen. Ich wollte Energie freisetzen, Chaos – und dann einen Neuanfang. Klarheit. Die Menschen sind das Problem. Hier wollte ich ansetzen. Reduzieren. Es gab ein kleines Fenster zur Zukunft, ich hätte die Verantwortung für meine Taten übernommen. Übernehmen Sie die Verantwortung? Dafür, dass jetzt alles wieder völlig ungewiss ist?«

Pierpaoli will das alles nicht hören. Er ist müde. Das Böse ermüdet ihn. Was will man noch von ihm? Er hat seinen Auftrag ausgeführt. Der Auftrag war größer als anfangs angenommen. Die Unregelmäßigkeiten beim Quantencomputer – sie sind geklärt. Er ist erleichtert.

Ein Trupp Männer, bewaffnet, behelmt, ist aus dem Hubschrauber gesprungen, Gewehre im Anschlag, der Guru wird auf die Knie gedrückt, man legt ihm Handschellen an. Pierpaoli widerfährt dieselbe Prozedur, er lässt sich zum Hubschrauber führen, der Guru und der völlig überrumpelte Limousinen-Fahrer neben ihm. Der Rotor wirbelt Staub auf, der Motor dröhnt.

Der Guru hat noch eine Botschaft. Er schreit sie Pierpaoli durch den Lärm hindurch ins Ohr: »Sie sind jetzt der einzige Mensch auf der Welt neben mir, der die Operation *Reverse Prophecy* versteht. Sie sind der Einzige, der weiß, wie es funktioniert.«

Der Einzige? Ja. Niemand weiß es so genau wie er, Pierpaoli, der eigentlich nie etwas davon wissen wollte.

Der Guru lehnt sich wieder zu ihm herüber. »Werden Sie jetzt Ihr Wissen weitergeben? Werden Sie den Menschen sagen, was möglich ist? Und wenn der Nächste, der dieses Wissen anwendet, noch schlimmer ist als ich? Oder werden Sie alles für sich behalten? Und damit der Menschheit die letzte Chance nehmen, die Katastrophe abzuwenden?«

Pierpaoli hat es gehört, gegen seinen Willen.

Diese Verantwortung, das wird ihm klar, wird er nie mehr loswerden.

Der Hubschrauber mit den Festgenommenen an Bord, mit Amitav Rama Shah, dem Chauffeur und Pierpaoli, hebt ab. Eine Staubwolke steigt auf. Das Silo bleibt zurück. Die Löschfahrzeuge fahren vor.

Als der Hubschrauber am blauen Himmel kleiner wird und nach Osten schwenkt, als die Staubwolke sich schließlich senkt, sitzt am Boden noch ein kleines Tier, kaum fingerlang, graugelb, *Schistocerca gregaria*, die Wanderheuschrecke. Aus der Klasse der *Insecta*, Ordnung *Orthoptera*, Unterordnung *Caelifera*. Sie macht keine Anstalten, sich zu verwandeln, das kleine Tier sitzt im Staub und zirpt.

Epilog

Bei den *Pehuenche* machte man keine großen Worte, man hielt keine bombastischen Ansprachen oder Dankesreden – aber man war glücklich.

Ariadna hatte die drei *Pehuenche*-Kinder schließlich und endlich von Santiago de Chile aus nach strapaziösen Reisetagen durch Wälder und über Berge zu ihrem Stamm zurückgebracht, in das Waldgebiet, das noch der Guru dem Stamm geschenkt hatte – ein folgenreiches Geschenk.

Nach einigen Tagen, die Inara, Sayen und Amuway bei ihren Eltern verbrachten, wurden sie zu der *Machi* gebracht, in die Hütte am Bergsee. Hier würden sie ihre Gaben vervollkommnen, um sie später dem Stamm zur Verfügung zu stellen.

Die *Machi* war glücklich, ihre drei Mädchen wiederzusehen.

Die Kinder waren froh, wieder bei der *Machi* zu sein.

Und am glücklichsten war Ariadna, endlich ihrer Verantwortung ledig zu werden.

Jetzt konnte sie wieder ein eigenes Leben führen.

Zunächst besuchte sie ihre Eltern in Bogotá; ihre Mutter, die ehemalige Schauspielerin Esmeralda Bayonne Aboleda, auch ihr Vater freuten sich unbändig über das Wiedersehen; ihre Mutter noch mehr, dass Ariadna und Pierpaoli wieder ein Paar waren. Ihre Mutter gab ihr noch einige Ratschläge zum Thema Liebe, die meisten davon entstammten dem unerschöpflichen Fundus der diversen Telenovelas, in denen sie mitgewirkt hatte.

Anschließend ging Ariadna mit dem inzwischen genesenen Mardi Gras (und seiner Band, die er seinerzeit auf Island zusammengestellt hatte) auf eine Tour durch Lateinamerika, Europa, Asien, sechs Wochen lang. In dieser Zeit schrieb Ariadna vier

Songs, von denen drei in die Top-Charts gelangten. Die Einnahmen spendete sie den diversen Hilfsorganisationen, die sich für die Naturvölker in Lateinamerika einsetzten.

Thomas Pierpaoli, obwohl gemeinsam mit dem Guru und dem Chauffeur vorläufig festgenommen, wurde in Odessa nach kurzer Untersuchung wieder auf freien Fuß gesetzt.

Amitav Rama Shah hingegen kam in längere Untersuchungshaft. Gleichwohl gelang ihm die Flucht – unter bislang ungeklärten Umständen.

Horace M. Nkunke ließ sich von seiner Position am Meta-Ministerium in Island entbinden und machte es sich zur Lebensaufgabe, den Guru zu finden.

Pierpaoli kehrte nach Kapstadt zurück, bezog sein altes Büro und vollendete – endlich – die Arbeit an seinem Papier über die Restrukturierung der Käseproduktion.

In Indien gewann die Partei des verstorbenen Ministerpräsidenten Paritosh Patel um Haaresbreite die Wahl gegen den Herausforderer Umesh Varinder. Ausschlaggebend waren Varinders dubiose Kontakte zu Amitav Rama Shah. Indien trat nach dem Wahlerfolg der Klima-Allianz bei, die Regierung startete ein ehrgeiziges Programm zur Geburtenkontrolle.

Madame Tamara und Miss Pegonia in Mumbai betrieben ihre Geschäfte weiter: Madame Tamara führte ihr »Let-India-be-a-dream-Hotel« und legte Patiencen, Miss Pegonia wusch Geld.

Bao Wenliangs Leiche wurde nie gefunden, ebenso wenig die Mörder. Es wurden zwei symbolische Trauerfeiern veranstaltet, eine offizielle, mit hohen Würdenträgern; eine zweite Trauerfeier im allerkleinsten Kreis, die Pierpaoli und Ariadna arrangierten. Pierpaoli vermisste seinen Patenonkel, seinen *Jiaofù*, sehr.

Pierpaoli ließ auf den Färöerinseln, an der Klippe und neben der kleinen Bank vor dem Haus von Steinbjörn Edmundsson, einen Gedenkstein aufstellen, mit der Inschrift: »Die Welt dankt Steinbjörn Edmundsson.«

Nach der kleinen Zeremonie lud Pierpaoli die Gäste, unter

anderem die Besatzung der »Edda« (den Italiener Marco, die wortkargen Zwillinge, Kapitän Edmundsson), zu einem Essen ein: Tomatensuppe, Schellfisch-Pasta, zwei Sorten Pfannkuchen, salzig und süß. Der Aquavit durfte nicht fehlen.

Auch Arthur Redmondis war angereist, mit ihm seine – endlich! – neue Freundin: Gudrun Sigrunsdóttir. Die beiden hatten sich im Zuge der Ermittlungen kennengelernt, sie waren etwa gleich groß und wirkten als Paar sehr glücklich.

Auch Reza, der Taxifahrer, war eingeladen; er schenkte Ariadna und Pierpaoli ein Amulett, einen kleinen Ganesha-Gott aus Messing.

Eleanor Minklater musste sich einem Verfahren stellen. Sie wurde suspendiert und nach langen Verhandlungen zu einer zweijährigen Haftstrafe verurteilt.

Pater Philipp kehrte von Georgien nach Armenien zurück und blieb noch weitere zwei Jahre im Kloster »Chatschkar«. Seine Dissertation, »Konzepte der frühen Schöpfungsrettung: Weltuntergangsszenarien im Frühchristentum«, über den Arche-Noah-Mythos, erregte Aufsehen. Das anschließende Sachbuch »Was Noah schon wusste« wurde ein internationaler Bestseller.

Die Menschheit, wie es nun mal ihre Art ist, gab nicht auf. Die Klima-Allianz und ihre Wissenschaftler nutzten die Möglichkeiten des Quantencomputers, um die gewaltigen Aufgaben anzugehen.

Ariadna Ferrer Bayonne und Thomas Pierpaoli zogen in Kapstadt in eine neue Wohnung, mit genügend Gästezimmern und abermals mit einer Dachterrasse, wo Pierpaoli seine kleine Tomatenzucht aufnahm. Ein Zimmer reservierten sie für ein mögliches Kinderzimmer.

Danksagung

Auch dieses Buch ist, wie bereits sein Vorgänger, nicht im stillen Kämmerlein entstanden, sondern im Team. Die Idee entstand in Anlehnung an »Der neunte Arm des Oktopus«, und sie entwickelte sich auf Spaziergängen und in Diskussionen – mit Freunden und Ehefrauen, mit klugen Schwiegertöchtern und engagierten Söhnen. Für ihre Ratschläge, für ihre Warmherzigkeit und ihre Unterstützung sind die Autoren sehr dankbar.

Zu nennen ist, was Unterstützung angeht, vor allem unser Freund Oliver Keidel, wohl einer der besten Drehbuchautoren im Lande (und Träger des »Deutschen Drehbuchpreises«); er half bei der Plotentwicklung, steuerte starke Ideen zu Charakteren und Dialogen bei. Er und John Lahann brachten außerdem Ordnung ins kreative Chaos.

Zu nennen sind außerdem Daniel Rossmann, der wertvolle Vorschläge hatte, wenn es um Motorräder, Autos und Schiffe ging, außerdem Raoul Rossmann, der mit uns leidenschaftlich die politischen Fragen diskutierte; vor allem aber Ex-Bundespräsident Christian Wulff, der das Projekt von Anfang an begleitete und stets ein Freund und Ansprechpartner war.

Wir danken herzlich den Rechercheuren, die Sachverstand und Fleiß einbrachten: Jan Oliver Löfken und Clara Buller, die als Physiker die Geheimnisse der Quantentheorie so erklärten, dass wir sie zu verstehen meinten; John Lahann, der sich auf staunenswerte Weise mit vielerlei Musikstilen auskennt; Henri Hoppe, der die Quantenbiologie recherchierte; Hans Hoppe, der als Jurist die Naturrechte-Charta skizzierte. Schließlich Catrin Diller, Daniel Hautmann, Peter Scholler, Nahuel Lopez, Kreske Ingwersen, Bente Faust, Thomas Friemel, Niclas Seydack, Bettina Hahn, Jessica Bauer, Hendrik Lamcken, Regina Kneip. Wir danken Sepp Heckmann fürs Mutmachen und Martin Kind, dessen kompetente Firmeningenieure uns bei den kniffeligen Fragen zur Hirnstrom-Messung berieten. Dr. Peter Spork hat uns als Biologe und Heuschrecken-Experte die Welt der Epigenetik eröffnet. Robert Stier und Li-chen Stier-Chiou halfen beim Chinesischen, Mónica Ester Obreque Guirrimann (selbst eine Mapuche) vom Mapuche-Museum in Cañete, Chile, erklärte die komplexe Kultur der *Pehuenche*, Stephan Øsensen war unser Pferdeflüsterer. Für vielfältige Unterstützung – wie stets! – danken wir den Rossmann-Mitarbeiterinnen Christina Heise, Sabine Träger, Anna Kentrath und Petra Czora.

Großartig waren Samantha und Gregor von Bismarck, die uns das schönste Schreibdomizil der Welt zur Verfügung stellten; unser Dank gilt auch Peter Käfferlein und Olaf Köhne. Und die Stilsicherheit und Beratung von Marco Schneiders, Verlagsleiter bei Lübbe, war auch diesmal von unschätzbarem Wert. Tausend Dank!

Vor allem aber danken wir unseren Ehefrauen, die es bestimmt nicht immer leicht mit uns hatten: Alice Schardt-Rossmann und Claudia Spielmann-Hoppe.